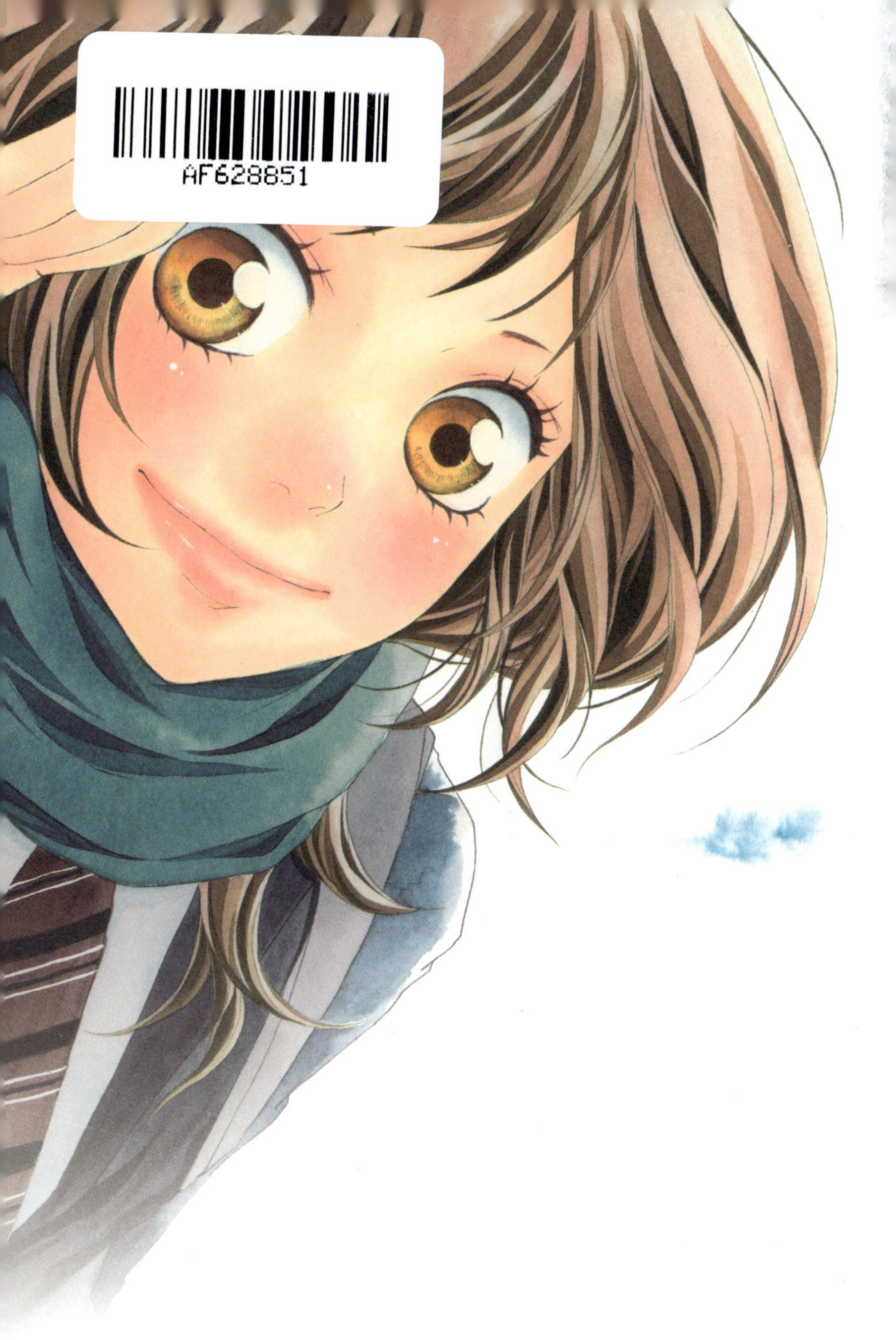

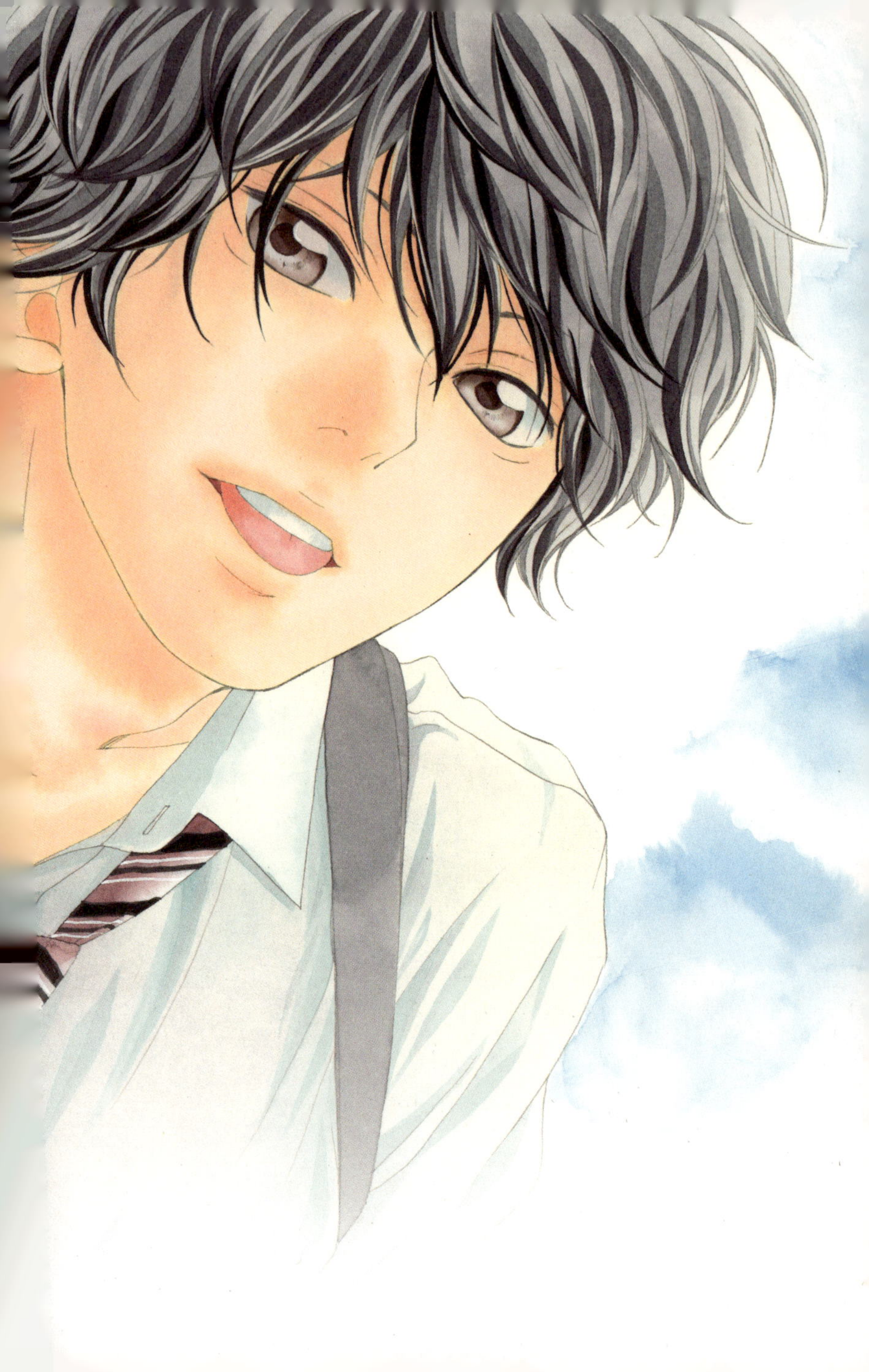

Blue Spring Ride

Io Sakisaka

1

Blue Spring Ride

INHALT

Unwritten

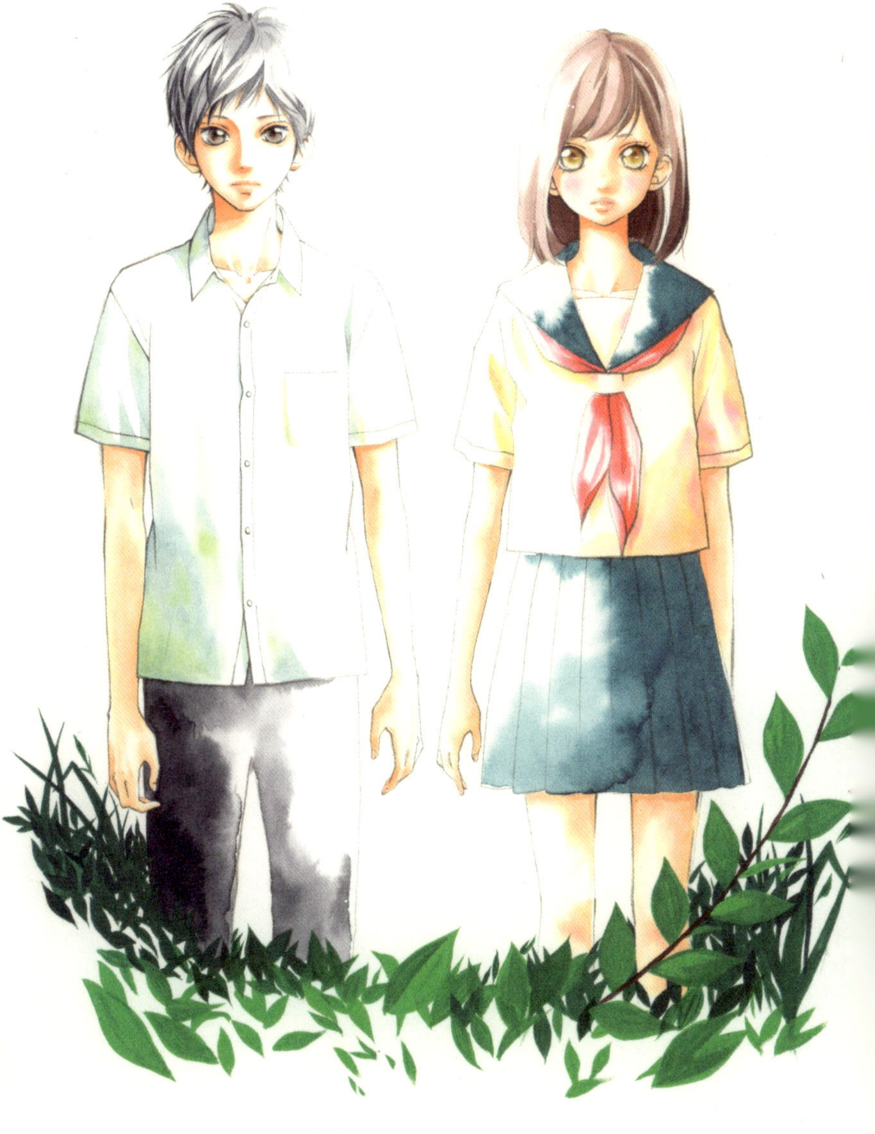

Begrüßung

Guten Tag! Ich heiße Io Sakisaka. Vielen herzlichen Dank, dass ihr Band 1 von *Blue Spring Ride* in Händen haltet. Ich denke, es gibt sicher auch viele unter euch, die zum ersten Mal einen Manga von mir lesen. Schön, euch kennenzulernen!

Wenn eine neue Serie beginnt, befällt mich immer noch eine Nervosität, die ich selbst nicht richtig verstehe. Aber egal, wie nervös ich auch bin, das ändert bei meiner Arbeit nichts am Endresultat, weswegen ich mich aufs Lockerbleiben konzentrieren will. Das sage ich mir immer wieder und wieder.

Ich weiß selbst noch nicht alles über die Charaktere, die in dieser Geschichte auftreten, deswegen lasse ich sie einiges erleben und freue mich während des Zeichnens darauf, welche Entscheidungen sie treffen und wie sie sich entwickeln werden. Also möchte ich zusammen mit euch Leser*innen entdecken, was in den Charakteren steckt. Freut euch mit mir darauf!

Also, los geht's mit Band 1 von *Blue Spring Ride*! Es würde mich freuen, wenn ihr bis zum Schluss dabeibleibt!!

Io Sakisaka

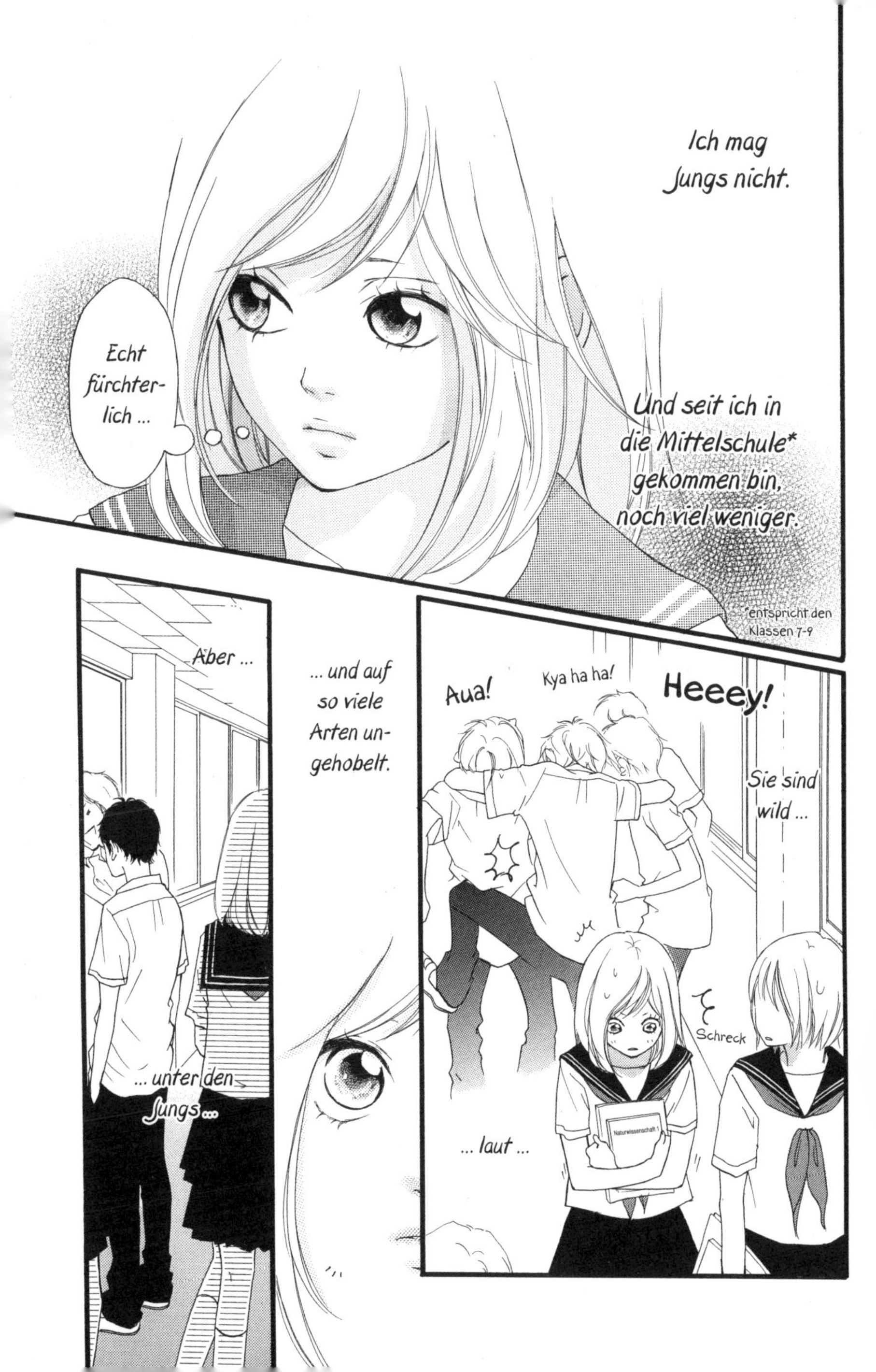
Ich mag Jungs nicht.
Echt fürchterlich ...
Und seit ich in die Mittelschule* gekommen bin, noch viel weniger.
*entspricht den Klassen 7-9
Heeey!
Kya ha ha!
Aua!
Sie sind wild ...
Schreck
Naturwissenschaft 1
... laut ...
... und auf so viele Arten ungehobelt.
Aber ...
... unter den Jungs ...

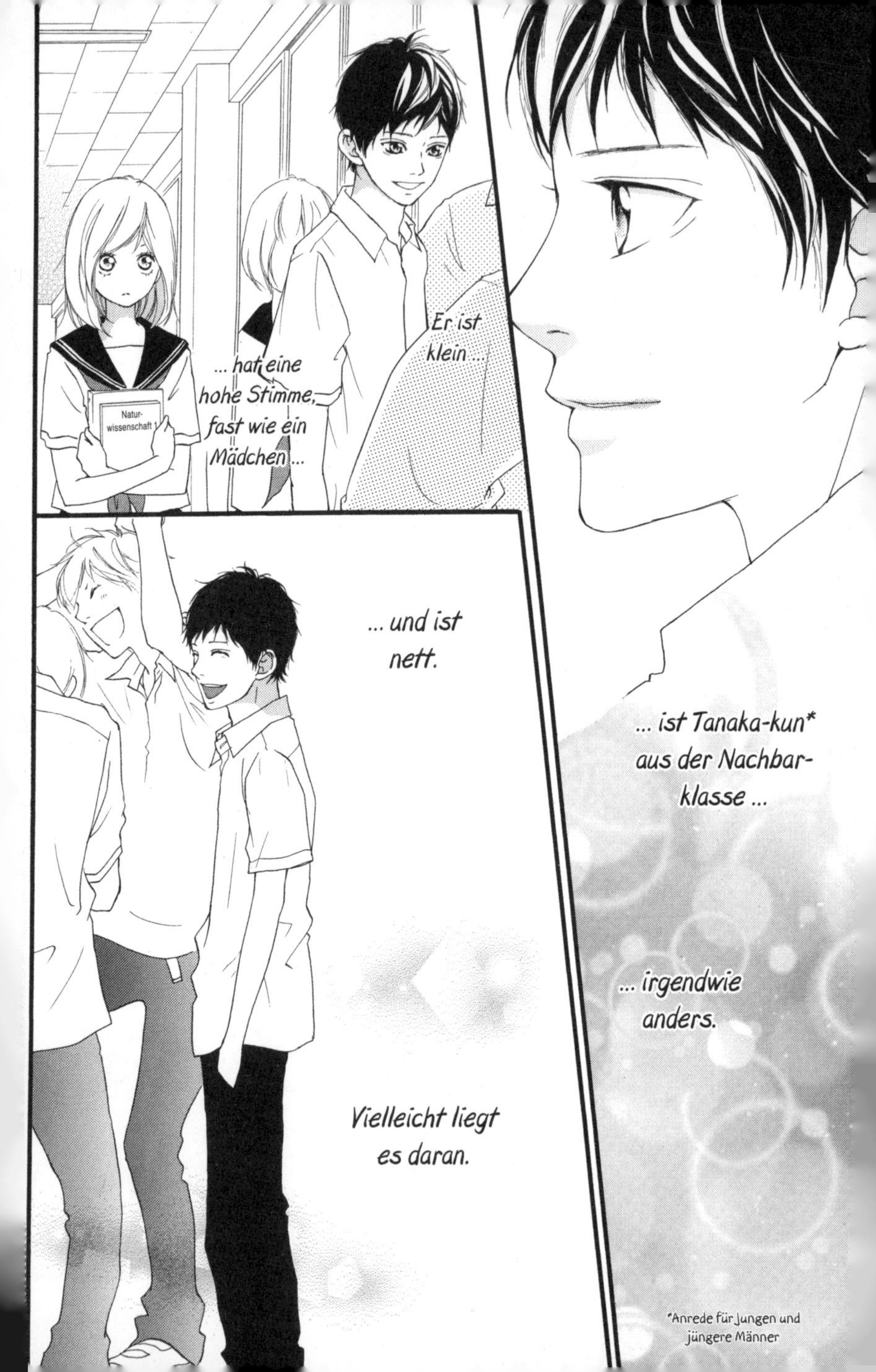

*Anrede für Jungen und jüngere Männer

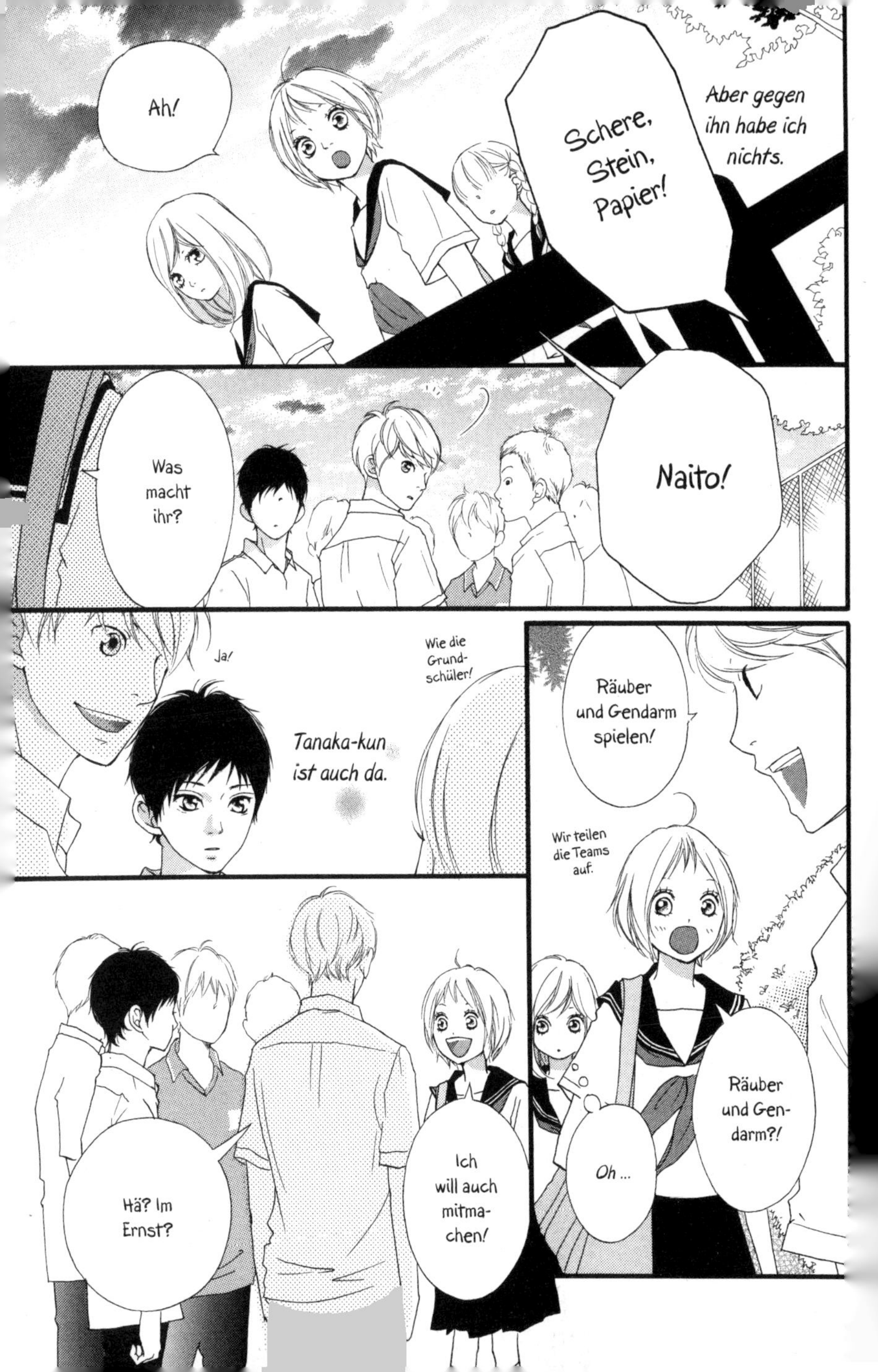
Aber gegen ihn habe ich nichts.
Schere, Stein, Papier!
Ah!
Naito!
Was macht ihr?
Räuber und Gendarm spielen!
Wir teilen die Teams auf.
Räuber und Gen-darm?!
Oh ...
Wie die Grund-schüler!
Tanaka-kun ist auch da.
Ja!
Ich will auch mitma-chen!
Hä? Im Ernst?

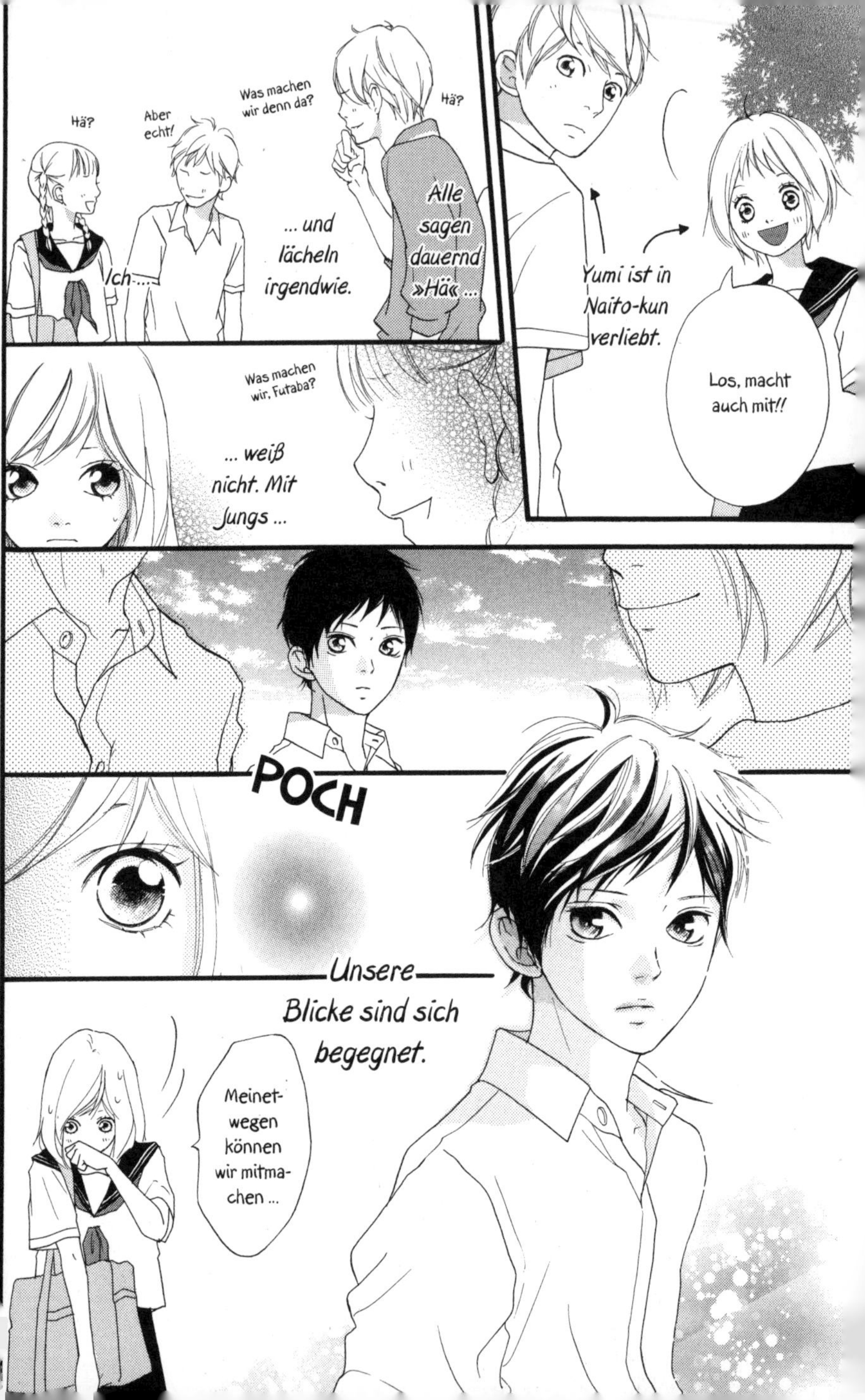
Los, macht auch mit!!
Yumi ist in Naito-kun verliebt.
Hä?
Alle sagen dauernd »Hä« ...
Was machen wir denn da?
... und lächeln irgendwie.
Aber echt!
Hä?
Ich ...
Was machen wir, Futaba?
... weiß nicht. Mit Jungs ...
POCH
Unsere Blicke sind sich begegnet.
Meinet-wegen können wir mitma-chen ...

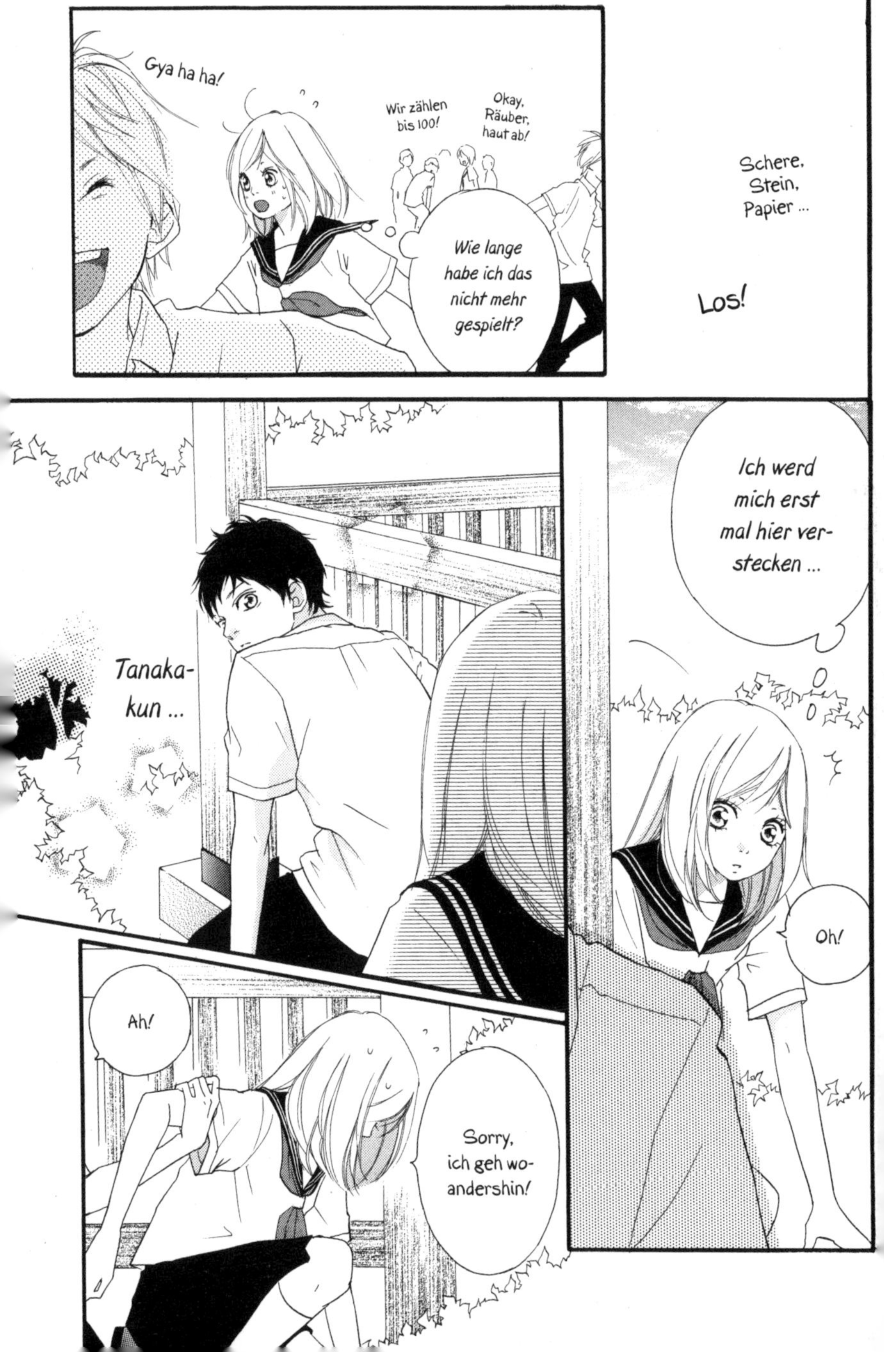
Schere, Stein, Papier ...
Los!
Okay, Räuber, haut ab!
Wir zählen bis 100!
Gya ha ha!
Wie lange habe ich das nicht mehr gespielt?
Ich werd mich erst mal hier verstecken ...
Oh!
Tanaka-kun ...
Sorry, ich geh woandershin!
Ah!

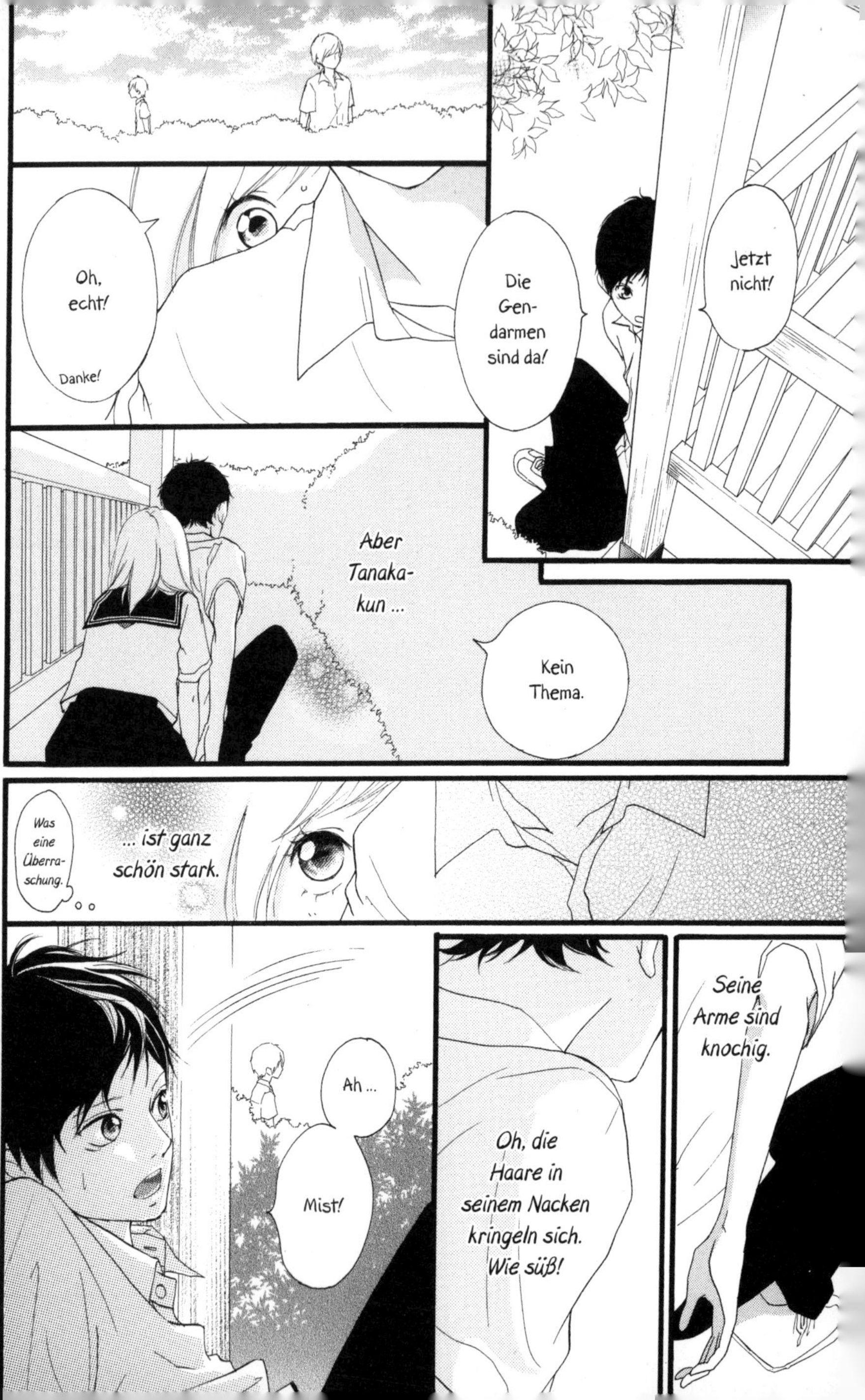
Jetzt nicht!
Die Gendarmen sind da!
Oh, echt!
Danke!
Kein Thema.
Aber Tanaka-kun ...
... ist ganz schön stark.
Was eine Überraschung.
Seine Arme sind knochig.
Oh, die Haare in seinem Nacken kringeln sich. Wie süß!
Ah ...
Mist!

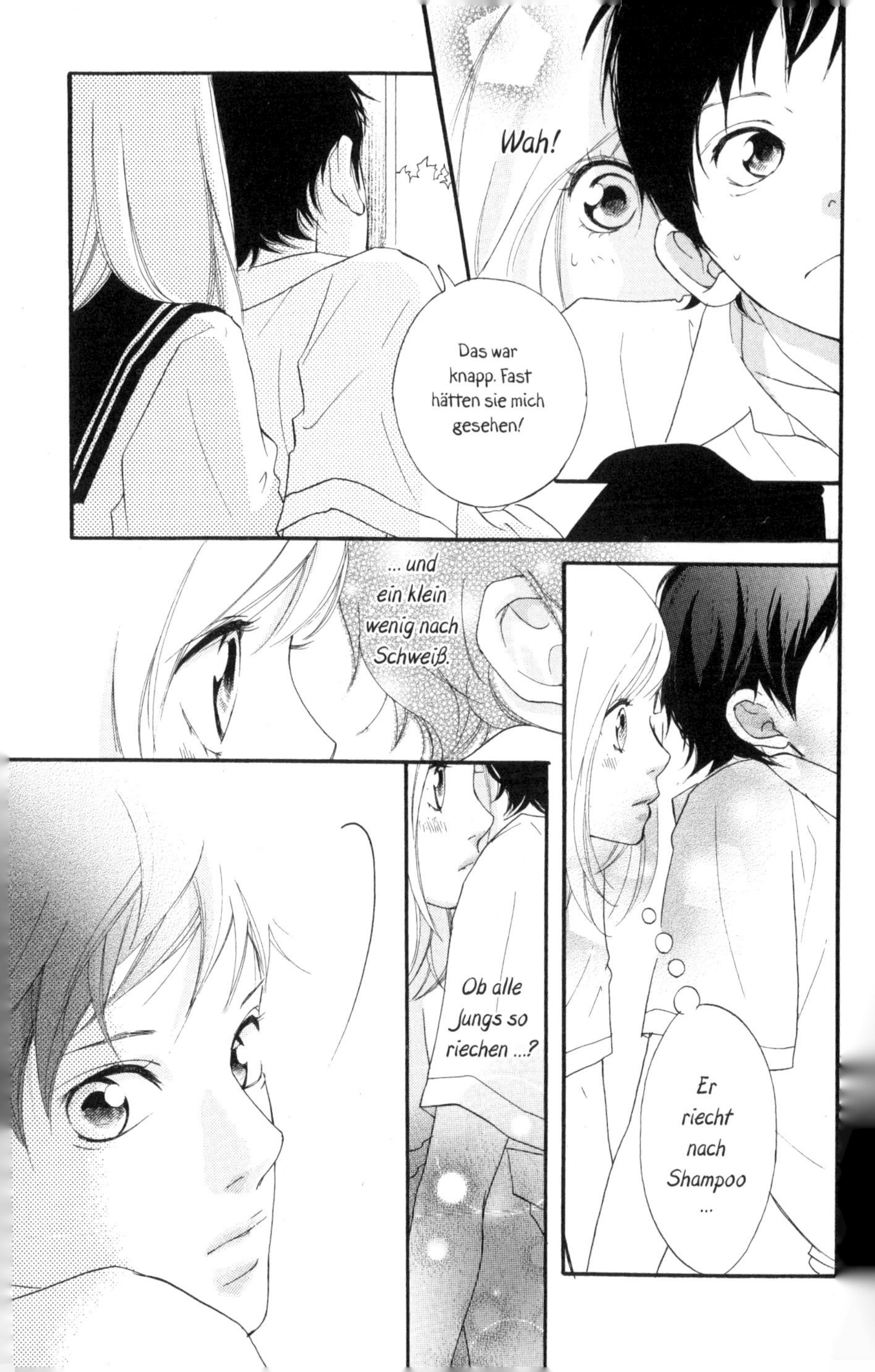
Wah!
Das war knapp. Fast hätten sie mich gesehen!
Er riecht nach Shampoo ...
... und ein klein wenig nach Schweiß.
Ob alle Jungs so riechen ...?

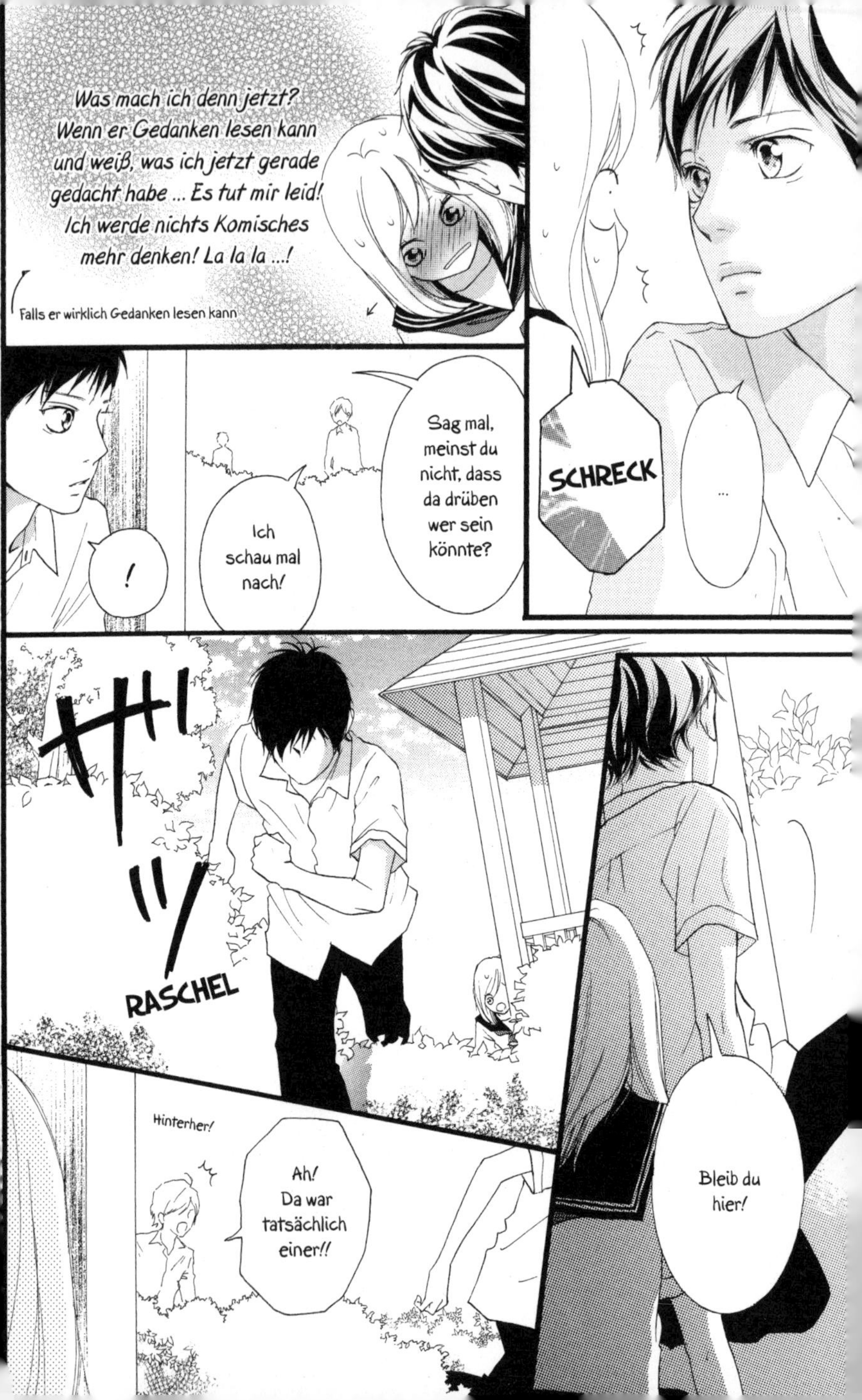

...
SCHRECK
Was mach ich denn jetzt? Wenn er Gedanken lesen kann und weiß, was ich jetzt gerade gedacht habe ... Es tut mir leid! Ich werde nichts Komisches mehr denken! La la la ...!
Falls er wirklich Gedanken lesen kann
Sag mal, meinst du nicht, dass da drüben wer sein könnte?
Ich schau mal nach!
!
RASCHEL
Bleib du hier!
Hinterher!
Ah! Da war tatsächlich einer!!

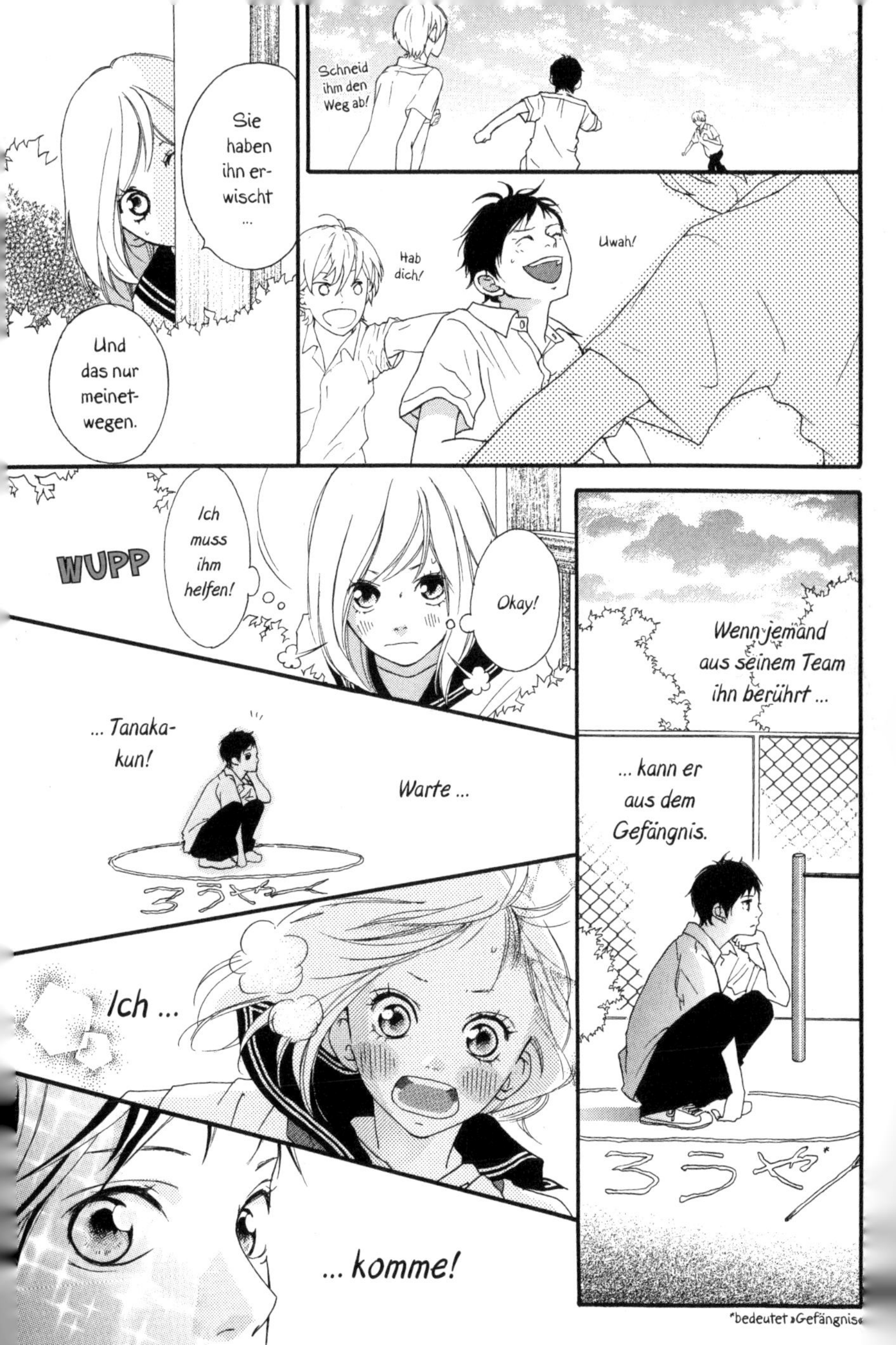

*bedeutet »Gefängnis«

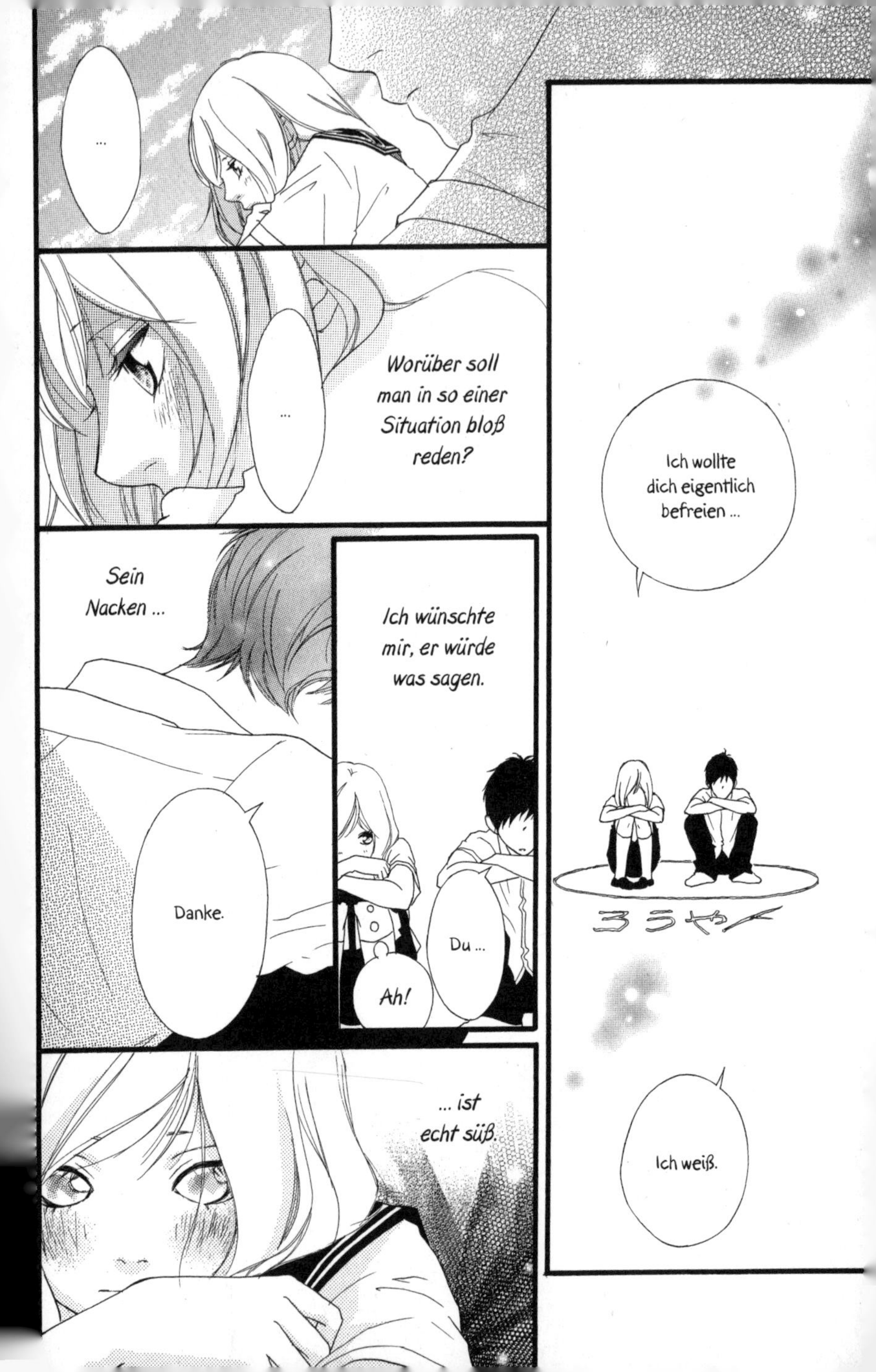

Ich wollte dich eigentlich befreien ...
Ich weiß.
...
Worüber soll man in so einer Situation bloß reden?
...
Ich wünschte mir, er würde was sagen.
Du ...
Ah!
Sein Nacken ...
Danke.
... ist echt süß.

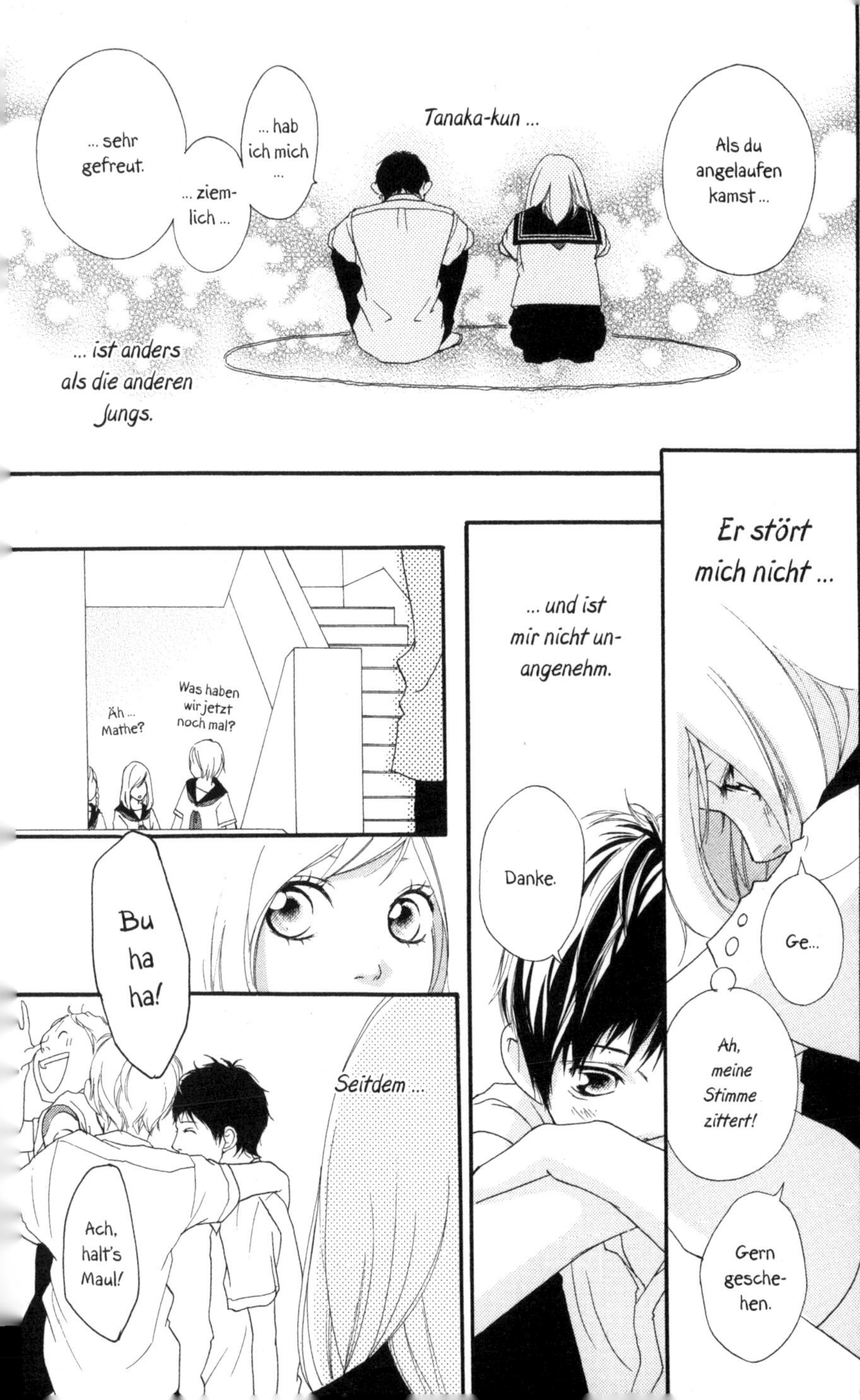
Als du angelaufen kamst ...
Tanaka-kun ...
... hab ich mich ...
... ziemlich ...
... sehr gefreut.
... ist anders als die anderen Jungs.
Er stört mich nicht ...
... und ist mir nicht unangenehm.
Ge...
Ah, meine Stimme zittert!
Danke.
Gern geschehen.
Was haben wir jetzt noch mal?
Äh ... Mathe?
Bu ha ha!
Seitdem ...
Ach, halt's Maul!

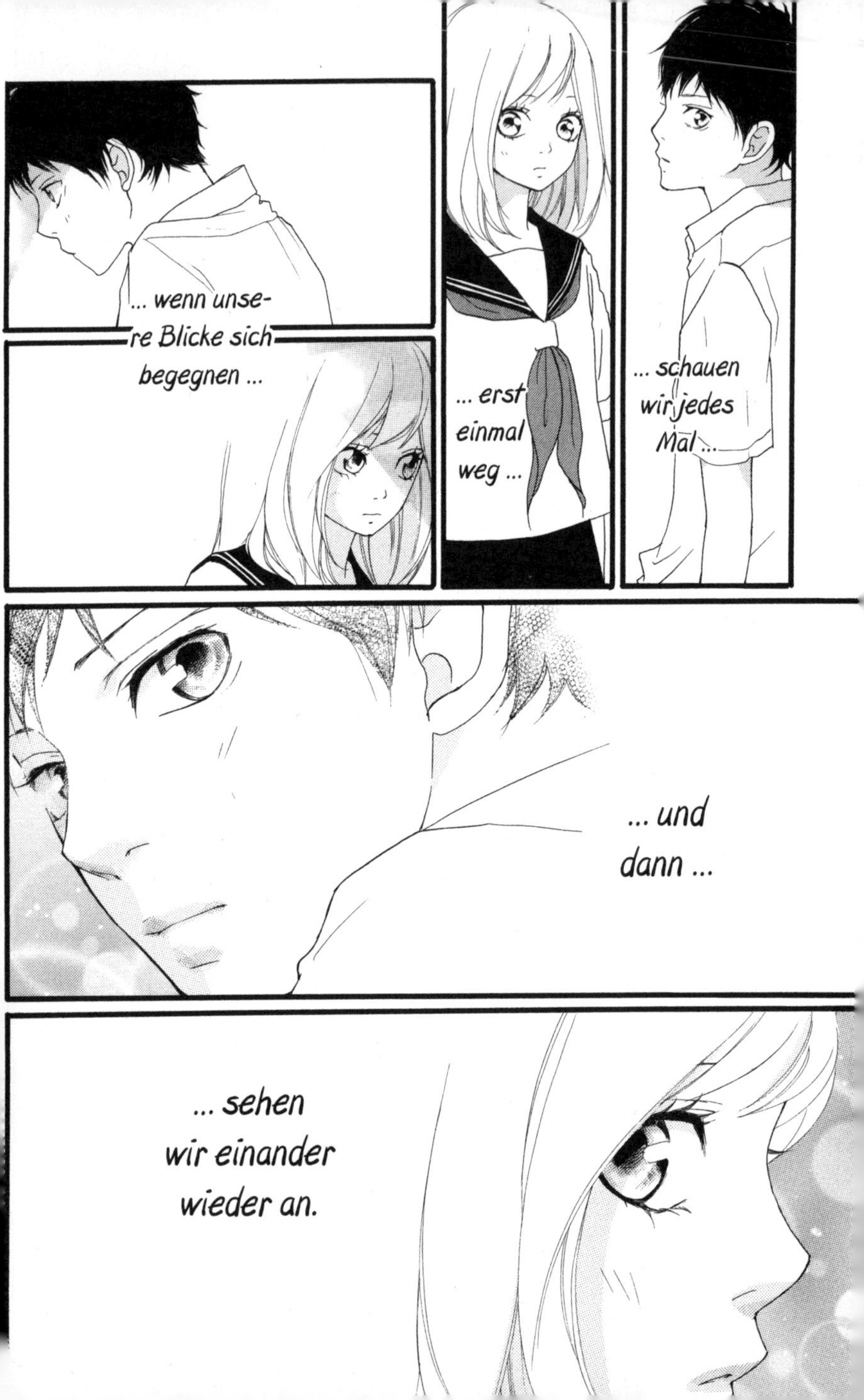
... wenn unse-re Blicke sich begegnen ...
... schauen wir jedes Mal ...
... erst einmal weg ...
... und dann ...
... sehen wir einander wieder an.

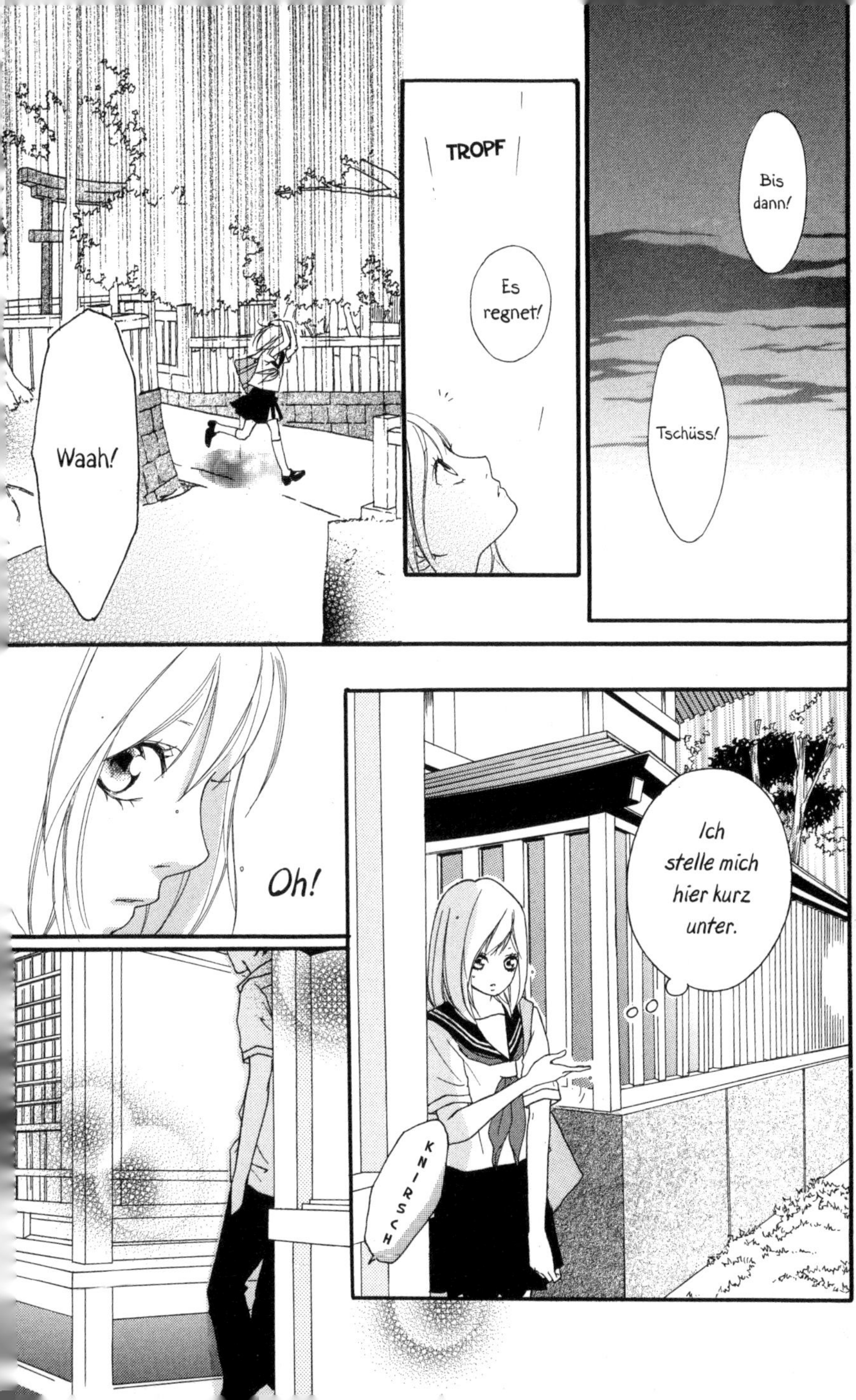
Bis dann!
Tschüss!
TROPF
Es regnet!
Waah!
Ich stelle mich hier kurz unter.
KNIRSCH
Oh!

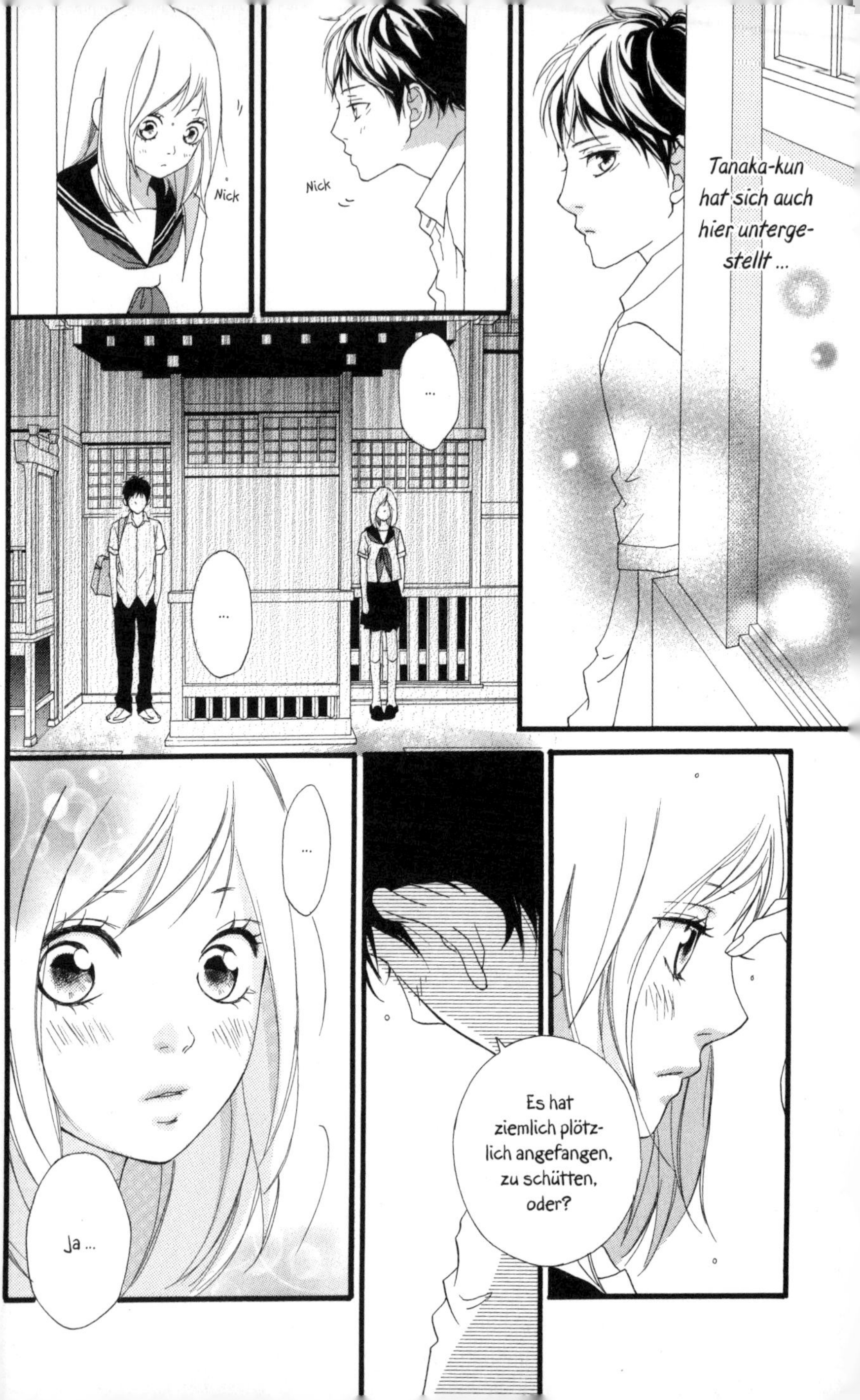
Tanaka-kun hat sich auch hier unterge-stellt ...
Nick
Nick
...
...
Es hat ziemlich plötz-lich angefangen, zu schütten, oder?
...
Ja ...

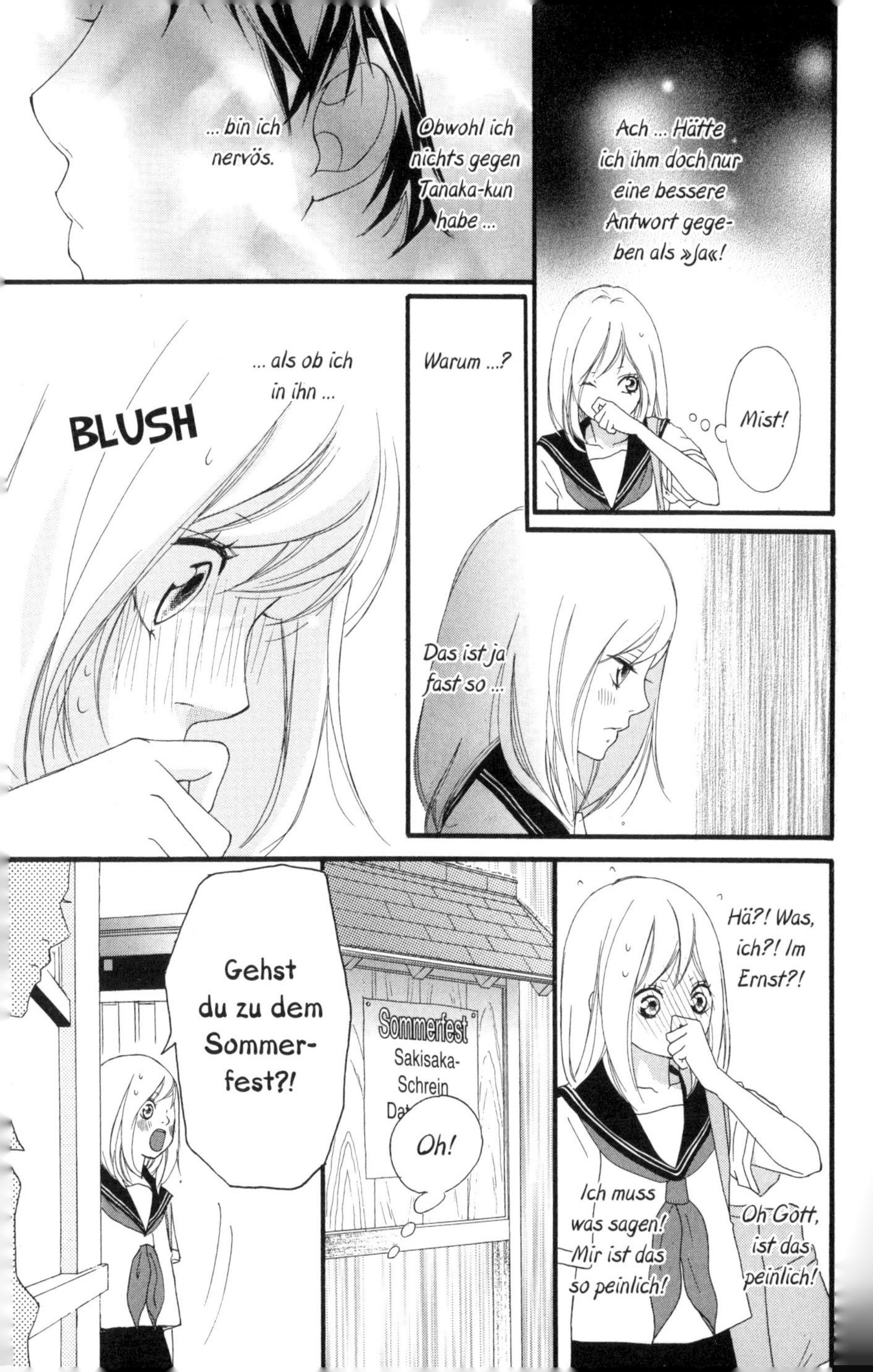
Ach ... Hätte ich ihm doch nur eine bessere Antwort gegeben als »Ja«!
Obwohl ich nichts gegen Tanaka-kun habe ...
... bin ich nervös.
Mist!
Warum ...?
Das ist ja fast so ...
... als ob ich in ihn ...
BLUSH
Hä?! Was, ich?! Im Ernst?!
Oh Gott, ist das peinlich!
Ich muss was sagen! Mir ist das so peinlich!
Sommerfest
Sakisaka-Schrein
Oh!
Gehst du zu dem Sommerfest?!

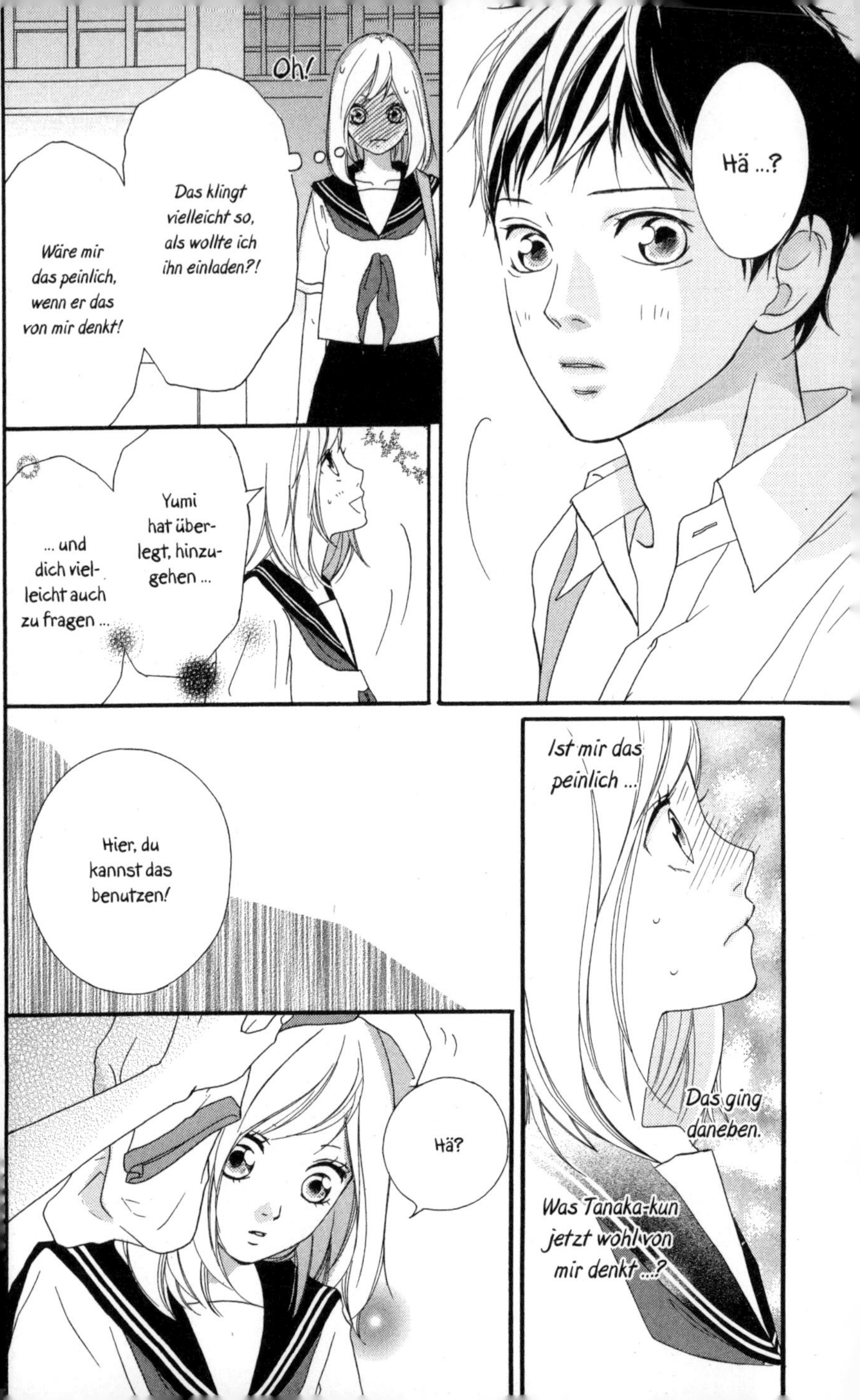
Hä ...?
Oh!
Das klingt vielleicht so, als wollte ich ihn einladen?!
Wäre mir das peinlich, wenn er das von mir denkt!
Yumi hat überlegt, hinzugehen ...
... und dich vielleicht auch zu fragen ...
Ist mir das peinlich ...
Das ging daneben.
Was Tanaka-kun jetzt wohl von mir denkt ...?
Hier, du kannst das benutzen!
Hä?

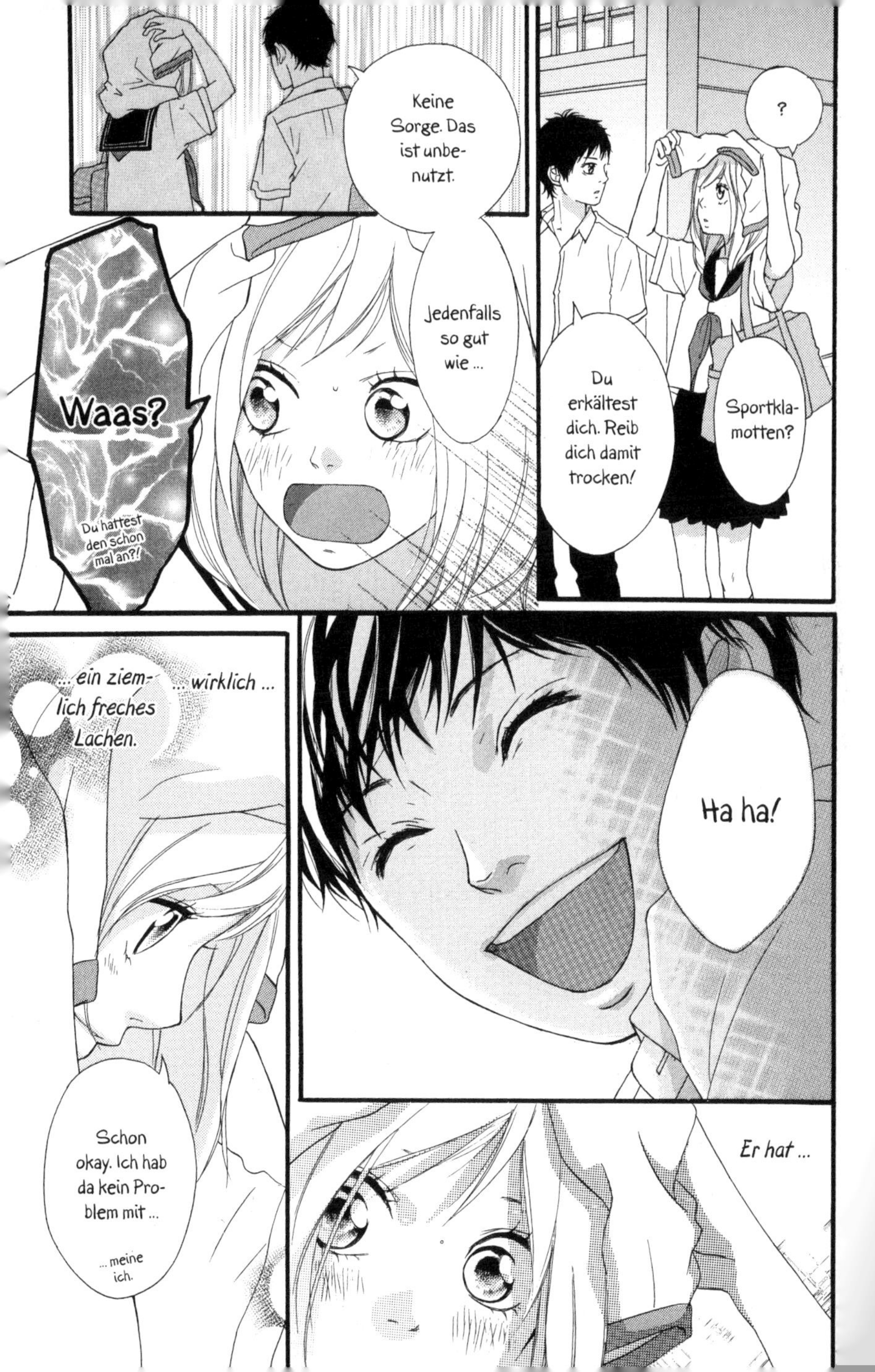
?
Sportklamotten?
Du erkältest dich. Reib dich damit trocken!
Keine Sorge. Das ist unbenutzt.
Jedenfalls so gut wie ...
Waas?
Du hattest den schon mal an?!
Ha ha!
Er hat ...
... wirklich ...
... ein ziemlich freches Lachen.
Schon okay. Ich hab da kein Problem mit ...
... meine ich.

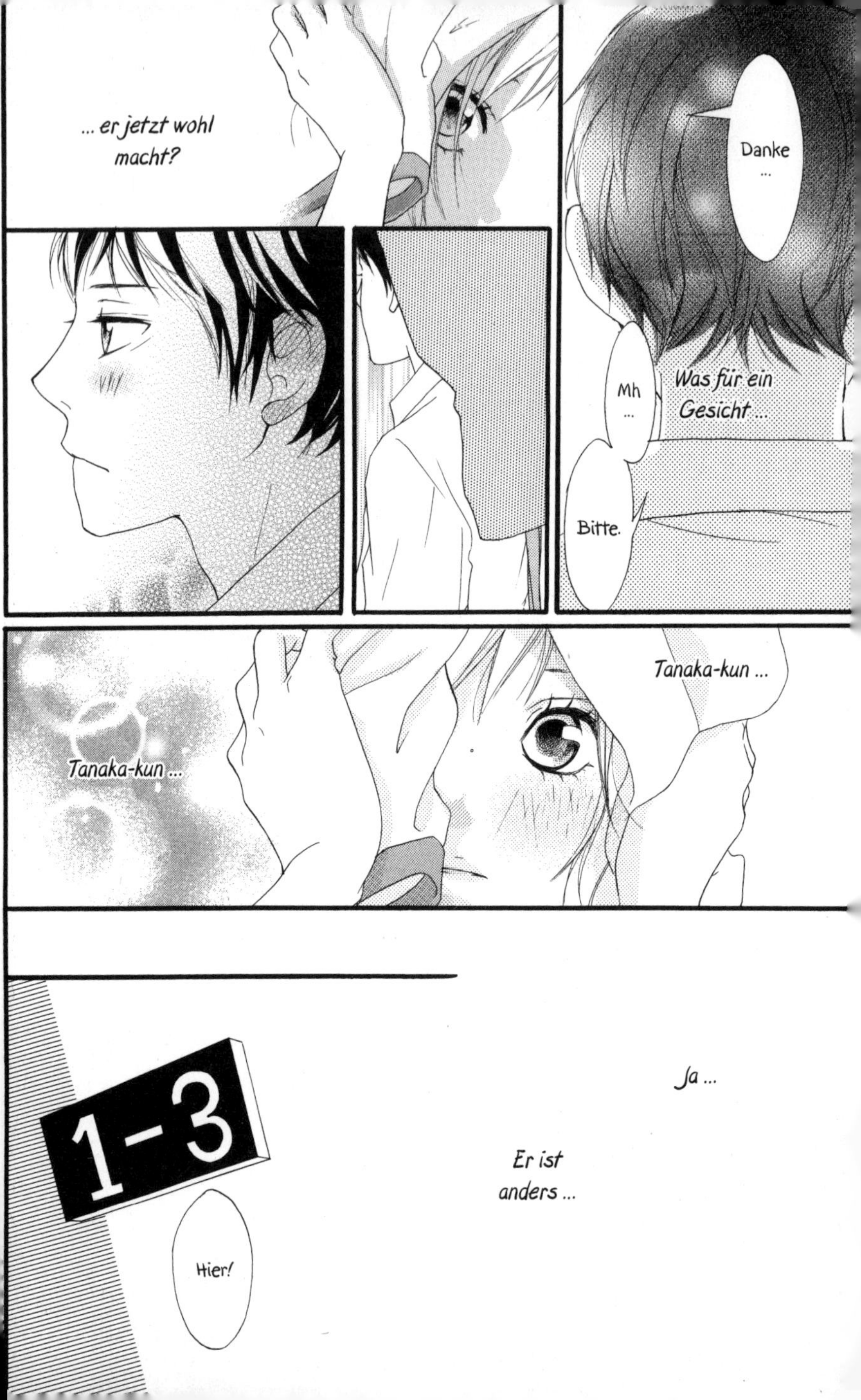
Danke ...
... er jetzt wohl macht?
Was für ein Gesicht ...
Mh ...
Bitte.
Tanaka-kun ...
Tanaka-kun ...
Ja ...
Er ist anders ...
1-3
Hier!

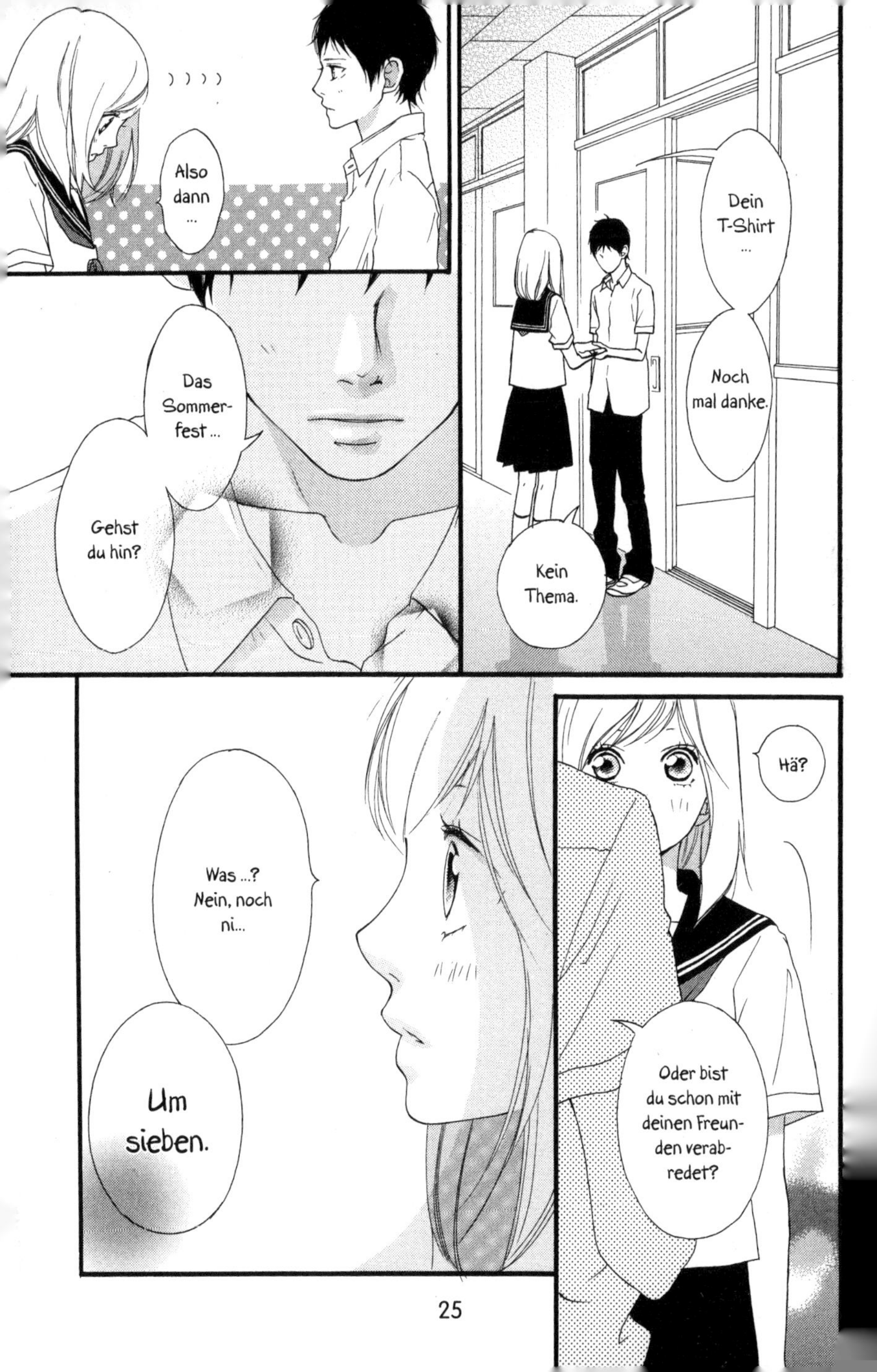
Dein T-Shirt ...
Noch mal danke.
Kein Thema.
Also dann ...
Das Sommer-fest ...
Gehst du hin?
Hä?
Oder bist du schon mit deinen Freun-den verab-redet?
Was ...? Nein, noch ni...
Um sieben.

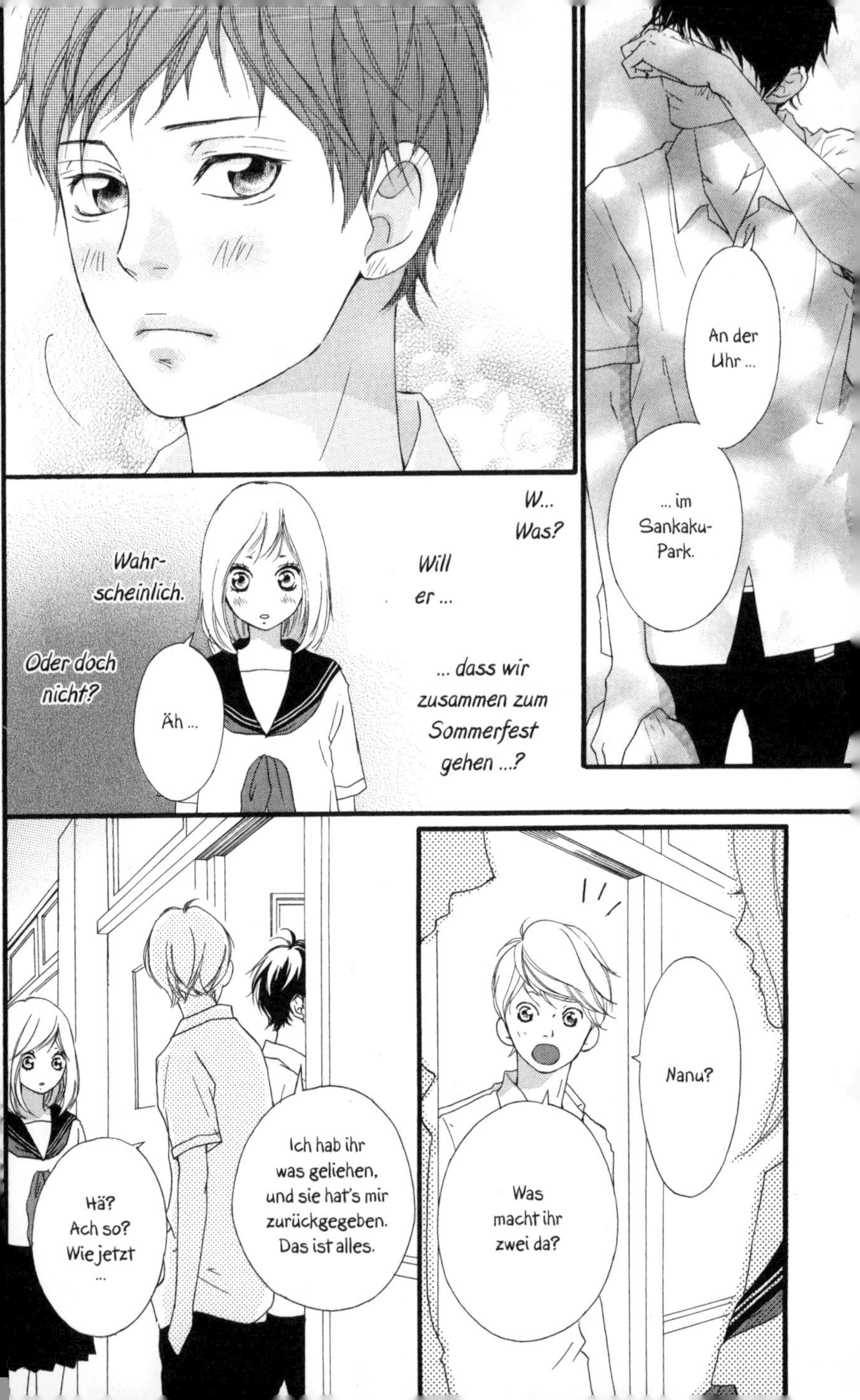

An der Uhr ...
... im Sankaku-Park.
W... Was?
Will er ...
... dass wir zusammen zum Sommerfest gehen ...?
Wahr-scheinlich.
Oder doch nicht?
Äh ...
Nanu?
Was macht ihr zwei da?
Ich hab ihr was geliehen, und sie hat's mir zurückgegeben. Das ist alles.
Hä? Ach so? Wie jetzt ...

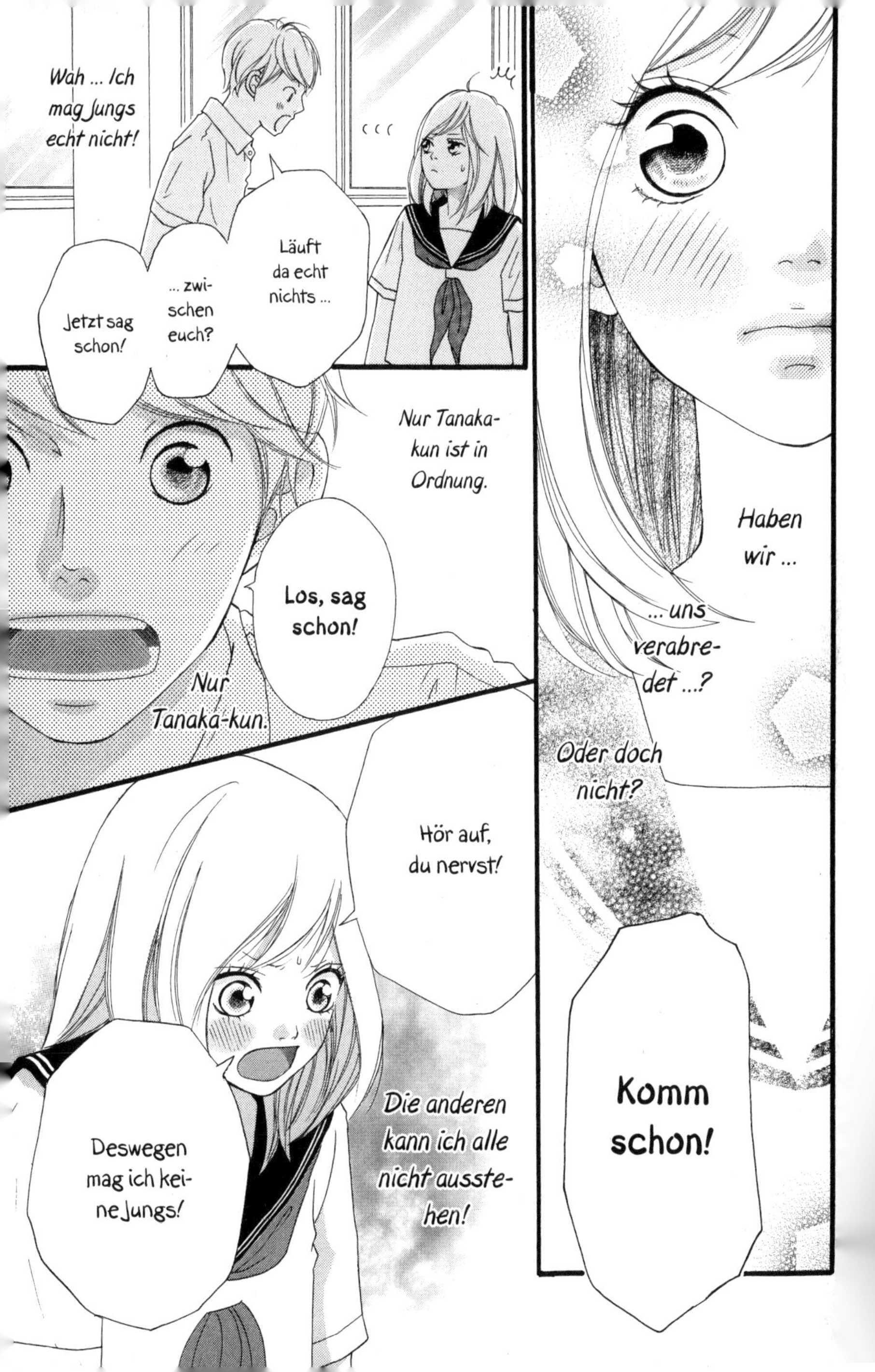

Wah ... Ich mag Jungs echt nicht!
Läuft da echt nichts ...
... zwi-schen euch?
Jetzt sag schon!
Nur Tanaka-kun ist in Ordnung.
Los, sag schon!
Nur Tanaka-kun.
Hör auf, du nervst!
Die anderen kann ich alle nicht ausste-hen!
Deswegen mag ich kei-ne Jungs!
Haben wir ...
... uns verabre-det ...?
Oder doch nicht?
Komm schon!

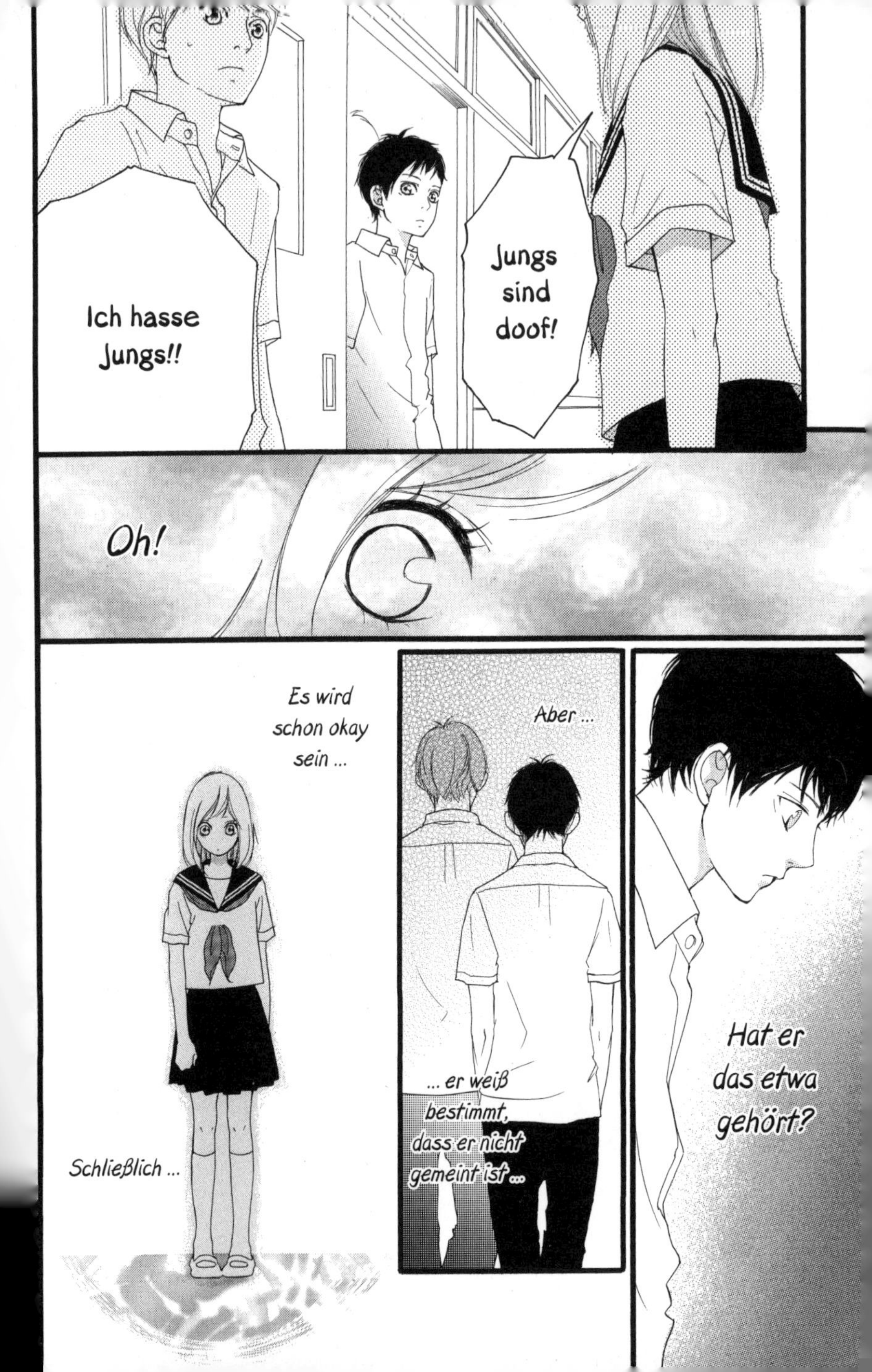
Jungs
sind
doof!
Ich hasse
Jungs!!
Oh!
Hat er
das etwa
gehört?
Aber ...
... er weiß
bestimmt,
dass er nicht
gemeint ist ...
Es wird
schon okay
sein ...
Schließlich ...

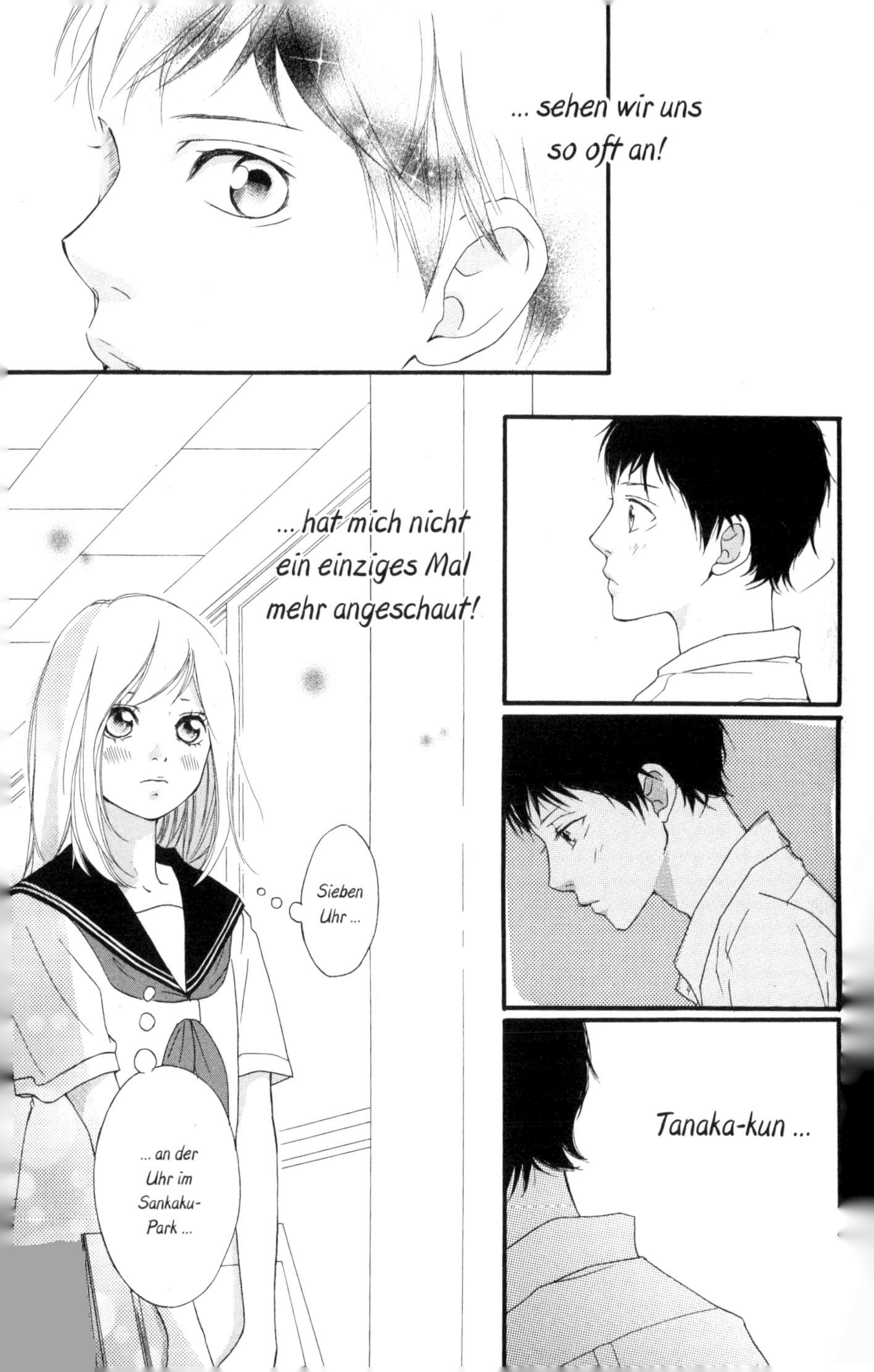
... sehen wir uns so oft an!
Tanaka-kun ...
... hat mich nicht ein einziges Mal mehr angeschaut!
Sieben Uhr ...
... an der Uhr im Sankaku-Park ...

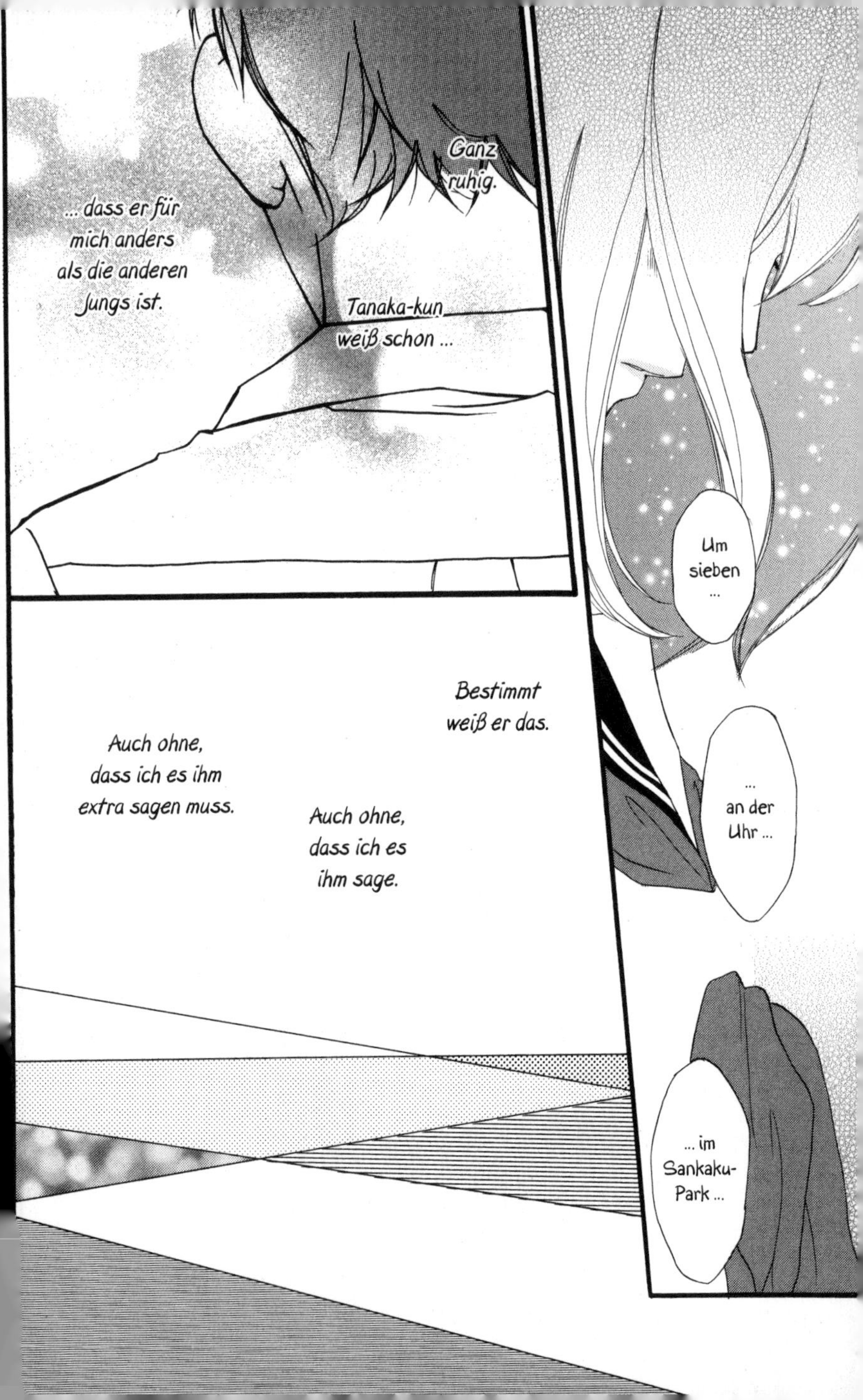
Um sieben ...
... an der Uhr ...
... im Sankaku-Park ...
Ganz ruhig.
Tanaka-kun weiß schon ...
... dass er für mich anders als die anderen Jungs ist.
Bestimmt weiß er das.
Auch ohne, dass ich es ihm sage.
Auch ohne, dass ich es ihm extra sagen muss.

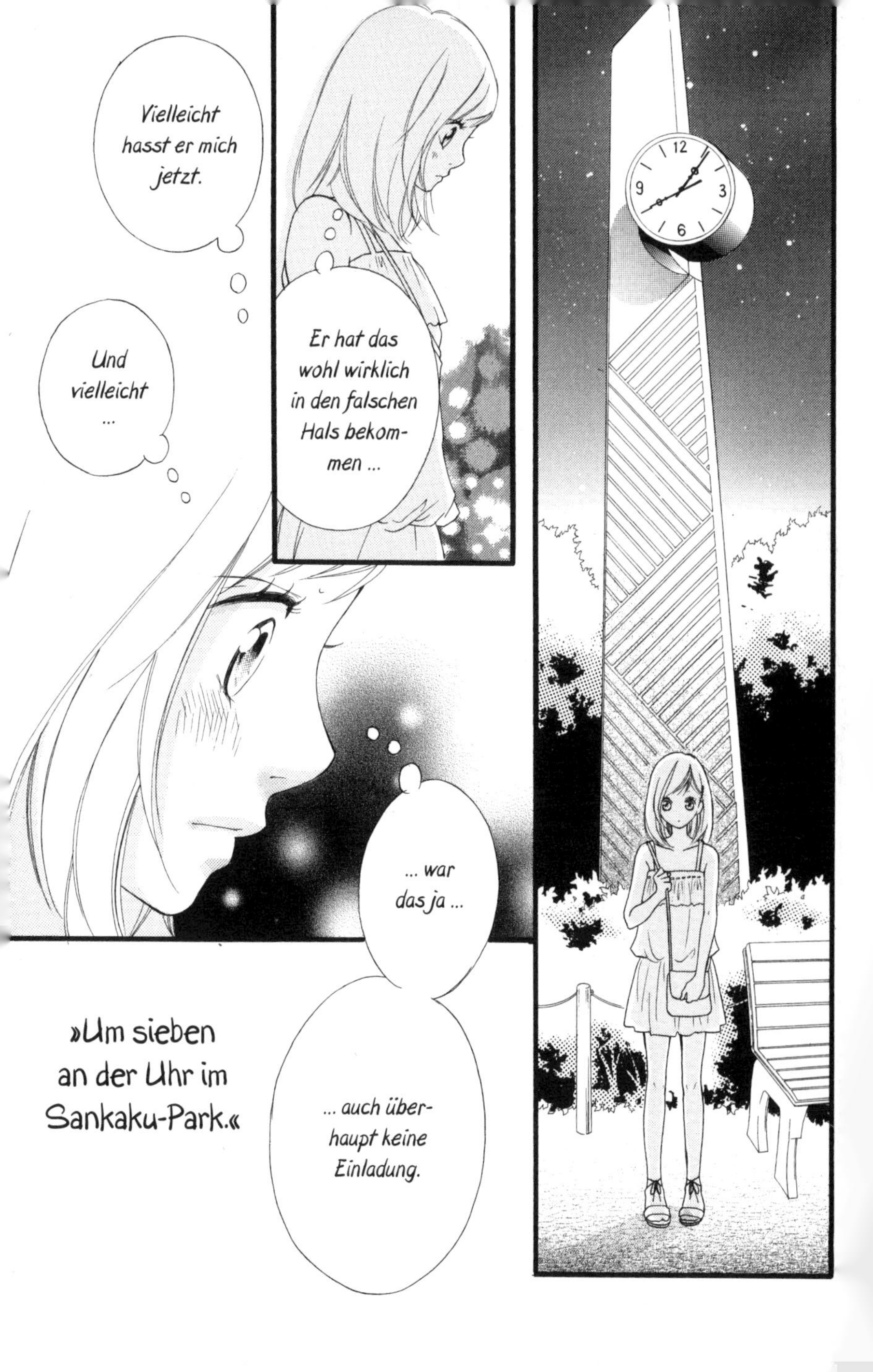
Er hat das wohl wirklich in den falschen Hals bekommen ...
Vielleicht hasst er mich jetzt.
Und vielleicht ...
... war das ja ...
... auch überhaupt keine Einladung.
»Um sieben an der Uhr im Sankaku-Park.«

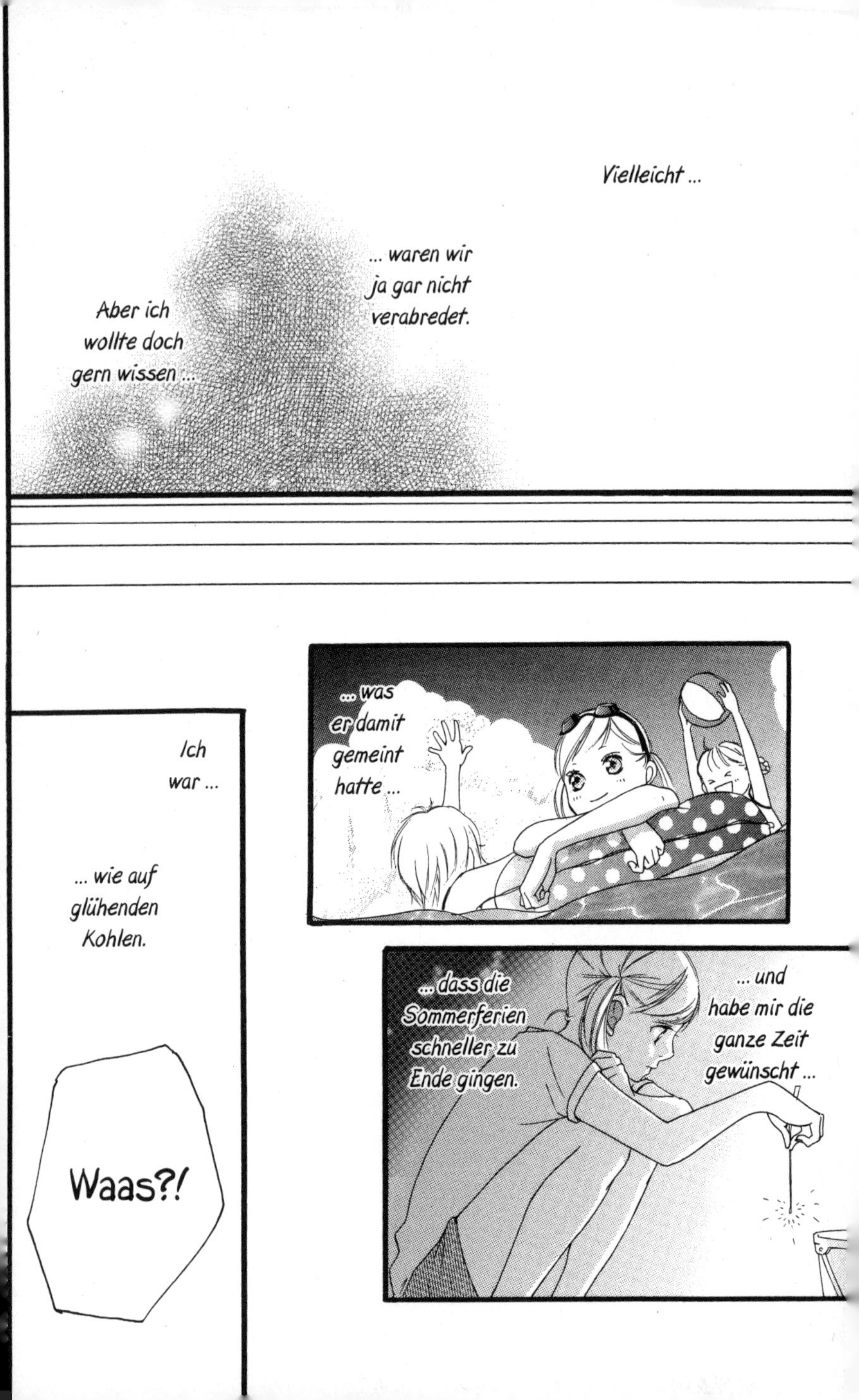
Vielleicht ...
... waren wir ja gar nicht verabredet.
Aber ich wollte doch gern wissen ...
... was er damit gemeint hatte ...
Ich war ...
... wie auf glühenden Kohlen.
... und habe mir die ganze Zeit gewünscht ...
... dass die Sommerferien schneller zu Ende gingen.
Waas?!

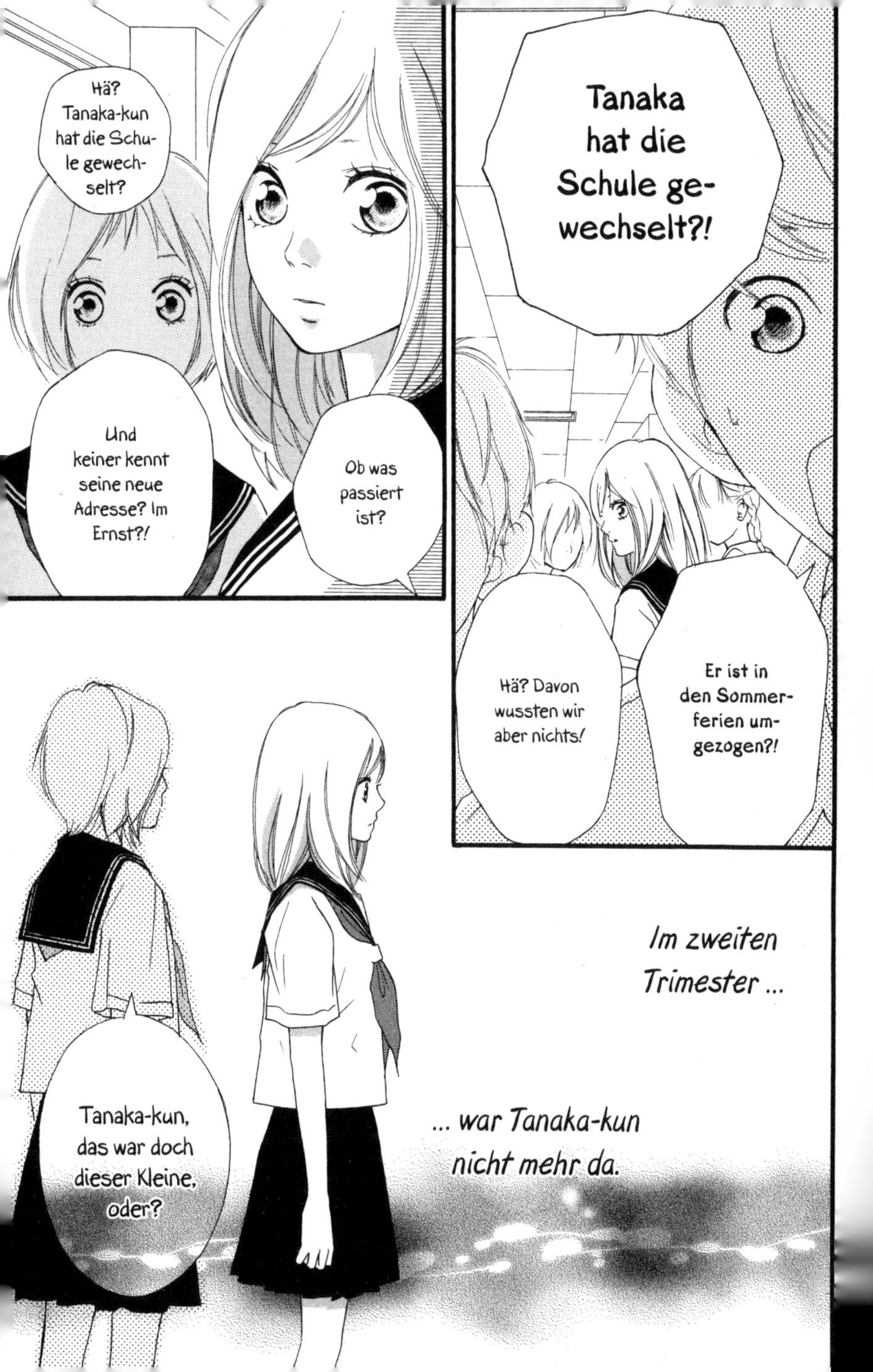
Tanaka hat die Schule gewechselt?!
Hä? Tanaka-kun hat die Schule gewechselt?
Ob was passiert ist?
Und keiner kennt seine neue Adresse? Im Ernst?!
Er ist in den Sommerferien umgezogen?!
Hä? Davon wussten wir aber nichts!
Im zweiten Trimester ...
... war Tanaka-kun nicht mehr da.
Tanaka-kun, das war doch dieser Kleine, oder?

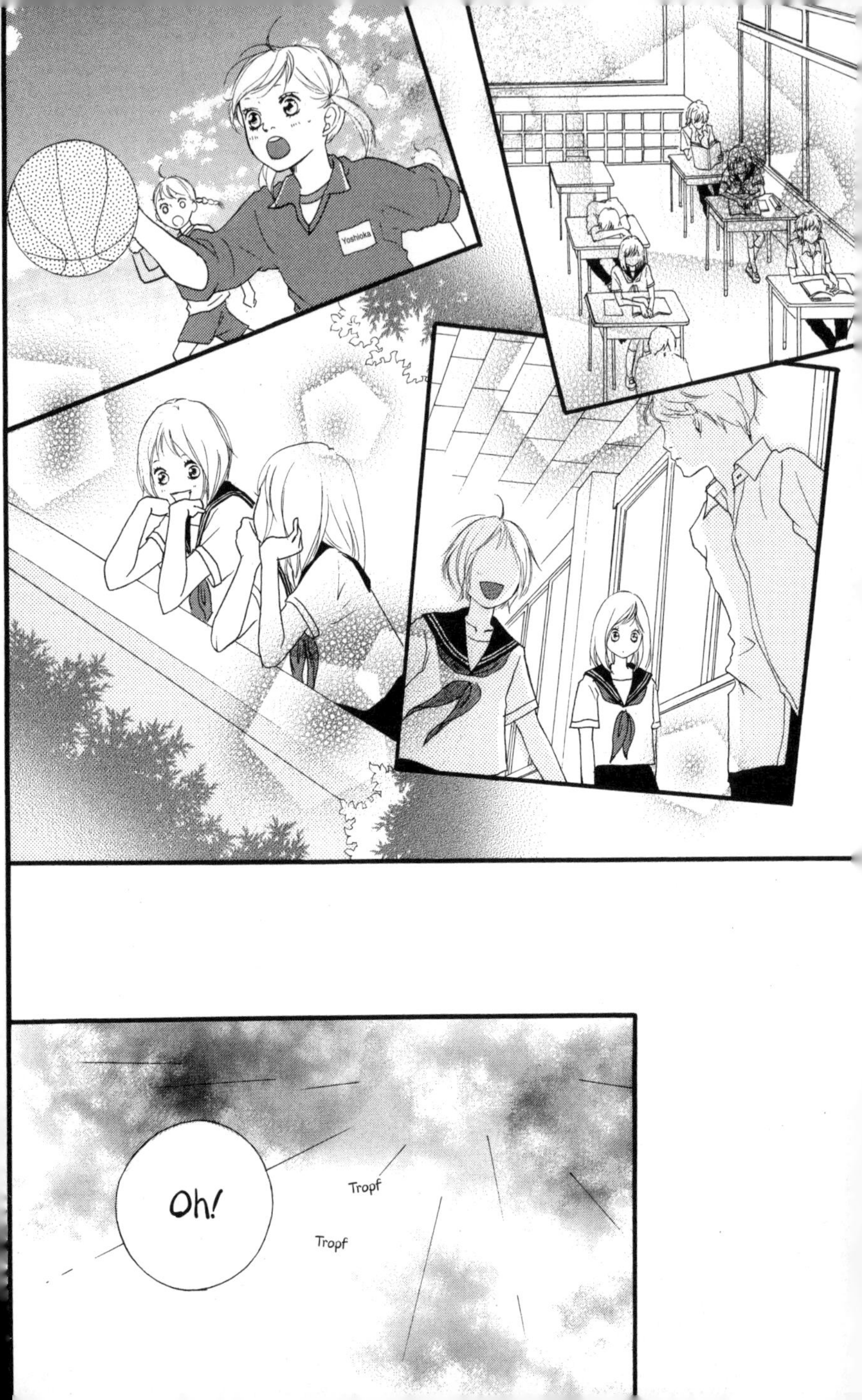
Yoshioka
Oh!
Tropf
Tropf

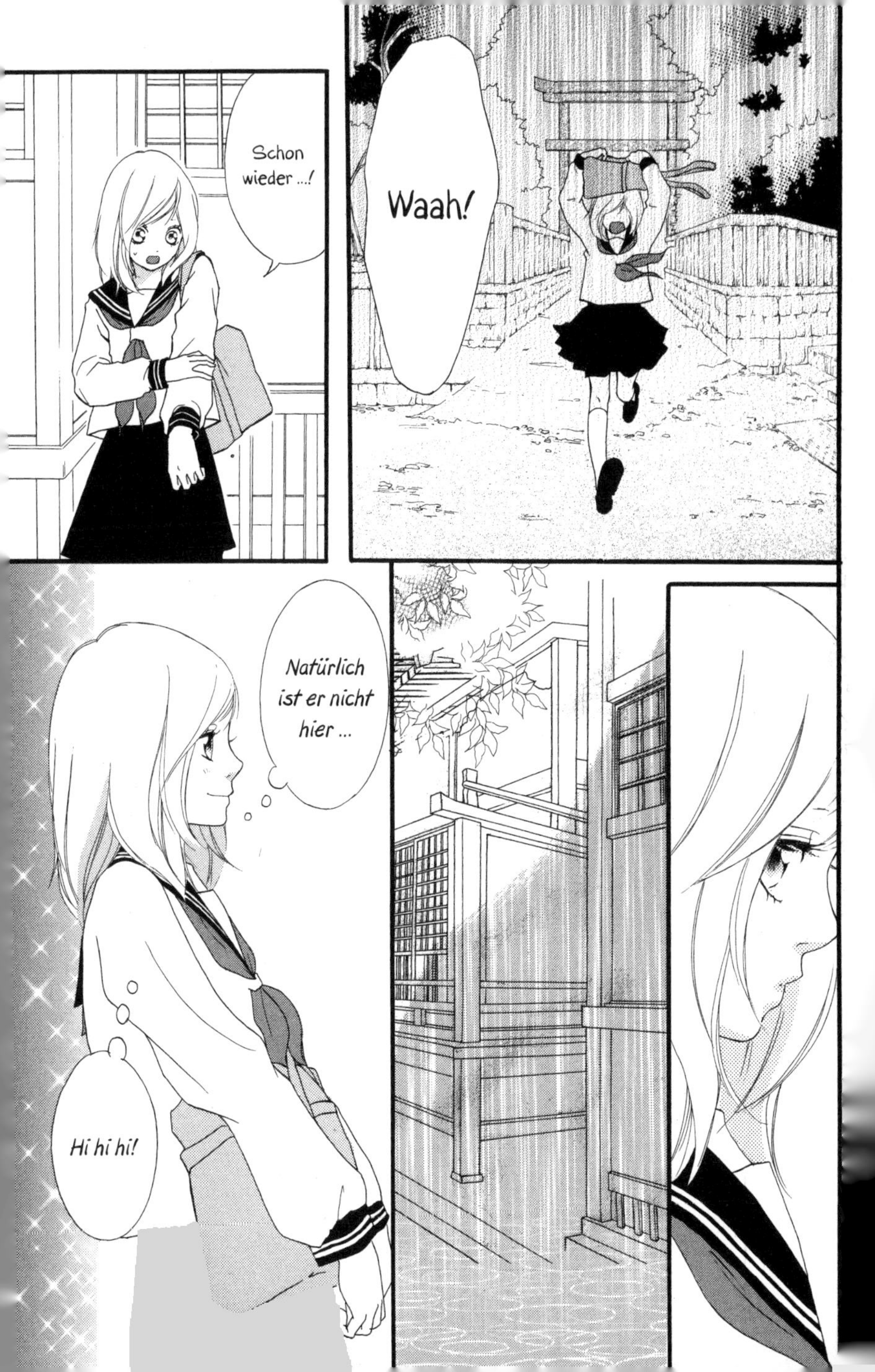
Waah!
Schon wieder ...!
Natürlich ist er nicht hier ...
Hi hi hi!

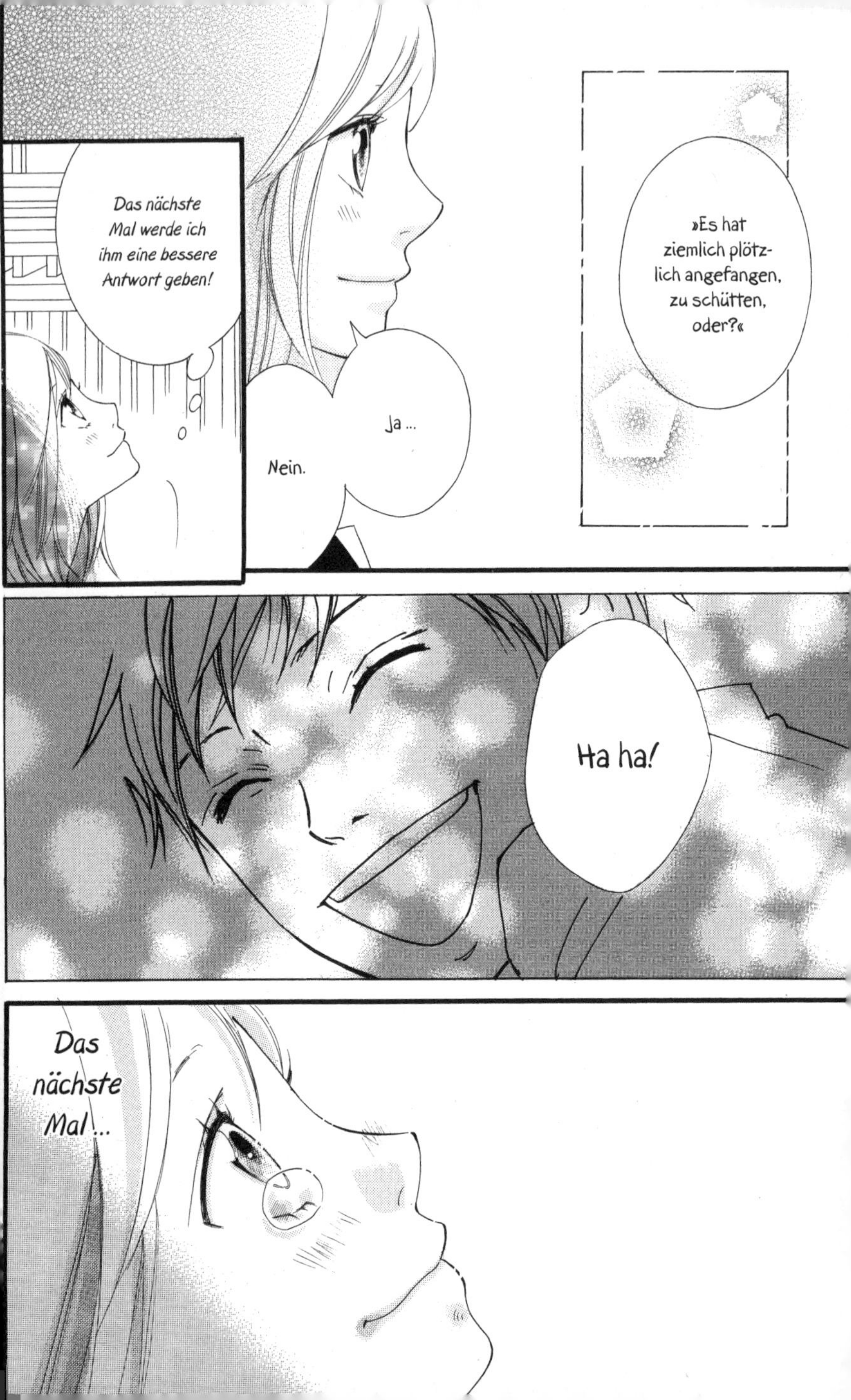
»Es hat ziemlich plötzlich angefangen, zu schütten, oder?«
Ja ...
Nein.
Das nächste Mal werde ich ihm eine bessere Antwort geben!
Ha ha!
Das nächste Mal ...

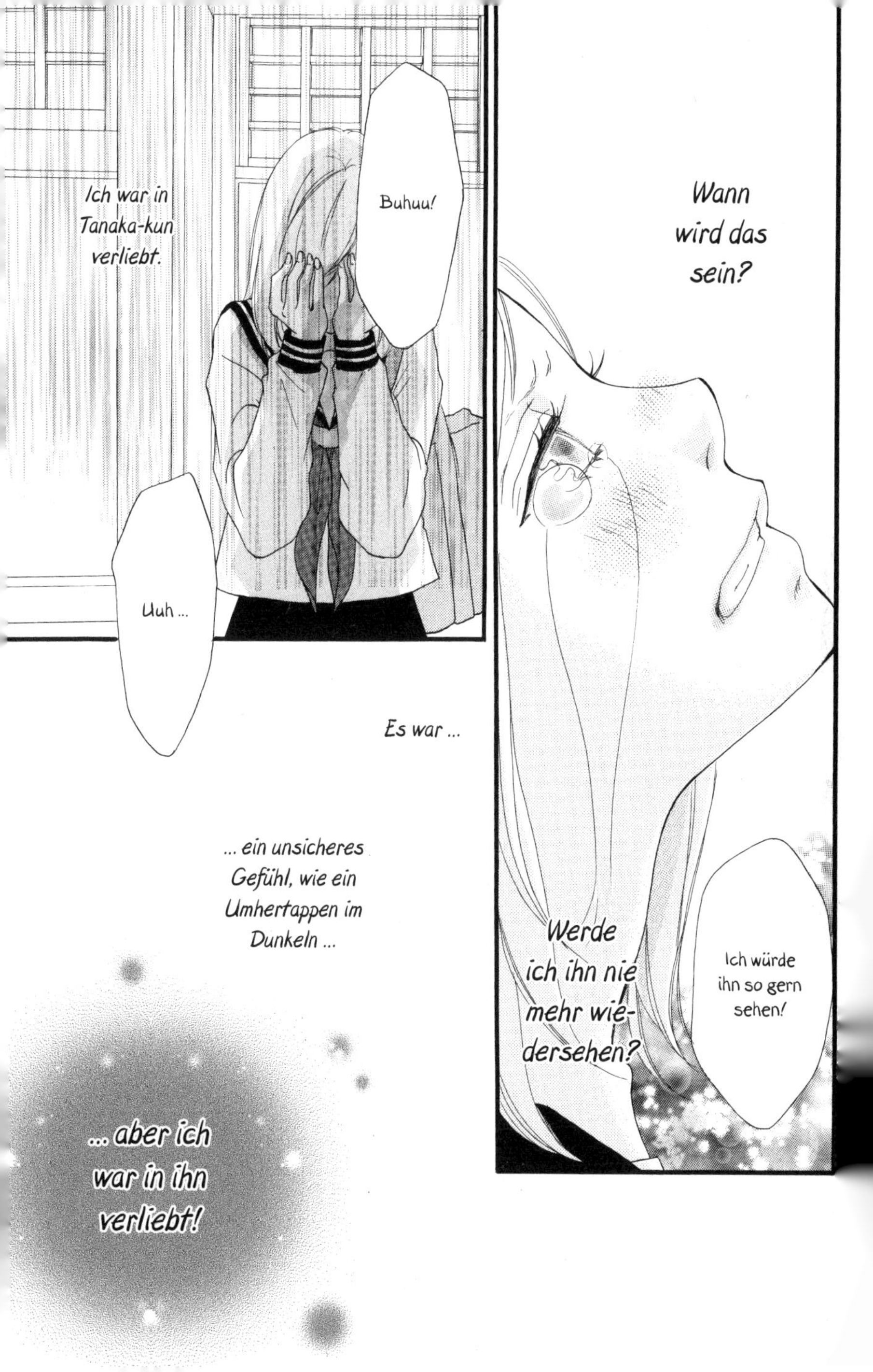
Wann wird das sein?
Werde ich ihn nie mehr wie-dersehen?
Ich würde ihn so gern sehen!
Buhuu!
Ich war in Tanaka-kun verliebt.
Uuh ...
Es war ...
... ein unsicheres Gefühl, wie ein Umhertappen im Dunkeln ...
... aber ich war in ihn verliebt!

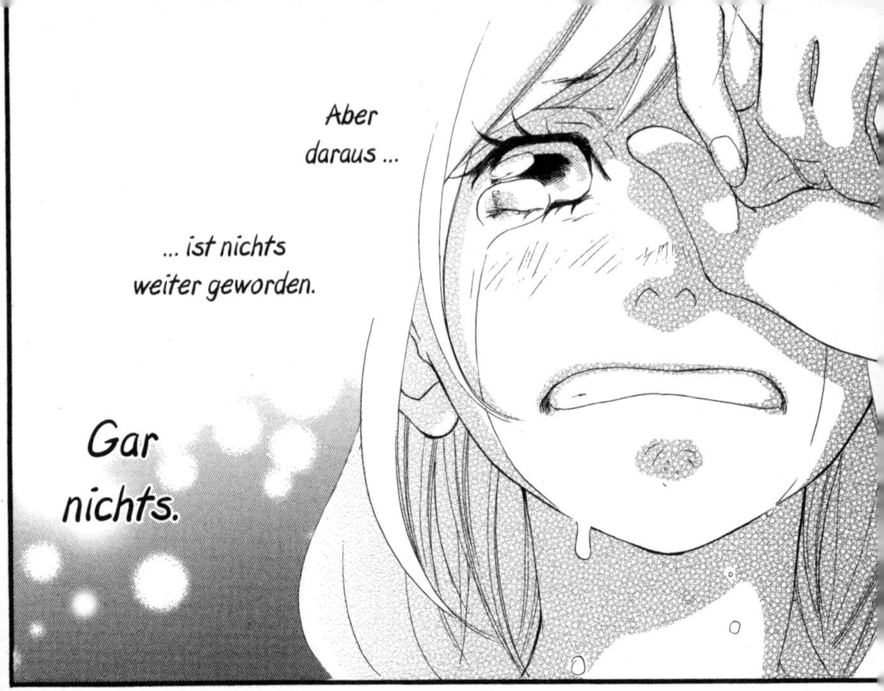
Aber daraus ...
... ist nichts weiter geworden.
Gar nichts.

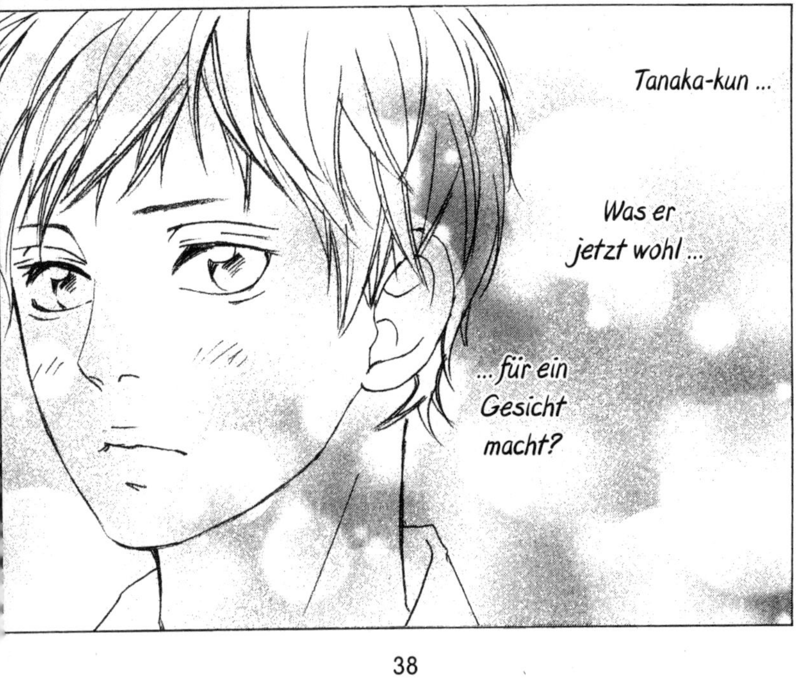
Tanaka-kun ...
Was er jetzt wohl ...
... für ein Gesicht macht?

Ich wurde sofort in Briefen und bei Twitter gefragt, was der Titel *Aoharaido** zu bedeuten hat. Deswegen will ich diese Frage hier beantworten. Ich habe die beiden Schriftzeichen für »Jugend« genommen, die aber nicht wie normalerweise *seishun*, sondern *ao*** und *haru**** gelesen werden. Und daran habe ich das englische *Ride* angehängt. Dieses angefügte *Ride* soll das Bild vermitteln, dass alle nach Kräften auf diese Zeit aufspringen. Als ich den Titel probeweise ausgesprochen habe, ließ sich *Aoharaido* aber besser aussprechen als *Aoharu raido*, und weil es auch genau gepasst hat, ist das der Titel geworden.

Beim Zeichnen dieser Geschichte erinnere ich mich an meine eigene Zeit an der Highschool und frage mich bei vielen Dingen, warum ich mich damals nicht habe geschickter anstellen können. Aber ich erinnere mich auch gut daran, dass mich damals alles ziemlich überfordert hat. (Jetzt bin ich zwar immer noch von vielen Dingen überfordert, aber na ja …)

Nach vorne zu schauen, zurückzublicken oder keine der beiden Richtungen sehen zu können, auch das hat mich überfordert. Gutes und Schlechtes, alles hat mich überfordert. Das ist das Bild, das ich vom Heranwachsen habe. Welches Bild habt ihr von der Jugend?

*Originaltitel **»blau« ***»Frühling«

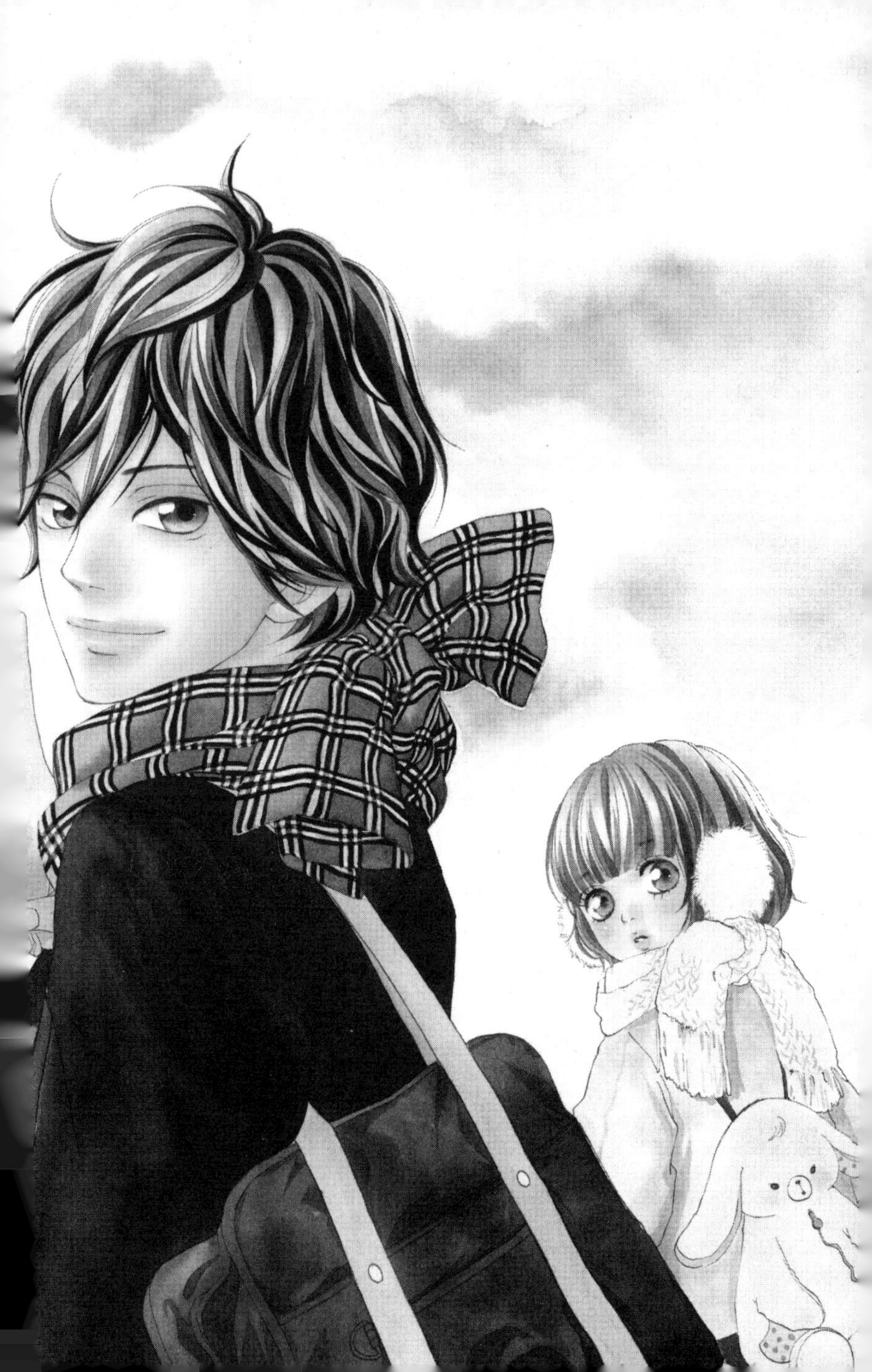

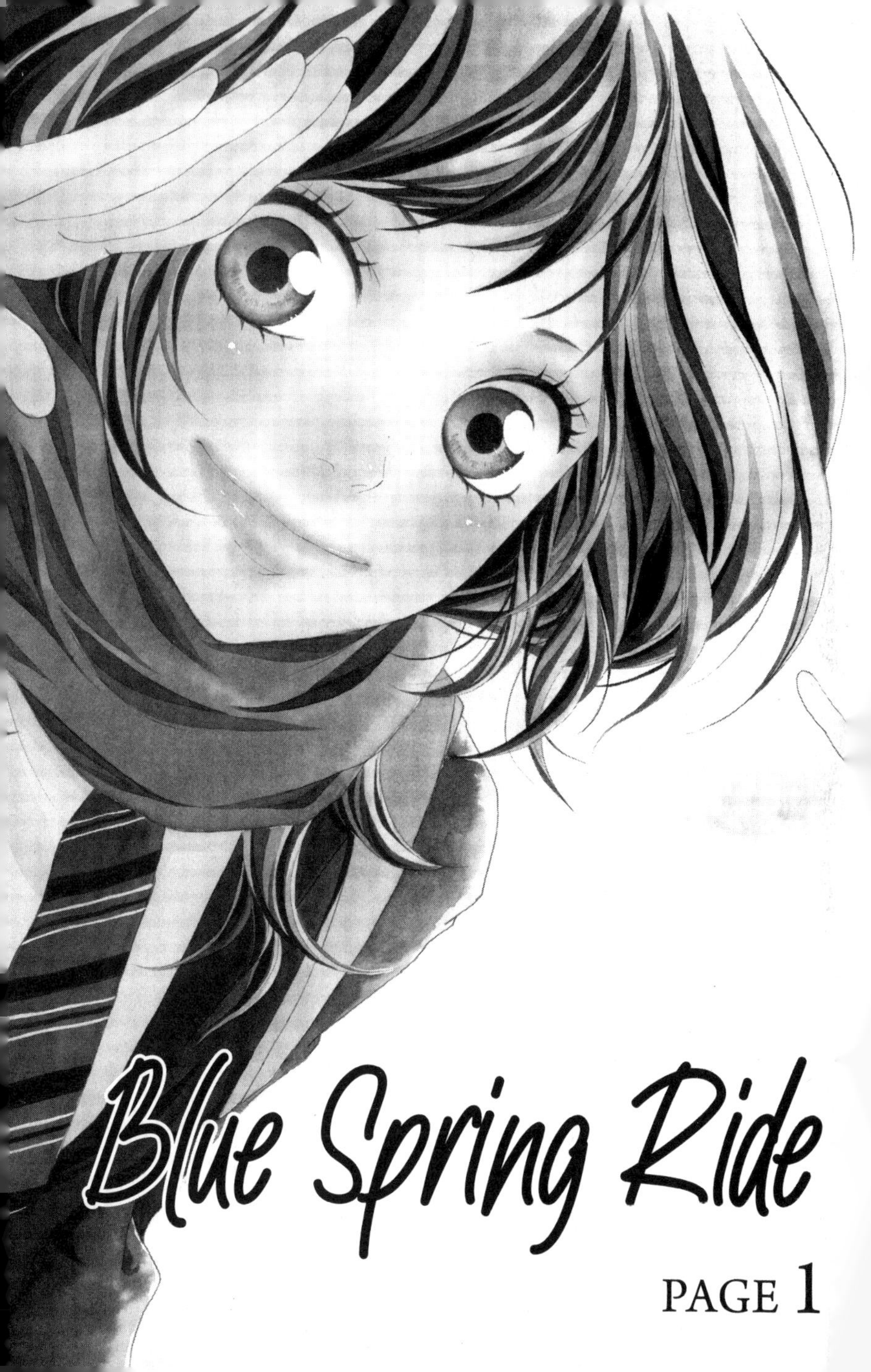
Blue Spring Ride
PAGE 1

Die zweite Tür auf der linken Seite ist das Zimmer des Frotteedecken-Klubs.

Das habe ich schon in den Mangabänden zu meiner vorherigen Serie, *Strobe Edge*, mehrfach geschrieben, aber ich lerne es einfach nicht und werde auch hier wieder um Mitglieder für den Frotteedecken-Klub werben! Dieser Klub ist für friedliche Menschen, die Frotteedecken über alles lieben. Aber es ist kein Klub, bei dem man sich trifft und etwas gemeinsam unternimmt, sondern in dem man allein im Stillen aktiv ist. Jedenfalls liebt ihr, seine Mitglieder, Frotteedecken. Wenn ihr beim Schlafengehen keine habt, könnt ihr nicht abschalten, und am liebsten würdet ihr euch auch tagsüber ständig eine umwickeln. Aber lieber eine Decke, die schon länger in Gebrauch ist. Und dieser tolle Klub dient dazu, dass ihr euch gegenseitig vergewissern könnt, dass es im ganzen Land zahlreiche Gleichgesinnte gibt, und ihr von Herzen beruhigt sein könnt. Als ich das erste Mal versucht habe, Mitglieder für den Klub zu gewinnen, dachte ich, dass es zwar hier und da vielleicht Gleichgesinnte gibt, aber wow! Ich hätte nicht gedacht, dass es gleich so viele sind. Besser gesagt, ich war total platt, dass es Frotteedecken-Fans gibt. Ganz genau, es gibt sie! Haufenweise! Yeah! Ihr alle, deren Eltern euch ständig sagen, dass ihr das schmutzige Ding wegschmeißen sollt, oder dass es bestimmt niemanden außer euch gibt, der so seltsam ist, und die ihr bis heute eure Frotteedecke mit Zähnen und Klauen verteidigt habt: Herzlichen Glückwunsch! Es gibt ganz viele Gleichgesinnte!

Ab heute könnt ihr voller Stolz sagen: Es gibt eine Menge von uns! Und wenn das auch nicht hilft … weiß ich auch nicht weiter.

Na ja, jedenfalls besteht der Frotteedecken-Klub unverändert weiter!! Natürlich werden auch Neumitglieder jederzeit gern willkommen geheißen!

Io Sakisaka, Vorsitzende des Frotteedecken-Klubs

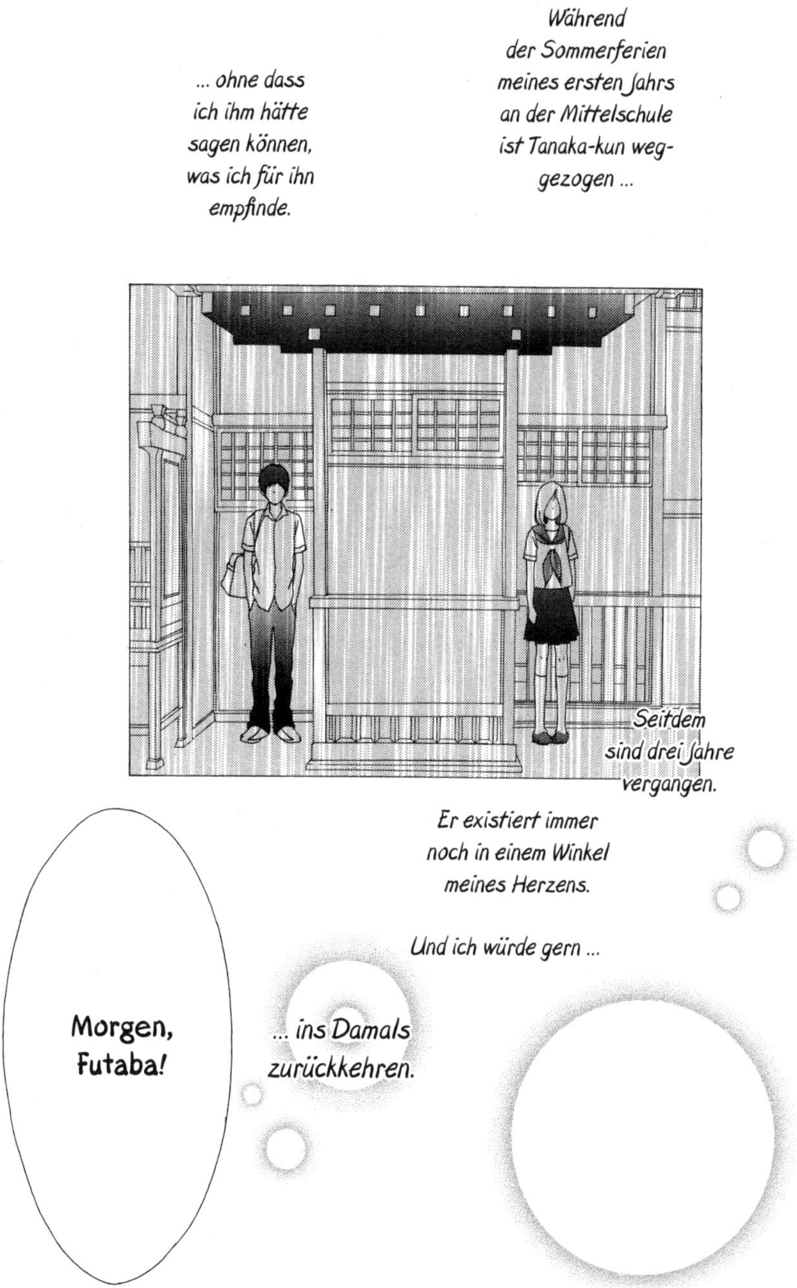

Während der Sommerferien meines ersten Jahrs an der Mittelschule ist Tanaka-kun weggezogen ...
... ohne dass ich ihm hätte sagen können, was ich für ihn empfinde.
Seitdem sind drei Jahre vergangen.
Er existiert immer noch in einem Winkel meines Herzens.
Und ich würde gern ...
... ins Damals zurückkehren.
Morgen, Futaba!

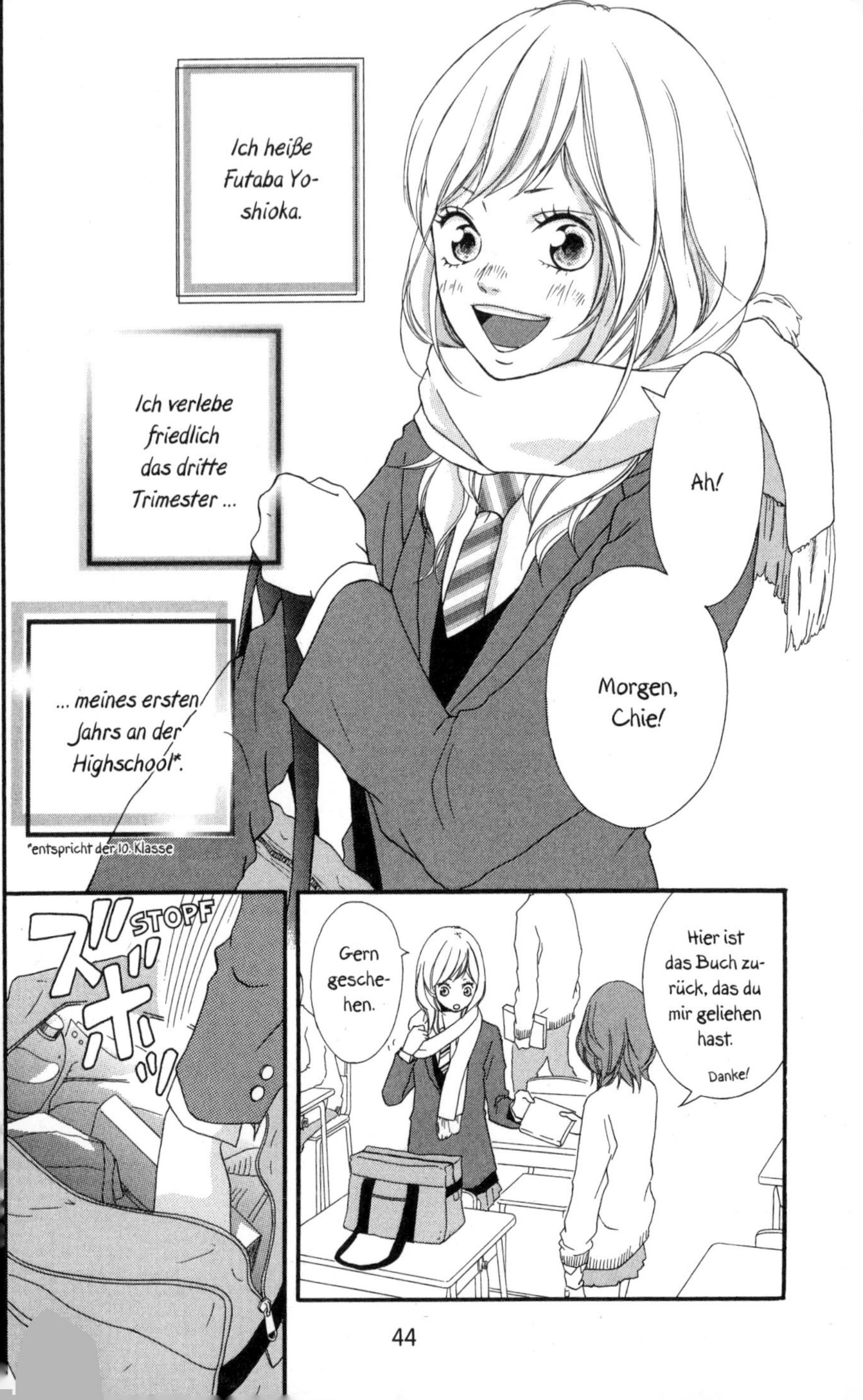
Ich heiße Futaba Yo-shioka.
Ah!
Morgen, Chie!
Ich verlebe friedlich das dritte Trimester …
… meines ersten Jahrs an der Highschool*.
*entspricht der 10. Klasse
Hier ist das Buch zu-rück, das du mir geliehen hast.
Danke!
Gern gesche-hen.
STOPF

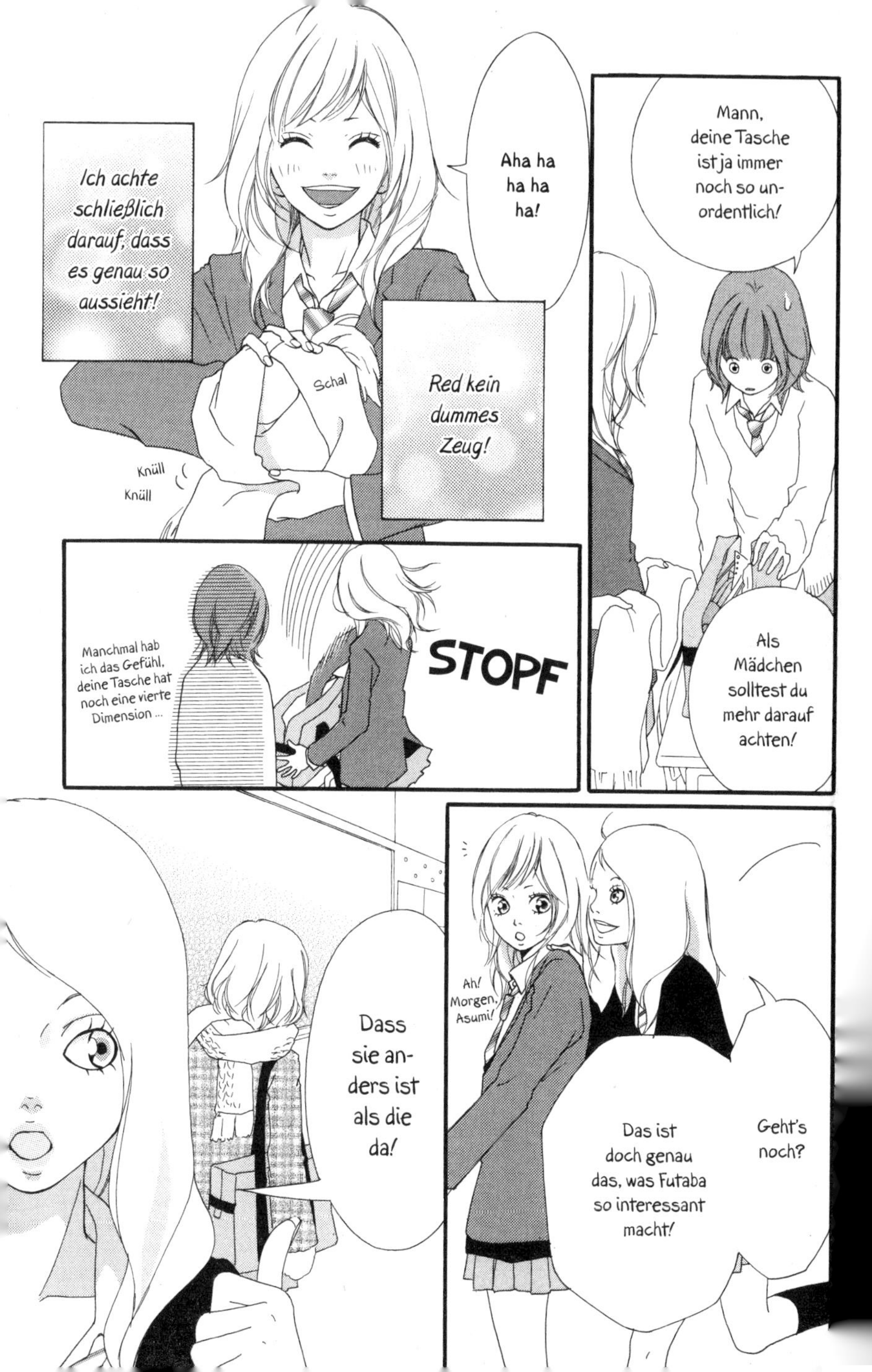
Mann, deine Tasche ist ja immer noch so unordentlich!
Als Mädchen solltest du mehr darauf achten!
Aha ha ha ha ha!
Red kein dummes Zeug!
Ich achte schließlich darauf, dass es genau so aussieht!
Schal
Knüll
Knüll
STOPF
Manchmal hab ich das Gefühl, deine Tasche hat noch eine vierte Dimension ...
Ah! Morgen, Asumi!
Geht's noch?
Das ist doch genau das, was Futaba so interessant macht!
Dass sie anders ist als die da!

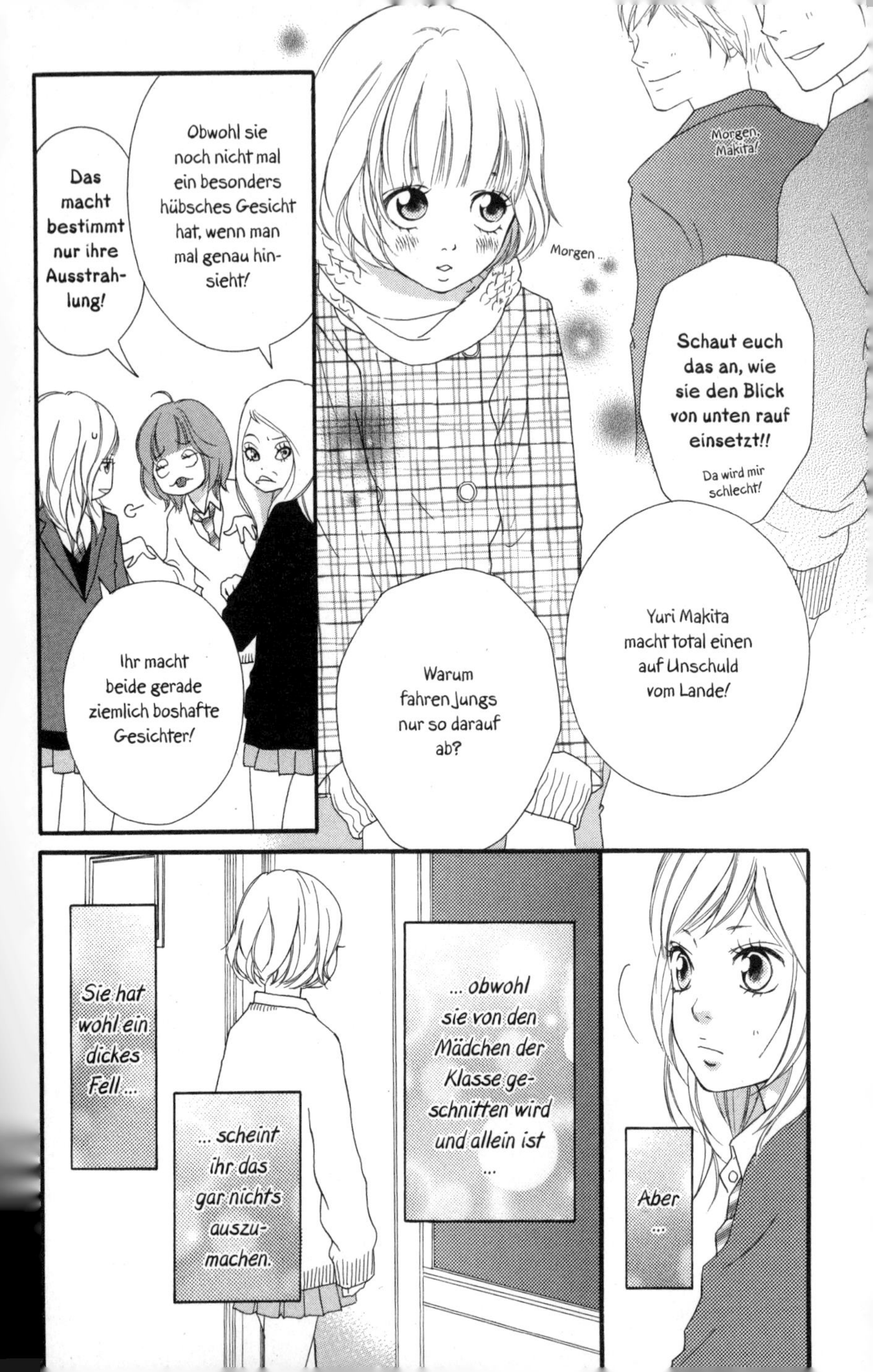
Morgen, Makita!
Morgen ...
Schaut euch das an, wie sie den Blick von unten rauf einsetzt!!
Da wird mir schlecht!
Yuri Makita macht total einen auf Unschuld vom Lande!
Warum fahren Jungs nur so darauf ab?
Obwohl sie noch nicht mal ein besonders hübsches Gesicht hat, wenn man mal genau hinsieht!
Das macht bestimmt nur ihre Ausstrahlung!
Ihr macht beide gerade ziemlich boshafte Gesichter!
Aber ...
... obwohl sie von den Mädchen der Klasse geschnitten wird und allein ist ...
Sie hat wohl ein dickes Fell ...
... scheint ihr das gar nichts auszumachen.

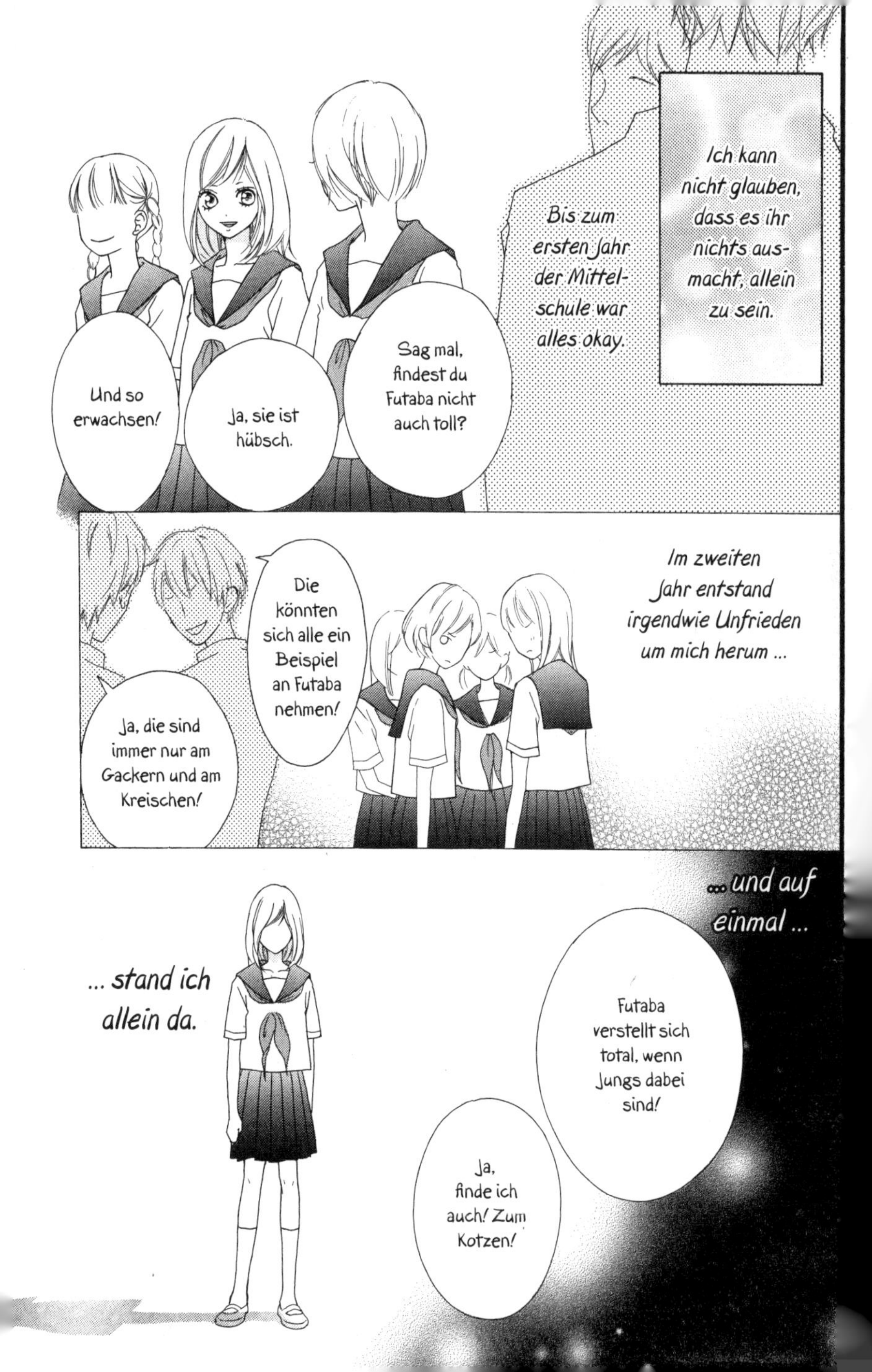
Ich kann nicht glauben, dass es ihr nichts ausmacht, allein zu sein.
Bis zum ersten Jahr der Mittelschule war alles okay.
Sag mal, findest du Futaba nicht auch toll?
Ja, sie ist hübsch.
Und so erwachsen!
Im zweiten Jahr entstand irgendwie Unfrieden um mich herum ...
Die könnten sich alle ein Beispiel an Futaba nehmen!
Ja, die sind immer nur am Gackern und am Kreischen!
... und auf einmal ...
Futaba verstellt sich total, wenn Jungs dabei sind!
Ja, finde ich auch! Zum Kotzen!
... stand ich allein da.

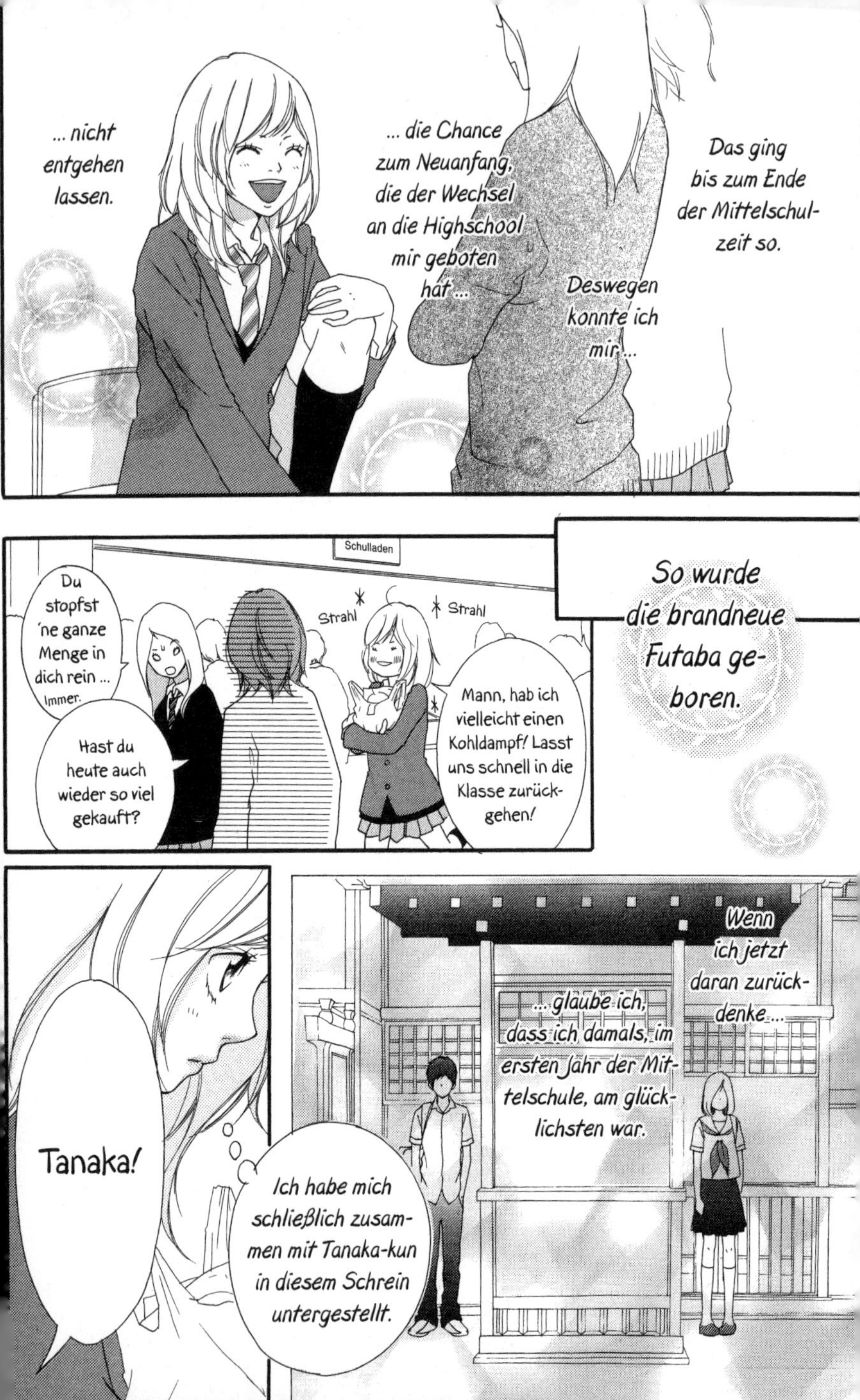

Das ging bis zum Ende der Mittelschulzeit so.
Deswegen konnte ich mir ...
... die Chance zum Neuanfang, die der Wechsel an die Highschool mir geboten hat ...
... nicht entgehen lassen.
So wurde die brandneue Futaba geboren.
Mann, hab ich vielleicht einen Kohldampf! Lasst uns schnell in die Klasse zurückgehen!
Strahl
Strahl
Schulladen
Du stopfst 'ne ganze Menge in dich rein ... Immer.
Hast du heute auch wieder so viel gekauft?
Wenn ich jetzt daran zurückdenke ...
... glaube ich, dass ich damals, im ersten Jahr der Mittelschule, am glücklichsten war.
Ich habe mich schließlich zusammen mit Tanaka-kun in diesem Schrein untergestellt.
Tanaka!

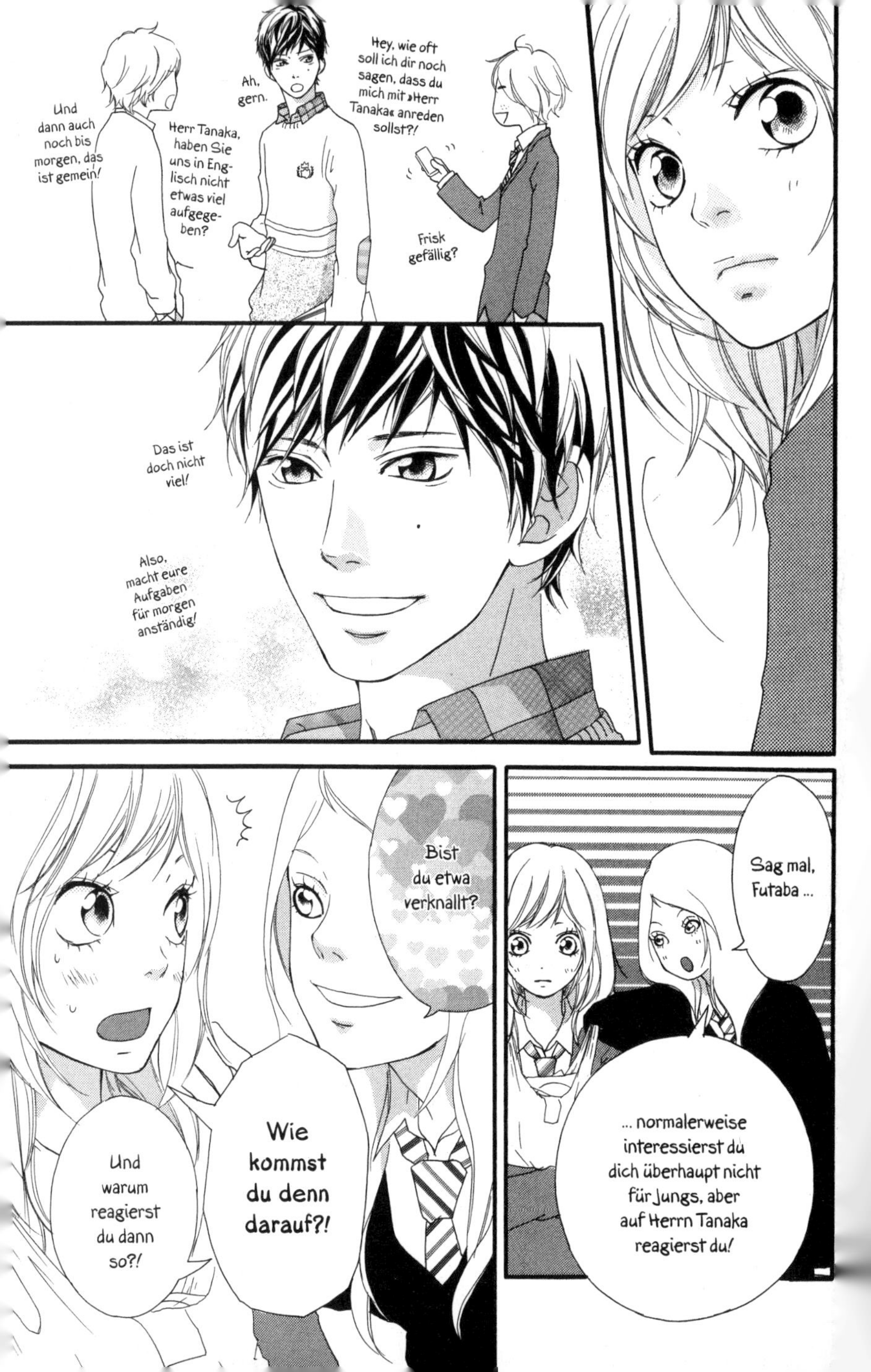
Frisk gefällig?
Hey, wie oft soll ich dir noch sagen, dass du mich mit »Herr Tanaka« anreden sollst?!
Ah, gern.
Herr Tanaka, haben Sie uns in Englisch nicht etwas viel aufgegeben?
Und dann auch noch bis morgen, das ist gemein!
Das ist doch nicht viel!
Also, macht eure Aufgaben für morgen anständig!
Sag mal, Futaba ...
... normalerweise interessierst du dich überhaupt nicht für Jungs, aber auf Herrn Tanaka reagierst du!
Bist du etwa verknallt?
Wie kommst du denn darauf?!
Und warum reagierst du dann so?!

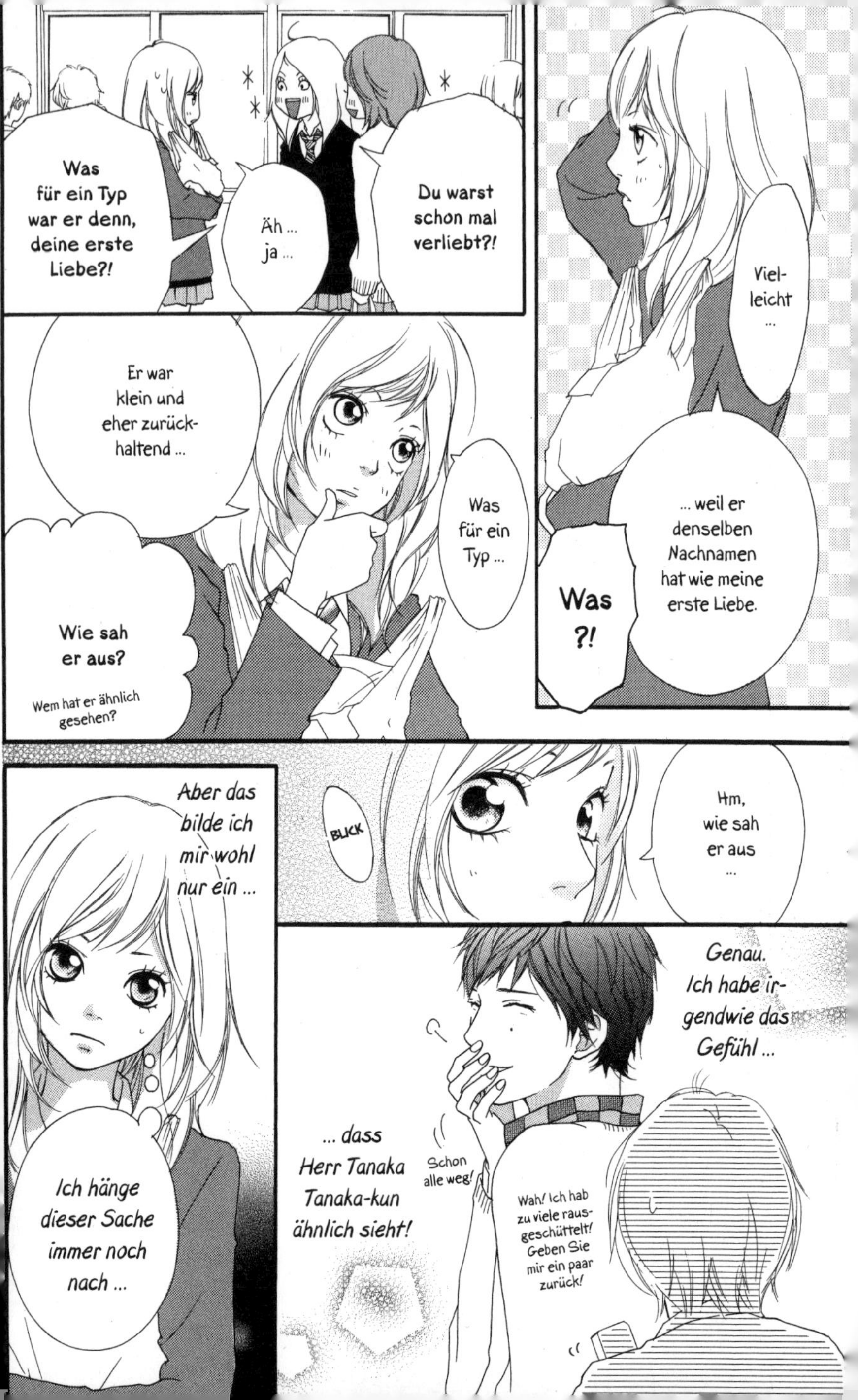
Vielleicht ...
... weil er denselben Nachnamen hat wie meine erste Liebe.
Was ?!
Du warst schon mal verliebt?!
Äh ... ja ...
Was für ein Typ war er denn, deine erste Liebe?!
Was für ein Typ ...
Er war klein und eher zurückhaltend ...
Wie sah er aus?
Wem hat er ähnlich gesehen?
Hm, wie sah er aus ...
BLICK
Genau. Ich habe irgendwie das Gefühl ...
... dass Herr Tanaka Tanaka-kun ähnlich sieht!
Schon alle weg!
Wah! Ich hab zu viele rausgeschüttelt! Geben Sie mir ein paar zurück!
Aber das bilde ich mir wohl nur ein ...
Ich hänge dieser Sache immer noch nach ...

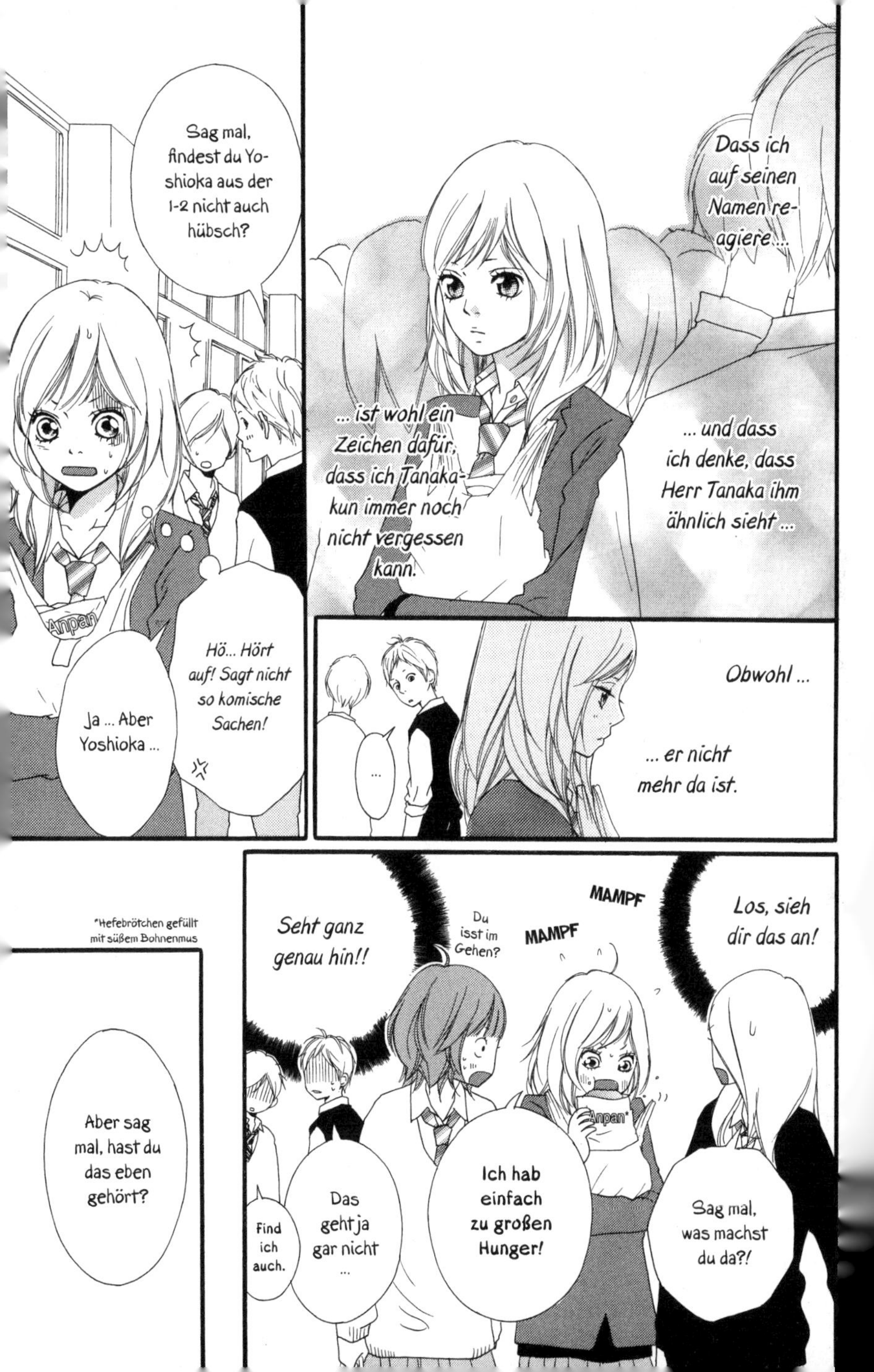

*Hefebrötchen gefüllt mit süßem Bohnenmus

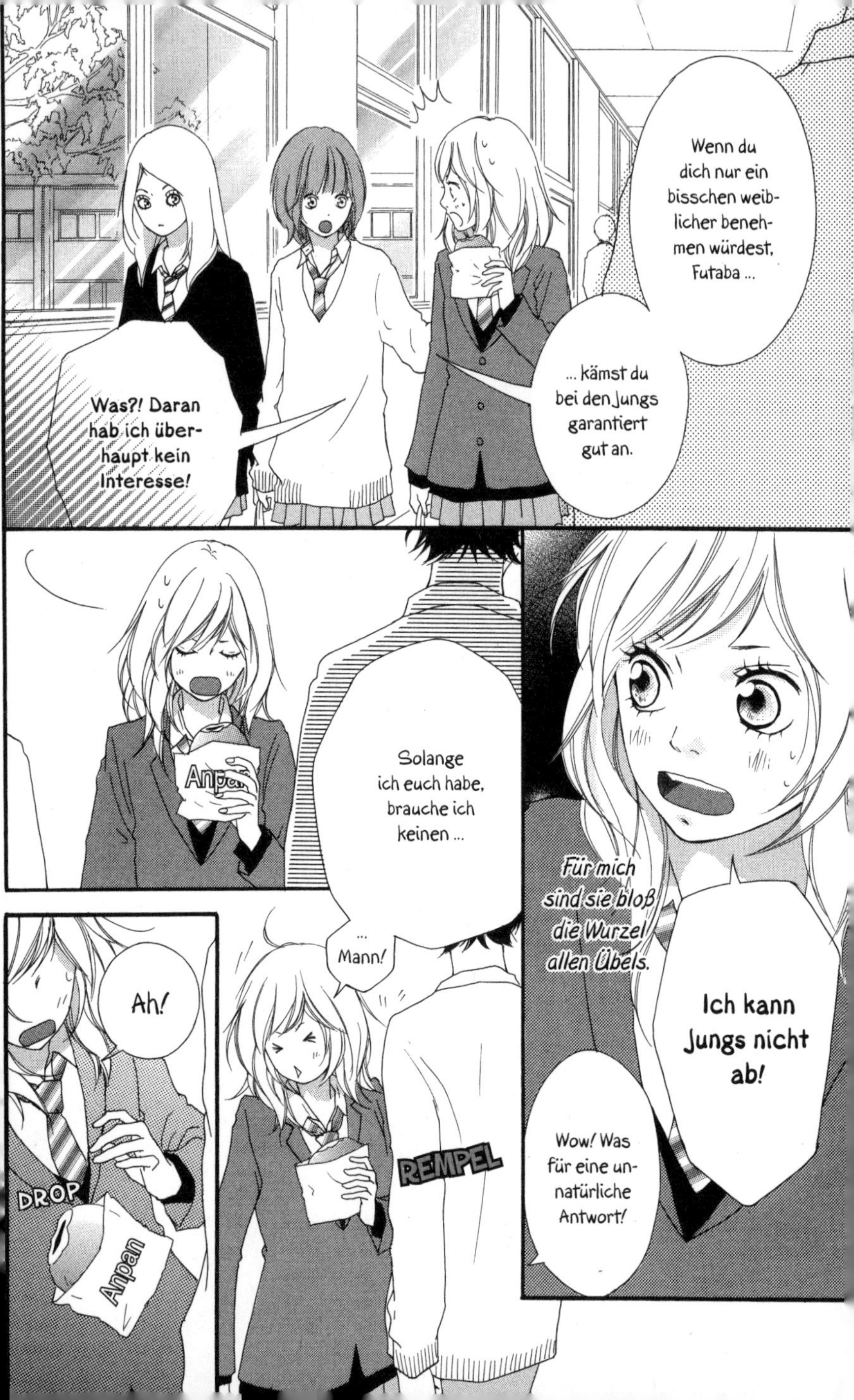
Wenn du dich nur ein bisschen weiblicher benehmen würdest, Futaba ...
... kämst du bei den Jungs garantiert gut an.
Was?! Daran hab ich überhaupt kein Interesse!
Ich kann Jungs nicht ab!
Für mich sind sie bloß die Wurzel allen Übels.
Anpan
Solange ich euch habe, brauche ich keinen ...
... Mann!
Wow! Was für eine unnatürliche Antwort!
REMPEL
Ah!
DROP
Anpan

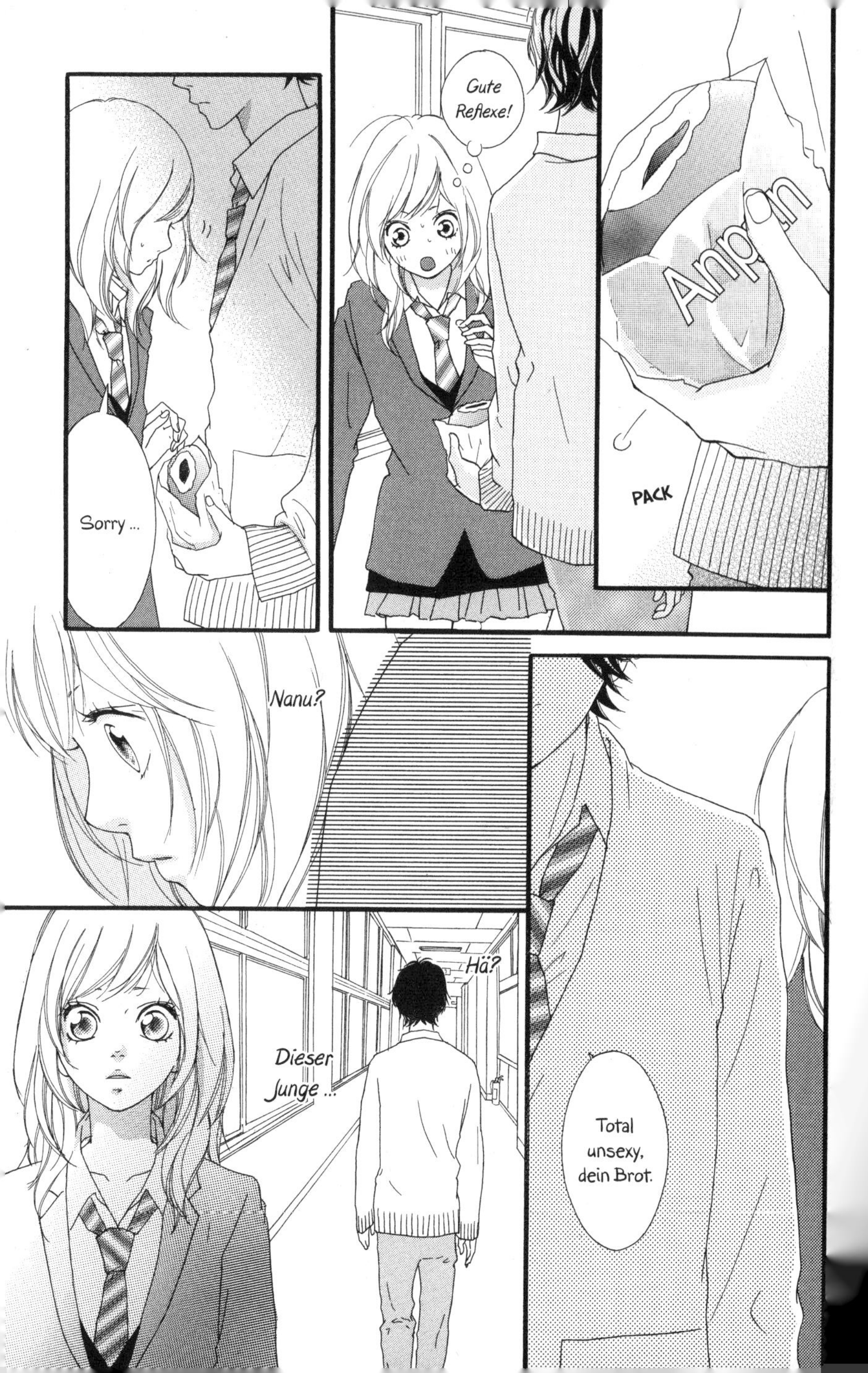
Anpon
PACK
Gute Reflexe!
Sorry ...
Total unsexy, dein Brot.
Nanu?
Hä?
Dieser Junge ...

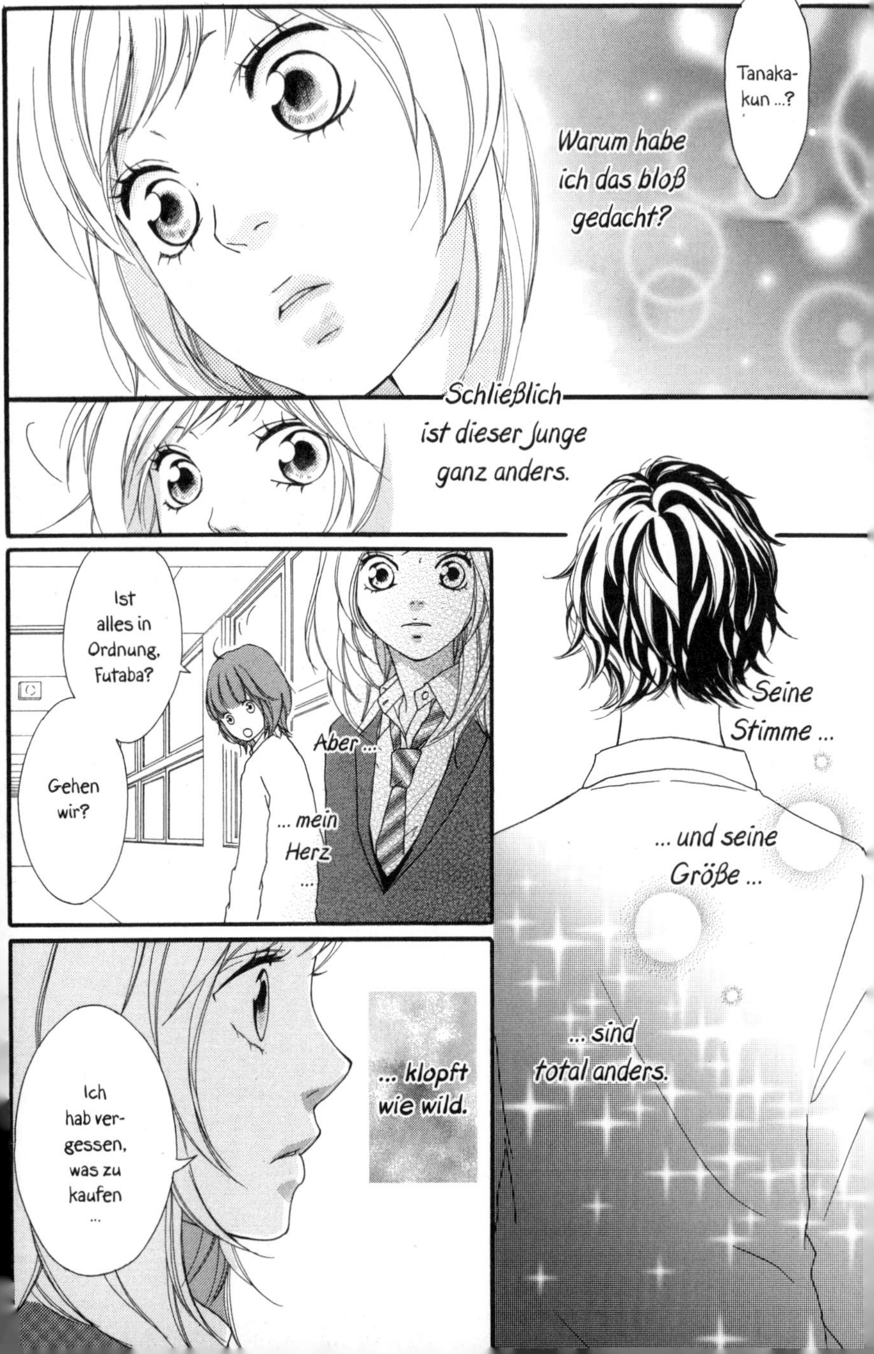
Tanaka-kun ...?
Warum habe ich das bloß gedacht?
Schließlich ist dieser Junge ganz anders.
Seine Stimme ...
... und seine Größe ...
... sind total anders.
Ist alles in Ordnung, Futaba?
Gehen wir?
Aber ...
... mein Herz ...
... klopft wie wild.
Ich hab vergessen, was zu kaufen ...

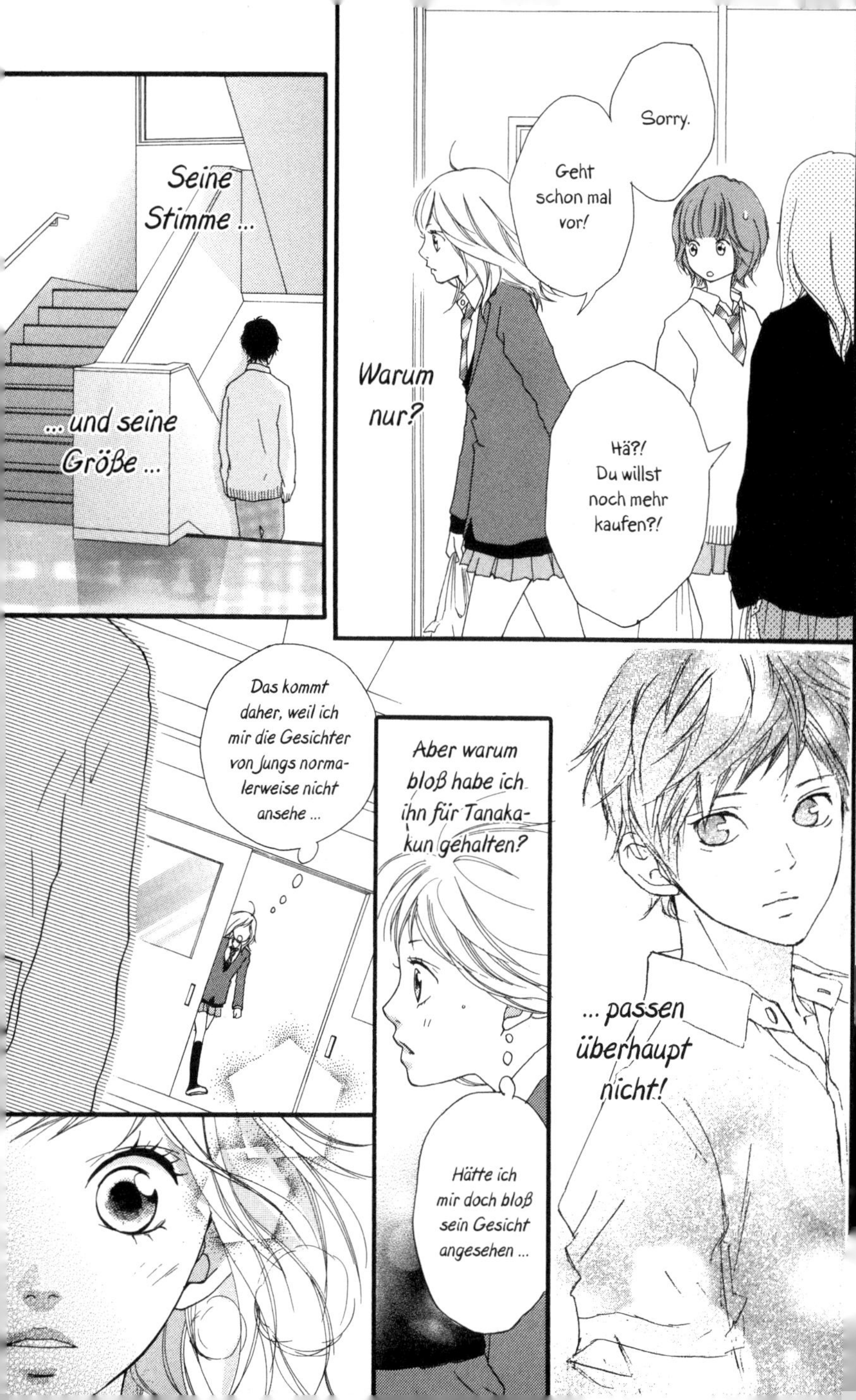
Sorry.
Geht schon mal vor!
Warum nur?
Hä?! Du willst noch mehr kaufen?!
Seine Stimme ...
... und seine Größe ...
... passen überhaupt nicht!
Aber warum bloß habe ich ihn für Tanaka-kun gehalten?
Hätte ich mir doch bloß sein Gesicht angesehen ...
Das kommt daher, weil ich mir die Gesichter von Jungs normalerweise nicht ansehe ...

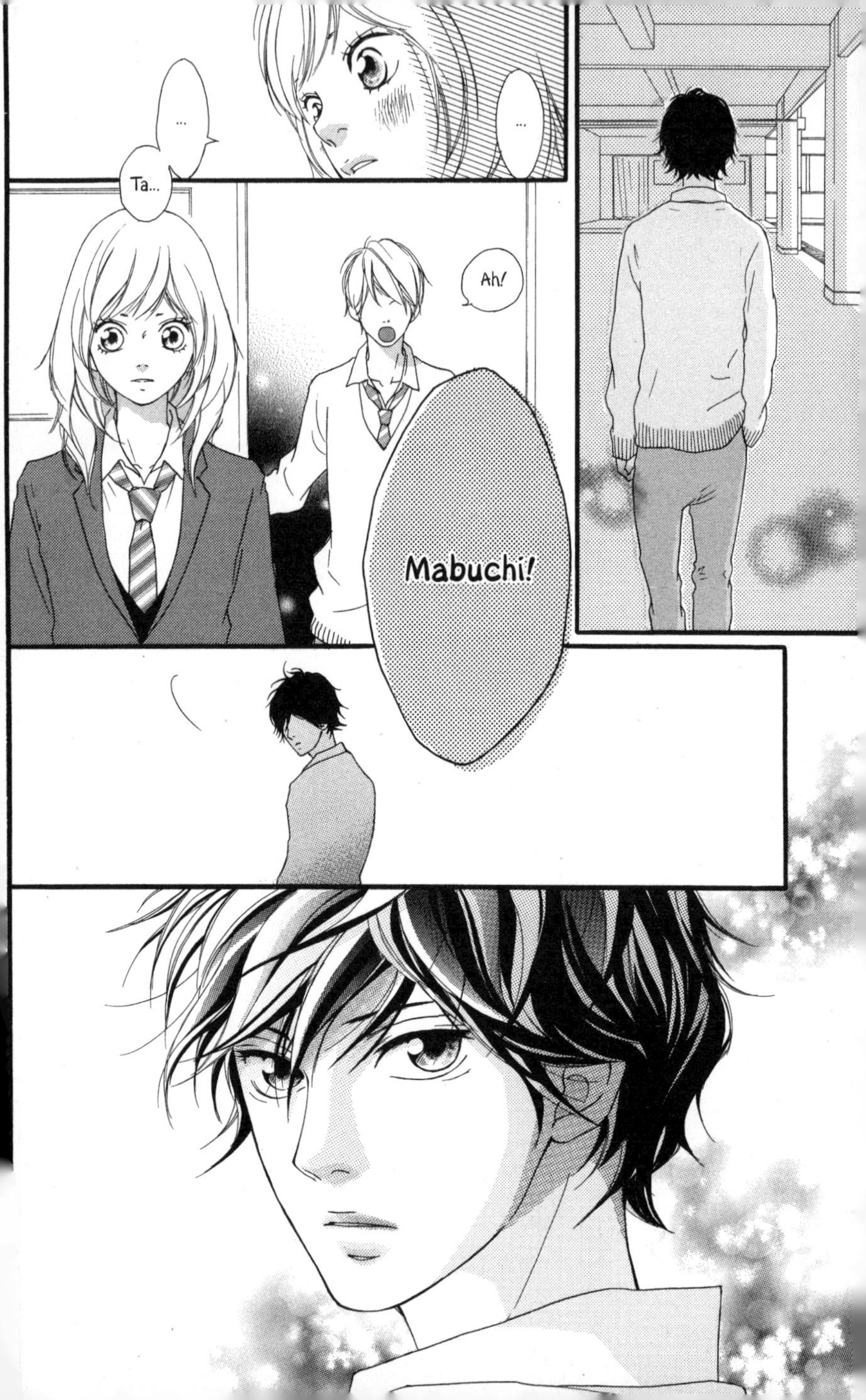
...
...
Ta...
Ah!
Mabuchi!

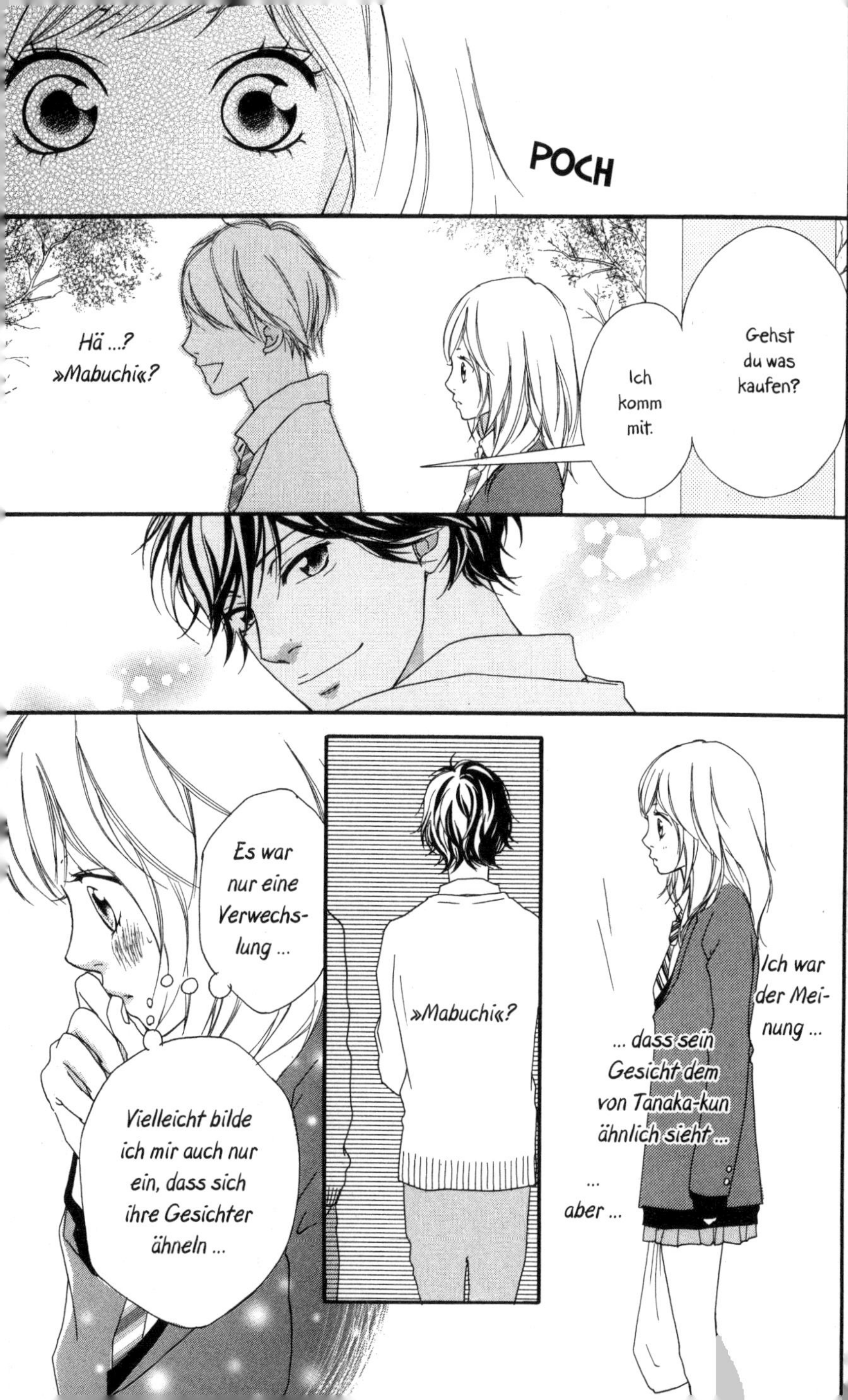
POCH
Gehst du was kaufen?
Ich komm mit.
Hä ...? »Mabuchi«?
Es war nur eine Verwechslung ...
Vielleicht bilde ich mir auch nur ein, dass sich ihre Gesichter ähneln ...
Ich war der Meinung ...
... dass sein Gesicht dem von Tanaka-kun ähnlich sieht ...
... aber ...
»Mabuchi«?

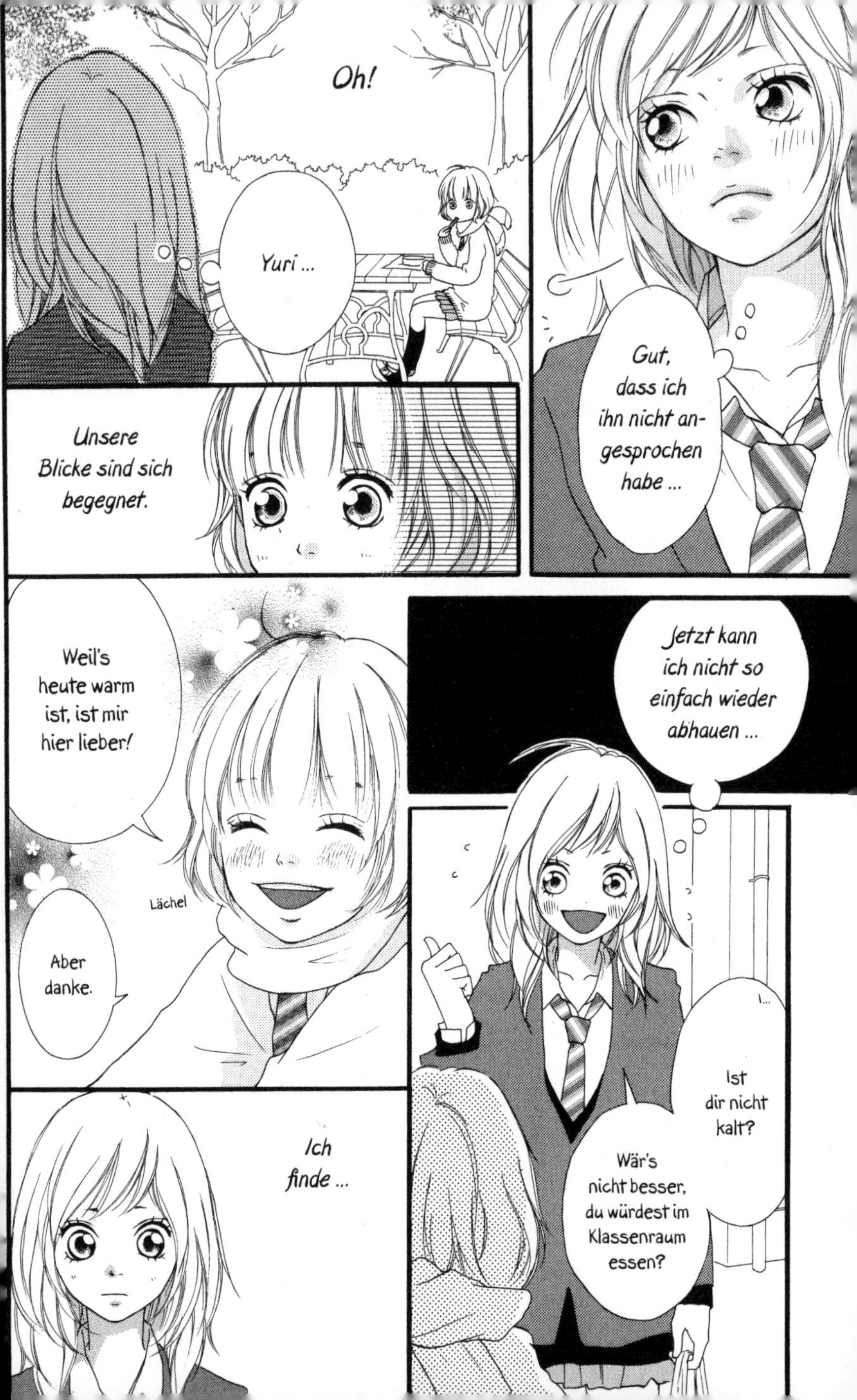
Gut, dass ich ihn nicht angesprochen habe ...
Oh!
Yuri ...
Unsere Blicke sind sich begegnet.
Jetzt kann ich nicht so einfach wieder abhauen ...
I...
Ist dir nicht kalt?
Wär's nicht besser, du würdest im Klassenraum essen?
Weil's heute warm ist, ist mir hier lieber!
Lächel
Aber danke.
Ich finde ...

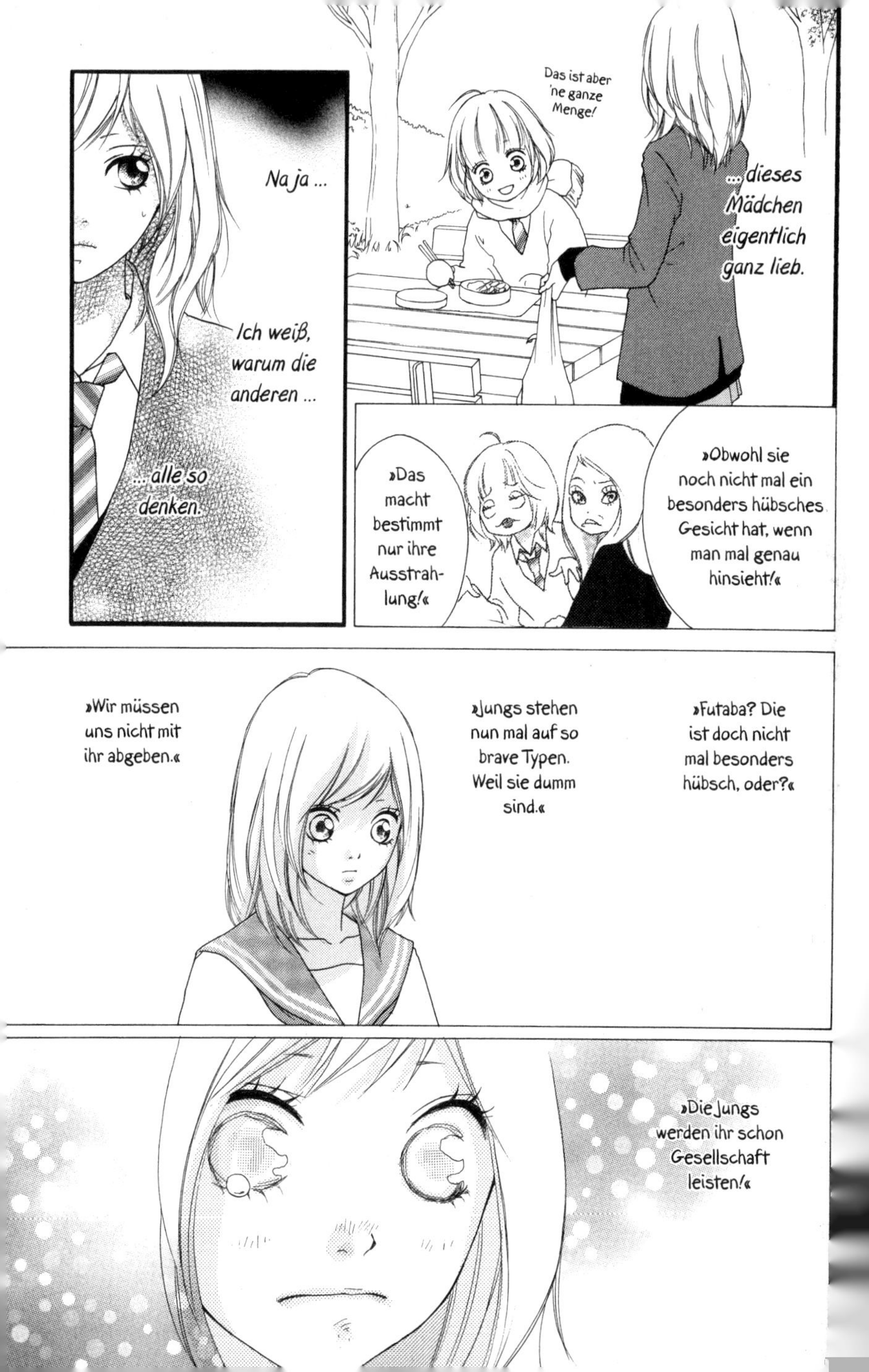
Das ist aber 'ne ganze Menge!
... dieses Mädchen eigentlich ganz lieb.
»Obwohl sie noch nicht mal ein besonders hübsches Gesicht hat, wenn man mal genau hinsieht!«
»Das macht bestimmt nur ihre Ausstrahlung!«
Na ja ...
Ich weiß, warum die anderen ...
... alle so denken.
»Futaba? Die ist doch nicht mal besonders hübsch, oder?«
»Jungs stehen nun mal auf so brave Typen. Weil sie dumm sind.«
»Wir müssen uns nicht mit ihr abgeben.«
»Die Jungs werden ihr schon Gesellschaft leisten!«

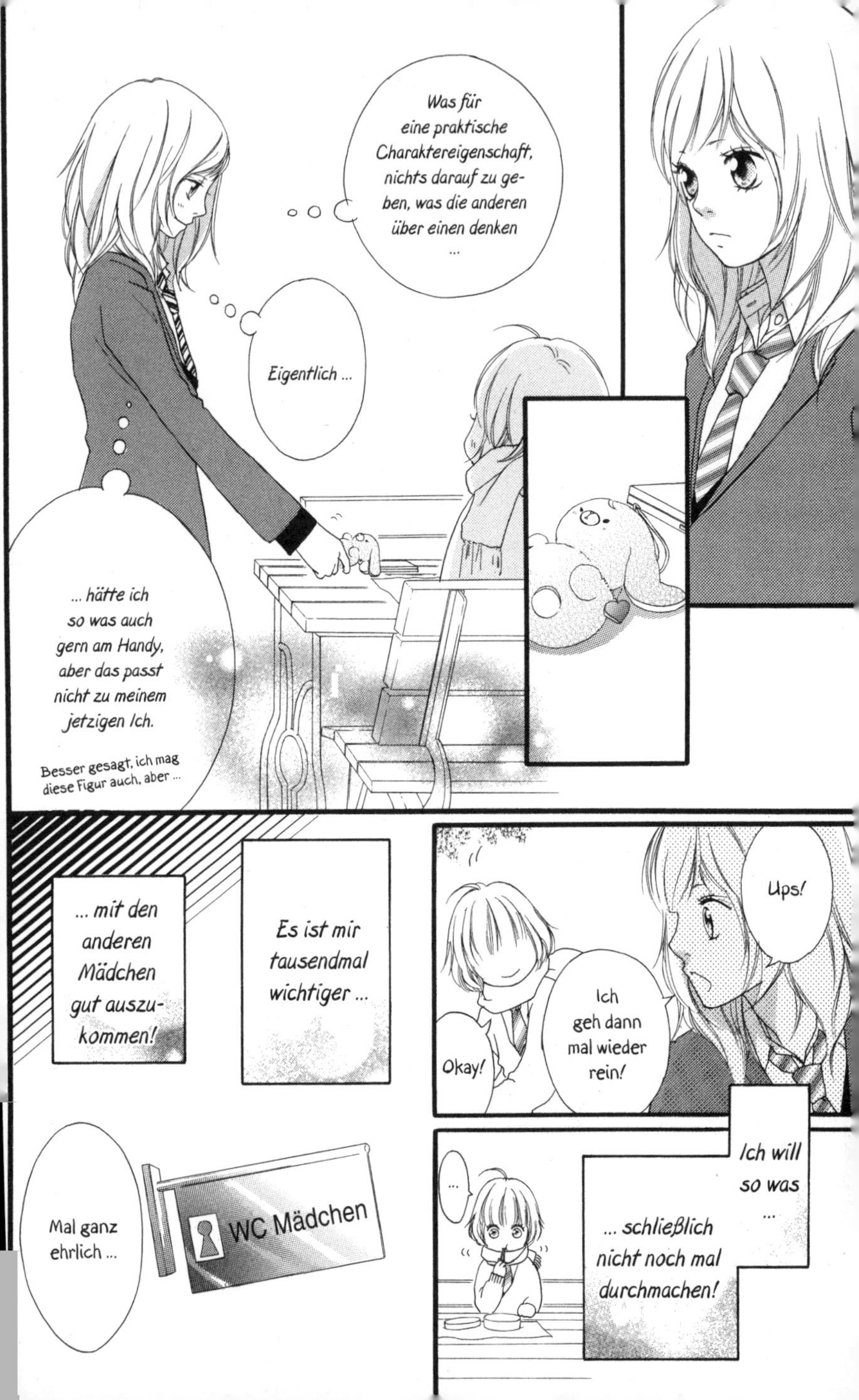
Was für eine praktische Charaktereigenschaft, nichts darauf zu geben, was die anderen über einen denken ...
Eigentlich ...
... hätte ich so was auch gern am Handy, aber das passt nicht zu meinem jetzigen Ich.
Besser gesagt, ich mag diese Figur auch, aber ...
Ups!
Ich geh dann mal wieder rein!
Okay!
Es ist mir tausendmal wichtiger ...
... mit den anderen Mädchen gut auszukommen!
Ich will so was ...
... schließlich nicht noch mal durchmachen!
...
WC Mädchen
Mal ganz ehrlich ...

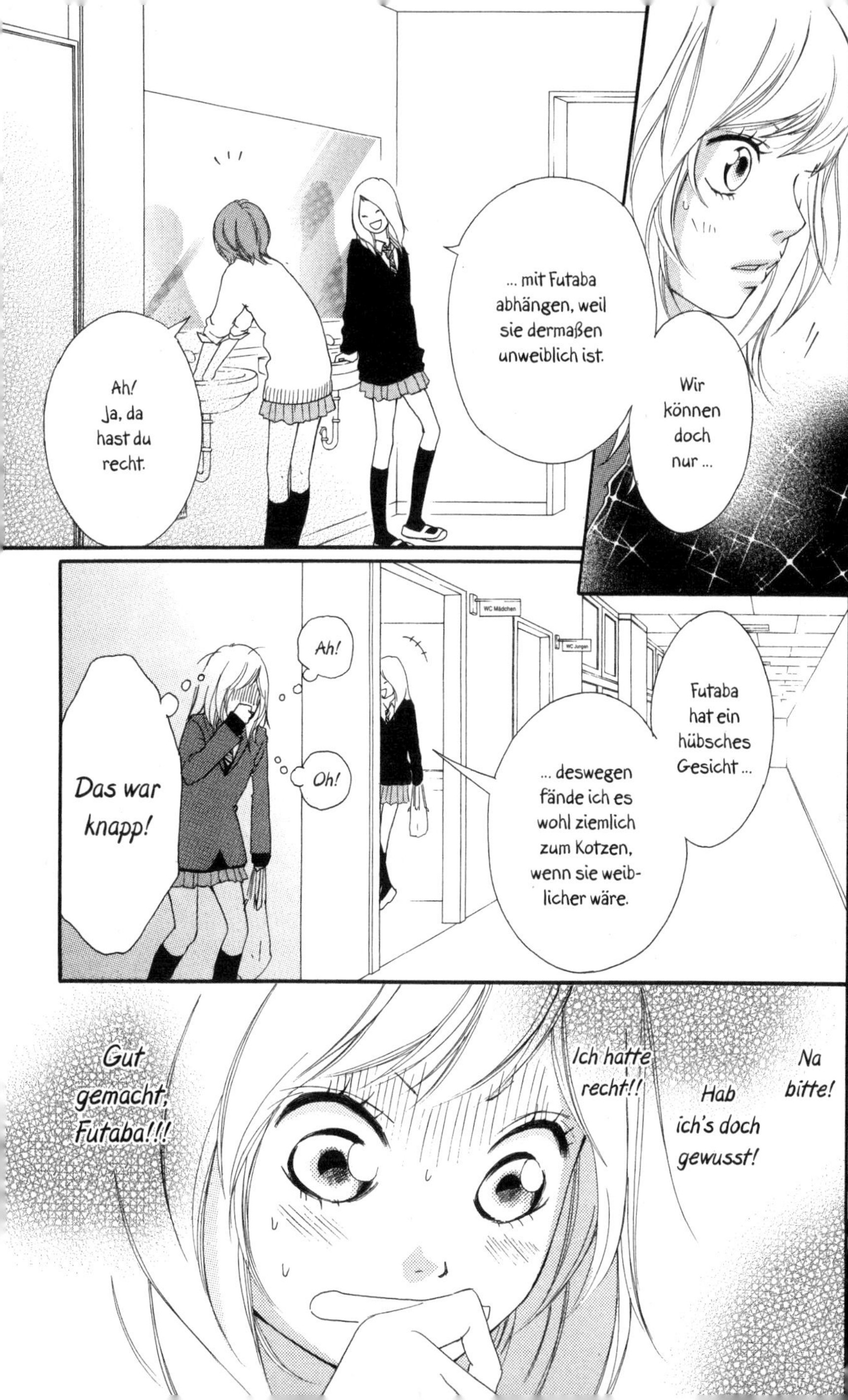

Wir können doch nur ...
... mit Futaba abhängen, weil sie dermaßen unweiblich ist.
Ah! Ja, da hast du recht.
WC Mädchen
WC Jungen
Futaba hat ein hübsches Gesicht ...
... deswegen fände ich es wohl ziemlich zum Kotzen, wenn sie weiblicher wäre.
Ah!
Oh!
Das war knapp!
Na bitte!
Hab ich's doch gewusst!
Ich hatte recht!!
Gut gemacht, Futaba!!!

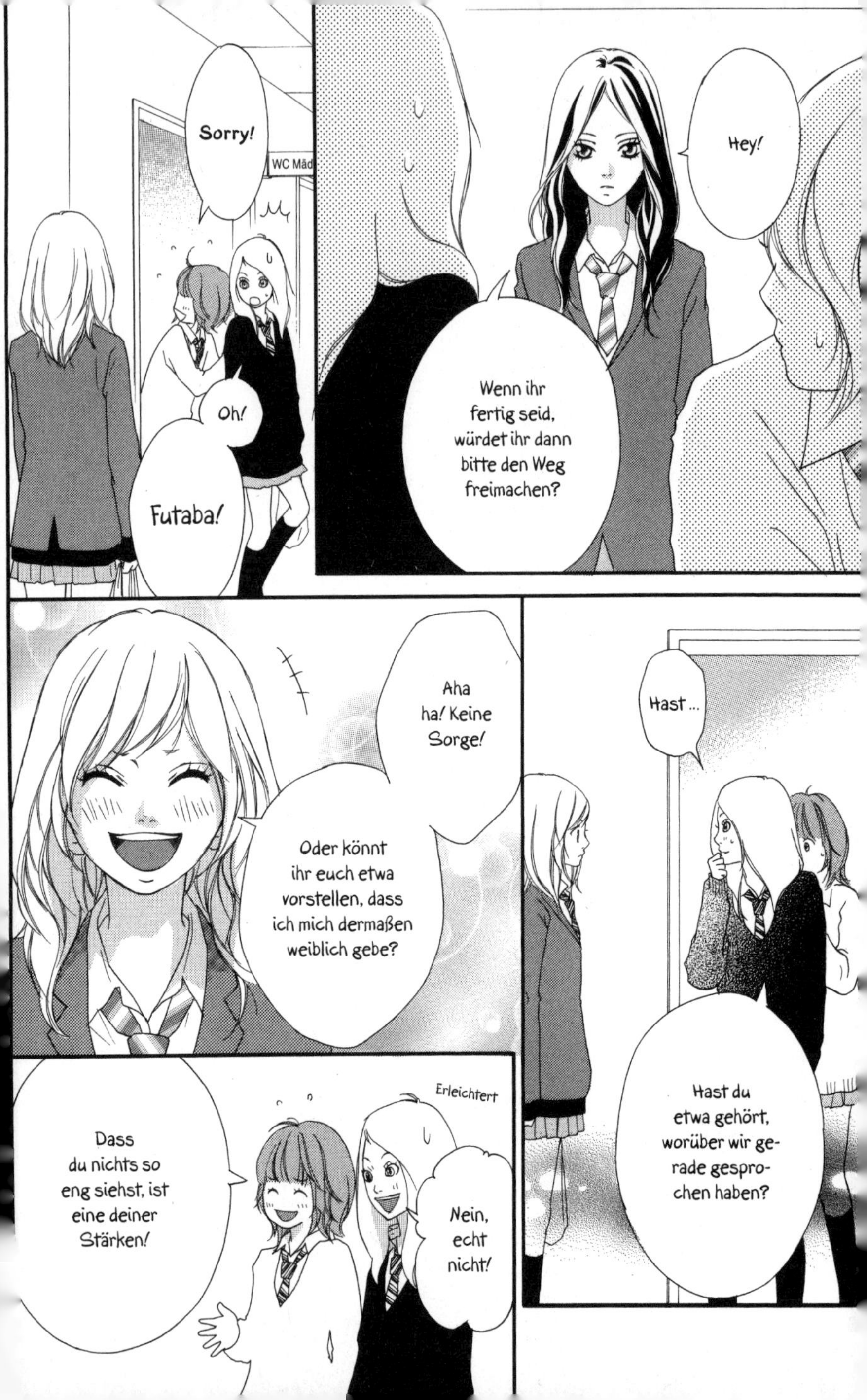
Hey!
Wenn ihr fertig seid, würdet ihr dann bitte den Weg freimachen?
Sorry!
WC Mäd
Oh!
Futaba!
Hast ...
Hast du etwa gehört, worüber wir gerade gesprochen haben?
Aha ha! Keine Sorge!
Oder könnt ihr euch etwa vorstellen, dass ich mich dermaßen weiblich gebe?
Erleichtert
Nein, echt nicht!
Dass du nichts so eng siehst, ist eine deiner Stärken!

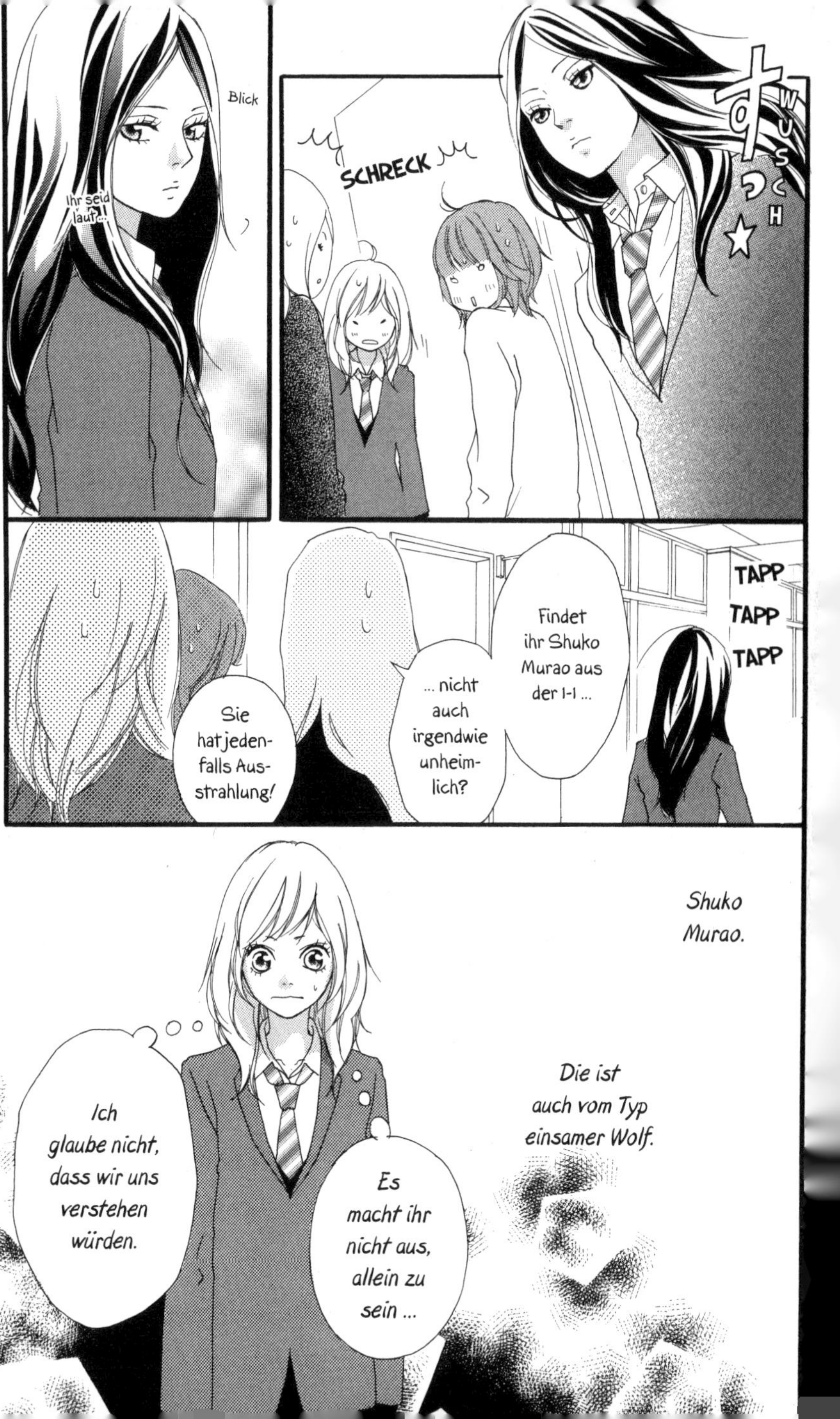
すっ
WUSCH
SCHRECK
Blick
Ihr seid laut ...
TAPP
TAPP
TAPP
Findet ihr Shuko Murao aus der 1-1 ...
... nicht auch irgendwie unheimlich?
Sie hat jedenfalls Ausstrahlung!
Shuko Murao.
Die ist auch vom Typ einsamer Wolf.
Es macht ihr nicht aus, allein zu sein ...
Ich glaube nicht, dass wir uns verstehen würden.

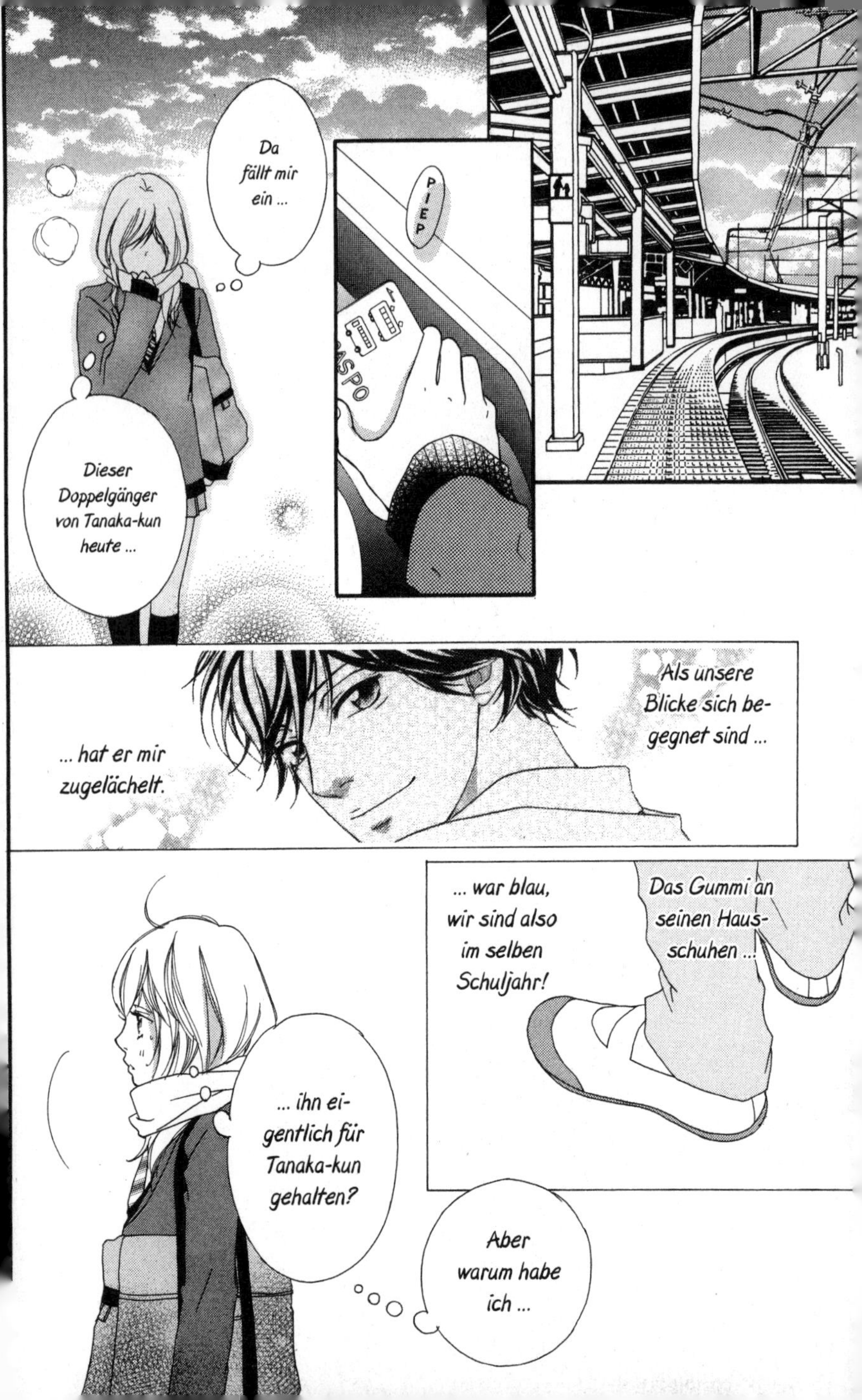
PIEP
PASPO
Da fällt mir ein ...
Dieser Doppelgänger von Tanaka-kun heute ...
Als unsere Blicke sich begegnet sind ...
... hat er mir zugelächelt.
Das Gummi an seinen Hausschuhen ...
... war blau, wir sind also im selben Schuljahr!
Aber warum habe ich ...
... ihn eigentlich für Tanaka-kun gehalten?

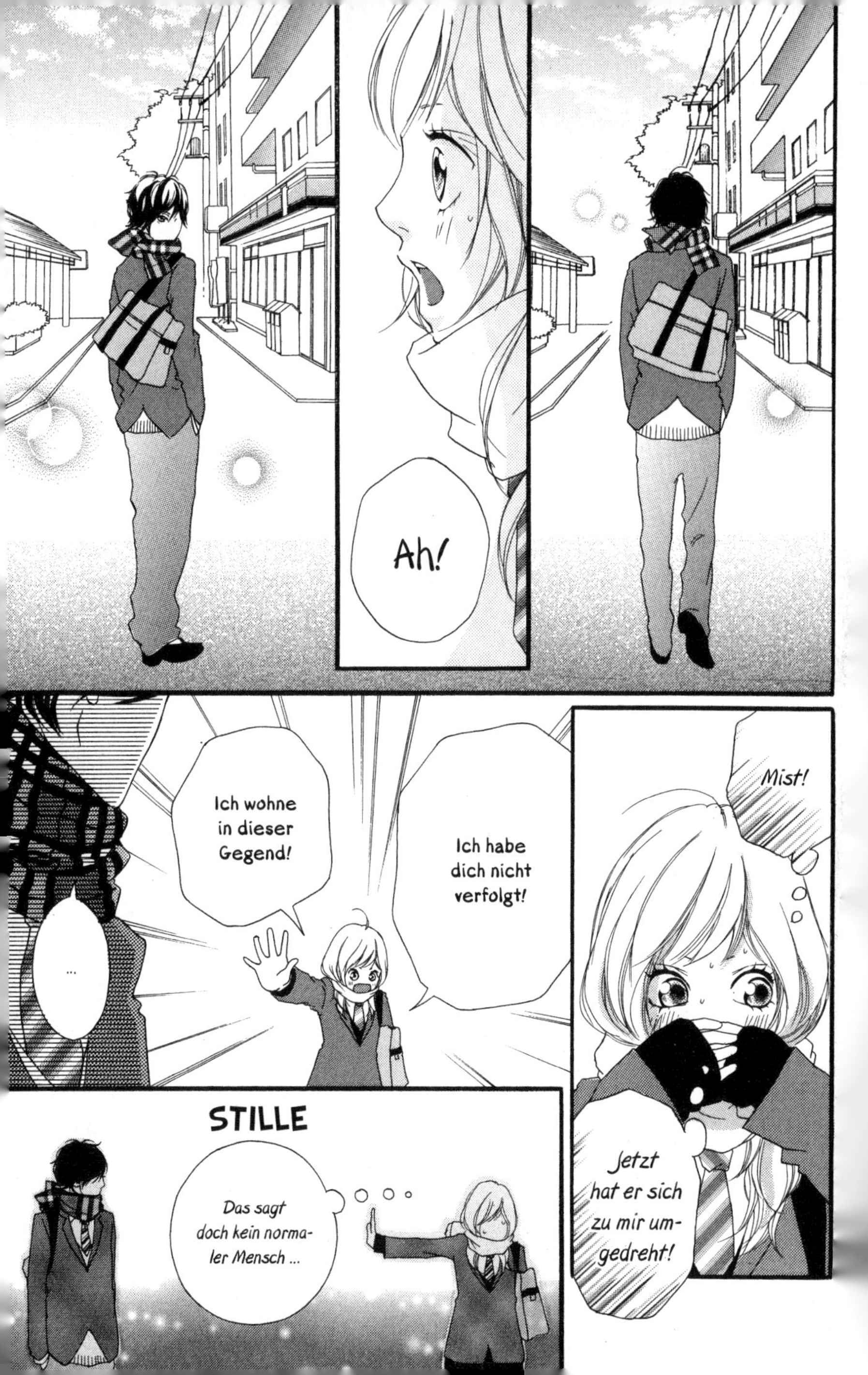
Ah!
Ich habe dich nicht verfolgt!
Ich wohne in dieser Gegend!
...
Mist!
Jetzt hat er sich zu mir umgedreht!
STILLE
Das sagt doch kein normaler Mensch ...

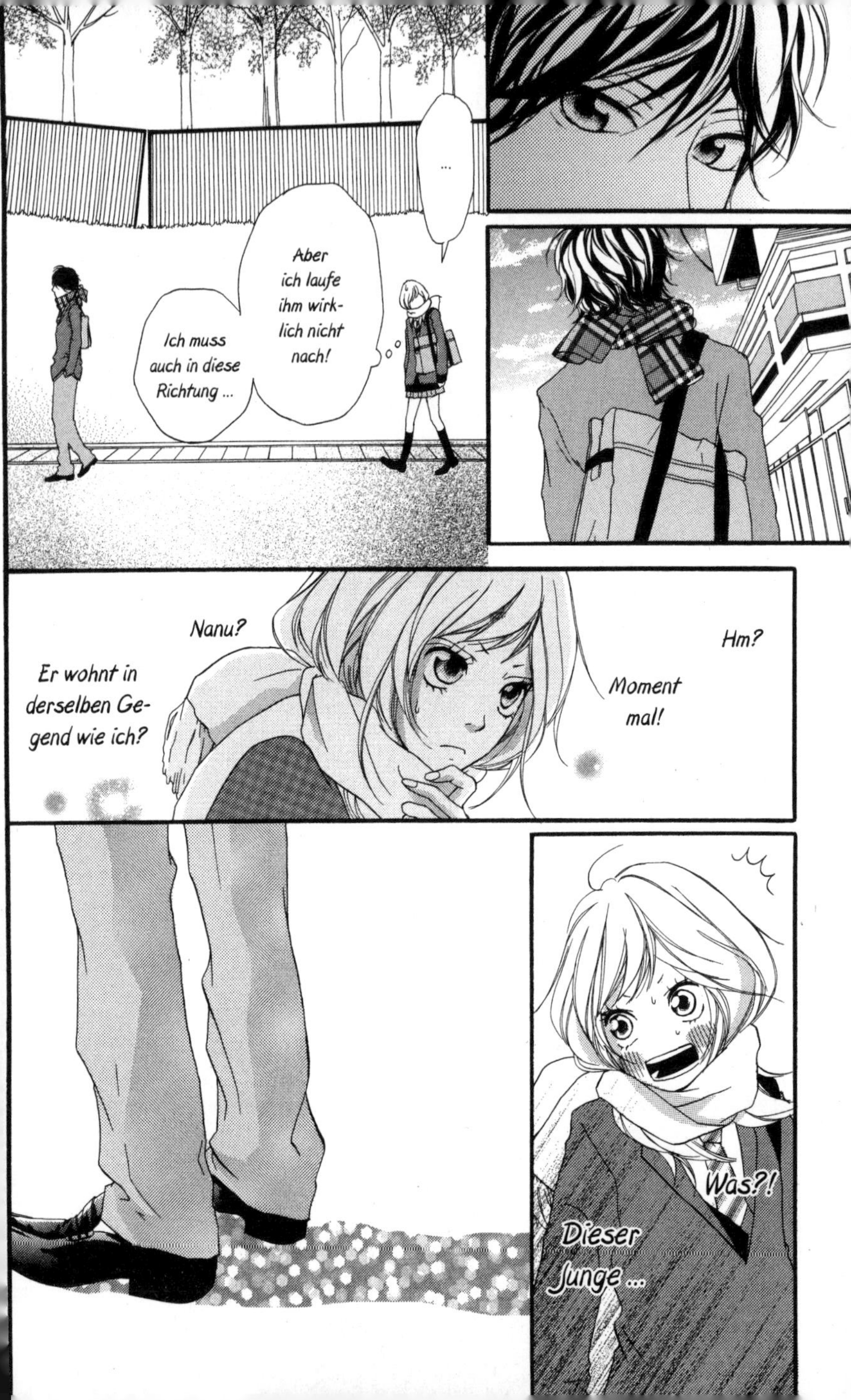
...
Aber ich laufe ihm wirk-
lich nicht nach!
Ich muss auch in diese Richtung ...
Hm?
Moment mal!
Nanu?
Er wohnt in derselben Ge-
gend wie ich?
Was?!
Dieser Junge ...

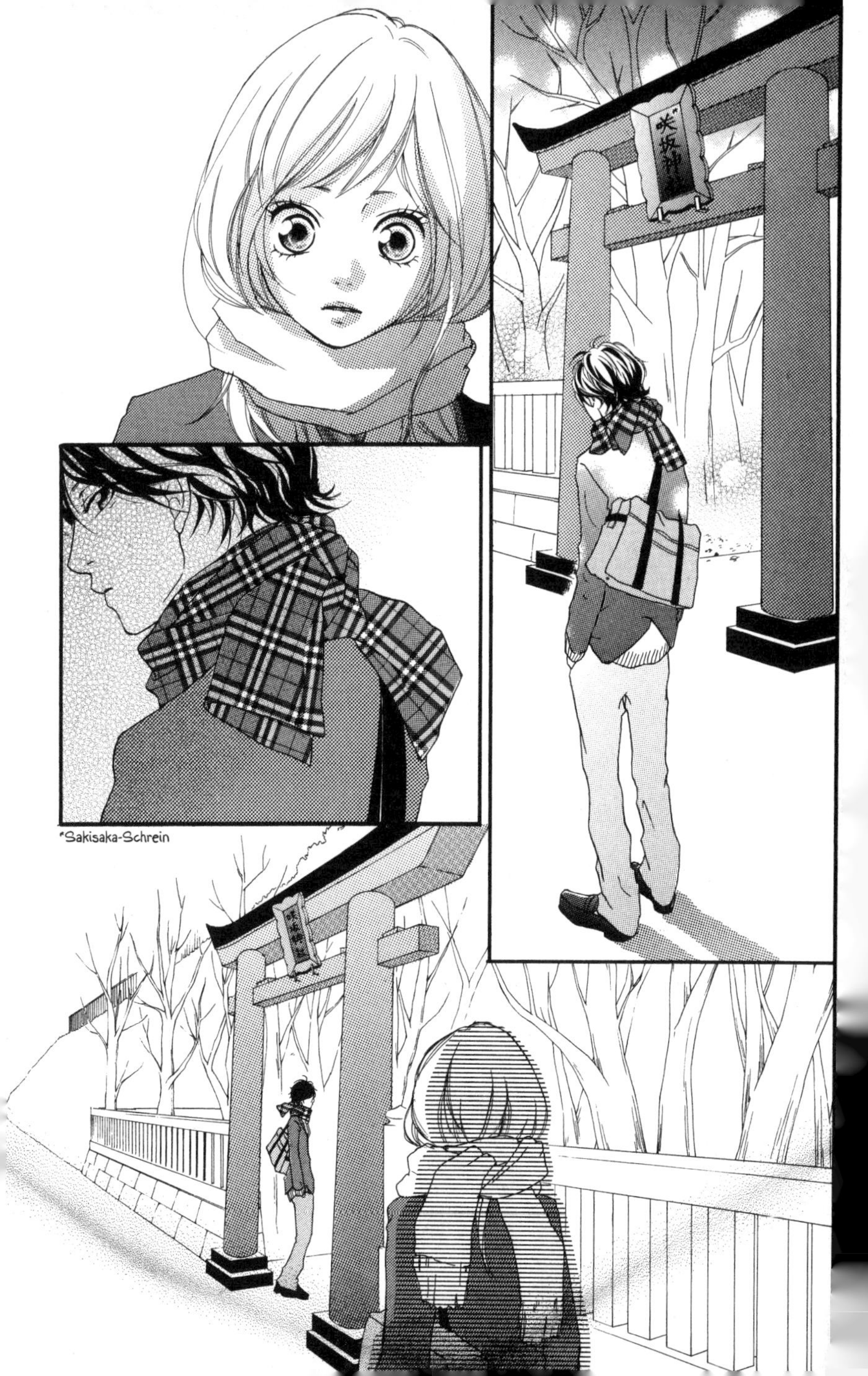
*Sakisaka-Schrein

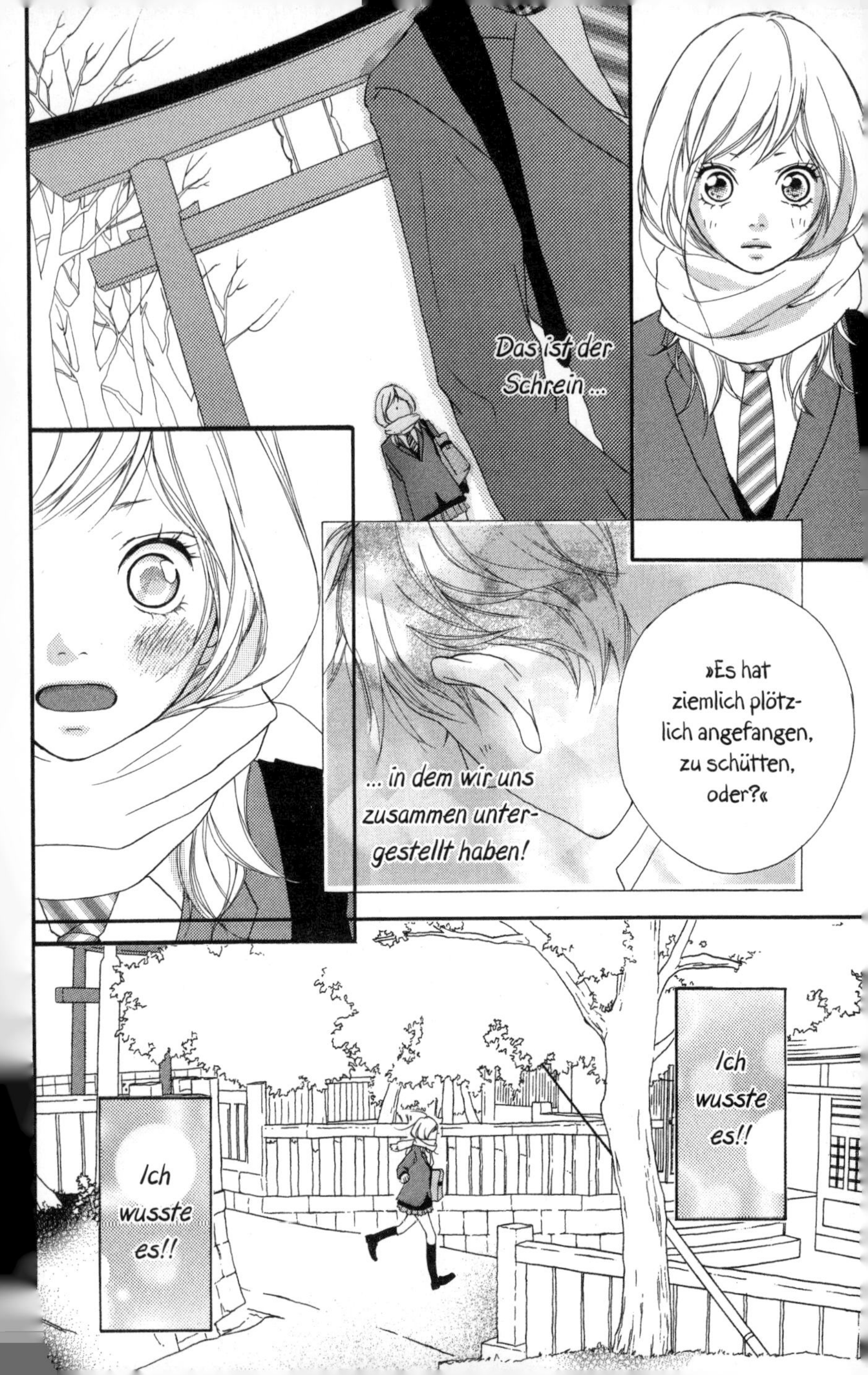

Das ist der Schrein ...
... in dem wir uns zusammen untergestellt haben!
»Es hat ziemlich plötzlich angefangen, zu schütten, oder?«
Ich wusste es!!
Ich wusste es!!

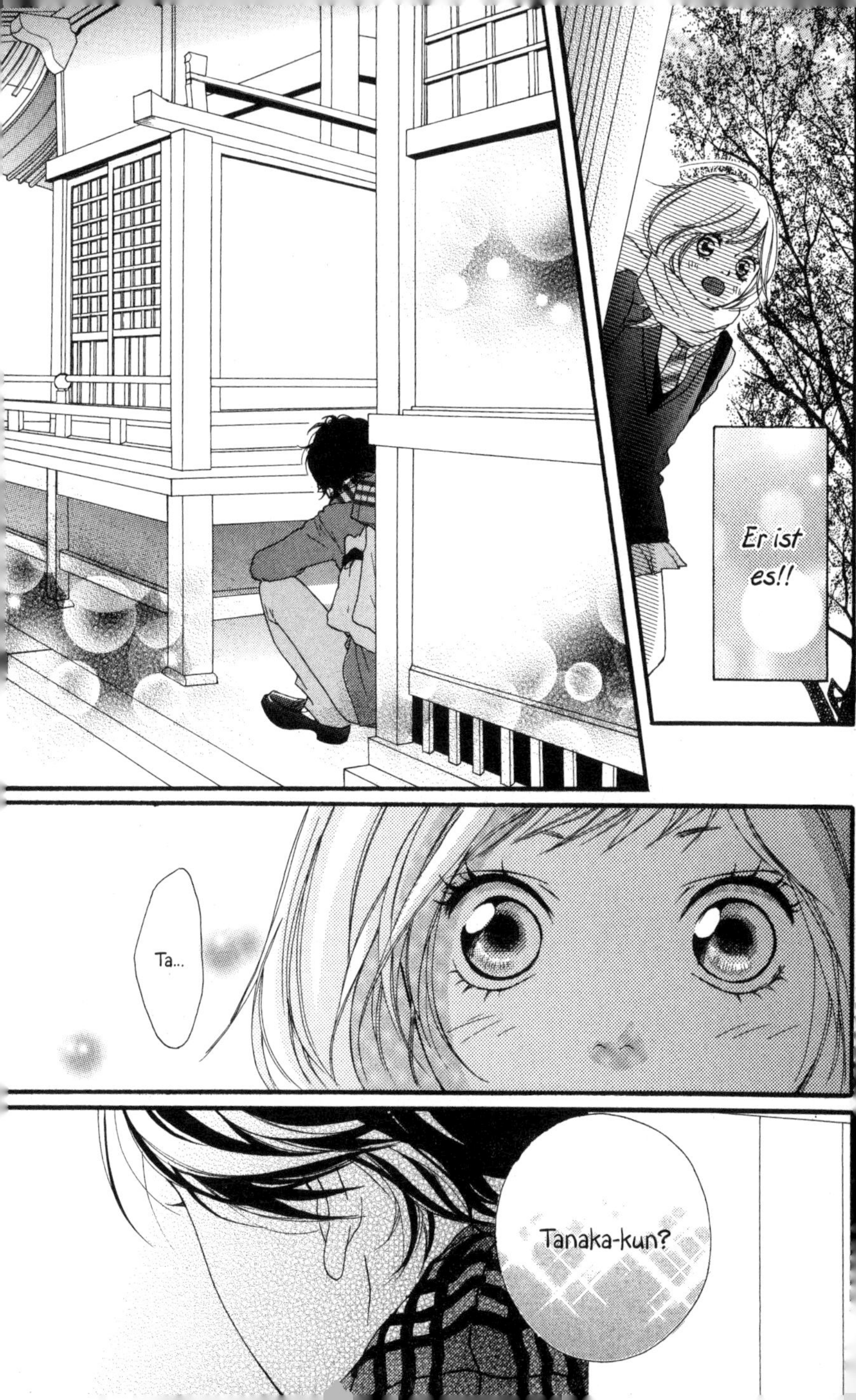
Er ist es!!
Ta...
Tanaka-kun?

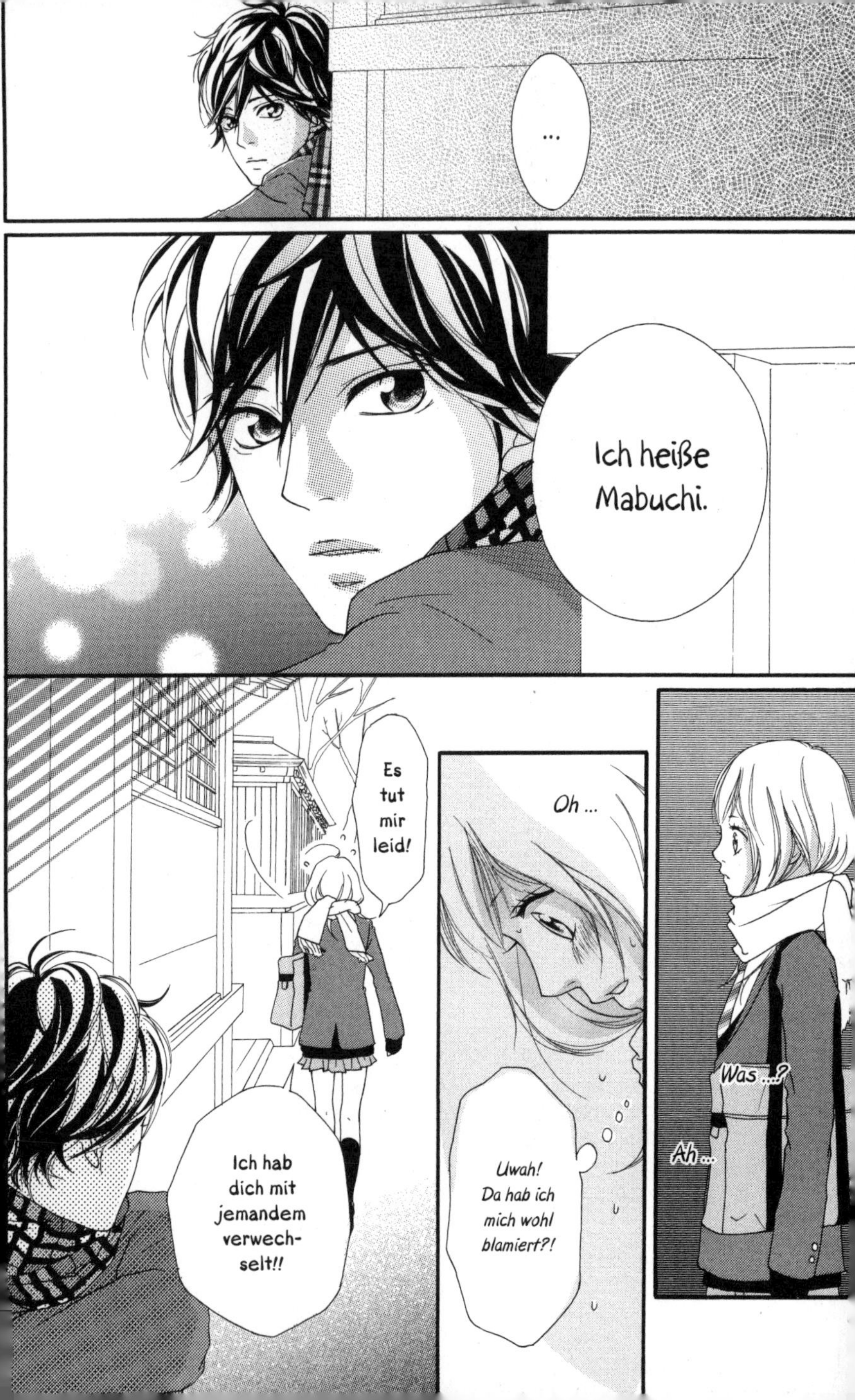
...
Ich heiße Mabuchi.
Was ...?
Ah ...
Oh ...
Uwah! Da hab ich mich wohl blamiert?!
Es tut mir leid!
Ich hab dich mit jemandem verwechselt!!

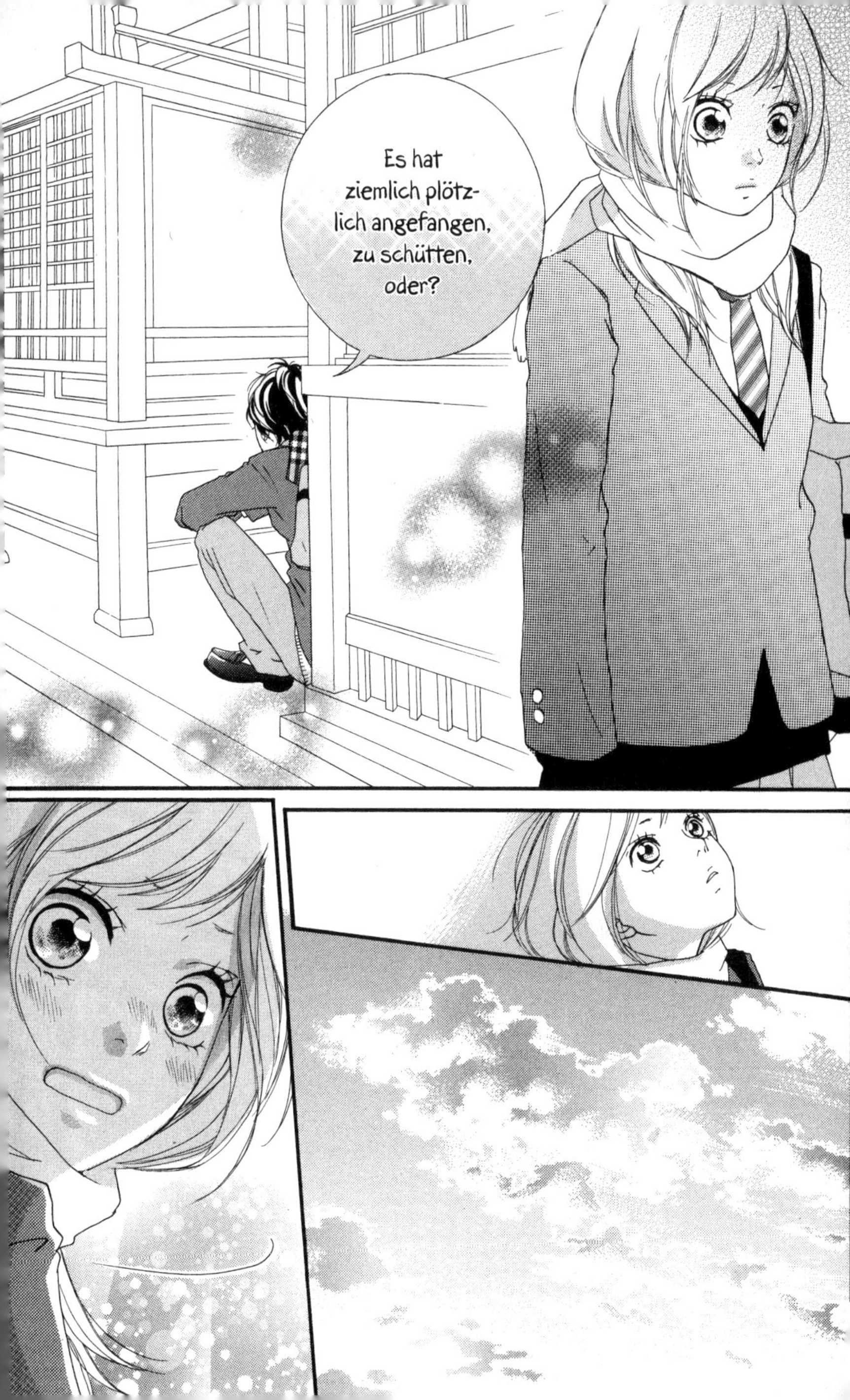
Es hat ziemlich plötz-lich angefangen, zu schütten, oder?

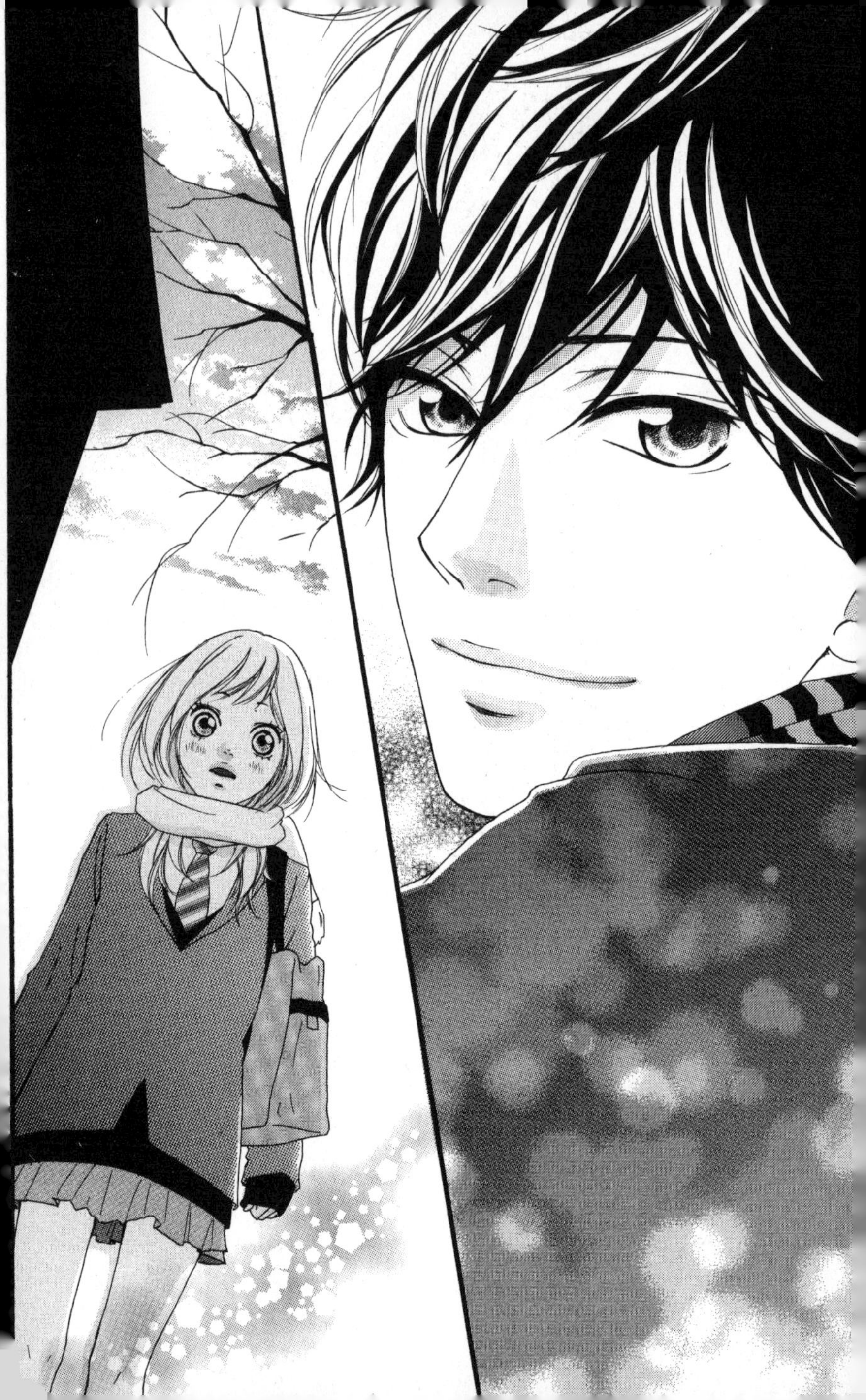

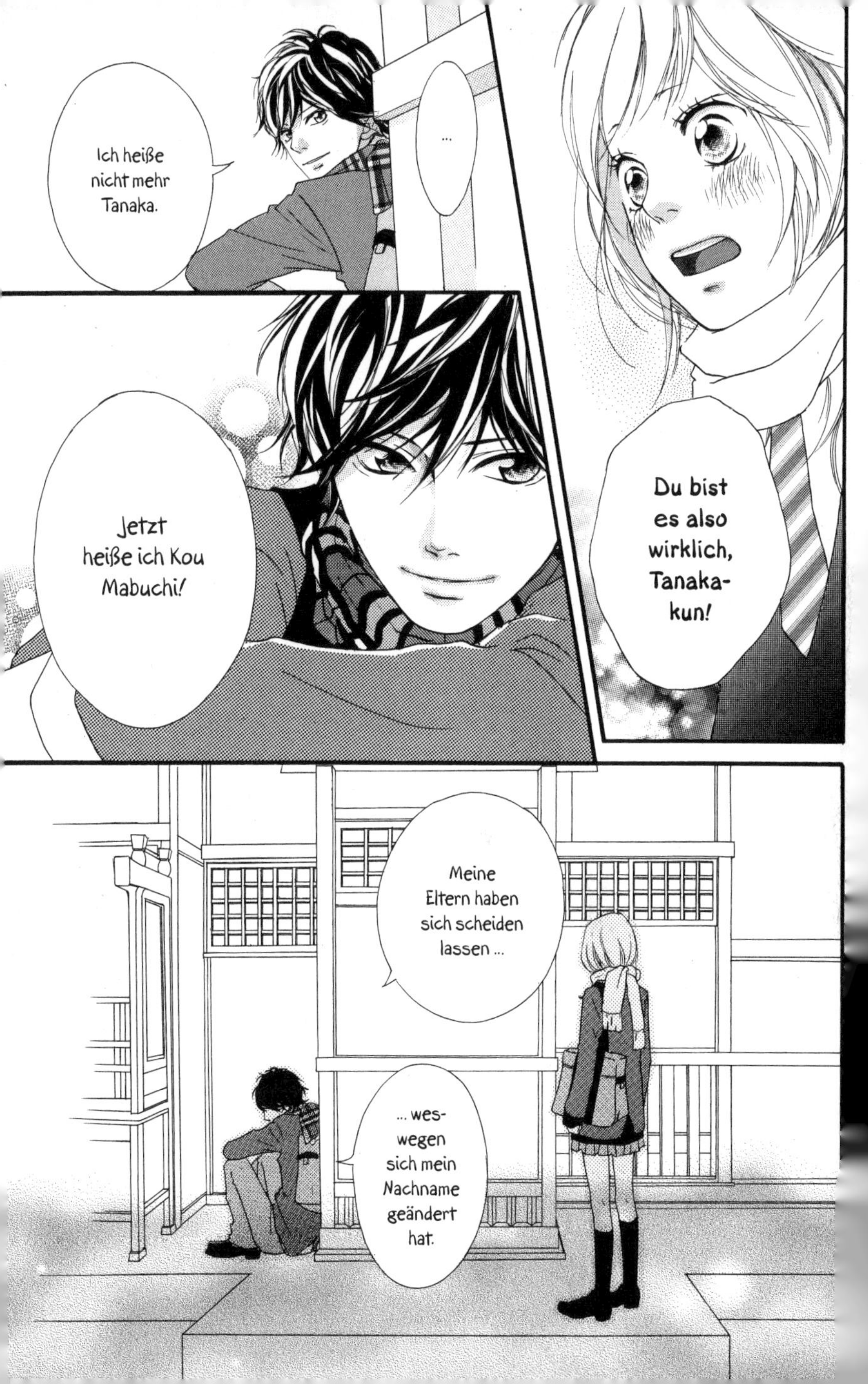
...
Ich heiße nicht mehr Tanaka.
Du bist es also wirklich, Tanaka-kun!
Jetzt heiße ich Kou Mabuchi!
Meine Eltern haben sich scheiden lassen ...
... weswegen sich mein Nachname geändert hat.

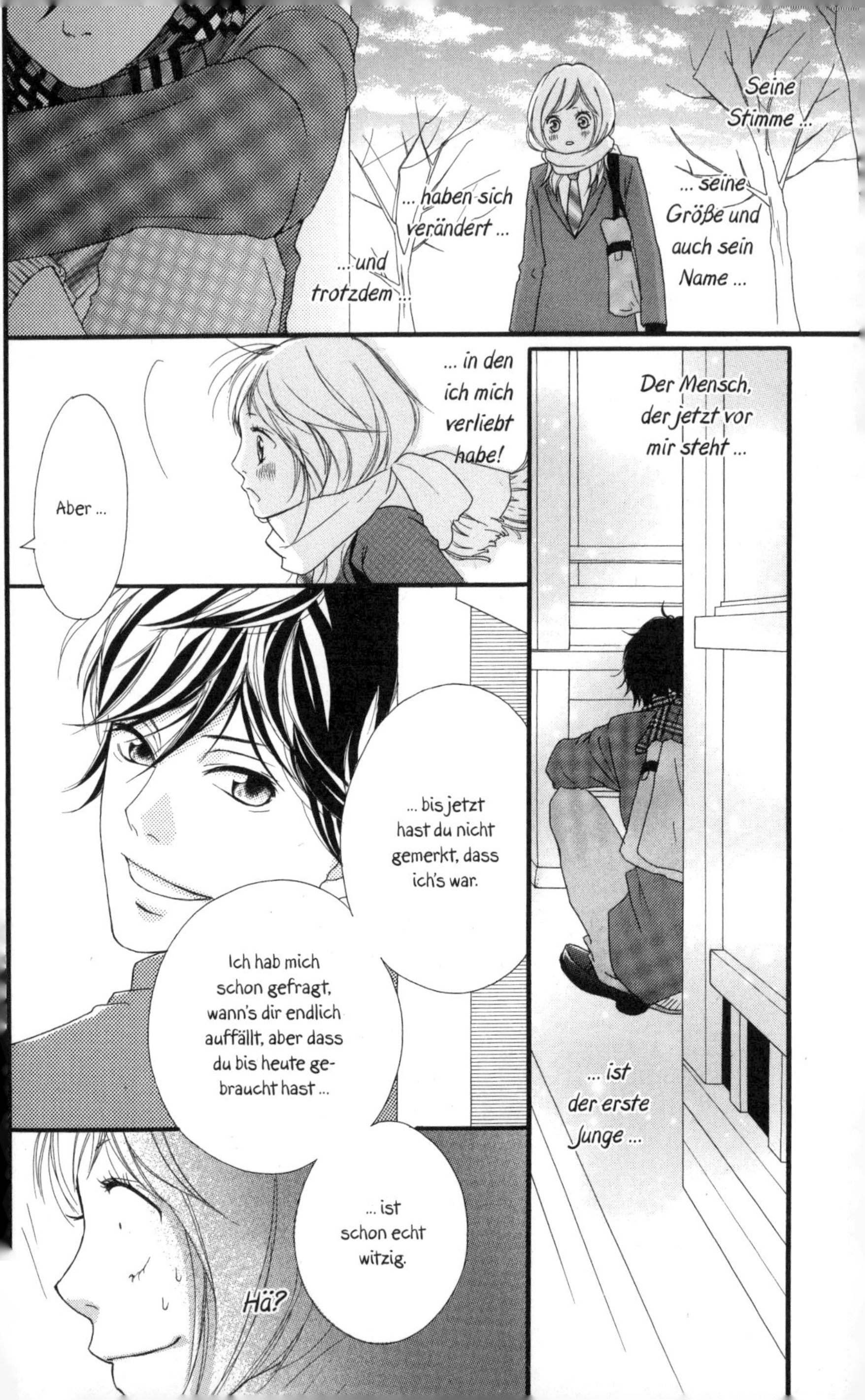
Seine Stimme ...
... seine Größe und auch sein Name ...
... haben sich verändert ...
... und trotzdem ...
Der Mensch, der jetzt vor mir steht ...
... ist der erste Junge ...
... in den ich mich verliebt habe!
Aber ...
... bis jetzt hast du nicht gemerkt, dass ich's war.
Ich hab mich schon gefragt, wann's dir endlich auffällt, aber dass du bis heute gebraucht hast ...
... ist schon echt witzig.
Hä?

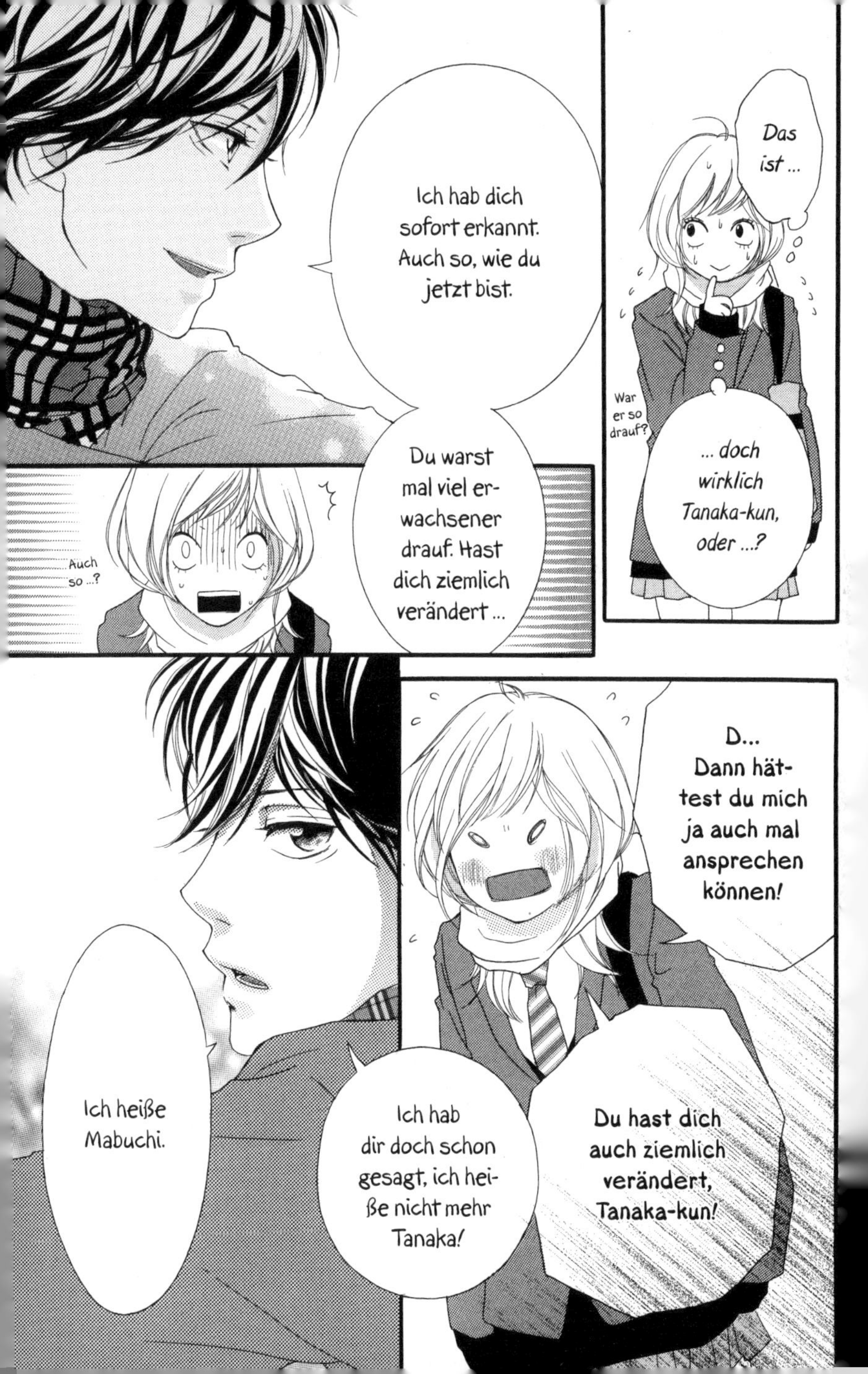
Das ist ...
... doch wirklich Tanaka-kun, oder ...?
War er so drauf?
Ich hab dich sofort erkannt. Auch so, wie du jetzt bist.
Du warst mal viel erwachsener drauf. Hast dich ziemlich verändert ...
... Auch so ...?
D... Dann hättest du mich ja auch mal ansprechen können!
Du hast dich auch ziemlich verändert, Tanaka-kun!
Ich hab dir doch schon gesagt, ich heiße nicht mehr Tanaka!
Ich heiße Mabuchi.

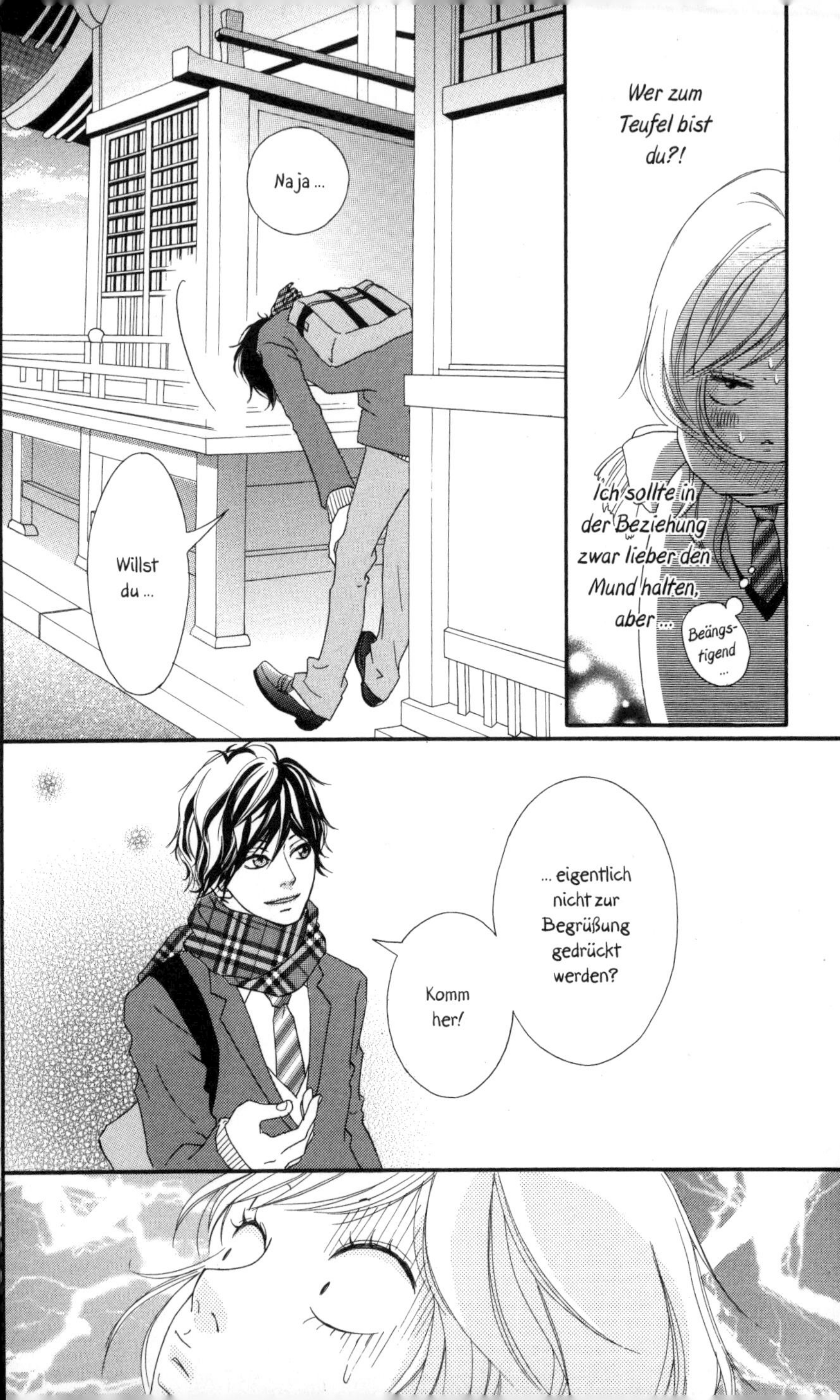
Wer zum Teufel bist du?!
Ich sollte in der Beziehung zwar lieber den Mund halten, aber ...
Beängs-tigend ...
Naja ...
Willst du ...
... eigentlich nicht zur Begrüßung gedrückt werden?
Komm her!

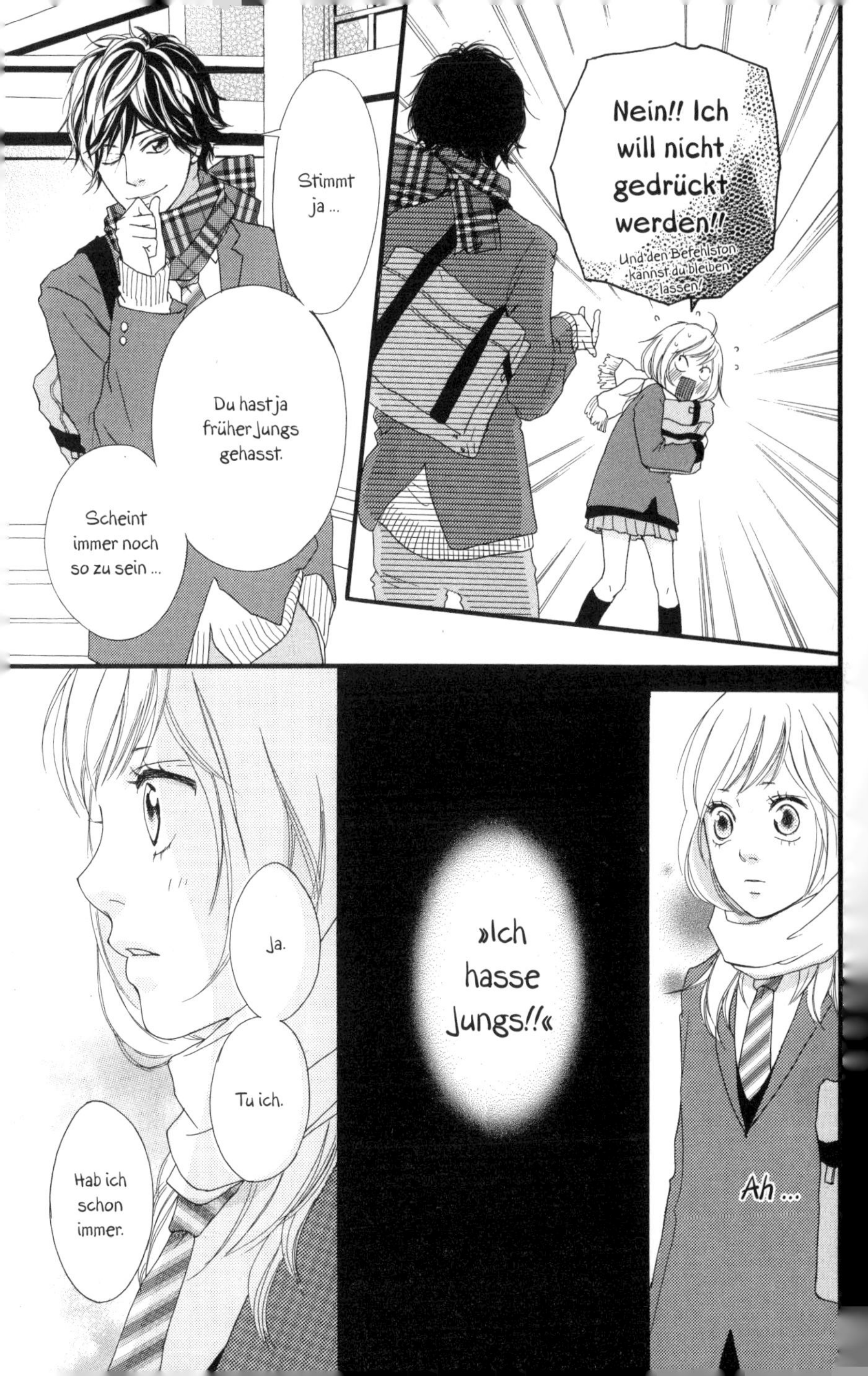
Nein!! Ich will nicht gedrückt werden!!
Und den Befehlston kannst du bleiben lassen!
Stimmt ja ...
Du hast ja früher Jungs gehasst.
Scheint immer noch so zu sein ...
Ah ...
»Ich hasse Jungs!!«
Ja.
Tu ich.
Hab ich schon immer.

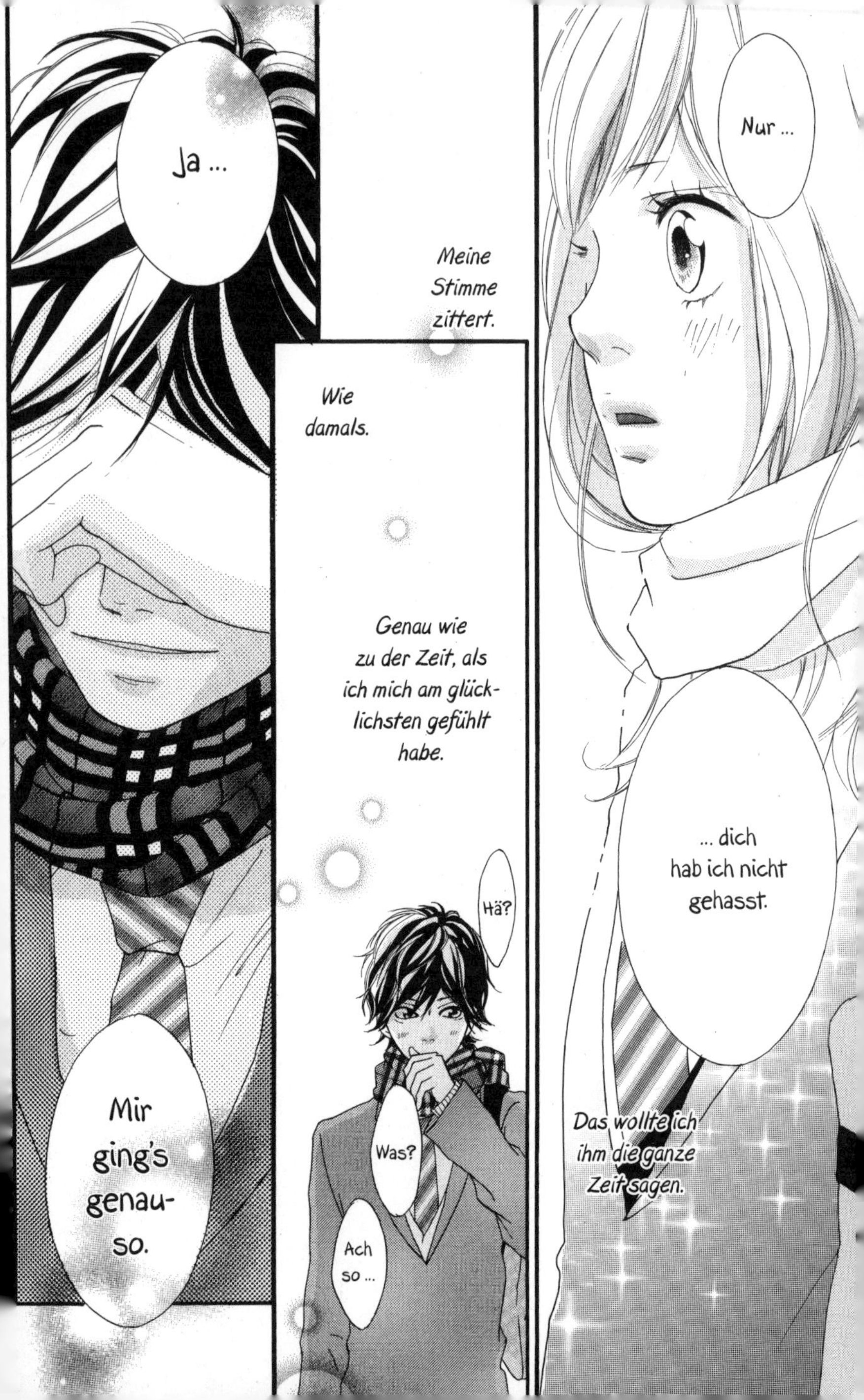
Nur ...
... dich hab ich nicht gehasst.
Das wollte ich ihm die ganze Zeit sagen.
Ja ...
Meine Stimme zittert.
Hä?
Wie damals.
Genau wie zu der Zeit, als ich mich am glücklichsten gefühlt habe.
Was?
Ach so ...
Mir ging's genau-so.

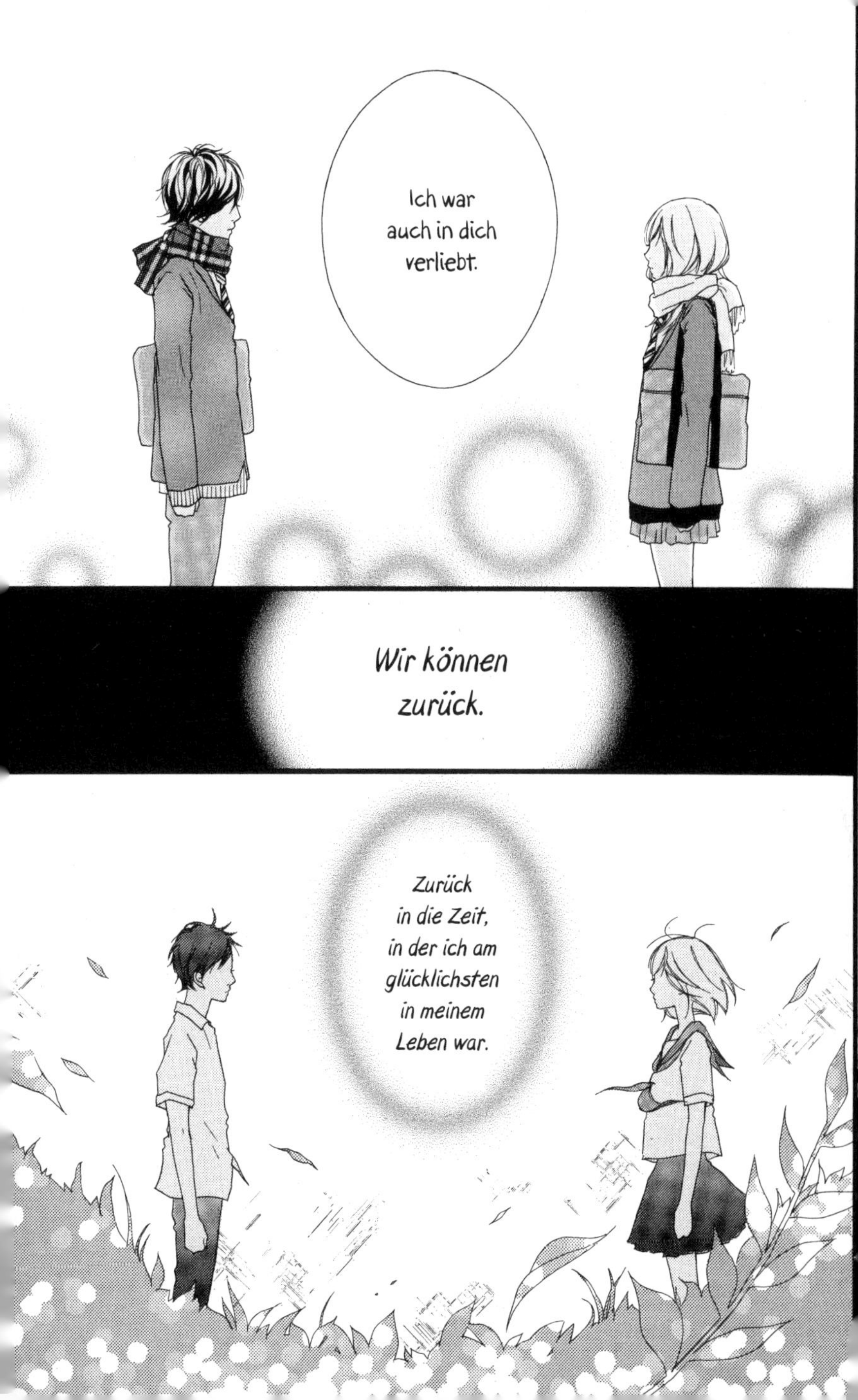
Ich war auch in dich verliebt.
Wir können zurück.
Zurück in die Zeit, in der ich am glücklichsten in meinem Leben war.

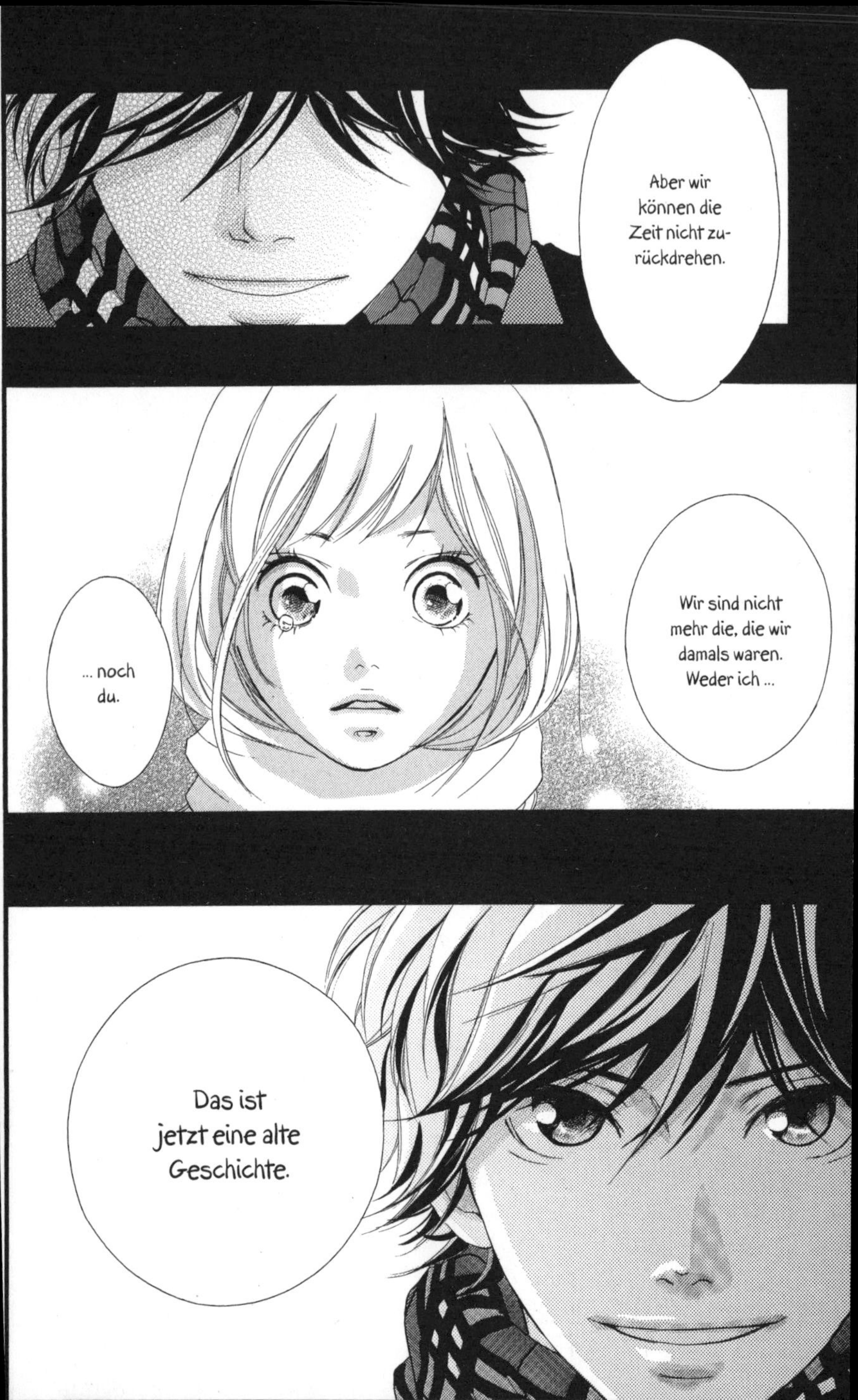
Aber wir können die Zeit nicht zurückdrehen.
Wir sind nicht mehr die, die wir damals waren. Weder ich ...
... noch du.
Das ist jetzt eine alte Geschichte.

Neue Charaktere. Auch jetzt, zu dem Zeitpunkt, zu dem dieser erste Band erscheint, bin ich immer noch nicht daran gewöhnt, sie zu zeichnen. Das braucht immer viel Zeit. Wenn ich meinem Zeitplan hinterherhänge, dann steigt zusammen mit der Hektik sogar Hass in mir auf, aber ich kämpfe darum, mich möglichst schnell mit diesen Charakteren anzufreunden. Außerdem gibt es mehrere Charaktere mit dunklen Haaren, was in meinen Manga selten ist. Die Kolorierung von Licht und Schatten kostet unerwartet viel Zeit ... Ihr seid abscheulich. Verabscheuungswürdig. Ihr seid Zeitdiebe!!! Dass ihr so viel von meiner Zeit verschlingt ... Sorgt dafür, dass ihr wenigstens von den Leser*innen geliebt werdet! Deswegen hoffe ich, dass ihr alle die Charaktere mögt!

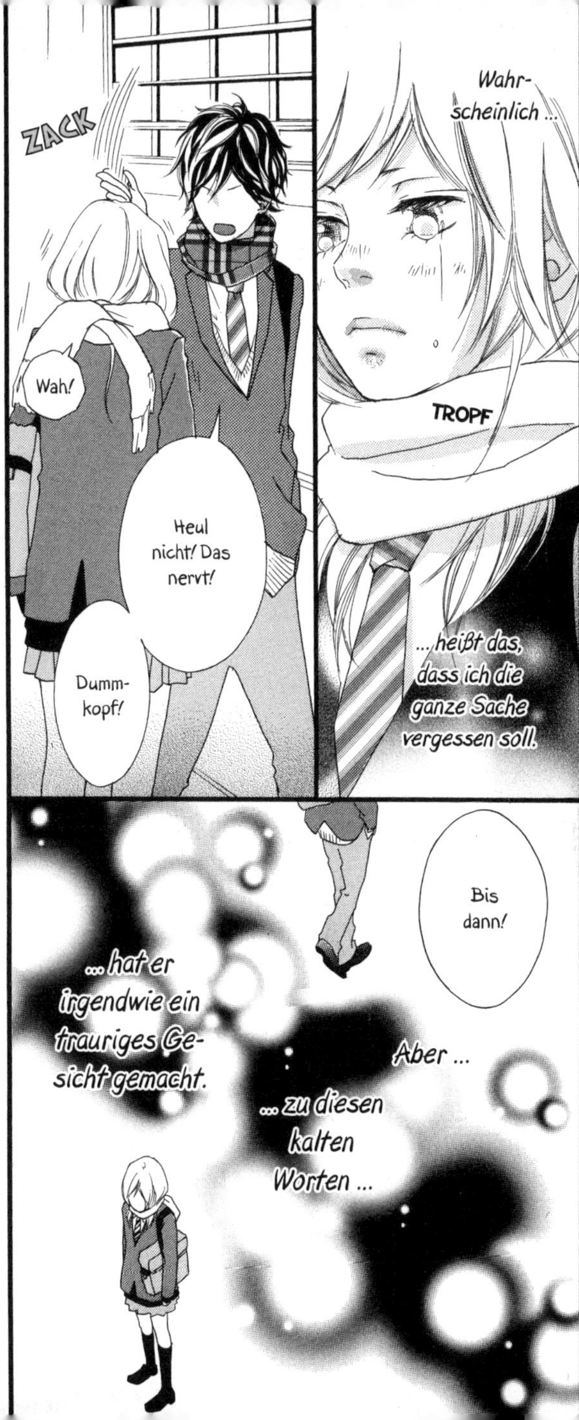

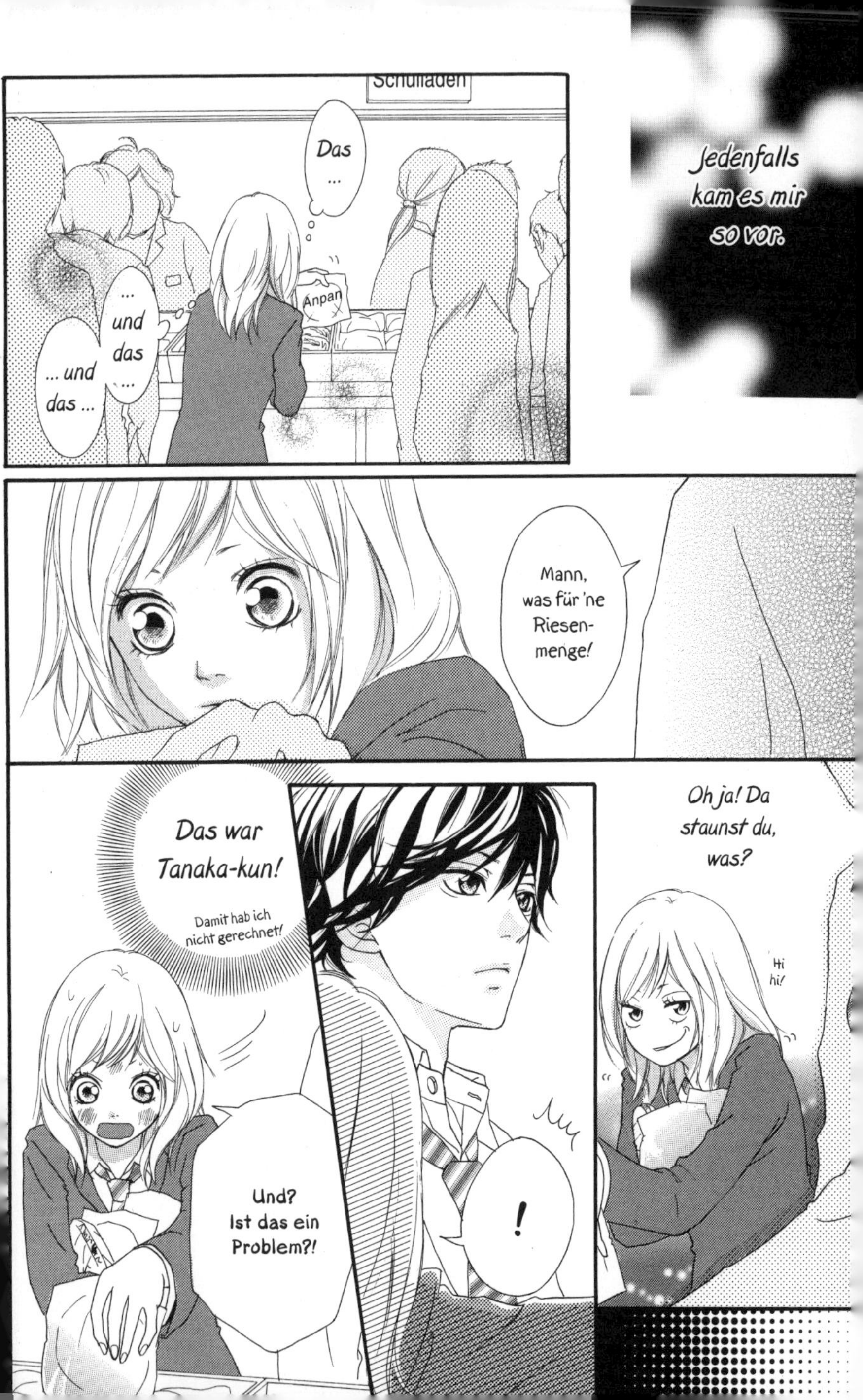
Jedenfalls kam es mir so vor.
Schulladen
Das ...
... und das ...
... und das ...
Anpan
Mann, was für 'ne Riesenmenge!
Oh ja! Da staunst du, was?
Hi hi!
!
Und? Ist das ein Problem?!
Das war Tanaka-kun!
Damit hab ich nicht gerechnet!

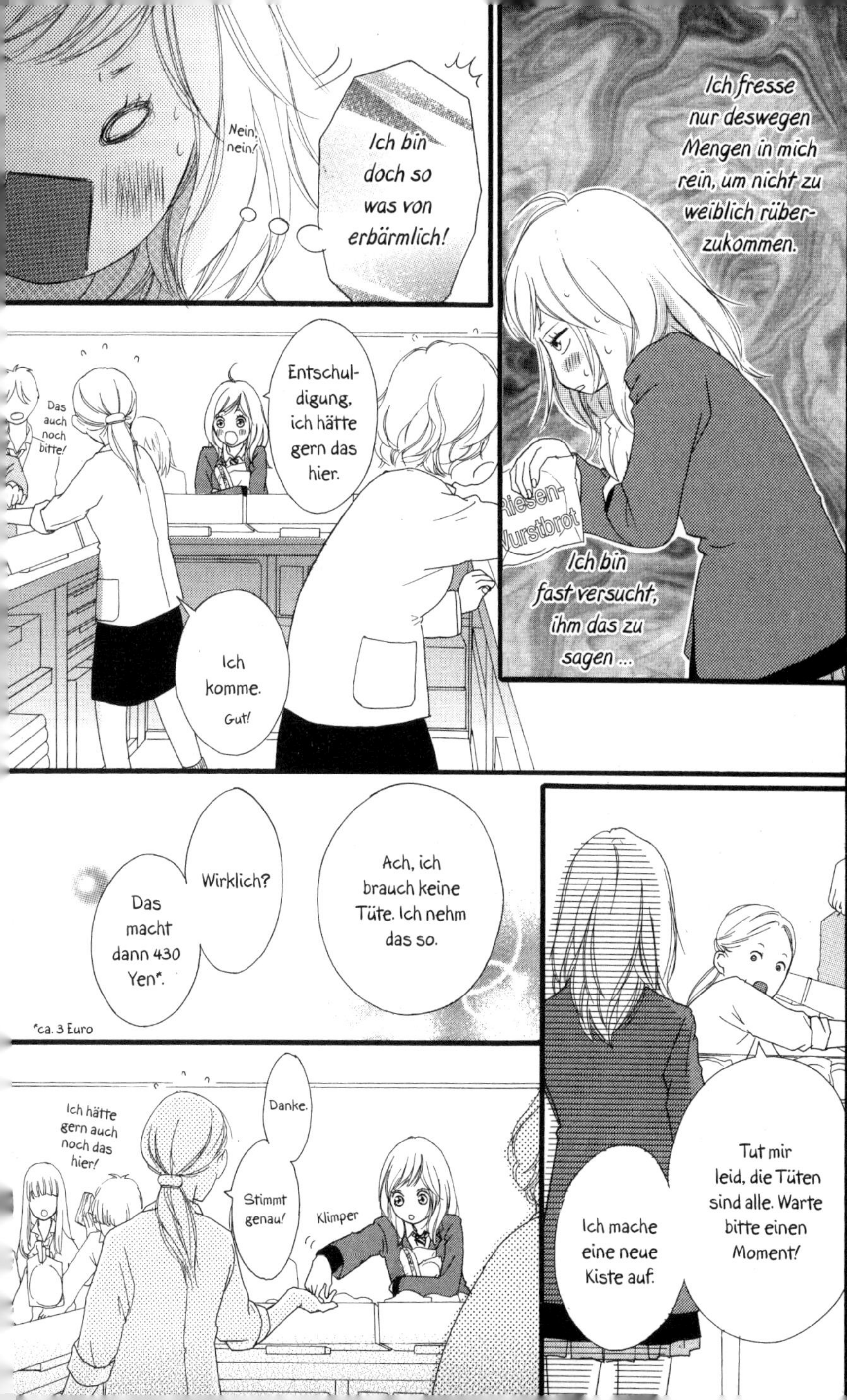
Ich fresse nur deswegen Mengen in mich rein, um nicht zu weiblich rüber-zukommen.
Riesen-Wurstbrot
Ich bin fast versucht, ihm das zu sagen ...
Ich bin doch so was von erbärmlich!
Nein, nein!
Entschul-digung, ich hätte gern das hier.
Das auch noch bitte!
Ich komme.
Gut!
Tut mir leid, die Tüten sind alle. Warte bitte einen Moment!
Ich mache eine neue Kiste auf.
Ach, ich brauch keine Tüte. Ich nehm das so.
Wirklich?
Das macht dann 430 Yen*.
*ca. 3 Euro
Danke.
Stimmt genau!
Klimper
Ich hätte gern auch noch das hier!

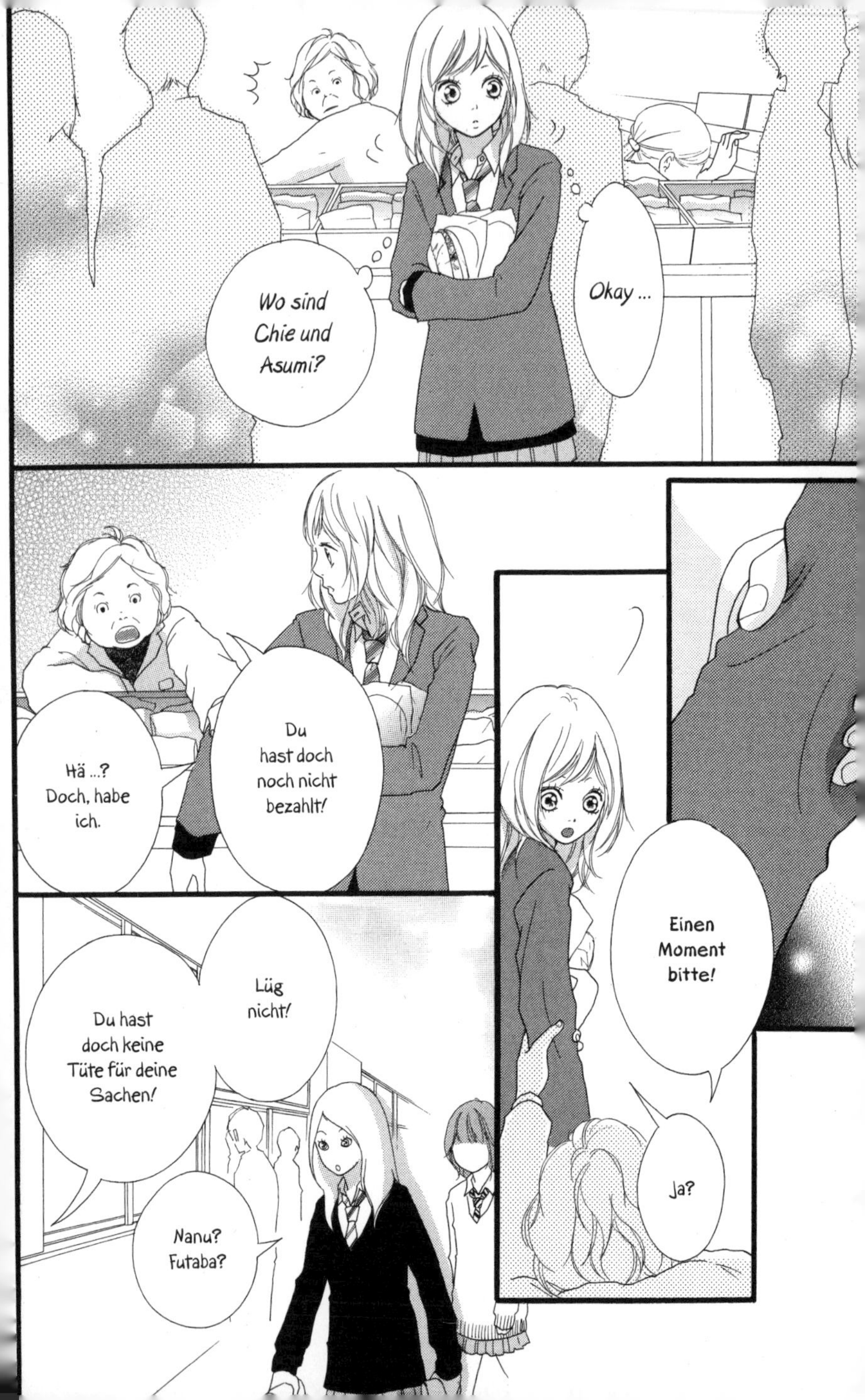
Okay ...
Wo sind Chie und Asumi?
Einen Moment bitte!
Ja?
Du hast doch noch nicht bezahlt!
Hä ...? Doch, habe ich.
Lüg nicht!
Du hast doch keine Tüte für deine Sachen!
Nanu? Futaba?

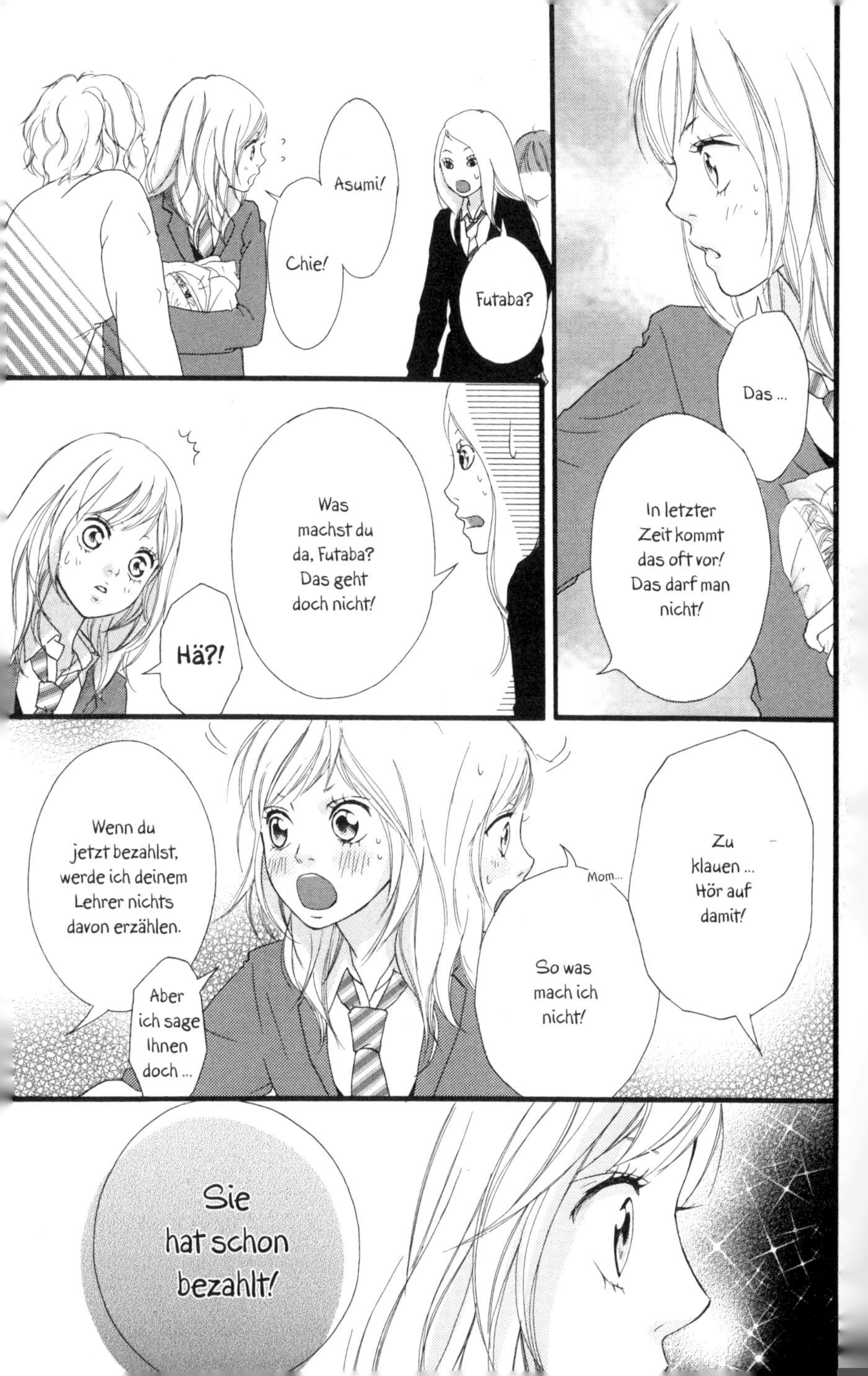
Das ...
In letzter Zeit kommt das oft vor! Das darf man nicht!
Futaba?
Asumi!
Chie!
Was machst du da, Futaba? Das geht doch nicht!
Hä?!
Zu klauen ... Hör auf damit!
Mom...
So was mach ich nicht!
Wenn du jetzt bezahlst, werde ich deinem Lehrer nichts davon erzählen.
Aber ich sage Ihnen doch ...
Sie hat schon bezahlt!

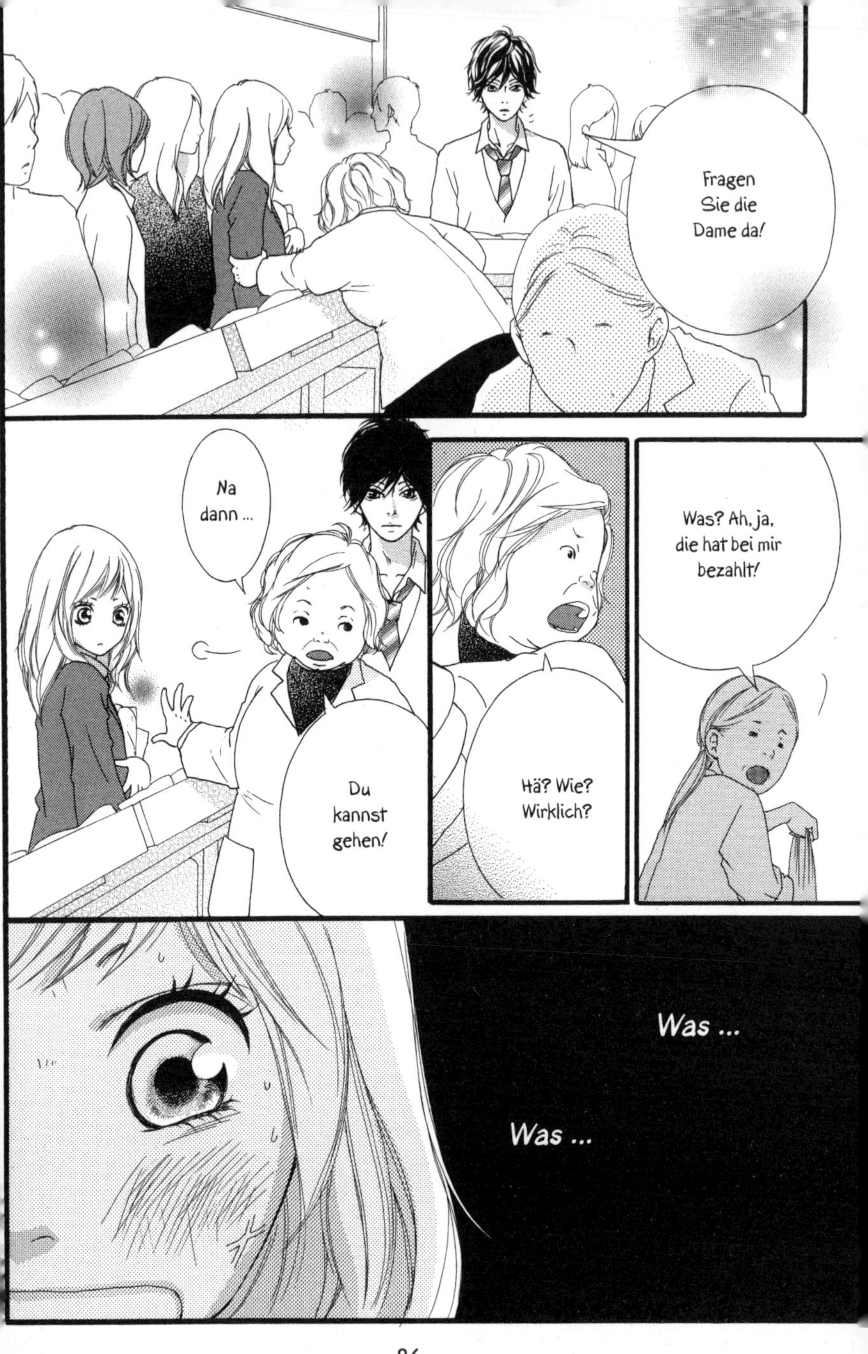
Fragen Sie die Dame da!
Was? Ah, ja, die hat bei mir bezahlt!
Hä? Wie? Wirklich?
Na dann ...
Du kannst gehen!
Was ...
Was ...

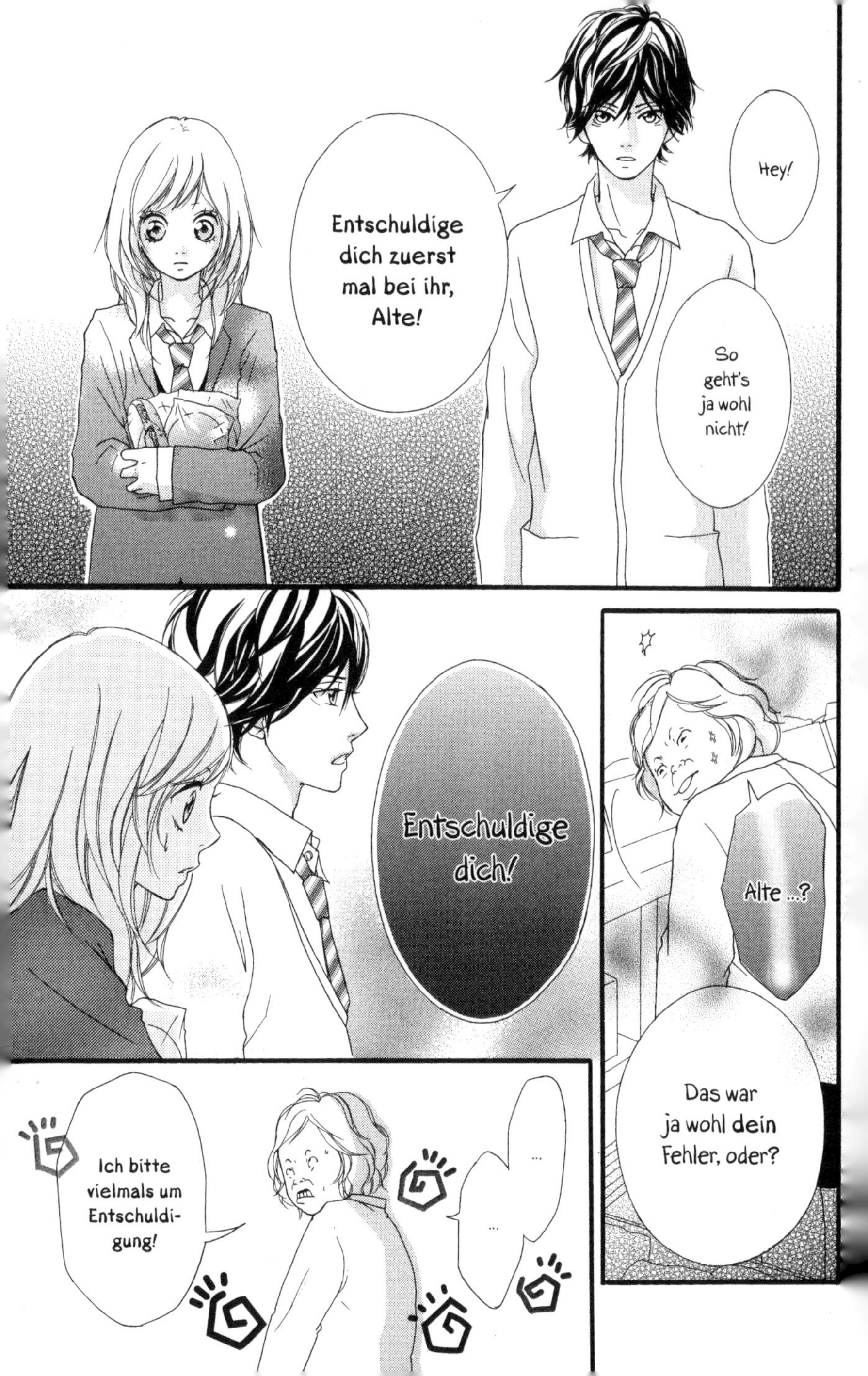
Hey!
So geht's ja wohl nicht!
Entschuldige dich zuerst mal bei ihr, Alte!
Alte ...?
Das war ja wohl dein Fehler, oder?
Entschuldige dich!
...
...
Ich bitte vielmals um Entschuldi-gung!

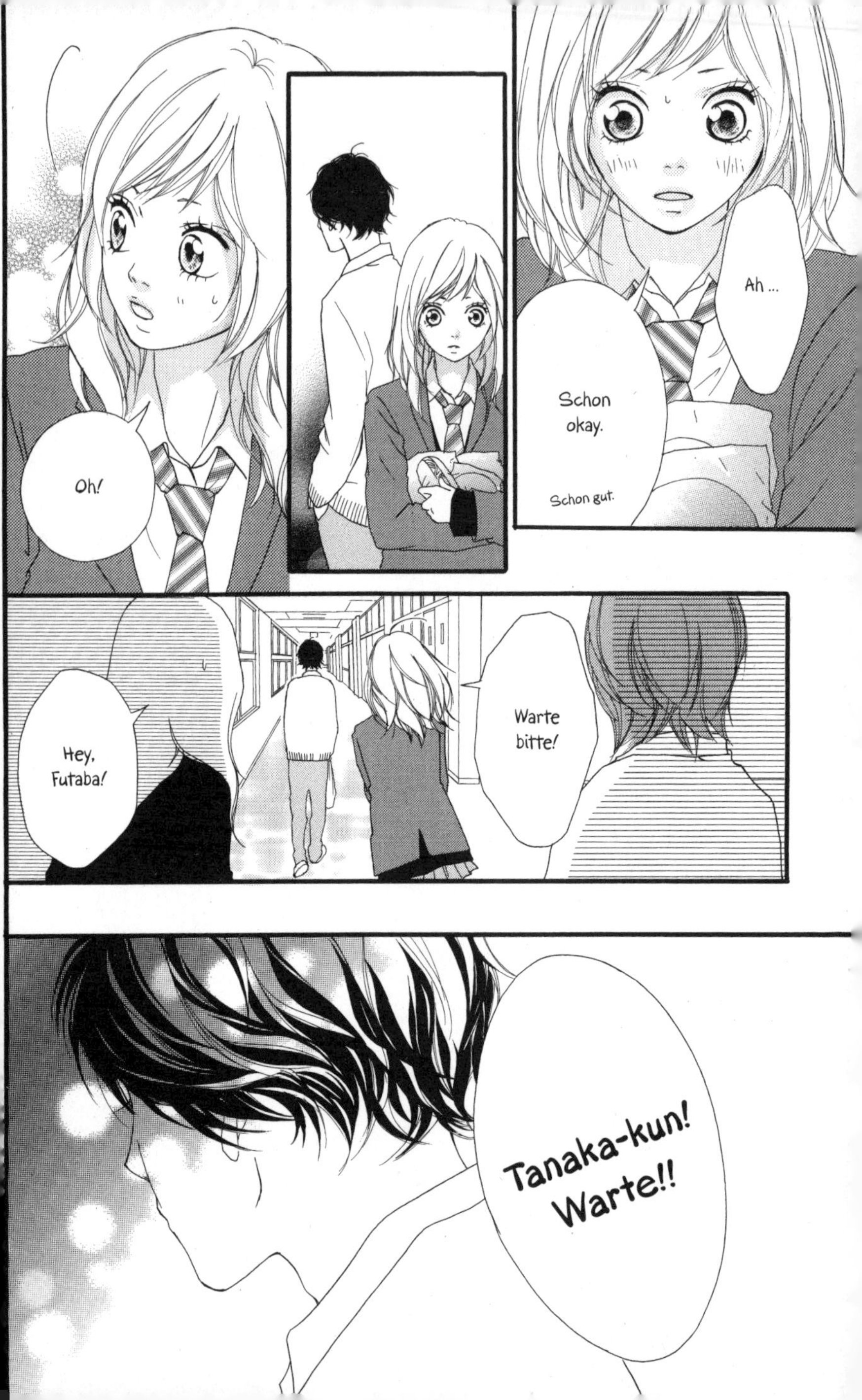
Ah ...
Schon okay.
Schon gut.
Oh!
Warte bitte!
Hey, Futaba!
Tanaka-kun! Warte!!

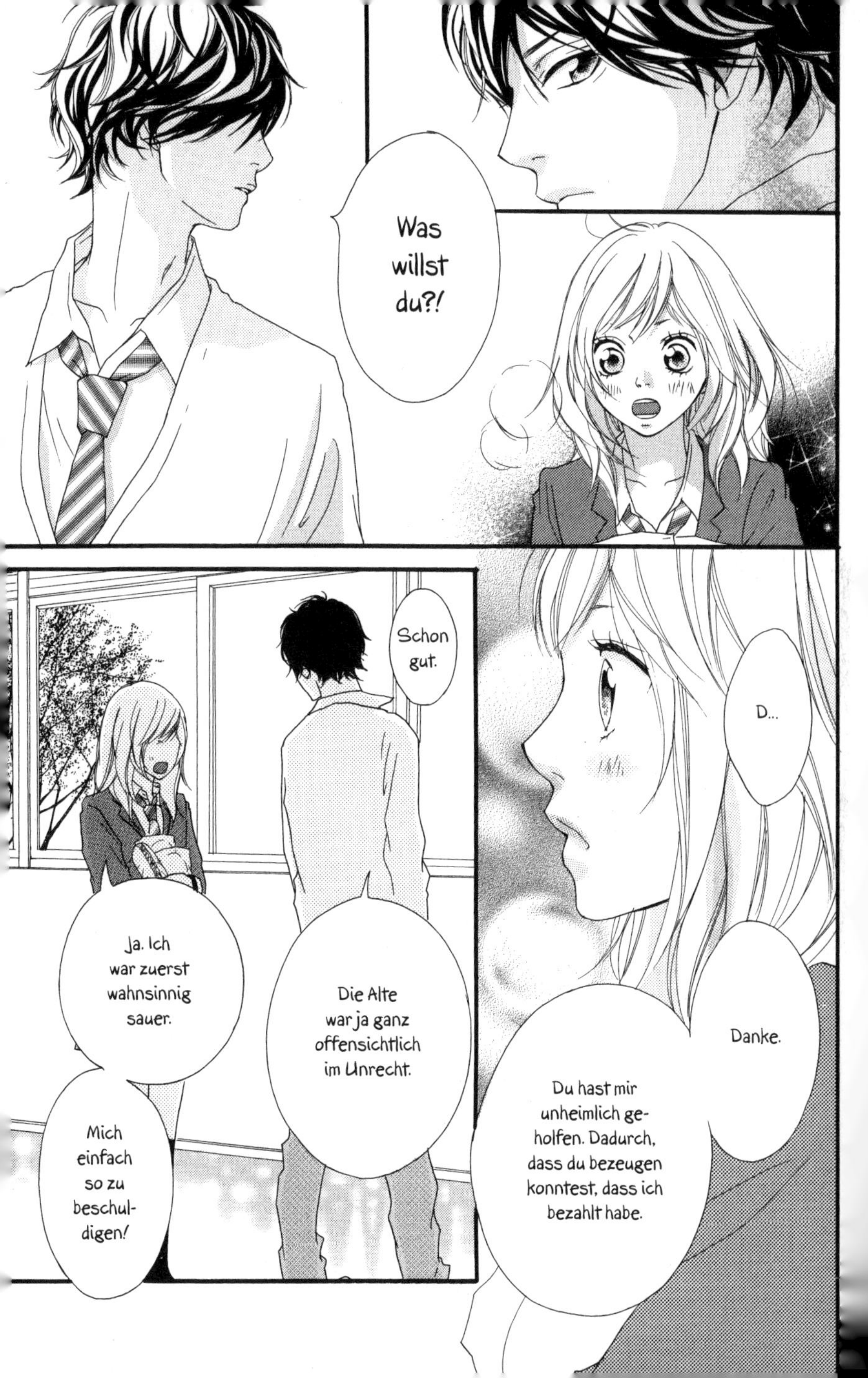
Was willst du?!
D...
Danke.
Du hast mir unheimlich geholfen. Dadurch, dass du bezeugen konntest, dass ich bezahlt habe.
Schon gut.
Die Alte war ja ganz offensichtlich im Unrecht.
Ja. Ich war zuerst wahnsinnig sauer.
Mich einfach so zu beschuldigen!

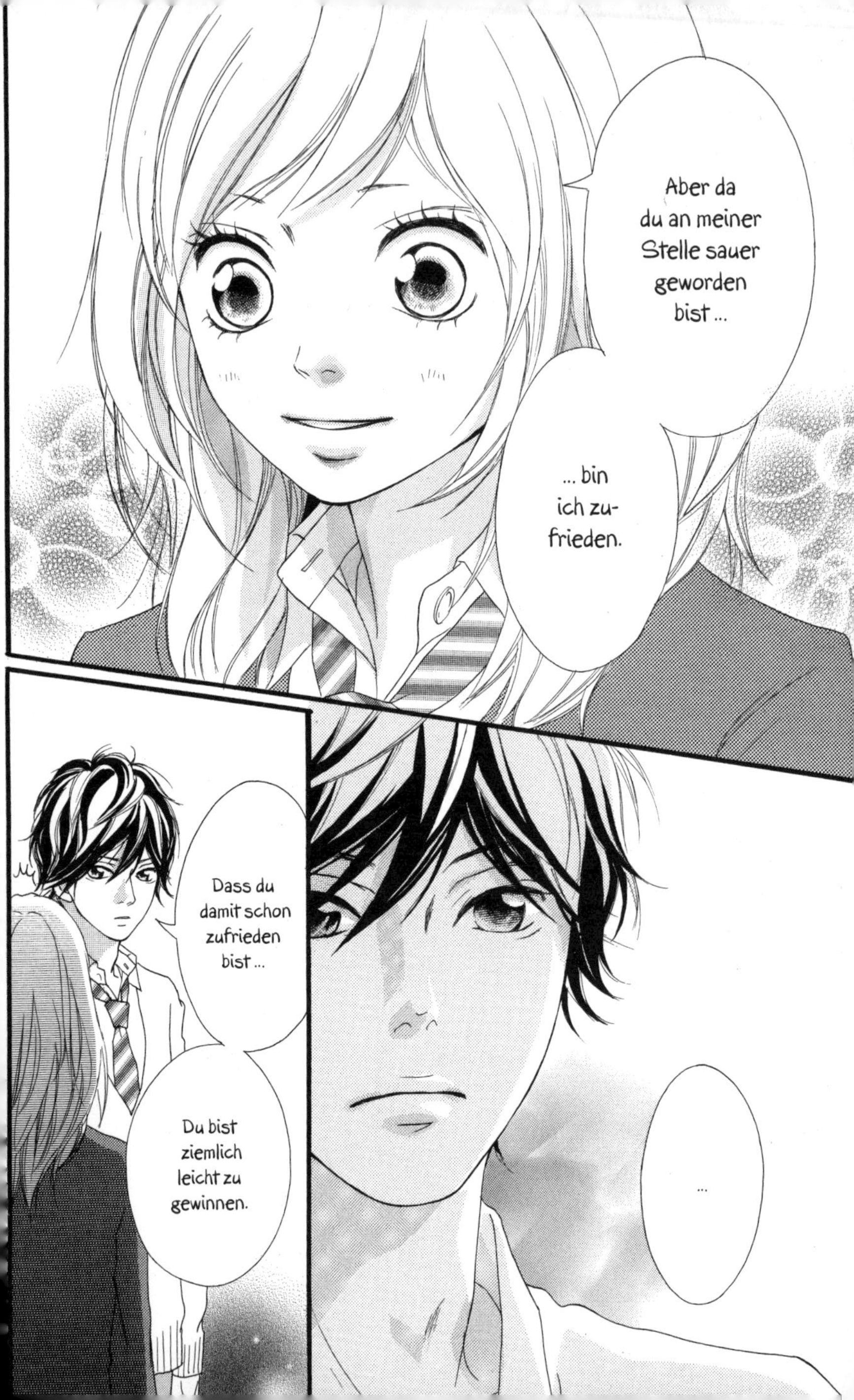
Aber da du an meiner Stelle sauer geworden bist ...
... bin ich zufrieden.
...
Dass du damit schon zufrieden bist ...
Du bist ziemlich leicht zu gewinnen.

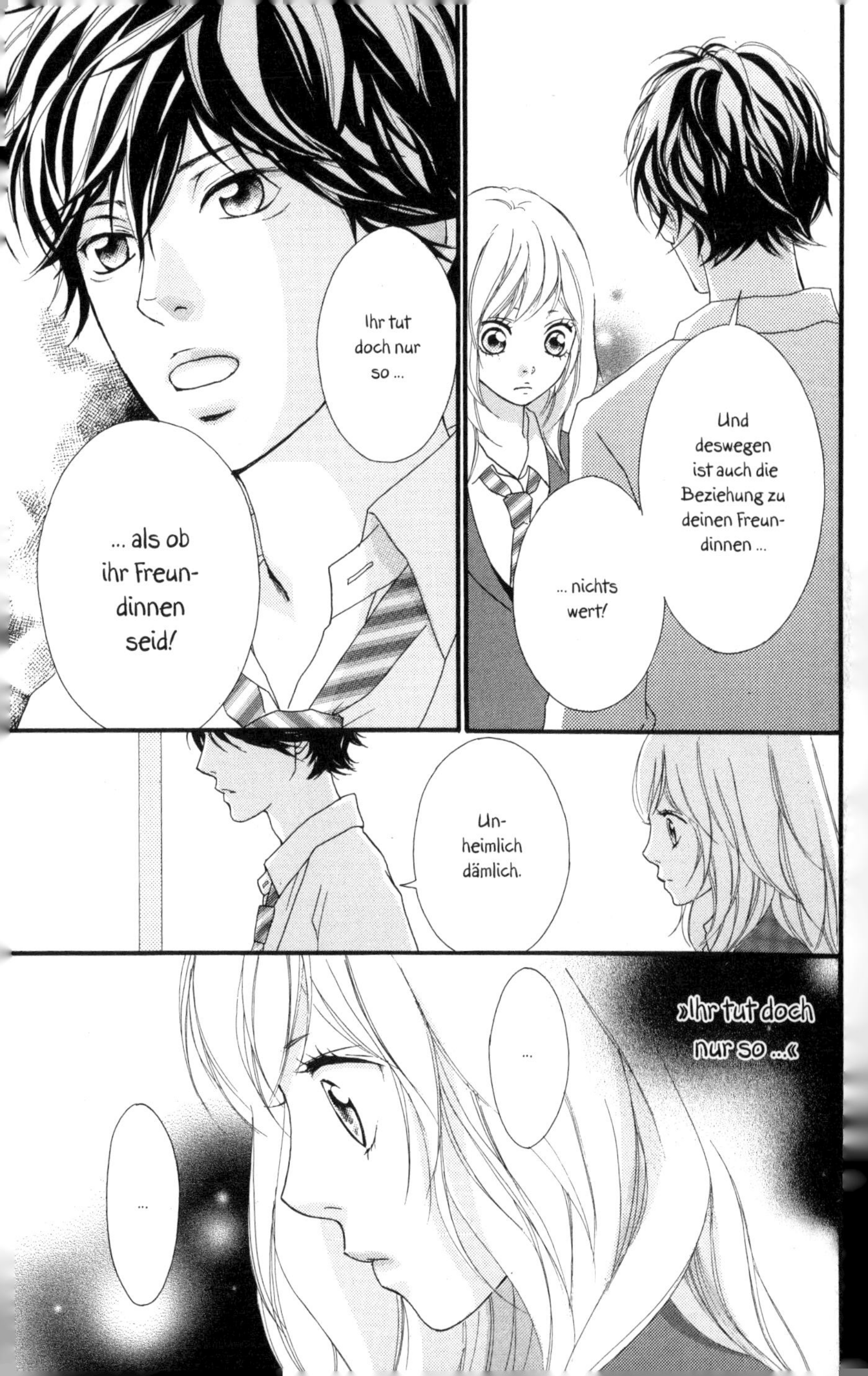
Ihr tut doch nur so ...
... als ob ihr Freundinnen seid!
Und deswegen ist auch die Beziehung zu deinen Freundinnen ...
... nichts wert!
Unheimlich dämlich.
»Ihr tut doch nur so ...«
...
...

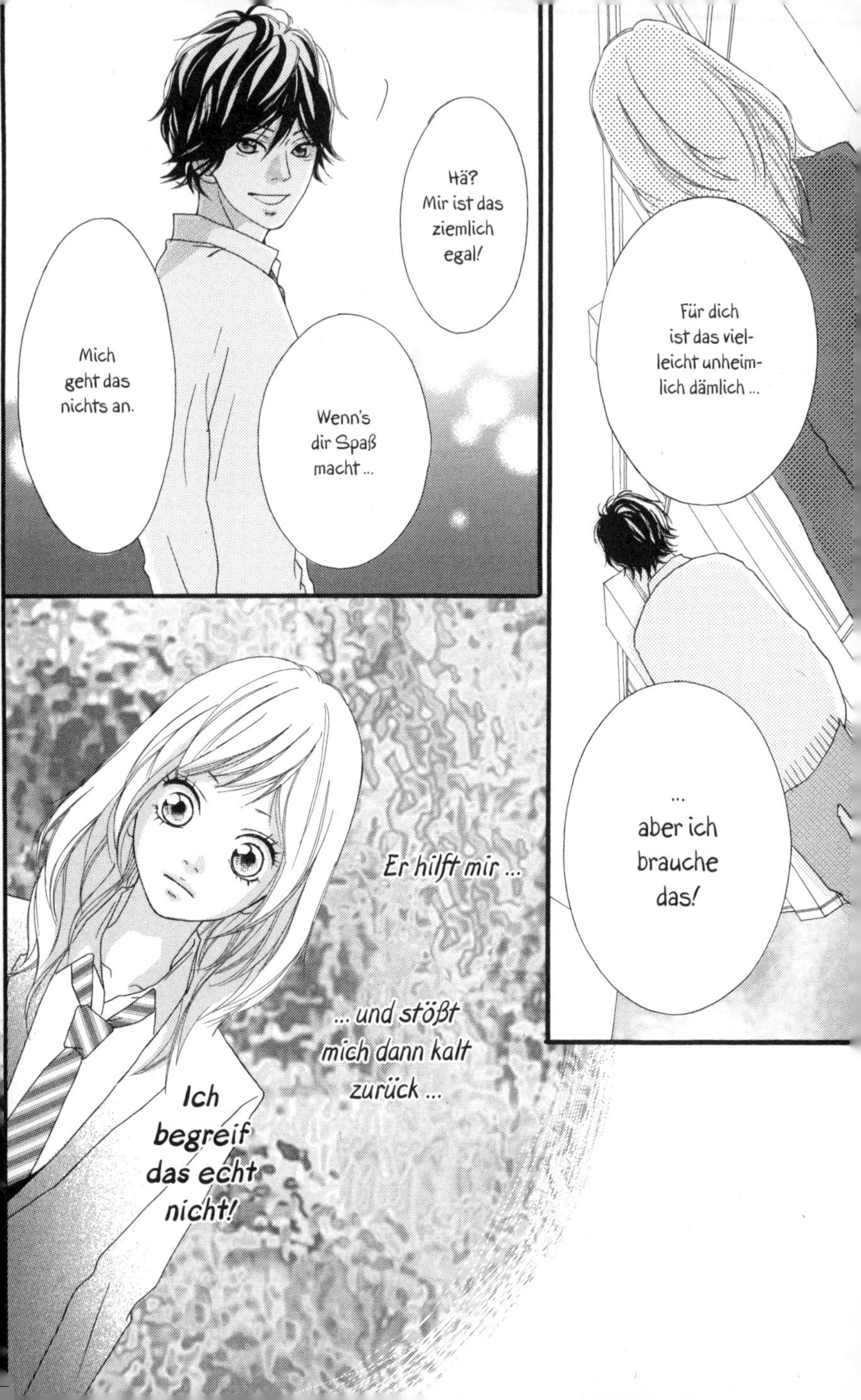
Für dich ist das vielleicht unheimlich dämlich ...
... aber ich brauche das!
Hä? Mir ist das ziemlich egal!
Wenn's dir Spaß macht ...
Mich geht das nichts an.
Er hilft mir ...
... und stößt mich dann kalt zurück ...
Ich begreif das echt nicht!

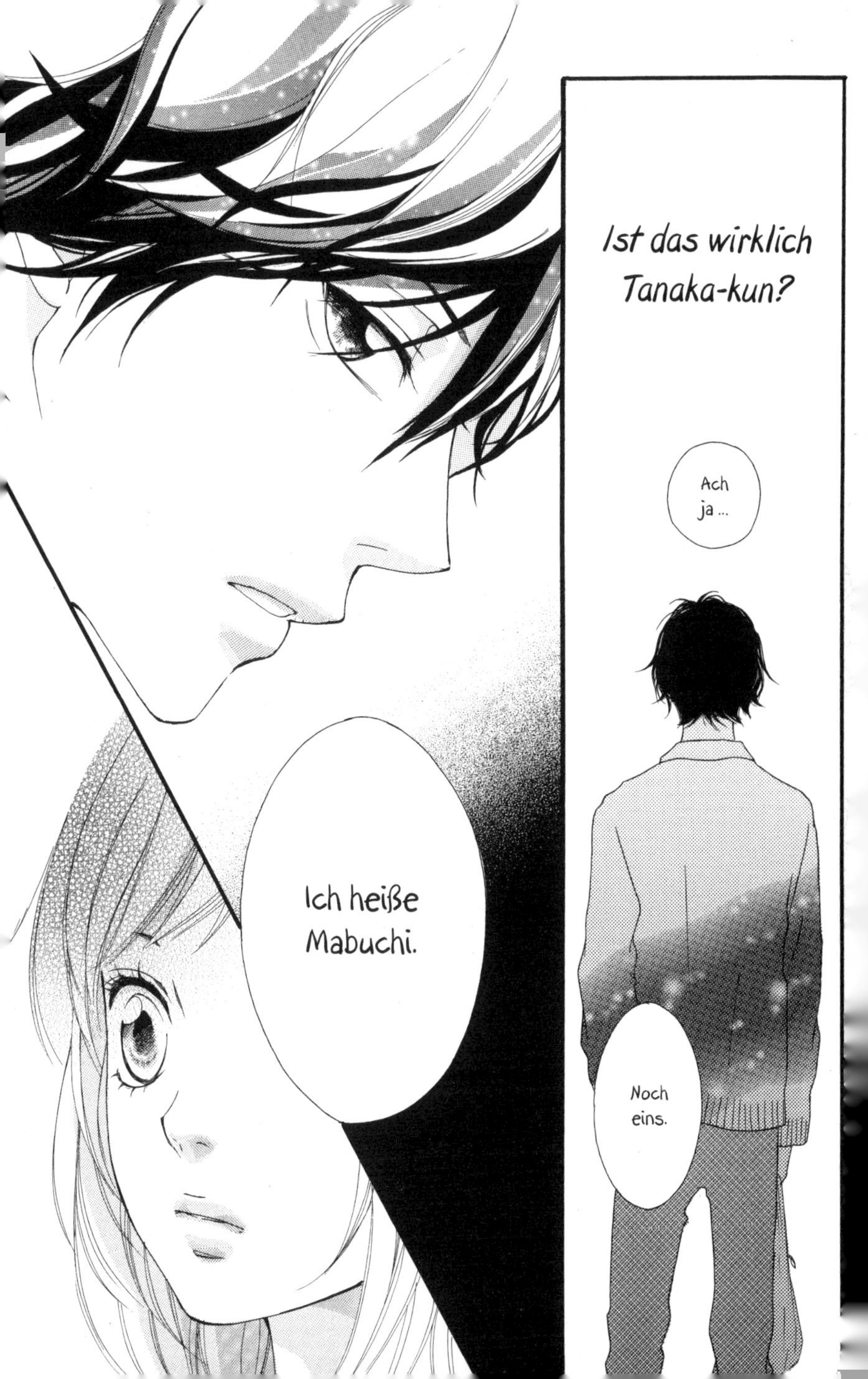
Ist das wirklich Tanaka-kun?
Ach ja …
Noch eins.
Ich heiße Mabuchi.

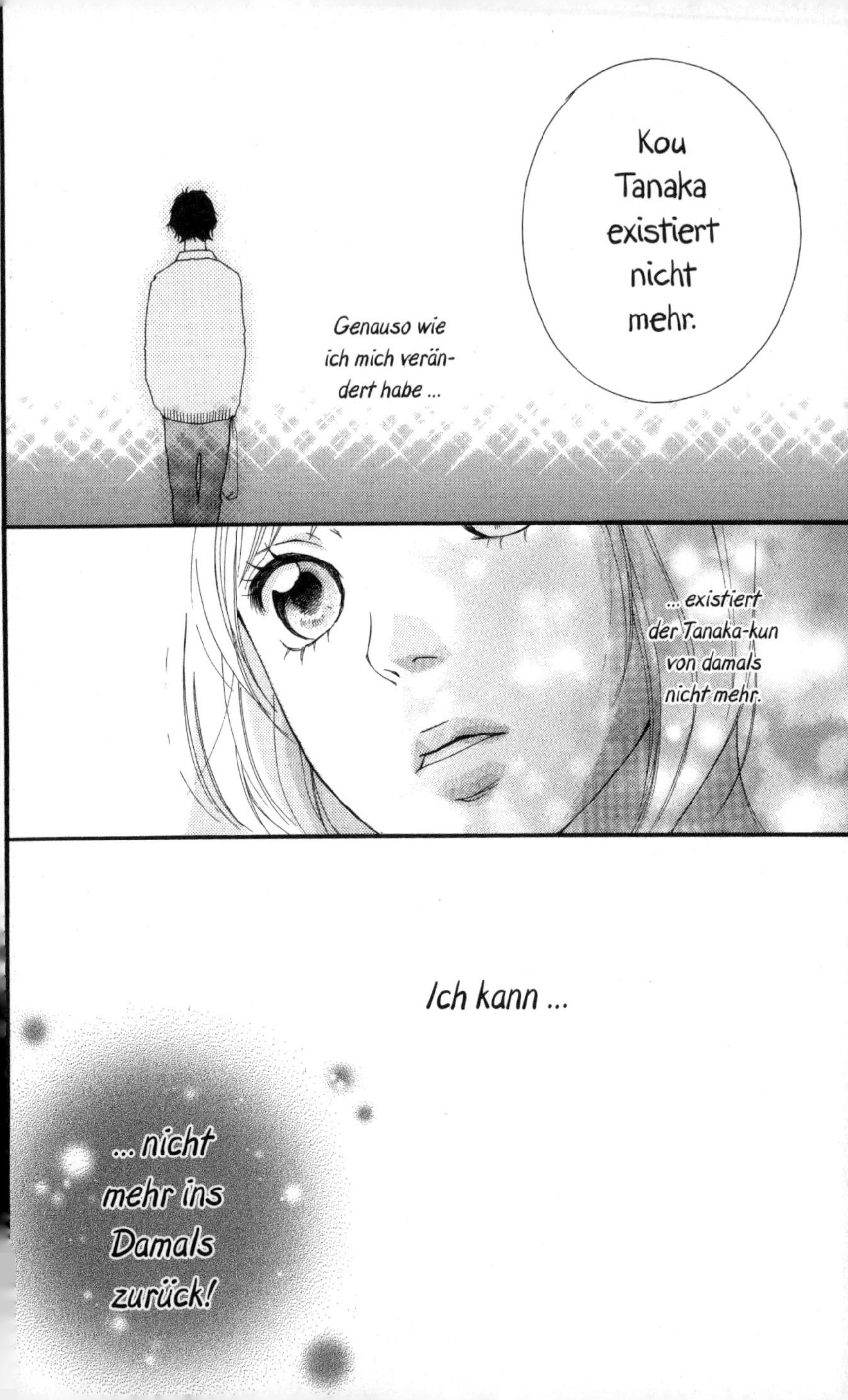
Kou Tanaka existiert nicht mehr.
Genauso wie ich mich verändert habe ...
... existiert der Tanaka-kun von damals nicht mehr.
Ich kann ...
... nicht mehr ins Damals zurück!

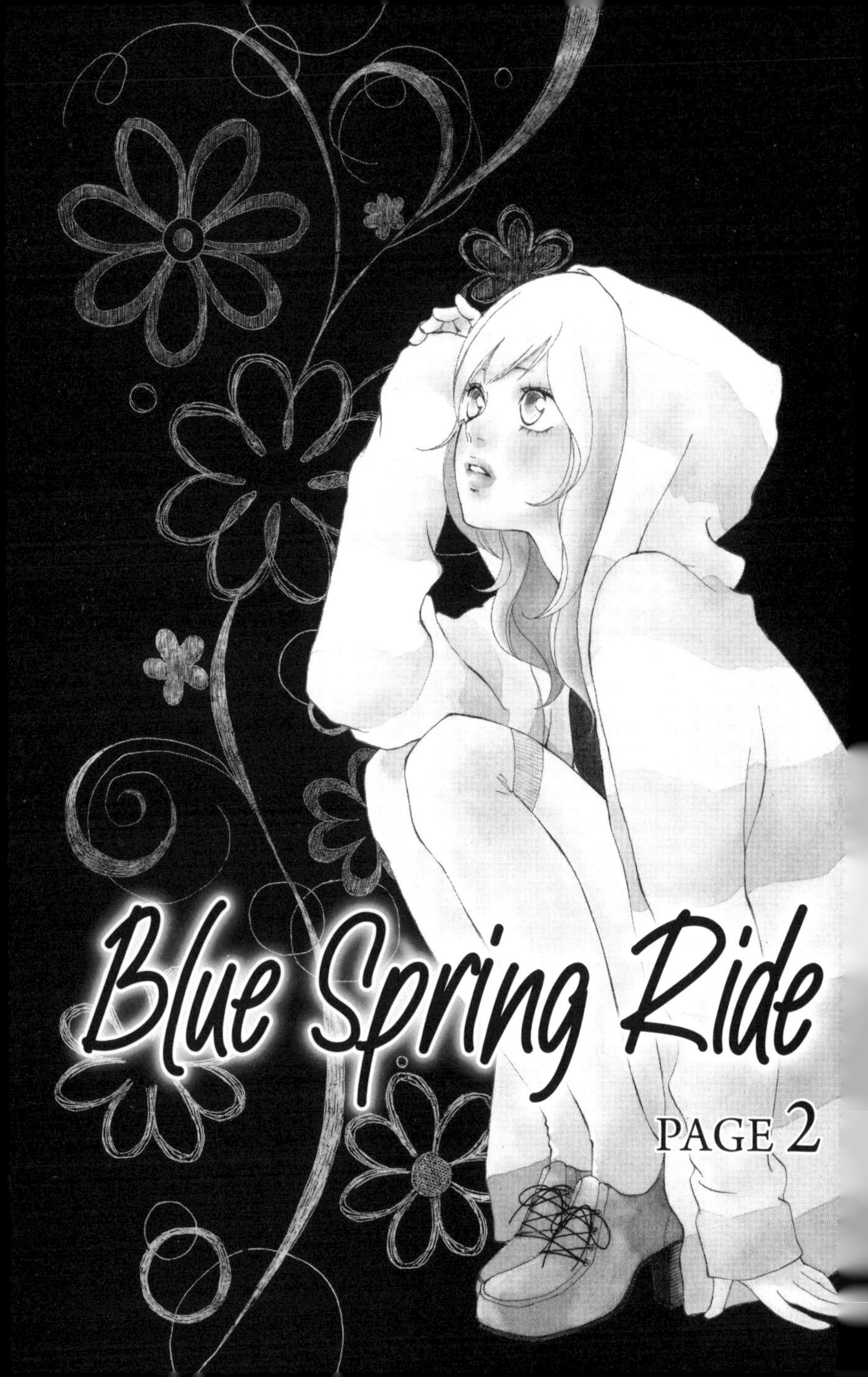
Blue Spring Ride
PAGE 2

Wenn ich Manga zeichne, dann kommt regelmäßig eine Unsicherheit über mich, gegen die ich nichts machen kann. Dann suche ich nach irgendetwas und frage alle möglichen Leute nach ihrer Meinung. Und jeder, den ich frage, hat eine andere Meinung. Ich denke dann jedes Mal, so ist das halt; das heißt, es gibt keine absolute, richtige Antwort. Ich weiß das, aber jedes Mal, wenn ich unsicher werde, mache ich es wieder! Und weil ich versuche, die vielen unterschiedlichen Antworten auf einen Nenner zu bringen, werde ich nur noch unsicherer. Und das bringt doch nichts … Vielleicht ist es wichtig, viele verschiedene Menschen nach ihrer Meinung zu fragen, aber ich denke, dass man diese verschiedenen Denk- und Handlungsweisen selbst ausprobieren und daran arbeiten muss, statt sich zu fragen, warum es bei sich selbst nicht funktioniert und deprimiert zu sein, wenn's nicht gut läuft. Man muss sich dann einfach eingestehen können, dass es halt nicht zu einem selbst passt. Ich werde künftig, wenn ich unsicher werde und ins Schwimmen komme, nur mit meinem Redakteur sprechen. Genau, das werde ich tun! (Vielleicht macht das meinem Redakteur noch mehr Arbeit, aber ich denke, es würde mir schon reichen, wenn er einfach die Ohren auf Durchzug stellt. Also bitte, Herr Redakteur!)
Und deshalb will ich zusammen mit Futaba und den anderen selbst auch ein bisschen stärker werden! Obwohl ich das gerade geschrieben habe, halte ich mich im Grunde genommen schon für stark, also macht euch bitte keine Sorgen. Es würde mich freuen, wenn ihr auch weiterhin meine Manga lest!

★Io Sakisaka★

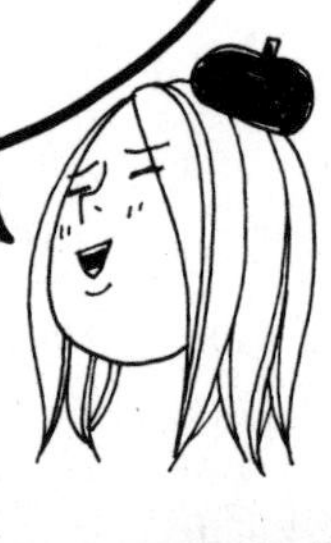

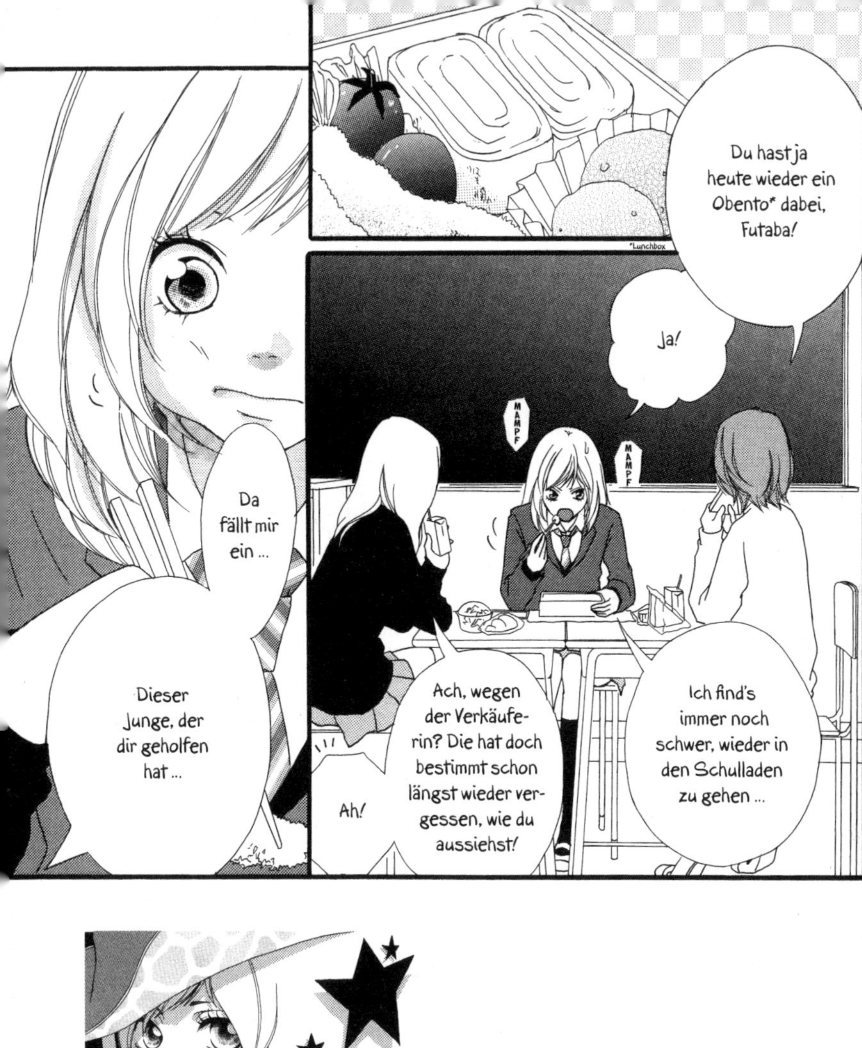
Du hast ja heute wieder ein Obento* dabei, Futaba!
*Lunchbox
Ja!
MAMPF
MAMPF
Ich find's immer noch schwer, wieder in den Schulladen zu gehen ...
Ach, wegen der Verkäufe-rin? Die hat doch bestimmt schon längst wieder ver-gessen, wie du aussiehst!
Ah!
Da fällt mir ein ...
Dieser Junge, der dir geholfen hat ...

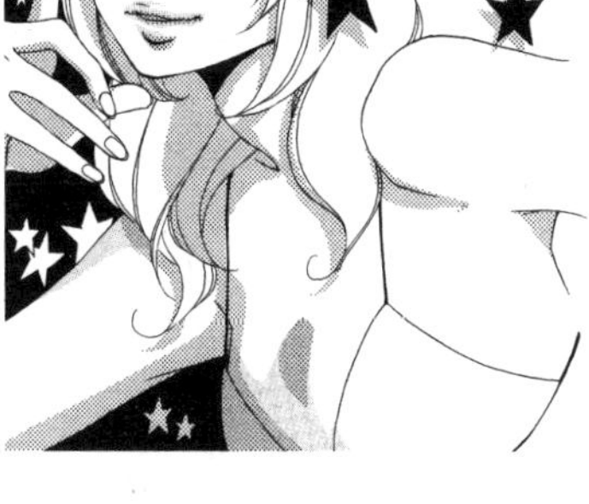

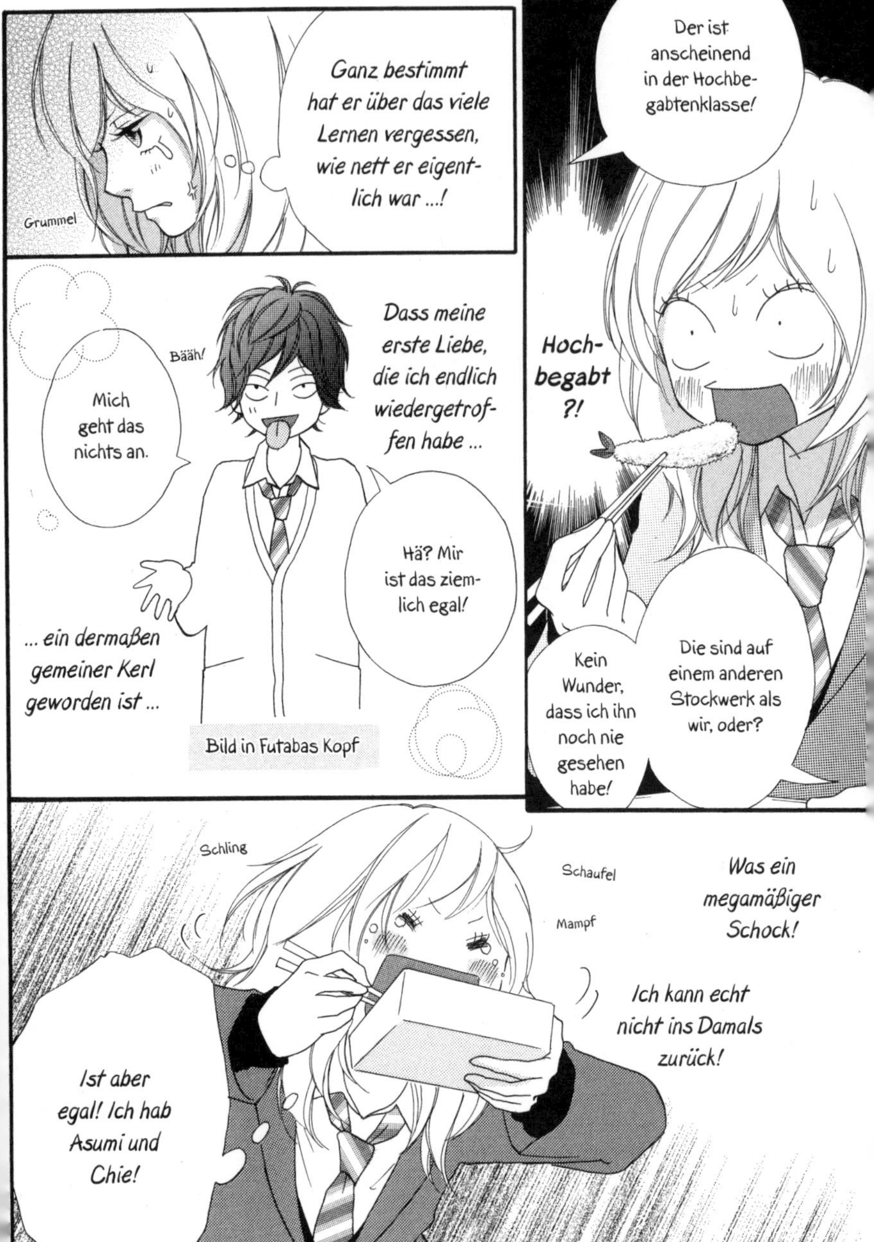
Der ist anscheinend in der Hochbegabtenklasse!
Hochbegabt ?!
Die sind auf einem anderen Stockwerk als wir, oder?
Kein Wunder, dass ich ihn noch nie gesehen habe!
Ganz bestimmt hat er über das viele Lernen vergessen, wie nett er eigentlich war ...!
Grummel
Dass meine erste Liebe, die ich endlich wiedergetroffen habe ...
Hä? Mir ist das ziemlich egal!
Bääh!
Mich geht das nichts an.
... ein dermaßen gemeiner Kerl geworden ist ...
Bild in Futabas Kopf
Was ein megamäßiger Schock!
Schaufel
Mampf
Ich kann echt nicht ins Damals zurück!
Schling
Ist aber egal! Ich hab Asumi und Chie!

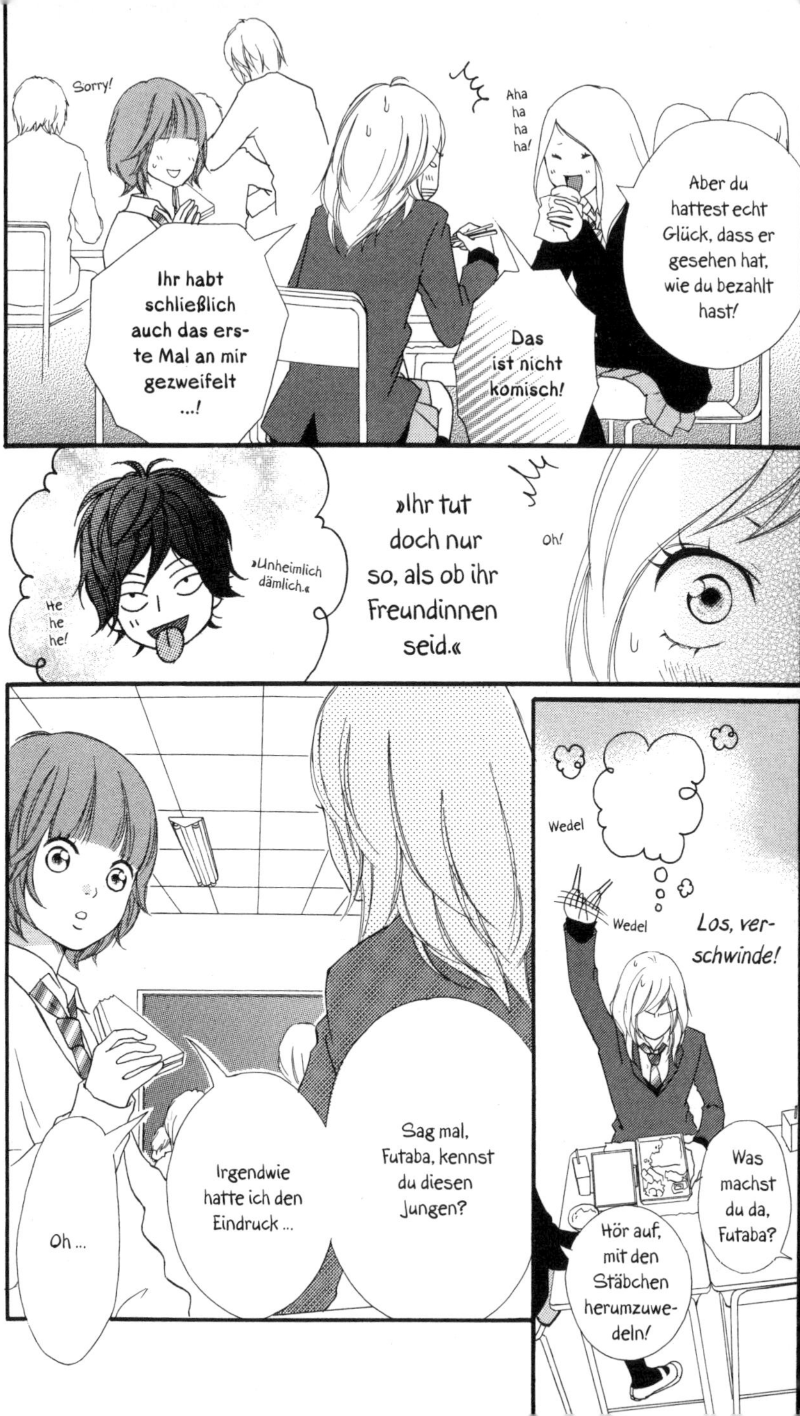
Aber du hattest echt Glück, dass er gesehen hat, wie du bezahlt hast!
Aha ha ha ha!
Das ist nicht komisch!
Ihr habt schließlich auch das erste Mal an mir gezweifelt ...!
Sorry!
Oh!
»Ihr tut doch nur so, als ob ihr Freundinnen seid.«
»Unheimlich dämlich.«
He he he!
Wedel
Wedel
Los, verschwinde!
Was machst du da, Futaba?
Hör auf, mit den Stäbchen herumzuwedeln!
Sag mal, Futaba, kennst du diesen Jungen?
Irgendwie hatte ich den Eindruck ...
Oh ...

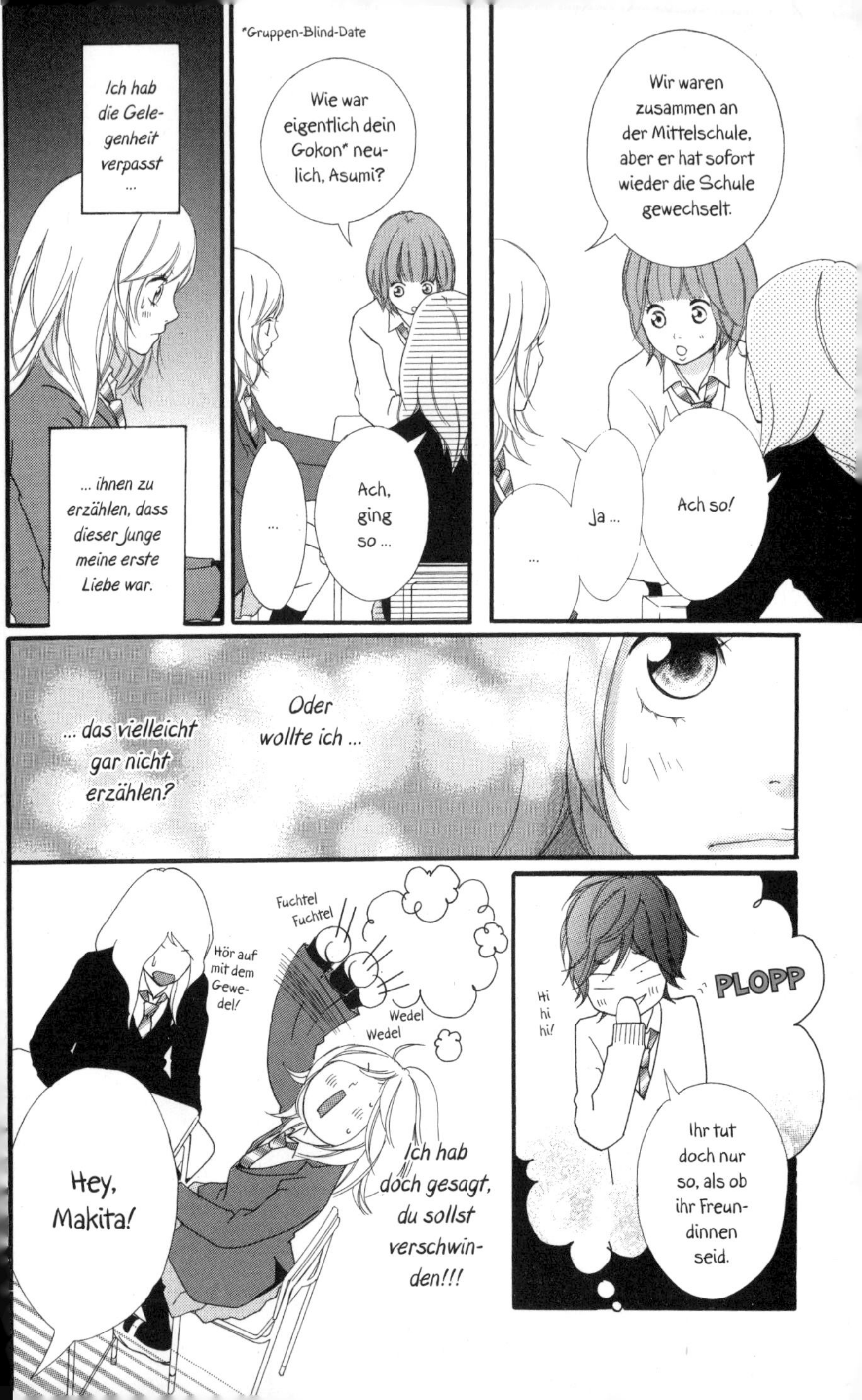

*Gruppen-Blind-Date

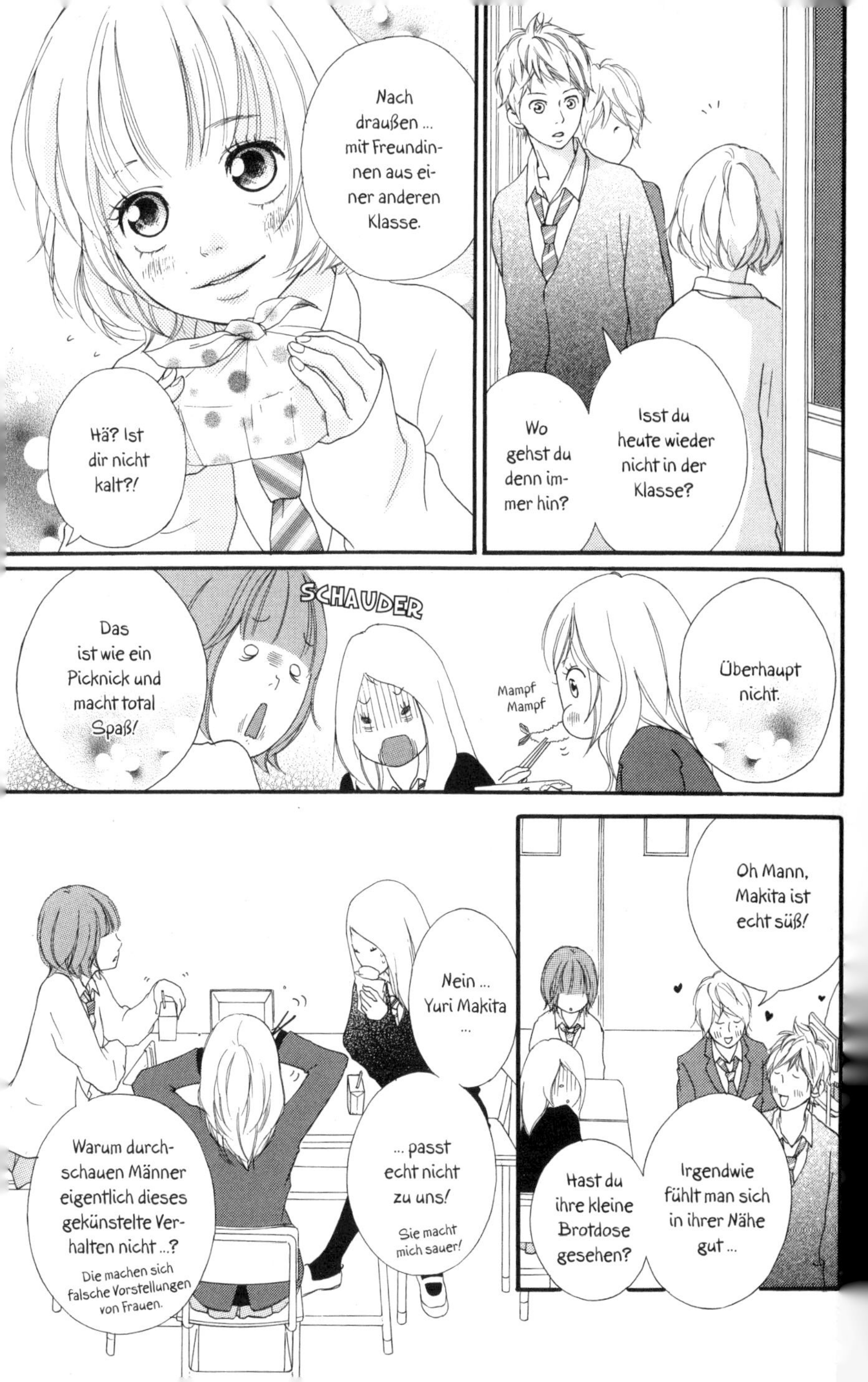

Isst du heute wieder nicht in der Klasse?
Wo gehst du denn immer hin?
Nach draußen ... mit Freundinnen aus einer anderen Klasse.
Hä? Ist dir nicht kalt?!
Überhaupt nicht.
Mampf Mampf
SCHAUDER
Das ist wie ein Picknick und macht total Spaß!
Oh Mann, Makita ist echt süß!
Irgendwie fühlt man sich in ihrer Nähe gut ...
Hast du ihre kleine Brotdose gesehen?
Nein ... Yuri Makita ...
... passt echt nicht zu uns!
Sie macht mich sauer!
Warum durchschauen Männer eigentlich dieses gekünstelte Verhalten nicht ...?
Die machen sich falsche Vorstellungen von Frauen.

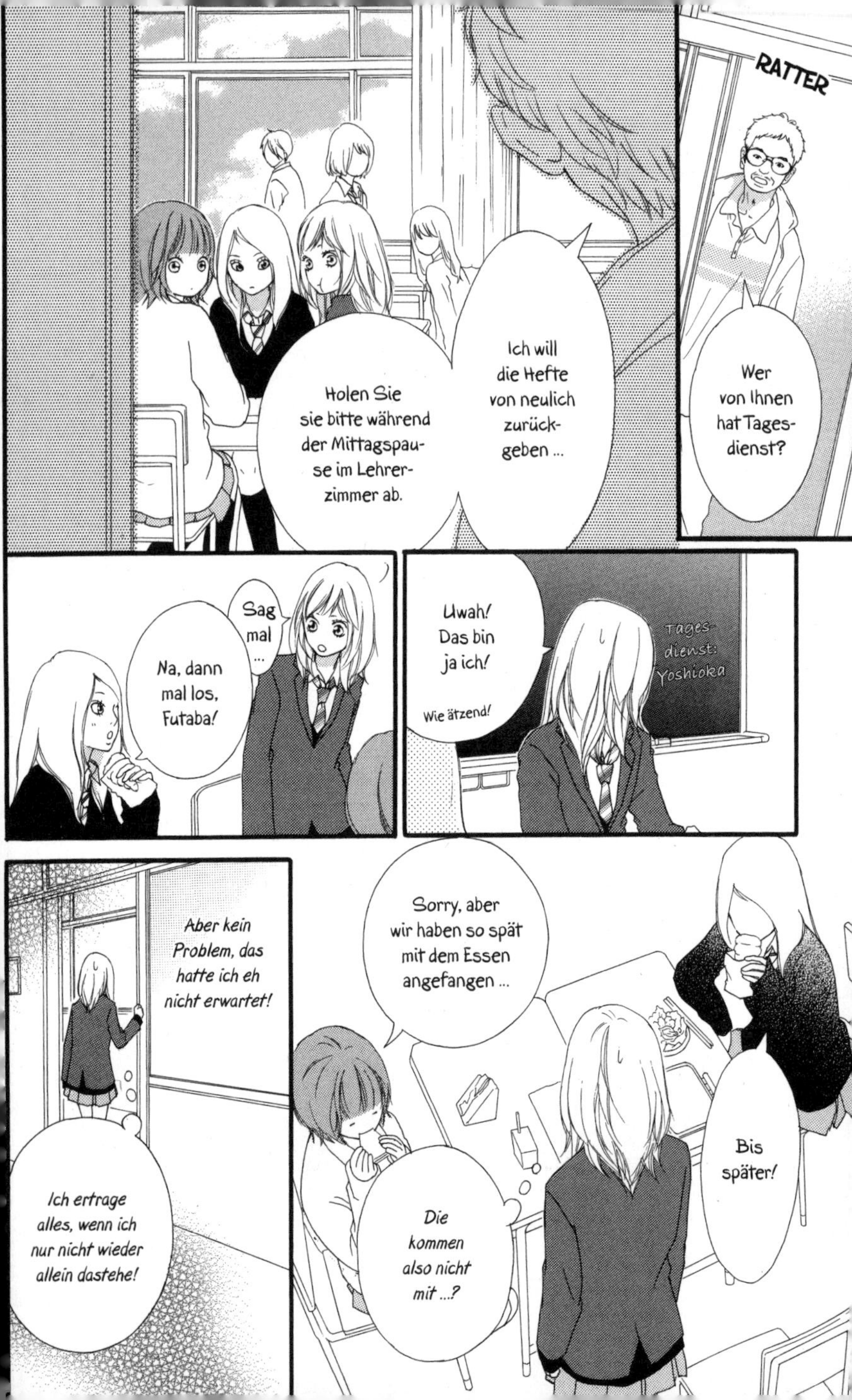
RATTER
Wer von Ihnen hat Tagesdienst?
Ich will die Hefte von neulich zurückgeben ...
Holen Sie sie bitte während der Mittagspause im Lehrerzimmer ab.
Uwah! Das bin ja ich!
Wie ätzend!
Tagesdienst: Yoshioka
Sag mal ...
Na, dann mal los, Futaba!
Sorry, aber wir haben so spät mit dem Essen angefangen ...
Bis später!
Die kommen also nicht mit ...?
Aber kein Problem, das hatte ich eh nicht erwartet!
Ich ertrage alles, wenn ich nur nicht wieder allein dastehe!

Ich habe früher nie am Plot oder den Storyboards arbeiten können, wenn Musik lief, aber in letzter Zeit habe ich festgestellt, dass ich es jetzt doch kann. Aber mit Kopfhörern. Allerdings höre ich die Musik gar nicht mehr, wenn ich mich konzentriere. Wenn mein Arbeitsfluss etwas ins Stocken gerät, kann ich sie wieder hören, und wenn ich unheimlich feststecke, dann fängt die Musik an, mich zu nerven.

Das ist echt lustig. Es fühlt sich fast an, als ob ich zwischen dem Diesseits und dem Jenseits pendele, und ist ziemlich interessant. Konzentration ist doch was Lustiges.

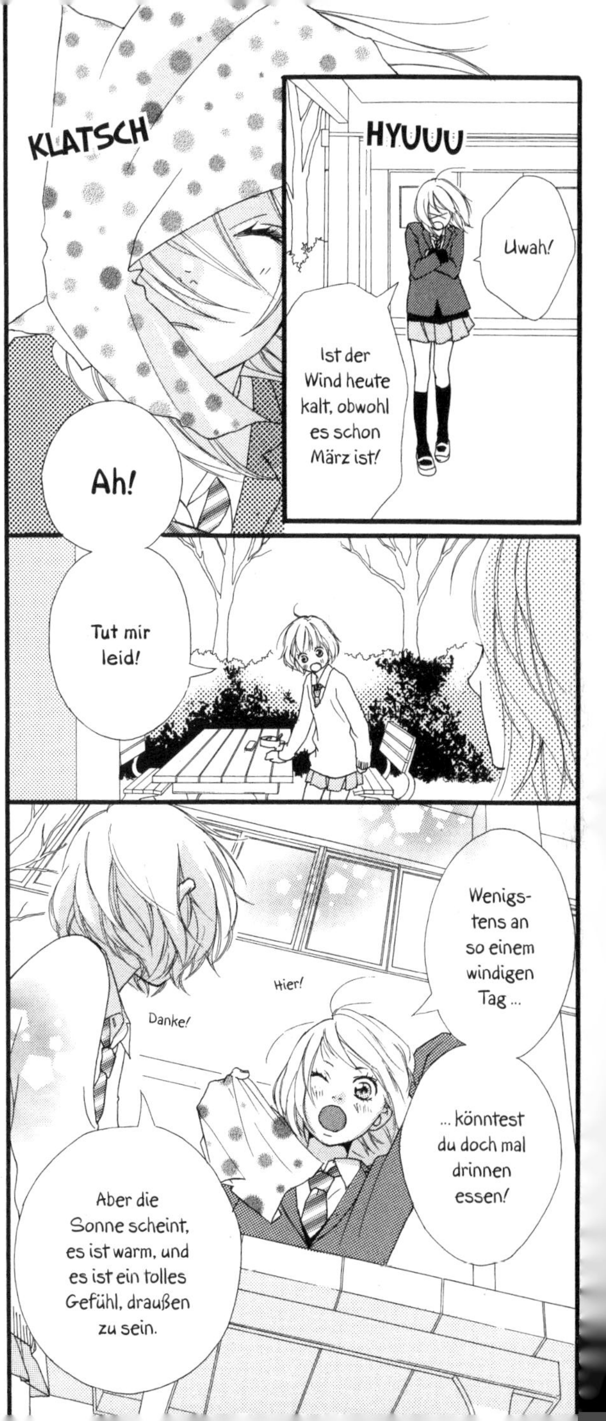

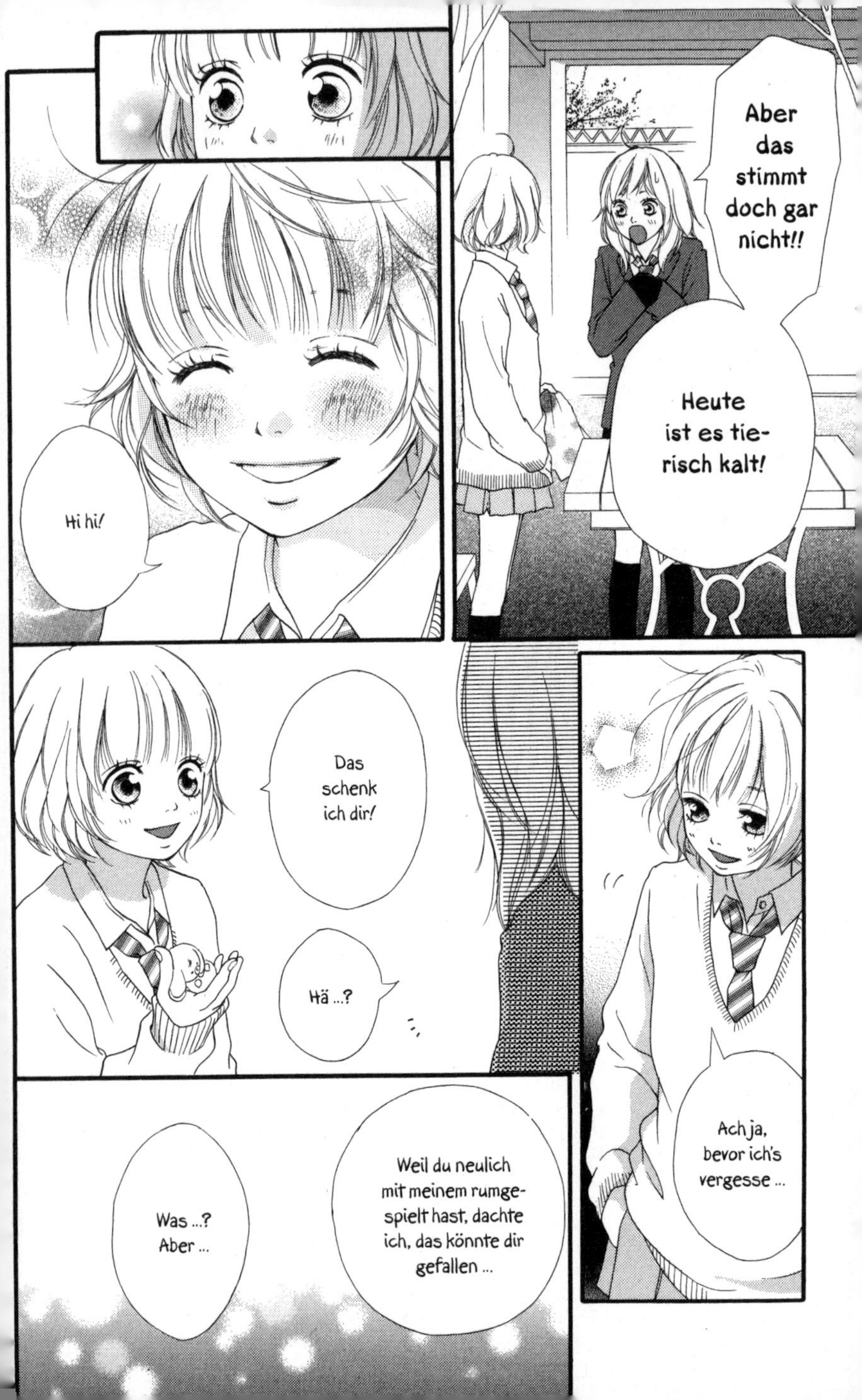
Aber das stimmt doch gar nicht!!
Heute ist es tierisch kalt!
Hi hi!
Ach ja, bevor ich's vergesse ...
Das schenk ich dir!
Hä ...?
Weil du neulich mit meinem rumgespielt hast, dachte ich, das könnte dir gefallen ...
Was ...? Aber ...

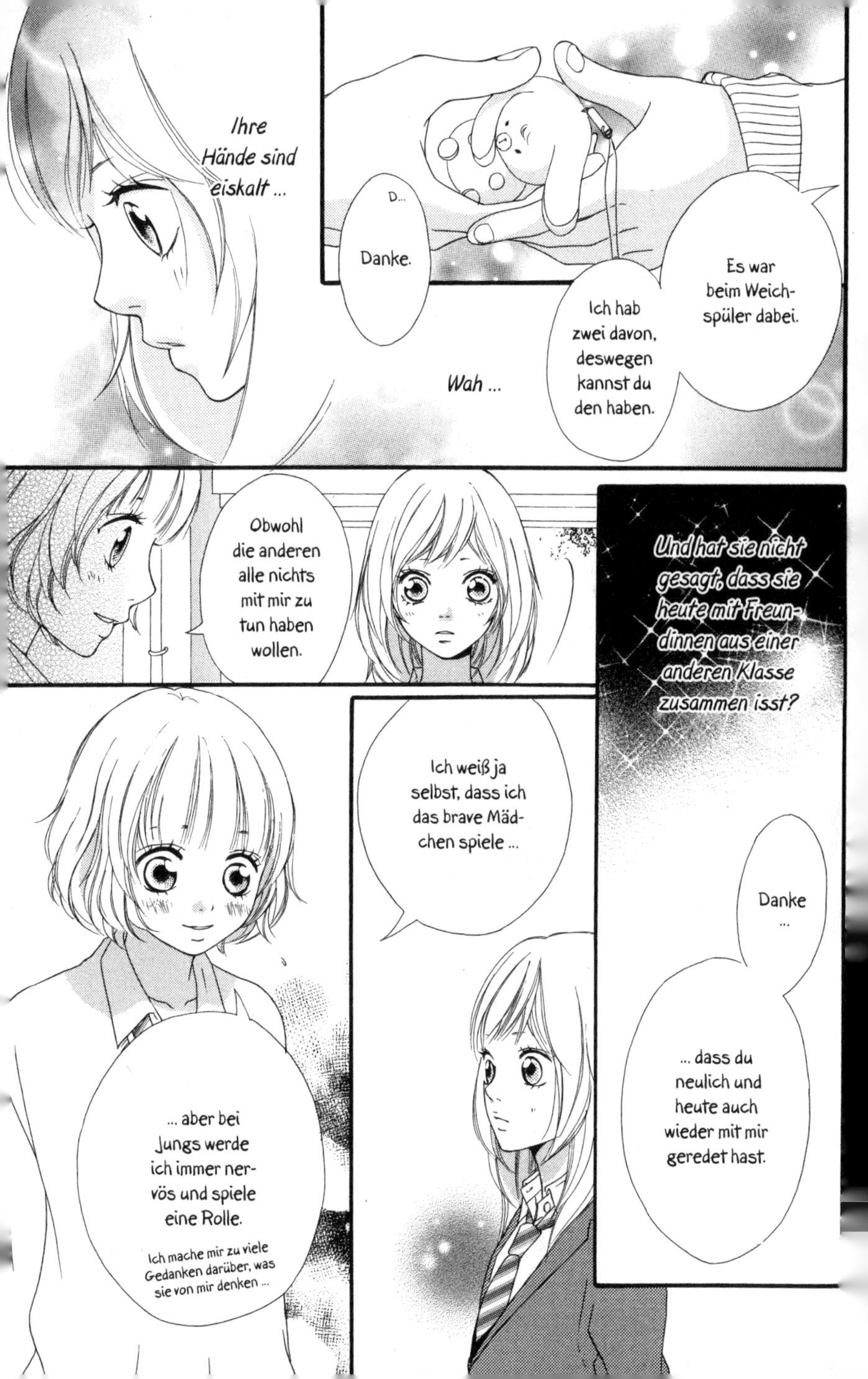

Es war beim Weichspüler dabei.
Ich hab zwei davon, deswegen kannst du den haben.
Wah ...
D... Danke.
Ihre Hände sind eiskalt ...
Und hat sie nicht gesagt, dass sie heute mit Freundinnen aus einer anderen Klasse zusammen isst?
Obwohl die anderen alle nichts mit mir zu tun haben wollen.
Danke ...
... dass du neulich und heute auch wieder mit mir geredet hast.
Ich weiß ja selbst, dass ich das brave Mädchen spiele ...
... aber bei Jungs werde ich immer nervös und spiele eine Rolle.
Ich mache mir zu viele Gedanken darüber, was sie von mir denken ...

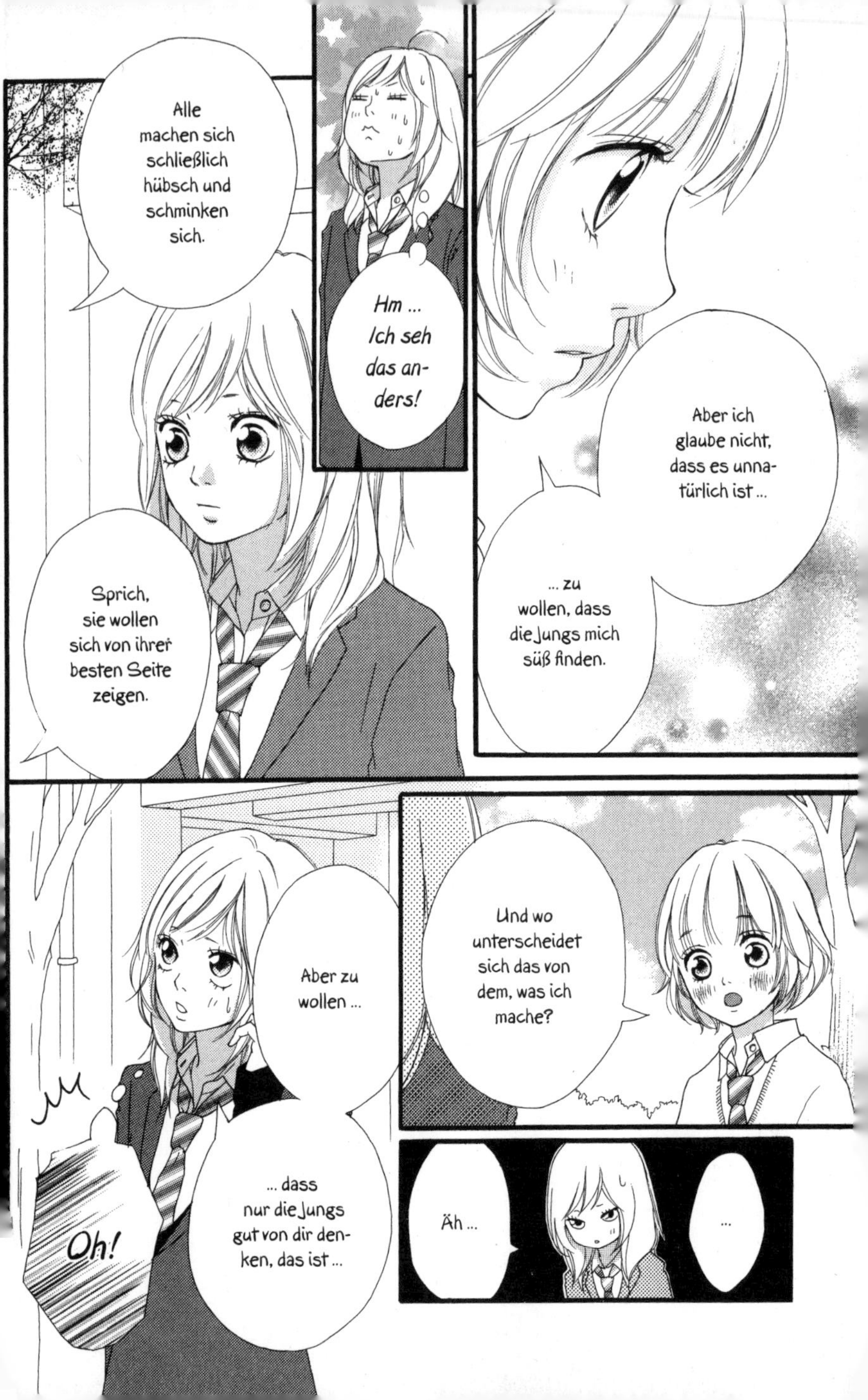
Aber ich glaube nicht, dass es unnatürlich ist ...
... zu wollen, dass die Jungs mich süß finden.
Alle machen sich schließlich hübsch und schminken sich.
Sprich, sie wollen sich von ihrer besten Seite zeigen.
Hm ... Ich seh das anders!
Und wo unterscheidet sich das von dem, was ich mache?
Äh ...
...
Aber zu wollen ...
... dass nur die Jungs gut von dir denken, das ist ...
Oh!

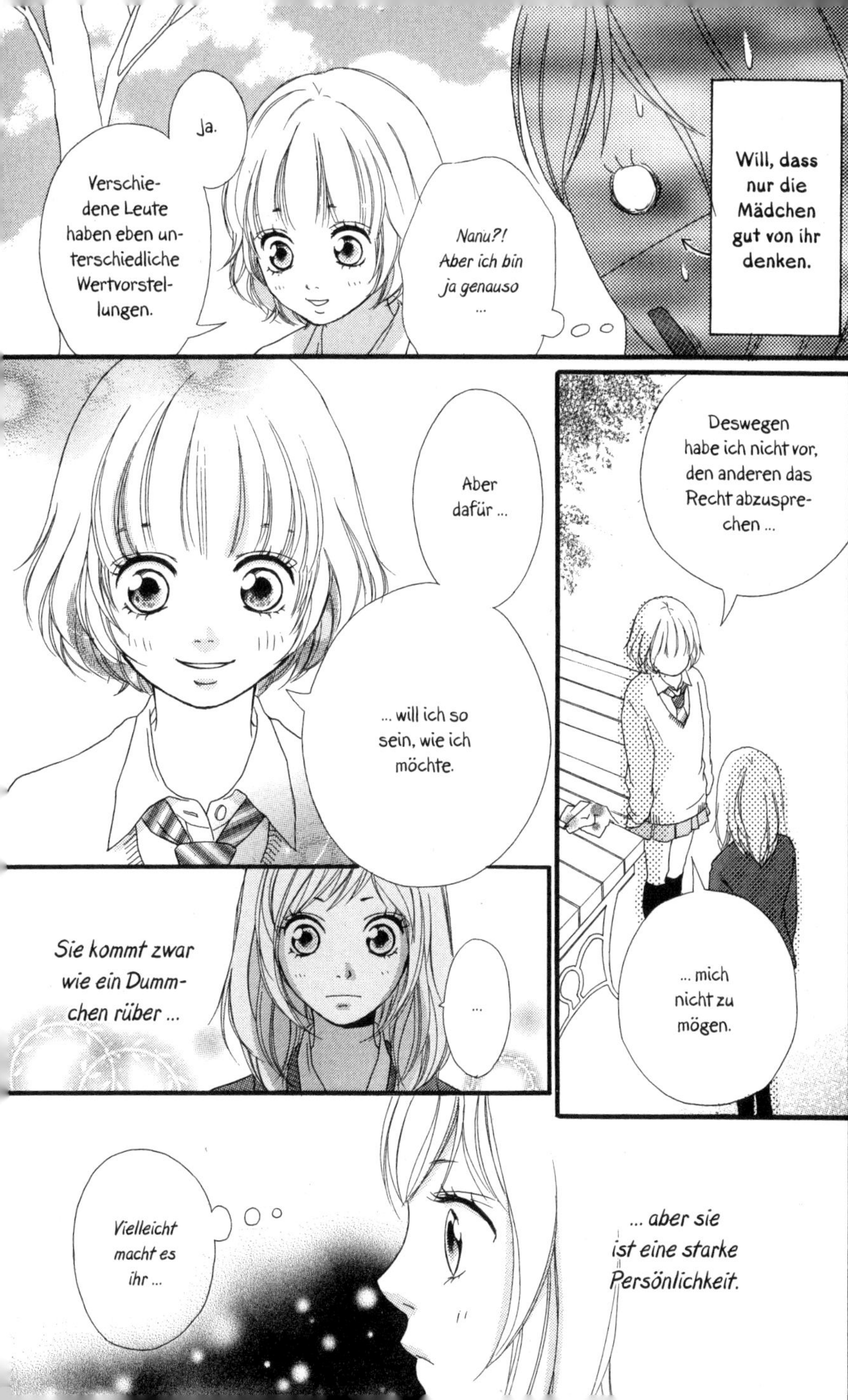

Will, dass nur die Mädchen gut von ihr denken.
Nanu?! Aber ich bin ja genauso ...
Ja.
Verschiedene Leute haben eben unterschiedliche Wertvorstellungen.
Deswegen habe ich nicht vor, den anderen das Recht abzusprechen ...
... mich nicht zu mögen.
Aber dafür ...
... will ich so sein, wie ich möchte.
...
Sie kommt zwar wie ein Dummchen rüber ...
... aber sie ist eine starke Persönlichkeit.
Vielleicht macht es ihr ...

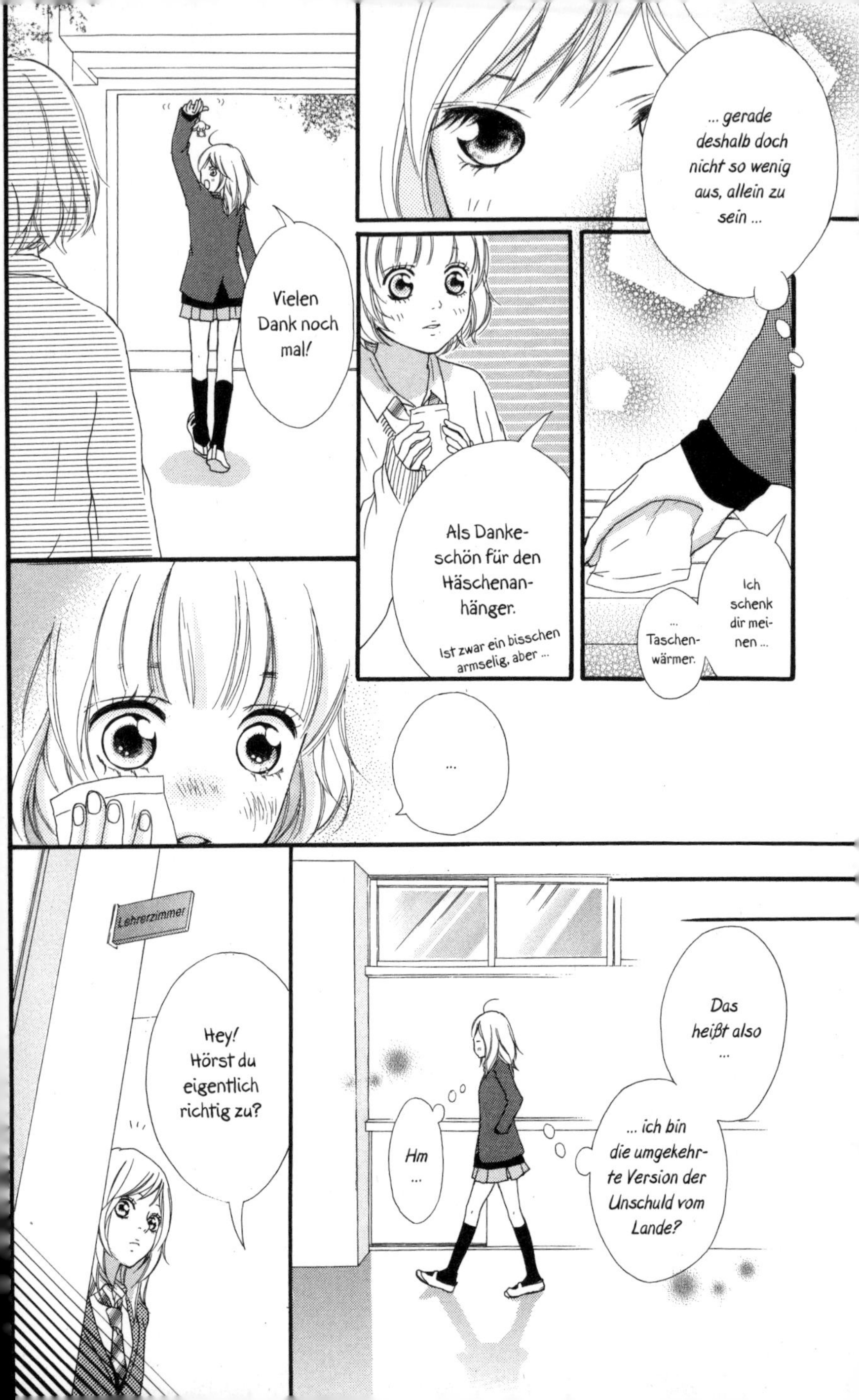

... gerade deshalb doch nicht so wenig aus, allein zu sein ...
Ich schenk dir meinen ...
... Taschenwärmer.
Als Dankeschön für den Häschenanhänger.
Ist zwar ein bisschen armselig, aber ...
Vielen Dank noch mal!
...
Das heißt also ...
... ich bin die umgekehrte Version der Unschuld vom Lande?
Hm ...
Lehrerzimmer
Hey! Hörst du eigentlich richtig zu?

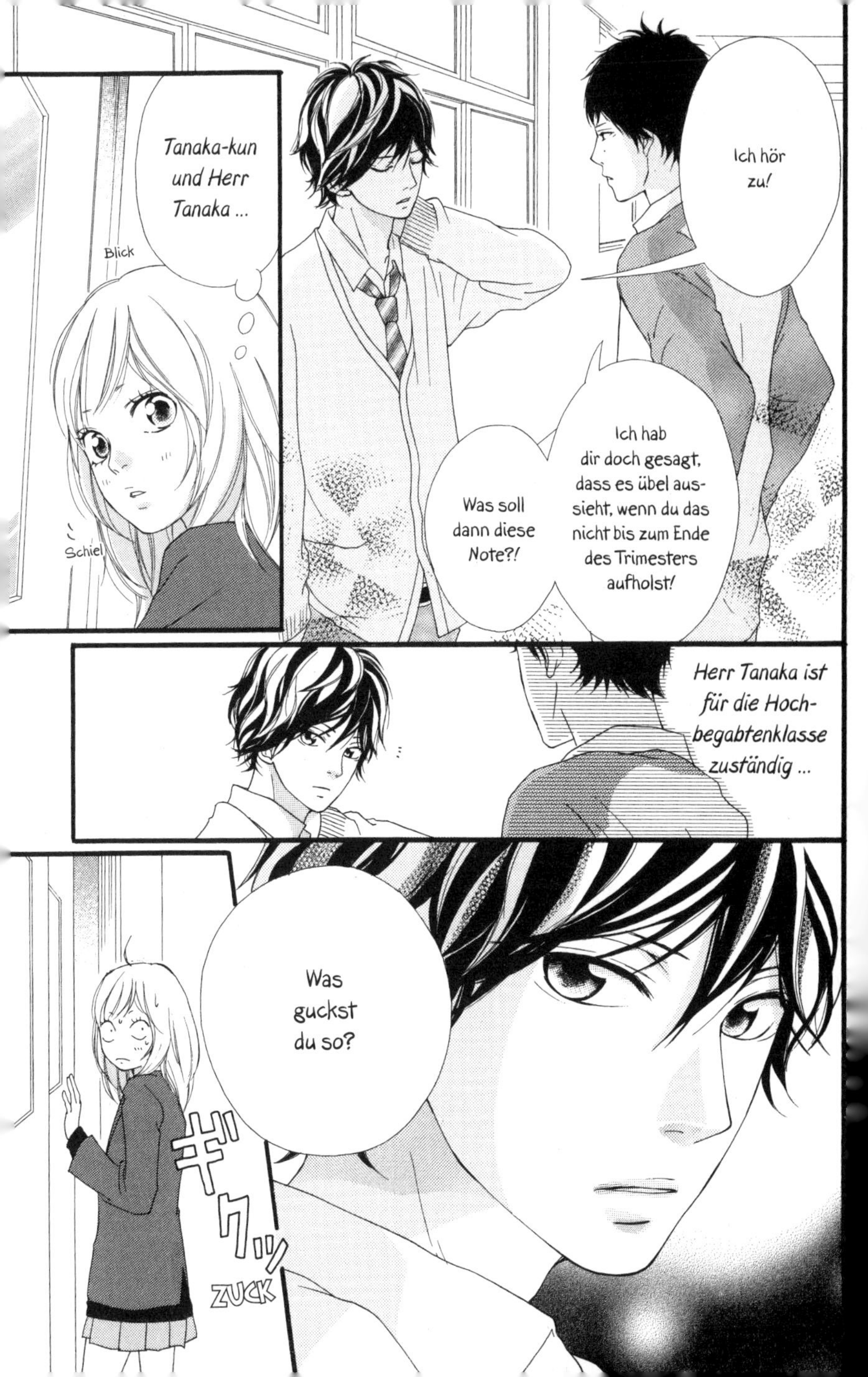

Ich hör zu!
Ich hab dir doch gesagt, dass es übel aussieht, wenn du das nicht bis zum Ende des Trimesters aufholst!
Was soll dann diese Note?!
Tanaka-kun und Herr Tanaka ...
Blick
Schiel
Herr Tanaka ist für die Hochbegabtenklasse zuständig ...
Was guckst du so?
ZUCK

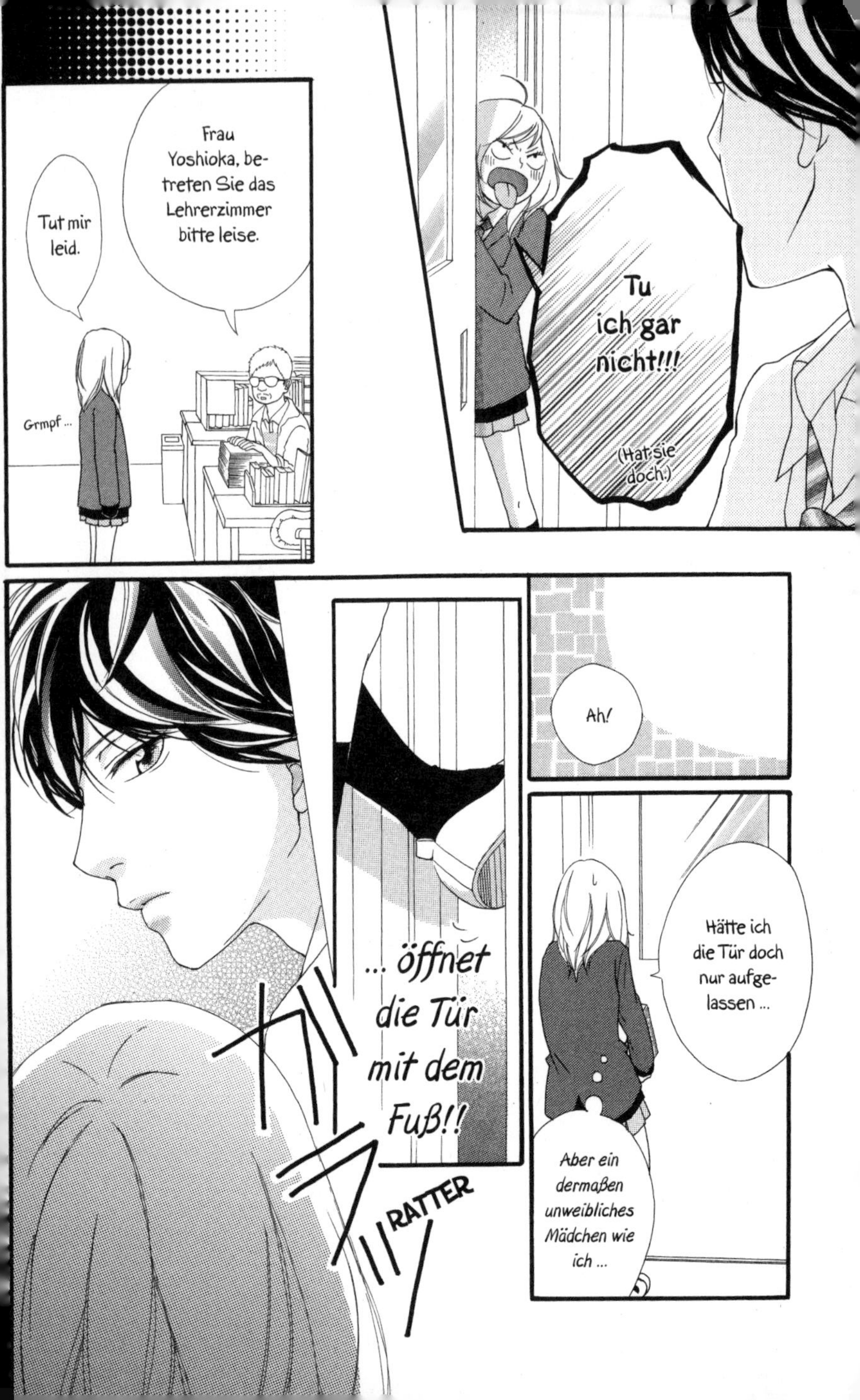
Frau Yoshioka, betreten Sie das Lehrerzimmer bitte leise.
Tut mir leid.
Grmpf ...
Tu ich gar nicht!!!
(Hat sie doch.)
Ah!
Hätte ich die Tür doch nur aufgelassen ...
Aber ein dermaßen unweibliches Mädchen wie ich ...
... öffnet die Tür mit dem Fuß!!
RATTER

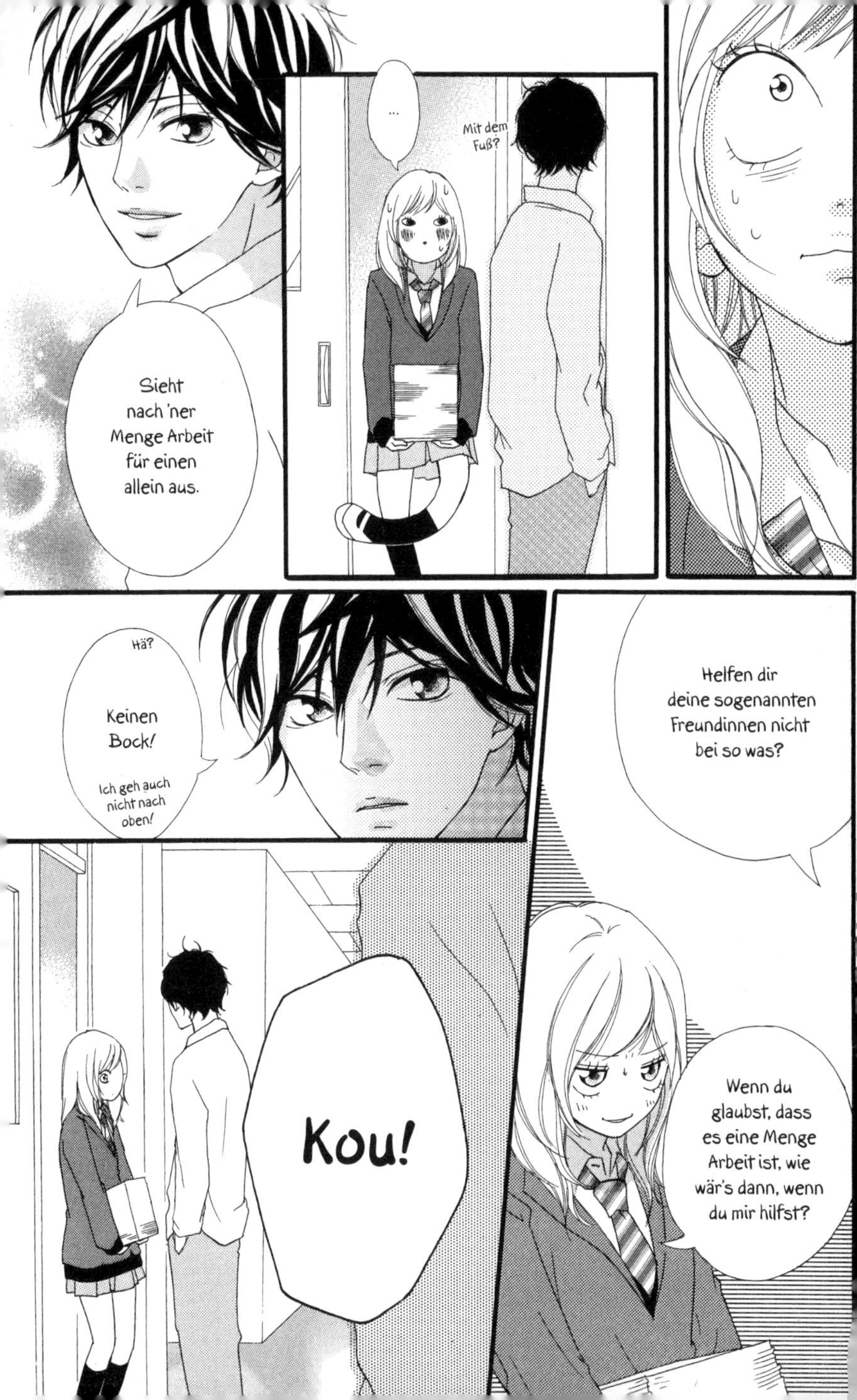
Mit dem Fuß?
...
Sieht nach 'ner Menge Arbeit für einen allein aus.
Helfen dir deine sogenannten Freundinnen nicht bei so was?
Hä?
Keinen Bock!
Ich geh auch nicht nach oben!
Wenn du glaubst, dass es eine Menge Arbeit ist, wie wär's dann, wenn du mir hilfst?
Kou!

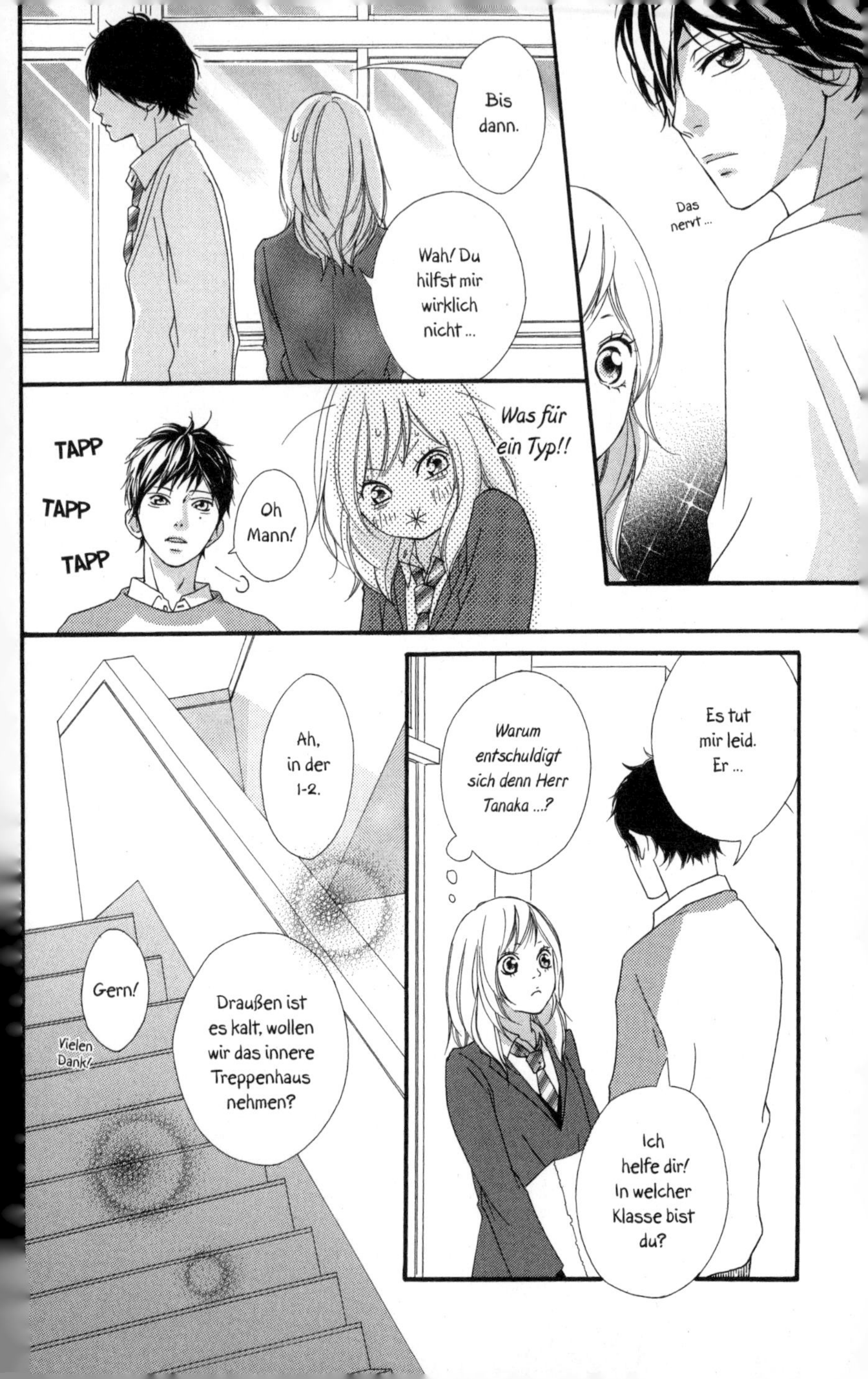
Das nervt ...
Bis dann.
Wah! Du hilfst mir wirklich nicht ...
Was für ein Typ!!
Oh Mann!
TAPP
TAPP
TAPP
Es tut mir leid. Er ...
Warum entschuldigt sich denn Herr Tanaka ...?
Ich helfe dir! In welcher Klasse bist du?
Ah, in der 1-2.
Draußen ist es kalt, wollen wir das innere Treppenhaus nehmen?
Gern!
Vielen Dank!

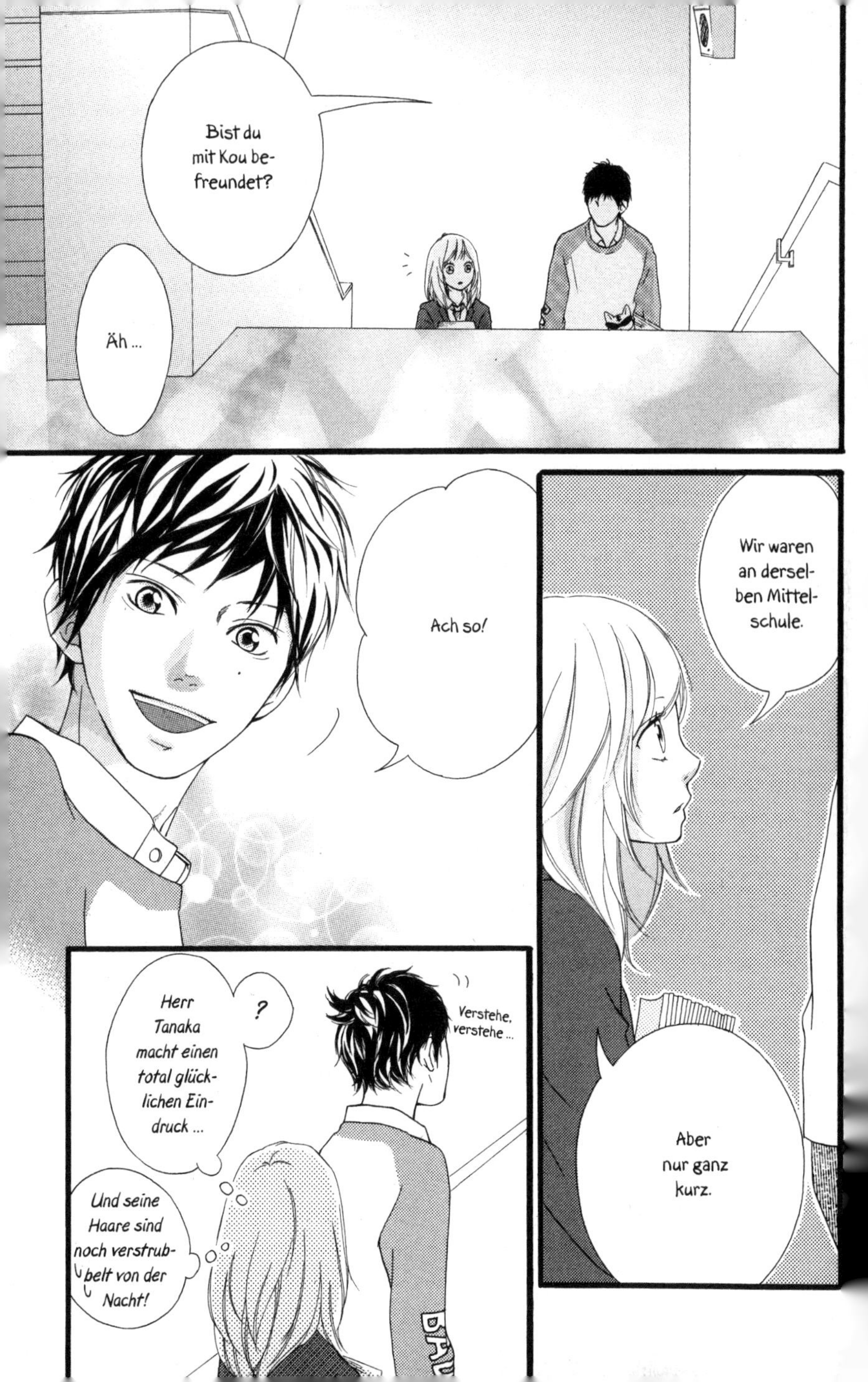
Bist du mit Kou befreundet?
Äh ...
Wir waren an derselben Mittelschule.
Ach so!
Aber nur ganz kurz.
Verstehe, verstehe ...
?
Herr Tanaka macht einen total glücklichen Eindruck ...
Und seine Haare sind noch verstrubbelt von der Nacht!

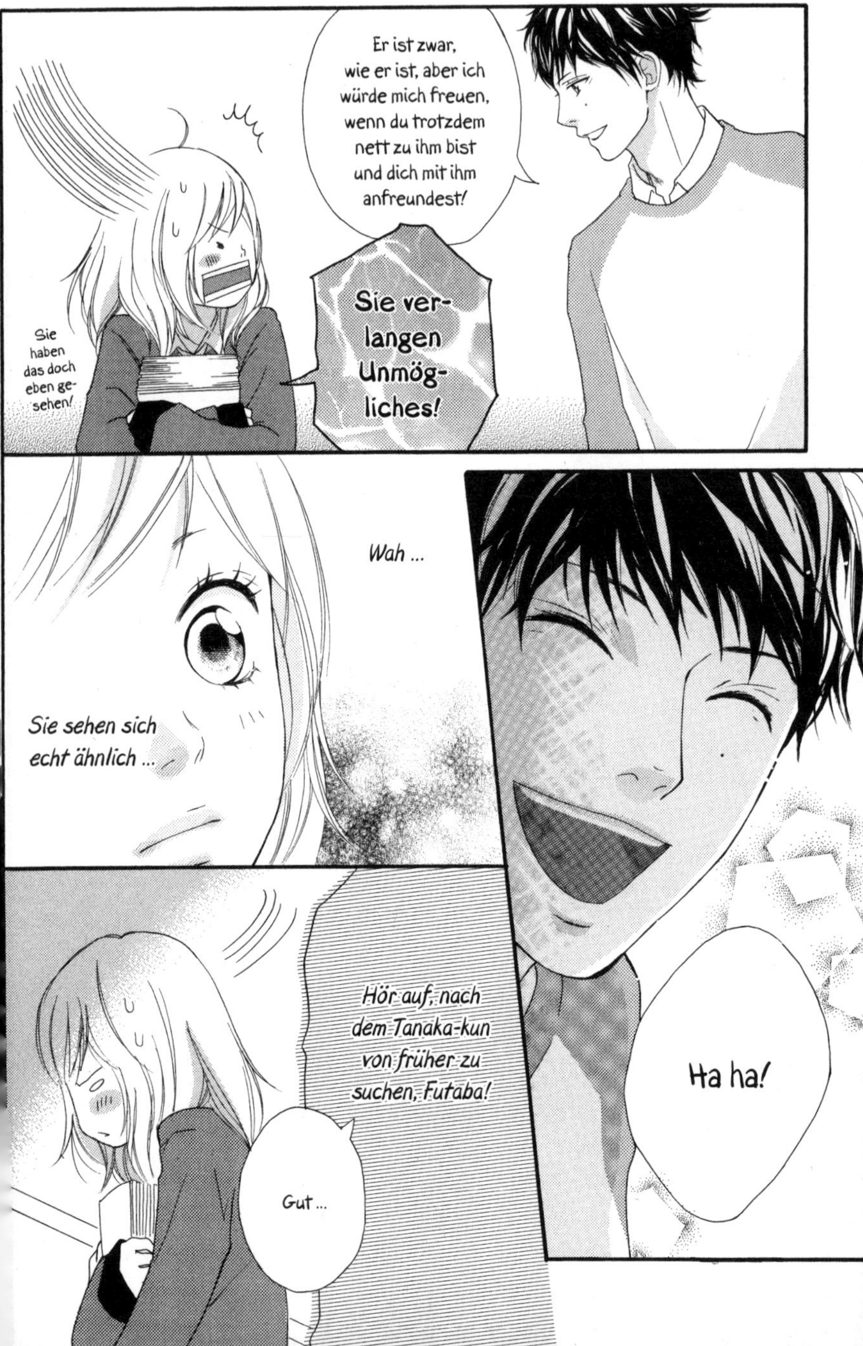
Er ist zwar, wie er ist, aber ich würde mich freuen, wenn du trotzdem nett zu ihm bist und dich mit ihm anfreundest!
Sie verlangen Unmögliches!
Sie haben das doch eben gesehen!
Ha ha!
Wah ...
Sie sehen sich echt ähnlich ...
Hör auf, nach dem Tanaka-kun von früher zu suchen, Futaba!
Gut ...

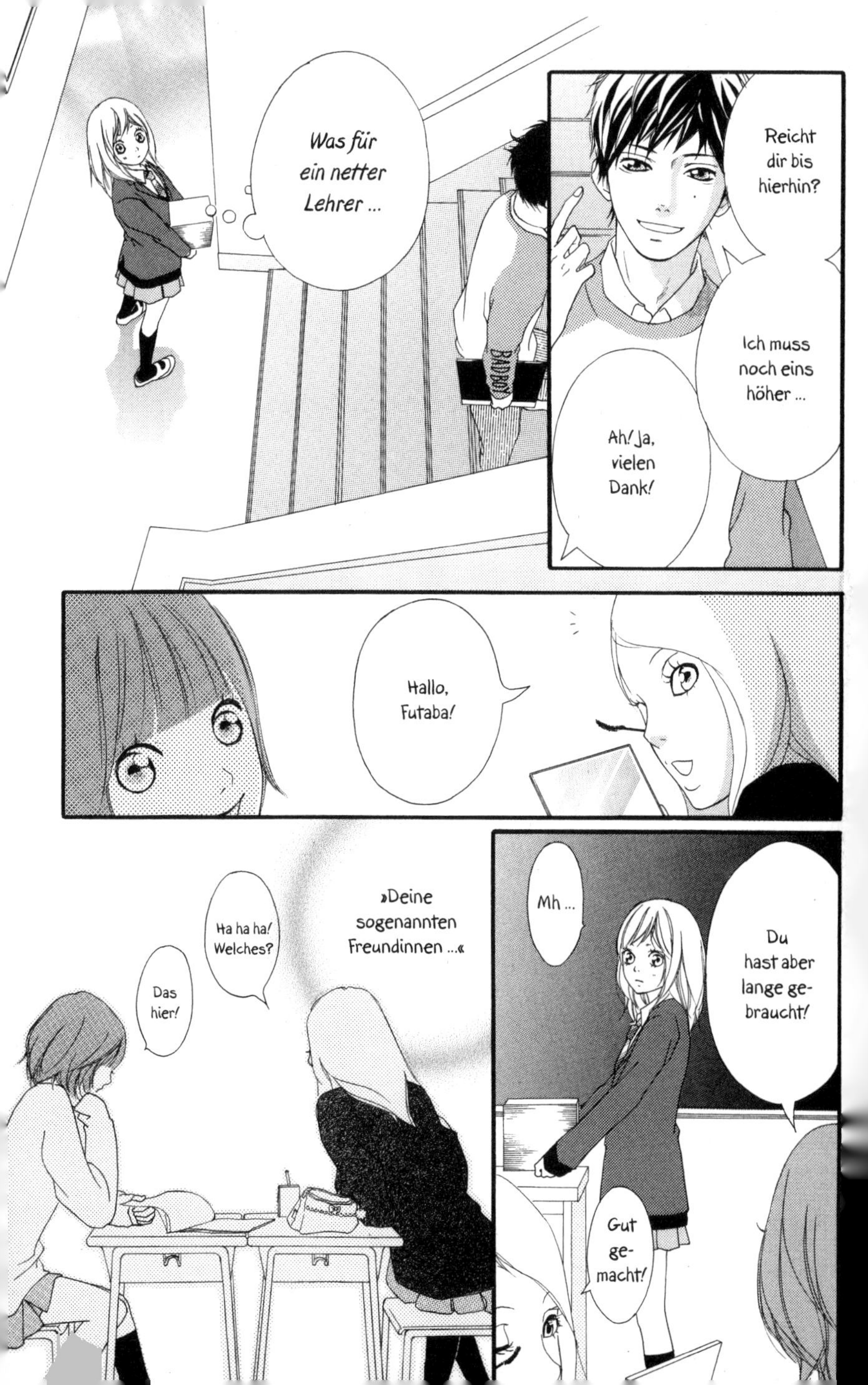
Reicht dir bis hierhin?
Ich muss noch eins höher ...
Ah! Ja, vielen Dank!
Was für ein netter Lehrer ...
Hallo, Futaba!
Du hast aber lange gebraucht!
Mh ...
Gut gemacht!
»Deine sogenannten Freundinnen ...«
Ha ha ha! Welches?
Das hier!

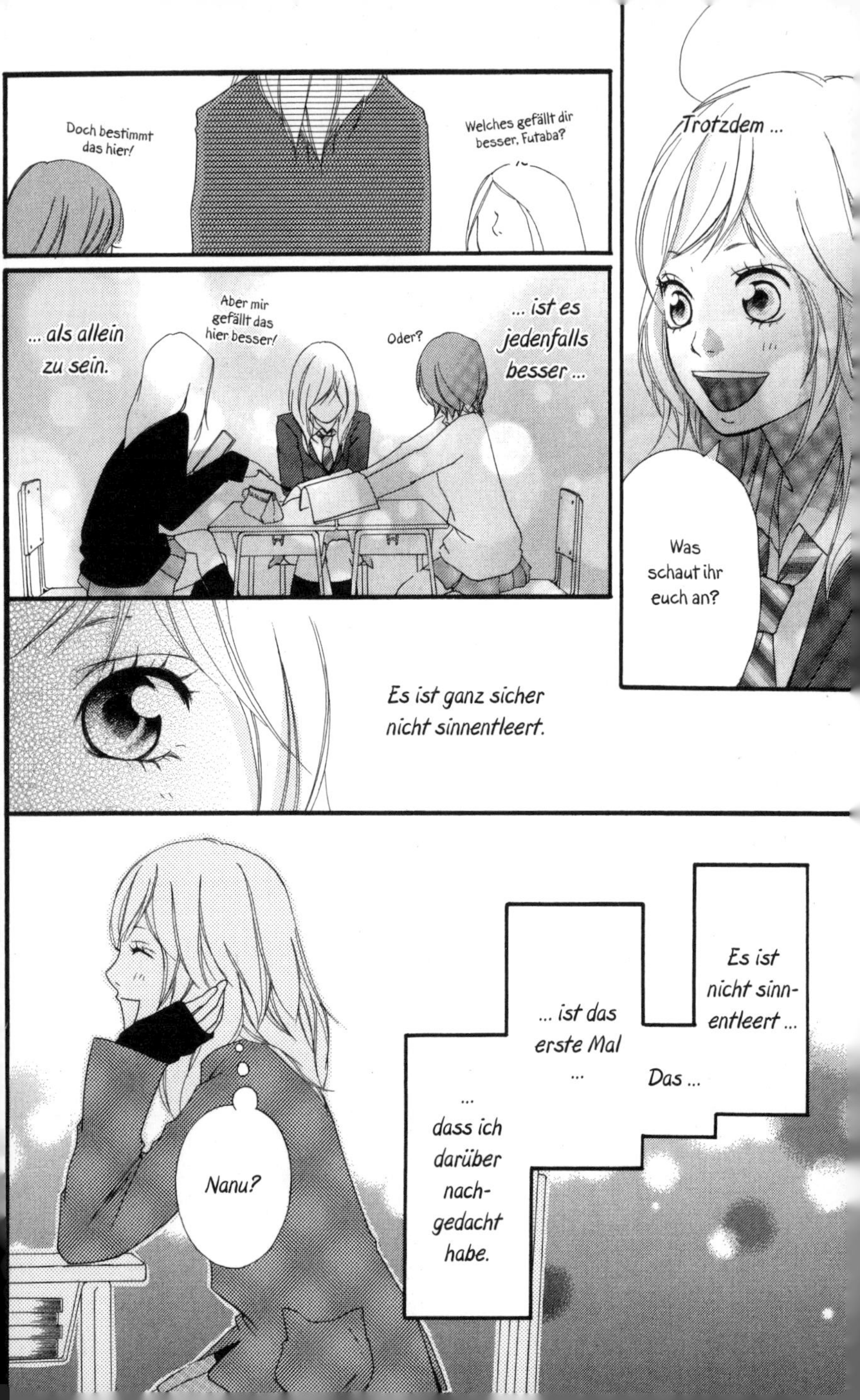
Trotzdem ...
Was schaut ihr euch an?
Welches gefällt dir besser, Futaba?
Doch bestimmt das hier!
... ist es jedenfalls besser ...
Oder?
Aber mir gefällt das hier besser!
... als allein zu sein.
Es ist ganz sicher nicht sinnentleert.
Es ist nicht sinn-entleert ...
Das ...
... ist das erste Mal ...
... dass ich darüber nach-gedacht habe.
Nanu?

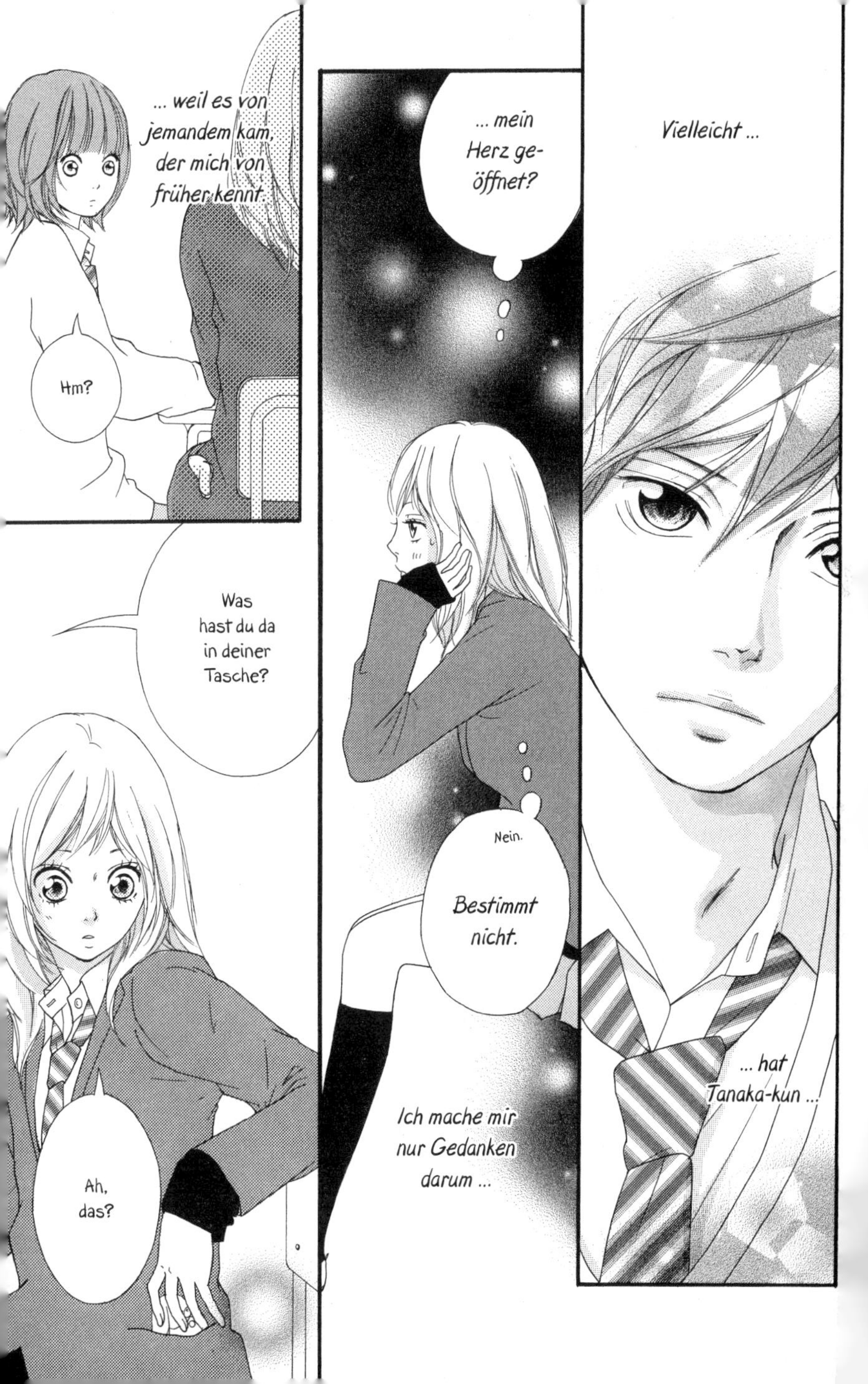
Vielleicht ...
... hat Tanaka-kun ...
... mein Herz geöffnet?
Nein.
Bestimmt nicht.
Ich mache mir nur Gedanken darum ...
... weil es von jemandem kam, der mich von früher kennt.
Hm?
Was hast du da in deiner Tasche?
Ah, das?

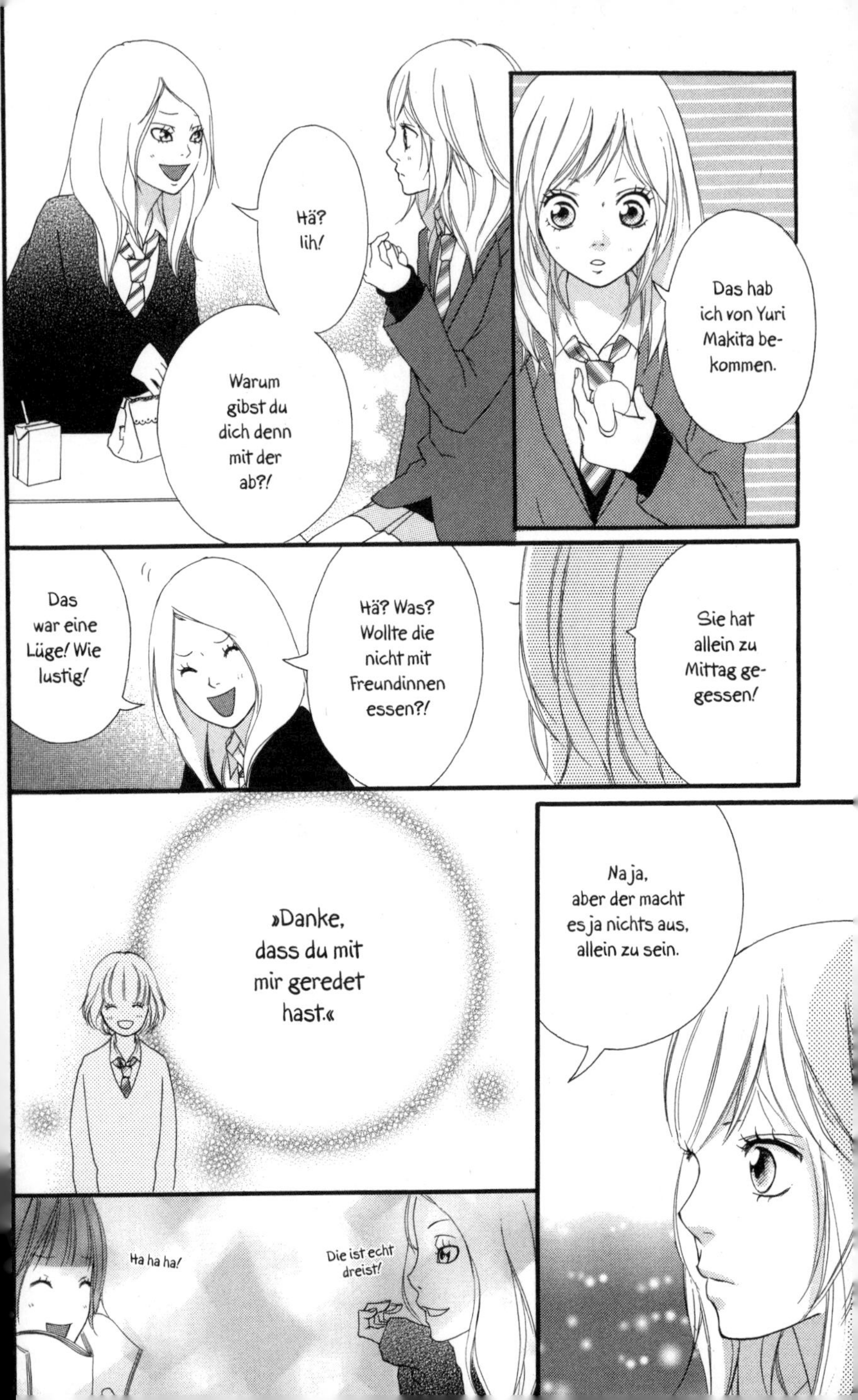
Das hab ich von Yuri Makita be-kommen.
Hä? Iih!
Warum gibst du dich denn mit der ab?!
Sie hat allein zu Mittag ge-gessen!
Hä? Was? Wollte die nicht mit Freundinnen essen?!
Das war eine Lüge! Wie lustig!
Na ja, aber der macht es ja nichts aus, allein zu sein.
»Danke, dass du mit mir geredet hast.«
Die ist echt dreist!
Ha ha ha!

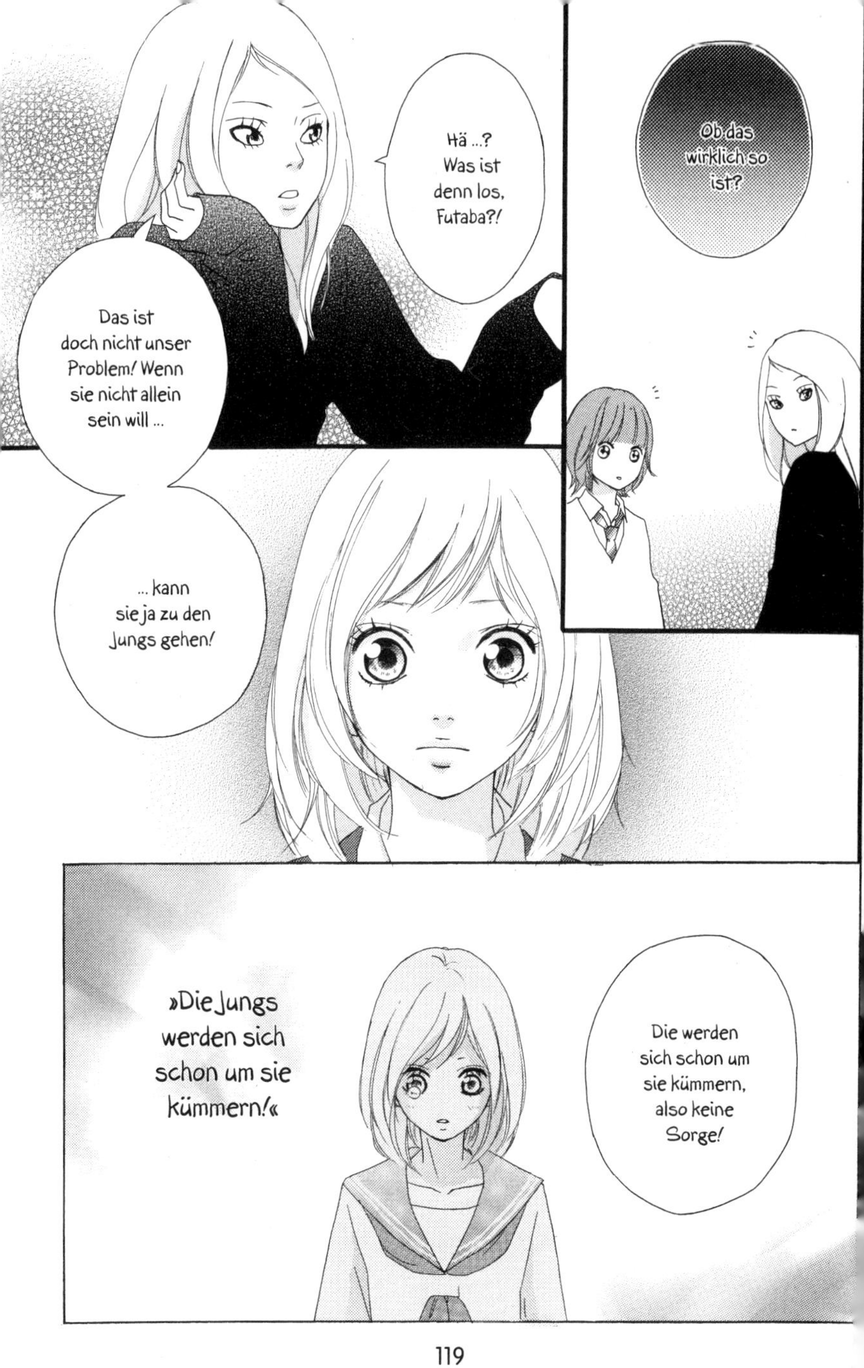
Ob das wirklich so ist?
Hä ...? Was ist denn los, Futaba?!
Das ist doch nicht unser Problem! Wenn sie nicht allein sein will ...
... kann sie ja zu den Jungs gehen!
Die werden sich schon um sie kümmern, also keine Sorge!
»Die Jungs werden sich schon um sie kümmern!«

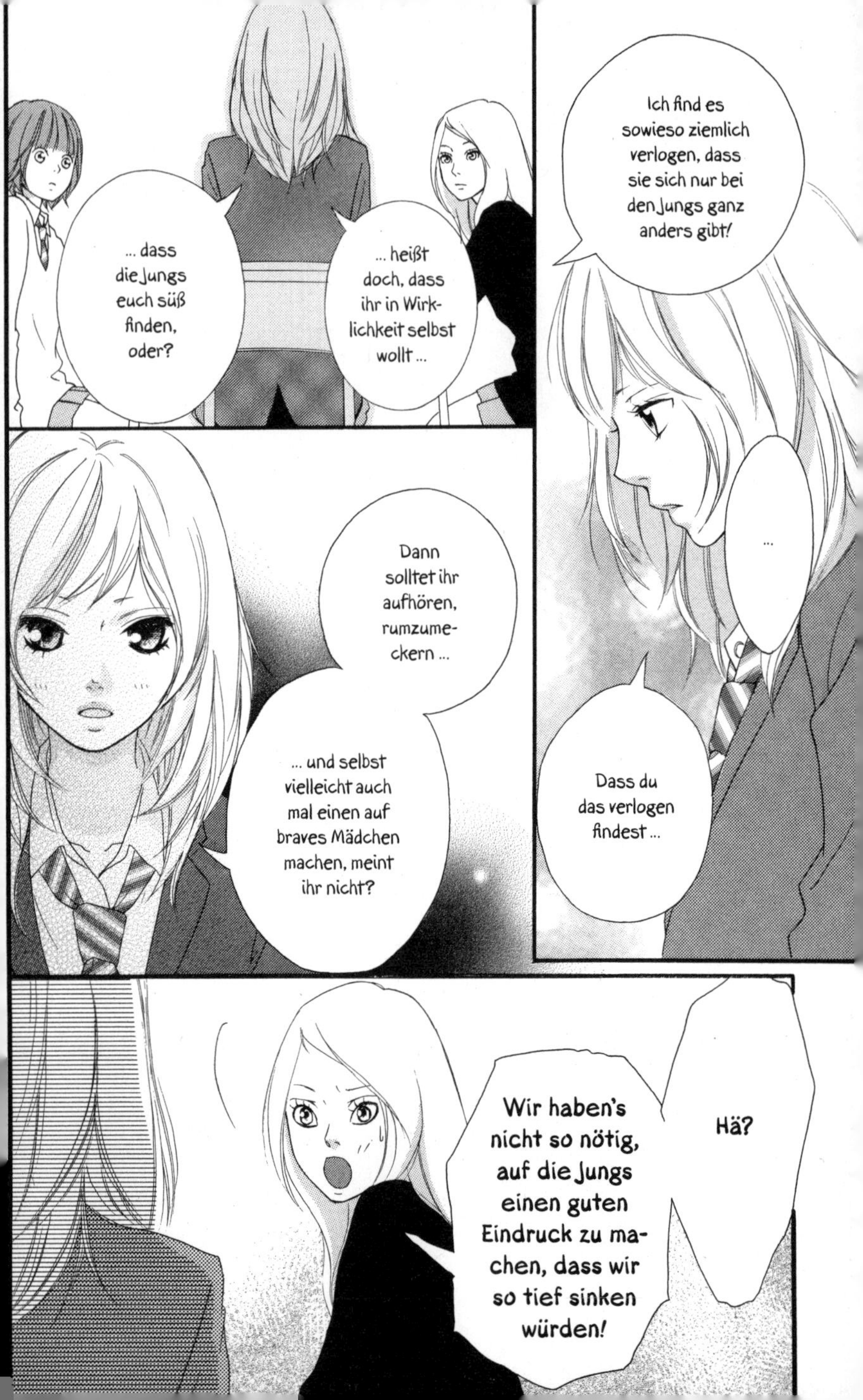
Ich find es sowieso ziemlich verlogen, dass sie sich nur bei den Jungs ganz anders gibt!
...
Dass du das verlogen findest ...
... heißt doch, dass ihr in Wirklichkeit selbst wollt ...
... dass die Jungs euch süß finden, oder?
Dann solltet ihr aufhören, rumzumeckern ...
... und selbst vielleicht auch mal einen auf braves Mädchen machen, meint ihr nicht?
Hä?
Wir haben's nicht so nötig, auf die Jungs einen guten Eindruck zu machen, dass wir so tief sinken würden!

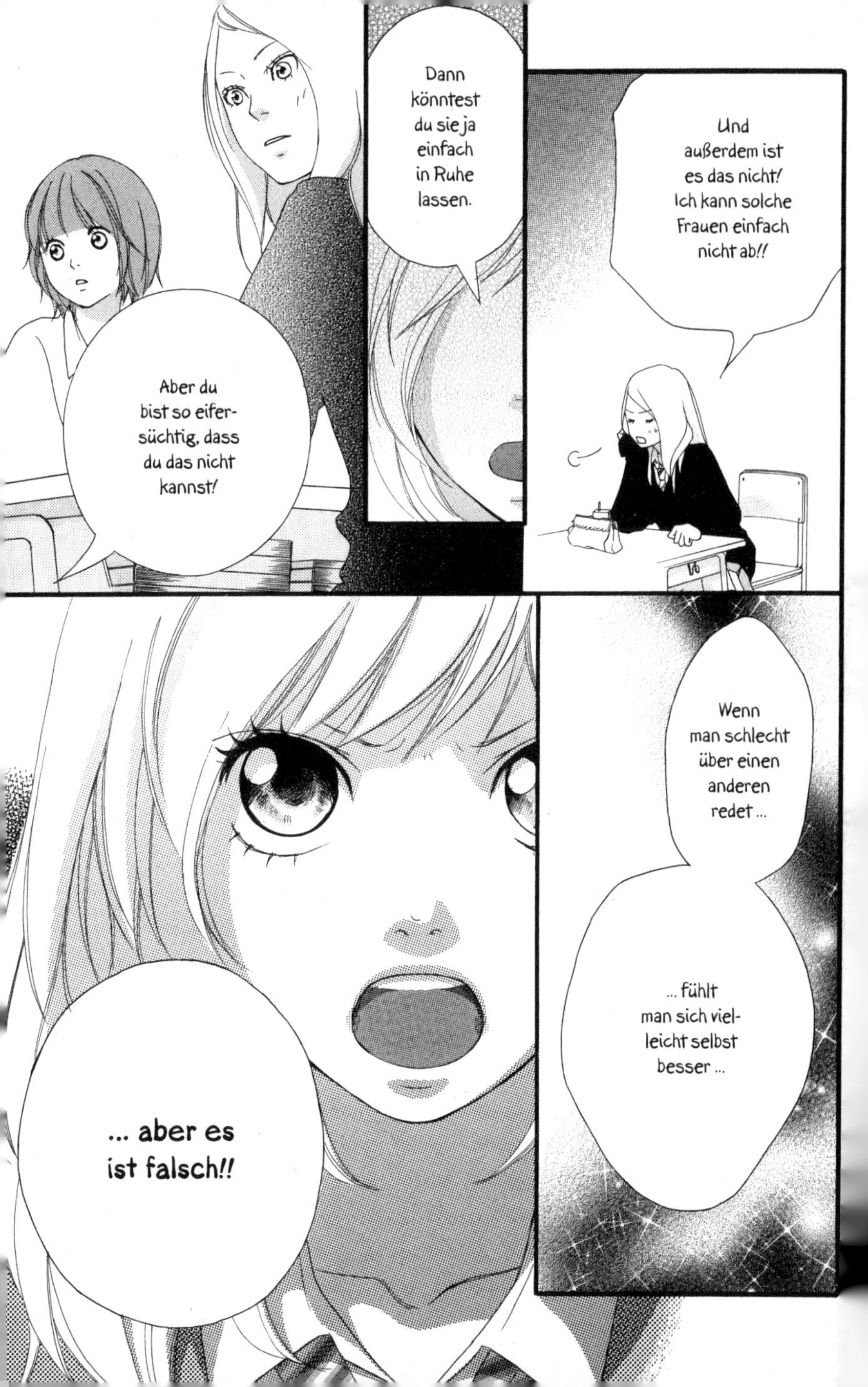
Und außerdem ist es das nicht! Ich kann solche Frauen einfach nicht ab!!
Dann könntest du sie ja einfach in Ruhe lassen.
Aber du bist so eifer-süchtig, dass du das nicht kannst!
Wenn man schlecht über einen anderen redet ...
... fühlt man sich viel-leicht selbst besser ...
... aber es ist falsch!!

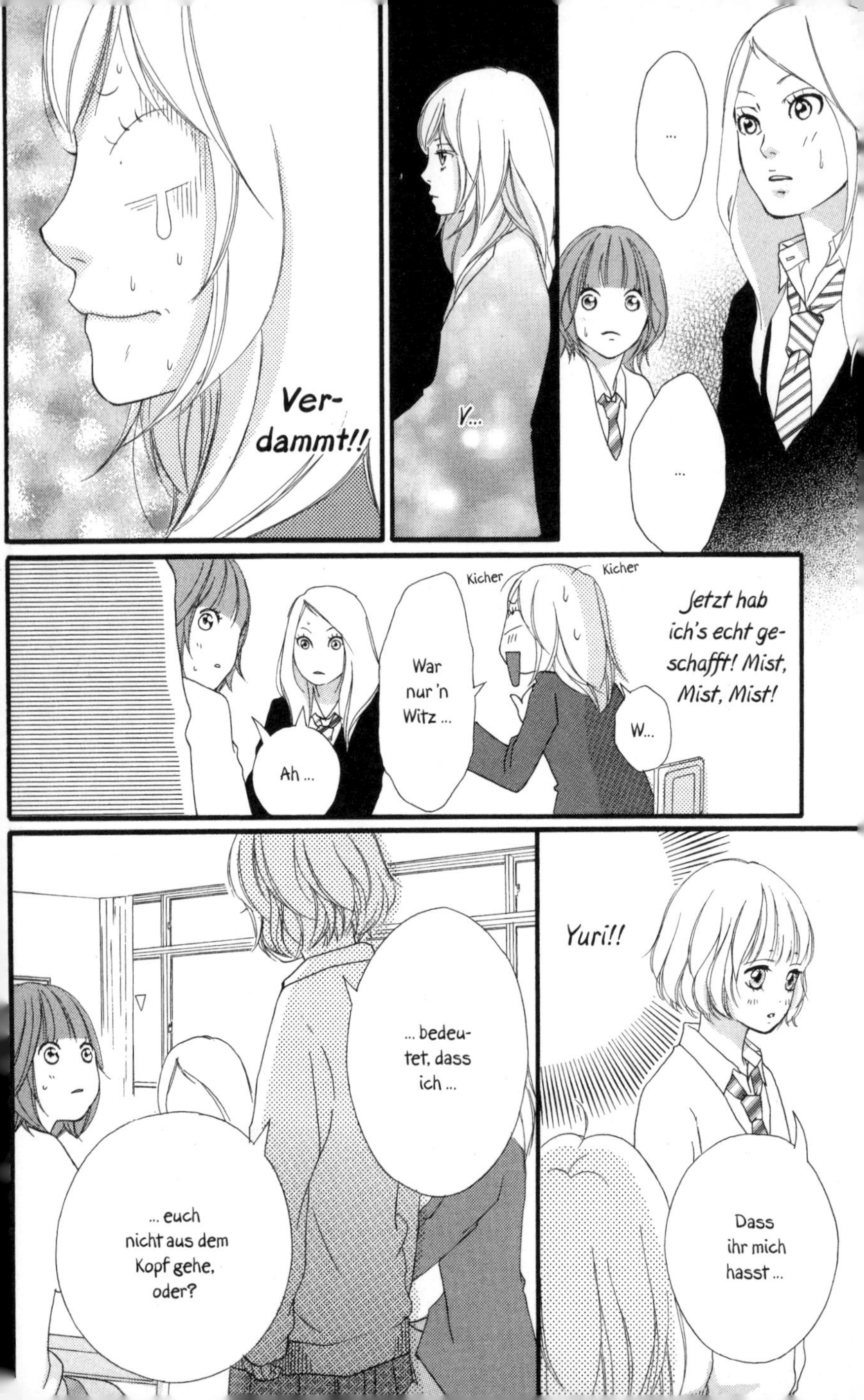
...
...
V...
Ver-dammt!!
Jetzt hab ich's echt ge-schafft! Mist, Mist, Mist!
Kicher
Kicher
W...
War nur 'n Witz ...
Ah ...
Yuri!!
Dass ihr mich hasst ...
... bedeu-tet, dass ich ...
... euch nicht aus dem Kopf gehe, oder?

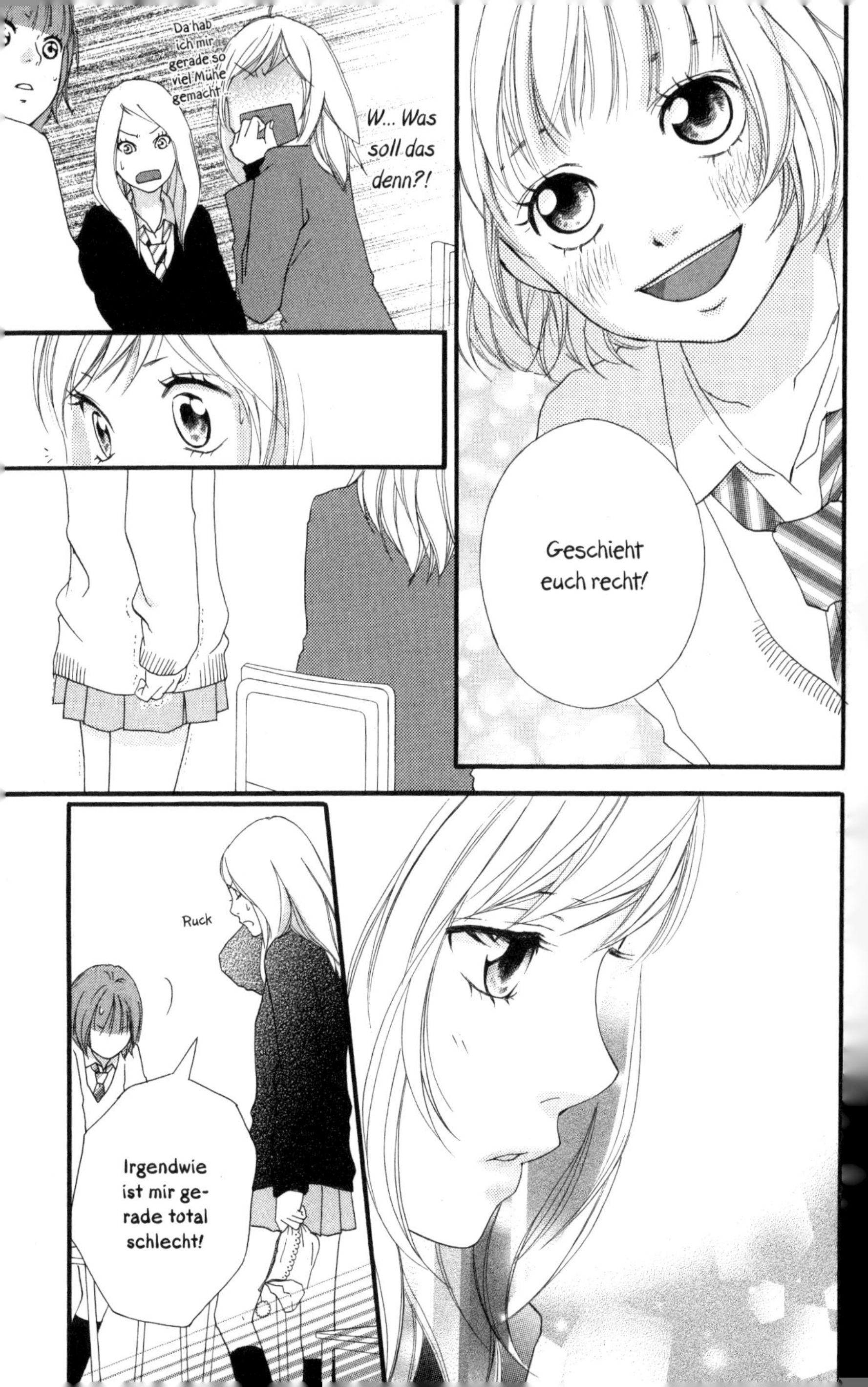
Geschieht euch recht!
Da hab ich mir gerade so viel Mühe gemacht ...
W... Was soll das denn?!
Ruck
Irgendwie ist mir ge-rade total schlecht!

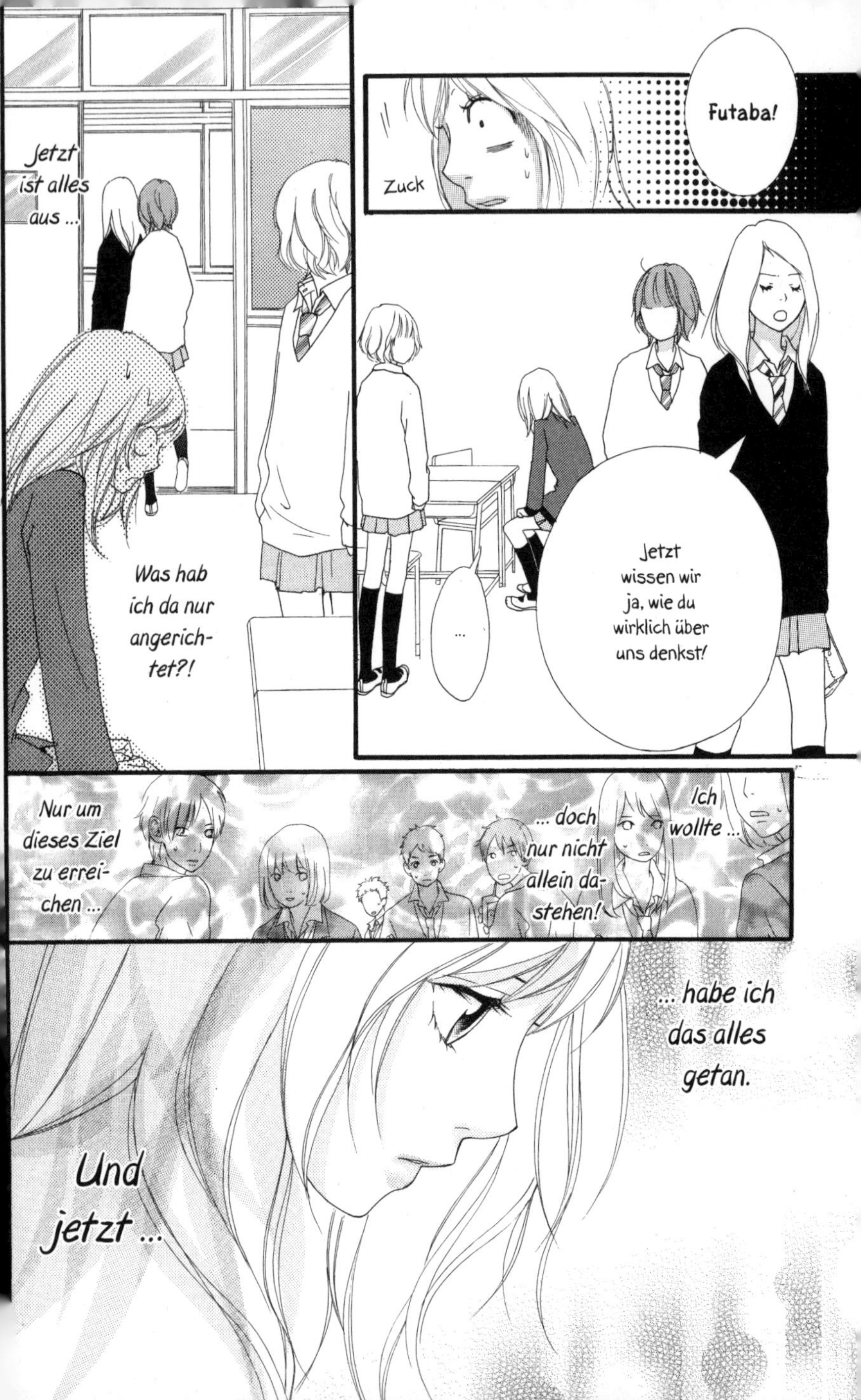
Futaba!
Zuck
Jetzt wissen wir ja, wie du wirklich über uns denkst!
...
Jetzt ist alles aus ...
Was hab ich da nur angerichtet?!
Ich wollte ...
... doch nur nicht allein dastehen!
Nur um dieses Ziel zu erreichen ...
... habe ich das alles getan.
Und jetzt ...

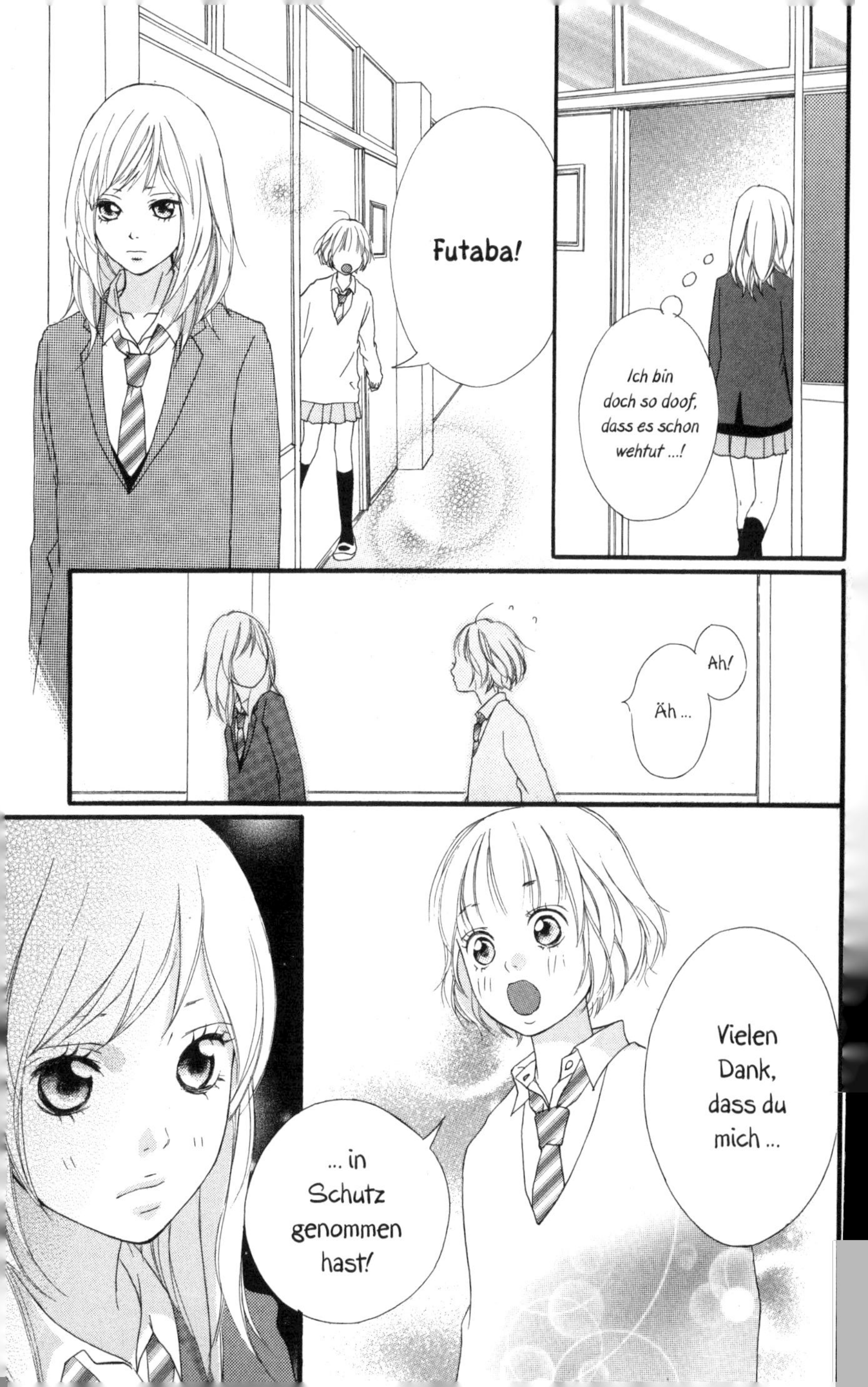
Ich bin doch so doof, dass es schon wehtut ...!
Futaba!
Ah!
Äh ...
Vielen Dank, dass du mich ...
... in Schutz genommen hast!

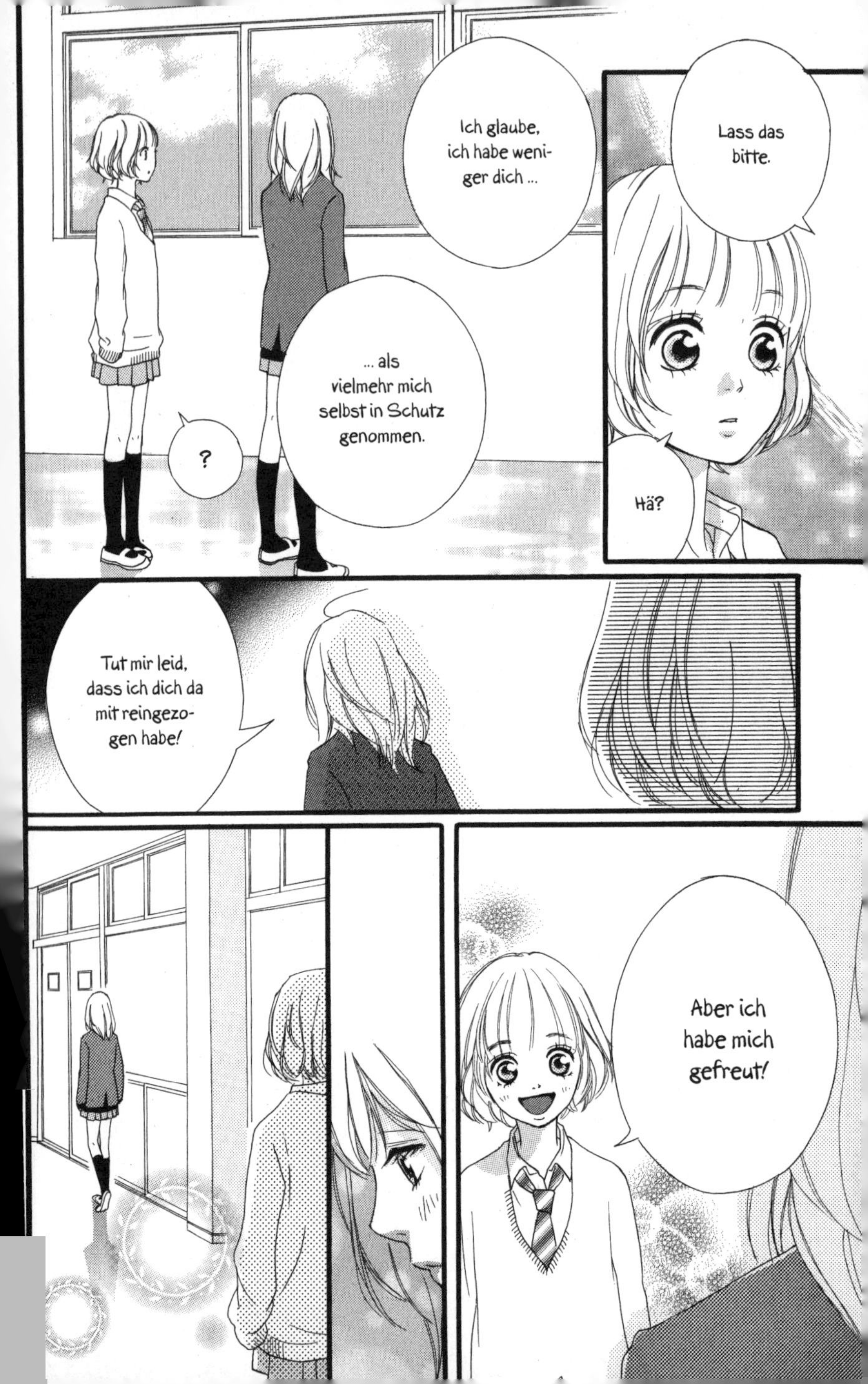
Lass das bitte.
Hä?
Ich glaube, ich habe weniger dich ...
?
... als vielmehr mich selbst in Schutz genommen.
Tut mir leid, dass ich dich da mit reingezogen habe!
Aber ich habe mich gefreut!

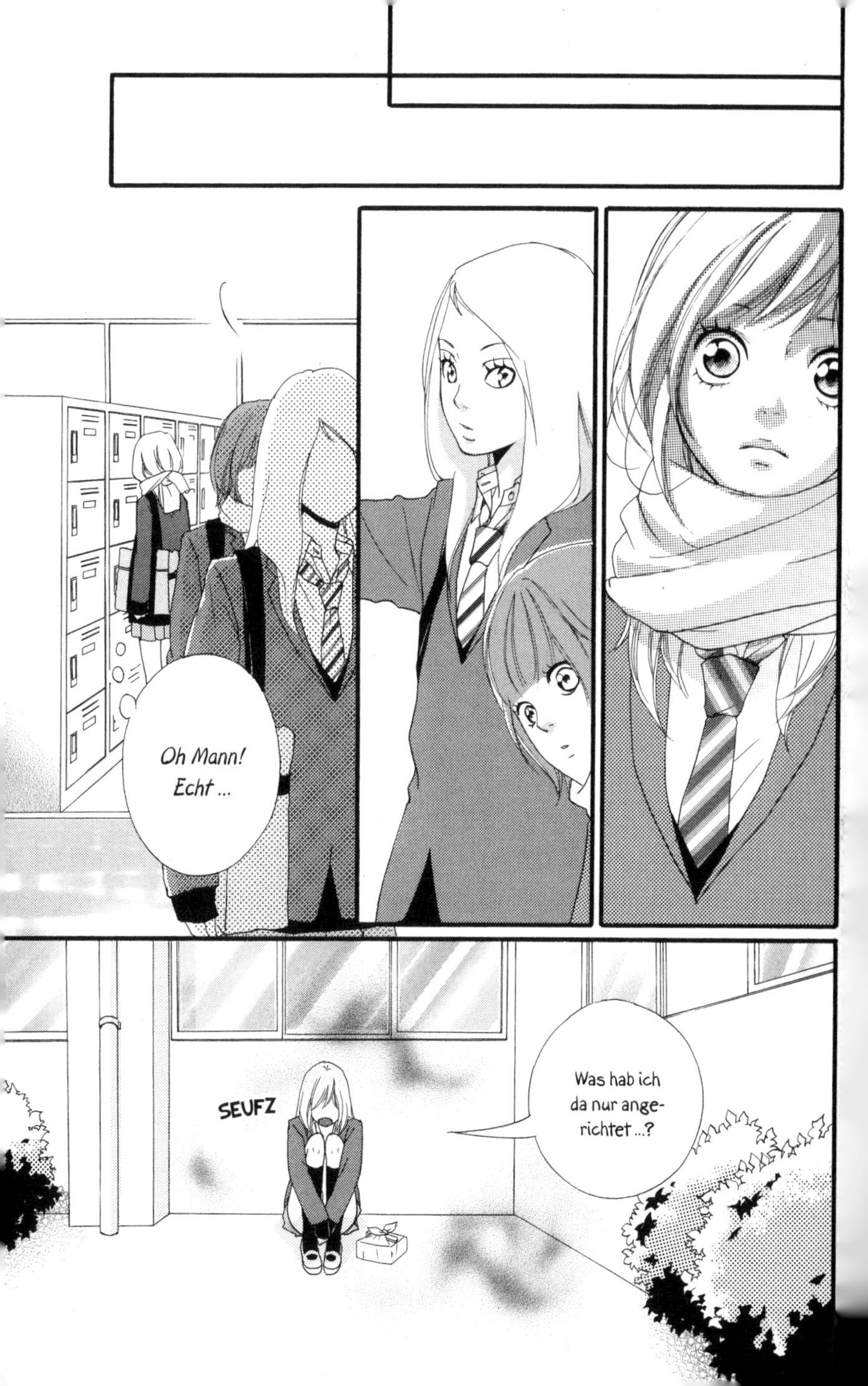
Oh Mann! Echt ...
SEUFZ
Was hab ich da nur ange-richtet ...?

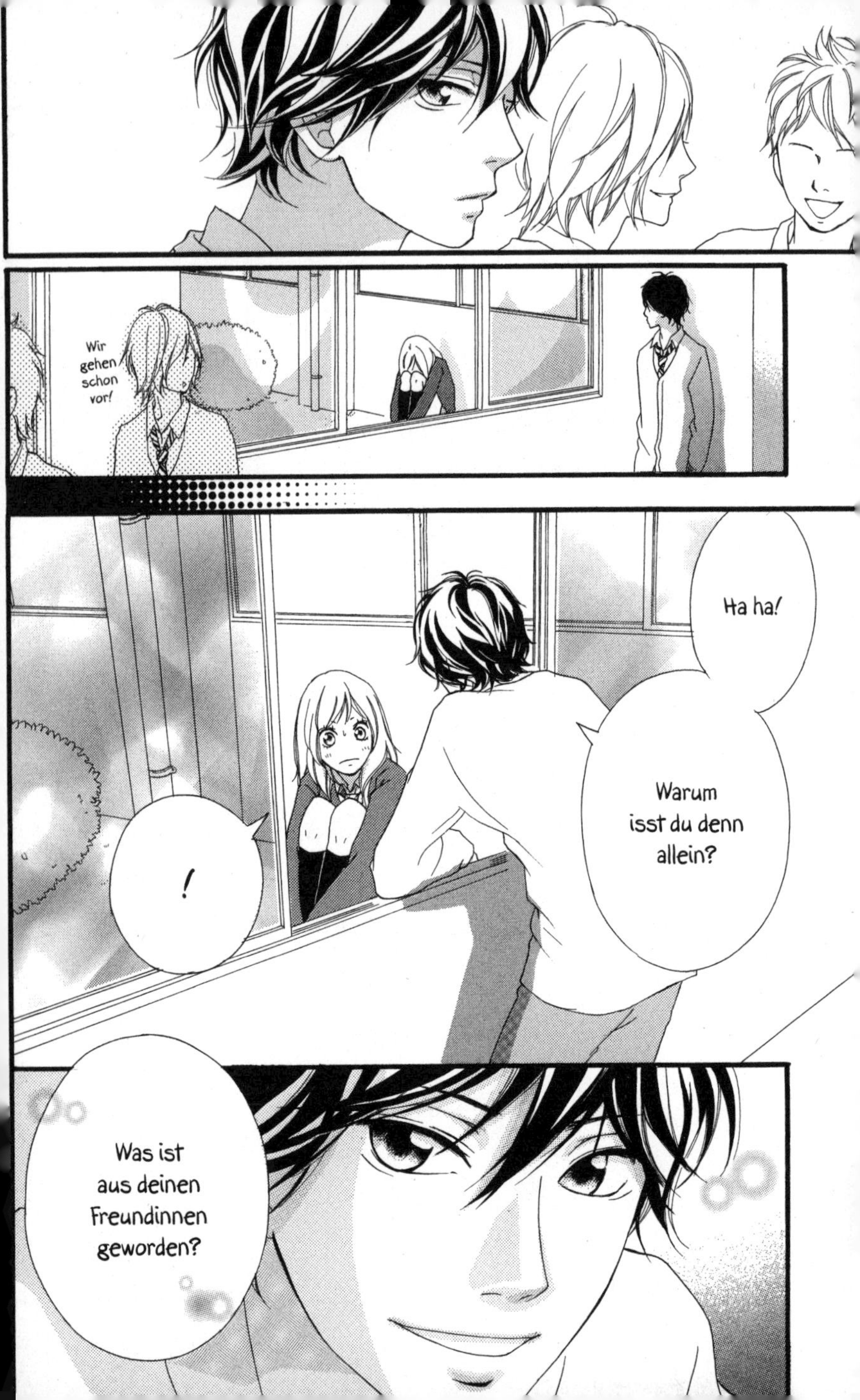
Wir gehen schon vor!
Ha ha!
Warum isst du denn allein?
!
Was ist aus deinen Freundinnen geworden?

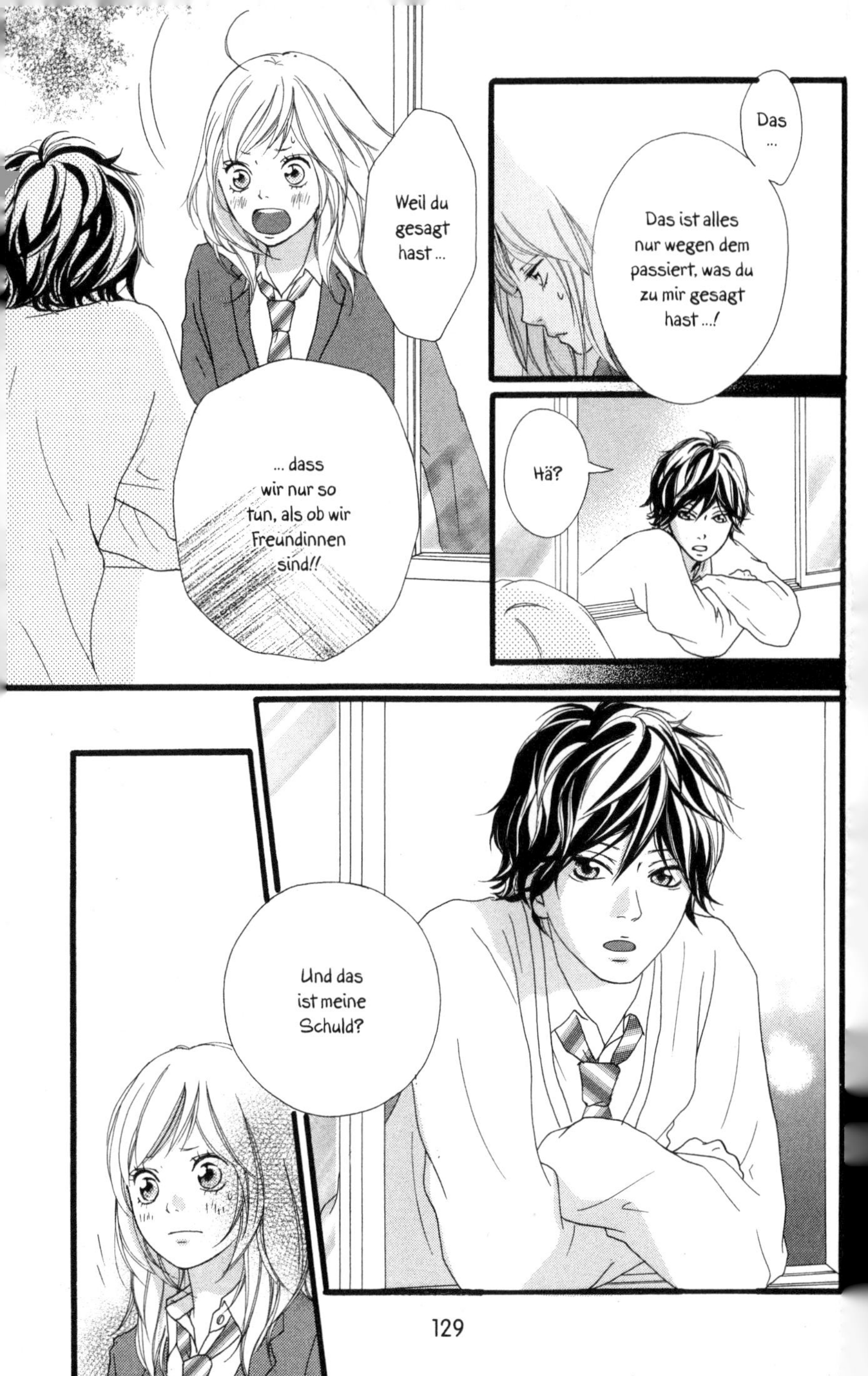
Das …
Das ist alles nur wegen dem passiert, was du zu mir gesagt hast …!
Weil du gesagt hast …
… dass wir nur so tun, als ob wir Freundinnen sind!!
Hä?
Und das ist meine Schuld?

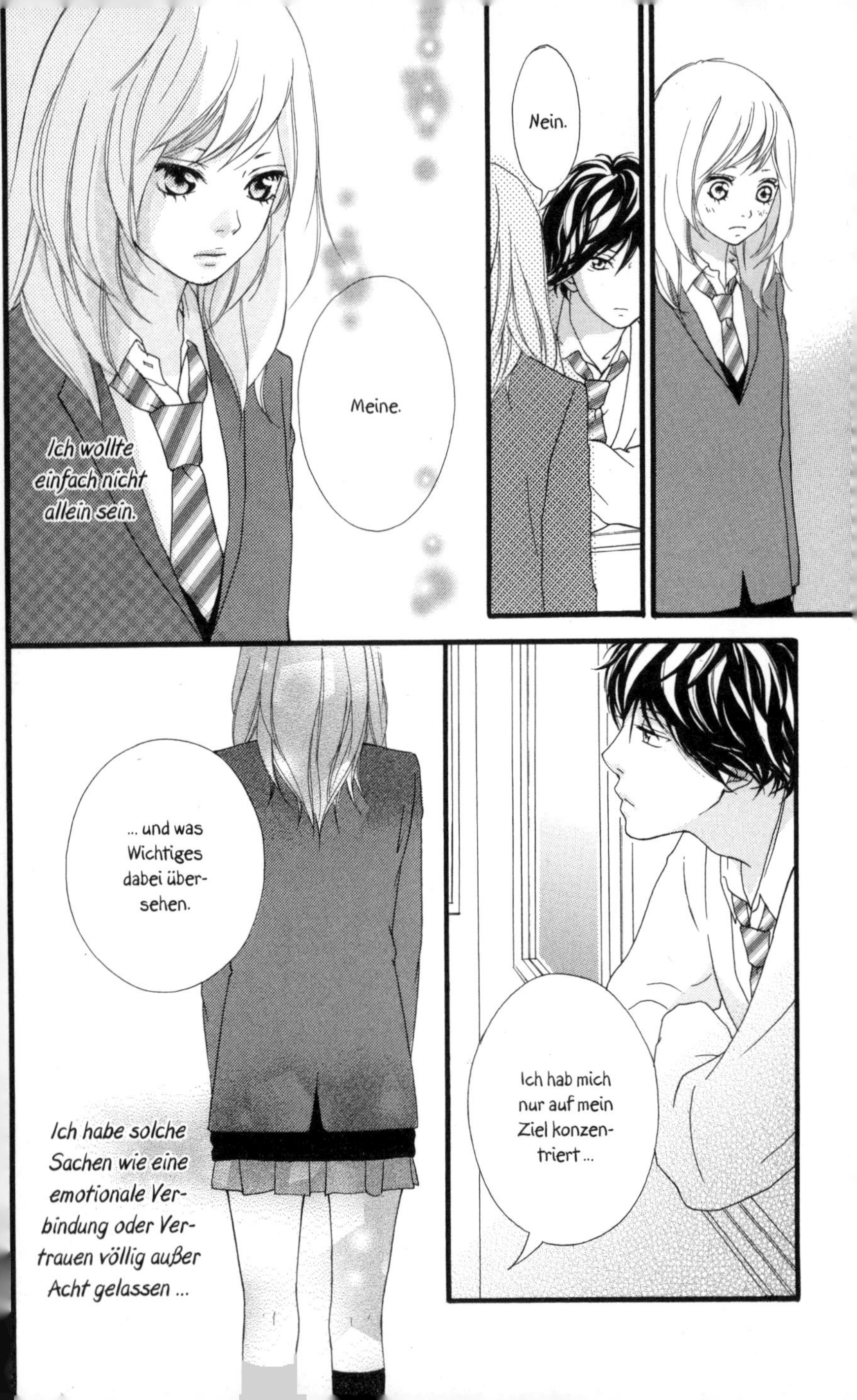
Nein.
Meine.
Ich wollte einfach nicht allein sein.
Ich hab mich nur auf mein Ziel konzentriert ...
... und was Wichtiges dabei übersehen.
Ich habe solche Sachen wie eine emotionale Verbindung oder Vertrauen völlig außer Acht gelassen ...

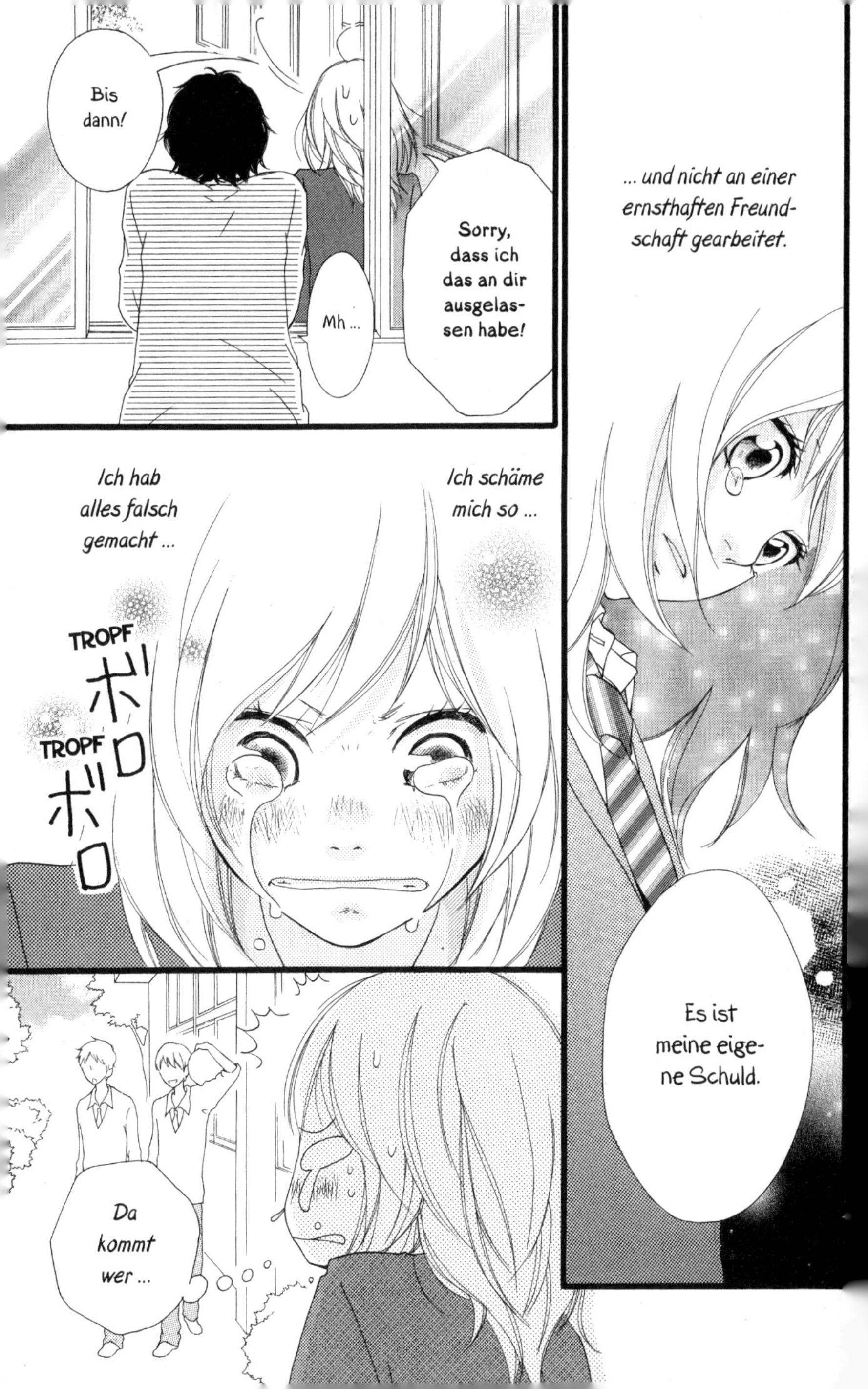

... und nicht an einer ernsthaften Freundschaft gearbeitet.
Sorry, dass ich das an dir ausgelassen habe!
Mh ...
Bis dann!
Ich schäme mich so ...
Ich hab alles falsch gemacht ...
TROPF
TROPF
ボロボロ
Es ist meine eigene Schuld.
Da kommt wer ...

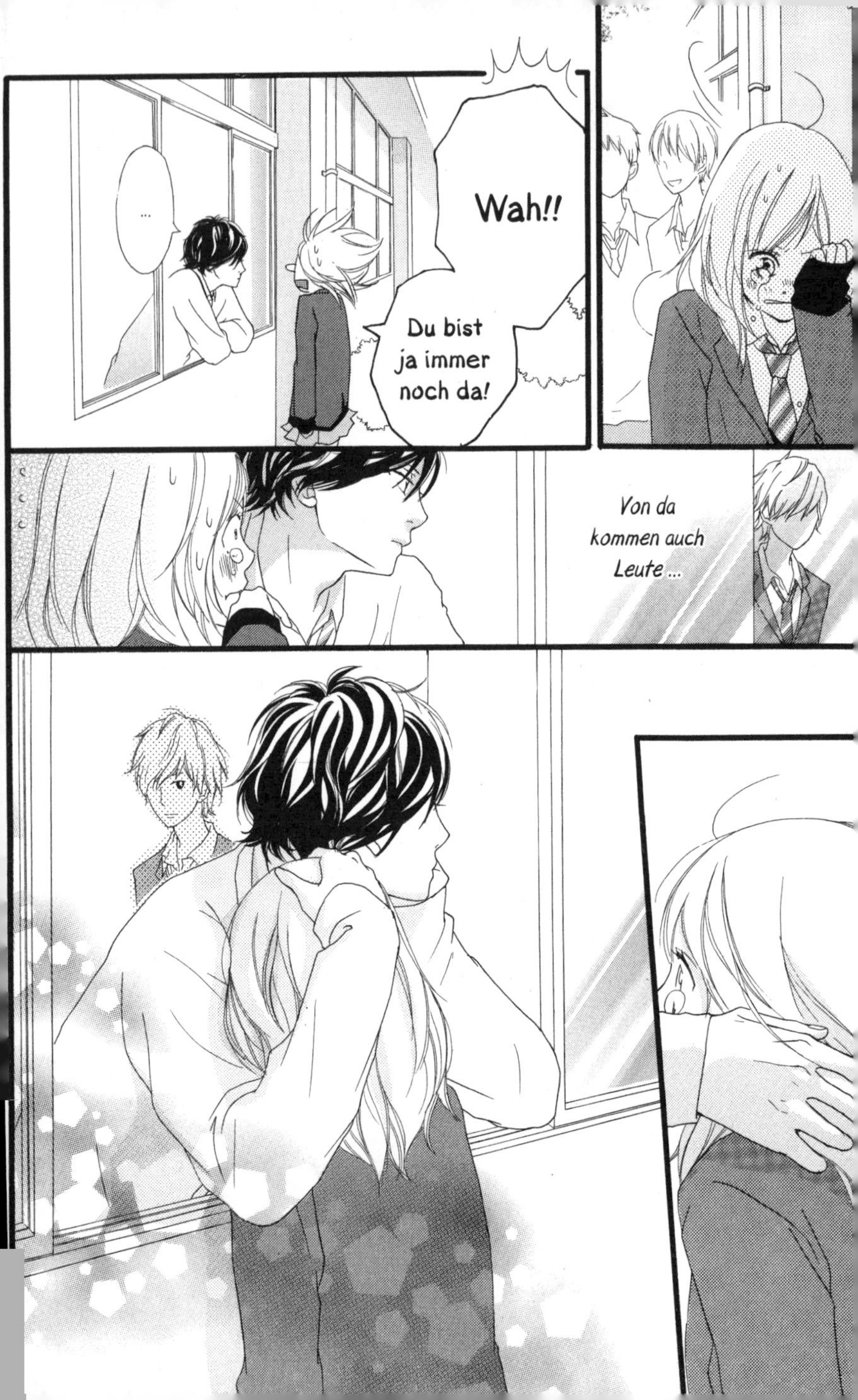

Wah!!
Du bist ja immer noch da!
...
Von da kommen auch Leute ...

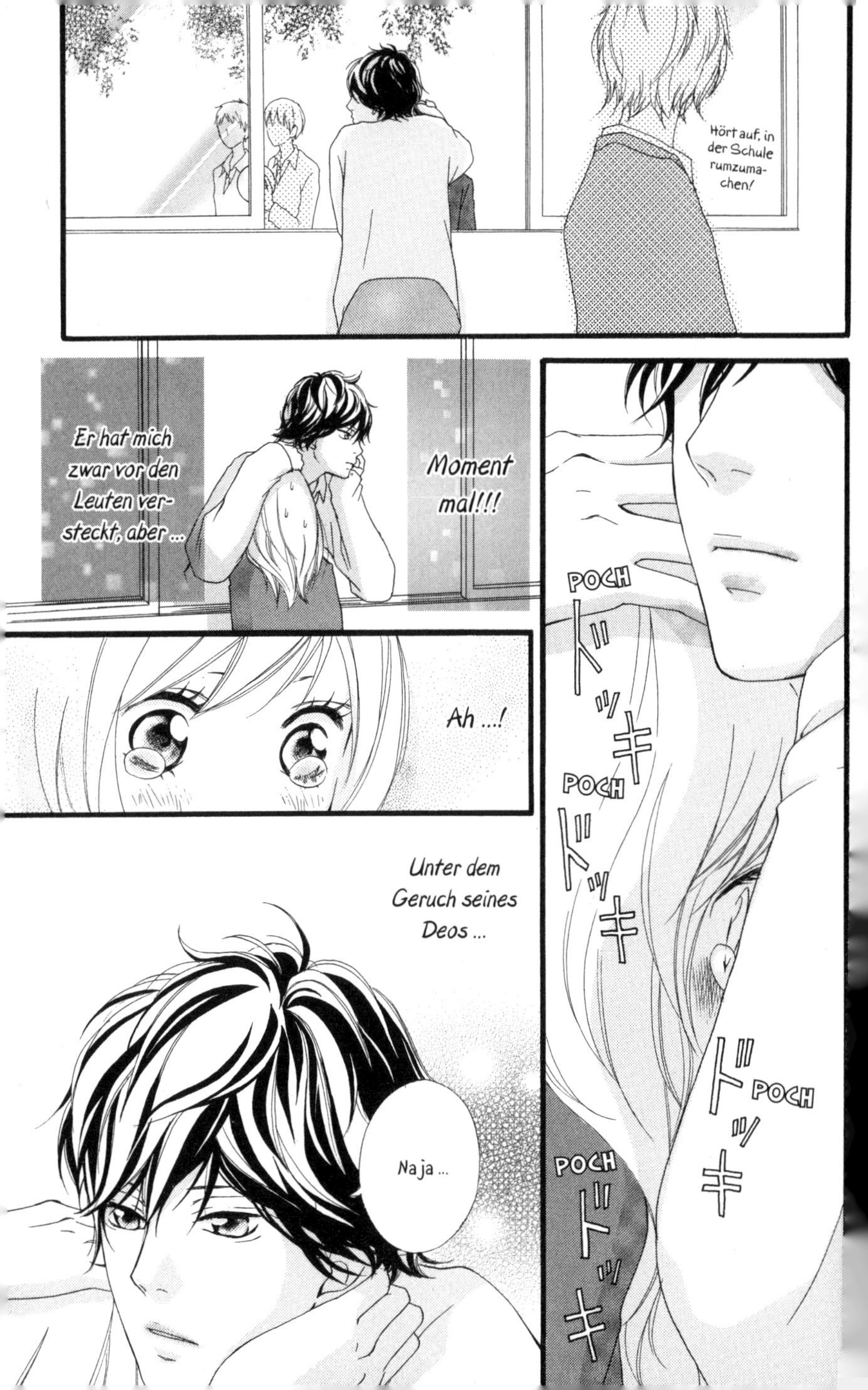

Hört auf, in der Schule rumzumachen!
Moment mal!!!
Er hat mich zwar vor den Leuten versteckt, aber ...
POCH
POCH
Ah ...!
POCH
POCH
Unter dem Geruch seines Deos ...
Naja ...

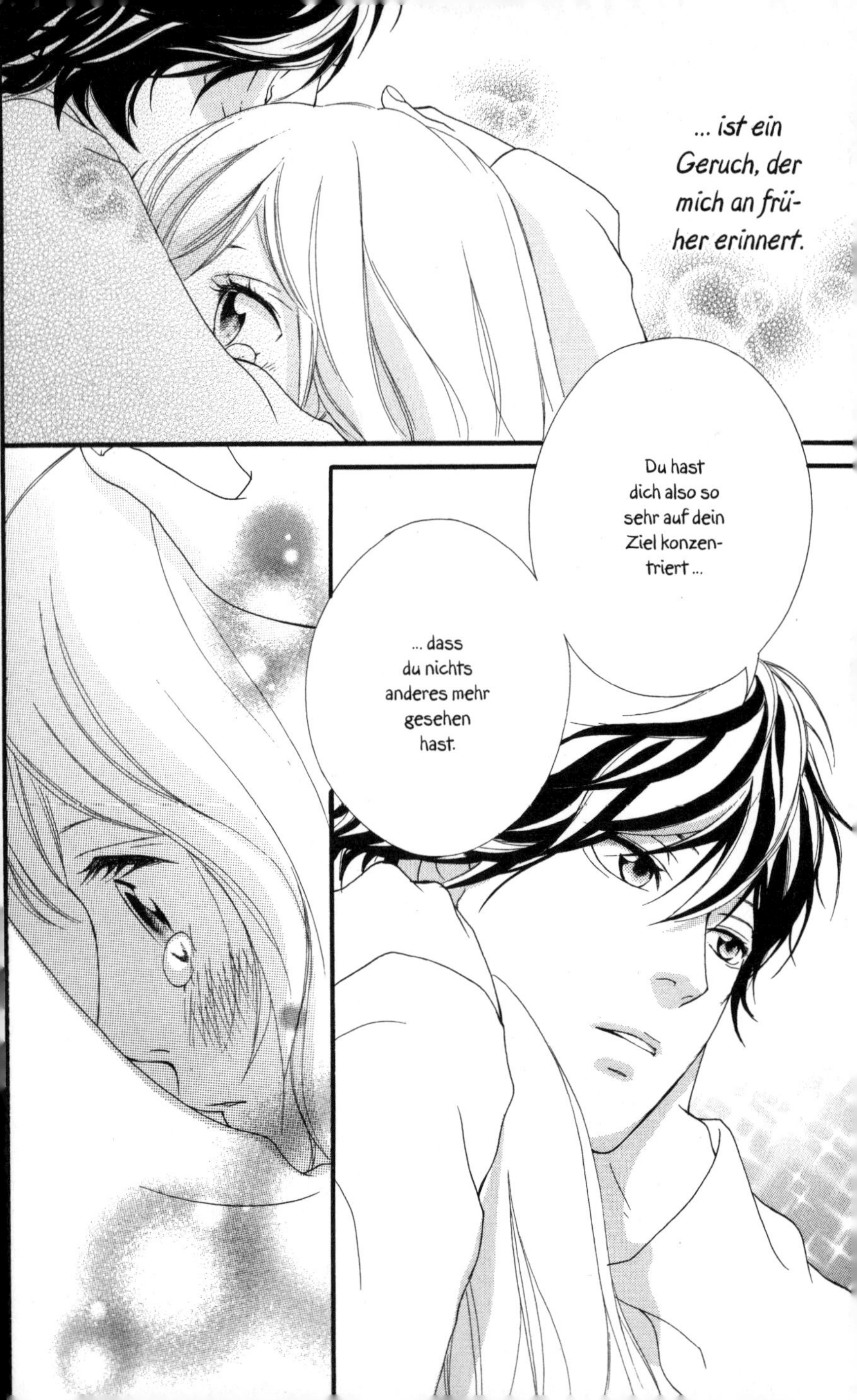
... ist ein Geruch, der mich an frü- her erinnert.
Du hast dich also so sehr auf dein Ziel konzen- triert ...
... dass du nichts anderes mehr gesehen hast.

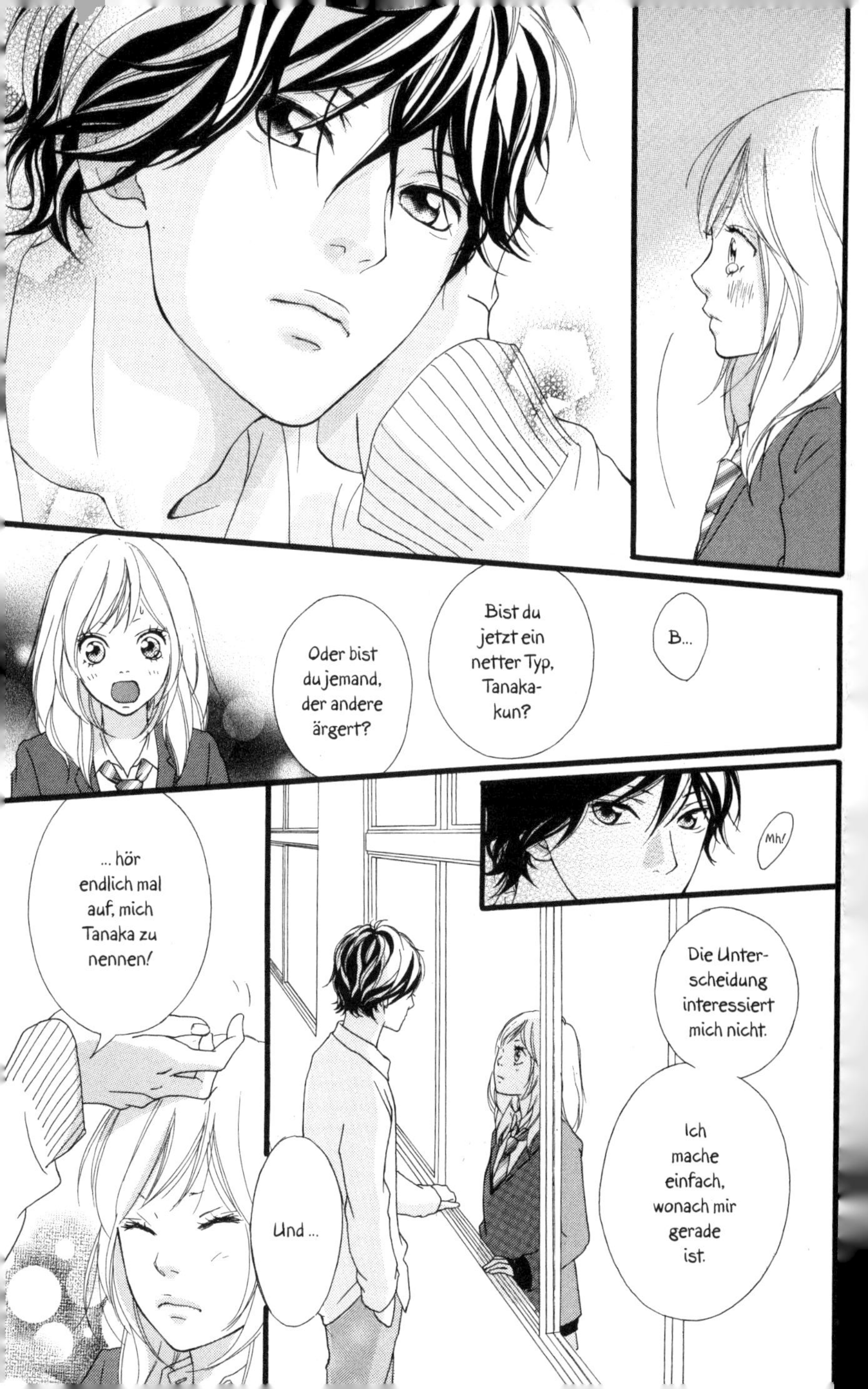
B...
Bist du jetzt ein netter Typ, Tanaka-kun?
Oder bist du jemand, der andere ärgert?
Mh!
Die Unterscheidung interessiert mich nicht.
Ich mache einfach, wonach mir gerade ist.
Und ...
... hör endlich mal auf, mich Tanaka zu nennen!

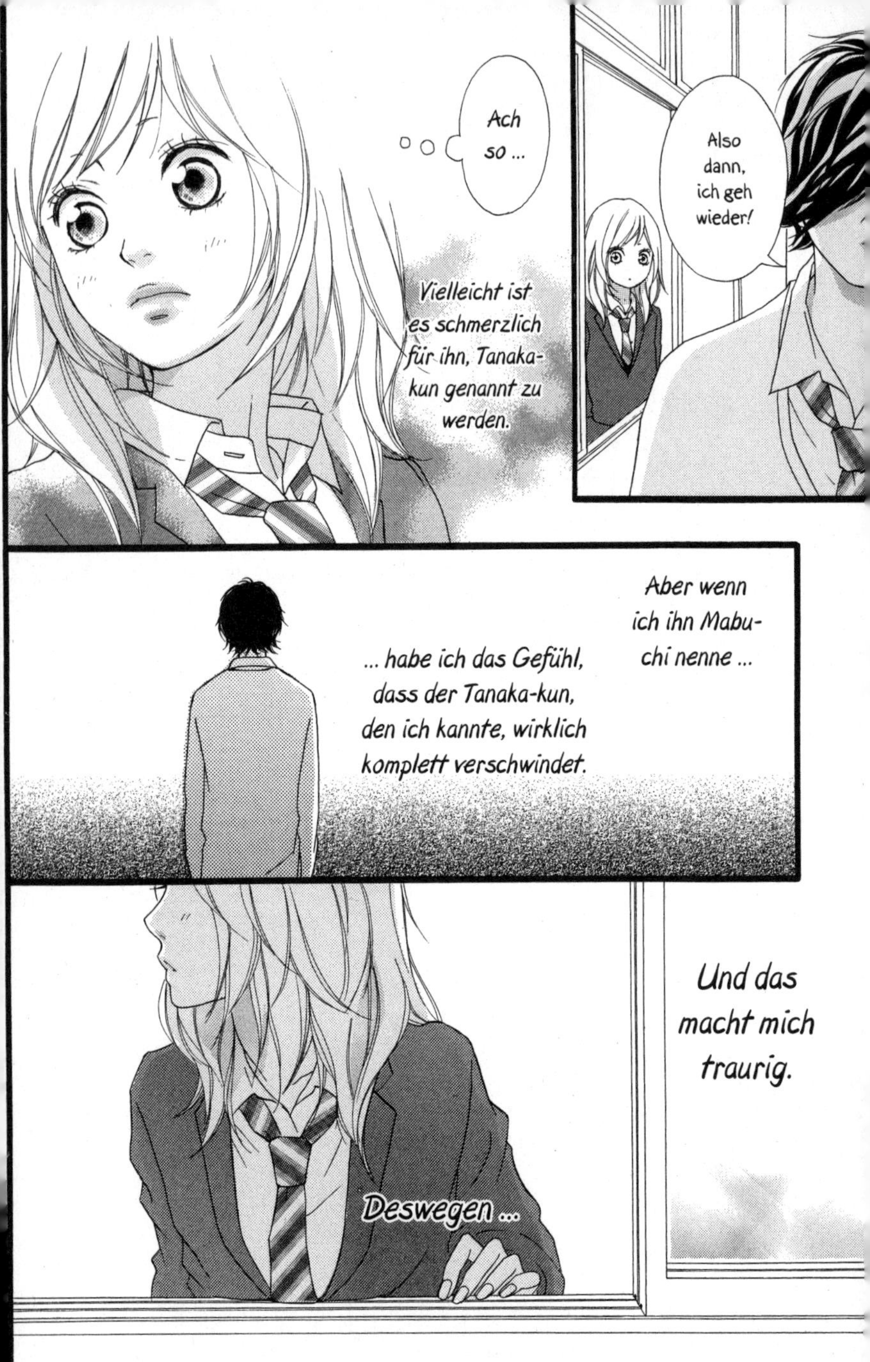
Also dann, ich geh wieder!
Ach so ...
Vielleicht ist es schmerzlich für ihn, Tanaka-kun genannt zu werden.
Aber wenn ich ihn Mabuchi nenne ...
... habe ich das Gefühl, dass der Tanaka-kun, den ich kannte, wirklich komplett verschwindet.
Und das macht mich traurig.
Deswegen ...

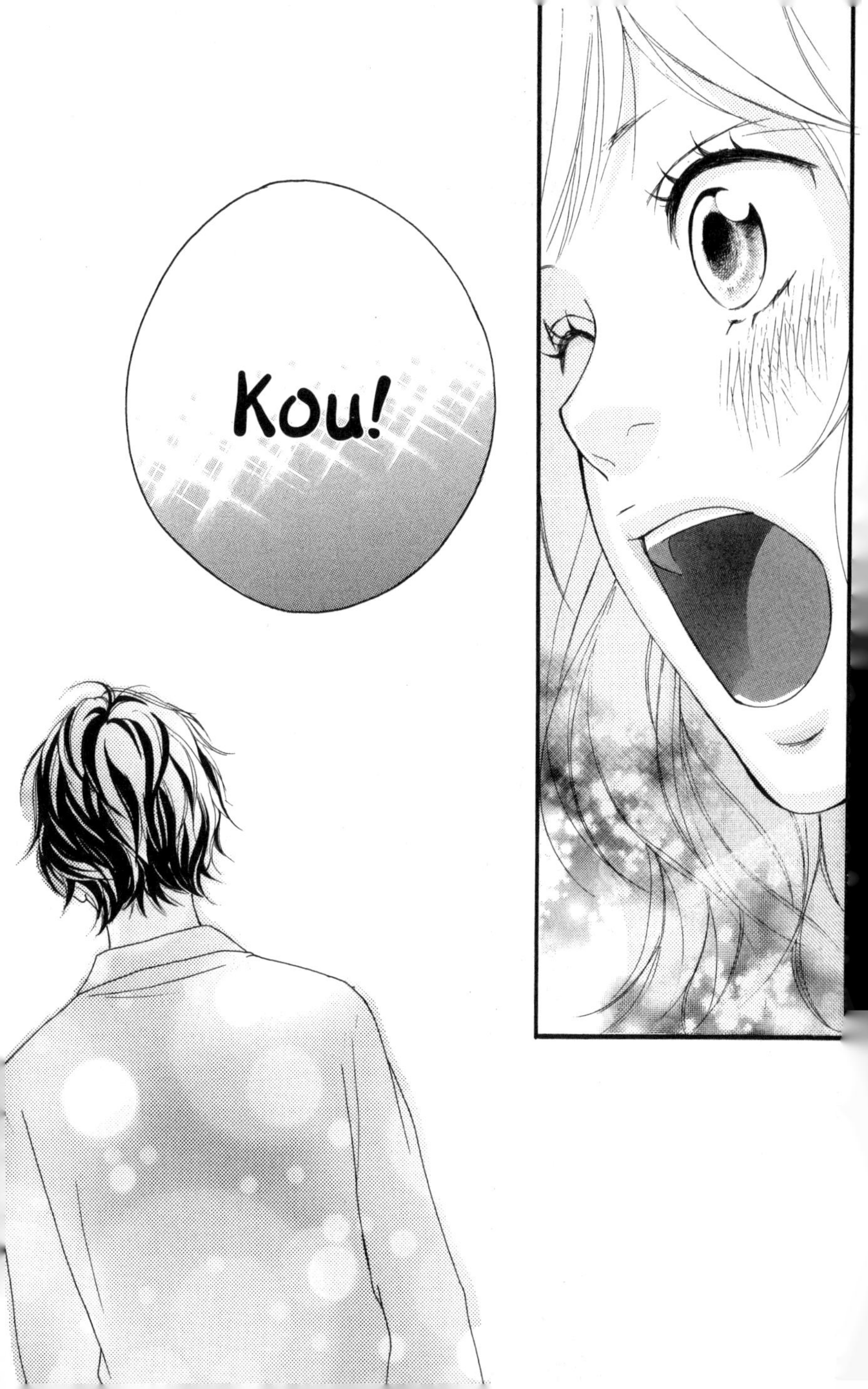
Kou!

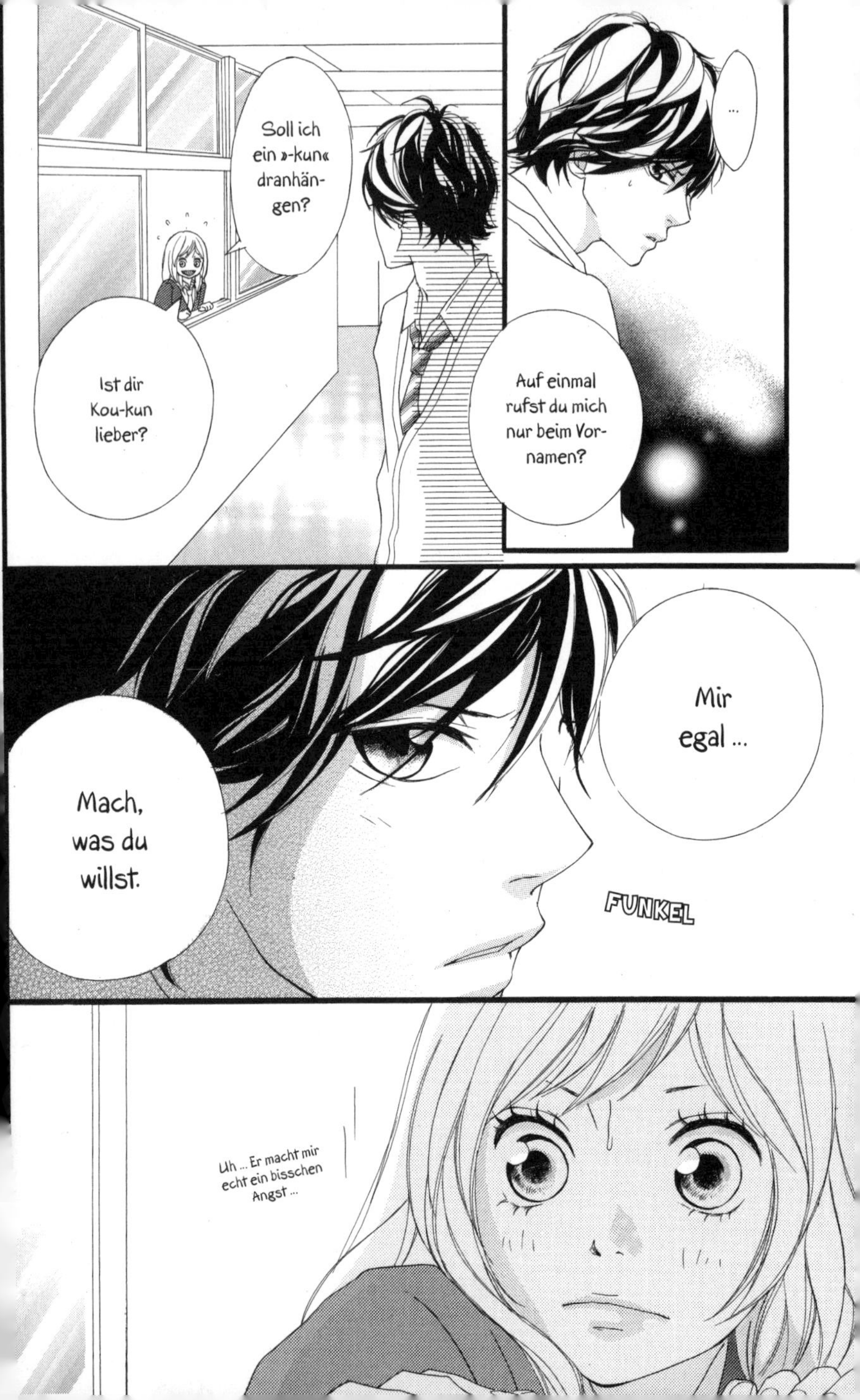
...
Soll ich ein »-kun« dranhängen?
Ist dir Kou-kun lieber?
Auf einmal rufst du mich nur beim Vornamen?
Mir egal ...
Mach, was du willst.
FUNKEL
Uh ... Er macht mir echt ein bisschen Angst ...

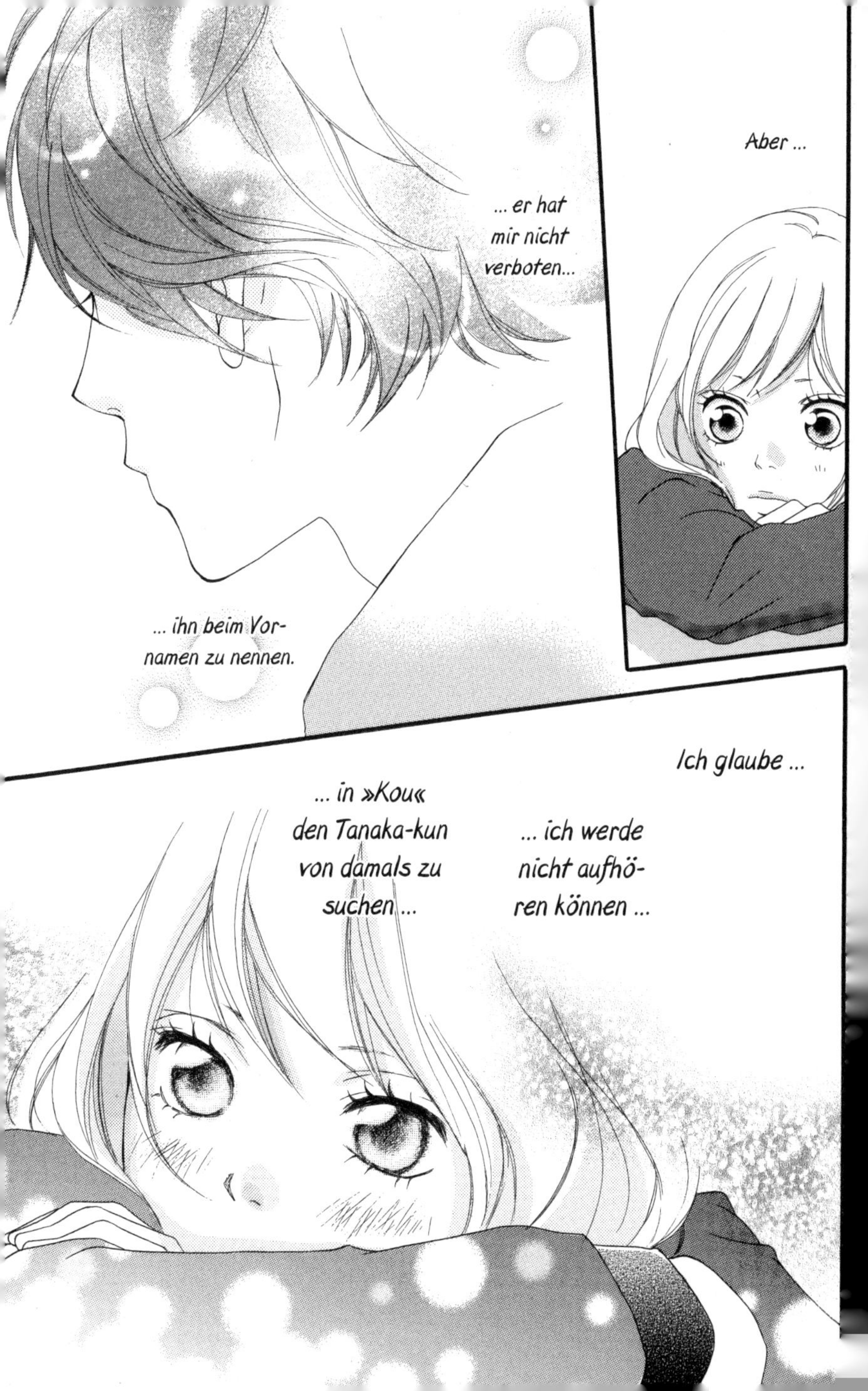
Aber ...
... er hat mir nicht verboten...
... ihn beim Vornamen zu nennen.
Ich glaube ...
... ich werde nicht aufhören können ...
... in »Kou« den Tanaka-kun von damals zu suchen ...

Diejenigen von euch, die die Streitigkeiten unter den Mädchen bis hierhin verfolgt und gedacht haben: »Neid unter Frauen ist genau so!«, oder: »Typisch Frau!« – ihr seid auf dem Holzweg! Asumis und Chies Texte in diesem Streit basierten in Wirklichkeit auf einem Gespräch unter Männern, das ich mit angehört habe!

Meine ursprüngliche Inspiration war, dass bei diesen Leuten die Sätze: »Bei dem läuft's doch nur gut im Job, weil er ganz akzeptabel aussieht. Wenn das schon reicht, sollte ich mich vielleicht operieren lassen …« fielen (es ging auch noch weiter). Allgemein ist man geneigt, Frauen als nörgelig anzusehen, aber ich glaube nicht, dass es so ist. Ich glaube, es ist von der Person abhängig, egal ob Mann oder Frau. Und auch das Alter spielt keine Rolle. Auch erwachsene Menschen sind so, wenn das ihrem Charakter entspricht. Früher habe ich mal in einer Firma gearbeitet, da gab es auch eine Menge hinterlistiger alter Männer!

Ich will darauf achten, dass ich nicht wie Asumi handele, ohne es zu merken. Aber vielleicht ist die Wahrscheinlichkeit höher, dass ich wie Chie handeln würde. Ich will darauf achten. Und das werde ich. Ja!

Ich will, dass es nur noch nette Leute auf der Welt gibt! Ganz im Ernst.

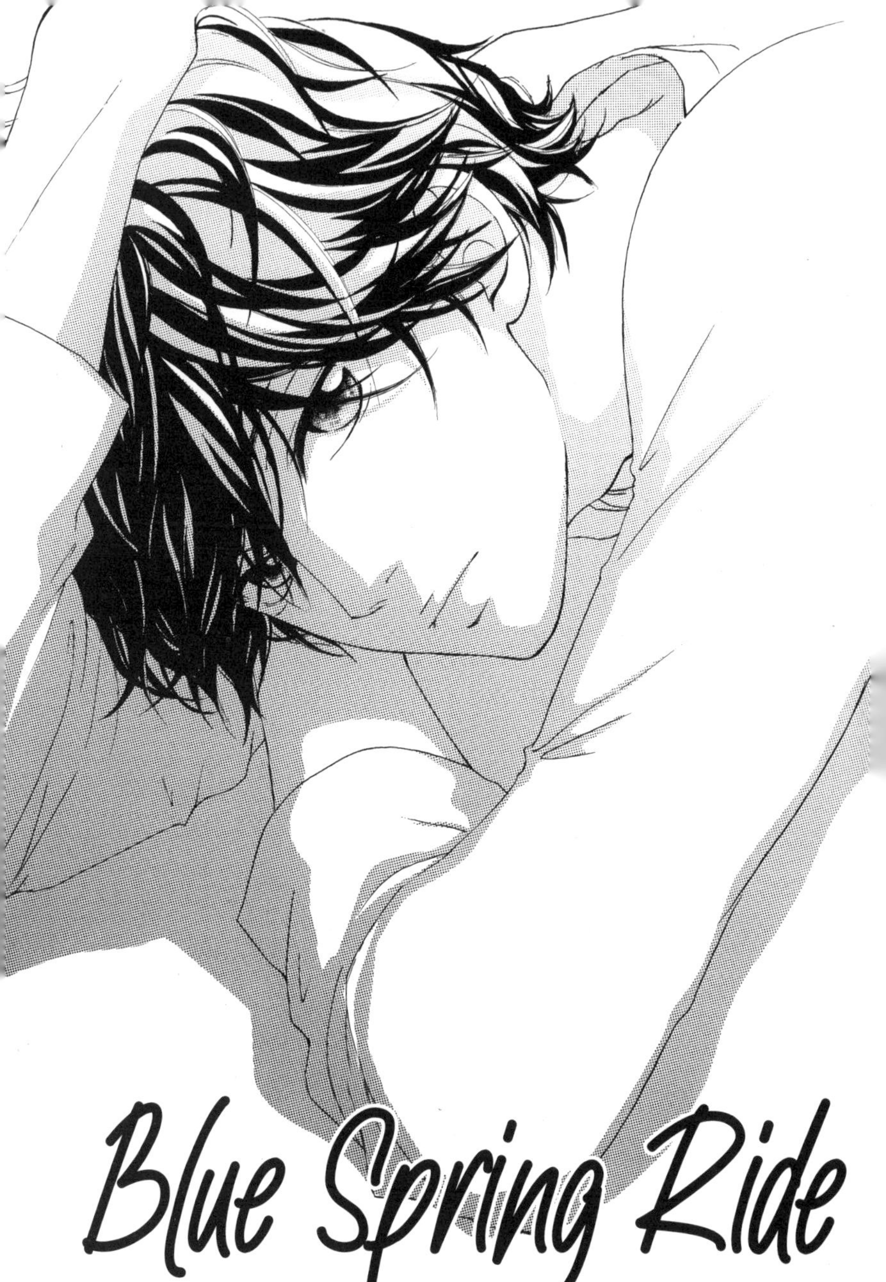

Blue Spring Ride

PAGE 3

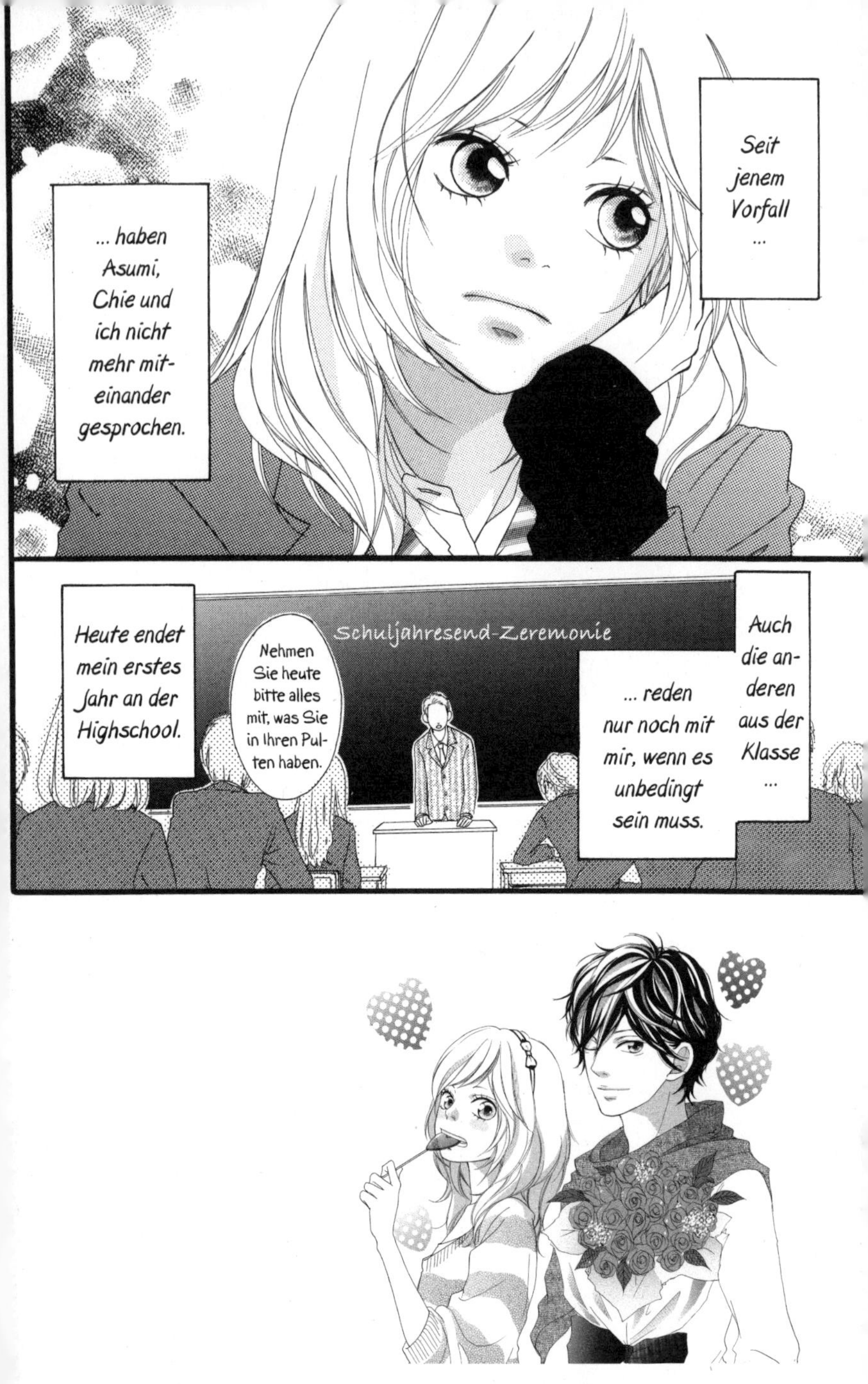
Seit jenem Vorfall ...
... haben Asumi, Chie und ich nicht mehr miteinander gesprochen.
Auch die anderen aus der Klasse ...
... reden nur noch mit mir, wenn es unbedingt sein muss.
Schuljahresend-Zeremonie
Nehmen Sie heute bitte alles mit, was Sie in Ihren Pulten haben.
Heute endet mein erstes Jahr an der Highschool.

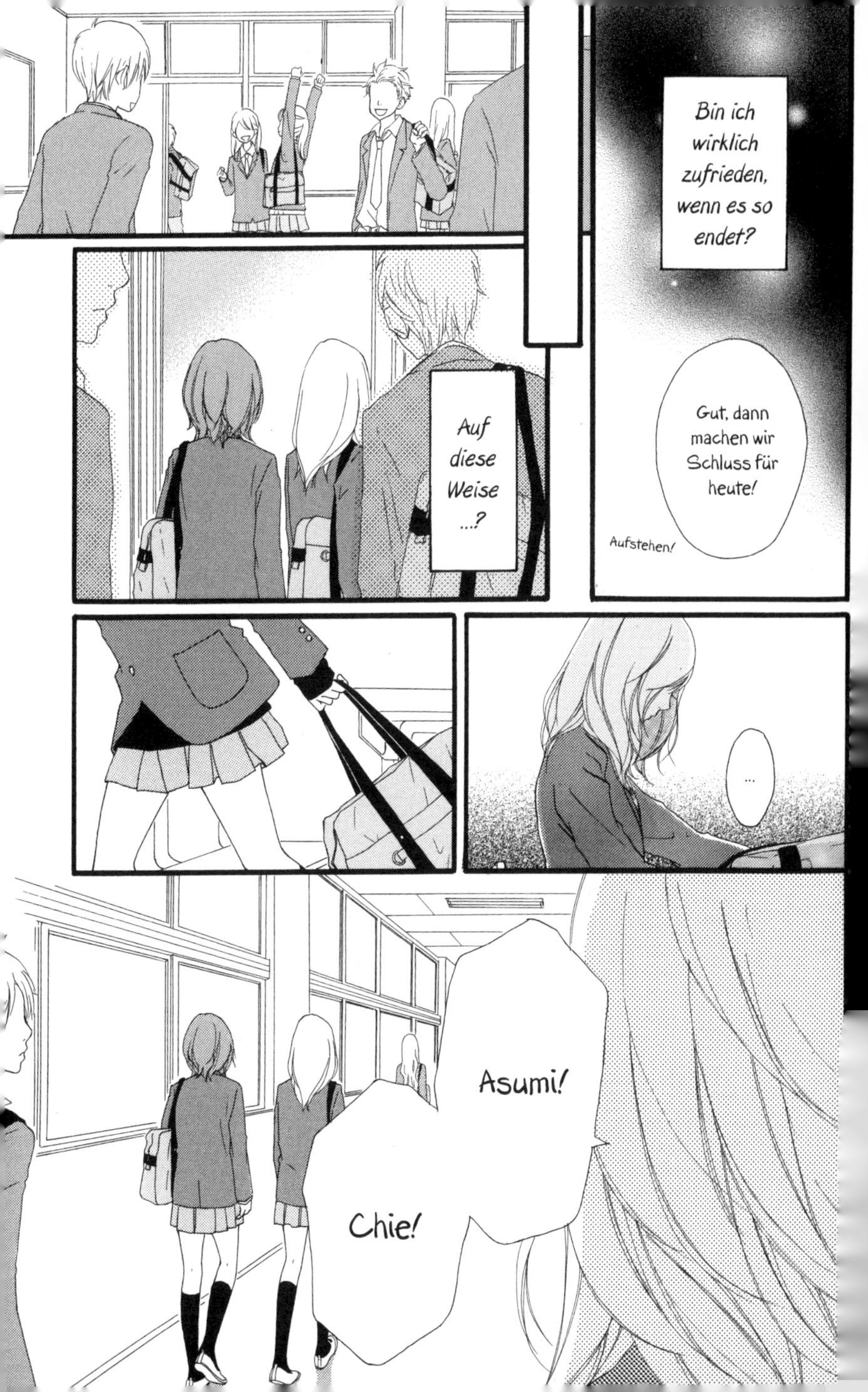
Bin ich wirklich zufrieden, wenn es so endet?
Gut, dann machen wir Schluss für heute!
Aufstehen!
Auf diese Weise ...?
...
Asumi!
Chie!

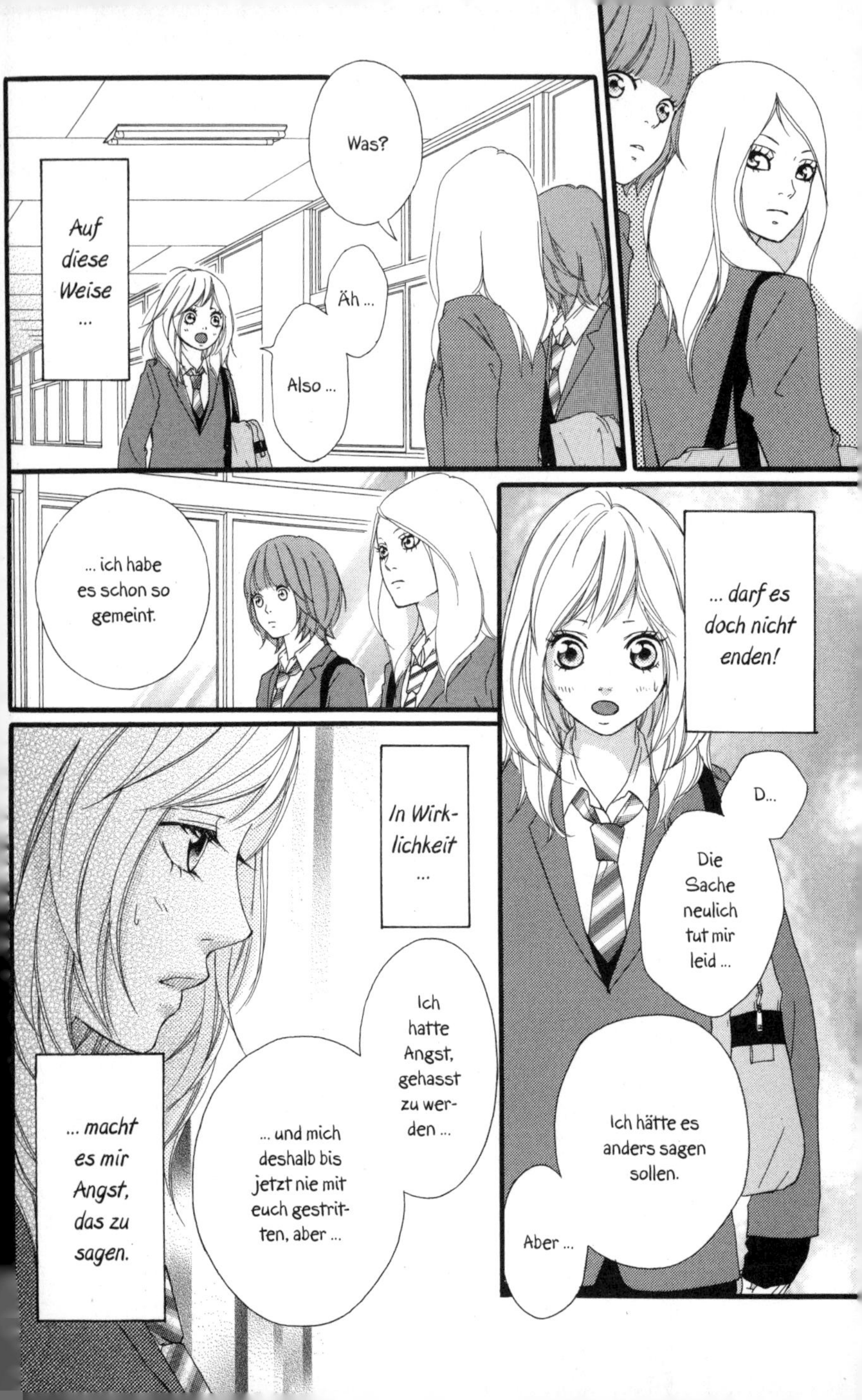
Was?
Äh ...
Also ...
Auf diese Weise ...
... darf es doch nicht enden!
D...
Die Sache neulich tut mir leid ...
Ich hätte es anders sagen sollen.
Aber ...
... ich habe es schon so gemeint.
In Wirklichkeit ...
Ich hatte Angst, gehasst zu werden ...
... und mich deshalb bis jetzt nie mit euch gestritten, aber ...
... macht es mir Angst, das zu sagen.

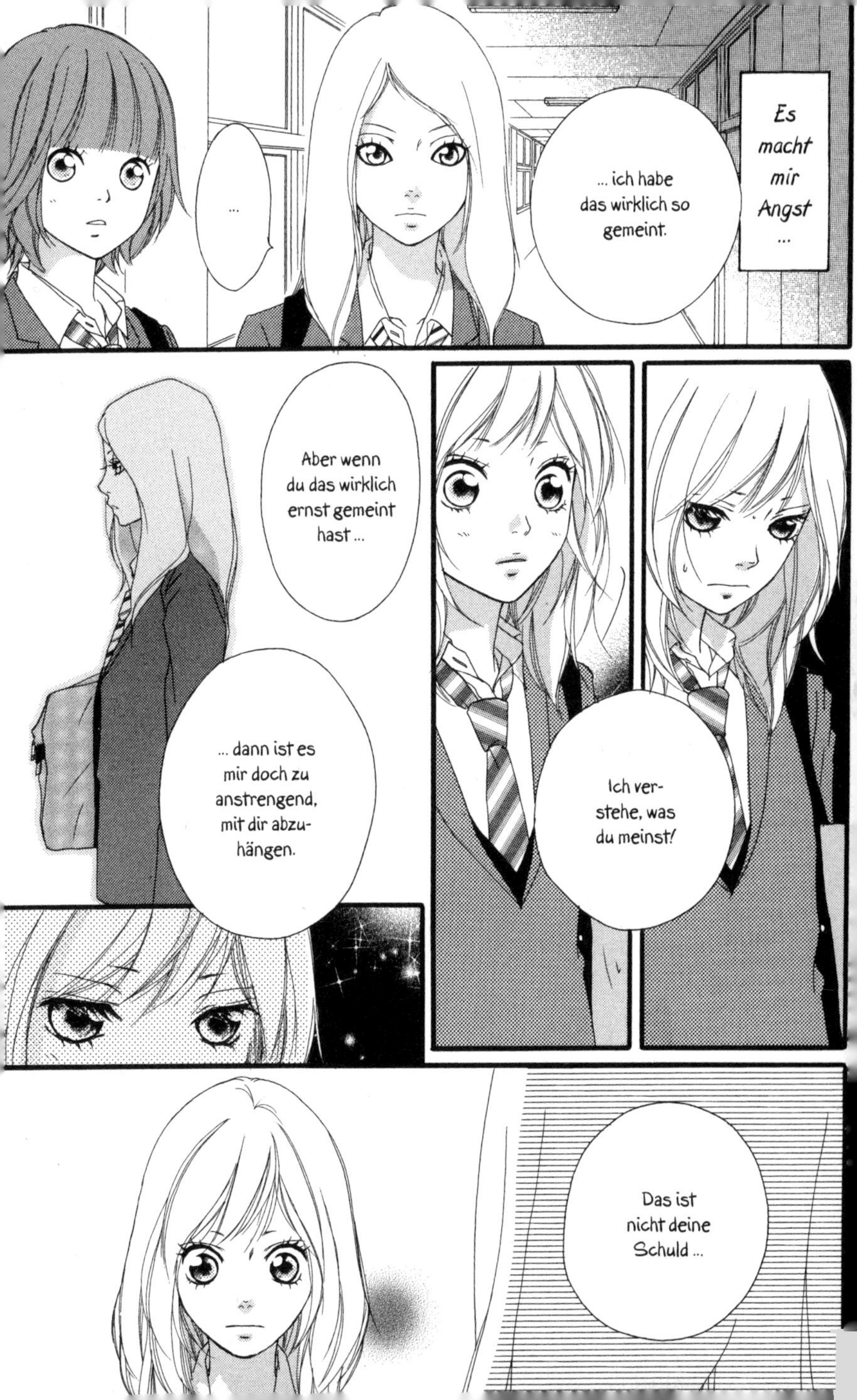
Es macht mir Angst ...
... ich habe das wirklich so gemeint.
...
Ich verstehe, was du meinst!
Aber wenn du das wirklich ernst gemeint hast ...
... dann ist es mir doch zu anstrengend, mit dir abzuhängen.
Das ist nicht deine Schuld ...

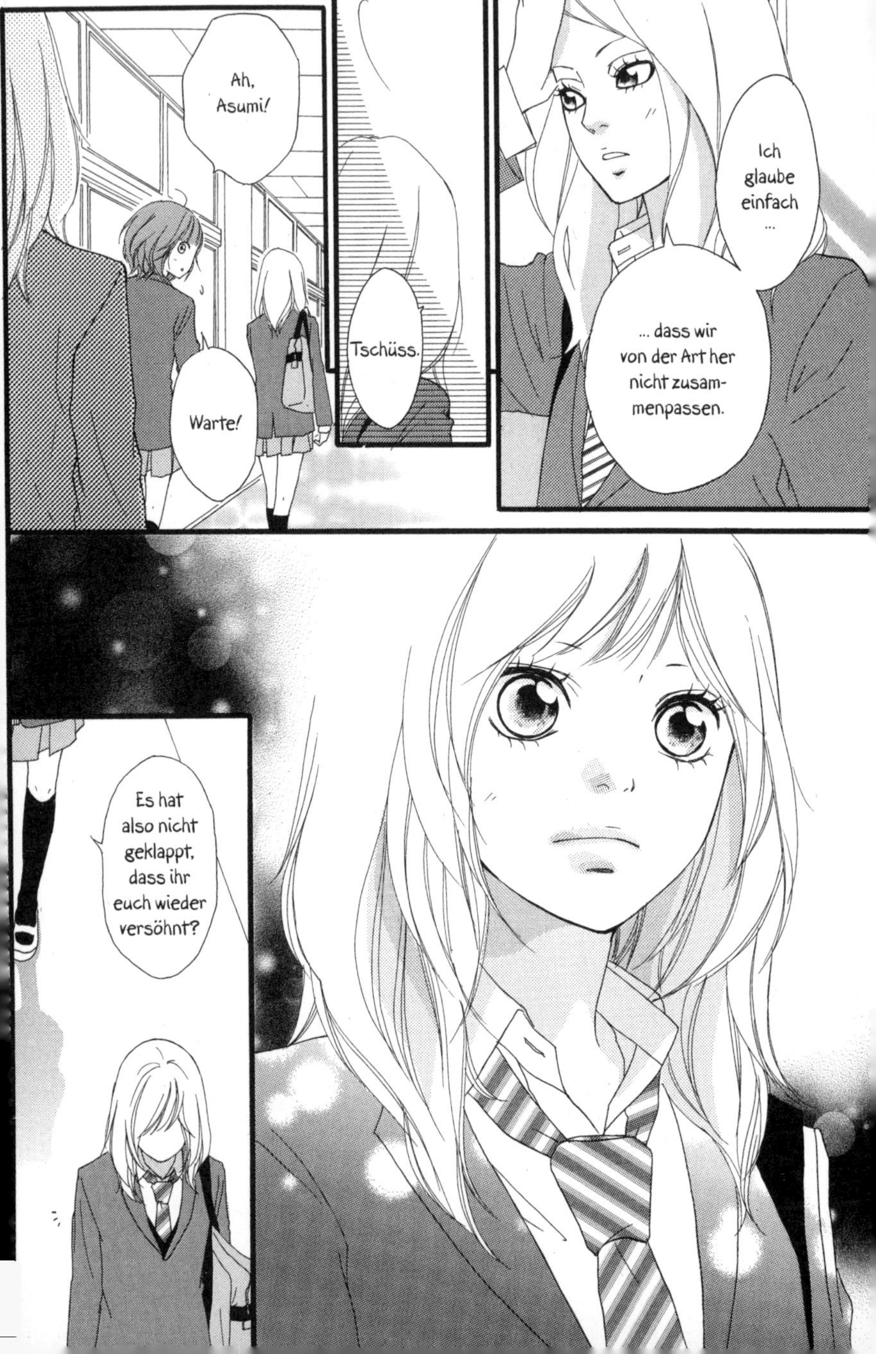
Ich glaube einfach …
… dass wir von der Art her nicht zusammenpassen.
Tschüss.
Ah, Asumi!
Warte!
Es hat also nicht geklappt, dass ihr euch wieder versöhnt?

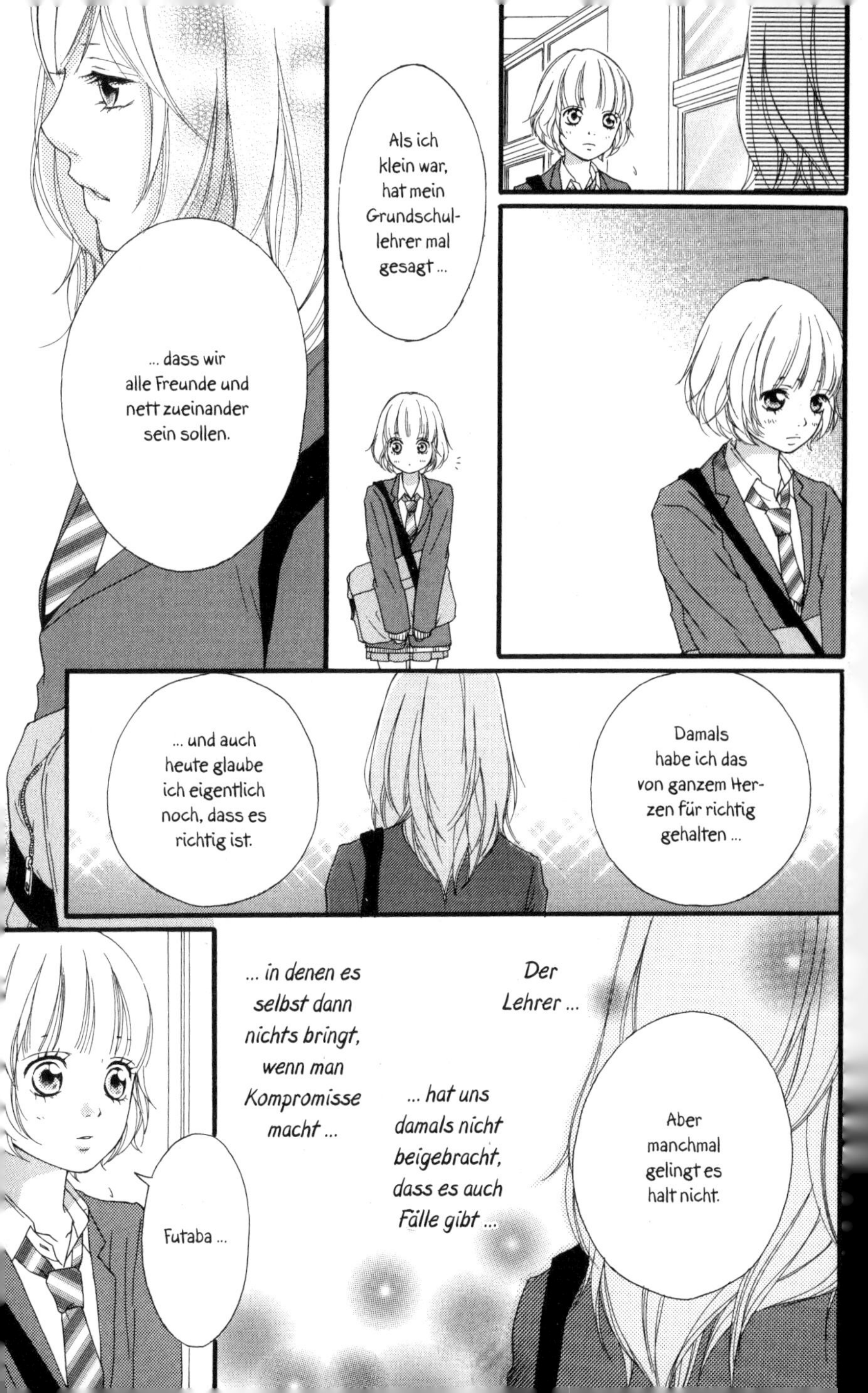
Als ich klein war, hat mein Grundschullehrer mal gesagt ...
... dass wir alle Freunde und nett zueinander sein sollen.
Damals habe ich das von ganzem Herzen für richtig gehalten ...
... und auch heute glaube ich eigentlich noch, dass es richtig ist.
Aber manchmal gelingt es halt nicht.
Der Lehrer ...
... hat uns damals nicht beigebracht, dass es auch Fälle gibt ...
... in denen es selbst dann nichts bringt, wenn man Kompromisse macht ...
Futaba ...

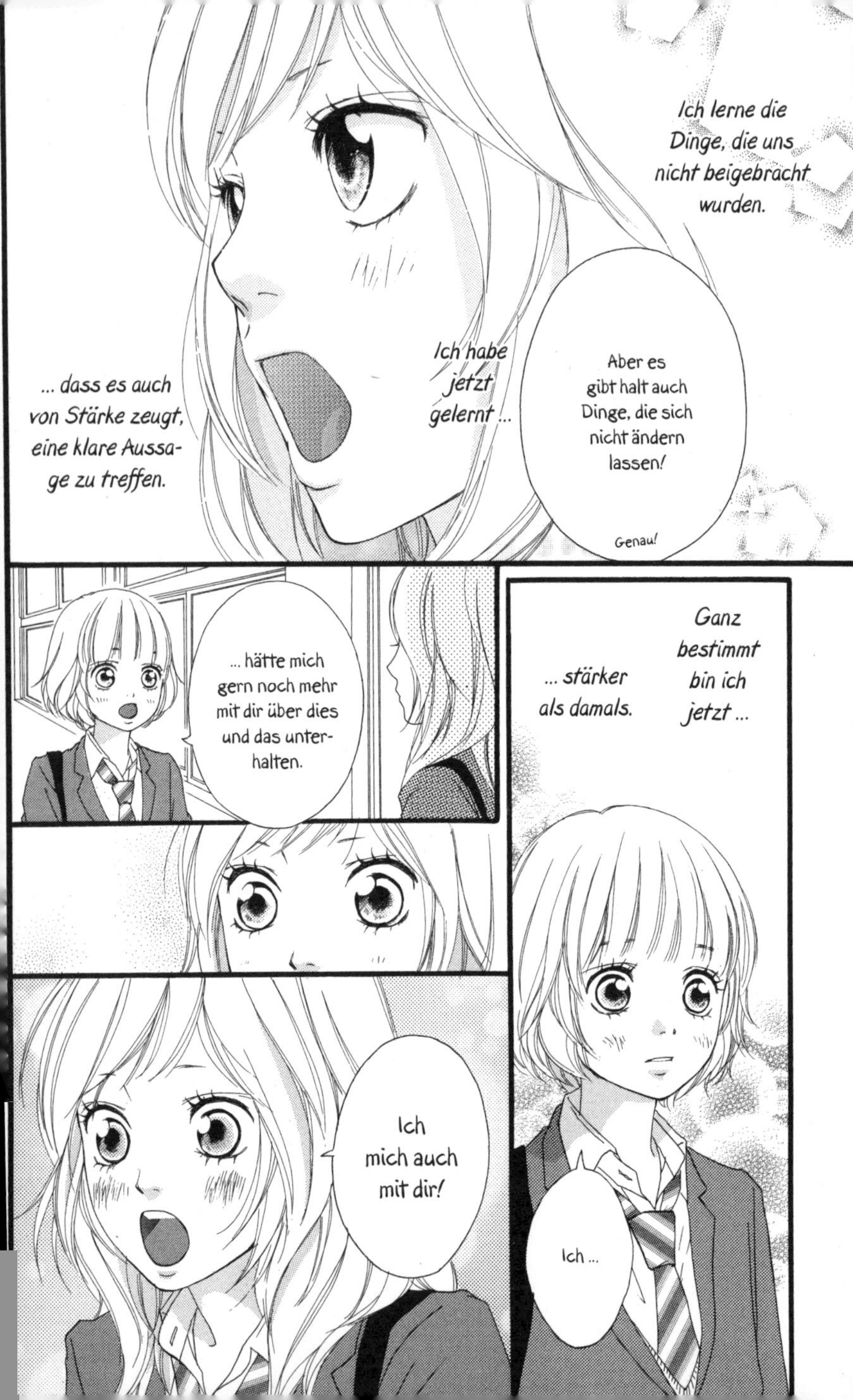

Ich lerne die Dinge, die uns nicht beigebracht wurden.
Aber es gibt halt auch Dinge, die sich nicht ändern lassen!
Genau!
Ich habe jetzt gelernt ...
... dass es auch von Stärke zeugt, eine klare Aussage zu treffen.
Ganz bestimmt bin ich jetzt ...
... stärker als damals.
Ich ...
... hätte mich gern noch mehr mit dir über dies und das unterhalten.
Ich mich auch mit dir!

Ich suche noch nach Ideen, was ich mit den freien Seiten in den Taschenbüchern anfangen soll. Wenn ihr eine Idee habt, die ihr gern von mir umgesetzt sehen würdet, oder wenn ihr Fragen habt, dann immer her damit!

Ich kann wahrscheinlich nicht auf jeden Wunsch eingehen, aber ich will die leeren Seiten in *Blue Spring Ride* etwas interessanter gestalten, also bitte! Und schickt auch alle übrigen Briefe an:

Shueisha
Bessatsu Margaret
Editorial Office
Ms Io Sakisaka
2-5-10 Hitotsubashi,
Chiyoda-ku
Tokyo 101-8050,
Japan

Und dann noch eine Bitte: In der Zeitschrift *Bessatsu Margaret* werden manchmal Artikel verlost, aber bitte nehmt zur Kenntnis, dass, wenn ihr nicht gewonnen habt oder wenn der Einsendeschluss vorbei ist, die Leute in der Redaktion leider nichts mehr dahaben, selbst wenn ihr nachfragt.♡ Lest die Zeitschrift deswegen bitte ganz aufmerksam!!

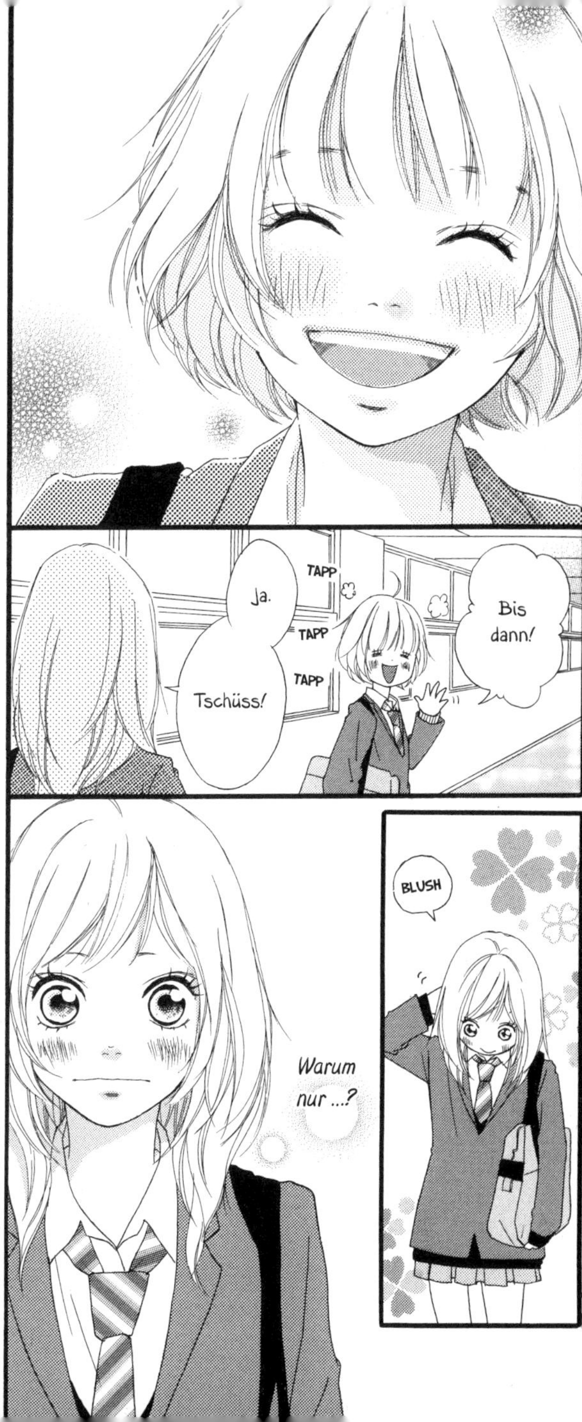

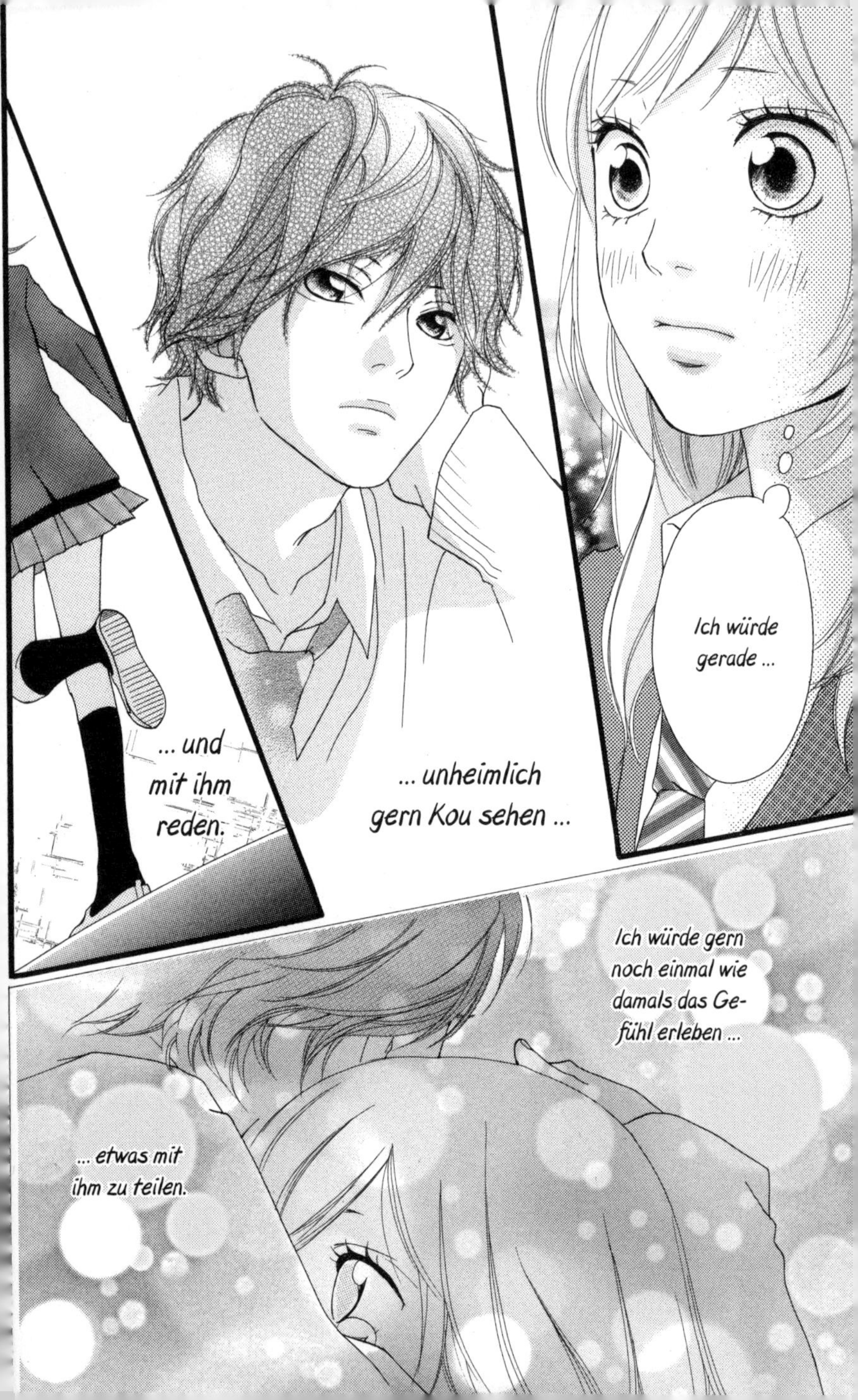
Ich würde gerade ...
... unheimlich gern Kou sehen ...
... und mit ihm reden.
Ich würde gern noch einmal wie damals das Gefühl erleben ...
... etwas mit ihm zu teilen.

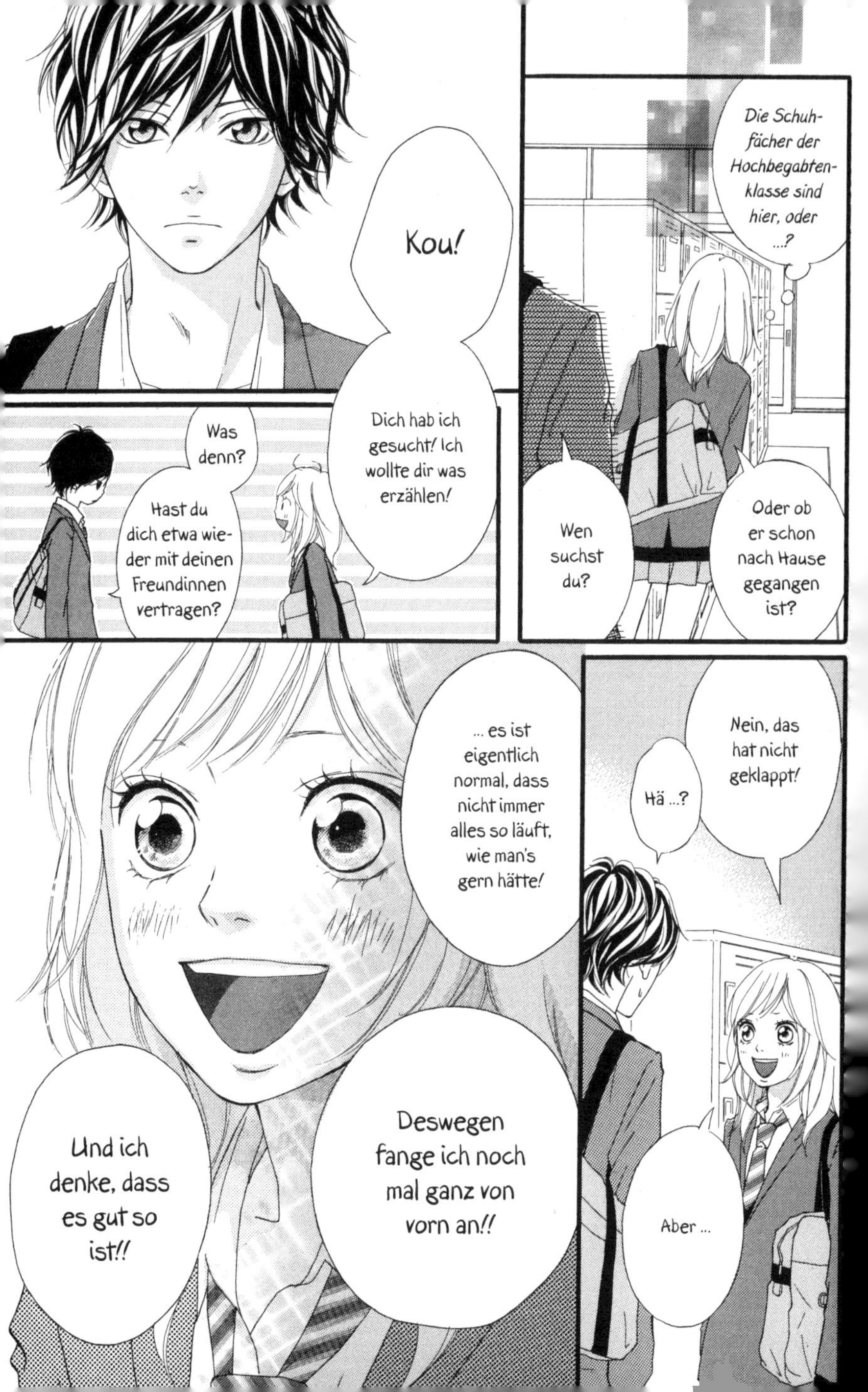
Die Schuhfächer der Hochbegabtenklasse sind hier, oder ...?
Oder ob er schon nach Hause gegangen ist?
Wen suchst du?
Kou!
Dich hab ich gesucht! Ich wollte dir was erzählen!
Was denn?
Hast du dich etwa wieder mit deinen Freundinnen vertragen?
Nein, das hat nicht geklappt!
Hä ...?
Aber ...
... es ist eigentlich normal, dass nicht immer alles so läuft, wie man's gern hätte!
Deswegen fange ich noch mal ganz von vorn an!!
Und ich denke, dass es gut so ist!!

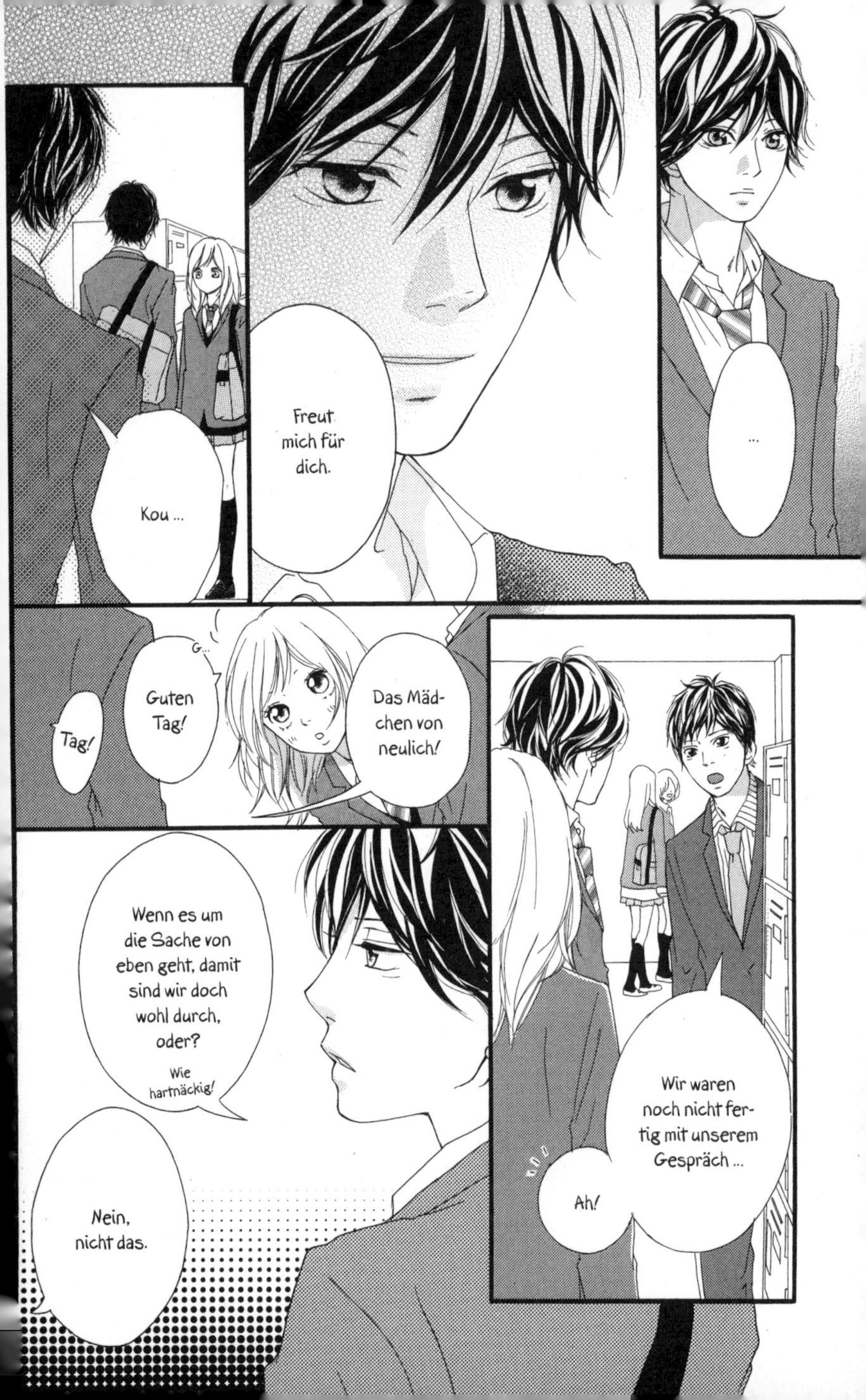
…
Freut mich für dich.
Kou …
Das Mädchen von neulich!
G… Guten Tag!
Tag!
Wir waren noch nicht fertig mit unserem Gespräch …
Ah!
Wenn es um die Sache von eben geht, damit sind wir doch wohl durch, oder?
Wie hartnäckig!
Nein, nicht das.

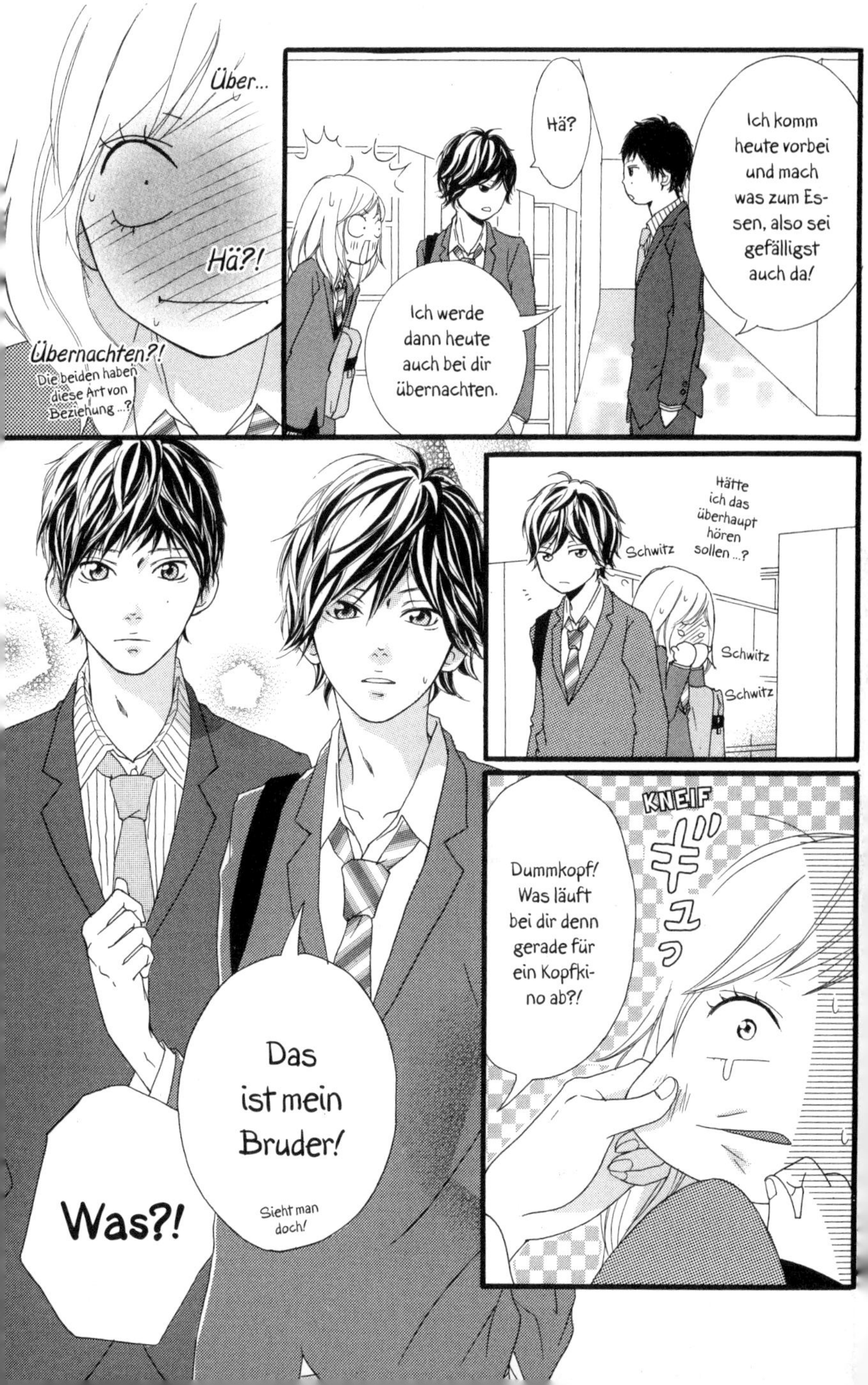

Ich komm heute vorbei und mach was zum Essen, also sei gefälligst auch da!
Hä?
Ich werde dann heute auch bei dir übernachten.
Über...
Hä?!
Übernachten?!
Die beiden haben diese Art von Beziehung ...?
Hätte ich das überhaupt hören sollen ...?
Schwitz
Schwitz
Schwitz
KNEIF
ギュッ
Dummkopf! Was läuft bei dir denn gerade für ein Kopfkino ab?!
Das ist mein Bruder!
Sieht man doch!
Was?!

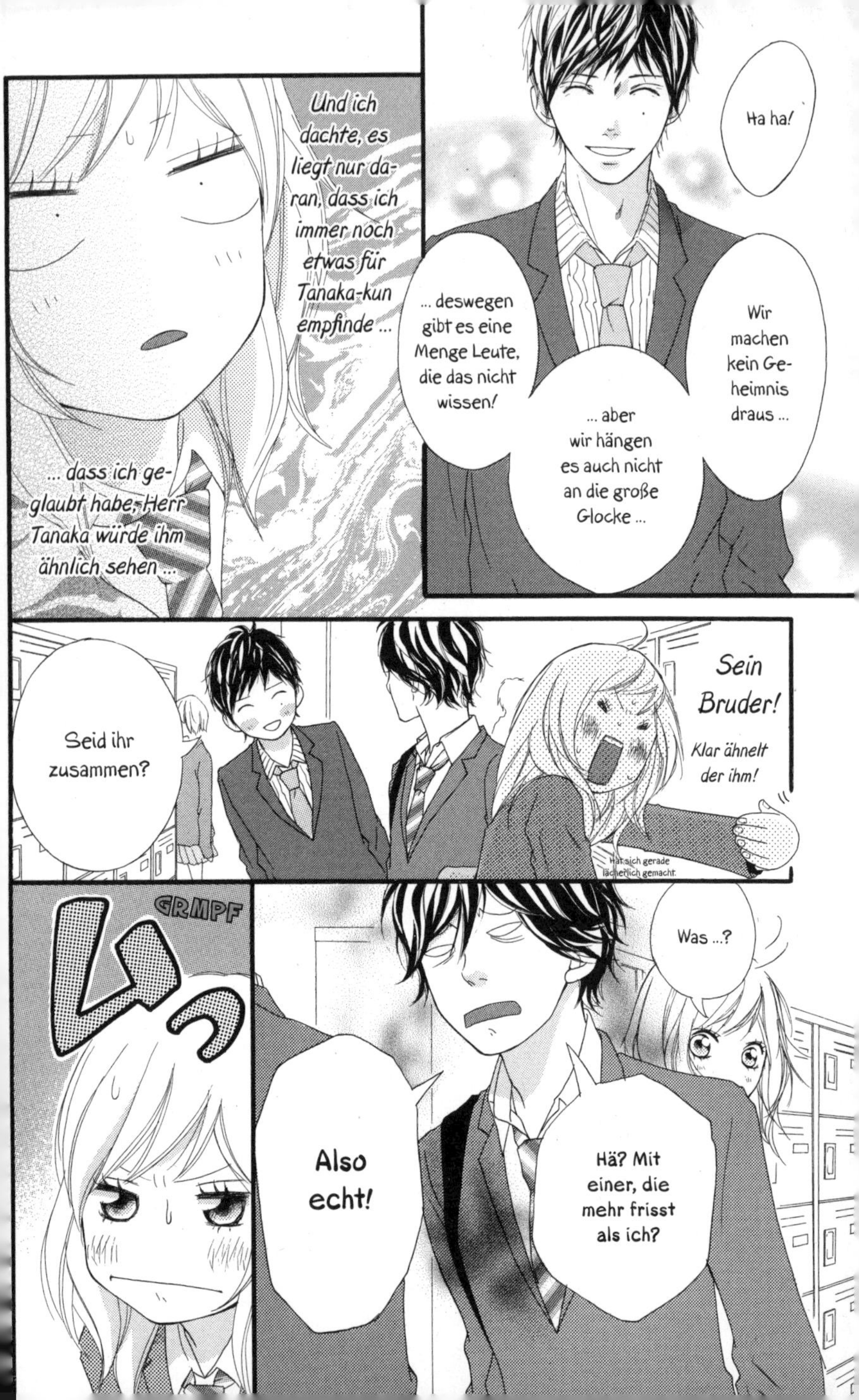
Ha ha!
Wir machen kein Geheimnis draus ...
... aber wir hängen es auch nicht an die große Glocke ...
... deswegen gibt es eine Menge Leute, die das nicht wissen!
Und ich dachte, es liegt nur daran, dass ich immer noch etwas für Tanaka-kun empfinde ...
... dass ich geglaubt habe, Herr Tanaka würde ihm ähnlich sehen ...
Sein Bruder!
Klar ähnelt der ihm!
Hat sich gerade lächerlich gemacht.
Seid ihr zusammen?
Was ...?
Hä? Mit einer, die mehr frisst als ich?
Also echt!
GRMPF

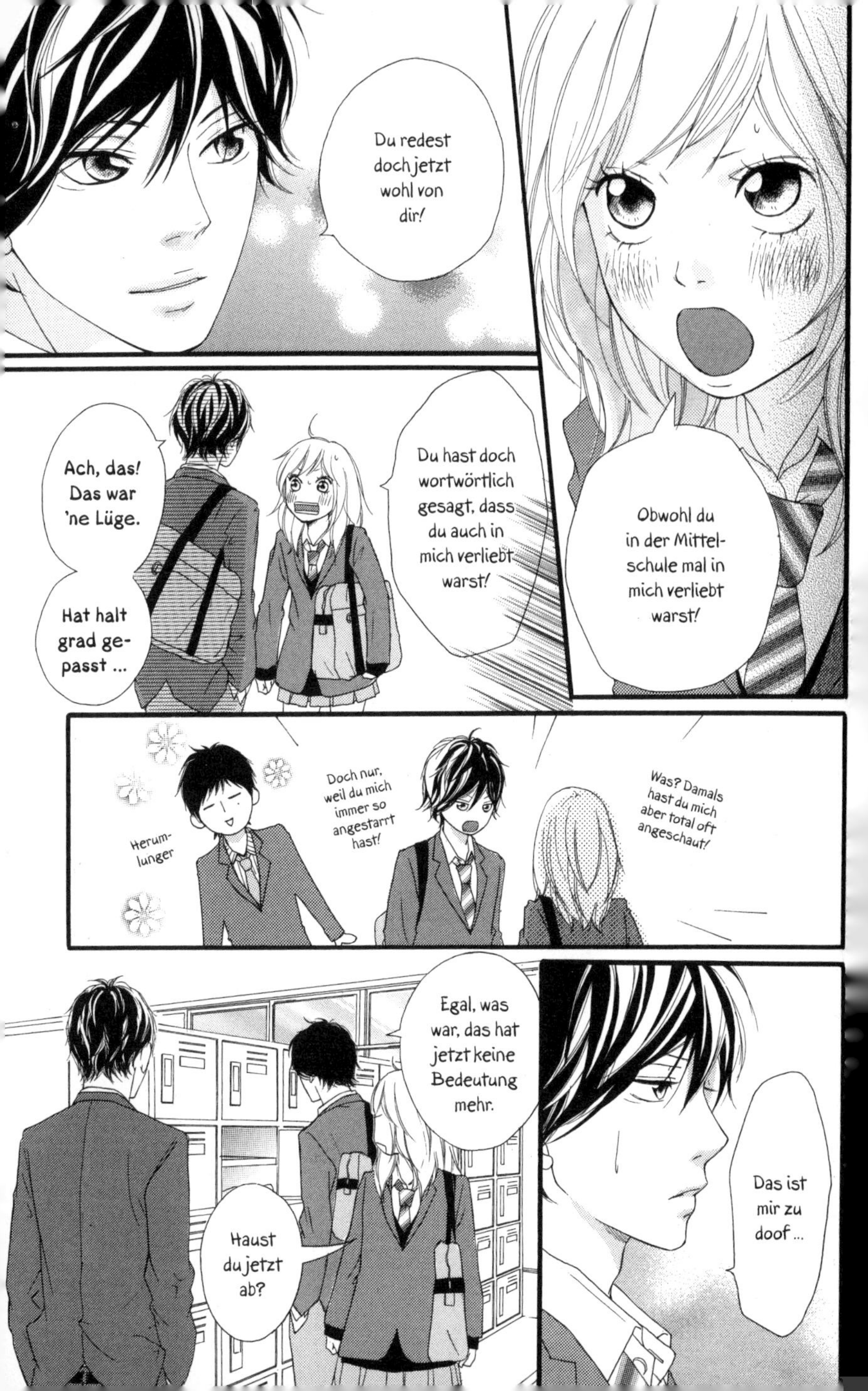
Obwohl du in der Mittelschule mal in mich verliebt warst!
Du redest doch jetzt wohl von dir!
Du hast doch wortwörtlich gesagt, dass du auch in mich verliebt warst!
Ach, das! Das war 'ne Lüge.
Hat halt grad gepasst ...
Was? Damals hast du mich aber total oft angeschaut!
Doch nur, weil du mich immer so angestarrt hast!
Herumlunger
Das ist mir zu doof ...
Egal, was war, das hat jetzt keine Bedeutung mehr.
Haust du jetzt ab?

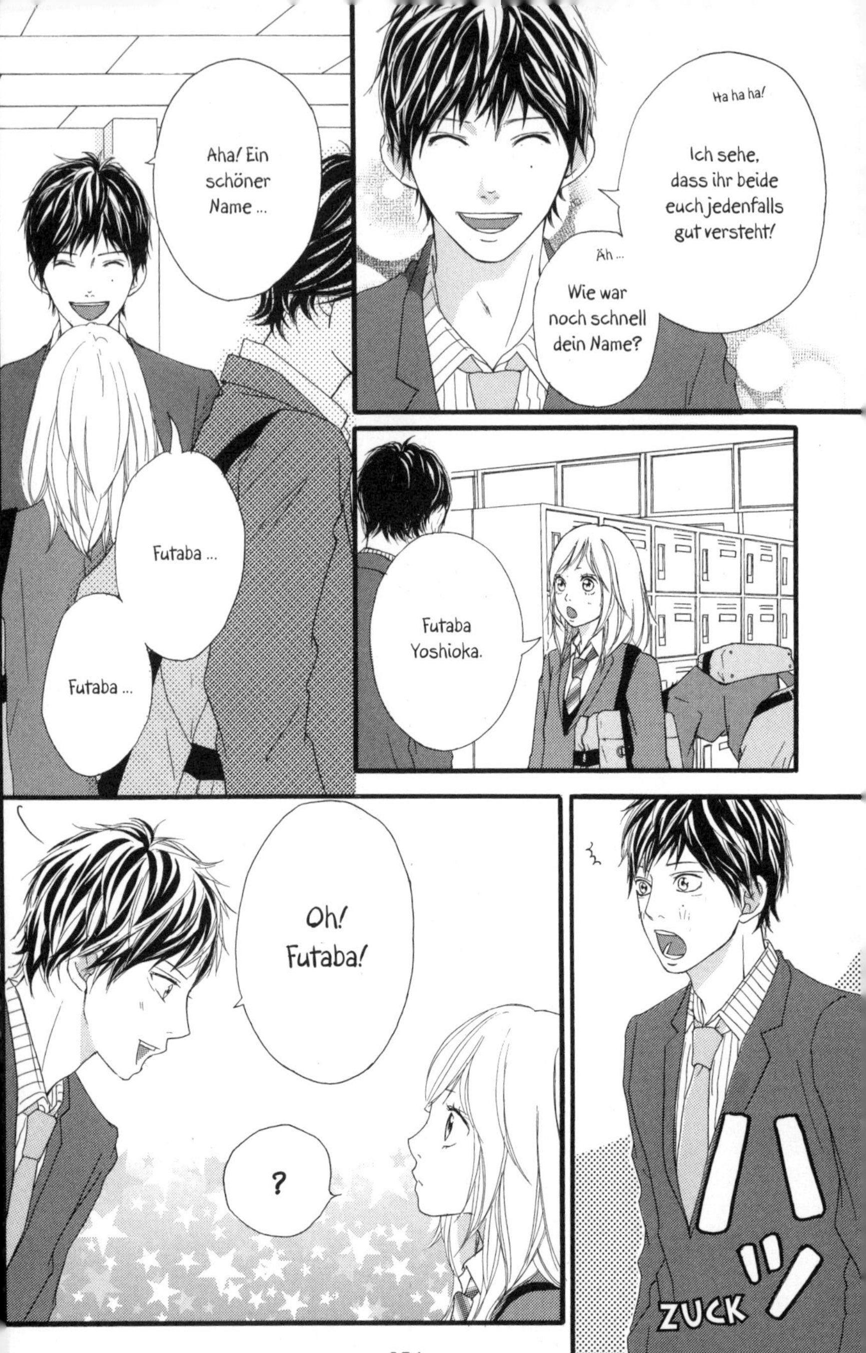

Ha ha ha!
Ich sehe, dass ihr beide euch jedenfalls gut versteht!
Äh ...
Wie war noch schnell dein Name?
Futaba Yoshioka.
Aha! Ein schöner Name ...
Futaba ...
Futaba ...
ZUCK
Oh! Futaba!
?

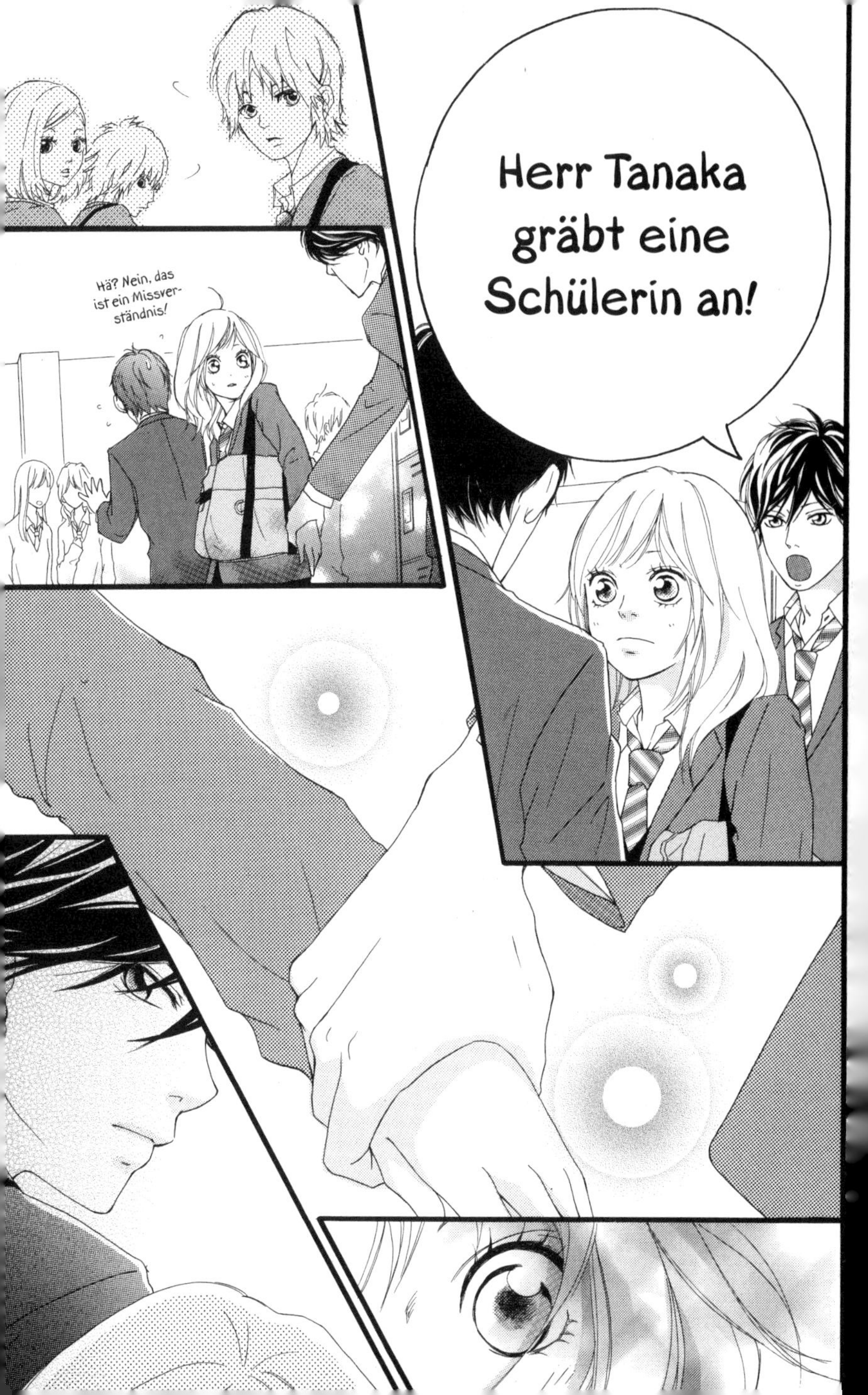
Herr Tanaka gräbt eine Schülerin an!
Hä? Nein, das ist ein Missverständnis!

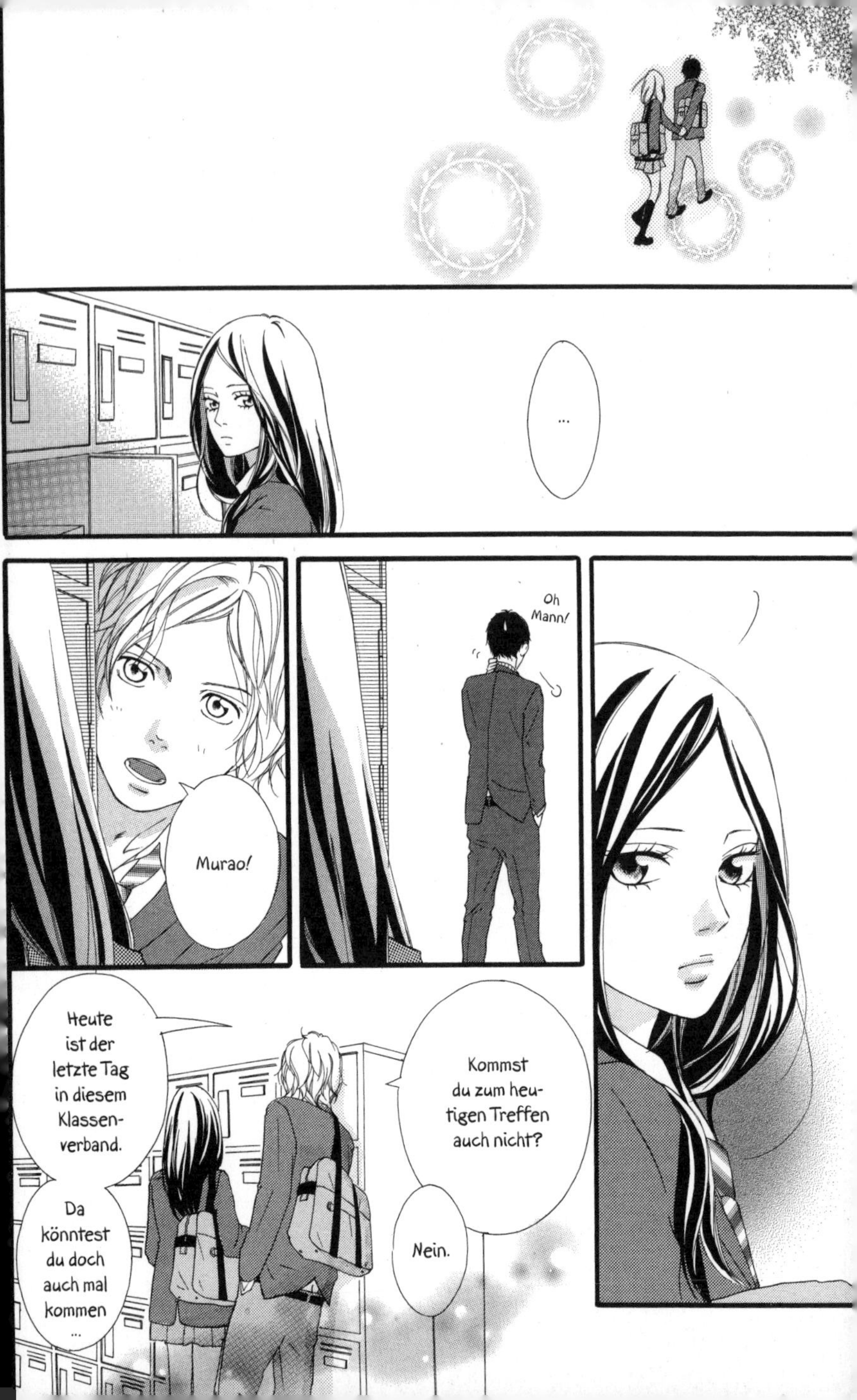
...
Oh Mann!
Murao!
Kommst du zum heutigen Treffen auch nicht?
Nein.
Heute ist der letzte Tag in diesem Klassenverband.
Da könntest du doch auch mal kommen ...

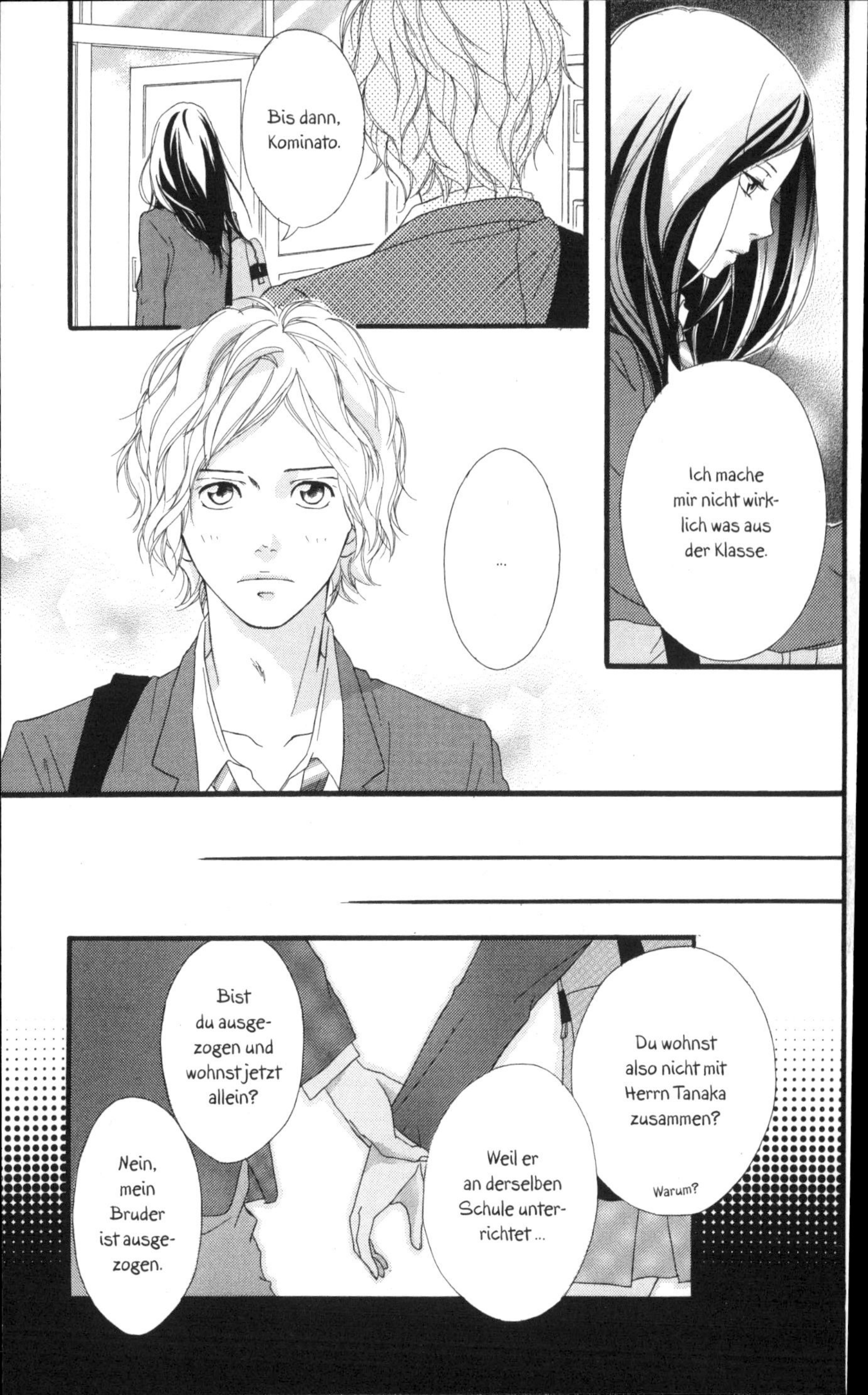
Ich mache mir nicht wirklich was aus der Klasse.
Bis dann, Kominato.
...
Du wohnst also nicht mit Herrn Tanaka zusammen?
Warum?
Weil er an derselben Schule unterrichtet ...
Bist du ausgezogen und wohnst jetzt allein?
Nein, mein Bruder ist ausgezogen.

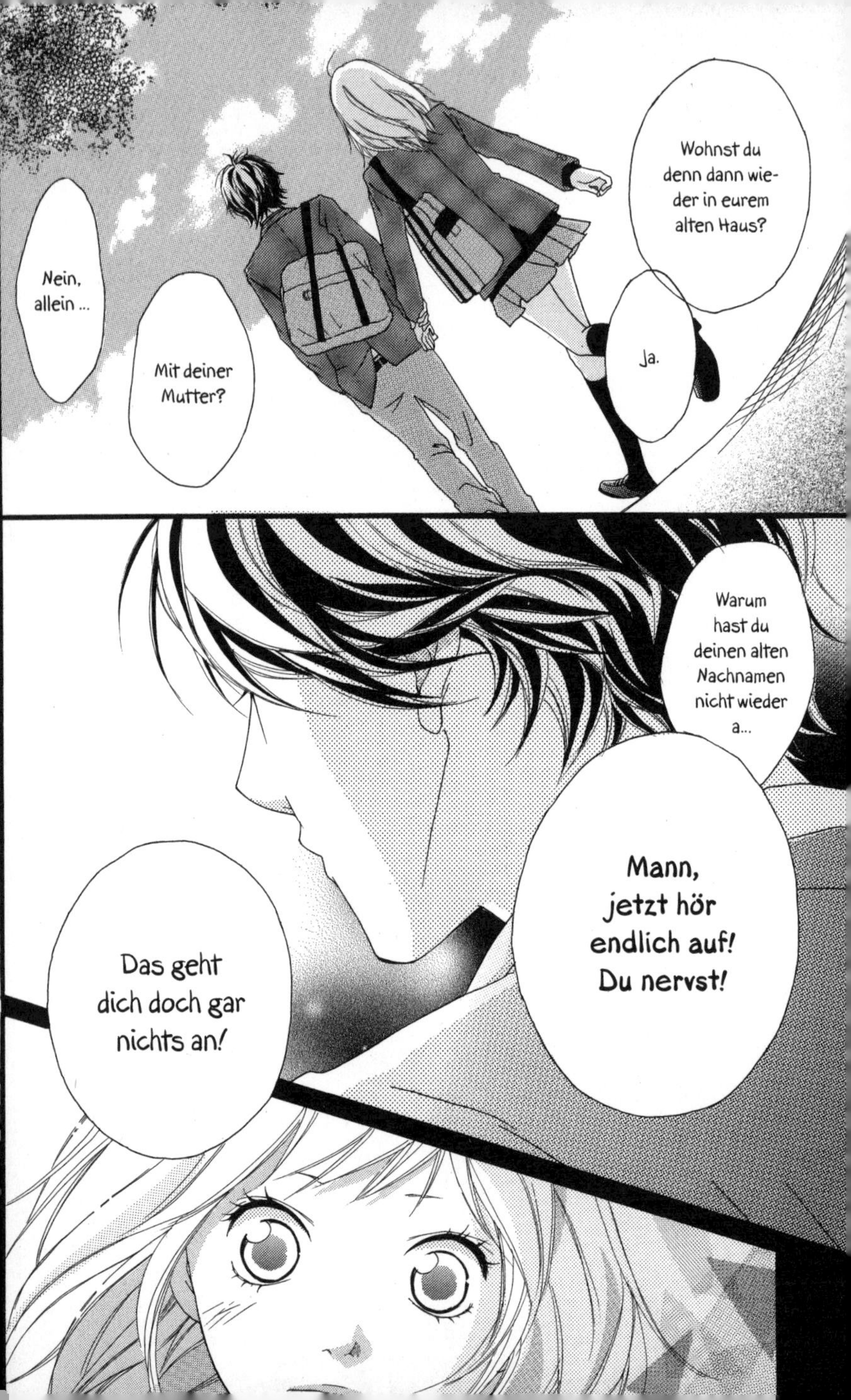
Wohnst du denn dann wieder in eurem alten Haus?
Ja.
Mit deiner Mutter?
Nein, allein ...
Warum hast du deinen alten Nachnamen nicht wieder a...
Mann, jetzt hör endlich auf! Du nervst!
Das geht dich doch gar nichts an!

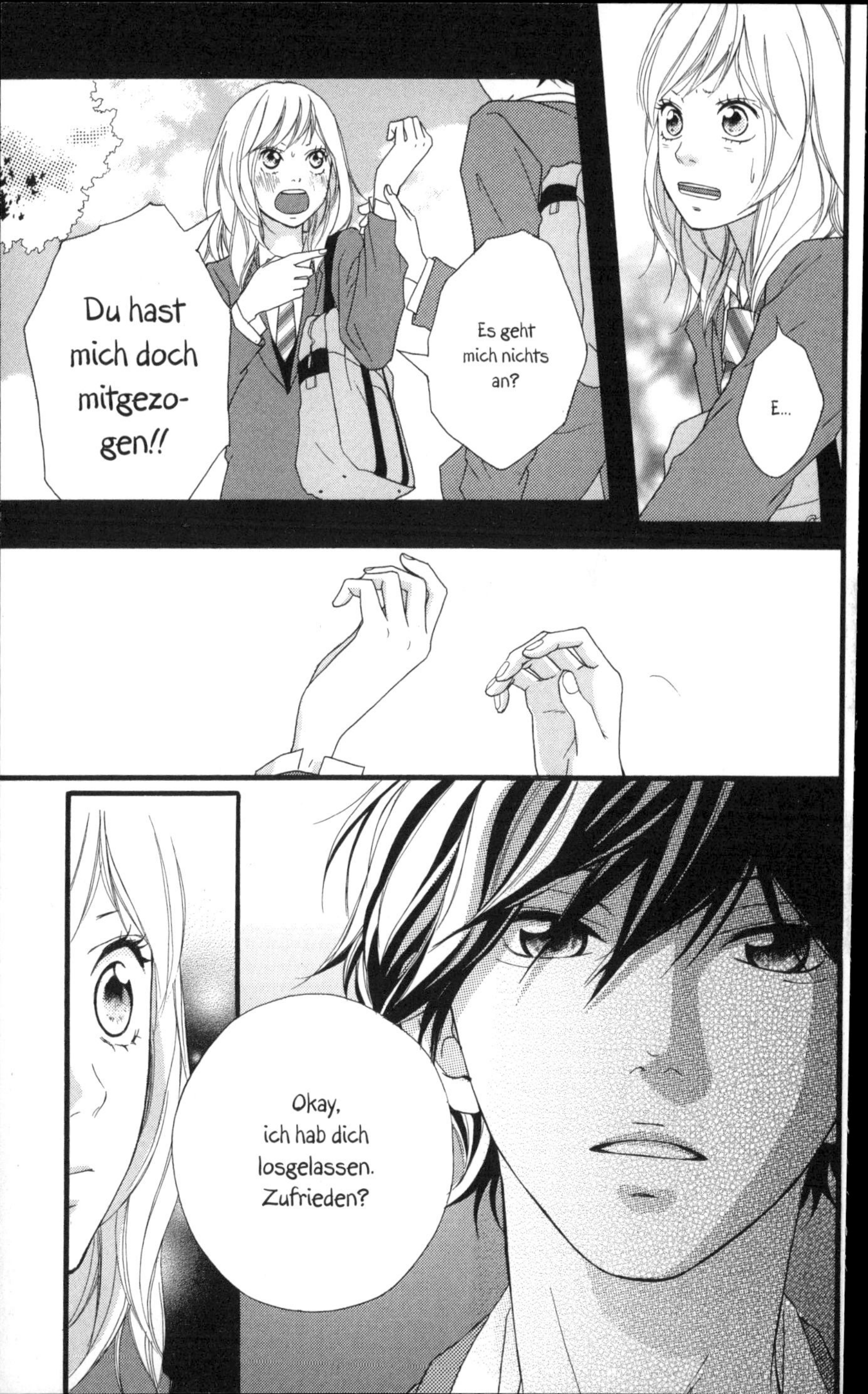
E...
Es geht mich nichts an?
Du hast mich doch mitgezogen!!
Okay, ich hab dich losgelassen. Zufrieden?

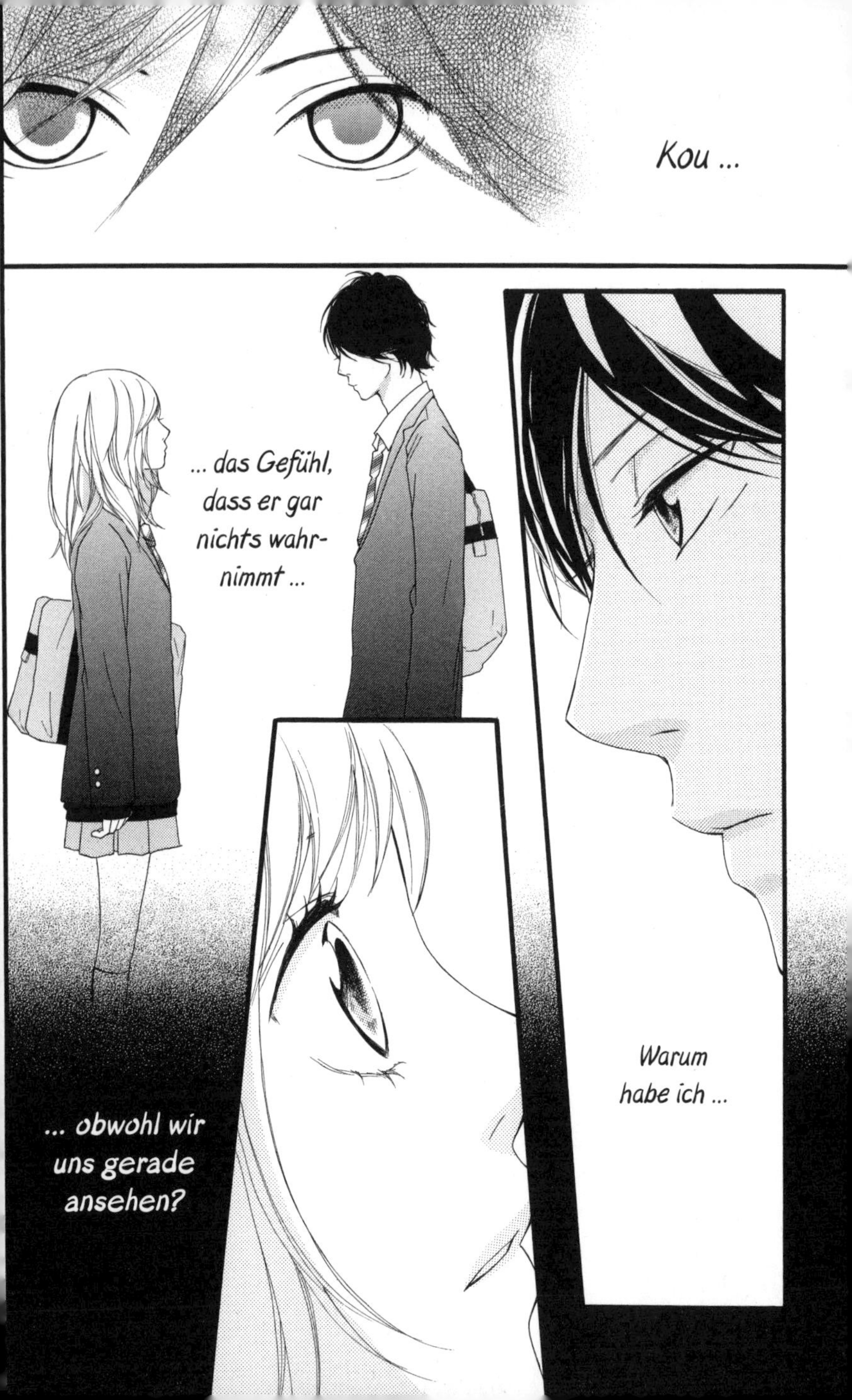
Kou ...
... das Gefühl, dass er gar nichts wahr-nimmt ...
Warum habe ich ...
... obwohl wir uns gerade ansehen?

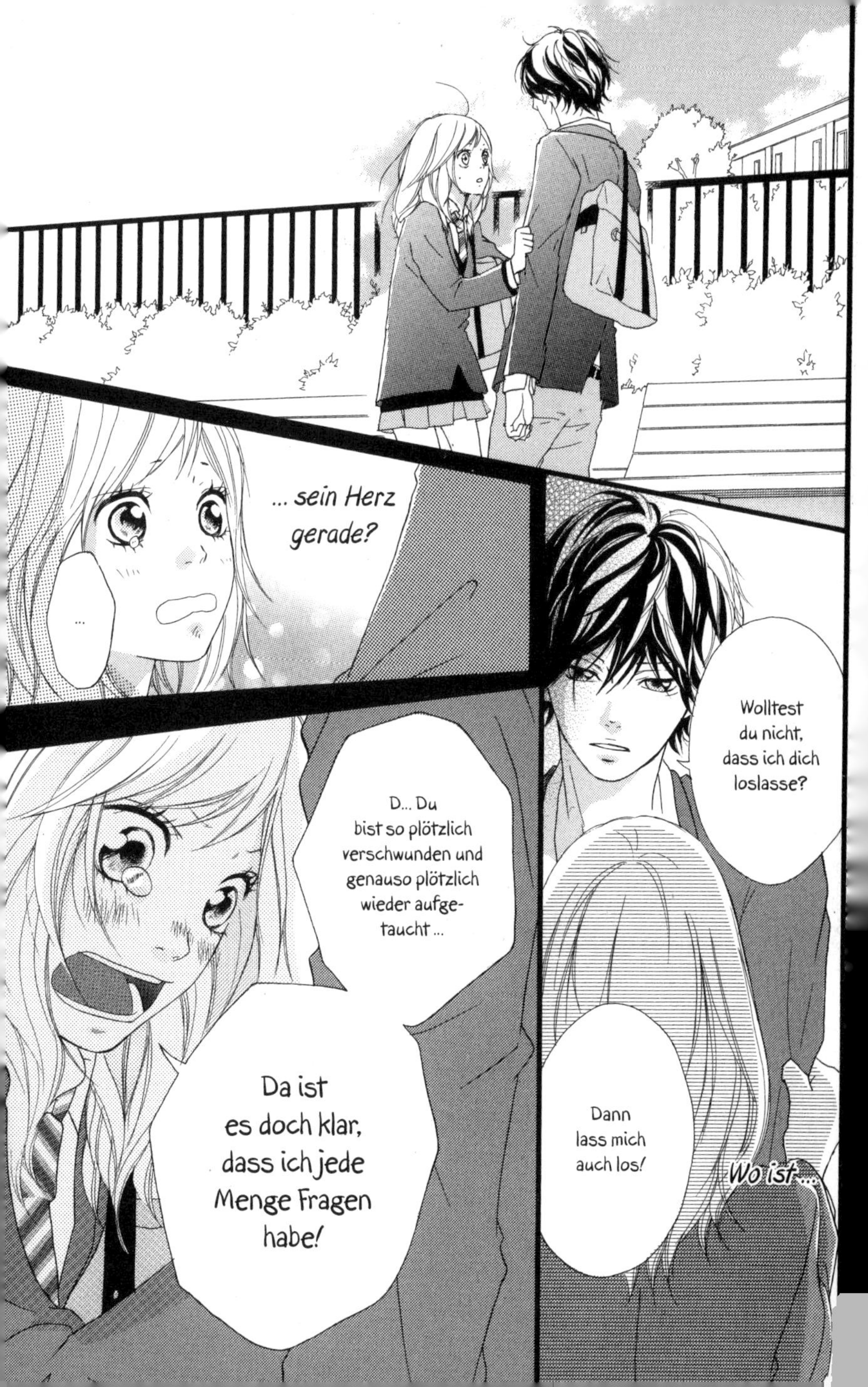
Wolltest du nicht, dass ich dich loslasse?
Dann lass mich auch los!
Wo ist ...
... sein Herz gerade?
...
D... Du bist so plötzlich verschwunden und genauso plötzlich wieder aufgetaucht ...
Da ist es doch klar, dass ich jede Menge Fragen habe!

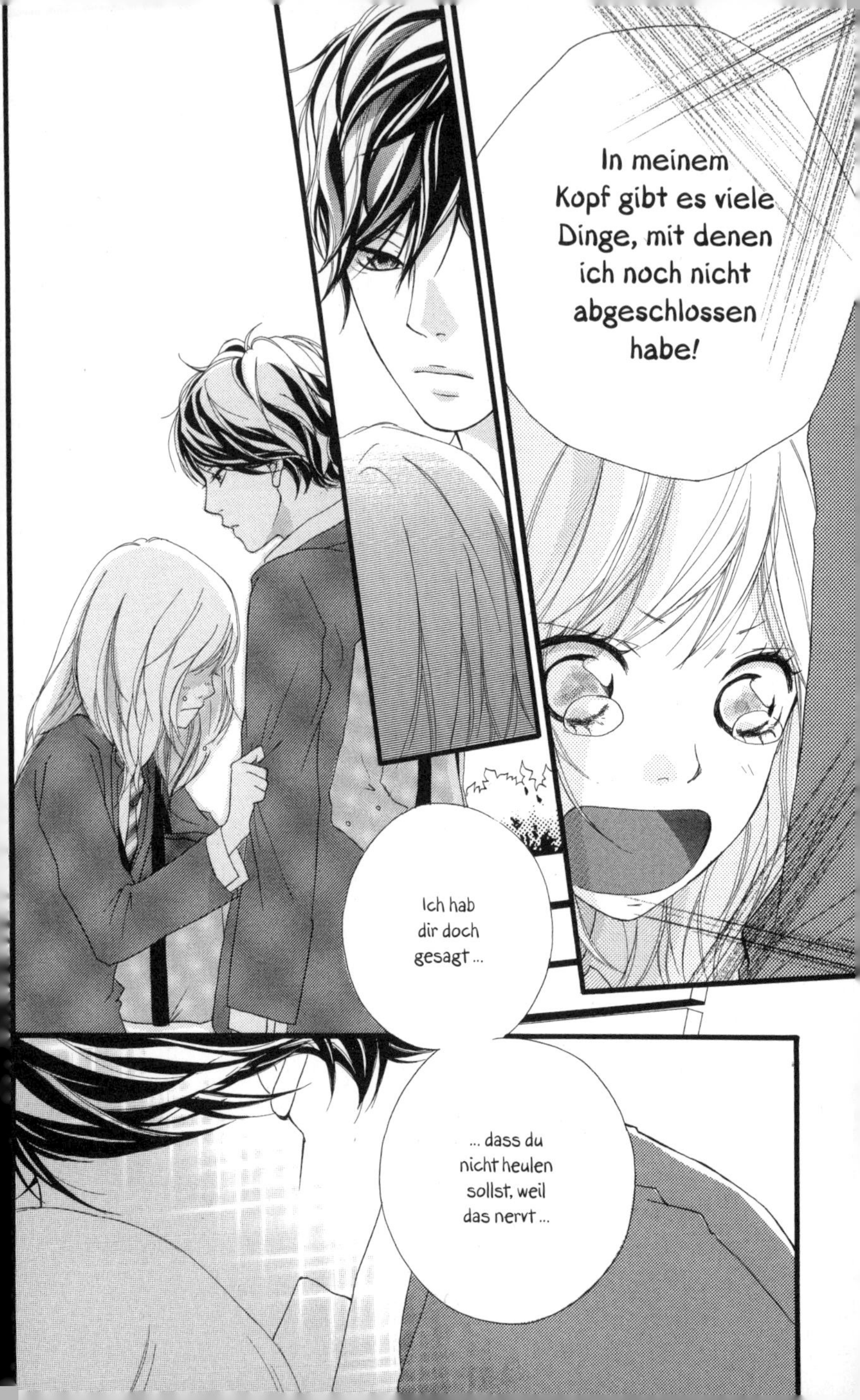
In meinem Kopf gibt es viele Dinge, mit denen ich noch nicht abgeschlossen habe!
Ich hab dir doch gesagt ...
... dass du nicht heulen sollst, weil das nervt ...

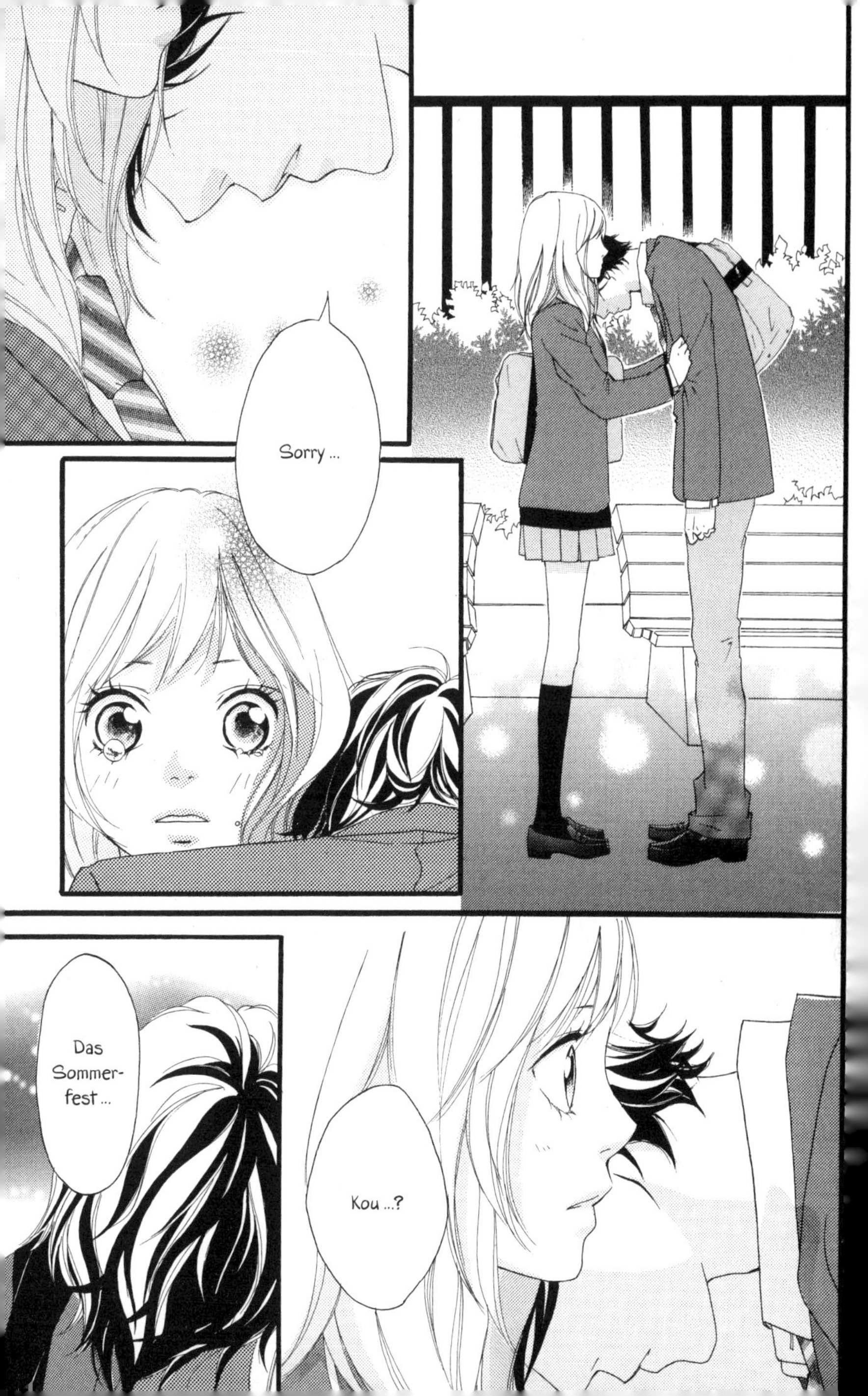
Sorry ...
Kou ...?
Das Sommer-fest ...

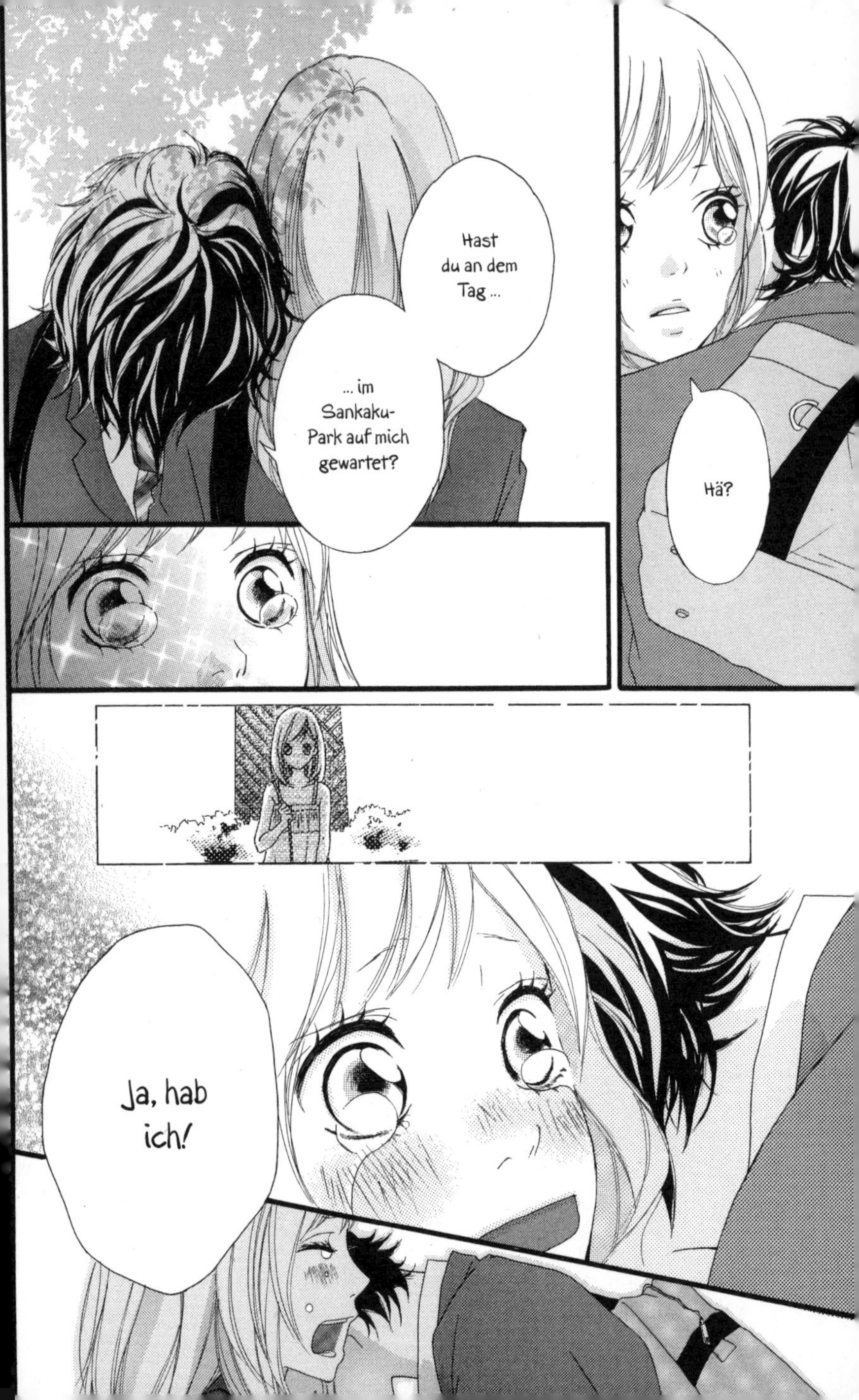
Hä?
Hast du an dem Tag ...
... im Sankaku-Park auf mich gewartet?
Ja, hab ich!

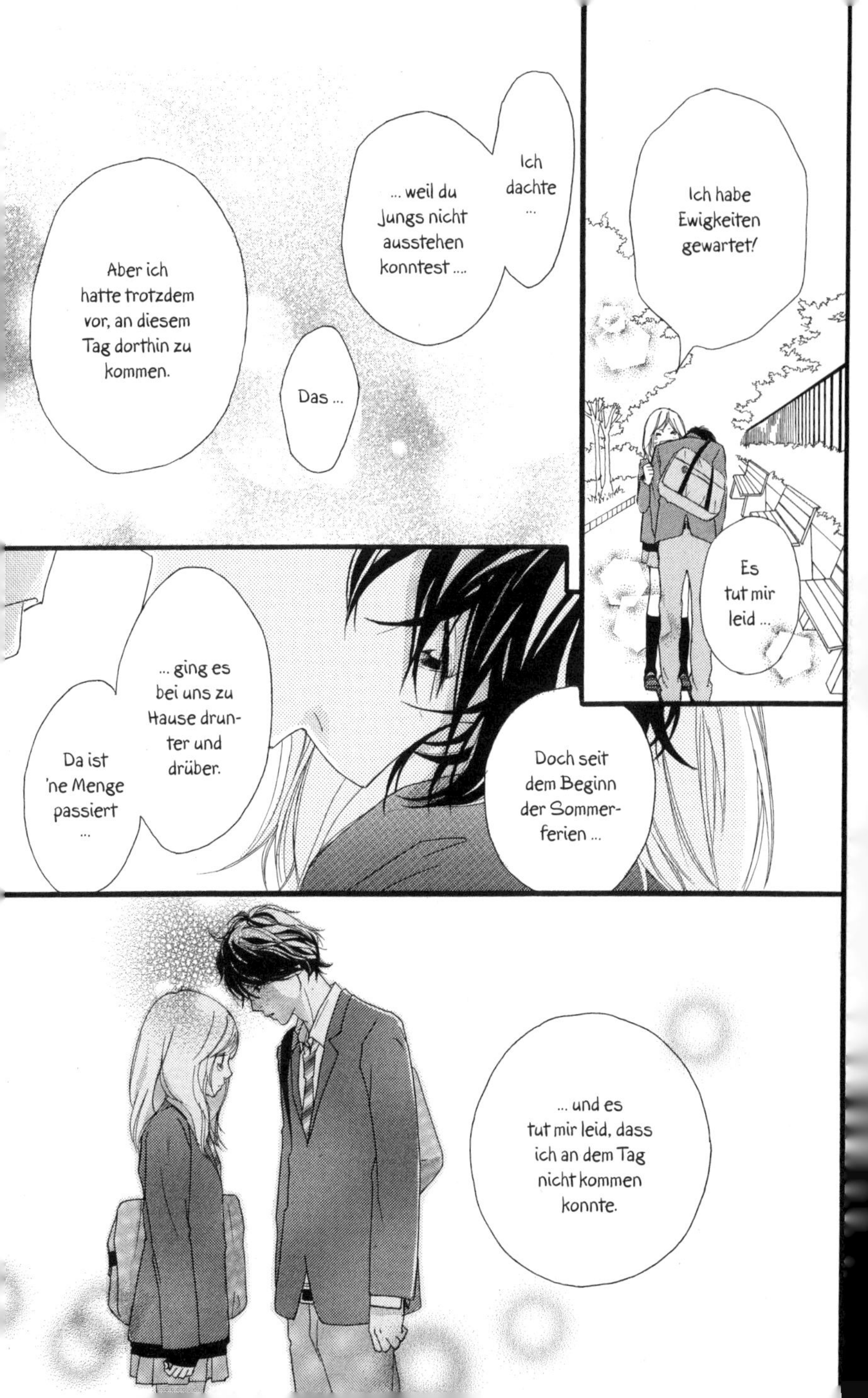
Ich habe Ewigkeiten gewartet!
Es tut mir leid ...
Ich dachte ...
... weil du Jungs nicht ausstehen konntest ....
Das ...
Aber ich hatte trotzdem vor, an diesem Tag dorthin zu kommen.
Doch seit dem Beginn der Sommerferien ...
... ging es bei uns zu Hause drunter und drüber.
Da ist 'ne Menge passiert ...
... und es tut mir leid, dass ich an dem Tag nicht kommen konnte.

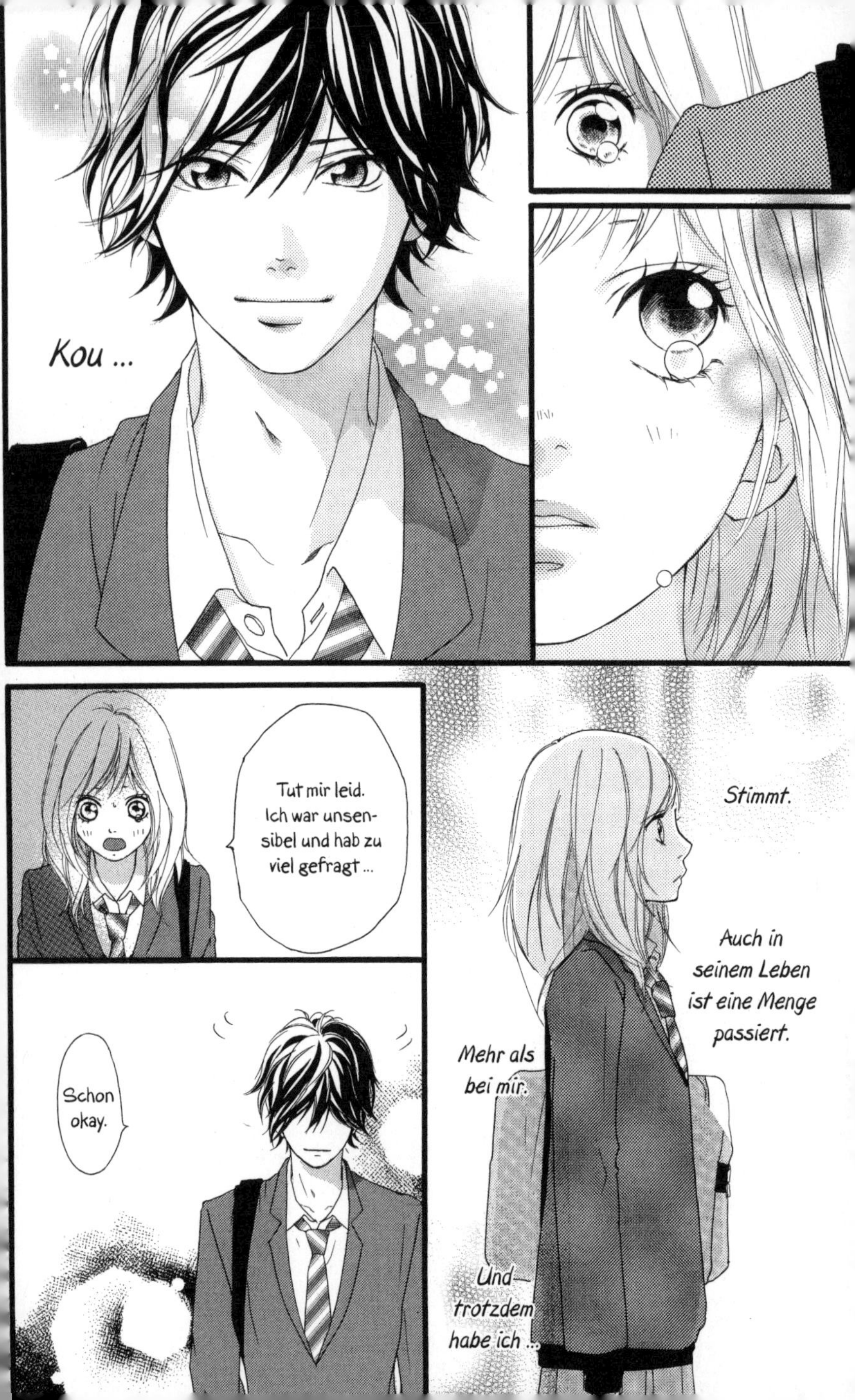
Kou ...
Stimmt.
Auch in seinem Leben ist eine Menge passiert.
Mehr als bei mir.
Und- trotzdem habe ich ...
Tut mir leid. Ich war unsensibel und hab zu viel gefragt ...
Schon okay.

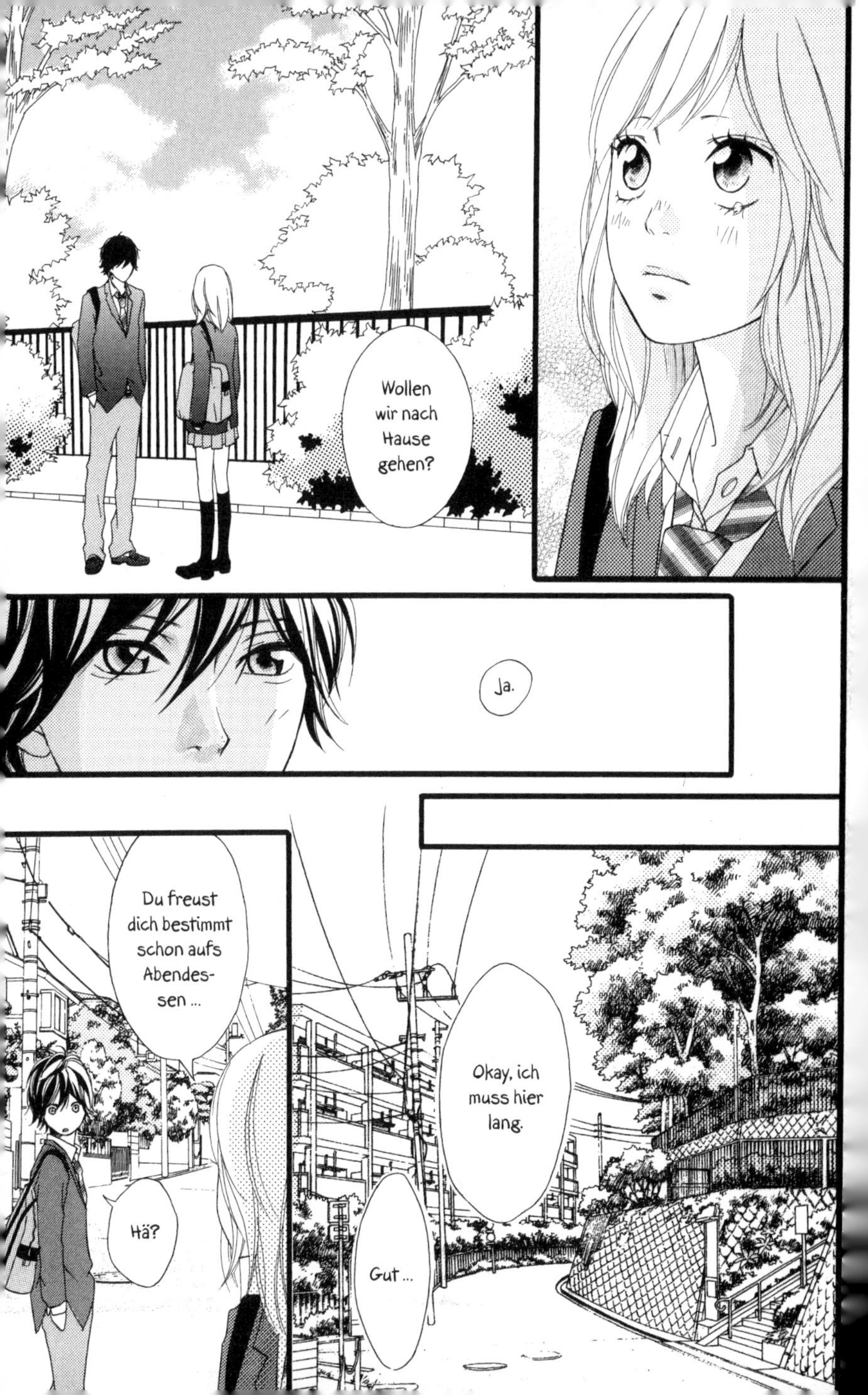
Wollen wir nach Hause gehen?
Ja.
Okay, ich muss hier lang.
Gut ...
Du freust dich bestimmt schon aufs Abendes-sen ...
Hä?

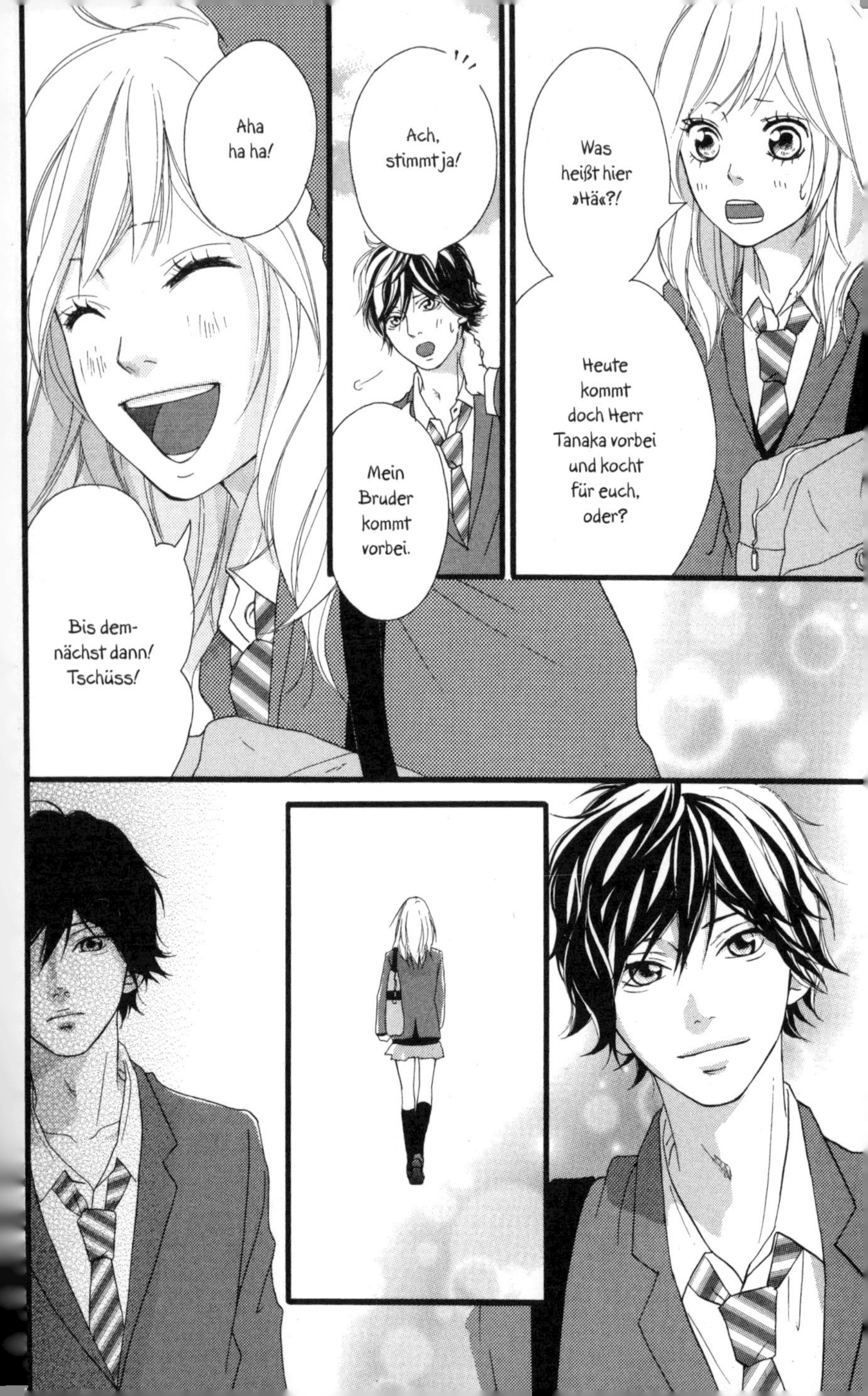
Was heißt hier »Hä«?!
Heute kommt doch Herr Tanaka vorbei und kocht für euch, oder?
Ach, stimmt ja!
Mein Bruder kommt vorbei.
Aha ha ha!
Bis dem-nächst dann! Tschüss!

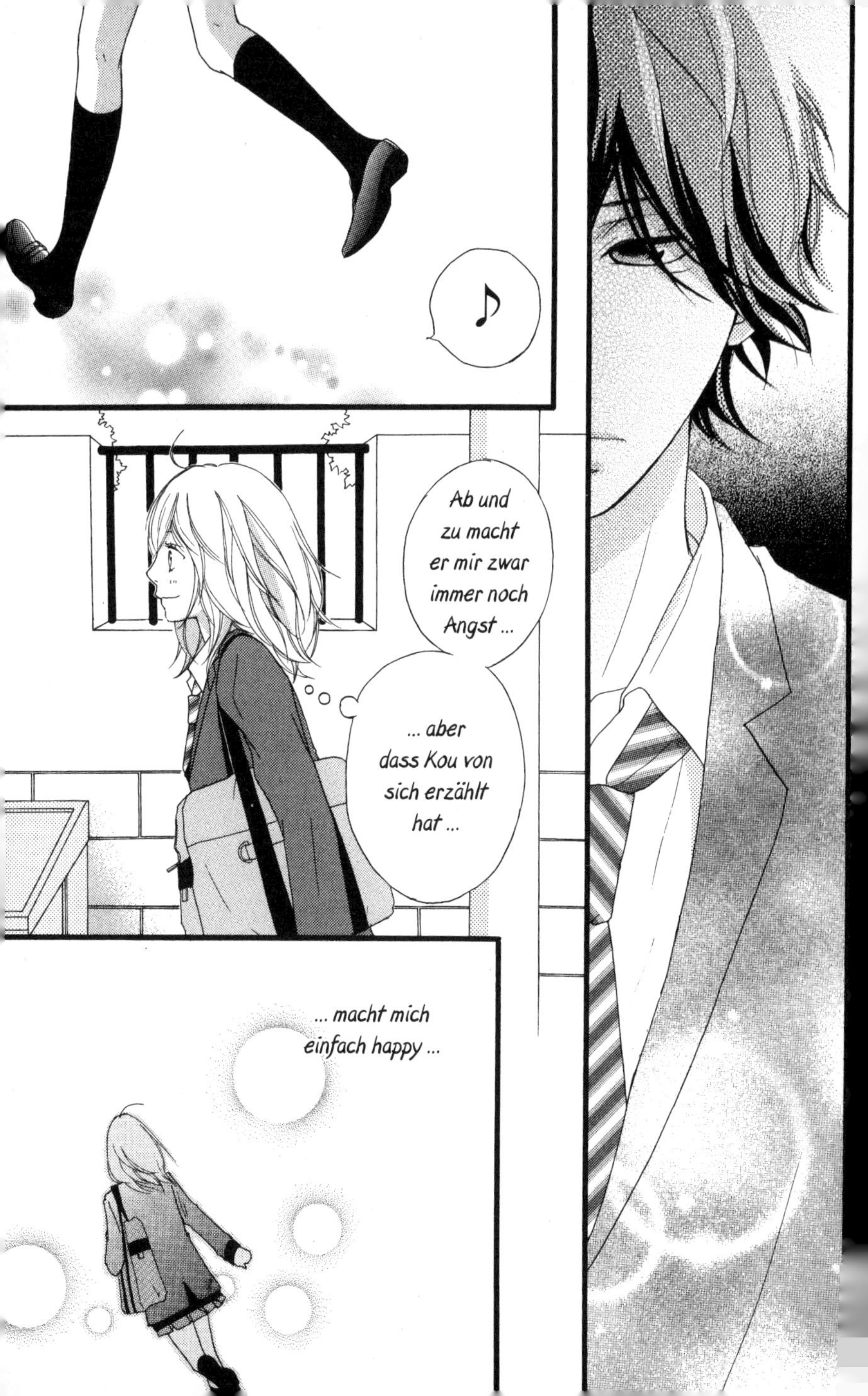
♪
Ab und zu macht er mir zwar immer noch Angst ...
... aber dass Kou von sich erzählt hat ...
... macht mich einfach happy ...

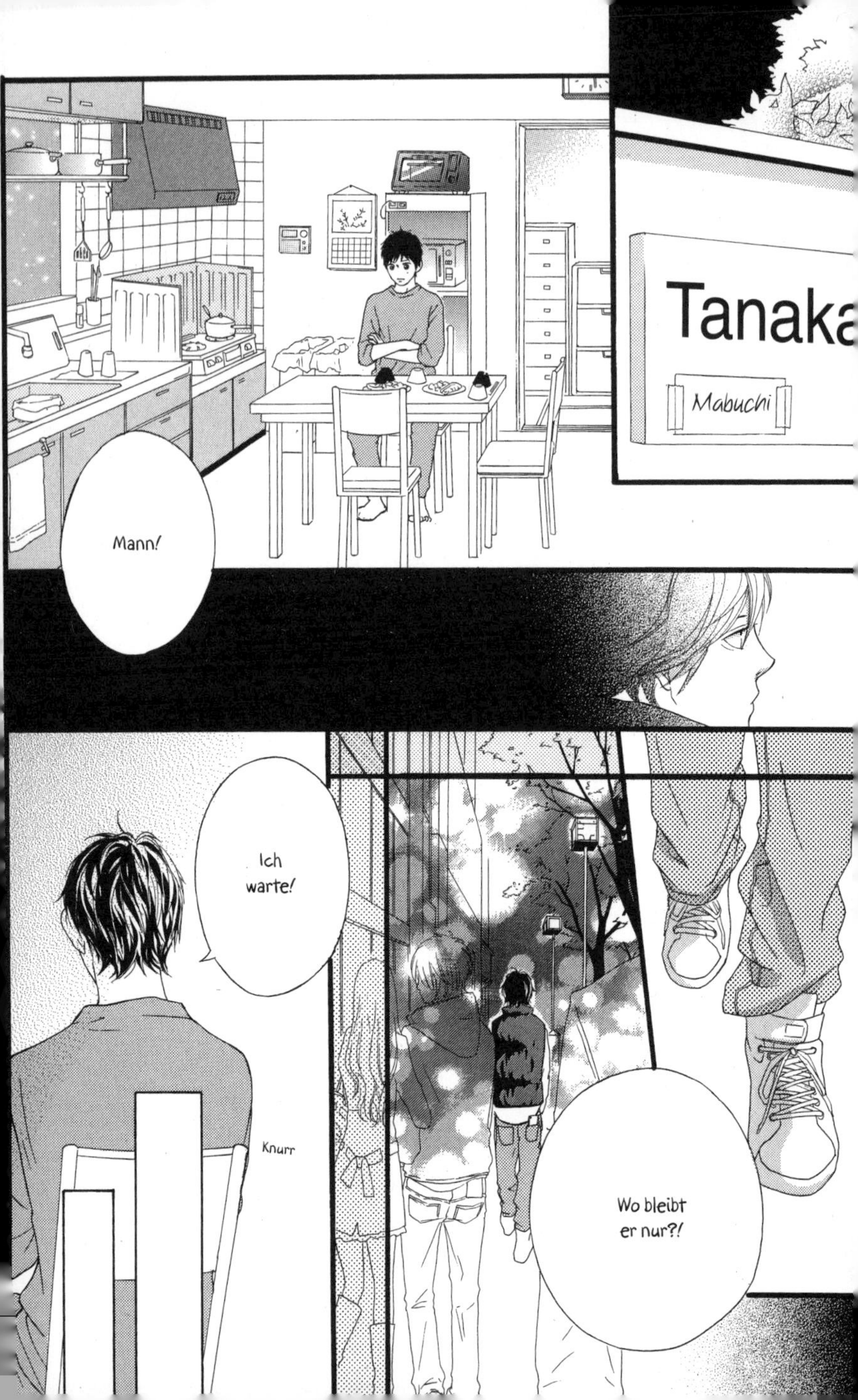
Tanaka
Mabuchi
Mann!
Wo bleibt er nur?!
Ich warte!
Knurr

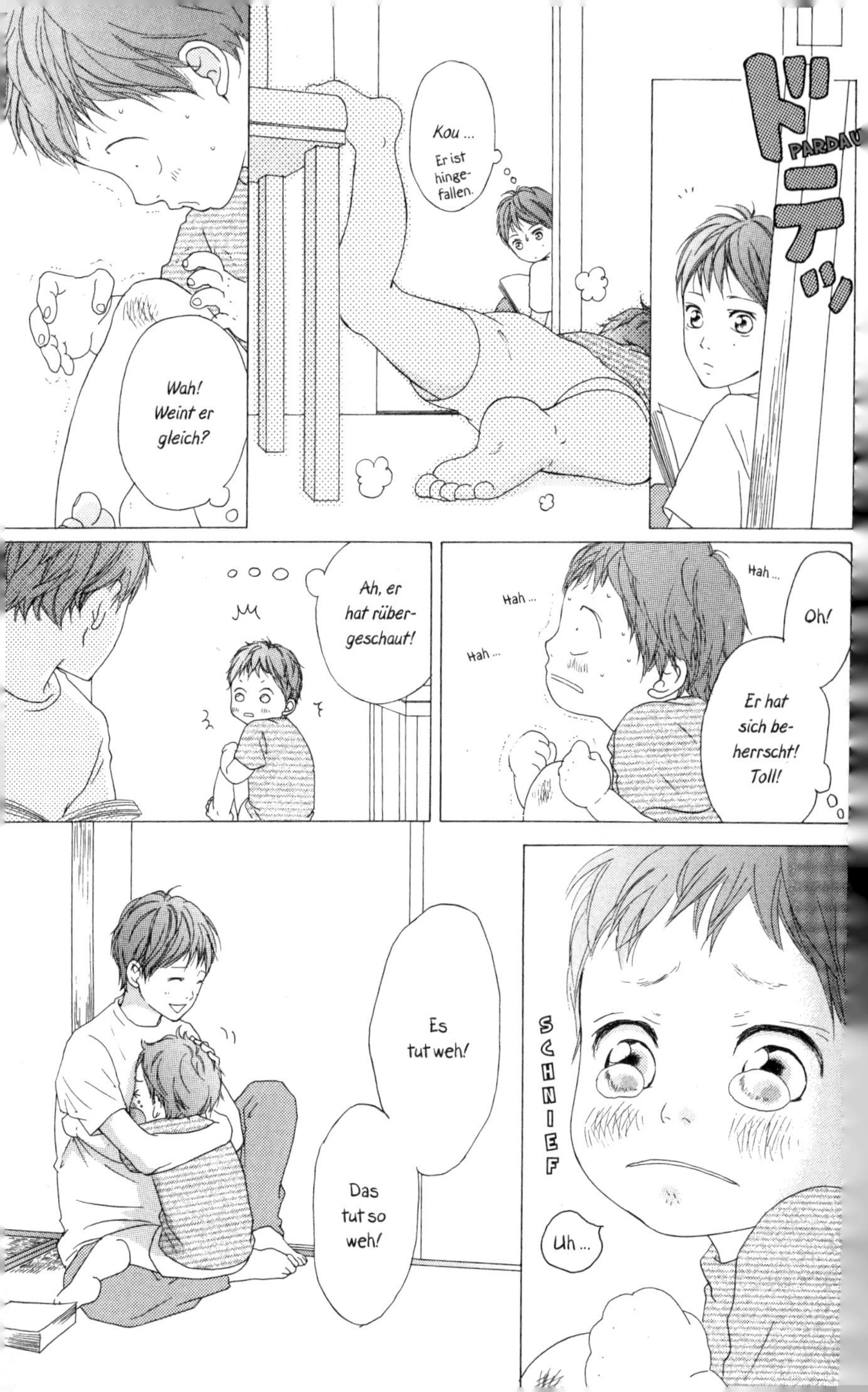

PARDAU
Kou ...
Er ist hingefallen.
Wah! Weint er gleich?
Hah ...
Hah ...
Hah ...
Oh!
Er hat sich beherrscht! Toll!
Ah, er hat rübergeschaut!
SCHNIEF
Uh ...
Es tut weh!
Das tut so weh!

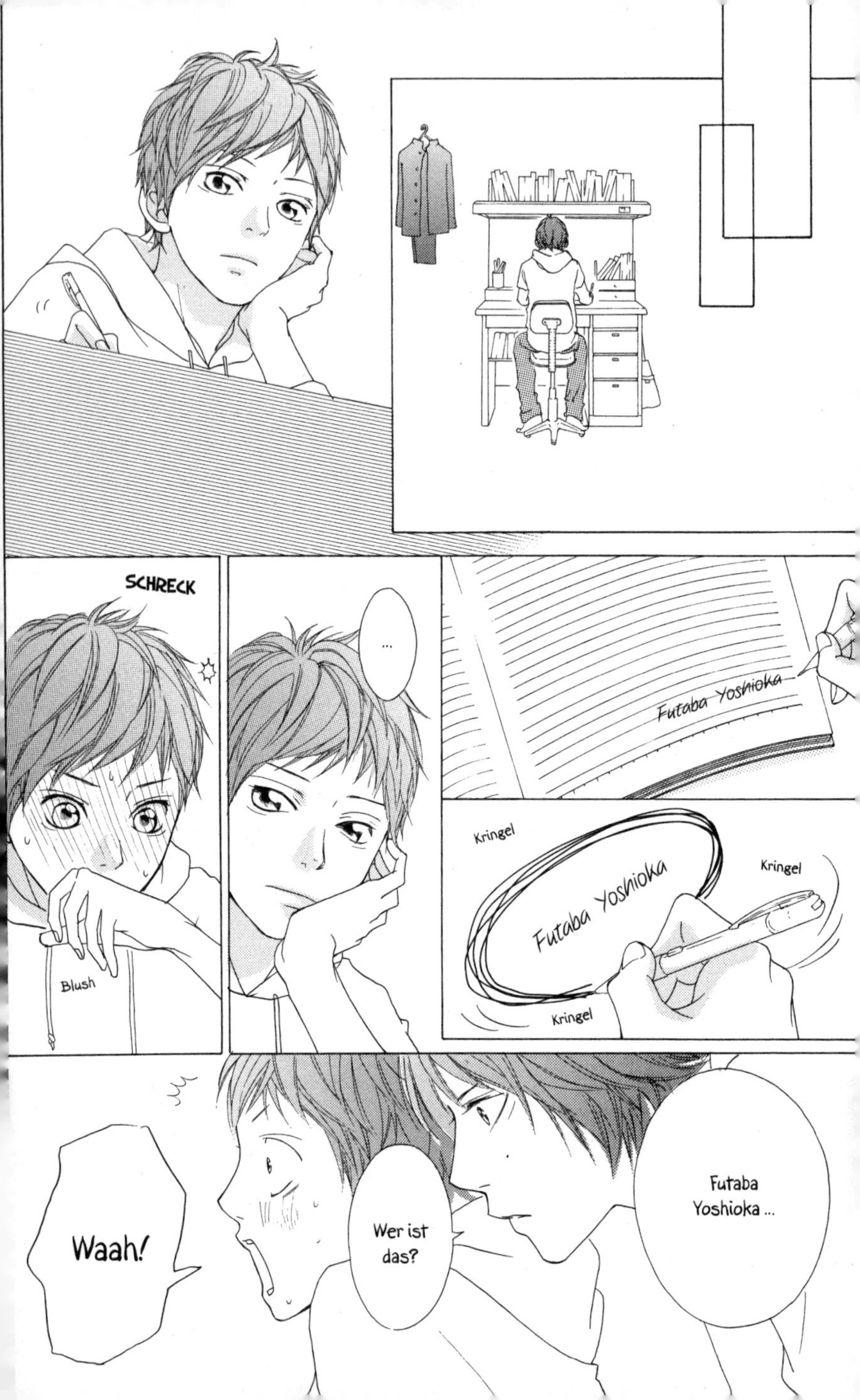
Futaba Yoshioka
Kringel
Futaba Yoshioka
Kringel
Kringel
...
SCHRECK
Blush
Futaba Yoshioka ...
Wer ist das?
Waah!

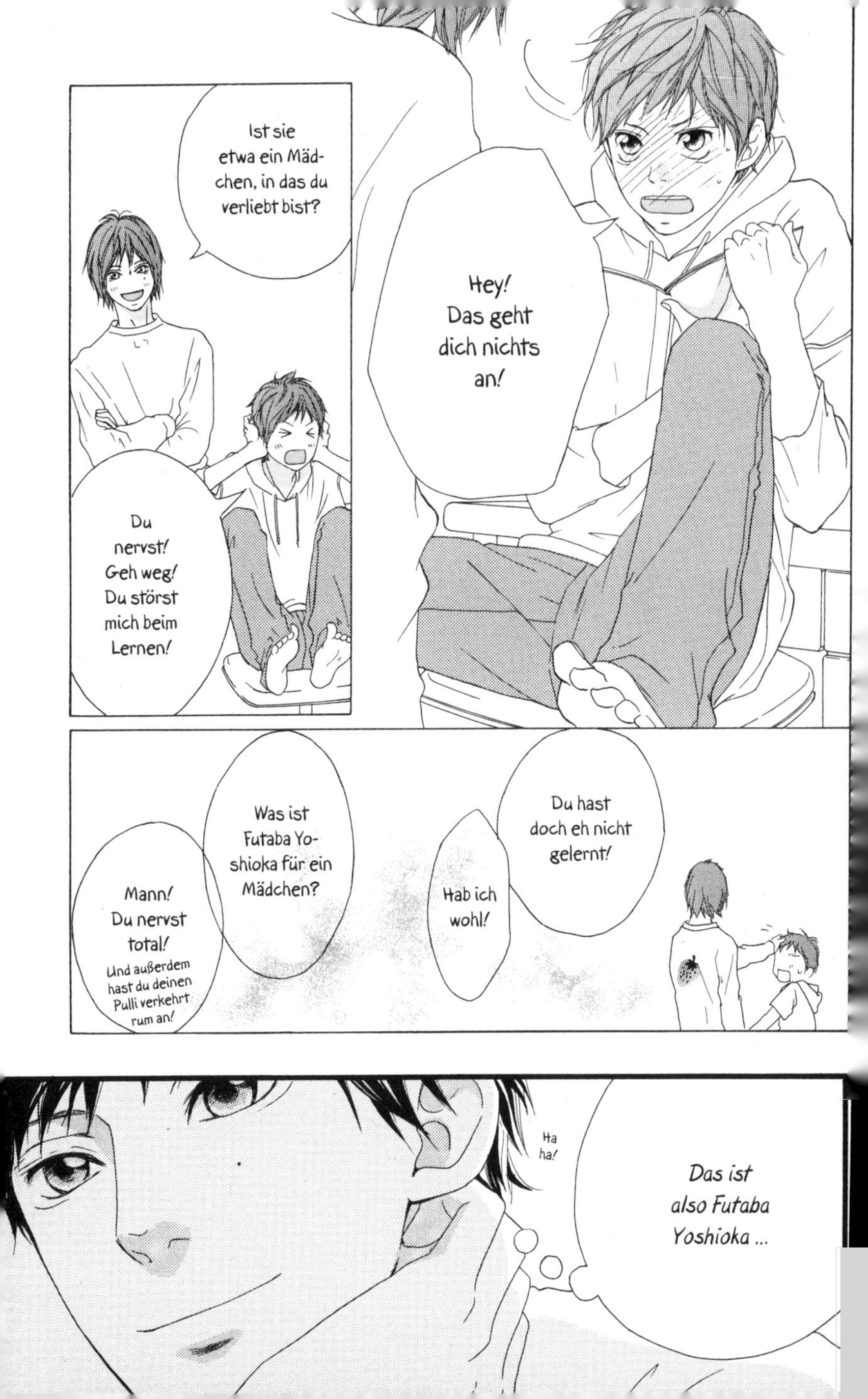
Hey! Das geht dich nichts an!
Ist sie etwa ein Mädchen, in das du verliebt bist?
Du nervst! Geh weg! Du störst mich beim Lernen!
Du hast doch eh nicht gelernt!
Hab ich wohl!
Was ist Futaba Yoshioka für ein Mädchen?
Mann! Du nervst total!
Und außerdem hast du deinen Pulli verkehrt rum an!
Das ist also Futaba Yoshioka ...
Ha ha!

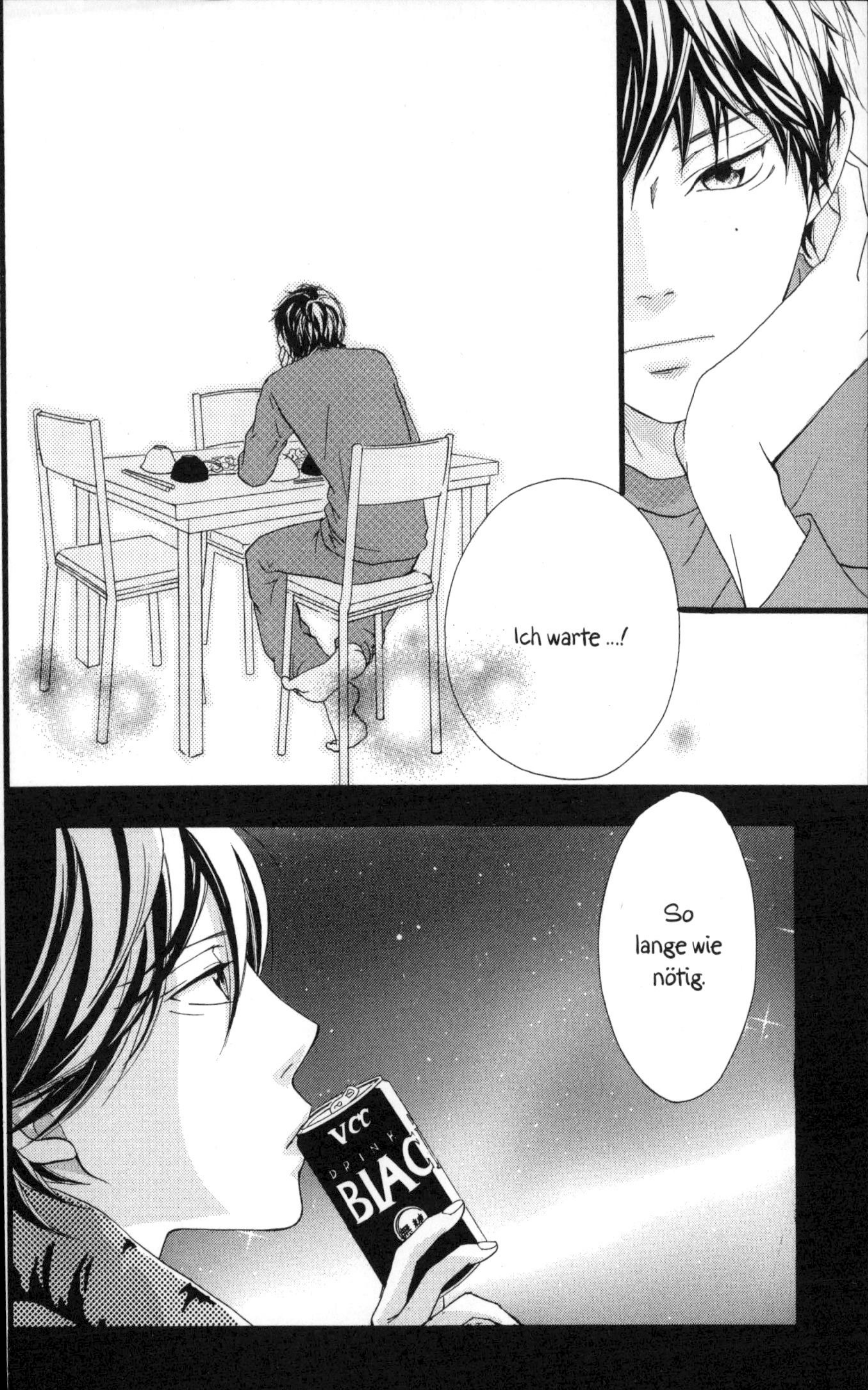
Ich warte ...!
So lange wie nötig.

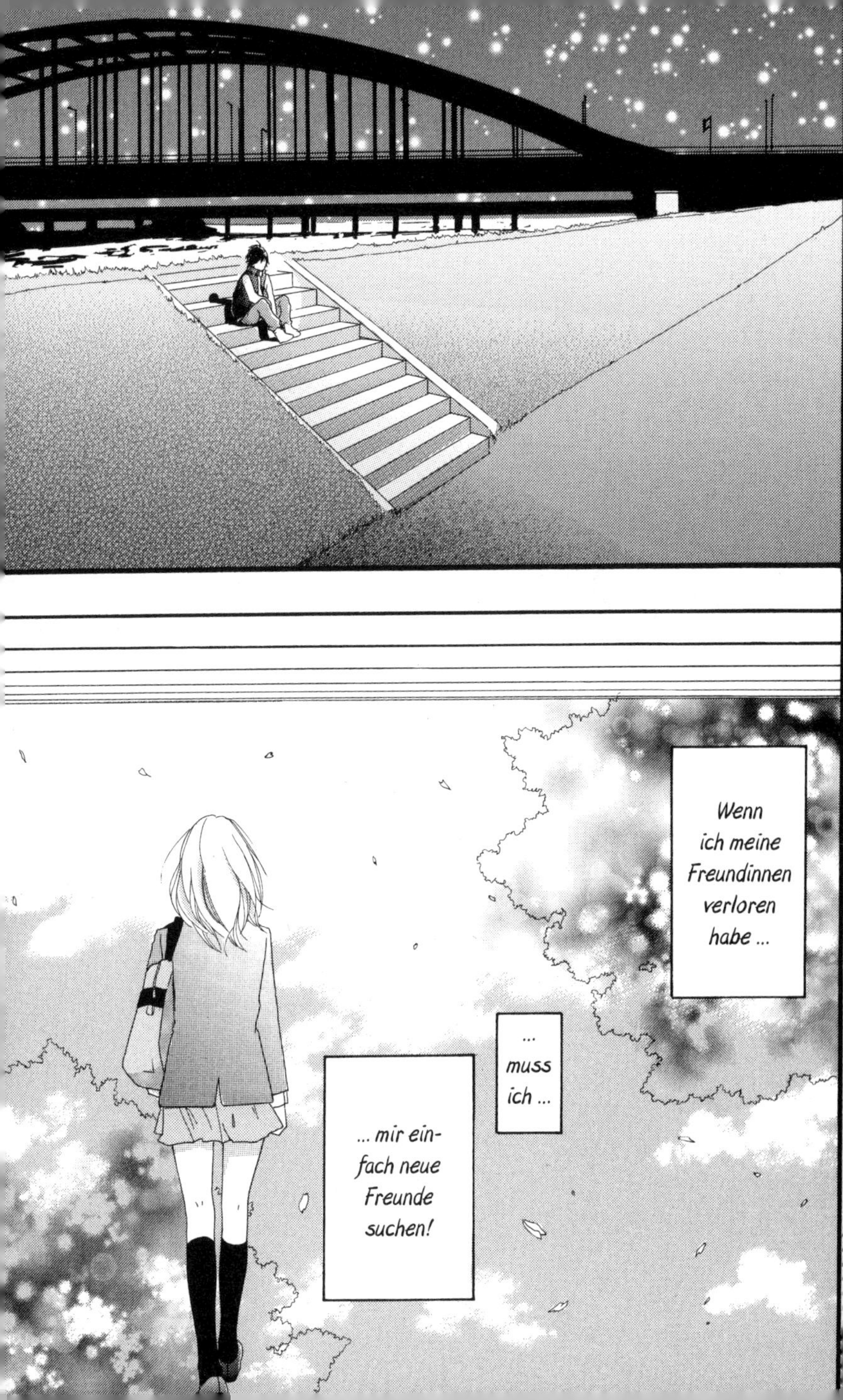
Wenn ich meine Freundinnen verloren habe ...
... muss ich ...
... mir einfach neue Freunde suchen!

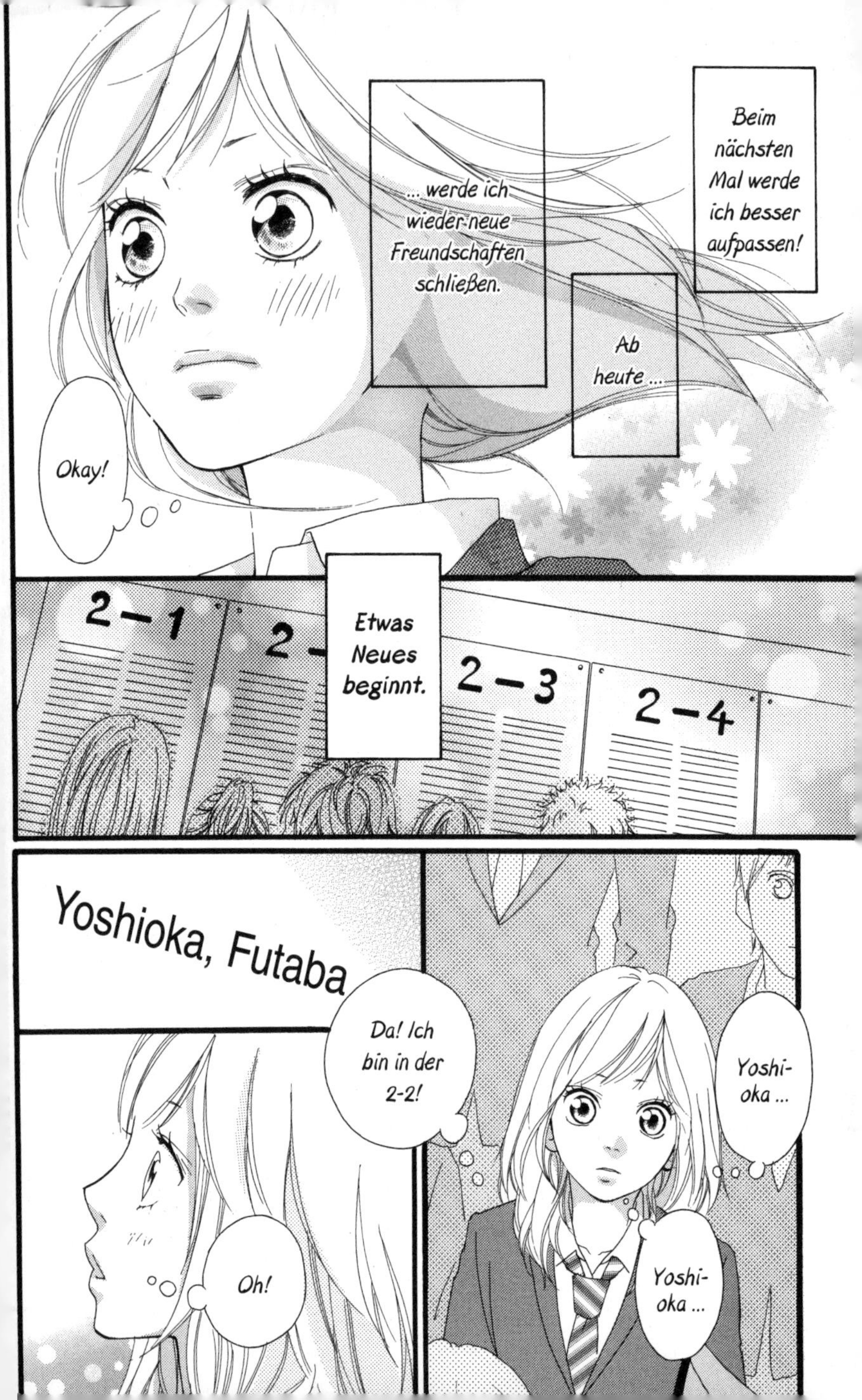
Beim nächsten Mal werde ich besser aufpassen!
Ab heute ...
... werde ich wieder neue Freundschaften schließen.
Okay!
Etwas Neues beginnt.
2–1
2–3
2–4
Yoshi-oka ...
Yoshi-oka ...
Yoshioka, Futaba
Da! Ich bin in der 2-2!
Oh!

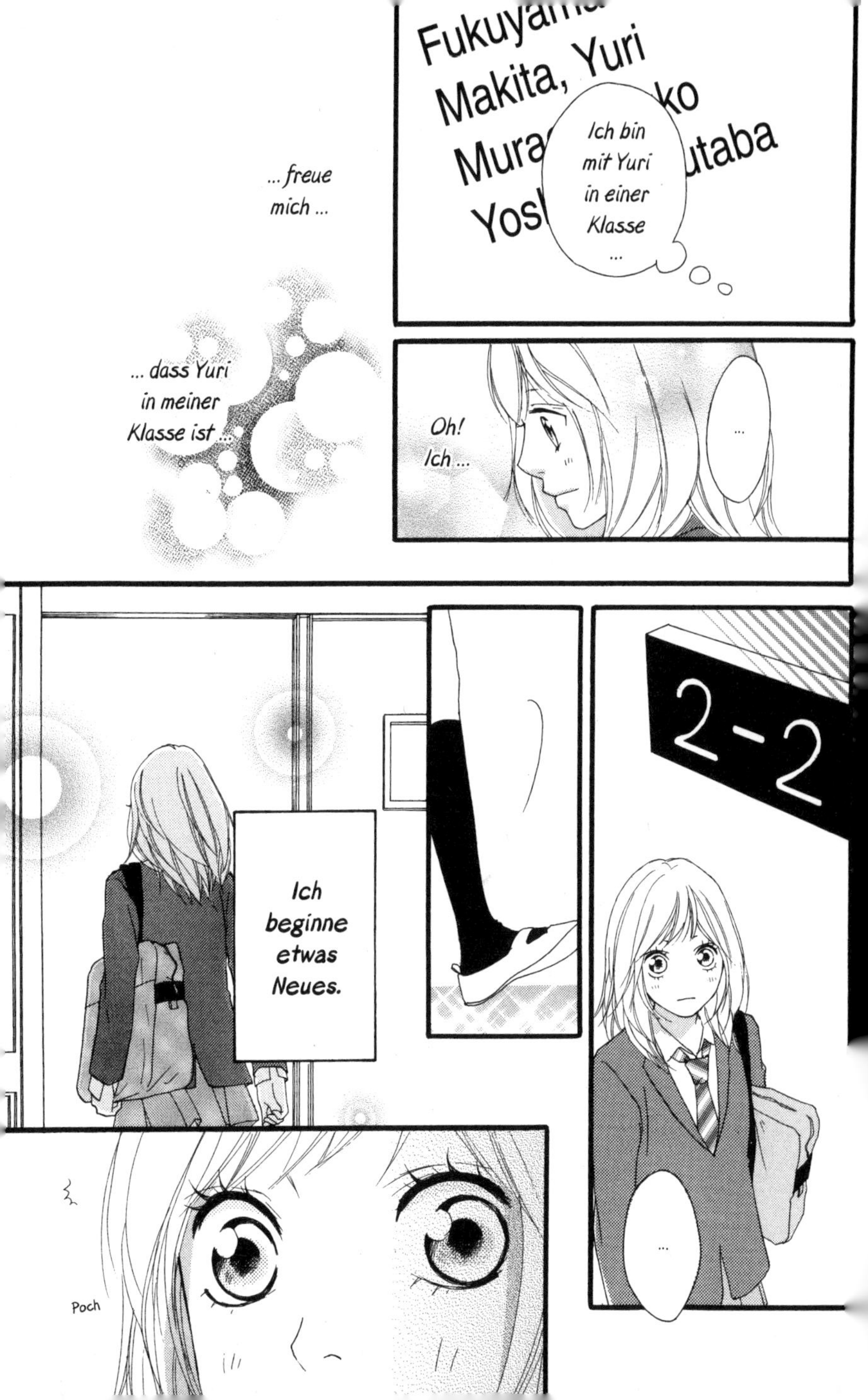
Fukuyama
Makita, Yuri
Mura ko
Yosh utaba
Ich bin mit Yuri in einer Klasse …
… freue mich …
…
Oh! Ich …
… dass Yuri in meiner Klasse ist …
2-2
…
Ich beginne etwas Neues.
Poch

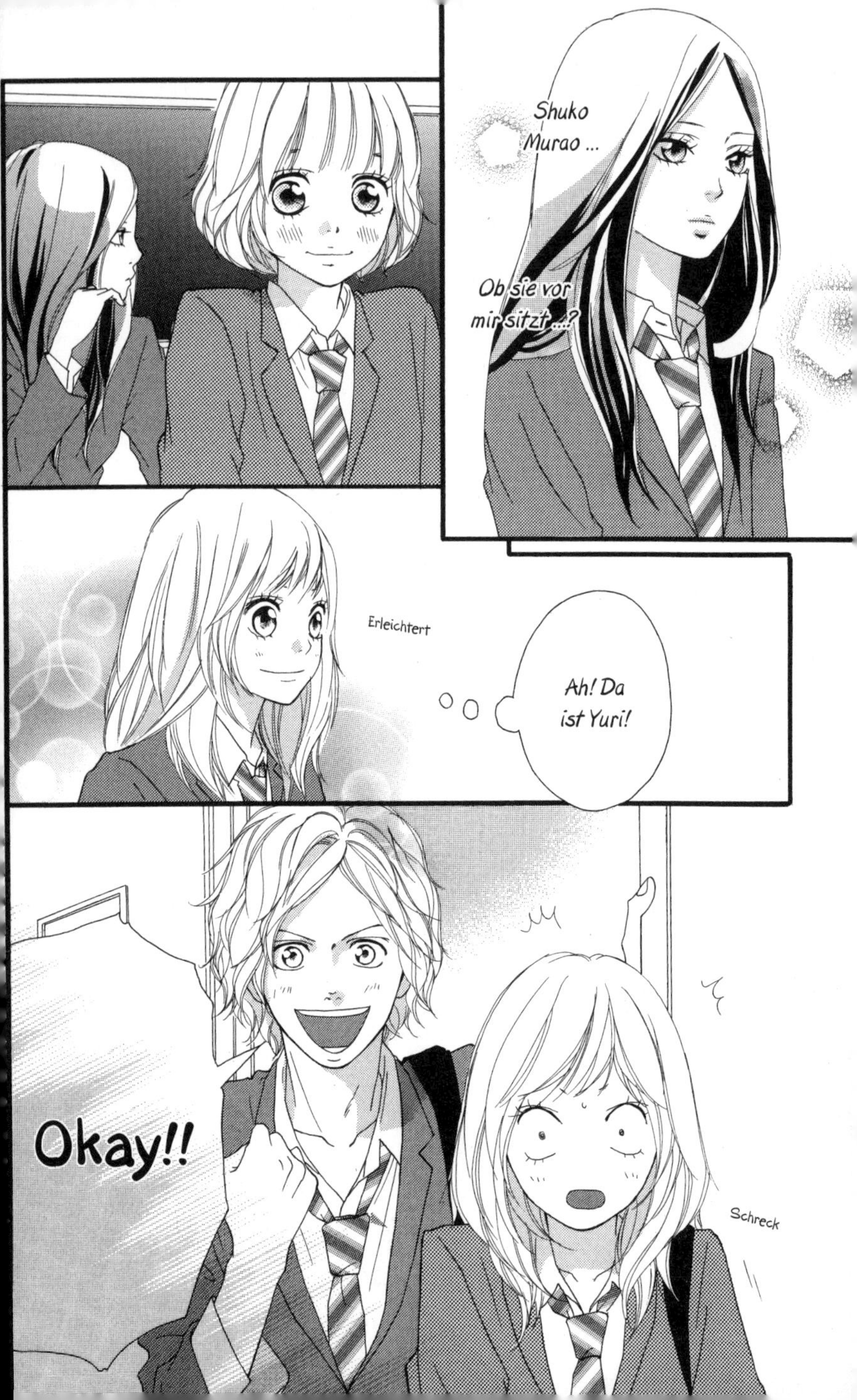
Shuko Murao ...
Ob sie vor mir sitzt ...?
Erleichtert
Ah! Da ist Yuri!
Okay!!
Schreck

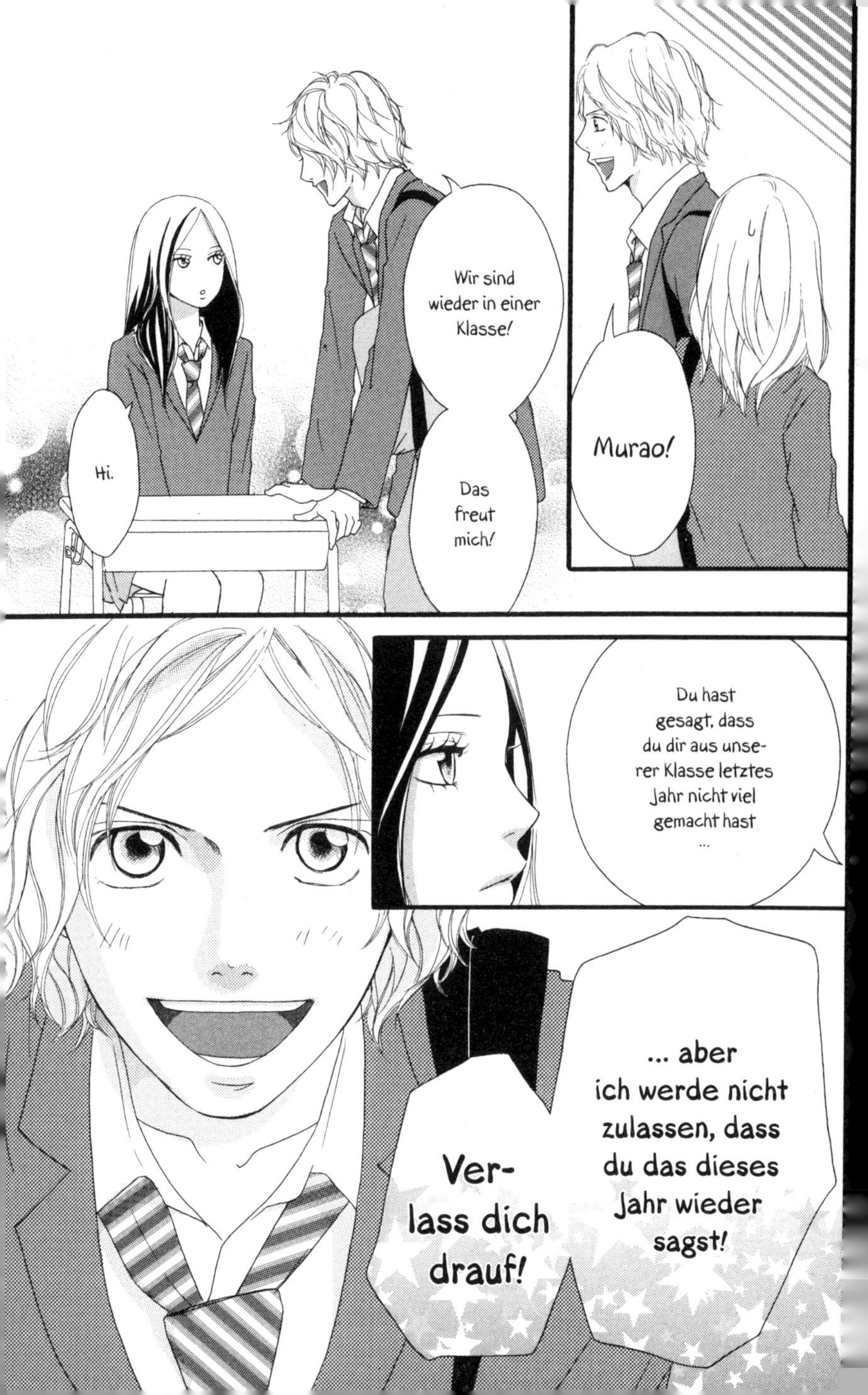
Murao!
Wir sind wieder in einer Klasse!
Das freut mich!
Hi.
Du hast gesagt, dass du dir aus unse-rer Klasse letztes Jahr nicht viel gemacht hast ...
... aber ich werde nicht zulassen, dass du das dieses Jahr wieder sagst!
Ver-lass dich drauf!

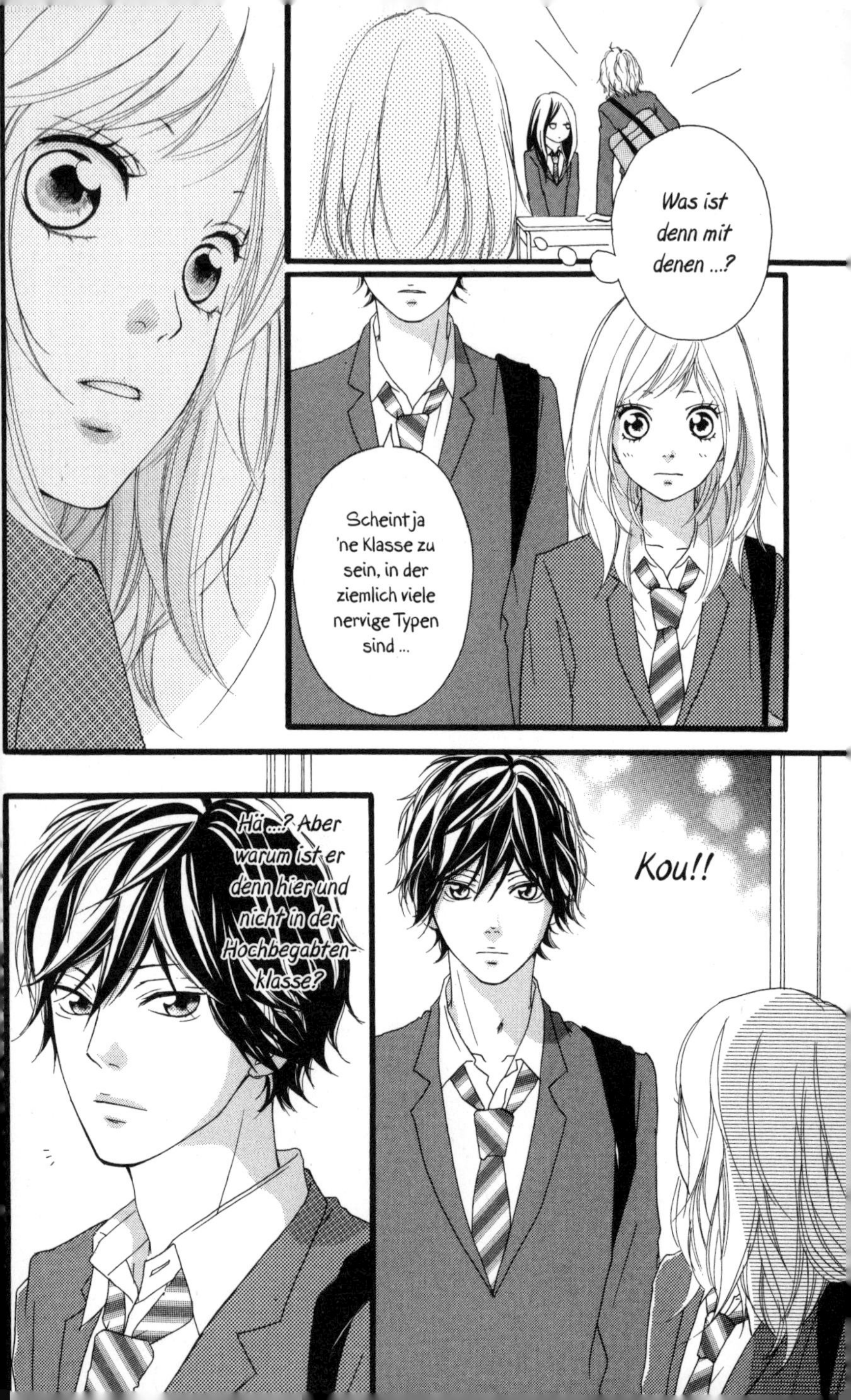
Was ist denn mit denen ...?
Scheint ja 'ne Klasse zu sein, in der ziemlich viele nervige Typen sind ...
Kou!!
Hä ...? Aber warum ist er denn hier und nicht in der Hochbegabten-klasse?

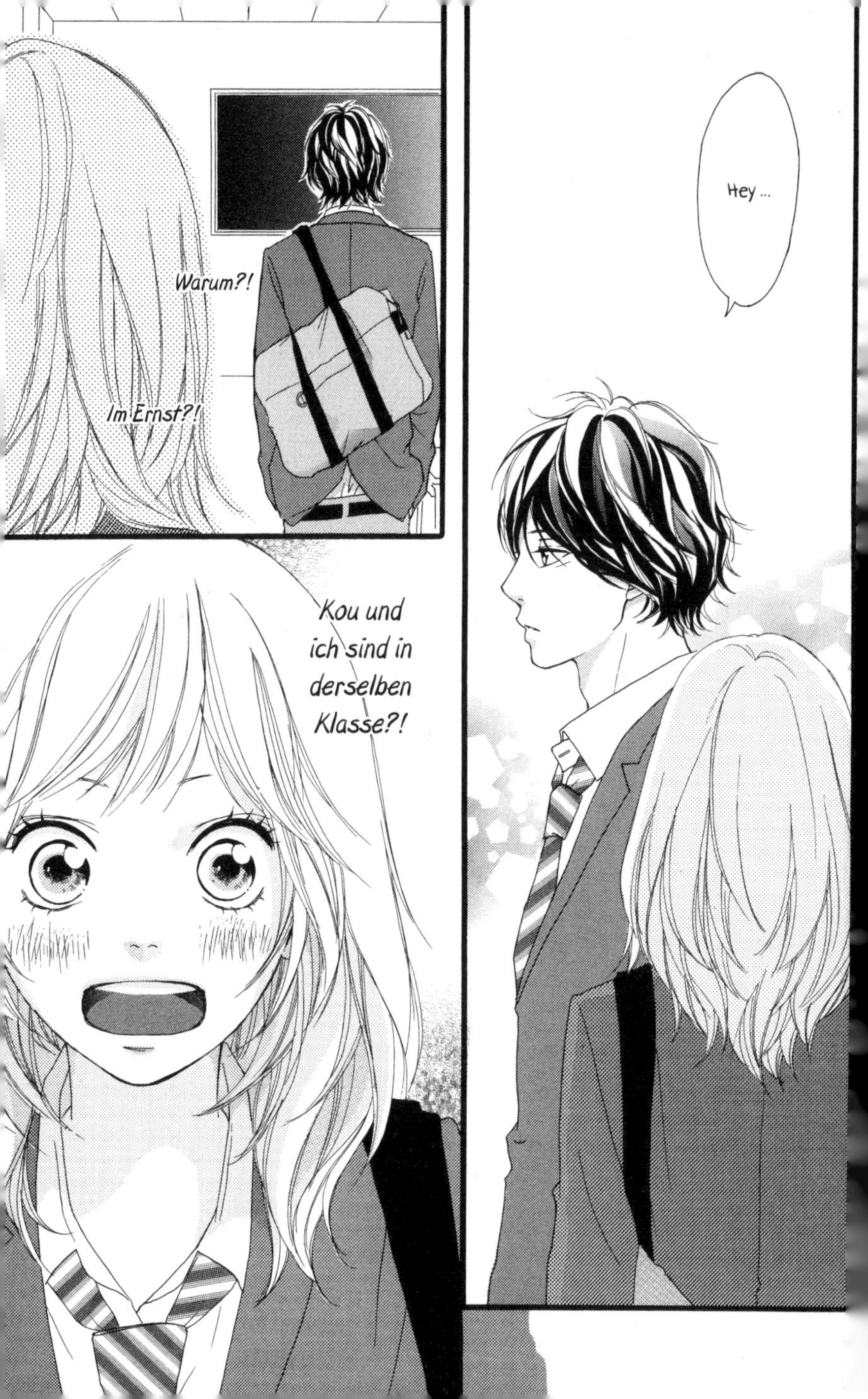
Hey …
Warum?!
Im Ernst?!
Kou und ich sind in derselben Klasse?!

Autorenkommentar

Ich freue mich wahnsinnig, dass ich auf diese Weise Band 1 rausbringen und ihn dem Frühling, den ich sehr liebe, widmen kann.

Wenn etwas neu beginnt, ist man echt wegen allem aufgeregt.

Es kommt mir fast so vor, als ob jeden Moment ein Zug abfährt.

Und deswegen heißt es nun: Abfahrt *Blue Spring Ride*!

Passt auf, dass ihr den Zug nicht verpasst!! Alle an Bord der Jugend!!

Io Sakisaka

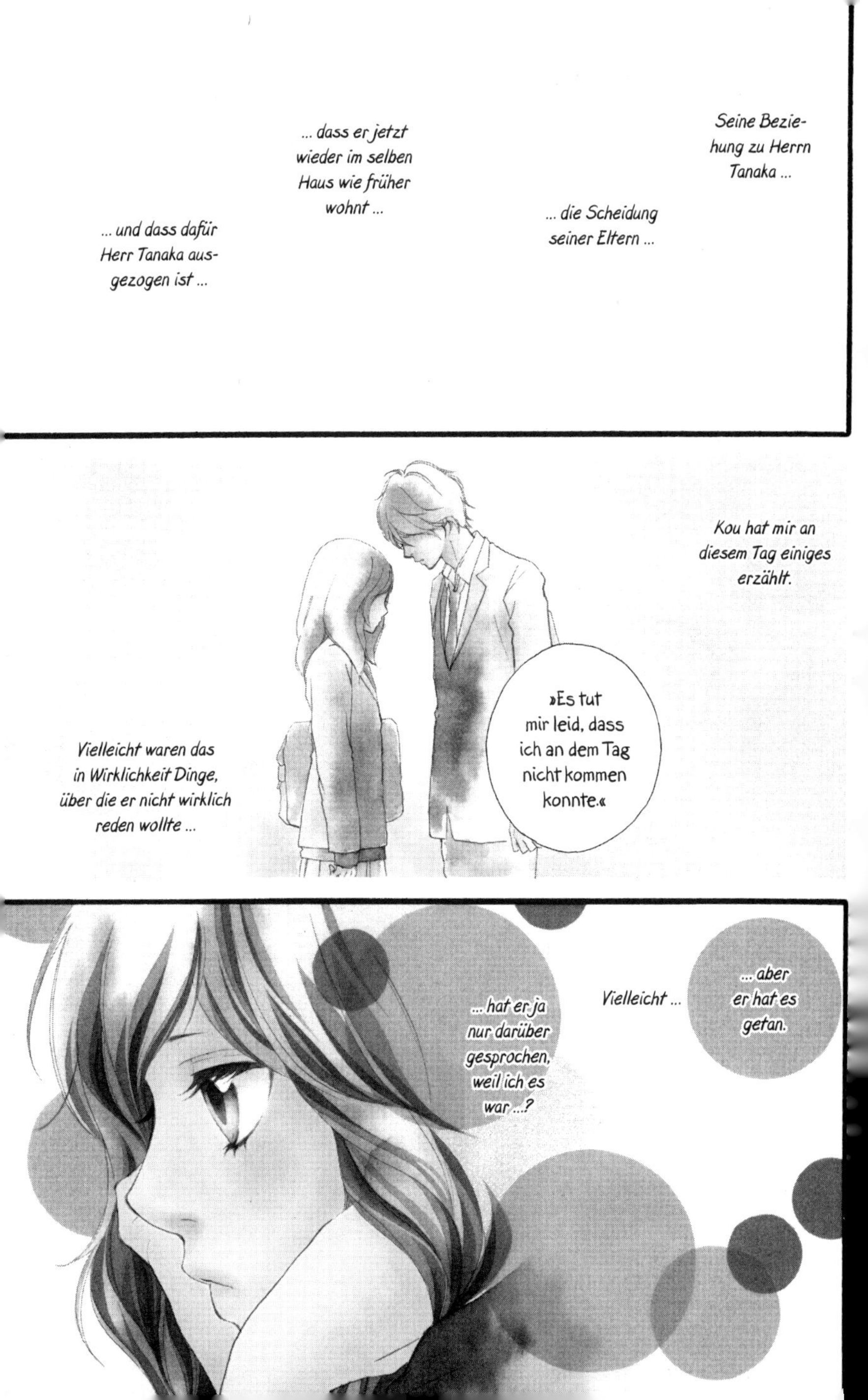
Seine Beziehung zu Herrn Tanaka ...
... die Scheidung seiner Eltern ...
... dass er jetzt wieder im selben Haus wie früher wohnt ...
... und dass dafür Herr Tanaka ausgezogen ist ...
Kou hat mir an diesem Tag einiges erzählt.
»Es tut mir leid, dass ich an dem Tag nicht kommen konnte.«
Vielleicht waren das in Wirklichkeit Dinge, über die er nicht wirklich reden wollte ...
... aber er hat es getan.
Vielleicht ...
... hat er ja nur darüber gesprochen, weil ich es war ...?

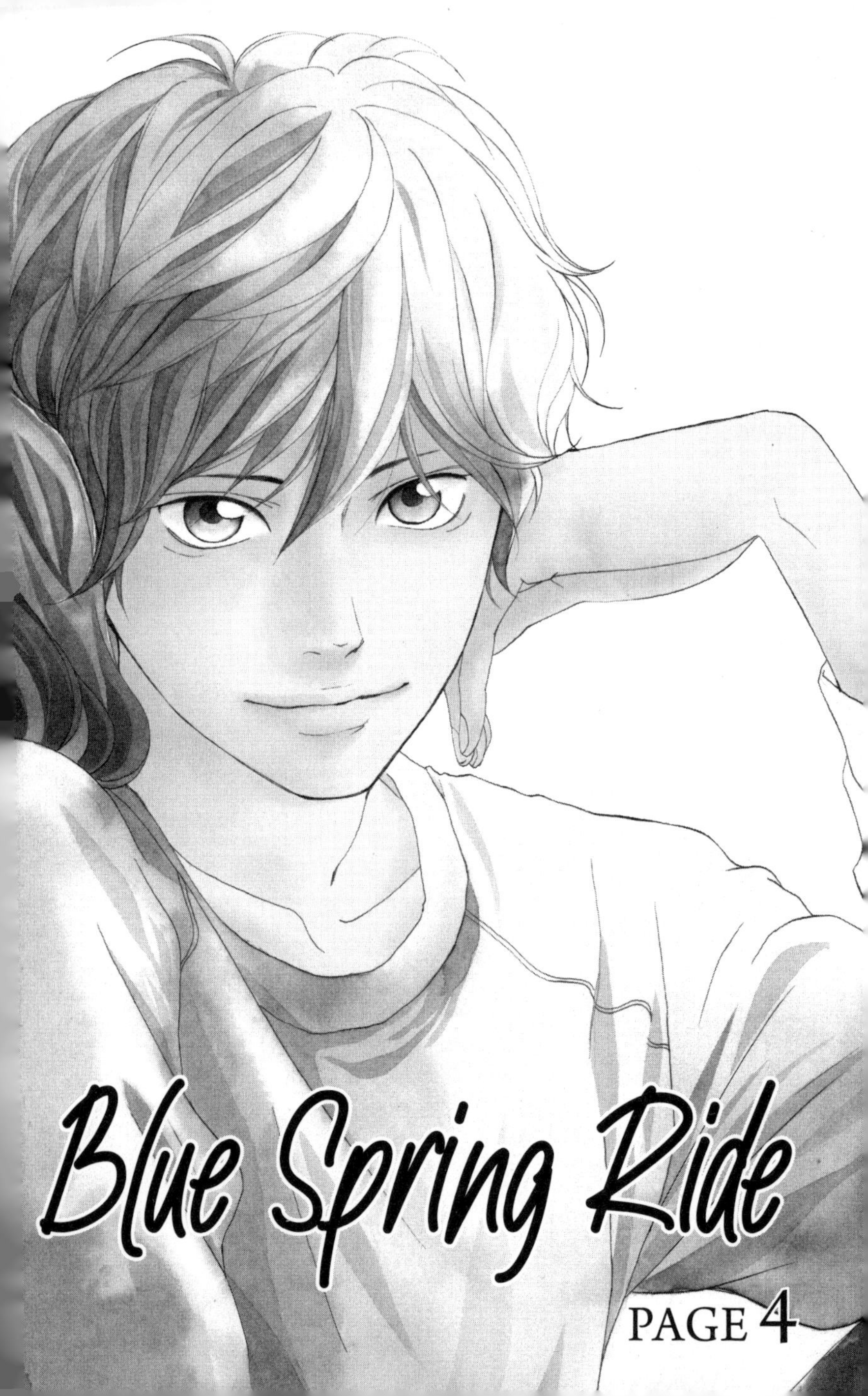
Blue Spring Ride
PAGE 4

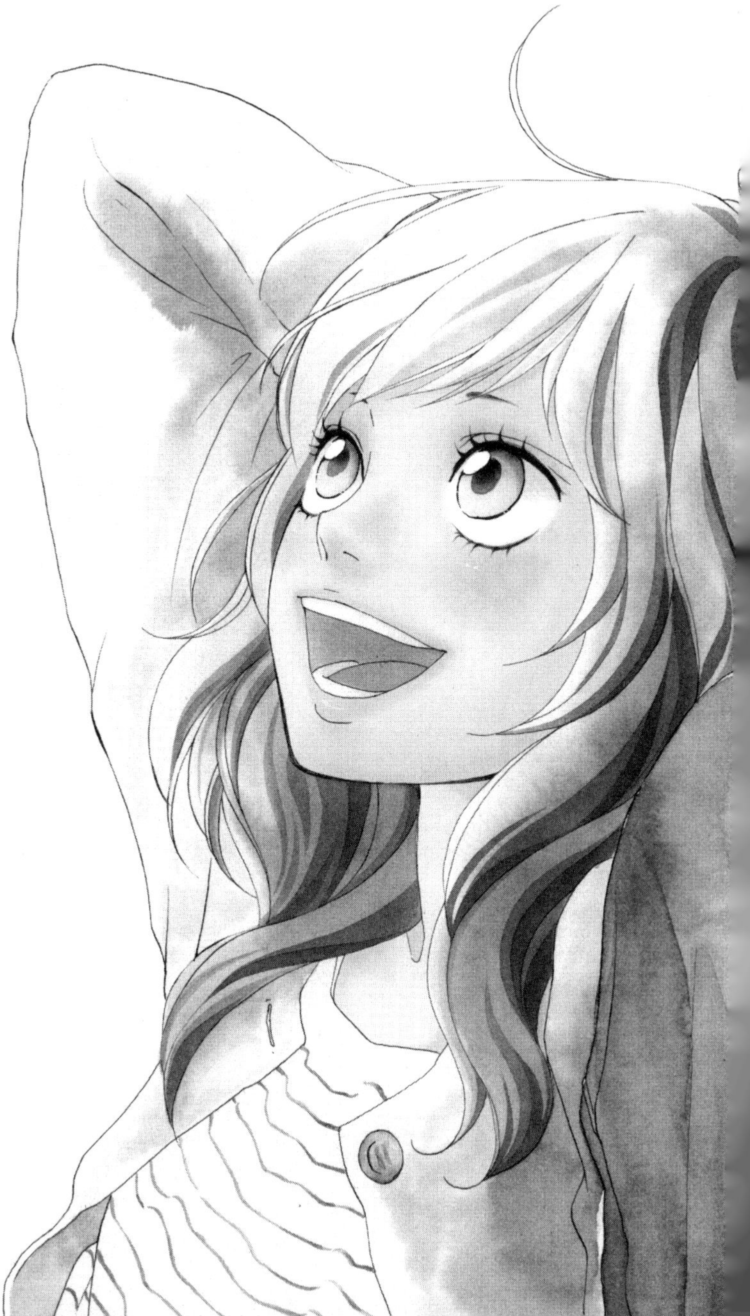

Grußwort

Guten Tag! Ich heiße Io Sakisaka. Vielen herzlichen Dank, dass ihr diesen Band von Blue Spring Ride in euren Händen haltet.

Blue Spring Ride erzählt die Geschichte von jemandem, der an der Highschool nach mehreren Jahren seiner ersten großen Liebe aus der Mittelschule wiederbegegnet. Ich persönlich finde dieses »nach mehreren Jahren« wahnsinnig romantisch. Und wenn dann auch noch Charakter und Auftreten völlig anders sind als vorher, dann stellt man sich unwillkürlich dieses und jenes vor, wie dieser Mensch wohl die Jahre verlebt hat (← Unannehmlichkeit für den einen) und bekommt deswegen Herzklopfen (← wahnsinnige Unannehmlichkeit für den anderen). Eine Lücke von mehreren Jahren, über die man nichts weiß. Man ist gespannt wegen dieser Jahre, aber es ist ein unveränderlicher Fakt, dass man diese Zeit nicht direkt und unmittelbar miterleben konnte. Ich mag dieses Gefühl, nichts sagen zu können, dem auch eine unbestimmte Traurigkeit innewohnt. Als ich in der Highschool ein Mädchen, mit dem ich früher in der Grundschule war (damals war sie recht burschikos), wiedertraf und sie unheimlich damenhaft geworden war, habe ich auch dieses romantische Gefühl verspürt. Wäre sie ein Junge gewesen, hätte ich mich vermutlich total in sie verliebt. Und wenn wie bei Futaba dieser Mensch auch noch die erste Liebe war ... Wenn ich nur daran denke, bin ich schon total hin und weg.

Ich würde mich freuen, wenn es wenigstens ein bisschen bei euch ankäme, wie ich mir diese Romantik vorstelle. Ich werde mir Mühe geben. Also dann, bleibt bitte bis zum Ende des Bandes dabei!

★ Io Sakisaka ★

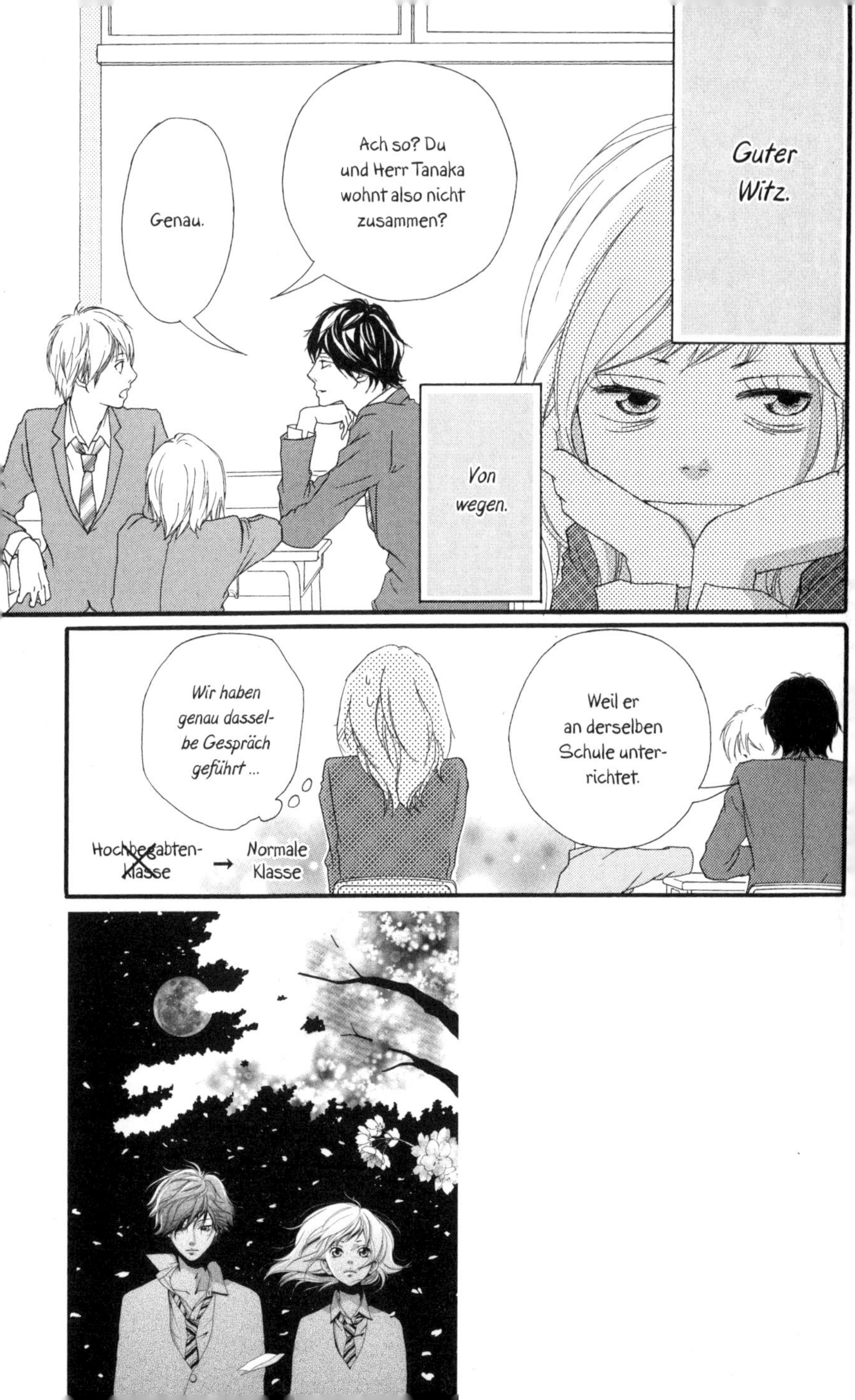

Ach so? Du und Herr Tanaka wohnt also nicht zusammen?
Genau.
Guter Witz.
Von wegen.
Weil er an derselben Schule unterrichtet.
Wir haben genau dasselbe Gespräch geführt ...
Hochbegabtenklasse → Normale Klasse

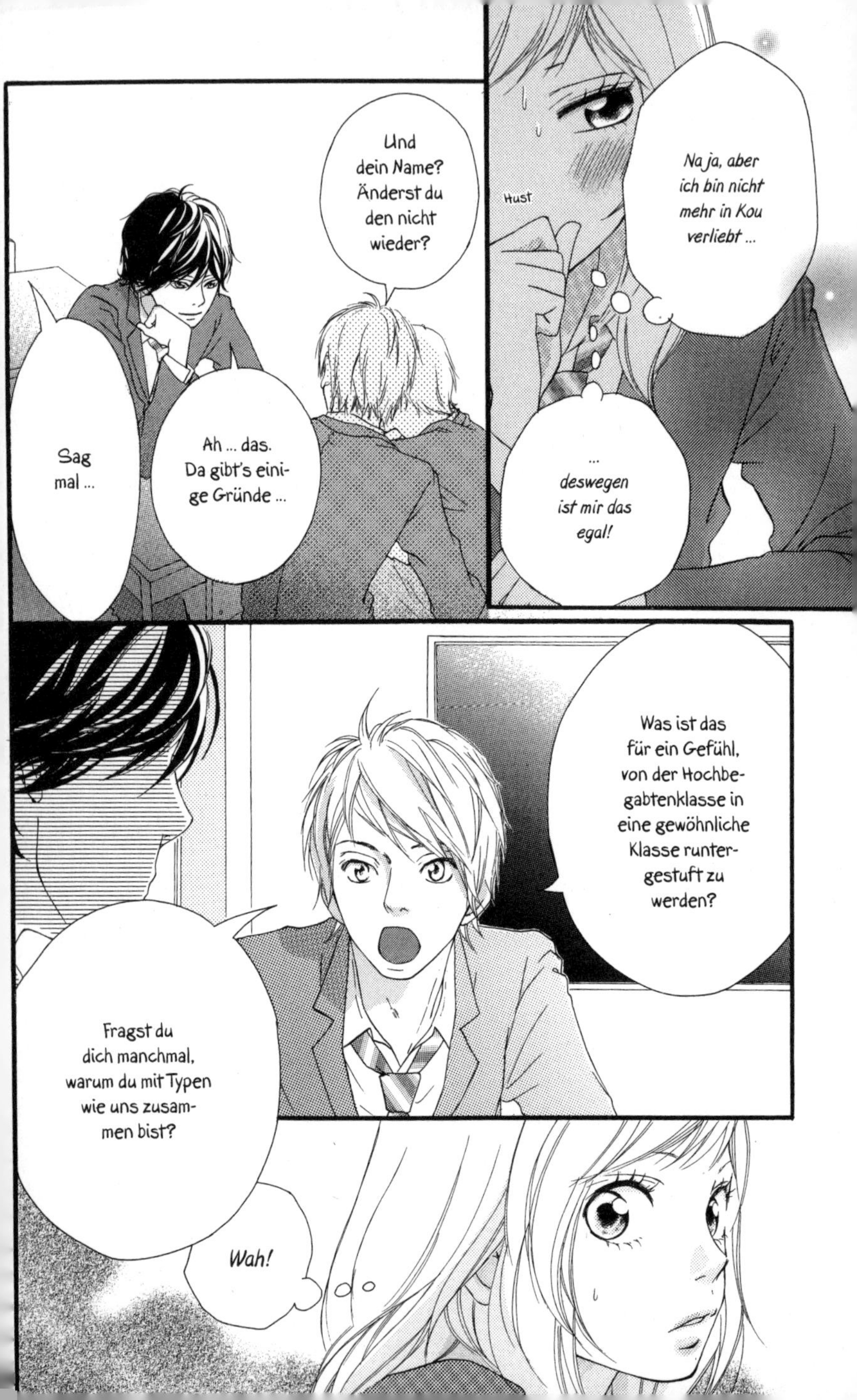
Na ja, aber ich bin nicht mehr in Kou verliebt ...
Hust
... deswegen ist mir das egal!
Und dein Name? Änderst du den nicht wieder?
Ah ... das. Da gibt's einige Gründe ...
Sag mal ...
Was ist das für ein Gefühl, von der Hochbegabtenklasse in eine gewöhnliche Klasse runtergestuft zu werden?
Fragst du dich manchmal, warum du mit Typen wie uns zusammen bist?
Wah!

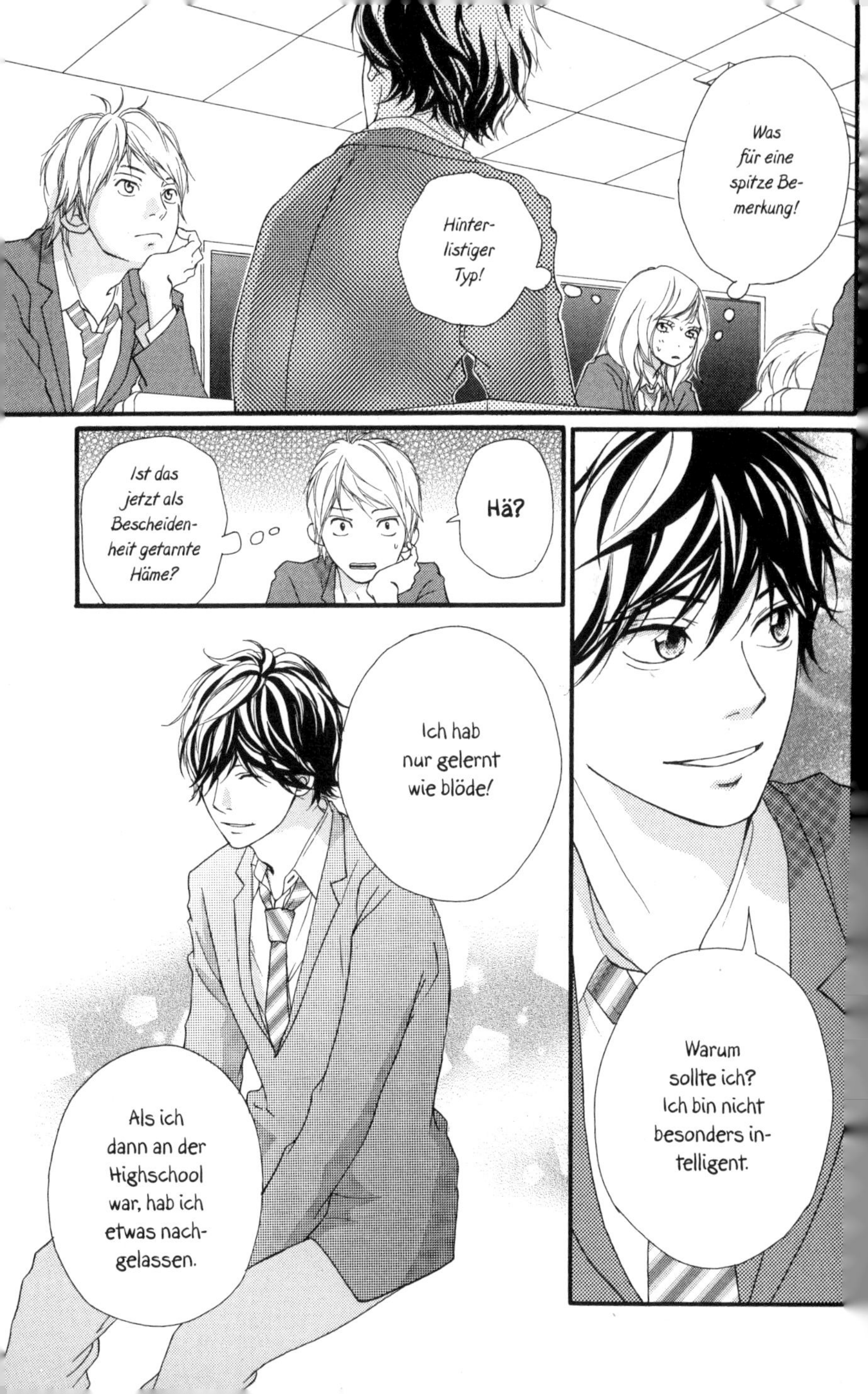
Was für eine spitze Bemerkung!
Hinterlistiger Typ!
Hä?
Ist das jetzt als Bescheidenheit getarnte Häme?
Warum sollte ich? Ich bin nicht besonders intelligent.
Ich hab nur gelernt wie blöde!
Als ich dann an der Highschool war, hab ich etwas nachgelassen.

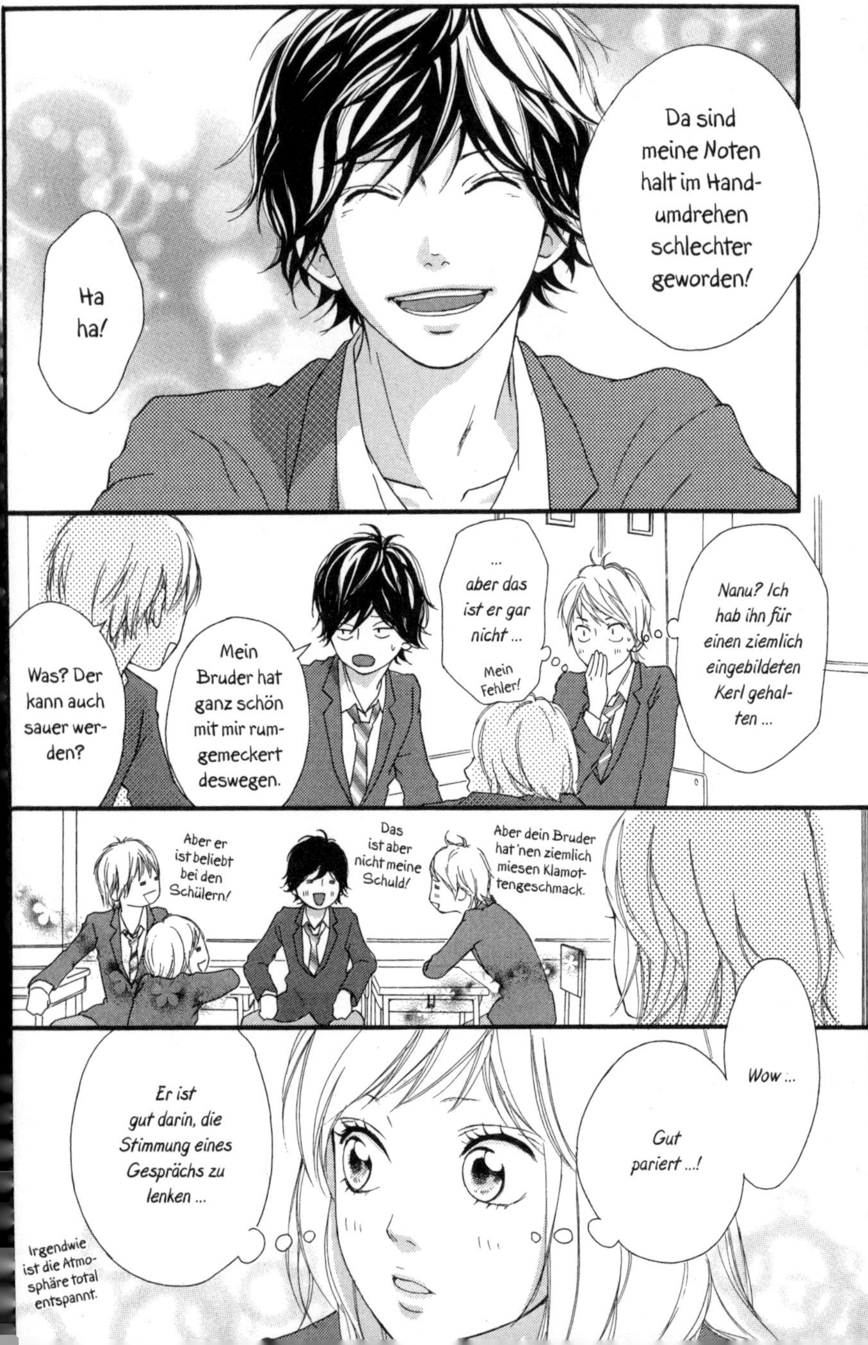
Da sind meine Noten halt im Handumdrehen schlechter geworden!
Ha ha!
Nanu? Ich hab ihn für einen ziemlich eingebildeten Kerl gehalten ...
... aber das ist er gar nicht ...
Mein Fehler!
Mein Bruder hat ganz schön mit mir rumgemeckert deswegen.
Was? Der kann auch sauer werden?
Aber dein Bruder hat 'nen ziemlich miesen Klamottengeschmack.
Das ist aber nicht meine Schuld!
Aber er ist beliebt bei den Schülern!
Wow ...
Gut pariert ...!
Er ist gut darin, die Stimmung eines Gesprächs zu lenken ...
Irgendwie ist die Atmosphäre total entspannt.

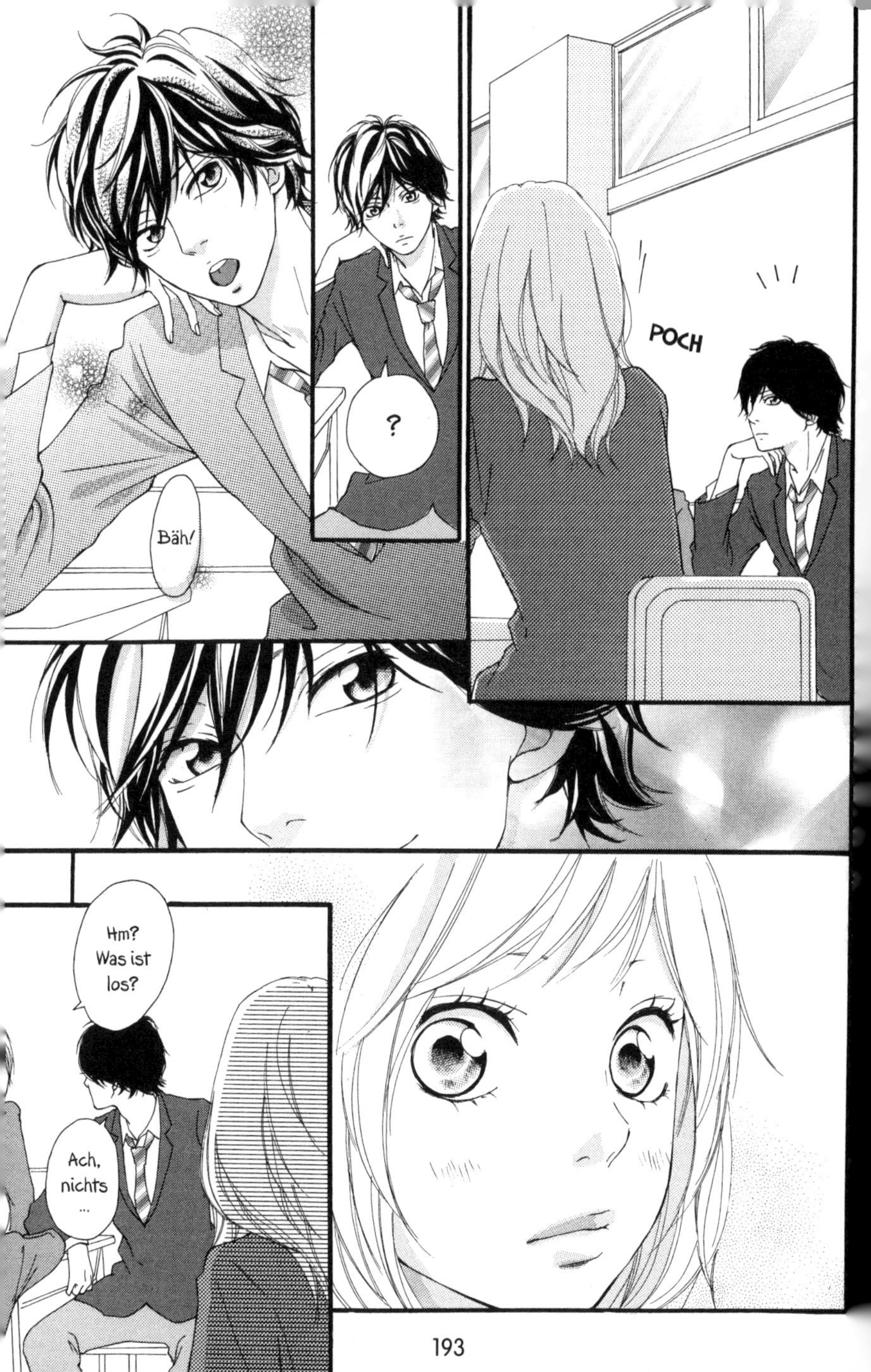
POCH
?
Bäh!
Hm? Was ist los?
Ach, nichts ...

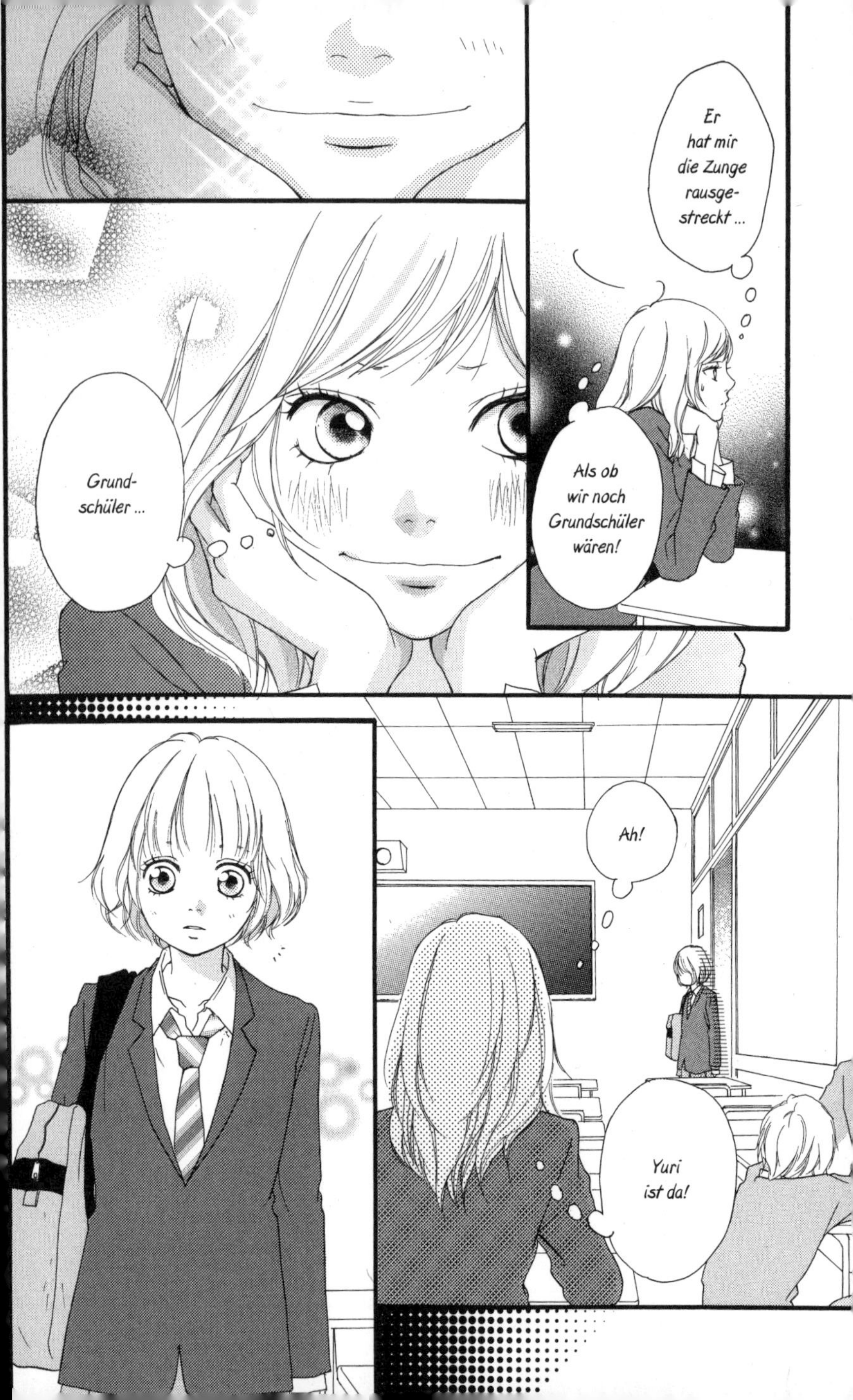
Er hat mir die Zunge rausgestreckt ...
Als ob wir noch Grundschüler wären!
Grundschüler ...
Ah!
Yuri ist da!

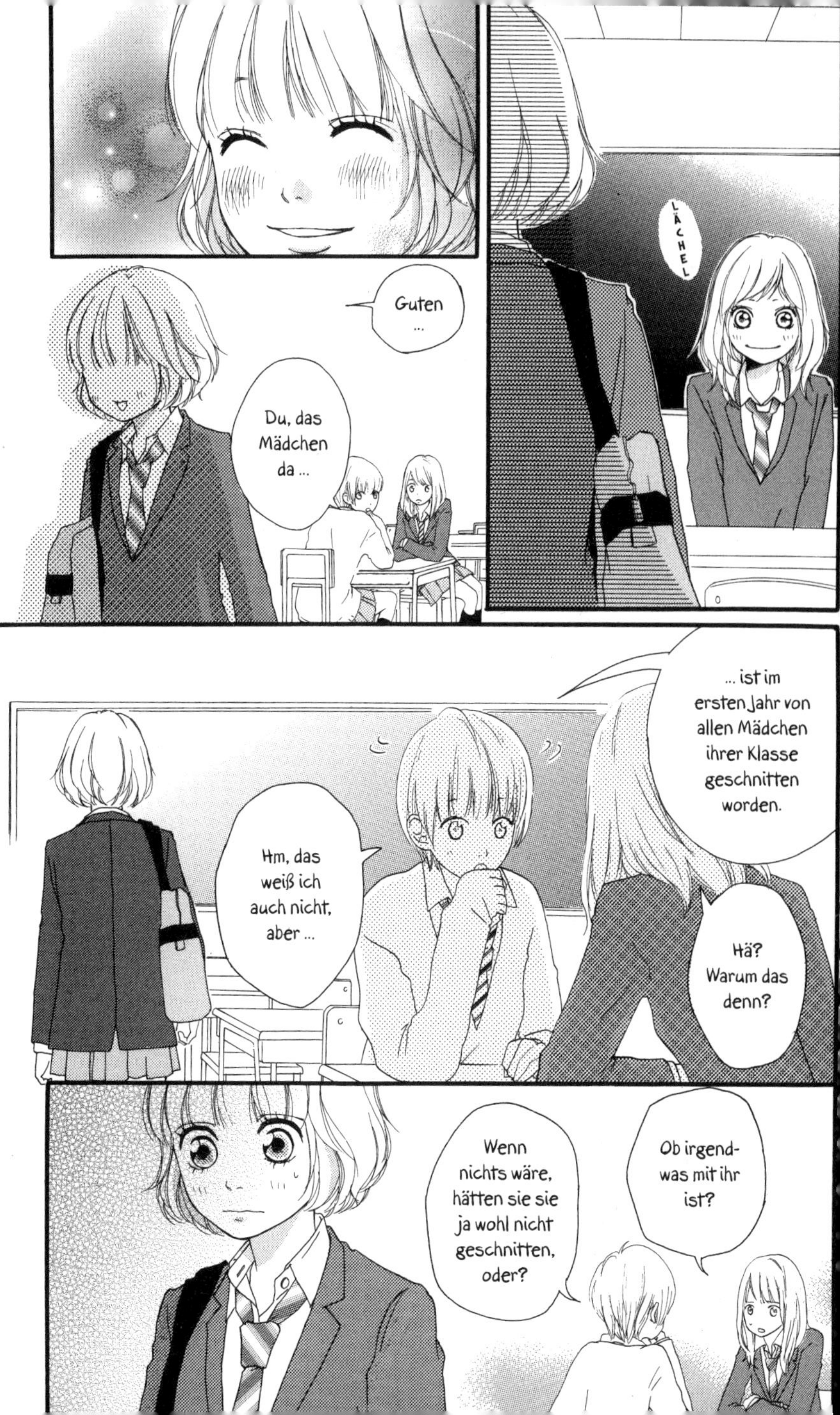
LÄCHEL
Guten ...
Du, das Mädchen da ...
... ist im ersten Jahr von allen Mädchen ihrer Klasse geschnitten worden.
Hä? Warum das denn?
Hm, das weiß ich auch nicht, aber ...
Ob irgend-was mit ihr ist?
Wenn nichts wäre, hätten sie sie ja wohl nicht geschnitten, oder?

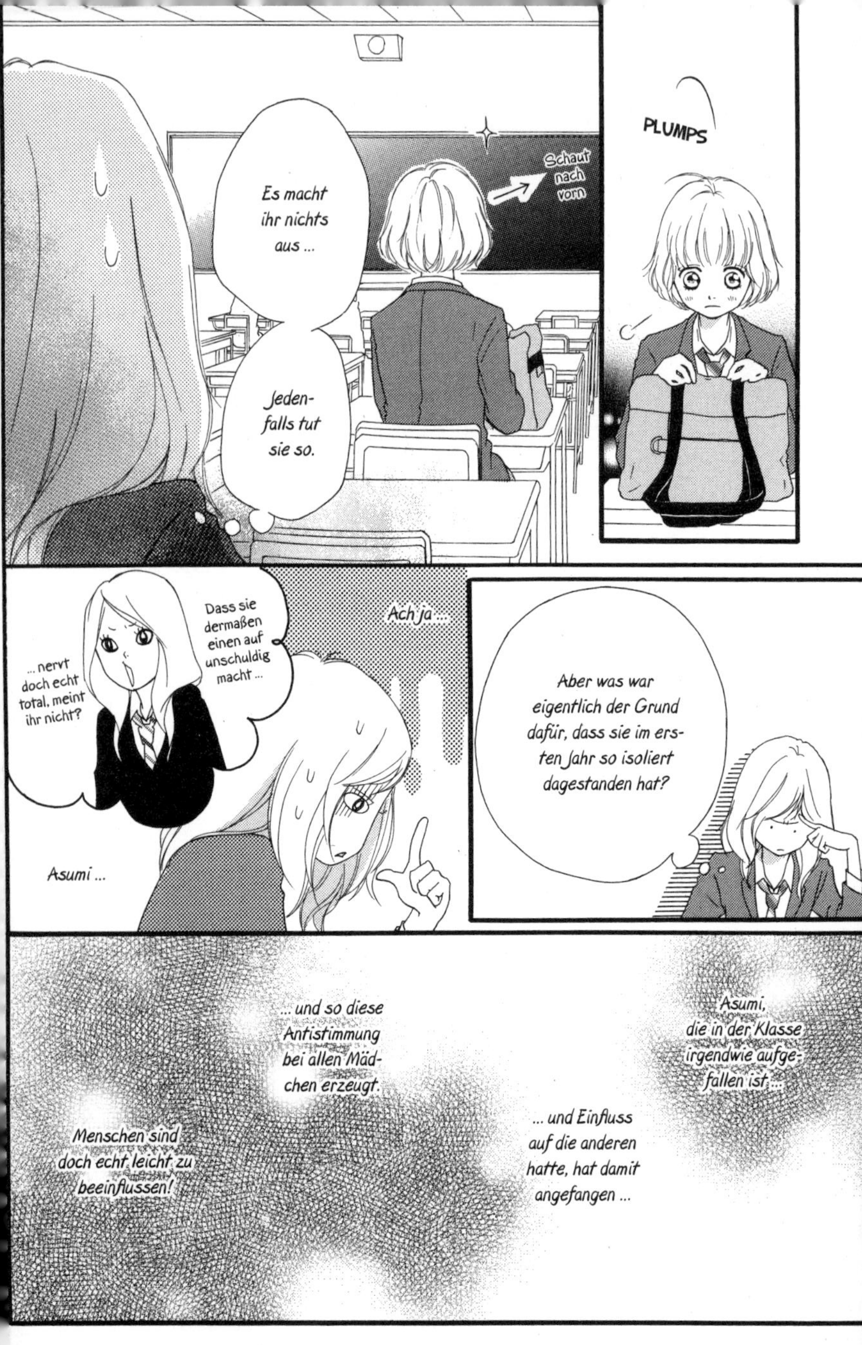
PLUMPS
Schaut nach vorn
Es macht ihr nichts aus ...
Jedenfalls tut sie so.
Aber was war eigentlich der Grund dafür, dass sie im ersten Jahr so isoliert dagestanden hat?
Ach ja ...
Dass sie dermaßen einen auf unschuldig macht ...
... nervt doch echt total, meint ihr nicht?
Asumi ...
Asumi, die in der Klasse irgendwie aufgefallen ist ...
... und Einfluss auf die anderen hatte, hat damit angefangen ...
... und so diese Antistimmung bei allen Mädchen erzeugt.
Menschen sind doch echt leicht zu beeinflussen!

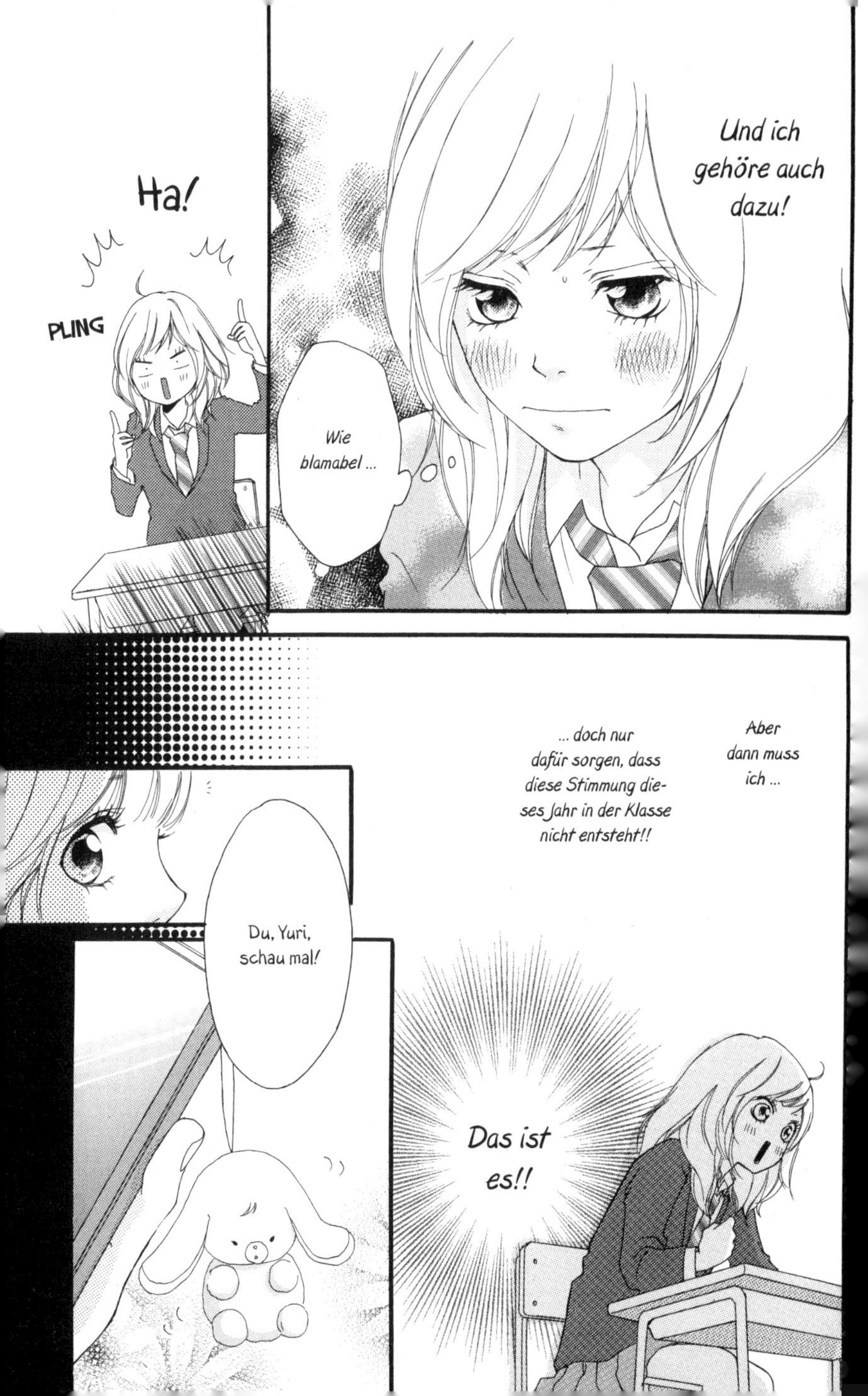
Und ich gehöre auch dazu!
Wie blamabel ...
Ha!
PLING
Aber dann muss ich ...
... doch nur dafür sorgen, dass diese Stimmung dieses Jahr in der Klasse nicht entsteht!!
Das ist es!!
Du, Yuri, schau mal!

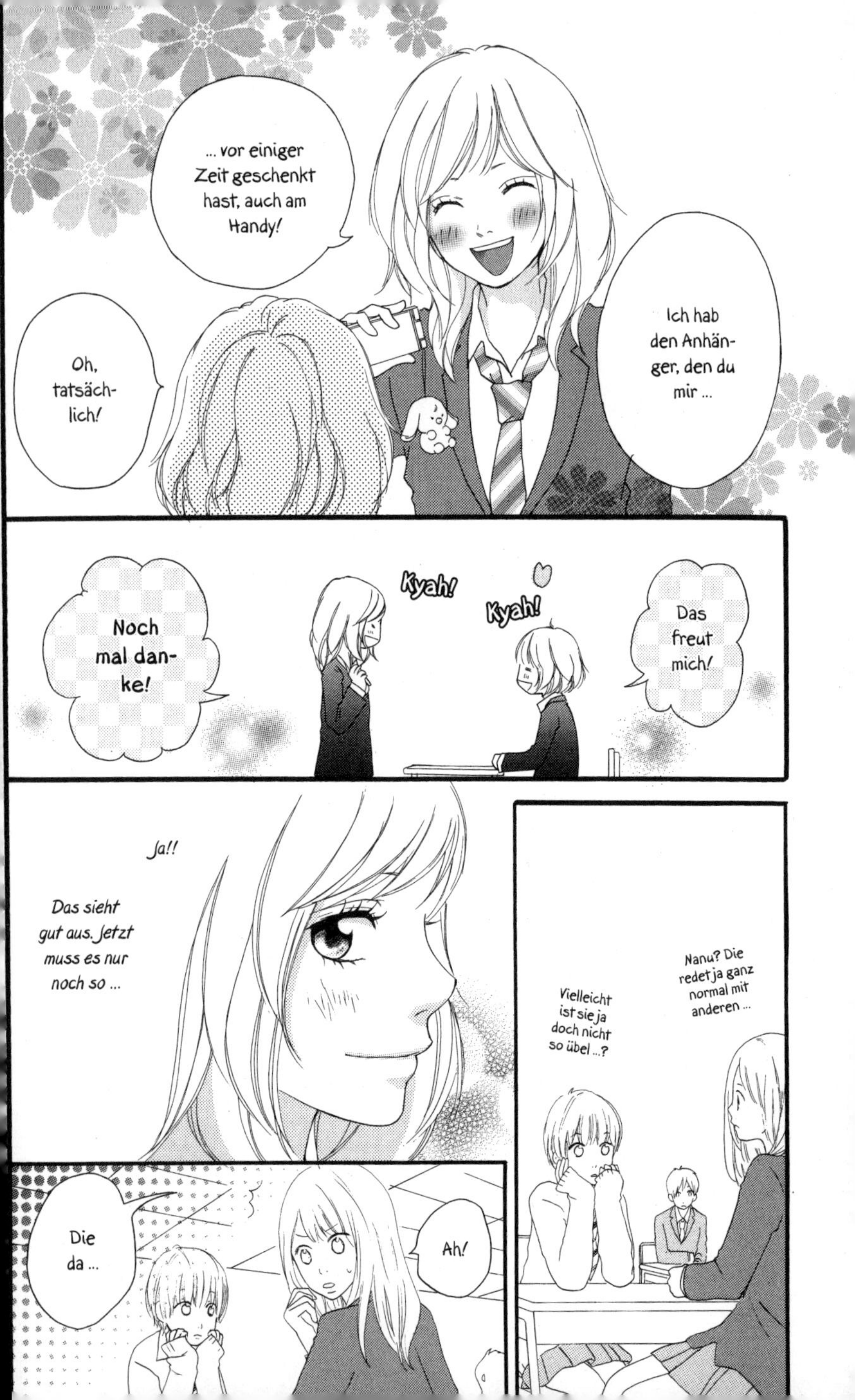
Ich hab den Anhänger, den du mir ...
... vor einiger Zeit geschenkt hast, auch am Handy!
Oh, tatsächlich!
Das freut mich!
Kyah!
Kyah!
Noch mal danke!
Nanu? Die redet ja ganz normal mit anderen ...
Vielleicht ist sie ja doch nicht so übel ...?
Ja!!
Das sieht gut aus. Jetzt muss es nur noch so ...
Ah!
Die da ...

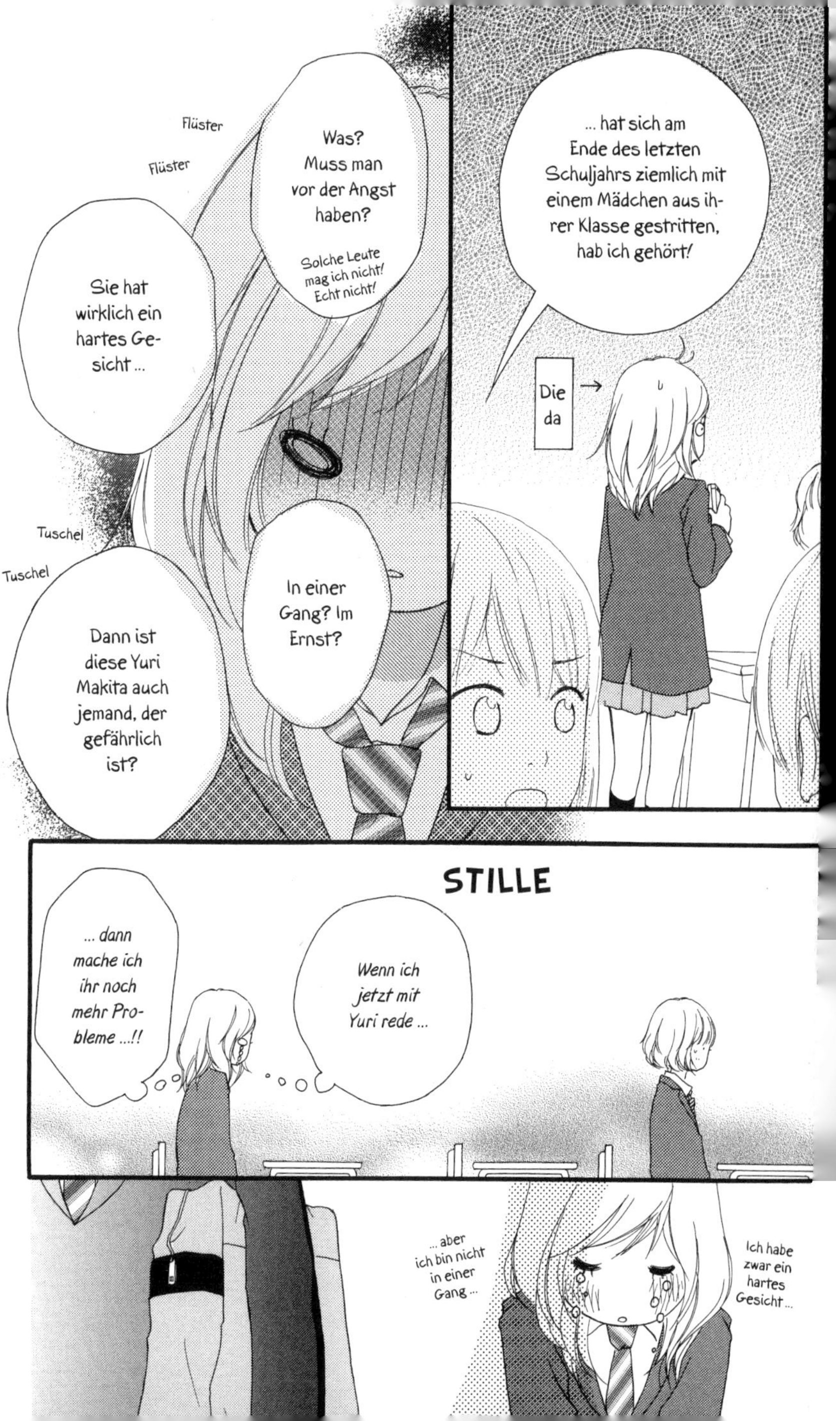
... hat sich am Ende des letzten Schuljahrs ziemlich mit einem Mädchen aus ihrer Klasse gestritten, hab ich gehört!
Die da →
Flüster
Flüster
Was? Muss man vor der Angst haben?
Solche Leute mag ich nicht! Echt nicht!
Sie hat wirklich ein hartes Gesicht ...
Tuschel
Tuschel
In einer Gang? Im Ernst?
Dann ist diese Yuri Makita auch jemand, der gefährlich ist?
STILLE
Wenn ich jetzt mit Yuri rede ...
... dann mache ich ihr noch mehr Probleme ...!!
Ich habe zwar ein hartes Gesicht ...
... aber ich bin nicht in einer Gang ...

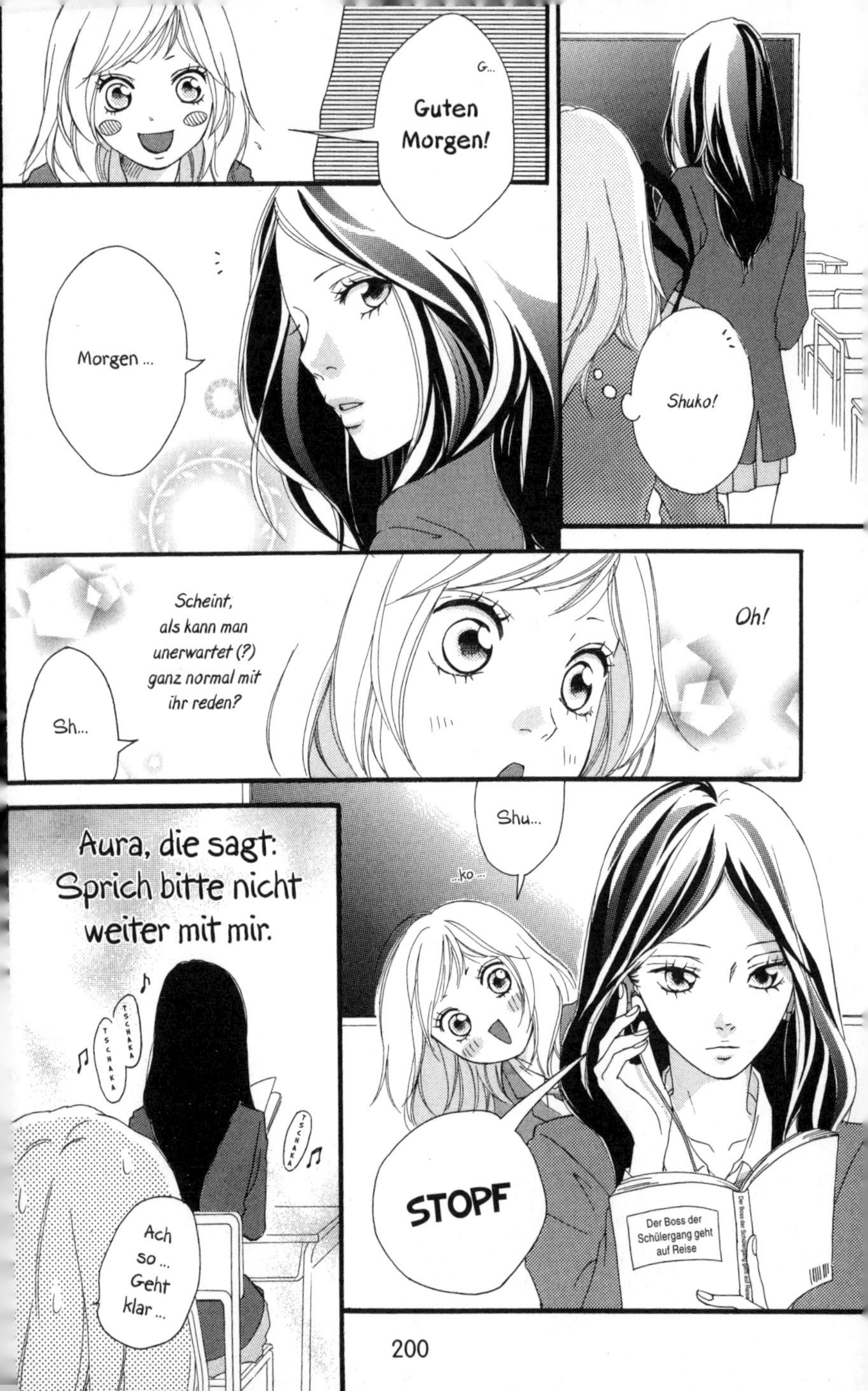
G...
Guten Morgen!
Shuko!
Morgen ...
Oh!
Scheint, als kann man unerwartet (?) ganz normal mit ihr reden?
Sh...
Shu...
...ko ...
STOPF
Der Boss der Schülergang geht auf Reise
Aura, die sagt: Sprich bitte nicht weiter mit mir.
TSCHAKA
TSCHAKA
TSCHAKA
Ach so ... Geht klar ...

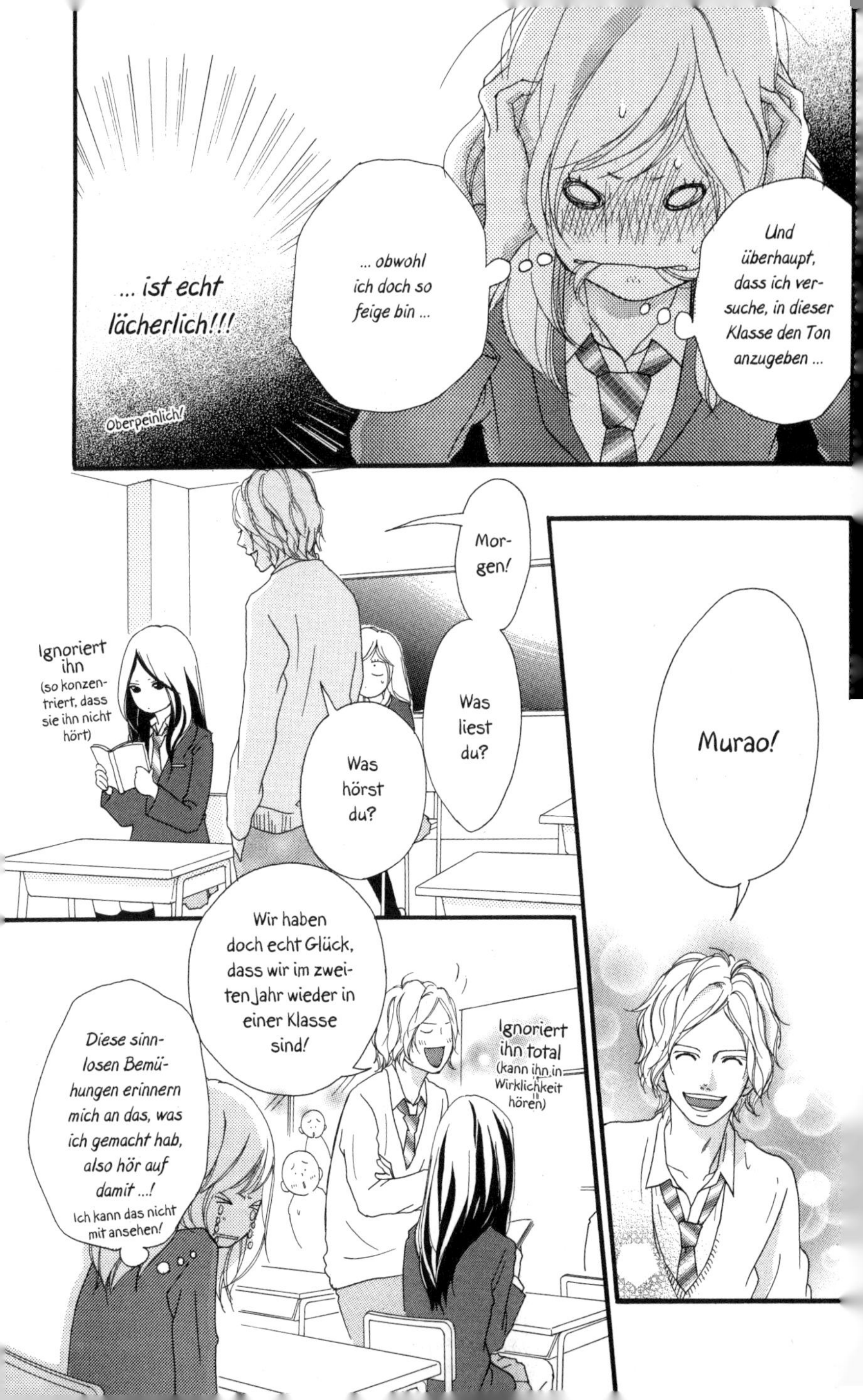
Und überhaupt, dass ich versuche, in dieser Klasse den Ton anzugeben ...
... obwohl ich doch so feige bin ...
... ist echt lächerlich!!!
Oberpeinlich!
Murao!
Morgen!
Was liest du?
Was hörst du?
Ignoriert ihn (so konzentriert, dass sie ihn nicht hört)
Wir haben doch echt Glück, dass wir im zweiten Jahr wieder in einer Klasse sind!
Ignoriert ihn total (kann ihn in Wirklichkeit hören)
Diese sinnlosen Bemühungen erinnern mich an das, was ich gemacht hab, also hör auf damit ...!
Ich kann das nicht mit ansehen!

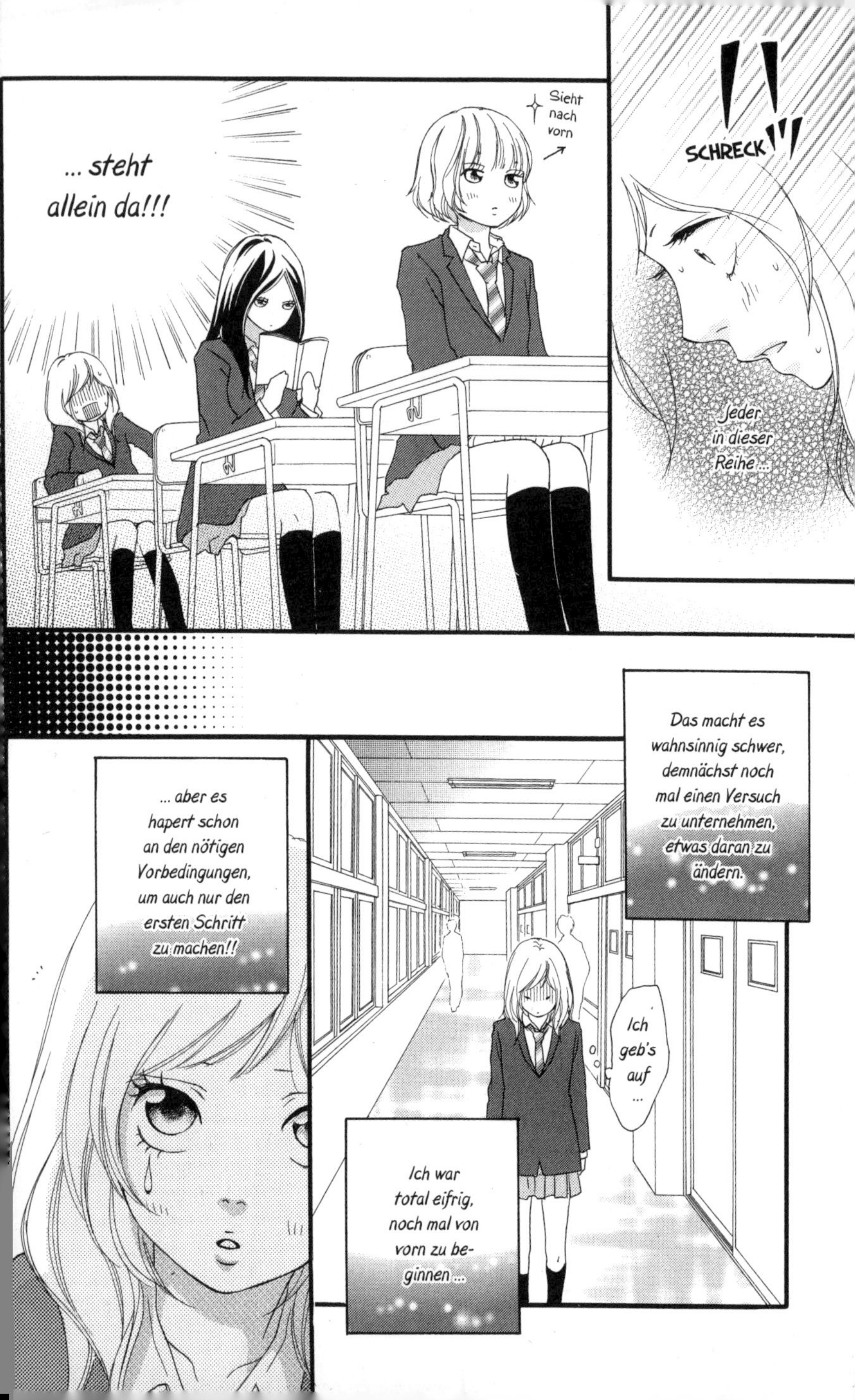
SCHRECK
Jeder in dieser Reihe ...
Sieht nach vorn
... steht allein da!!!
Das macht es wahnsinnig schwer, demnächst noch mal einen Versuch zu unternehmen, etwas daran zu ändern.
Ich geb's auf ...
Ich war total eifrig, noch mal von vorn zu be- ginnen ...
... aber es hapert schon an den nötigen Vorbedingungen, um auch nur den ersten Schritt zu machen!!

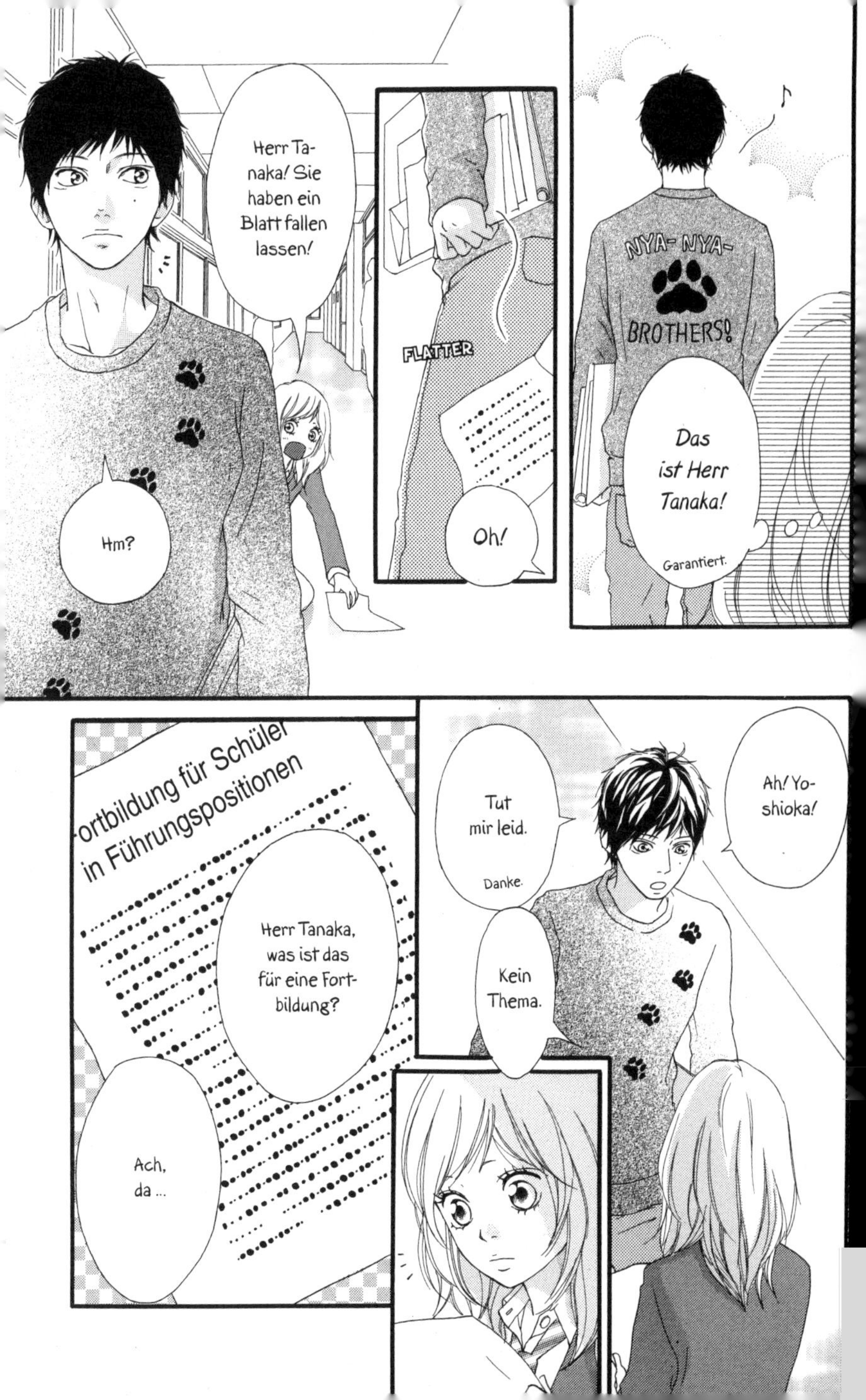
NYA-NYA-
BROTHERS!
Das ist Herr Tanaka!
Garantiert.
FLATTER
Oh!
Herr Tanaka! Sie haben ein Blatt fallen lassen!
Hm?
Ah! Yoshioka!
Tut mir leid.
Danke.
Kein Thema.
Fortbildung für Schüler in Führungspositionen
Herr Tanaka, was ist das für eine Fortbildung?
Ach, da ...

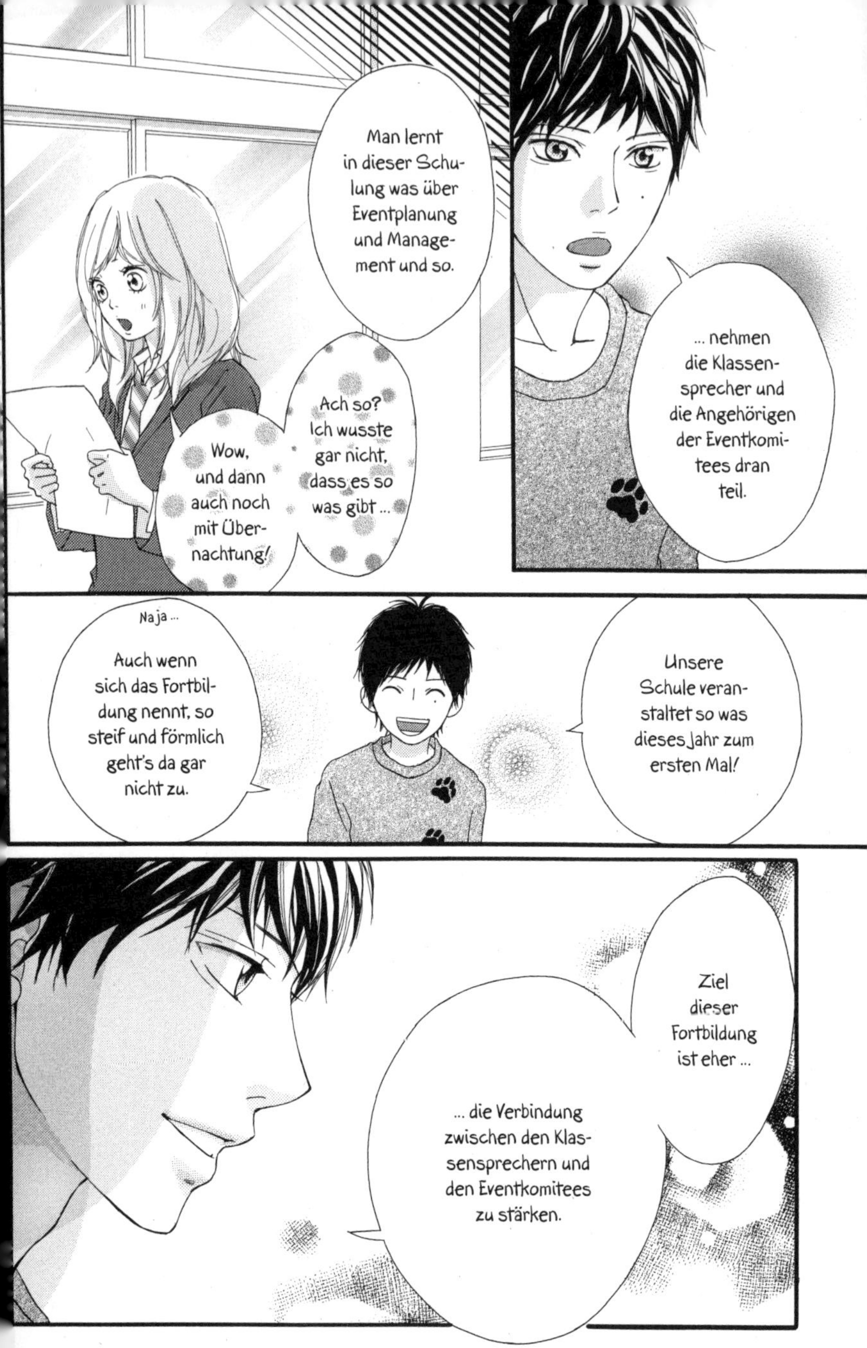
... nehmen die Klassensprecher und die Angehörigen der Eventkomitees dran teil.
Man lernt in dieser Schulung was über Eventplanung und Management und so.
Ach so? Ich wusste gar nicht, dass es so was gibt ...
Wow, und dann auch noch mit Übernachtung!
Unsere Schule veranstaltet so was dieses Jahr zum ersten Mal!
Naja ...
Auch wenn sich das Fortbildung nennt, so steif und förmlich geht's da gar nicht zu.
Ziel dieser Fortbildung ist eher ...
... die Verbindung zwischen den Klassensprechern und den Eventkomitees zu stärken.

♡ ♡ ♡ ♡
♡ Was mir in Sachen Liebe passiert ist ♡
♡ ♡ ♡ ♡

- Im ersten Jahr der Highschool war ich unheimlich verliebt in einen meiner Senpai*, und eine Freundin von mir, die mit ihm befreundet war, hat mich da in vielen Dingen unterstützt, aber in Wirklichkeit waren die beiden die ganze Zeit ein Paar. »Hä?!«, habe ich mir da gedacht.
- Als ich im Sommer mal mit Freunden bei einem Feuerwerk war, hat ein Junge, mit dem es an dem Abend ganz gut lief, mir vorgeschlagen, das Feuerwerk von etwas weiter vorn zu sehen. Ich habe zugestimmt, und als wir beide einen Schritt nach vorne gemacht haben, sind wir mit einem Platsch bis zur Hüfte in einem dreckigen Bach gelandet, den wir in der Dunkelheit nicht gesehen hatten, und waren klatschnass. »Hä?!«, habe ich mir da gedacht.
- Mein Exfreund (jetzt sind wir befreundet) hat mich seit Langem mal wieder angerufen. Weil er sagte, dass er zugenommen habe, habe ich ihn um eine MMS gebeten. Als ich die gesehen habe, habe ich mir nur »Hä?!« gedacht.
- Eine Freundin hat mir den Freund ausgespannt. »Hä?!«, habe ich mir da gedacht.

Ich habe mich bemüht, nur wenig Erquickliches zusammenzutragen. Wie fandet ihr's?

*höfliche Anrede für ältere Schüler und Kollegen

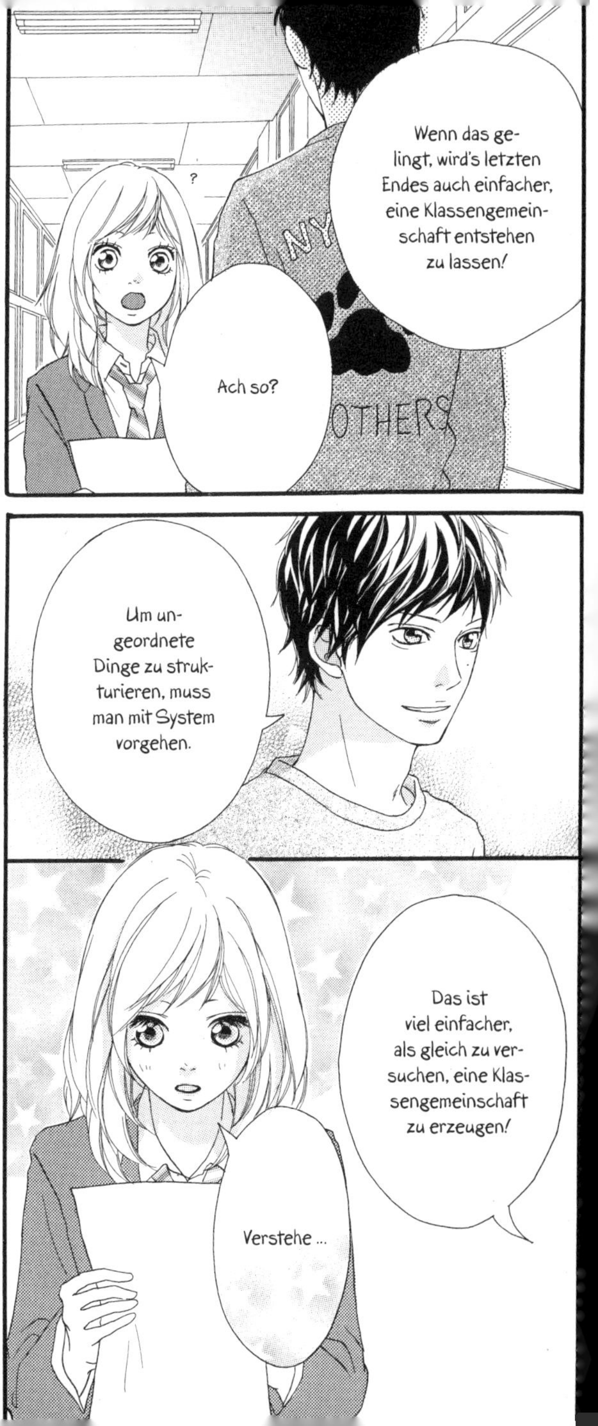

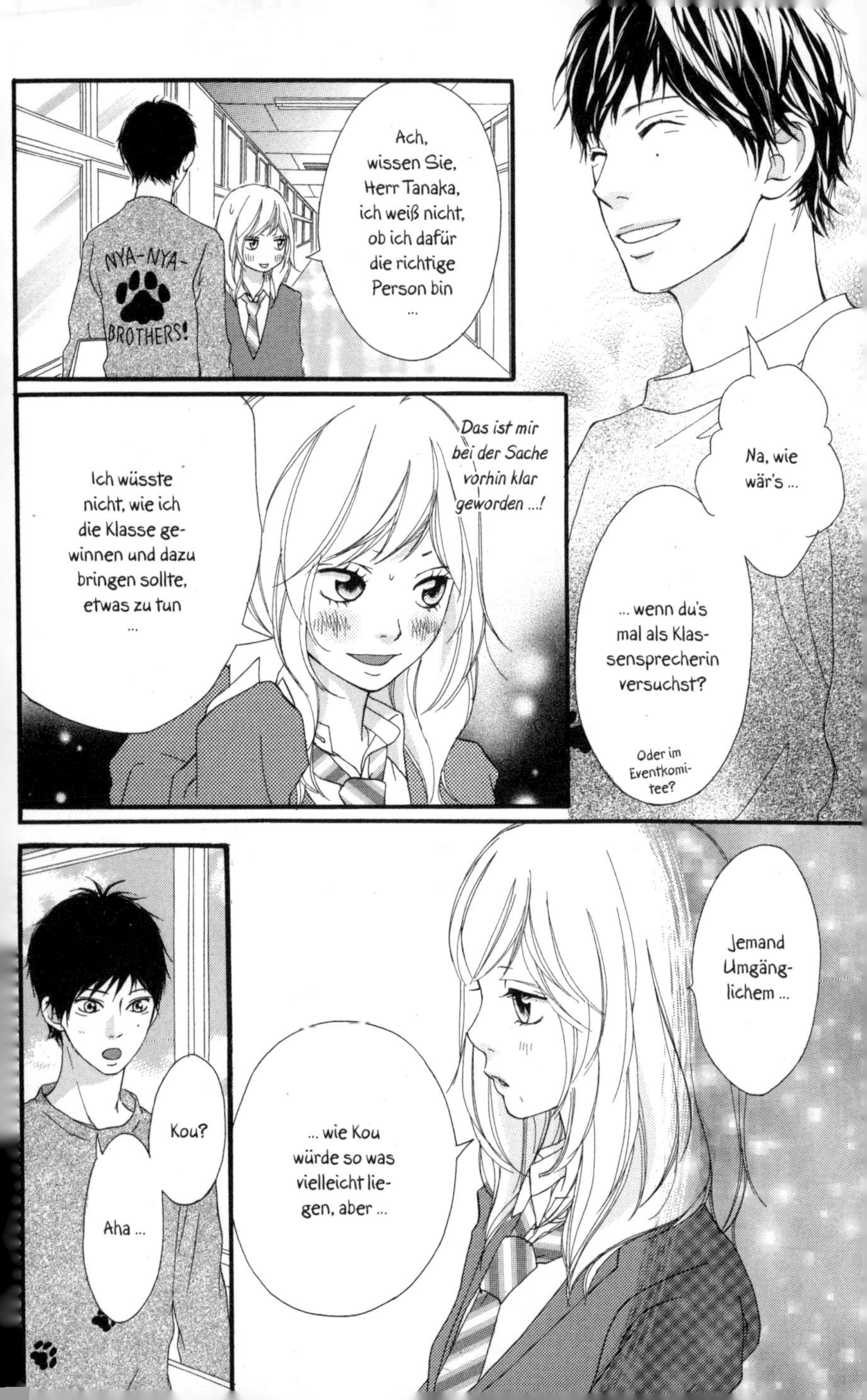
Na, wie wär's ...
... wenn du's mal als Klassensprecherin versuchst?
Oder im Eventkomitee?
Ach, wissen Sie, Herr Tanaka, ich weiß nicht, ob ich dafür die richtige Person bin ...
NYA-NYA-BROTHERS!
Das ist mir bei der Sache vorhin klar geworden ...!
Ich wüsste nicht, wie ich die Klasse gewinnen und dazu bringen sollte, etwas zu tun ...
Jemand Umgänglichem ...
... wie Kou würde so was vielleicht liegen, aber ...
Kou?
Aha ...

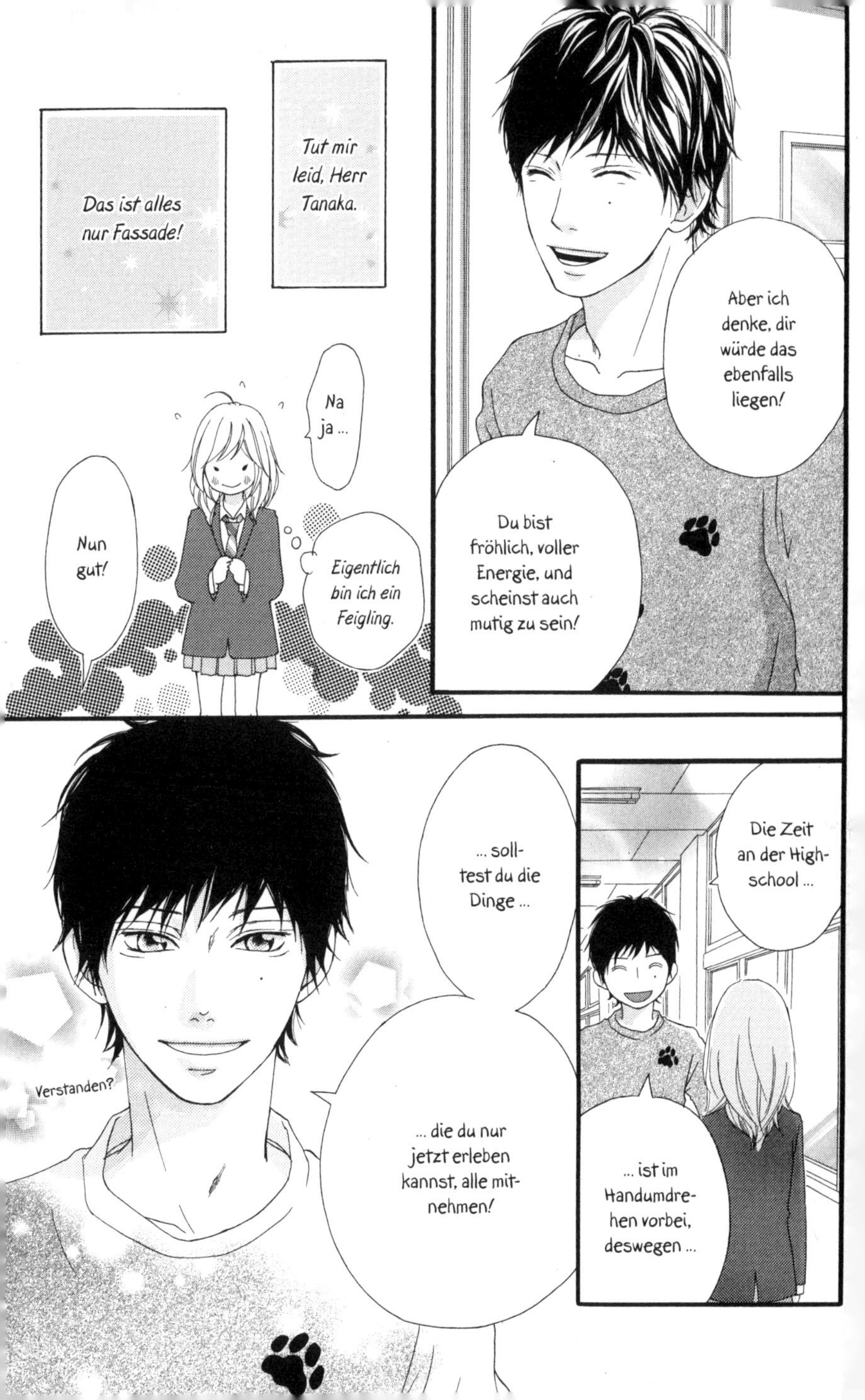

Aber ich denke, dir würde das ebenfalls liegen!
Du bist fröhlich, voller Energie, und scheinst auch mutig zu sein!
Tut mir leid, Herr Tanaka.
Das ist alles nur Fassade!
Na ja ...
Eigentlich bin ich ein Feigling.
Nun gut!
Die Zeit an der Highschool ...
... ist im Handumdrehen vorbei, deswegen ...
... solltest du die Dinge ...
... die du nur jetzt erleben kannst, alle mitnehmen!
Verstanden?

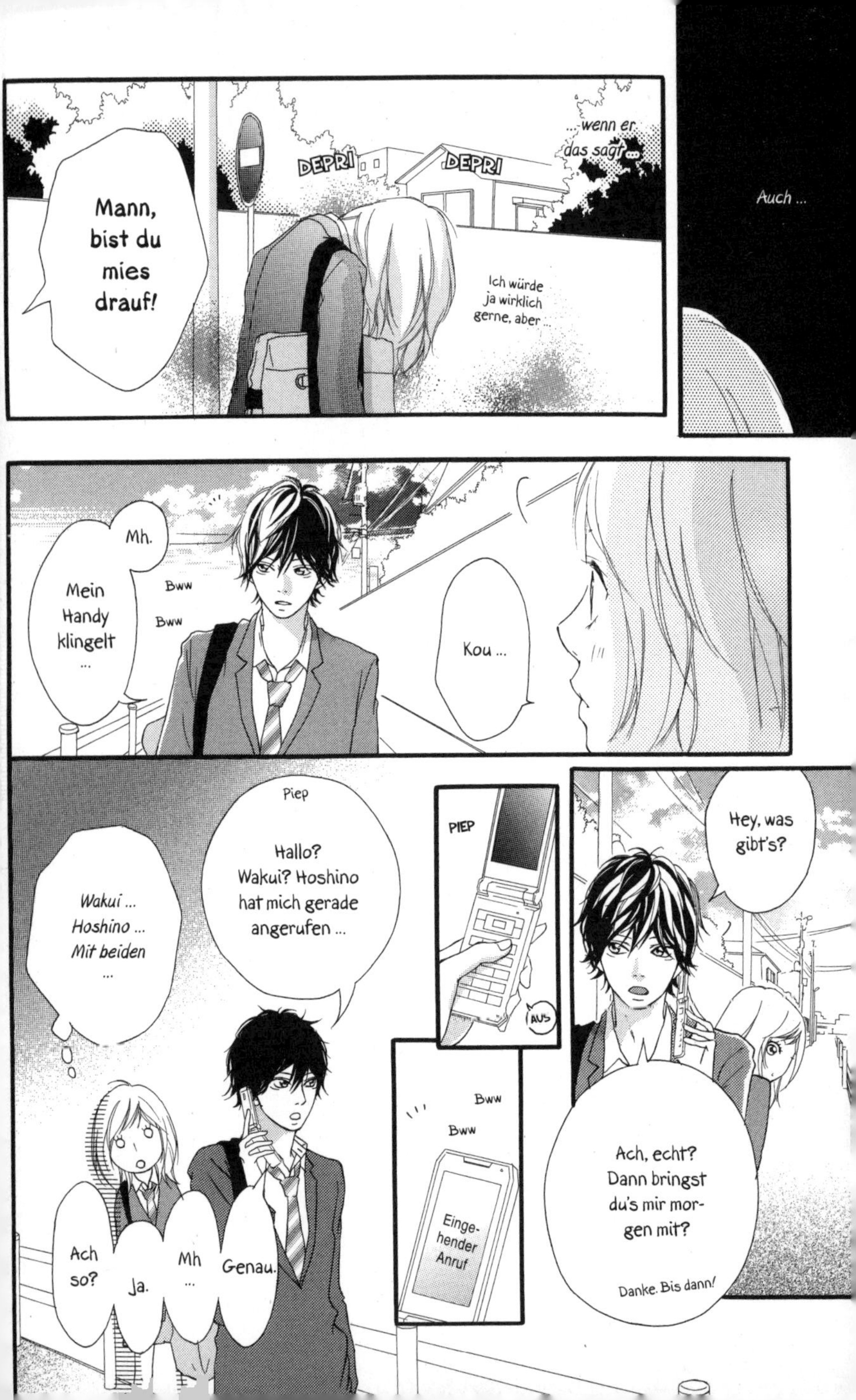
Auch ...
... wenn er das sagt ...
DEPRI
DEPRI
Ich würde ja wirklich gerne, aber ...
Mann, bist du mies drauf!
Kou ...
Mh.
Bww
Bww
Mein Handy klingelt ...
Hey, was gibt's?
PIEP
AUS
Piep
Hallo? Wakui? Hoshino hat mich gerade angerufen ...
Wakui ... Hoshino ... Mit beiden ...
Ach, echt? Dann bringst du's mir morgen mit?
Danke. Bis dann!
Bww
Bww
Eingehender Anruf
Genau.
Mh ...
Ja.
Ach so?

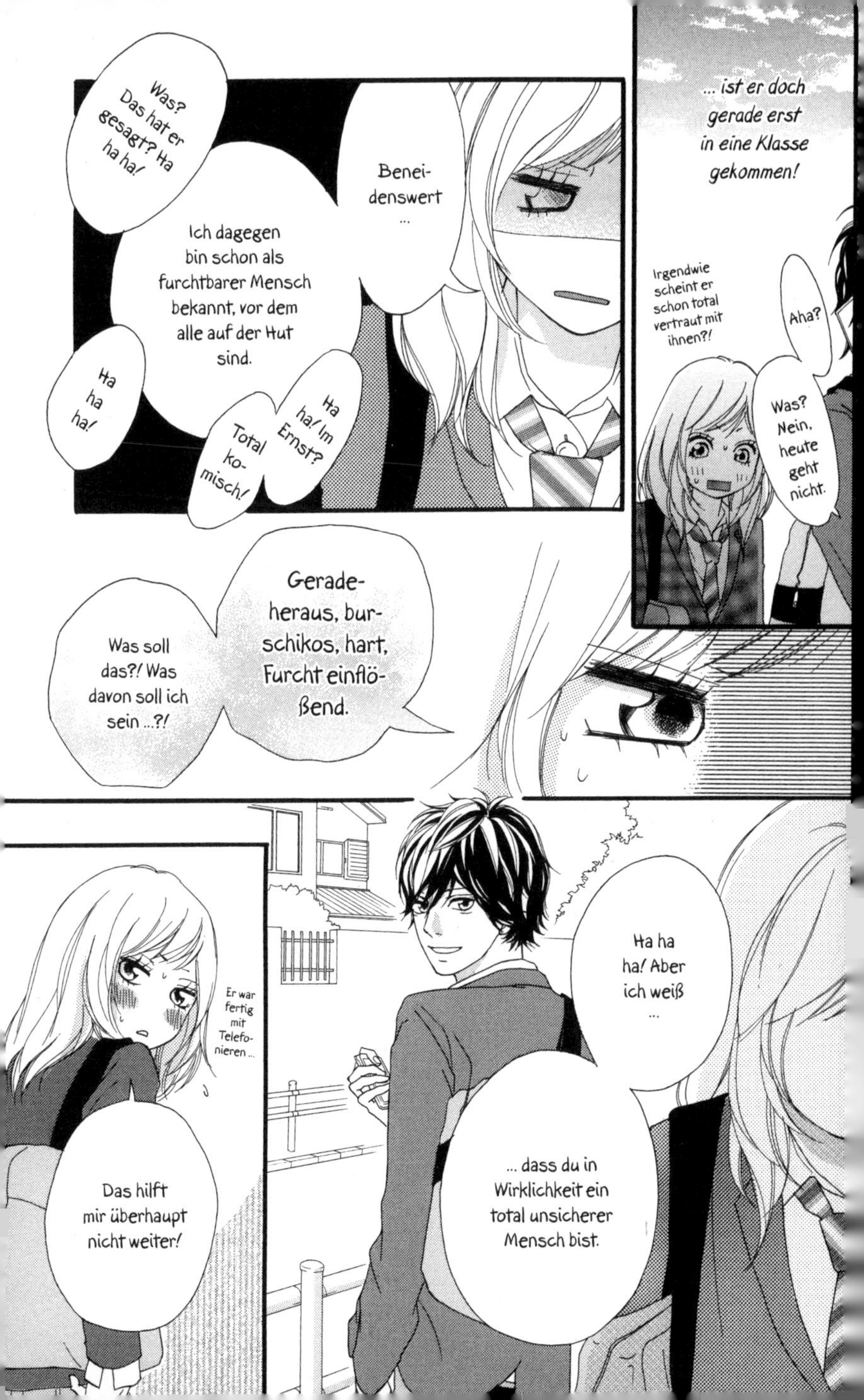
... ist er doch gerade erst in eine Klasse gekommen!
Aha?
Was? Nein, heute geht nicht.
Irgendwie scheint er schon total vertraut mit ihnen?!
Benei-denswert ...
Was? Das hat er gesagt? Ha ha ha!
Ich dagegen bin schon als furchtbarer Mensch bekannt, vor dem alle auf der Hut sind.
Ha ha! Im Ernst?
Total ko-misch!
Ha ha ha!
Gerade-heraus, bur-schikos, hart, Furcht einflö-ßend.
Was soll das?! Was davon soll ich sein ...?!
Ha ha ha! Aber ich weiß ...
... dass du in Wirklichkeit ein total unsicherer Mensch bist.
Er war fertig mit Telefo-nieren ...
Das hilft mir überhaupt nicht weiter!

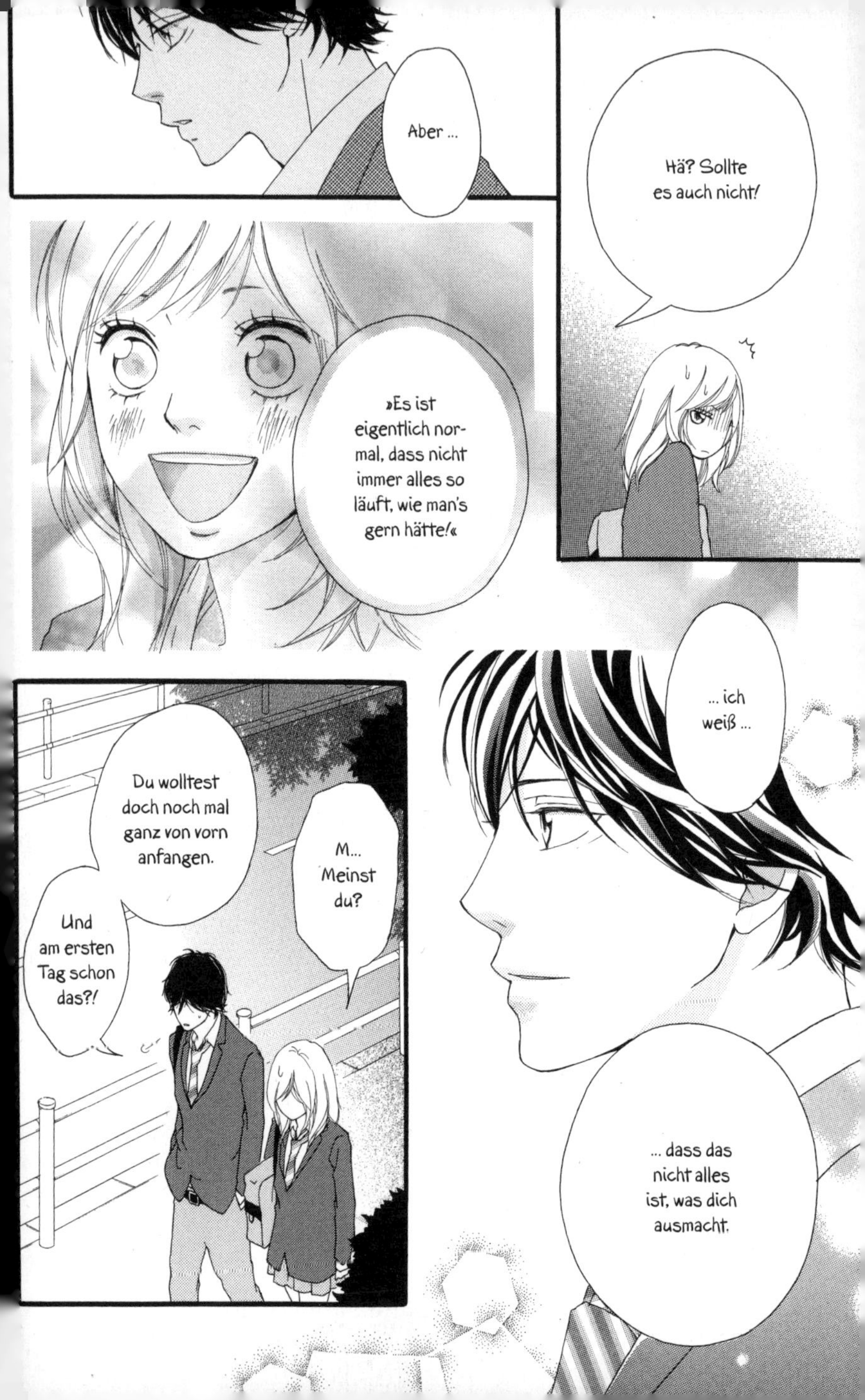
Hä? Sollte es auch nicht!
Aber ...
»Es ist eigentlich normal, dass nicht immer alles so läuft, wie man's gern hätte!«
... ich weiß ...
... dass das nicht alles ist, was dich ausmacht.
Du wolltest doch noch mal ganz von vorn anfangen.
M... Meinst du?
Und am ersten Tag schon das?!

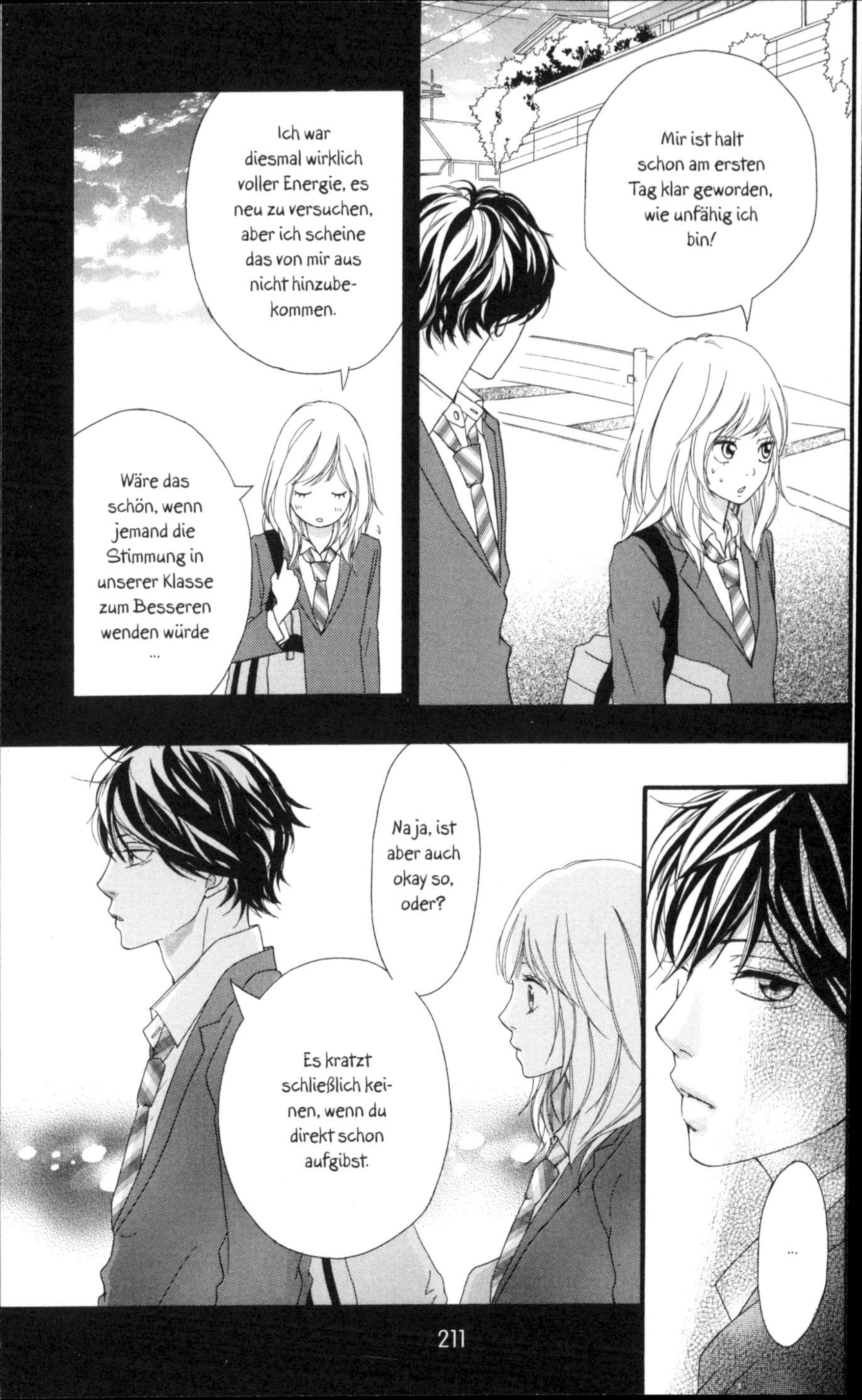
Mir ist halt schon am ersten Tag klar geworden, wie unfähig ich bin!
Ich war diesmal wirklich voller Energie, es neu zu versuchen, aber ich scheine das von mir aus nicht hinzubekommen.
Wäre das schön, wenn jemand die Stimmung in unserer Klasse zum Besseren wenden würde …
…
Na ja, ist aber auch okay so, oder?
Es kratzt schließlich keinen, wenn du direkt schon aufgibst.

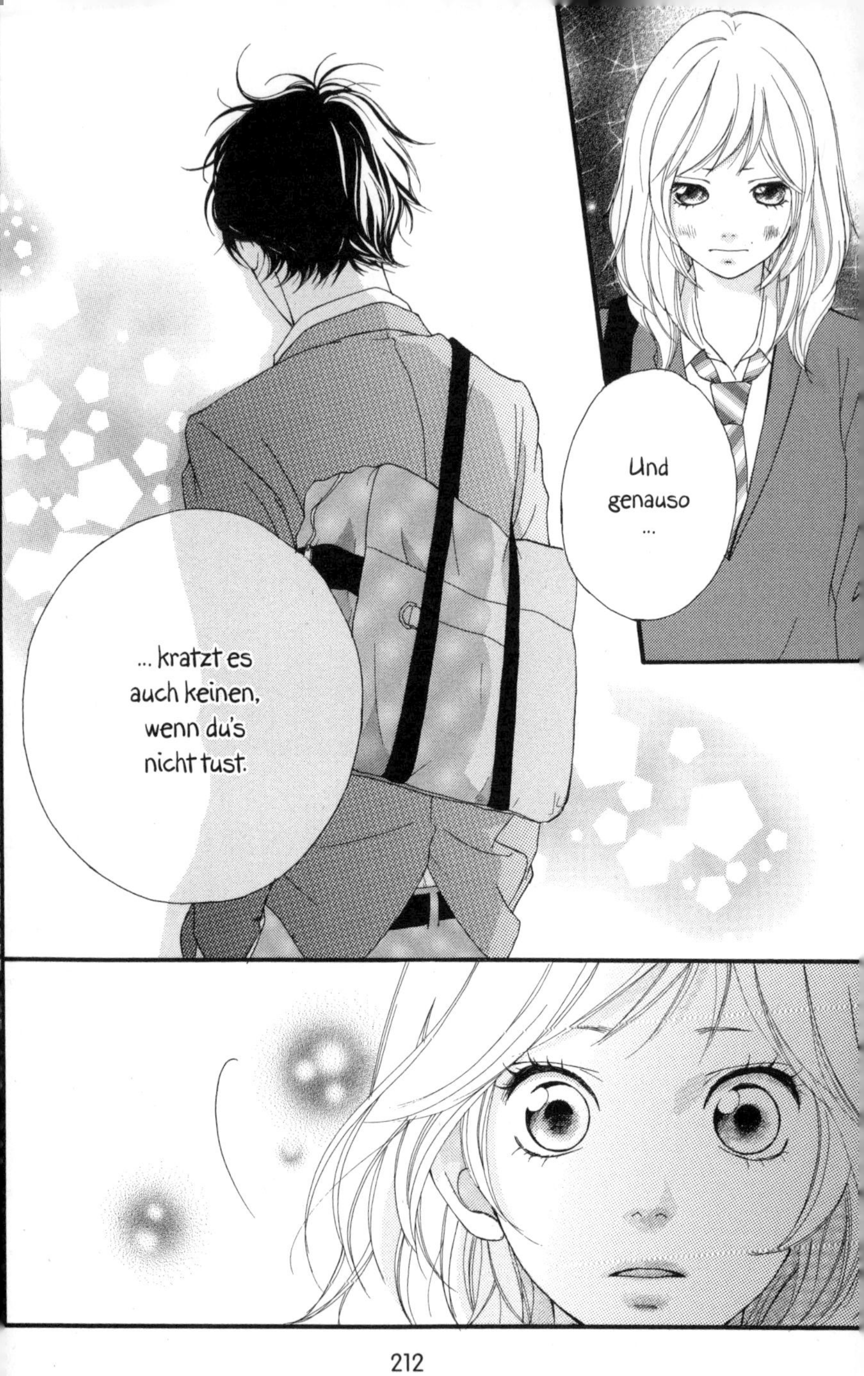
Und genauso …
… kratzt es auch keinen, wenn du's nicht tust.

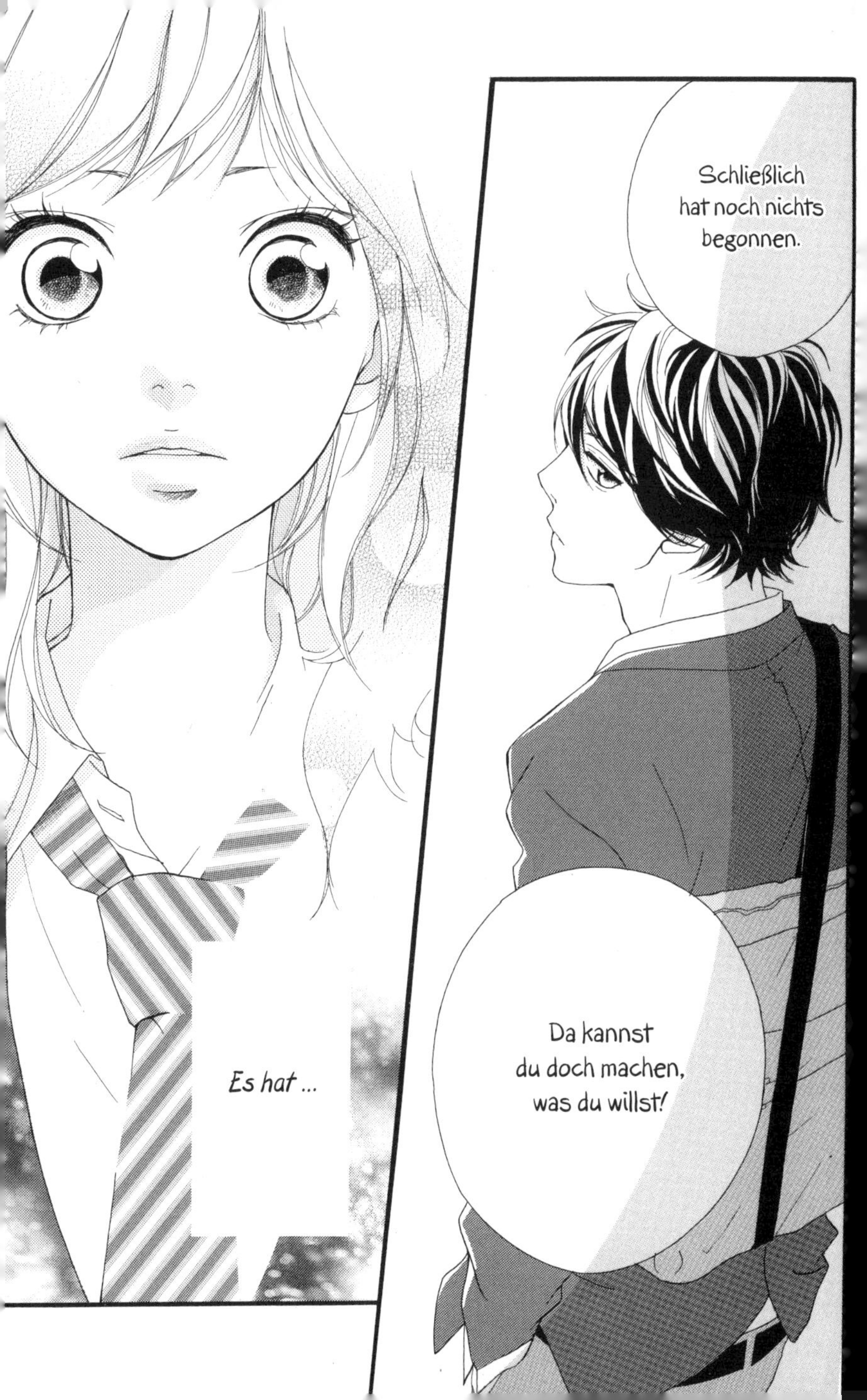
Schließlich hat noch nichts begonnen.
Da kannst du doch machen, was du willst!
Es hat ...

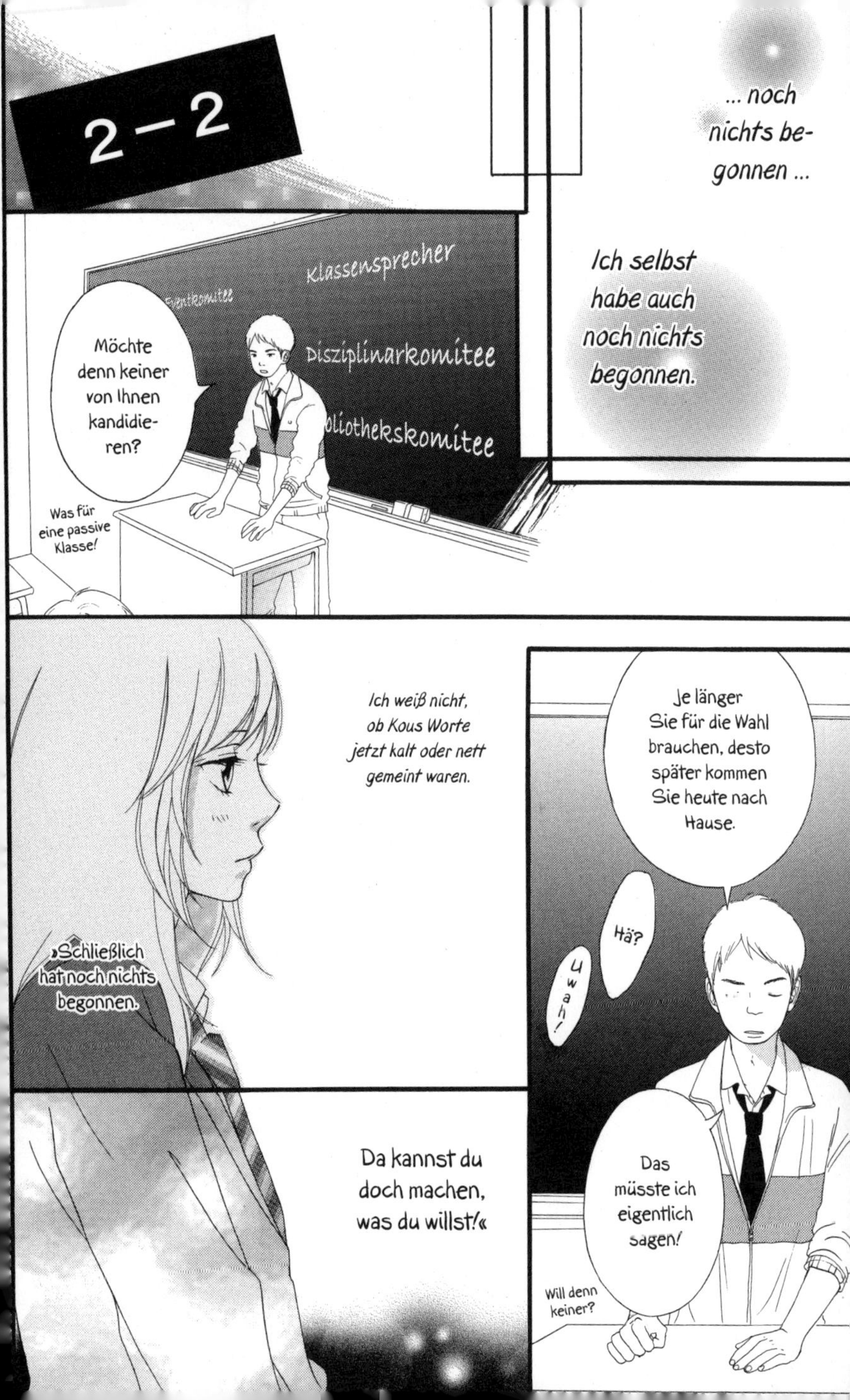
... noch nichts begonnen ...
2 – 2
Ich selbst habe auch noch nichts begonnen.
Klassensprecher
Eventkomitee
Disziplinarkomitee
oliothekskomitee
Möchte denn keiner von Ihnen kandidieren?
Was für eine passive Klasse!
Je länger Sie für die Wahl brauchen, desto später kommen Sie heute nach Hause.
Hä?
Uwah!
Ich weiß nicht, ob Kous Worte jetzt kalt oder nett gemeint waren.
»Schließlich hat noch nichts begonnen.
Das müsste ich eigentlich sagen!
Will denn keiner?
Da kannst du doch machen, was du willst!«

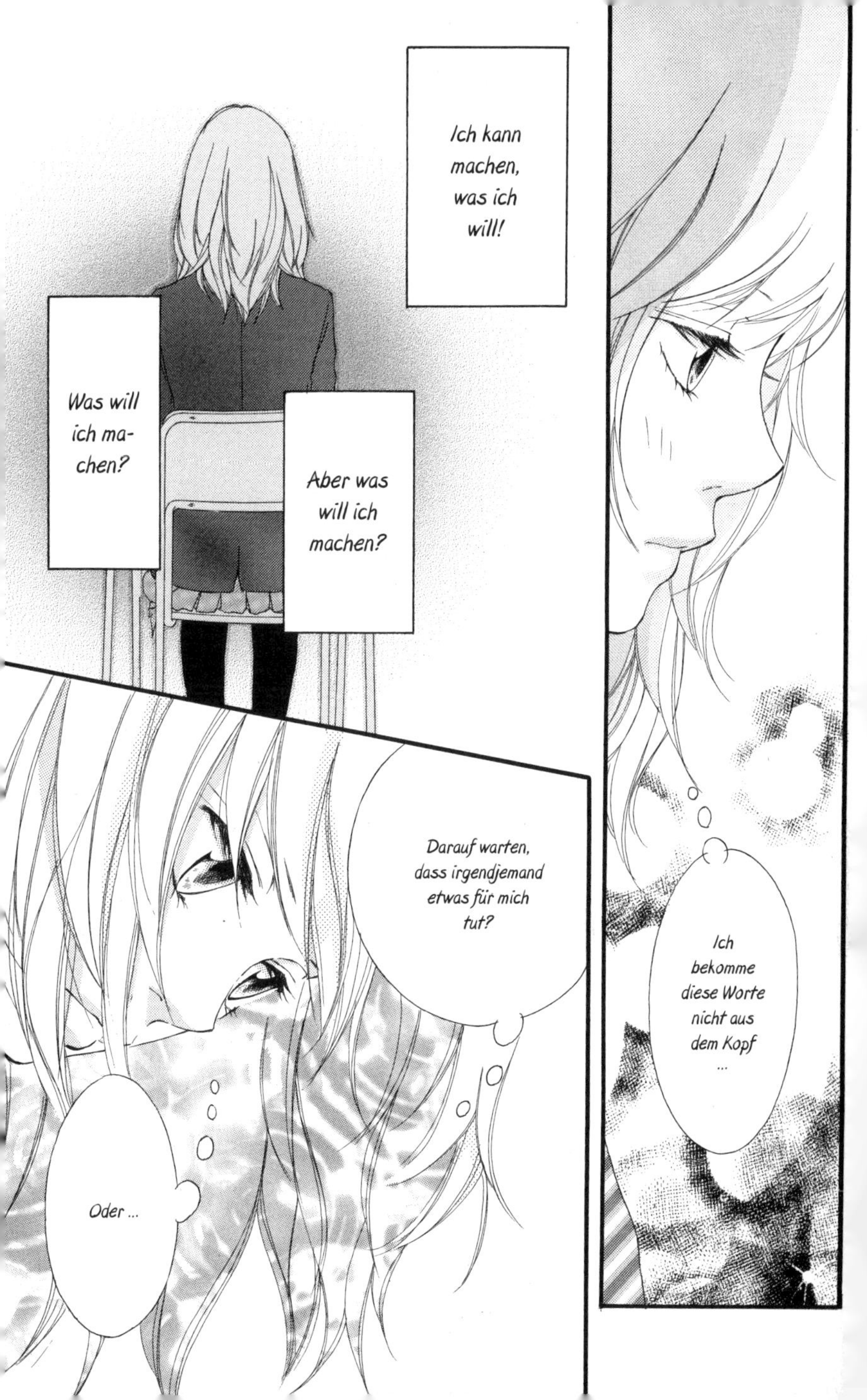
Ich kann machen, was ich will!
Aber was will ich machen?
Was will ich ma-chen?
Ich bekomme diese Worte nicht aus dem Kopf ...
Darauf warten, dass irgendjemand etwas für mich tut?
Oder ...

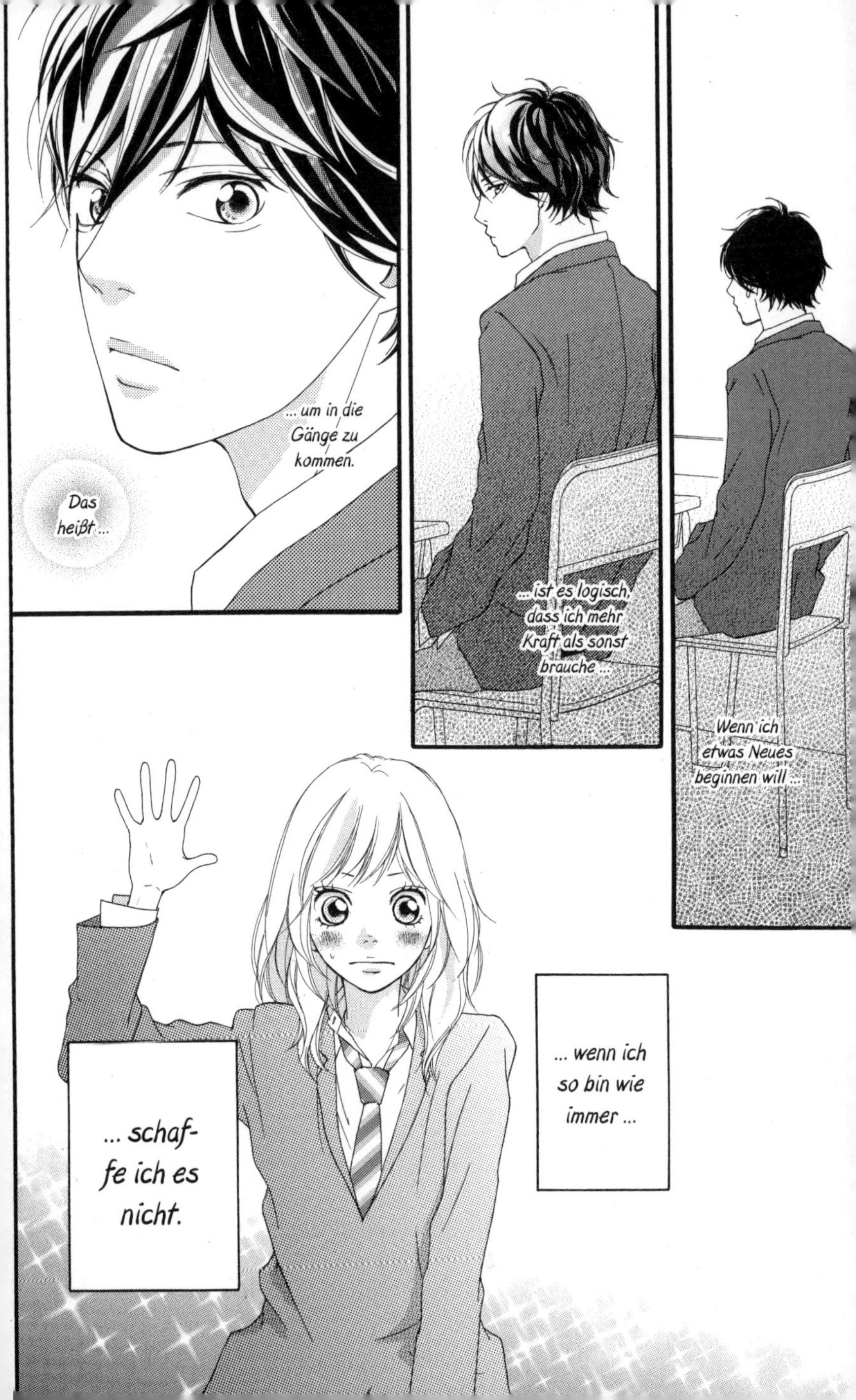
Wenn ich etwas Neues beginnen will ...
... ist es logisch, dass ich mehr Kraft als sonst brauche ...
... um in die Gänge zu kommen.
Das heißt ...
... wenn ich so bin wie immer ...
... schaf-fe ich es nicht.

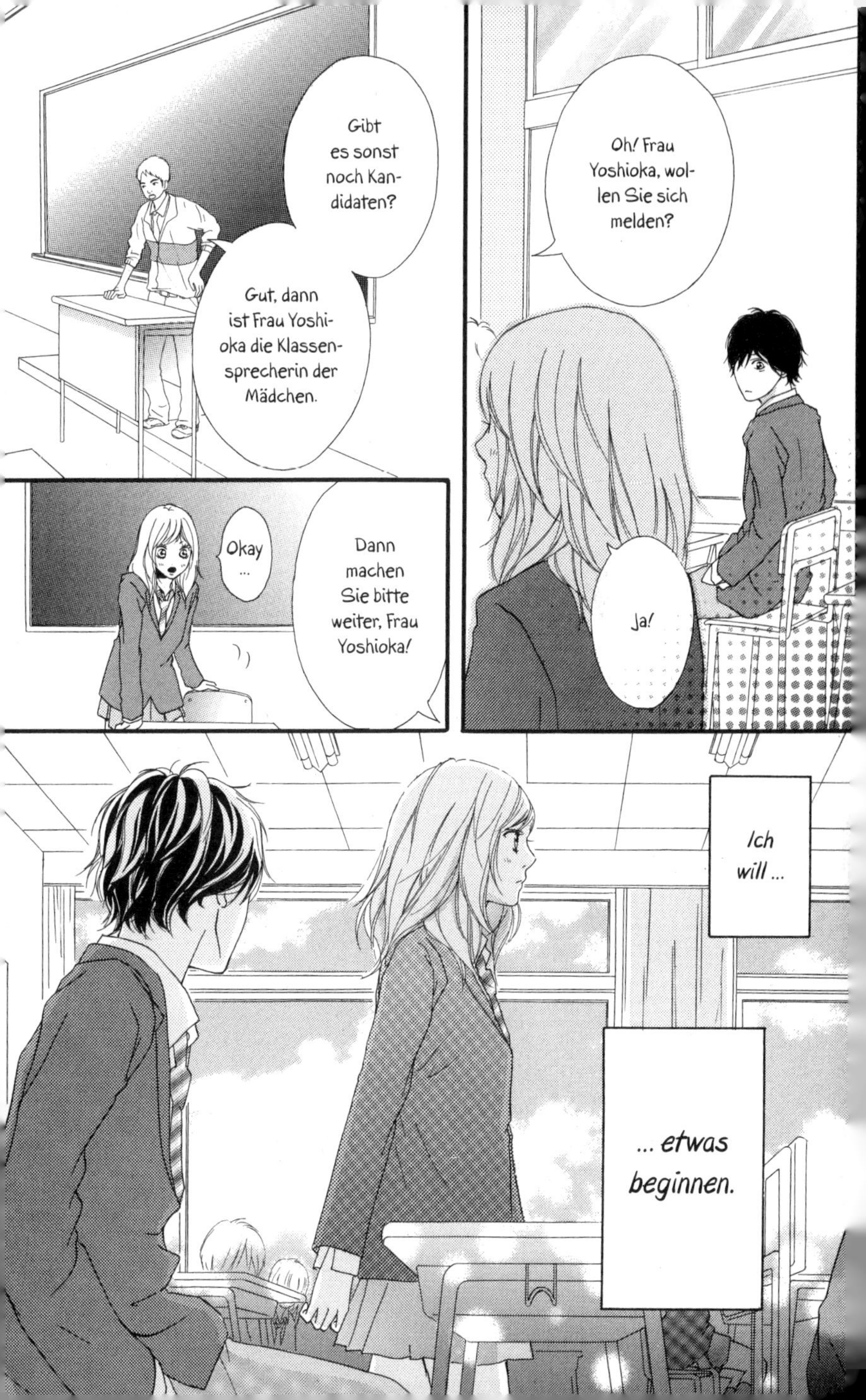
Oh! Frau Yoshioka, wollen Sie sich melden?
Ja!
Gibt es sonst noch Kandidaten?
Gut, dann ist Frau Yoshioka die Klassensprecherin der Mädchen.
Dann machen Sie bitte weiter, Frau Yoshioka!
Okay ...
Ich will ...
... etwas beginnen.

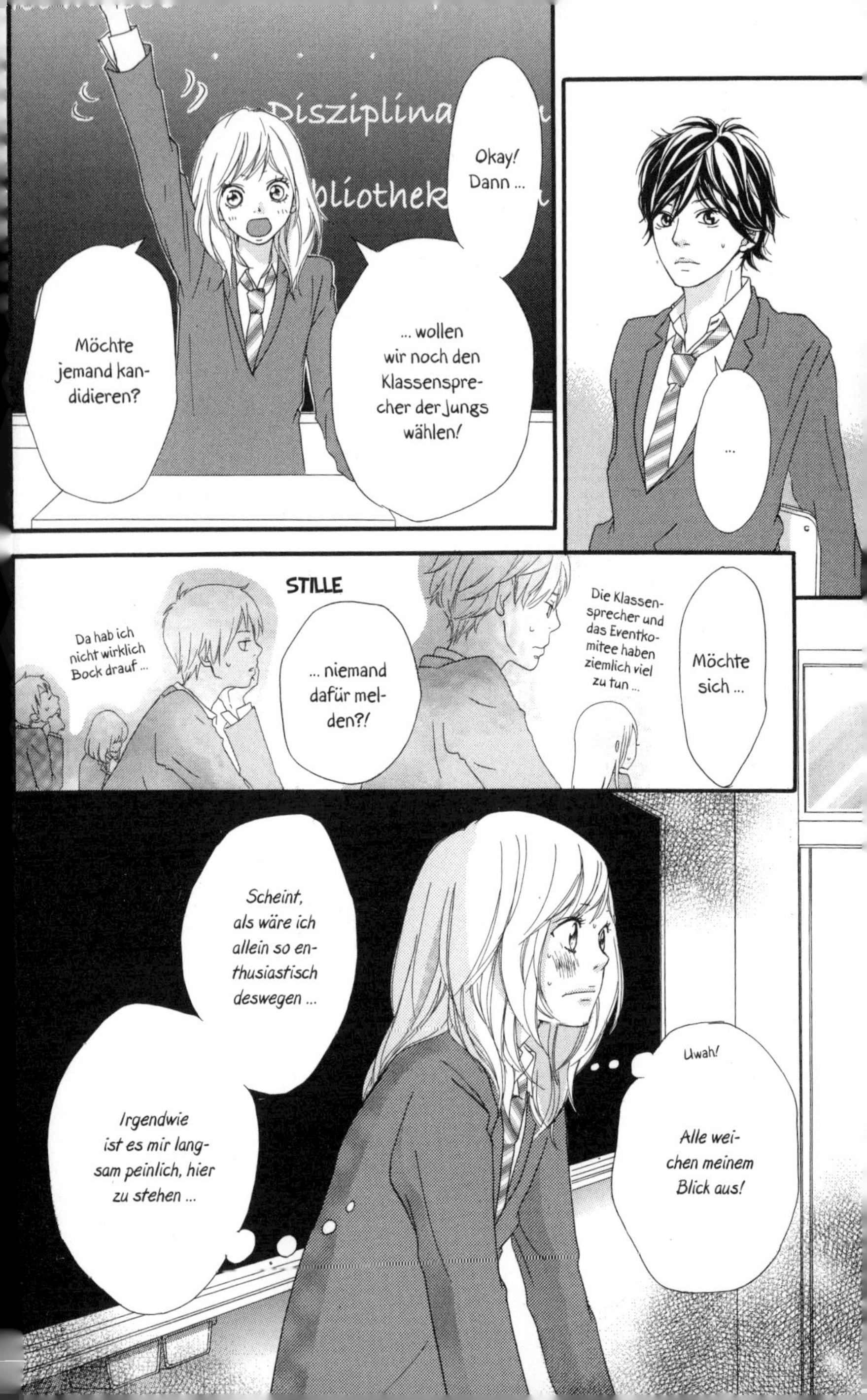
Okay! Dann …
… wollen wir noch den Klassensprecher der Jungs wählen!
Möchte jemand kandidieren?
…
Möchte sich …
Die Klassensprecher und das Eventkomitee haben ziemlich viel zu tun …
… niemand dafür melden?!
STILLE
Da hab ich nicht wirklich Bock drauf …
Scheint, als wäre ich allein so enthusiastisch deswegen …
Uwah!
Alle weichen meinem Blick aus!
Irgendwie ist es mir langsam peinlich, hier zu stehen …

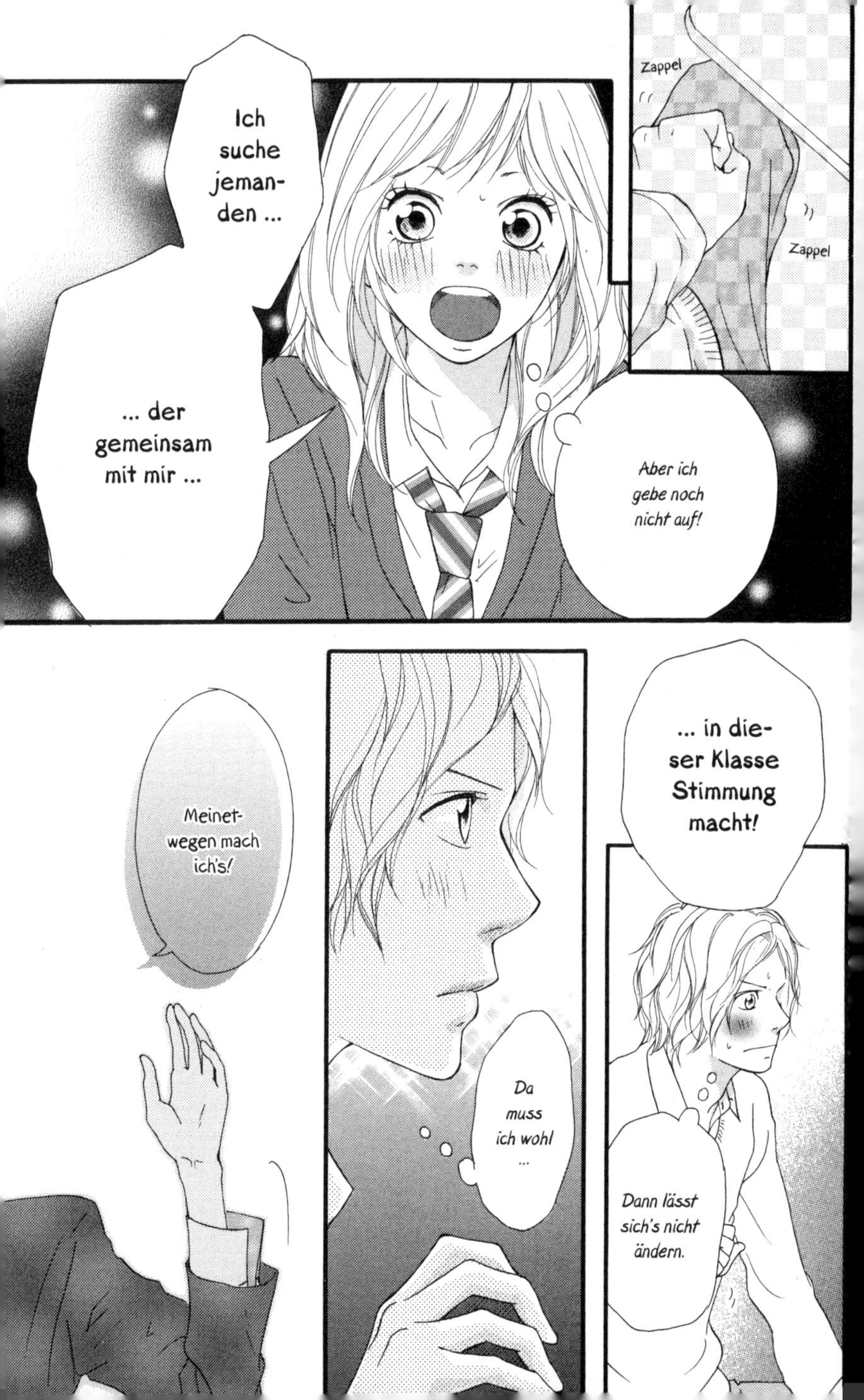
Zappel
Zappel
Ich suche jemanden ...
... der gemeinsam mit mir ...
Aber ich gebe noch nicht auf!
... in dieser Klasse Stimmung macht!
Dann lässt sich's nicht ändern.
Da muss ich wohl ...
Meinetwegen mach ich's!

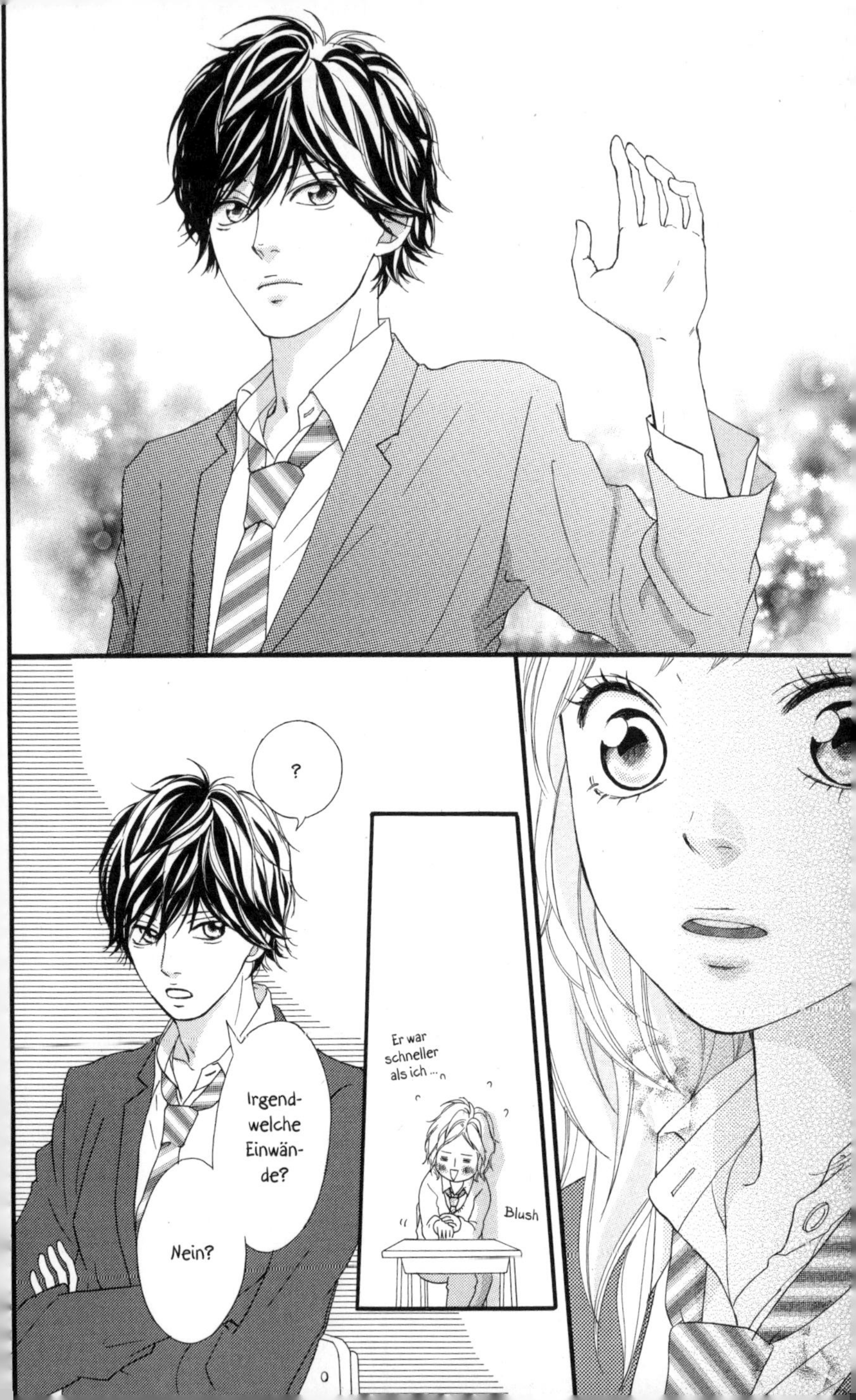
Er war schneller als ich ...
Blush
?
Irgend-welche Einwän-de?
Nein?

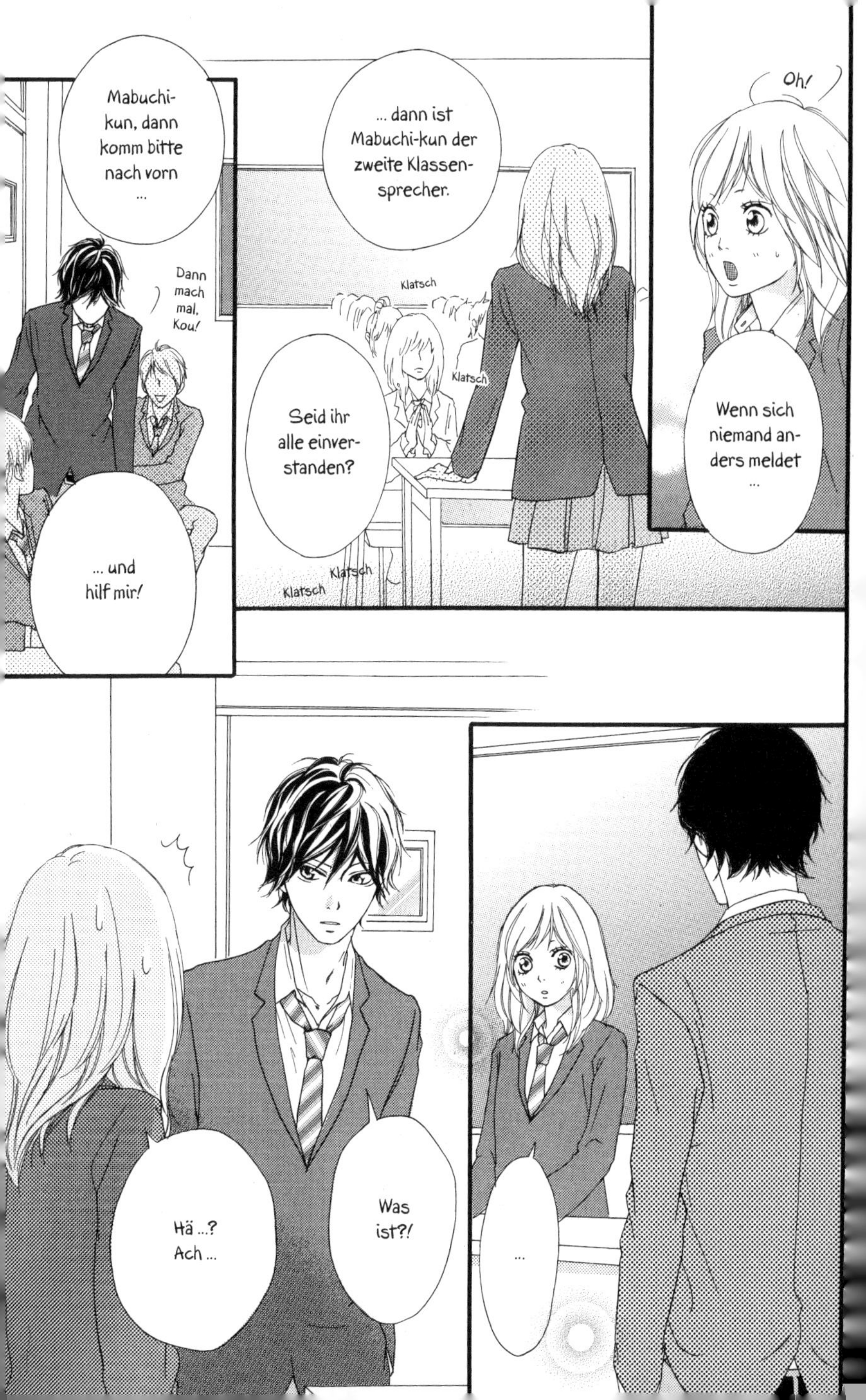

Oh!
Wenn sich niemand anders meldet ...
... dann ist Mabuchi-kun der zweite Klassensprecher.
Klatsch
Klatsch
Seid ihr alle einverstanden?
Klatsch
Klatsch
Mabuchi-kun, dann komm bitte nach vorn ...
Dann mach mal, Kou!
... und hilf mir!
...
Was ist?!
Hä ...? Ach ...

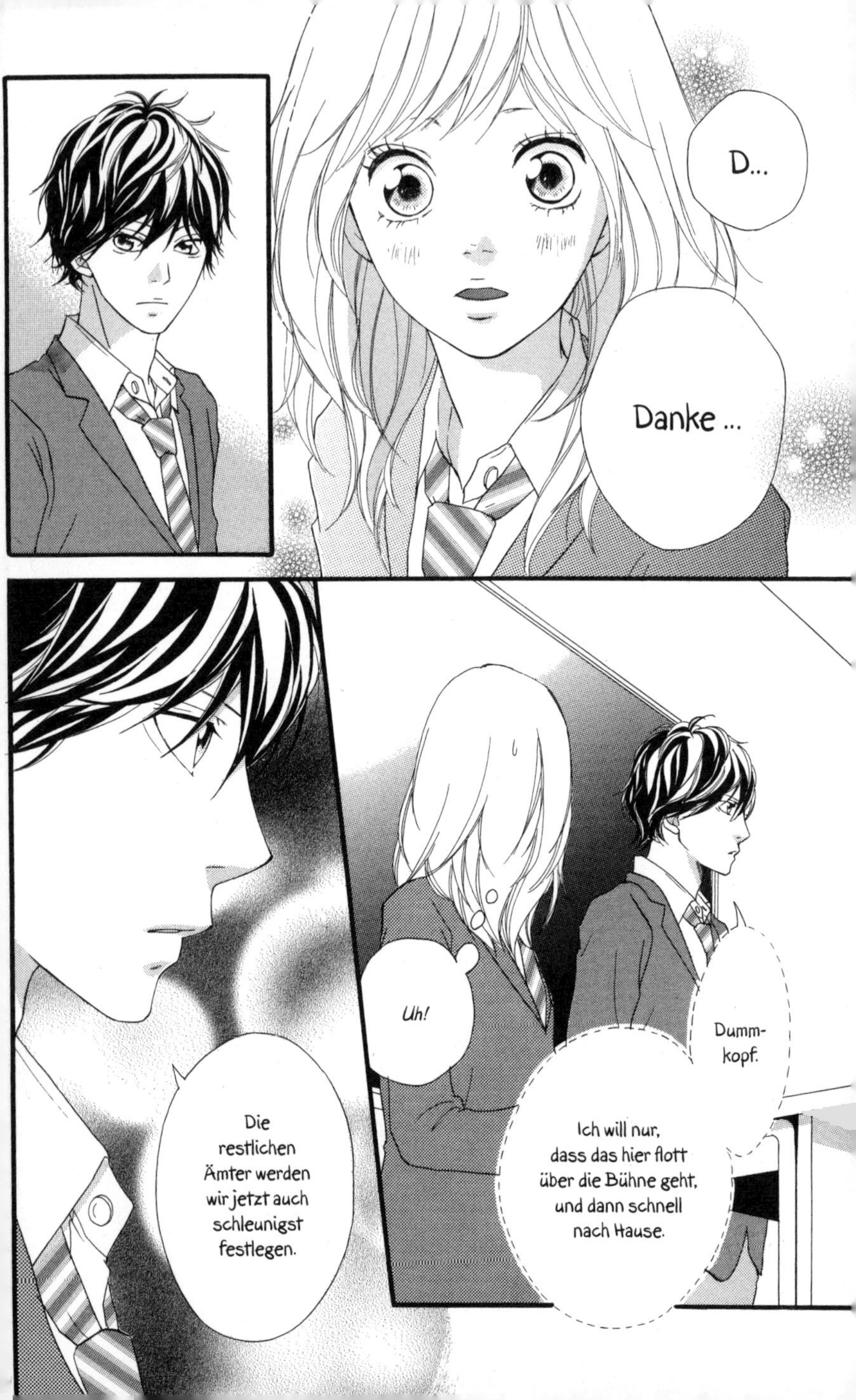
D...
Danke ...
Dumm-
kopf.
Uh!
Ich will nur,
dass das hier flott
über die Bühne geht,
und dann schnell
nach Hause.
Die
restlichen
Ämter werden
wir jetzt auch
schleunigst
festlegen.

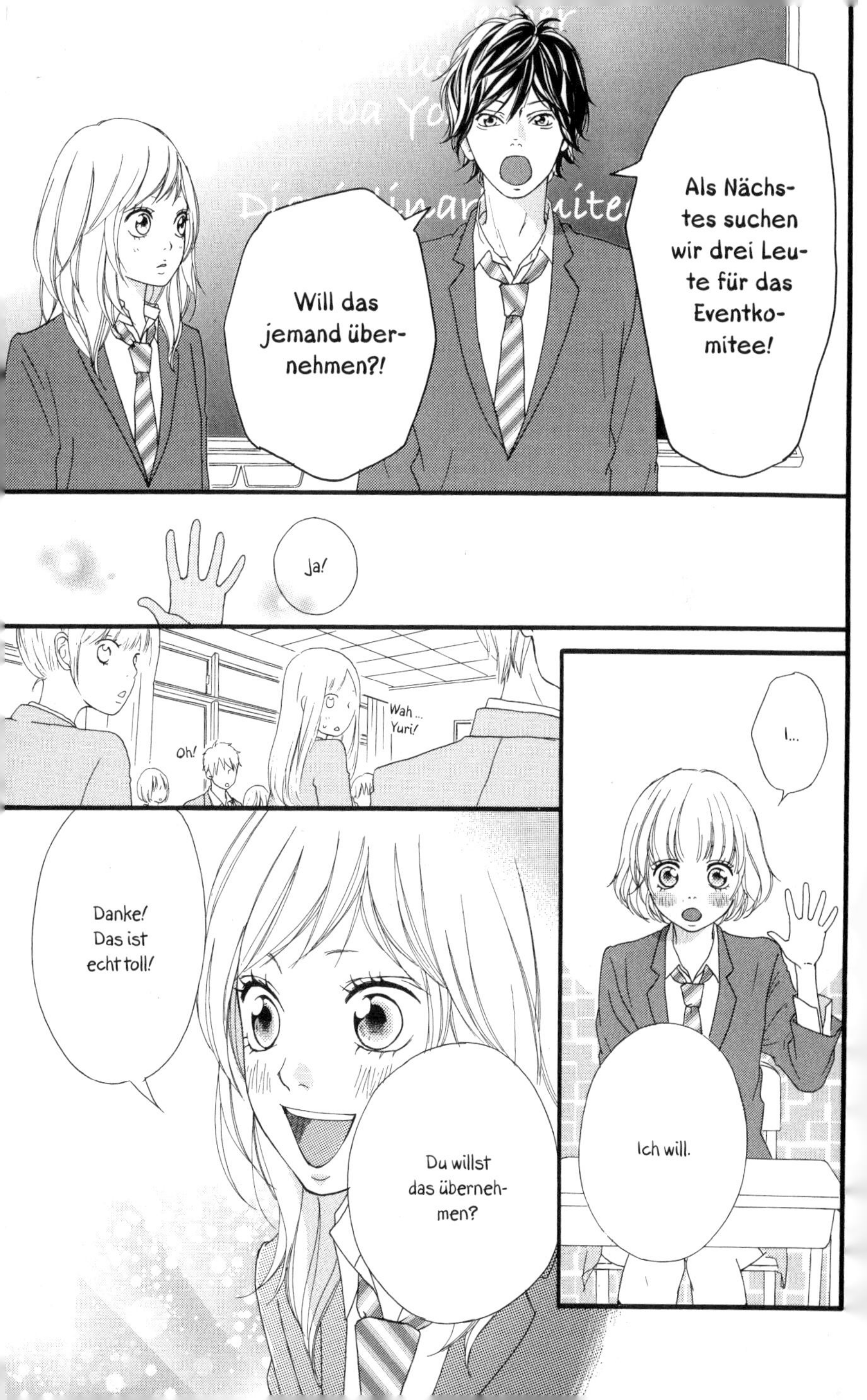

Als Nächstes suchen wir drei Leute für das Eventkomitee!
Will das jemand übernehmen?!
Ja!
Wah ... Yuri!
Oh!
I...
Ich will.
Du willst das übernehmen?
Danke! Das ist echt toll!

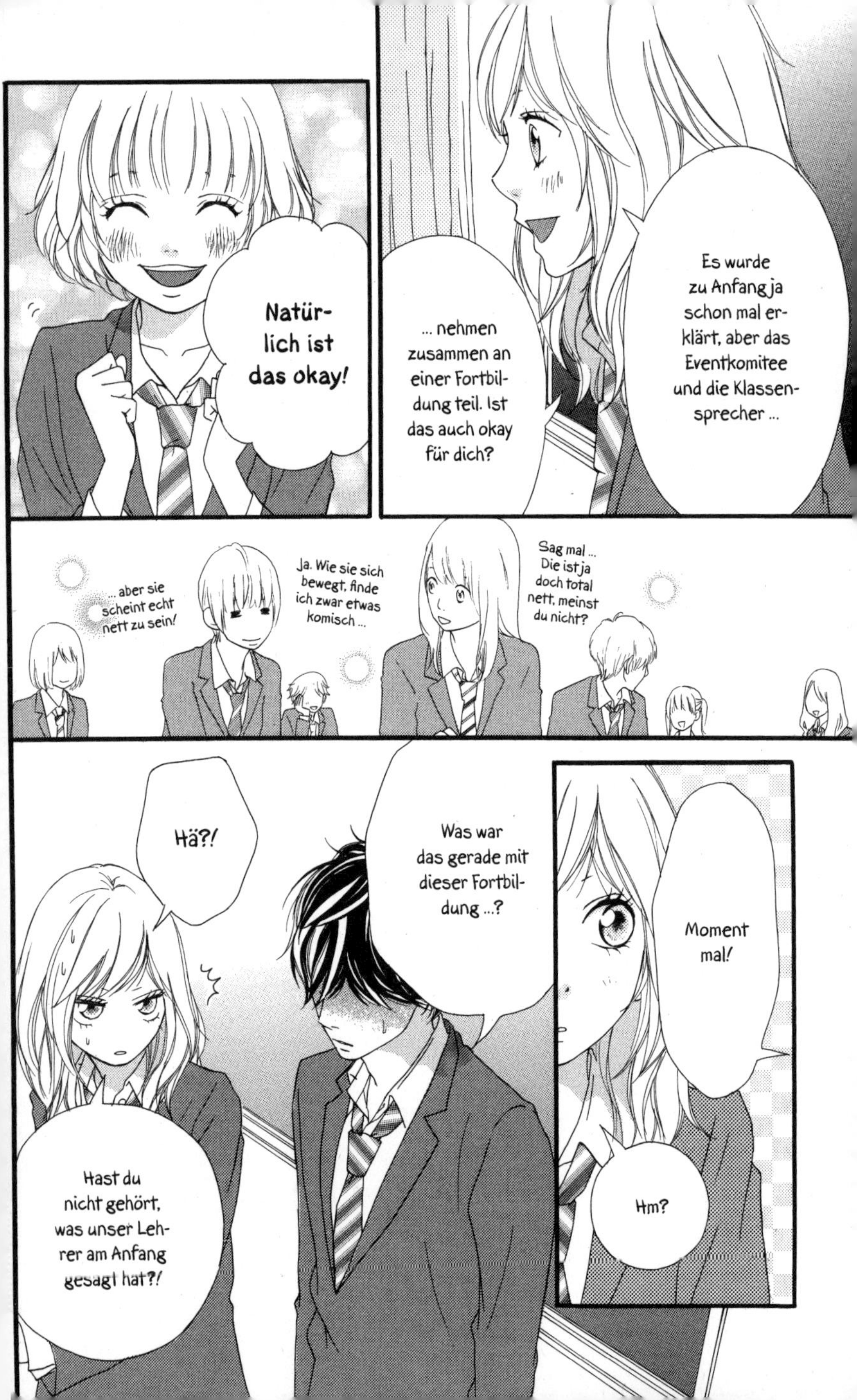
Es wurde zu Anfang ja schon mal erklärt, aber das Eventkomitee und die Klassensprecher ...
... nehmen zusammen an einer Fortbildung teil. Ist das auch okay für dich?
Natürlich ist das okay!
Sag mal ... Die ist ja doch total nett, meinst du nicht?
Ja. Wie sie sich bewegt, finde ich zwar etwas komisch ...
... aber sie scheint echt nett zu sein!
Moment mal!
Hm?
Was war das gerade mit dieser Fortbildung ...?
Hä?!
Hast du nicht gehört, was unser Lehrer am Anfang gesagt hat?!

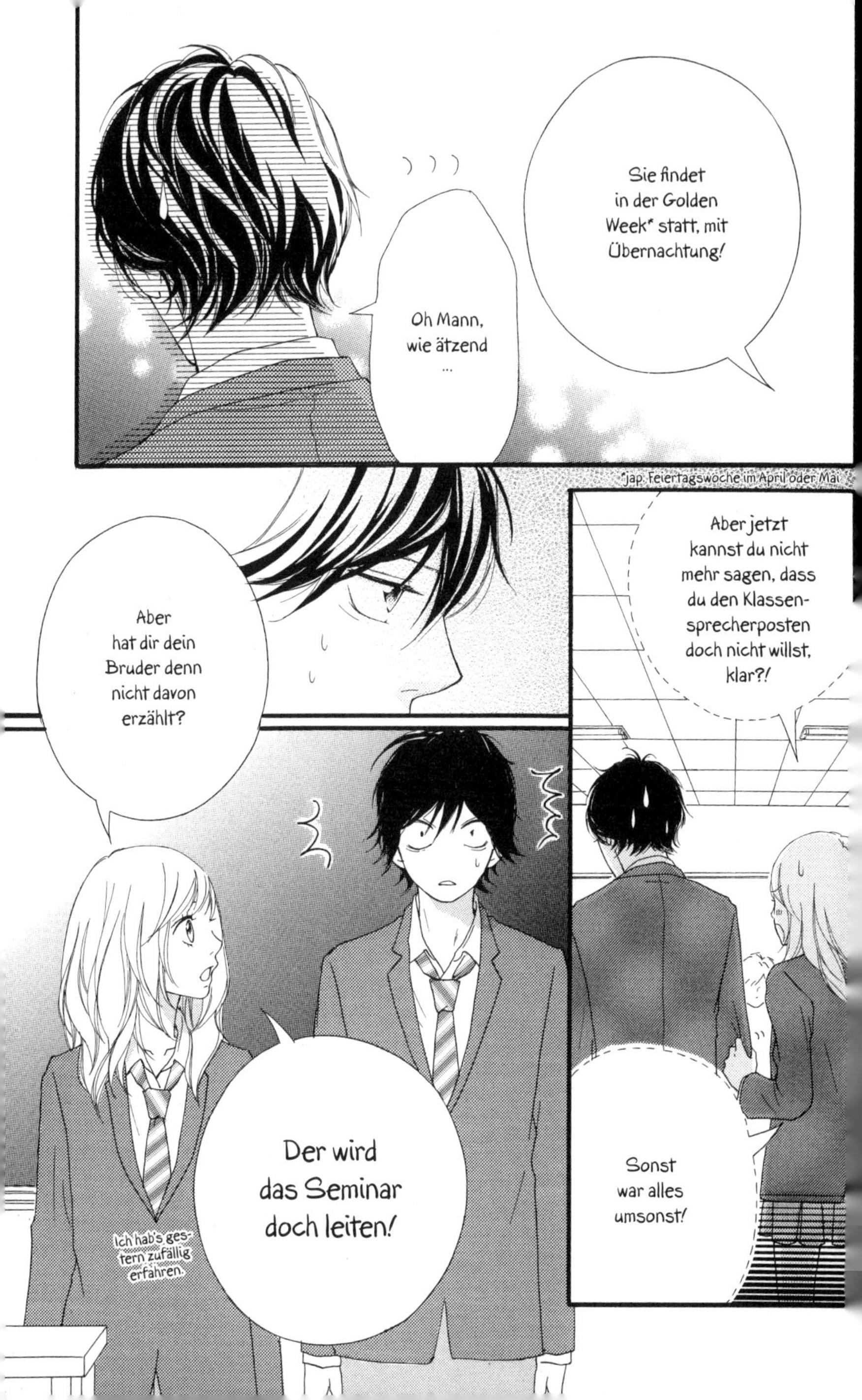

*jap. Feiertagswoche im April oder Mai

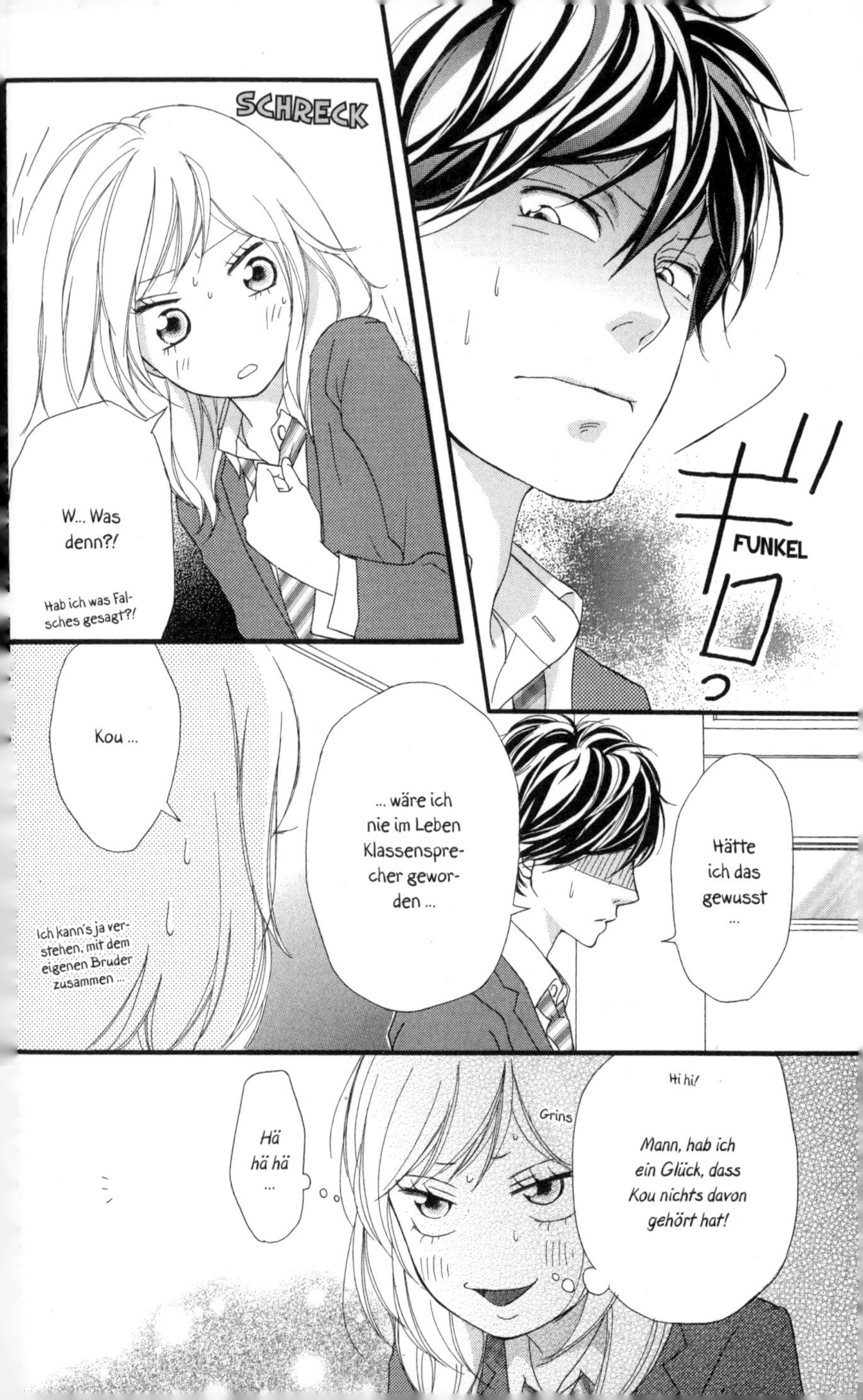
FUNKEL
SCHRECK
W... Was denn?!
Hab ich was Falsches gesagt?!
Hätte ich das gewusst ...
... wäre ich nie im Leben Klassensprecher geworden ...
Kou ...
Ich kann's ja verstehen, mit dem eigenen Bruder zusammen ...
Hi hi!
Grins
Mann, hab ich ein Glück, dass Kou nichts davon gehört hat!
Hä hä hä ...

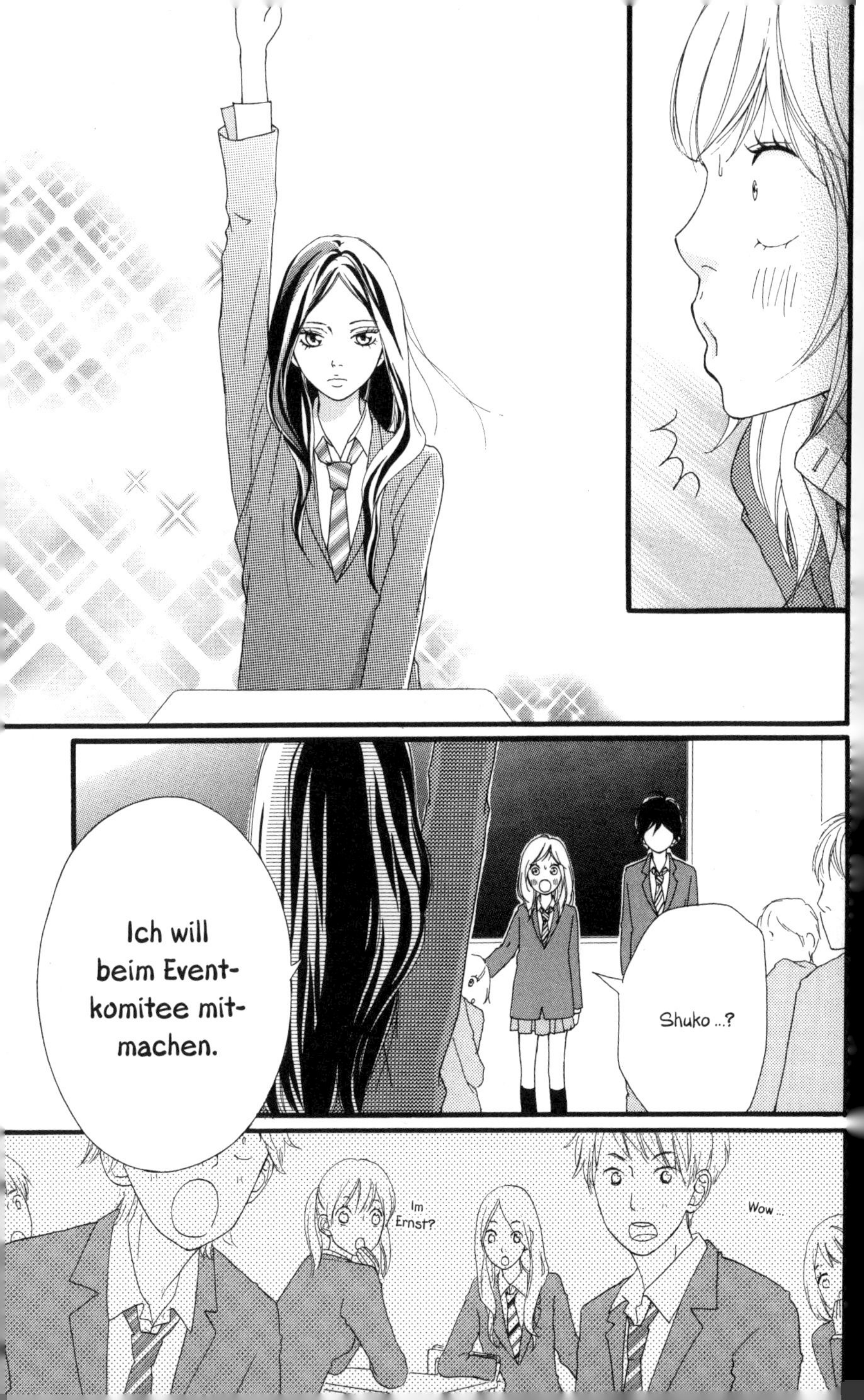
Ich will beim Event-komitee mit-machen.
Shuko ...?
Wow ...
Im Ernst?

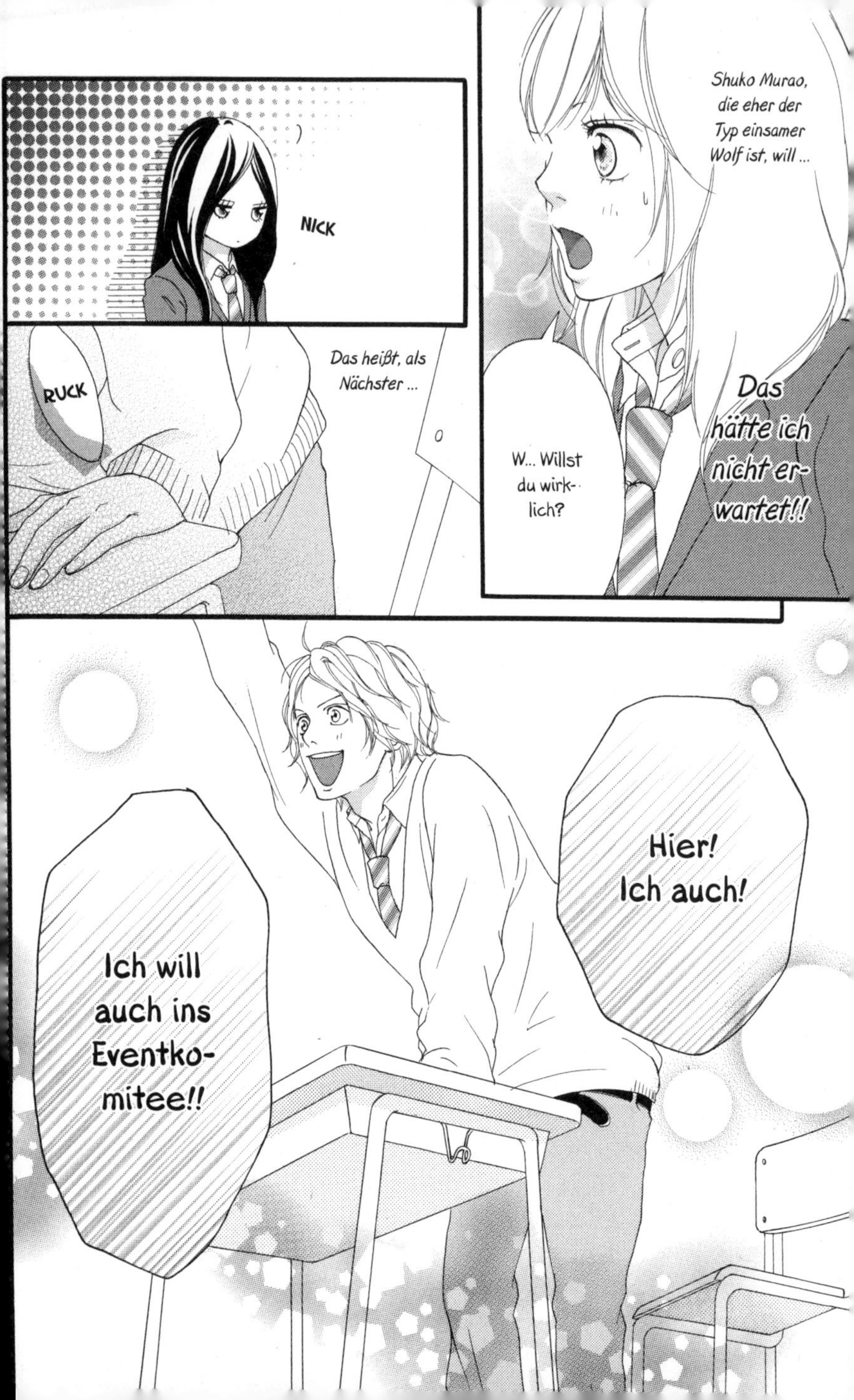

Shuko Murao, die eher der Typ einsamer Wolf ist, will ...
NICK
Das heißt, als Nächster ...
RUCK
W... Willst du wirk-lich?
Das hätte ich nicht er-wartet!!
Hier! Ich auch!
Ich will auch ins Eventko-mitee!!

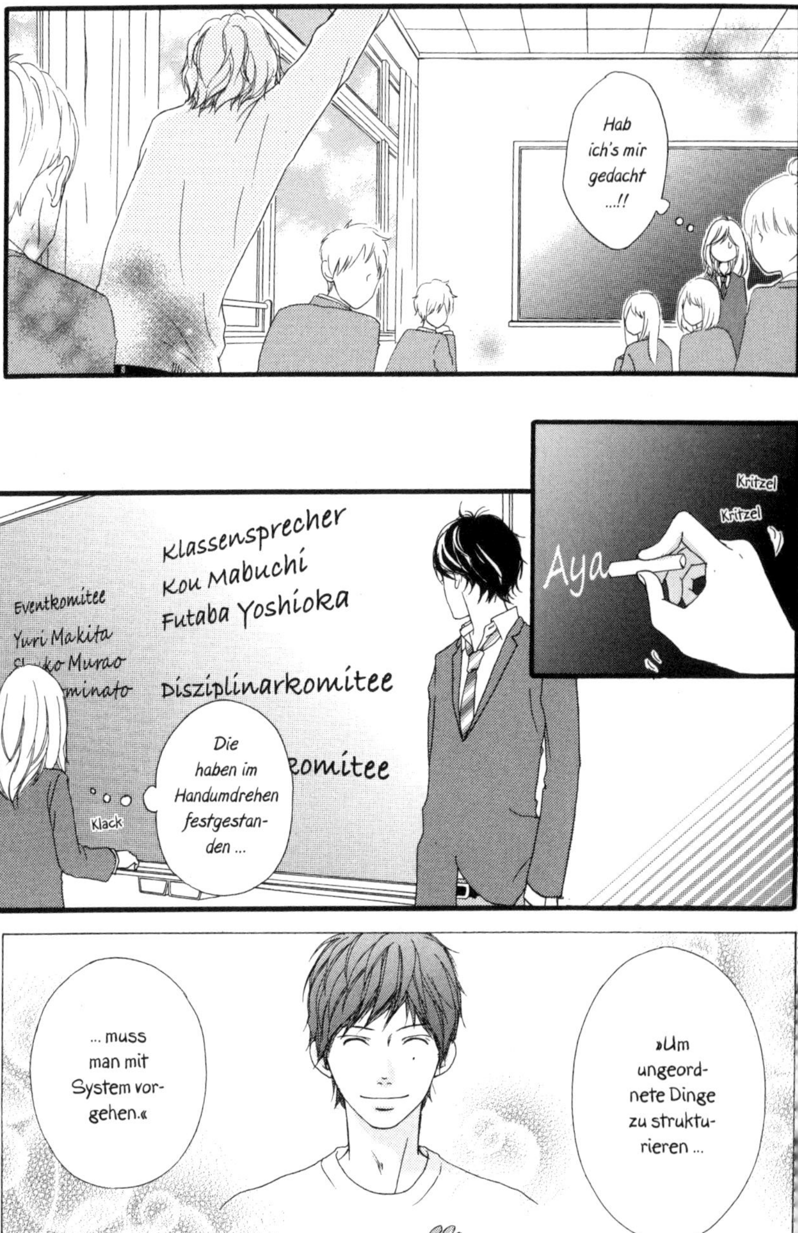
Hab ich's mir gedacht ...!!
Kritzel
Kritzel
Aya
Klassensprecher
Kou Mabuchi
Futaba Yoshioka
Eventkomitee
Yuri Makita
Disziplinarkomitee
Die haben im Handumdrehen festgestanden ...
Klack
»Um ungeordnete Dinge zu strukturieren ...
... muss man mit System vorgehen.«

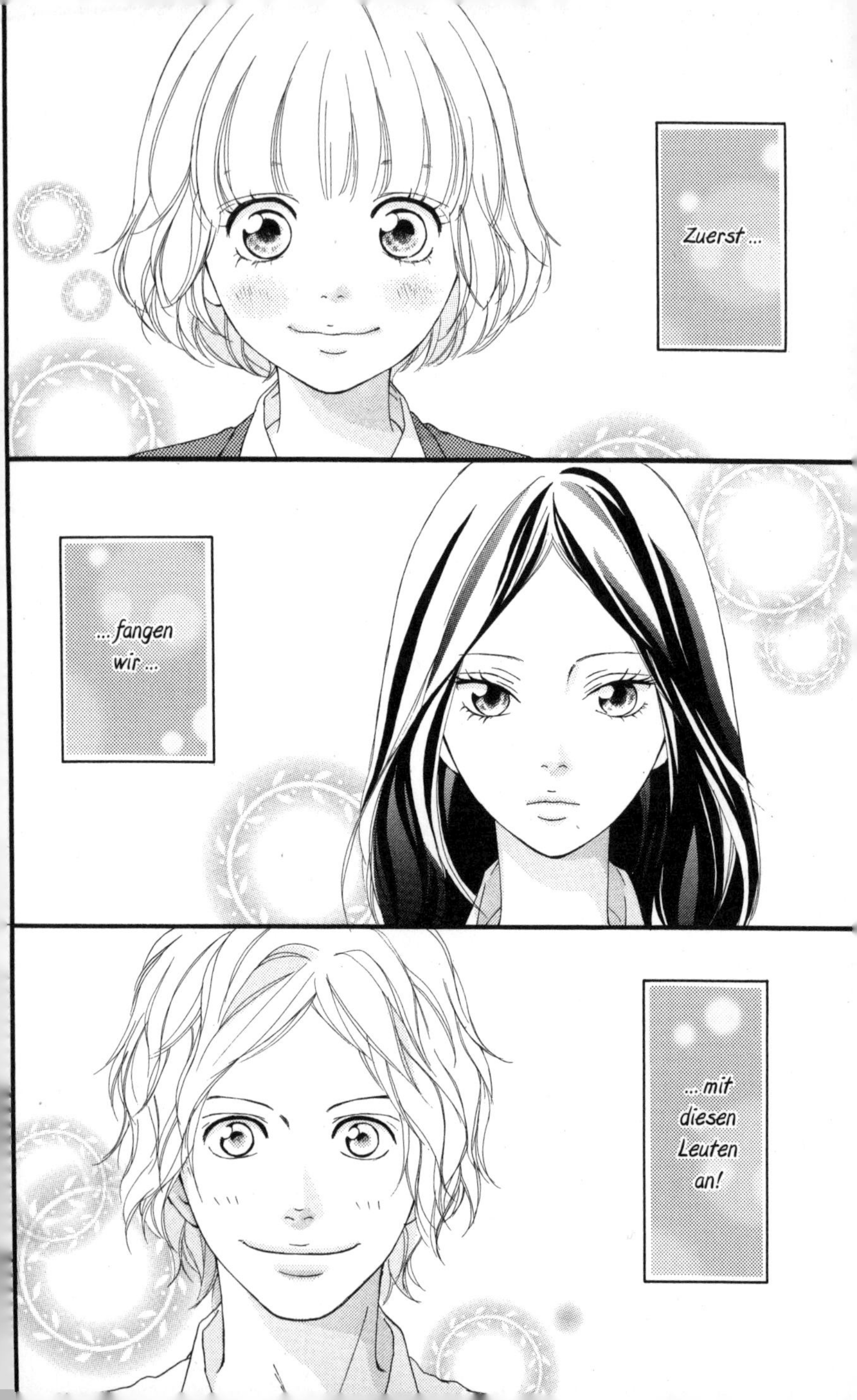
Zuerst ...
... fangen wir ...
... mit diesen Leuten an!

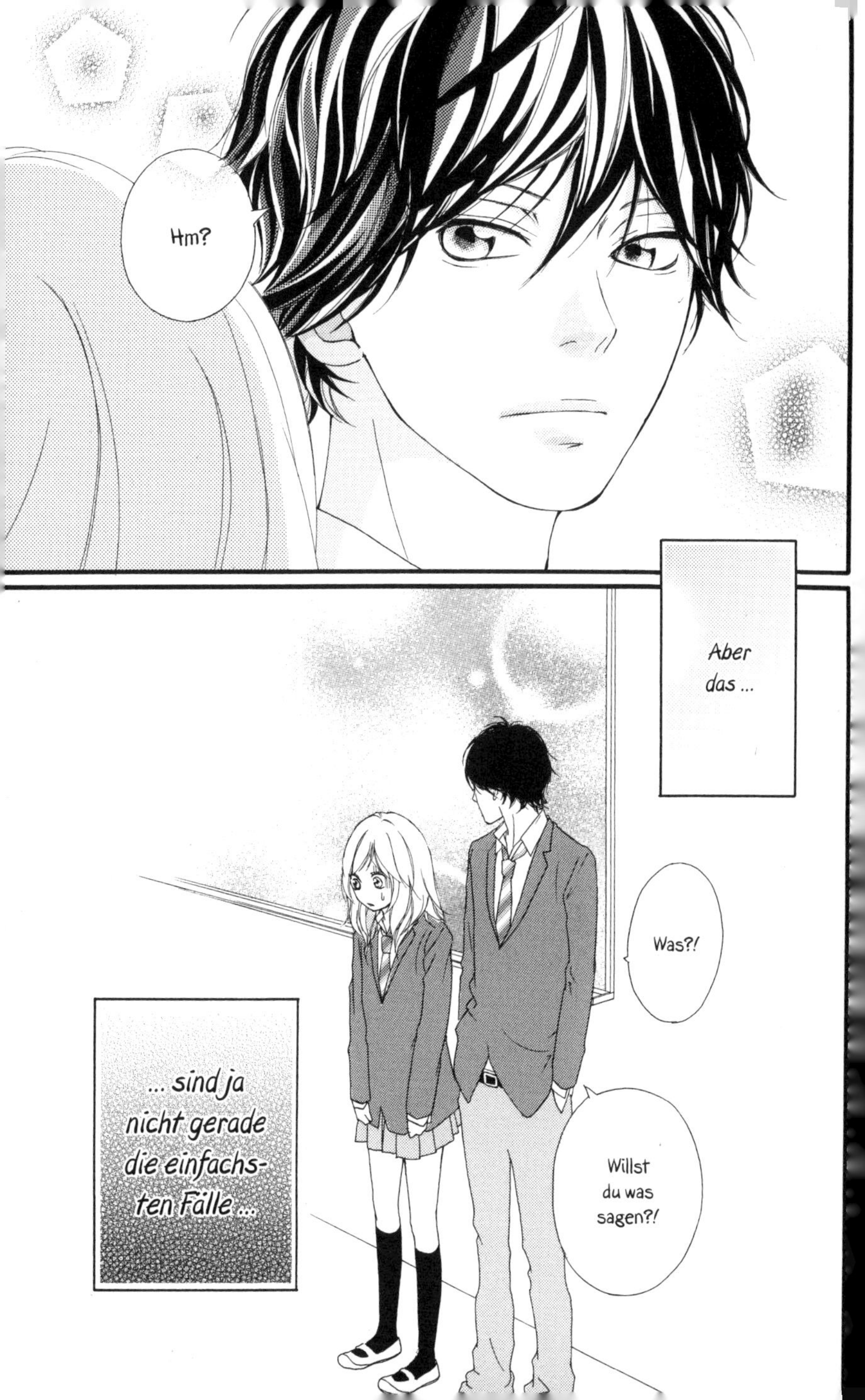
Hm?
Aber das ...
Was?!
Willst du was sagen?!
... sind ja nicht gerade die einfachs-ten Fälle ...

Die kleine Schwester von Garigari-kun* heißt Gariko*!

Ich bin diesen Sommer total süchtig nach Garigari-kun (in der Sorte Birne) geworden. Zuerst habe ich mich gefragt, was das ist, weil andere Autorinnen der Zeitschrift Bessatsu Margaret getwittert haben, dass es so lecker schmecke. Als ich es mir probeweise gekauft und gegessen habe, dachte ich: »Mann, das schmeckt echt gut!«. Am leckersten ist es, wenn ich es im Konbini** kaufe, nach Hause gehe und es schon etwas angeschmolzen ist, wenn ich da ankomme. In diesem Zustand schmeckt mir persönlich die Birnenvariante am besten. Ab diesem Tag war ich danach süchtig und habe es mir weiter gekauft. Nach ungefähr zehn Stück habe ich dann was gewonnen*** und bin total ausgeflippt, aber ich hab doch tatsächlich den Stiel verloren. Enttäuschung. Ich habe überall gesucht, aber er ist nirgends zu finden, deswegen habe ich beschlossen, dass mir nichts anderes übrig bleibt, als ein zweites Mal ein Gewinnereis zu kaufen, und bis ich das habe, ist mein Sommer noch nicht vorbei! ☆ Voller Kampfgeist habe ich weitergegessen, aber ich habe keinen Gewinn mehr erwischt. Und während ich noch dabei war, habe ich erfahren, dass der diesjährige Produktionszeitraum für Garigari-kun (Birne) zu Ende ist, und wirklich ist das Eis bei allen Konbinis und Supermärkten meiner Gegend nicht mehr zu finden. Deswegen möchte ich hier bekannt geben, dass mein Sommer dieses Jahr nicht enden kann. Auch wenn es Weihnachten wird, ist mein Herz vielleicht noch voll auf Sommer eingestellt, sorry. Ich warte darauf, dass es das Eis nächstes Jahr wieder gibt. Und wenn nicht, dann wird für mich ein ganzes Leben lang Sommer sein. Und weil ich fast nur Eis gegessen habe, hat mich die Sommerhitze ziemlich mitgenommen. Dank dessen ist mein Motto »Wisse, wann du aufhören sollst« geworden. Vielen Dank.

★ Io Sakisaka ★

*Maskottchen und Namen von Eiskremprodukten der Firma Akagi **Supermarkt, der 24 Stunden geöffnet ist
***Bei manchen Eissorten ist auf dem Stiel »Gewinn« oder »Niete« zu lesen.

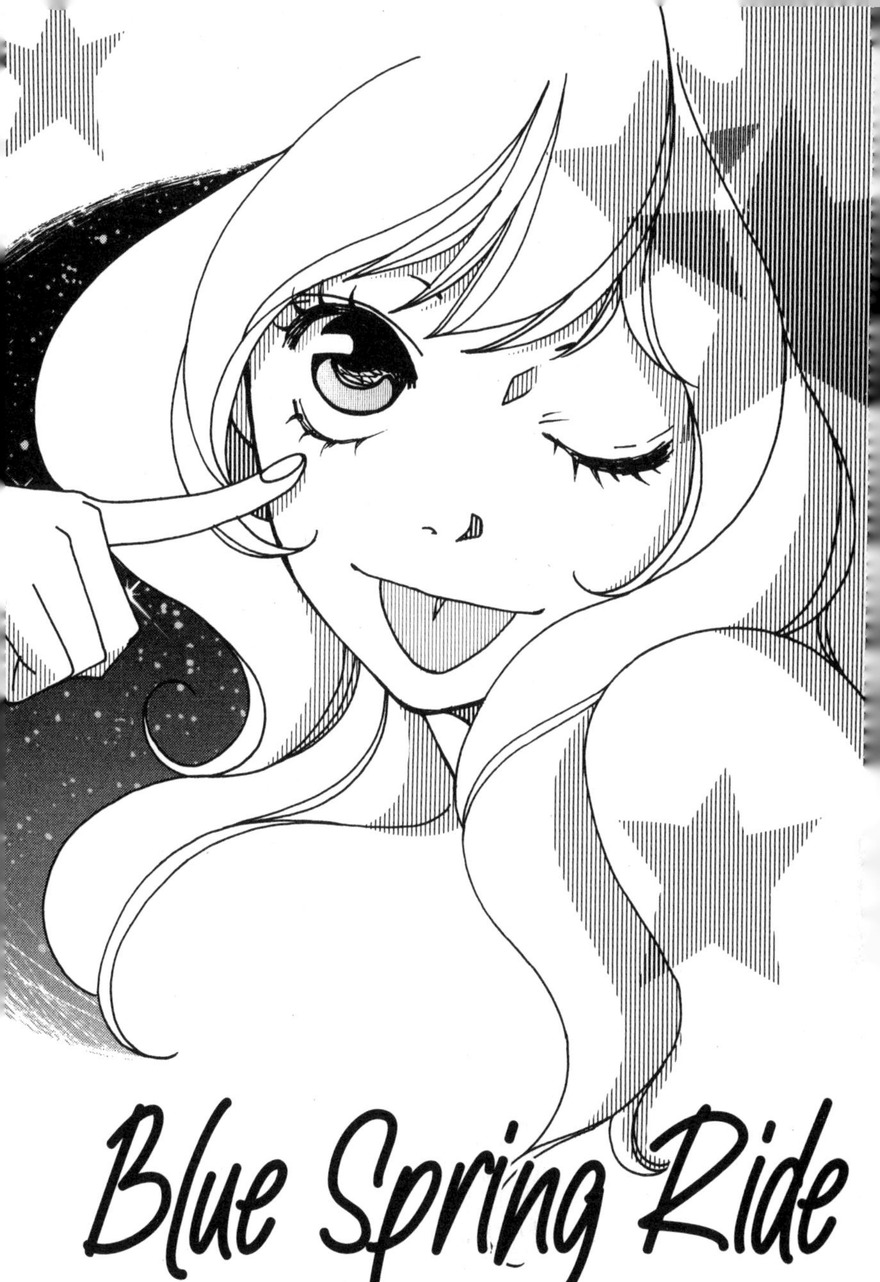

Blue Spring Ride

PAGE 5

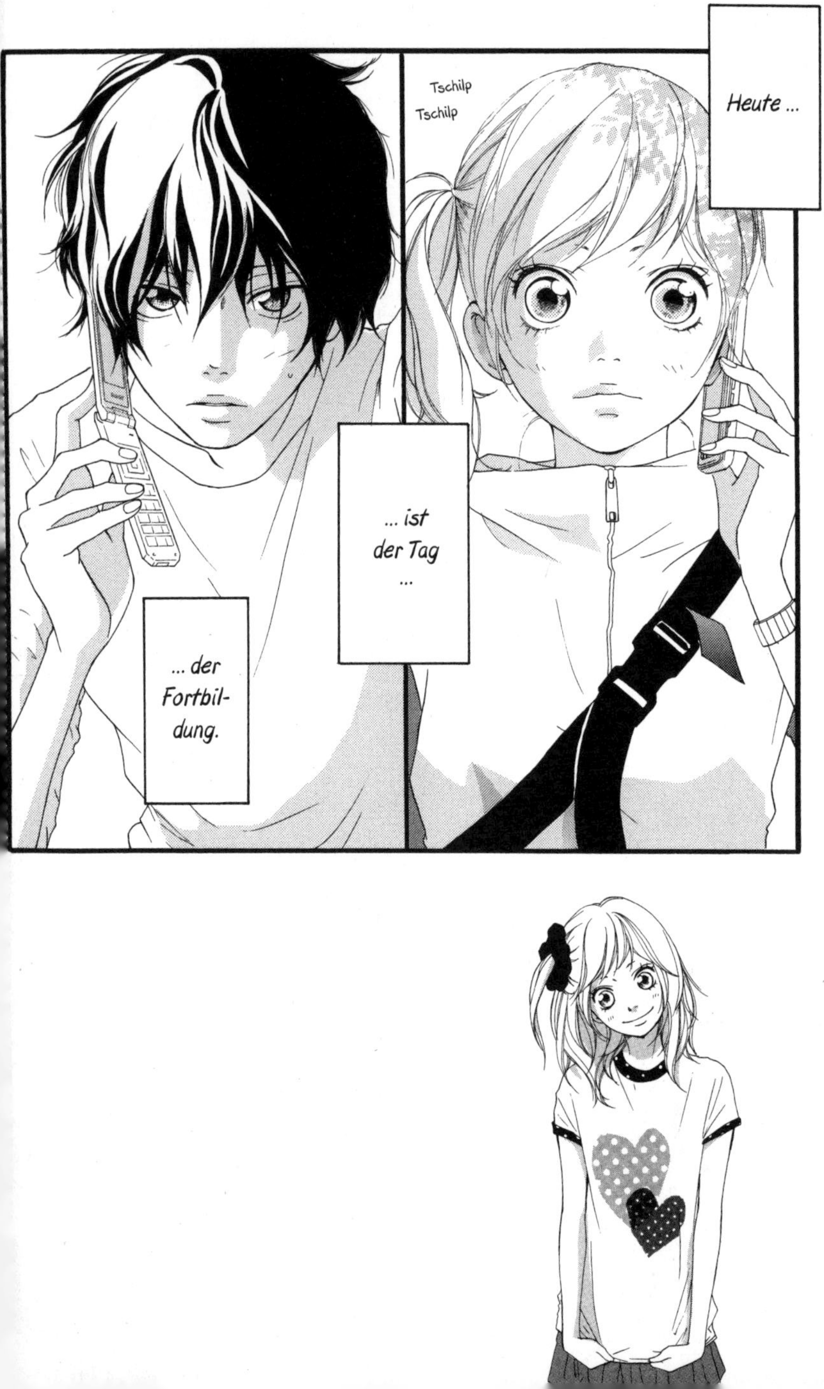
Heute ...
Tschilp
Tschilp
... ist der Tag ...
... der Fortbil-dung.

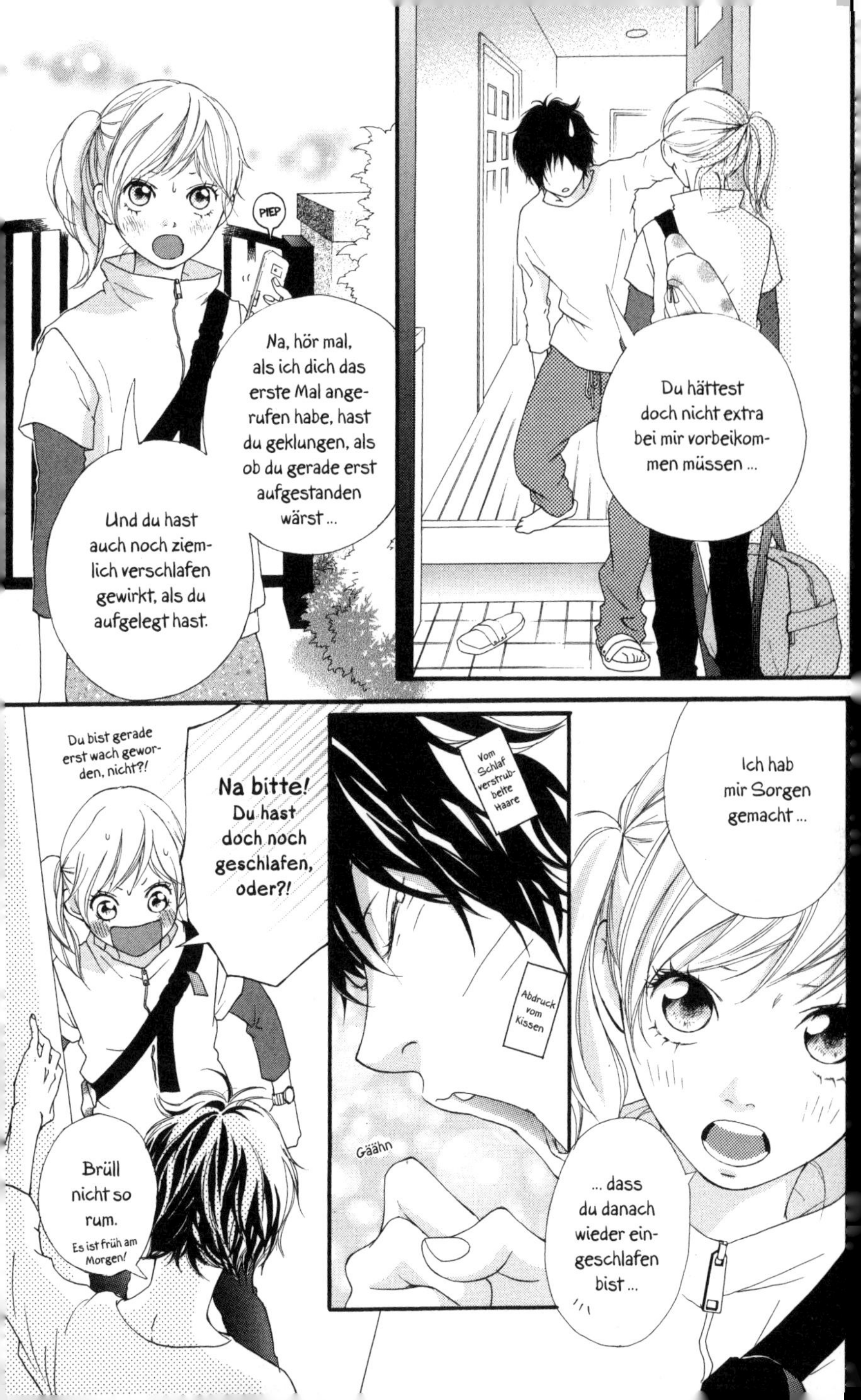

Du hättest doch nicht extra bei mir vorbeikommen müssen ...
PIEP
Na, hör mal, als ich dich das erste Mal angerufen habe, hast du geklungen, als ob du gerade erst aufgestanden wärst ...
Und du hast auch noch ziemlich verschlafen gewirkt, als du aufgelegt hast.
Ich hab mir Sorgen gemacht ...
... dass du danach wieder eingeschlafen bist ...
Vom Schlaf verstrubbelte Haare
Abdruck vom Kissen
Gäähn
Du bist gerade erst wach geworden, nicht?!
Na bitte! Du hast doch noch geschlafen, oder?!
Brüll nicht so rum.
Es ist früh am Morgen!

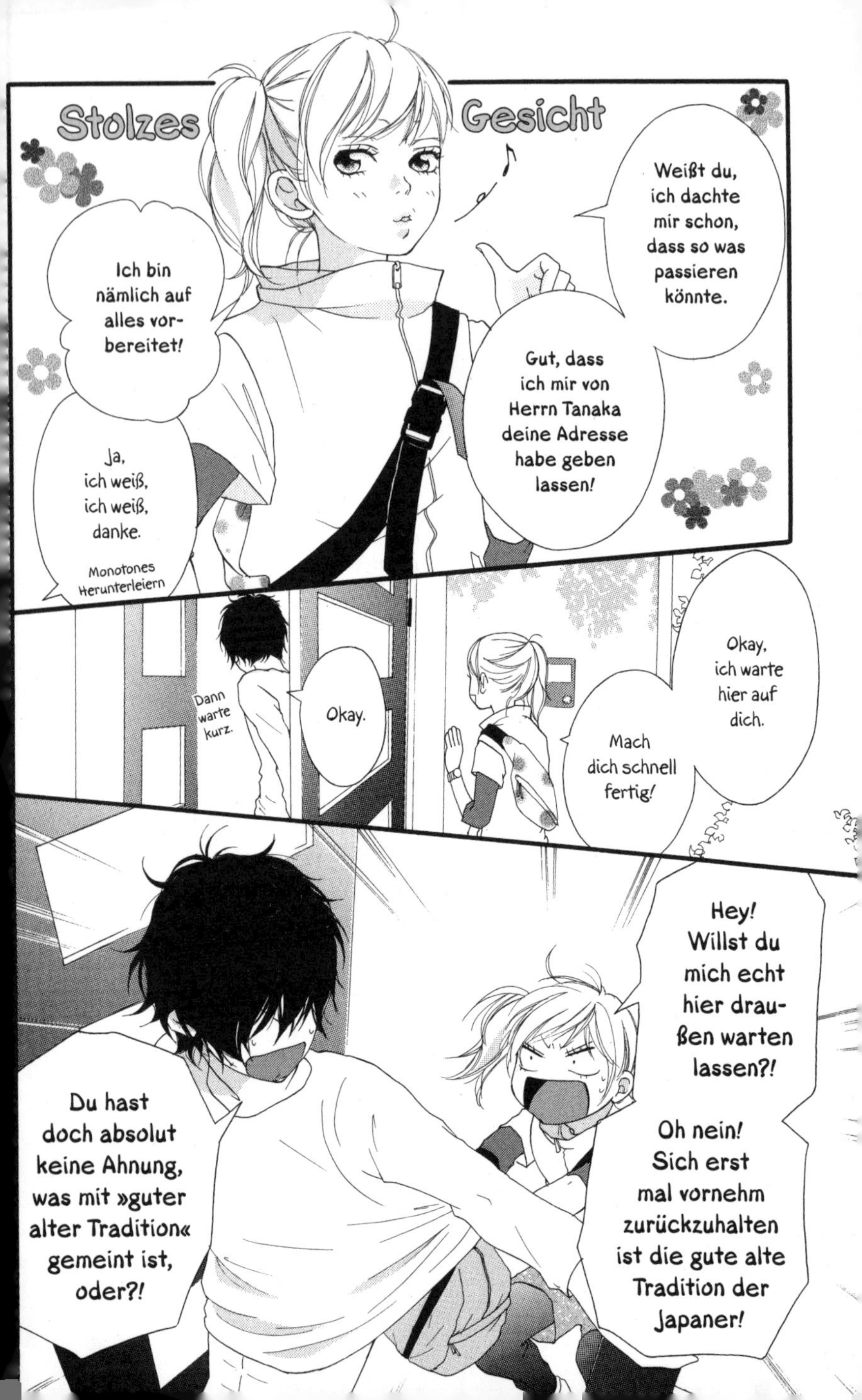

Stolzes Gesicht
Weißt du, ich dachte mir schon, dass so was passieren könnte.
Gut, dass ich mir von Herrn Tanaka deine Adresse habe geben lassen!
Ich bin nämlich auf alles vorbereitet!
Ja, ich weiß, ich weiß, danke.
Monotones Herunterleiern
Okay, ich warte hier auf dich.
Mach dich schnell fertig!
Okay.
Dann warte kurz.
Hey! Willst du mich echt hier draußen warten lassen?!
Oh nein! Sich erst mal vornehm zurückzuhalten ist die gute alte Tradition der Japaner!
Du hast doch absolut keine Ahnung, was mit »guter alter Tradition« gemeint ist, oder?!

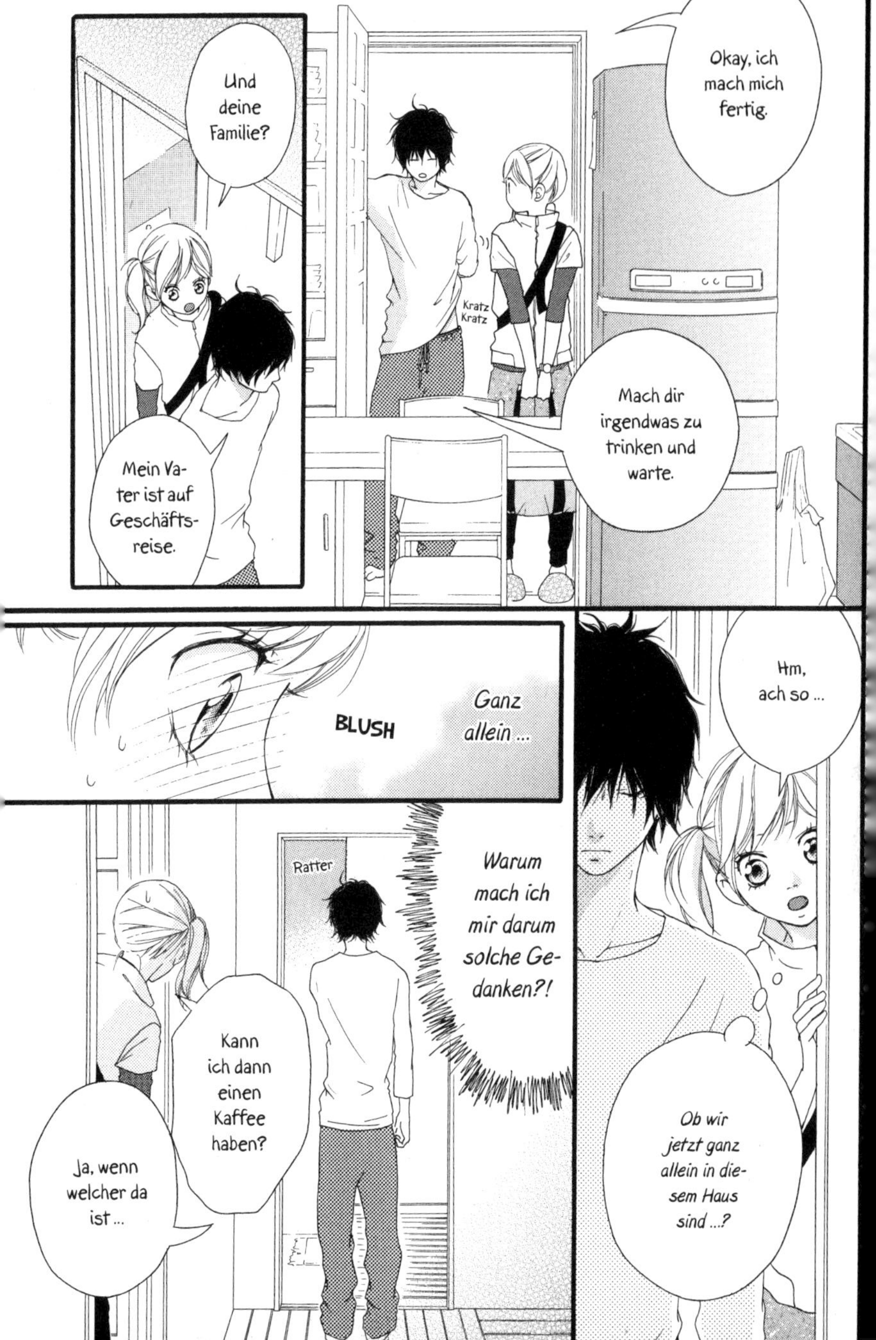
Okay, ich mach mich fertig.
Kratz Kratz
Mach dir irgendwas zu trinken und warte.
Und deine Familie?
Mein Vater ist auf Geschäftsreise.
Hm, ach so ...
Ob wir jetzt ganz allein in diesem Haus sind ...?
Ganz allein ...
BLUSH
Warum mach ich mir darum solche Gedanken?!
Ratter
Kann ich dann einen Kaffee haben?
Ja, wenn welcher da ist ...

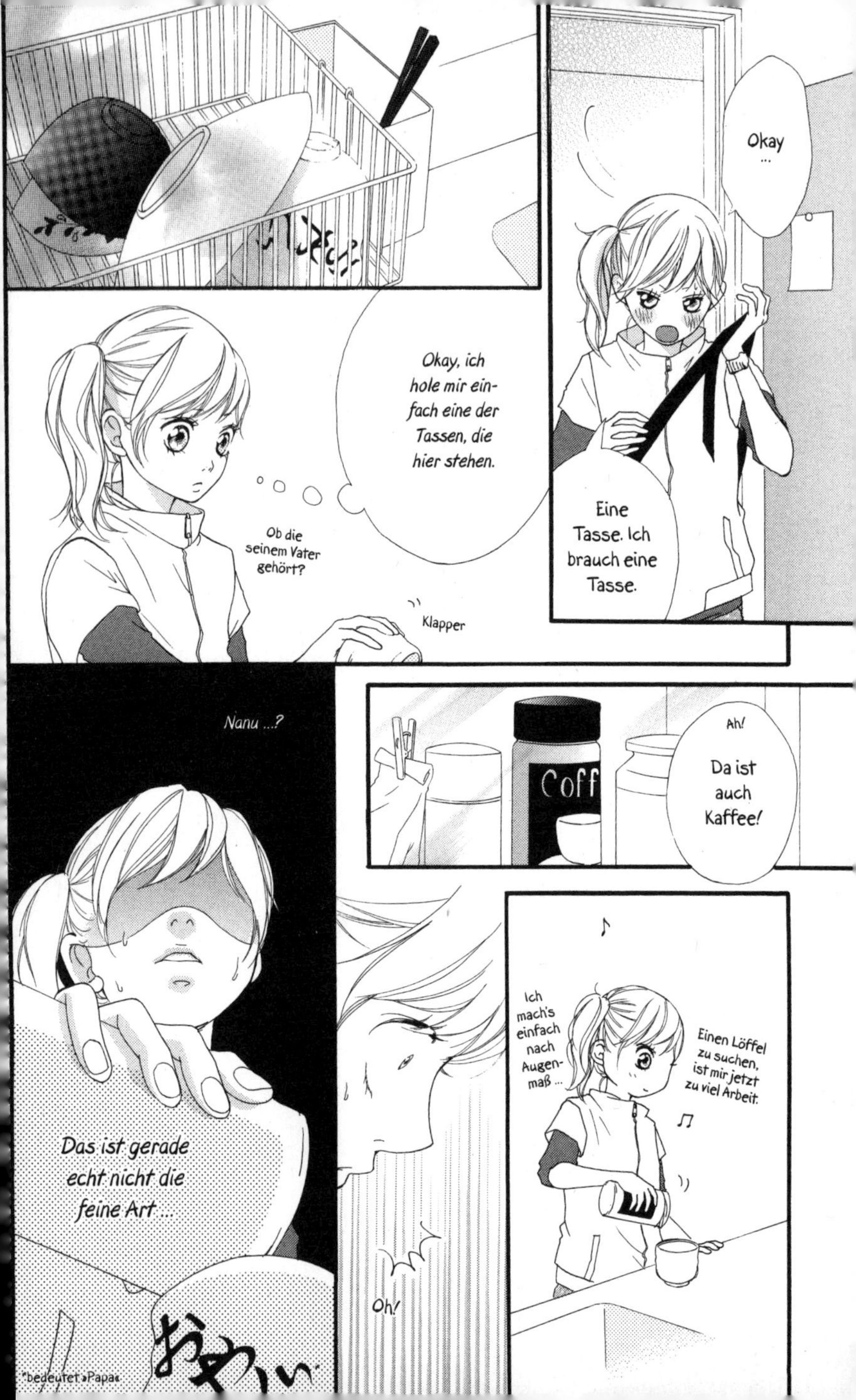
Okay ...
Eine Tasse. Ich brauch eine Tasse.
Okay, ich hole mir einfach eine der Tassen, die hier stehen.
Ob die seinem Vater gehört?
Klapper
Ah!
Da ist auch Kaffee!
Ich mach's einfach nach Augenmaß ...
Einen Löffel zu suchen, ist mir jetzt zu viel Arbeit.
Oh!
Nanu ...?
Das ist gerade echt nicht die feine Art ...
*bedeutet »Papa«

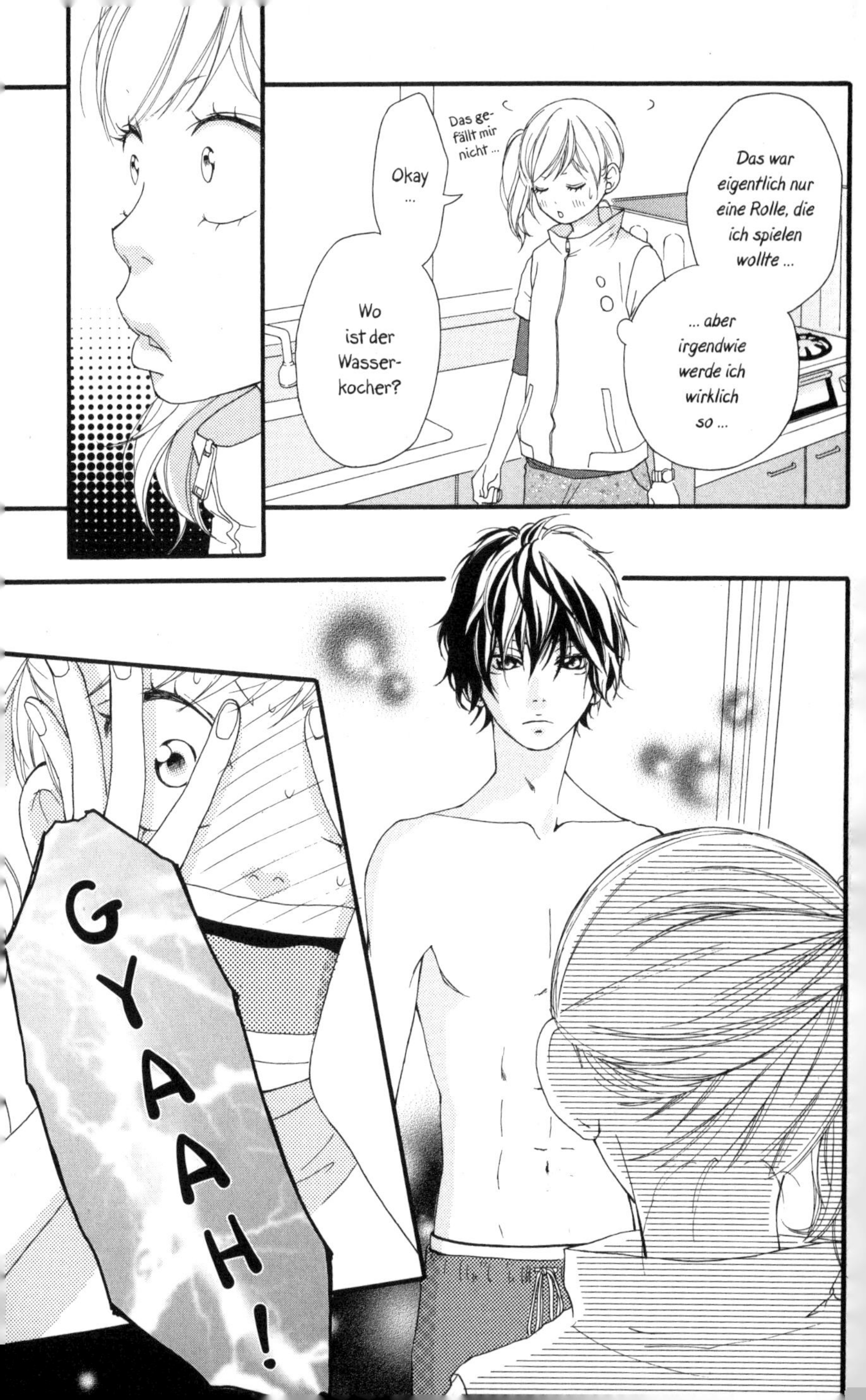
Das war eigentlich nur eine Rolle, die ich spielen wollte ...
... aber irgendwie werde ich wirklich so ...
Das gefällt mir nicht ...
Okay ...
Wo ist der Wasserkocher?
GYAAH!

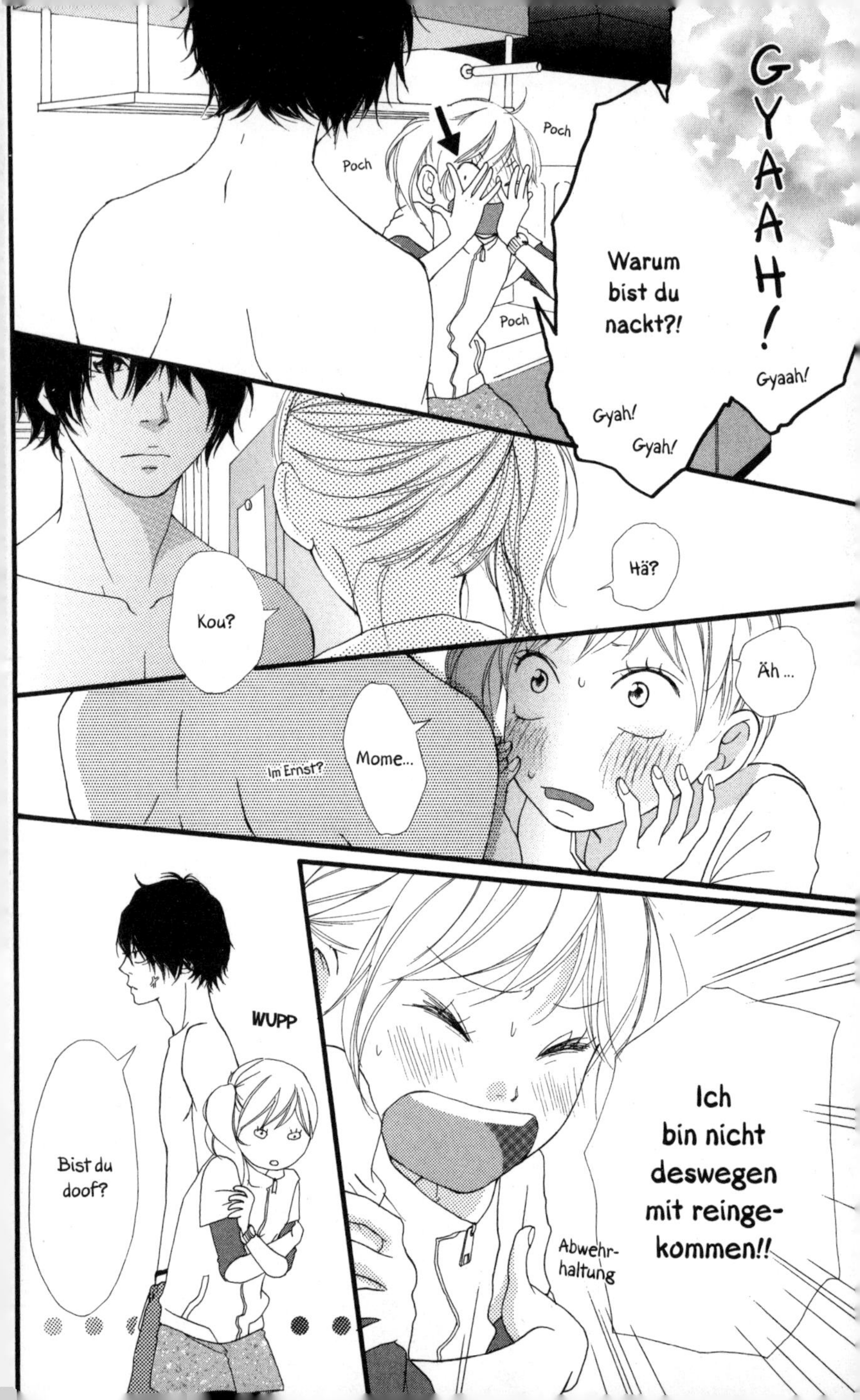
GYAAH!
Gyaah!
Gyah!
Gyah!
Warum bist du nackt?!
Poch
Poch
Poch
Hä?
Kou?
Äh ...
Mome...
Im Ernst?
Ich bin nicht deswegen mit reinge-kommen!!
Abwehr-haltung
WUPP
Bist du doof?

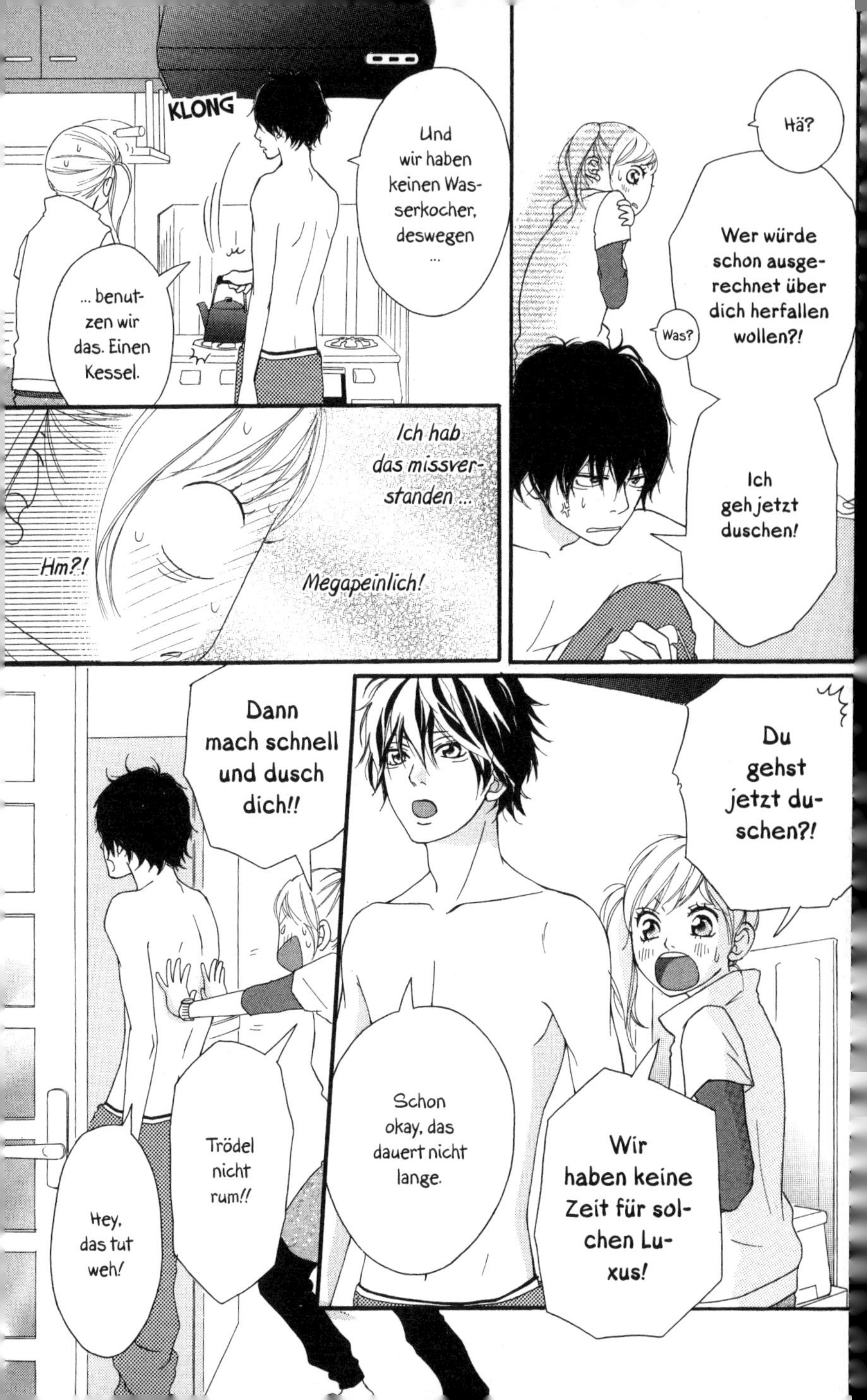
KLONG
Und wir haben keinen Wasserkocher, deswegen ...
... benutzen wir das. Einen Kessel.
Ich hab das missverstanden ...
Megapeinlich!
Hm?!
Hä?
Wer würde schon ausgerechnet über dich herfallen wollen?!
Was?
Ich geh jetzt duschen!
Du gehst jetzt duschen?!
Schon okay, das dauert nicht lange.
Wir haben keine Zeit für solchen Luxus!
Dann mach schnell und dusch dich!!
Trödel nicht rum!!
Hey, das tut weh!

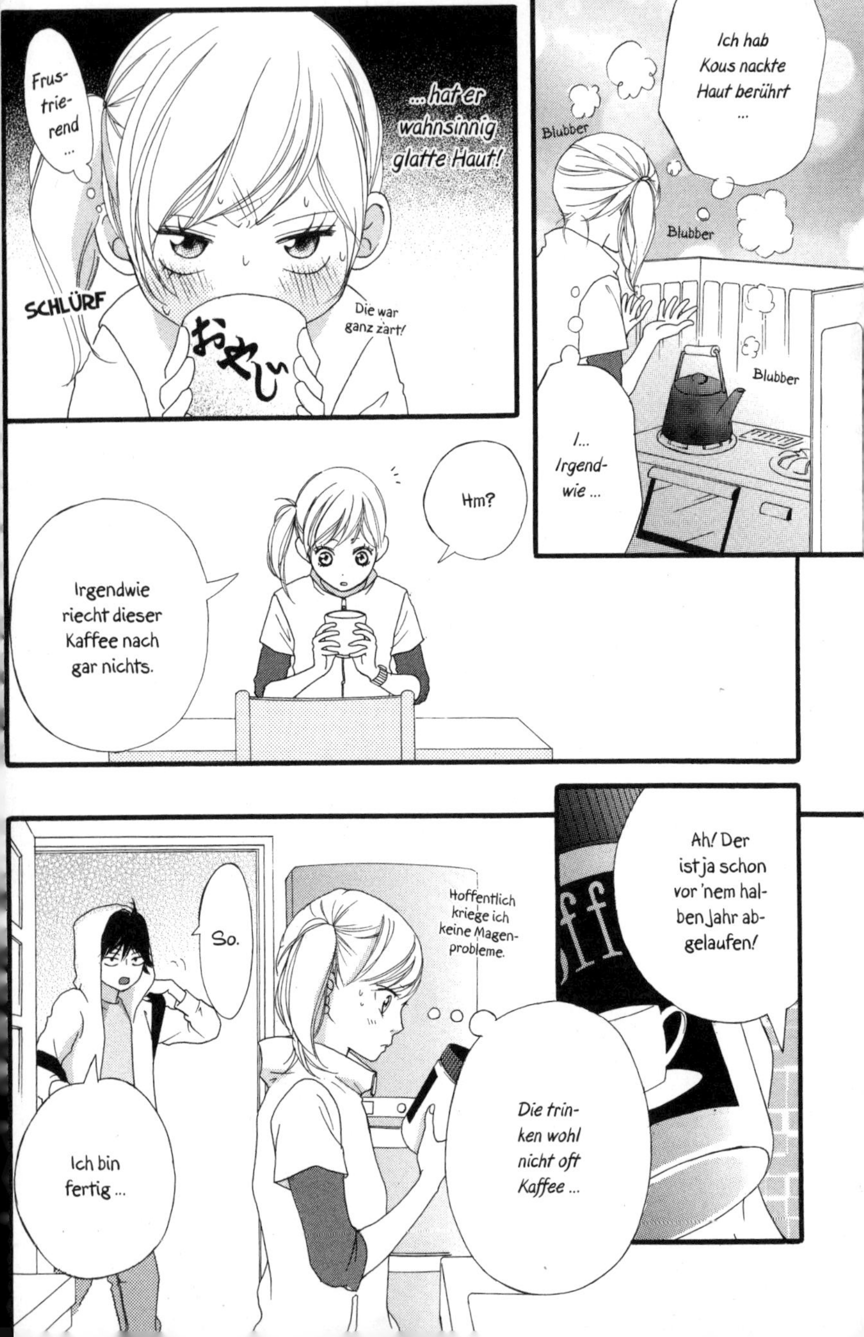
Ich hab Kous nackte Haut berührt ...
Blubber
Blubber
Blubber
I... Irgendwie ...
... hat er wahnsinnig glatte Haut!
Frus-trie-rend ...
SCHLÜRF
Die war ganz zart!
Hm?
Irgendwie riecht dieser Kaffee nach gar nichts.
Ah! Der ist ja schon vor 'nem halben Jahr abgelaufen!
Die trin-ken wohl nicht oft Kaffee ...
Hoffentlich kriege ich keine Magen-probleme.
So.
Ich bin fertig ...

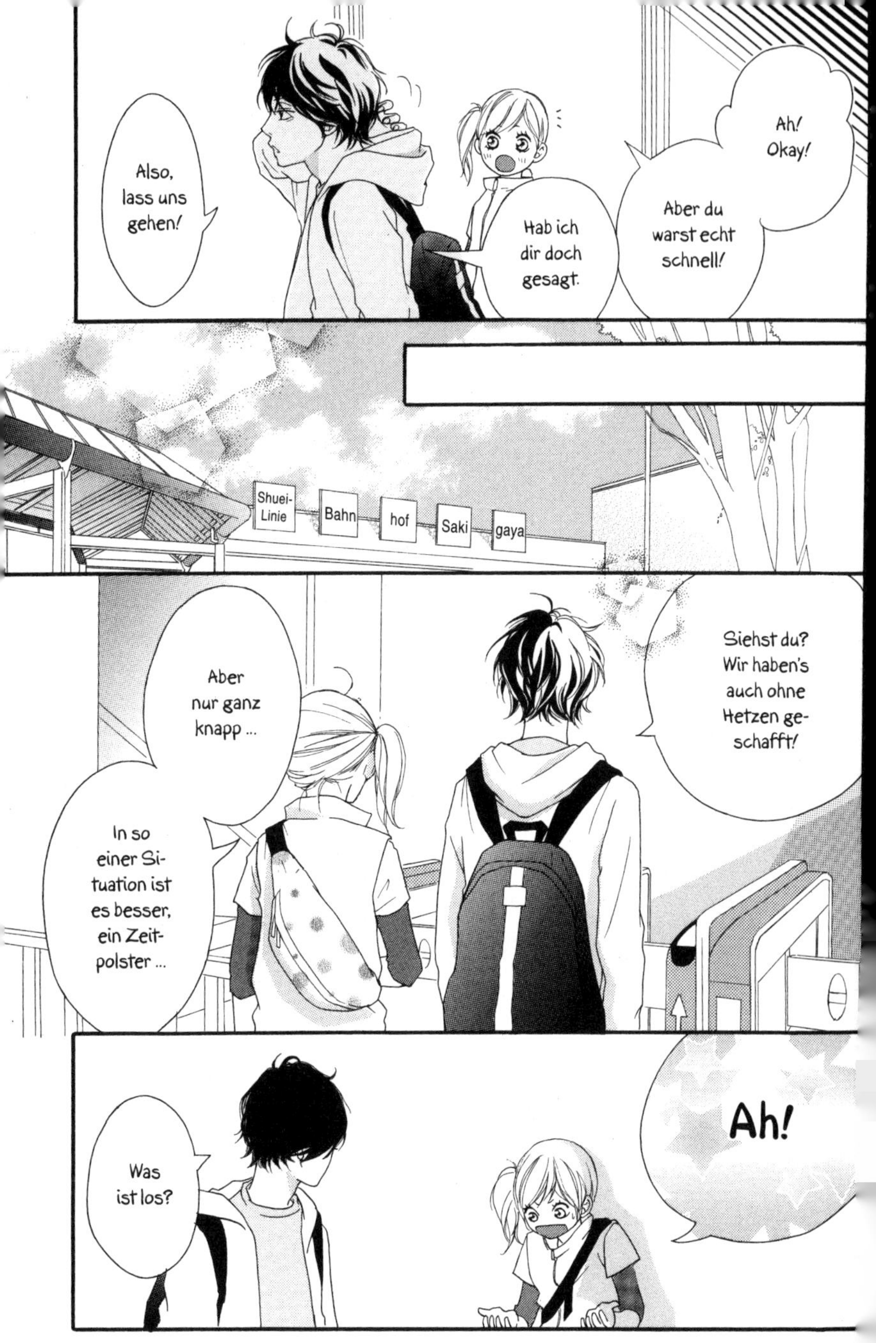
Ah! Okay!
Aber du warst echt schnell!
Hab ich dir doch gesagt.
Also, lass uns gehen!
Shuei-Linie Bahnhof Sakigaya
Siehst du? Wir haben's auch ohne Hetzen geschafft!
Aber nur ganz knapp ...
In so einer Situation ist es besser, ein Zeitpolster ...
Ah!
Was ist los?

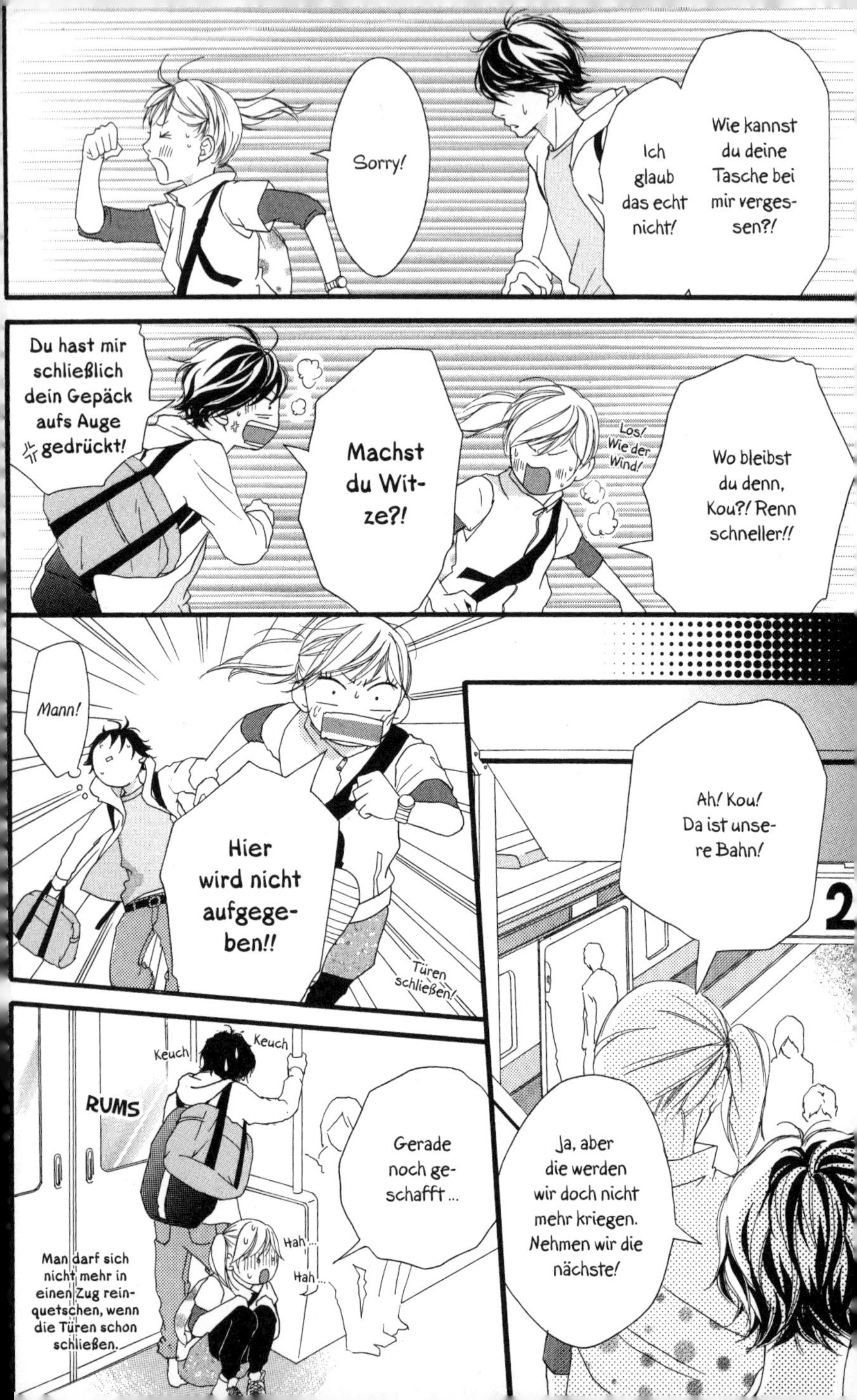
Wie kannst du deine Tasche bei mir verges-sen?!
Ich glaub das echt nicht!
Sorry!
Wo bleibst du denn, Kou?! Renn schneller!!
Los! Wie der Wind!
Machst du Wit-ze?!
Du hast mir schließlich dein Gepäck aufs Auge gedrückt!
Ah! Kou! Da ist unse-re Bahn!
2
Ja, aber die werden wir doch nicht mehr kriegen. Nehmen wir die nächste!
Hier wird nicht aufgege-ben!!
Mann!
Türen schließen!
Keuch
Keuch
RUMS
Gerade noch ge-schafft ...
Hah ...
Hah ...
Man darf sich nicht mehr in einen Zug rein-quetschen, wenn die Türen schon schließen.

♡ ♡ ♡

Was anderen in Sachen Liebe passiert ist ♡

♡ ♡ ♡

Diese Sache ist vor einiger Zeit meiner Bekannten K., die damals gerade frisch mit ihrem Freund zusammengekommen war, passiert. Als sie sich zum ersten Mal bei ihm zu Hause verabredet hatten, hat ihr Freund sie scheinbar angebettelt, ihn zu bekochen. Aber typisch für sie war sie in ihrem tiefsten Inneren nicht damit einverstanden und dachte, dass eigentlich er sie bekochen müsste, da sie der Gast sei. Deswegen (und weil ich glaube, dass ihr zu diesem Zeitpunkt schon alles egal war) ist sie an diesem Tag mit einer Riesenmenge Dosen bei ihrem Freund aufgekreuzt, hat ihm die übergeben und dann mit ihm Schluss gemacht. Ich mag diese Episode ziemlich. Ich denke zwar, dass sie auch ruhig ganz süß »Okay! ♡« hätte sagen und ihn bekochen können, aber ich kann auch nicht sagen, dass ich diese männliche K. nicht mag. K. ... Sie ist eigentlich keine Bekannte, sondern meine große Schwester. Sorry ...

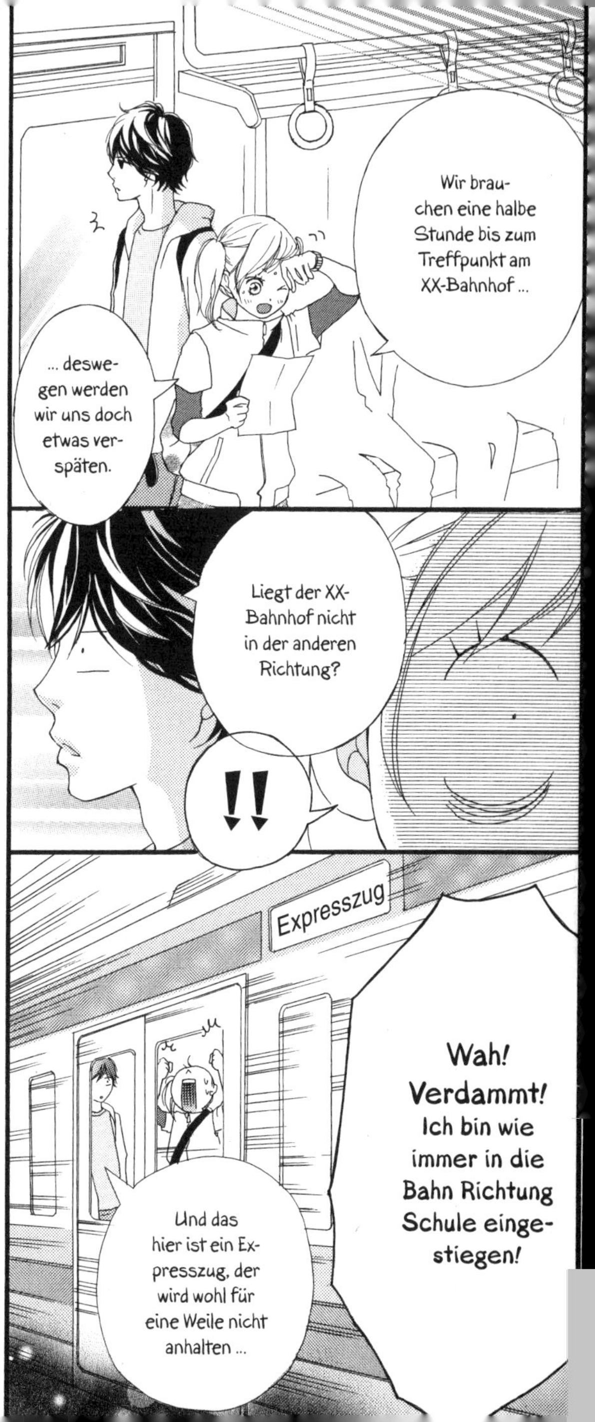

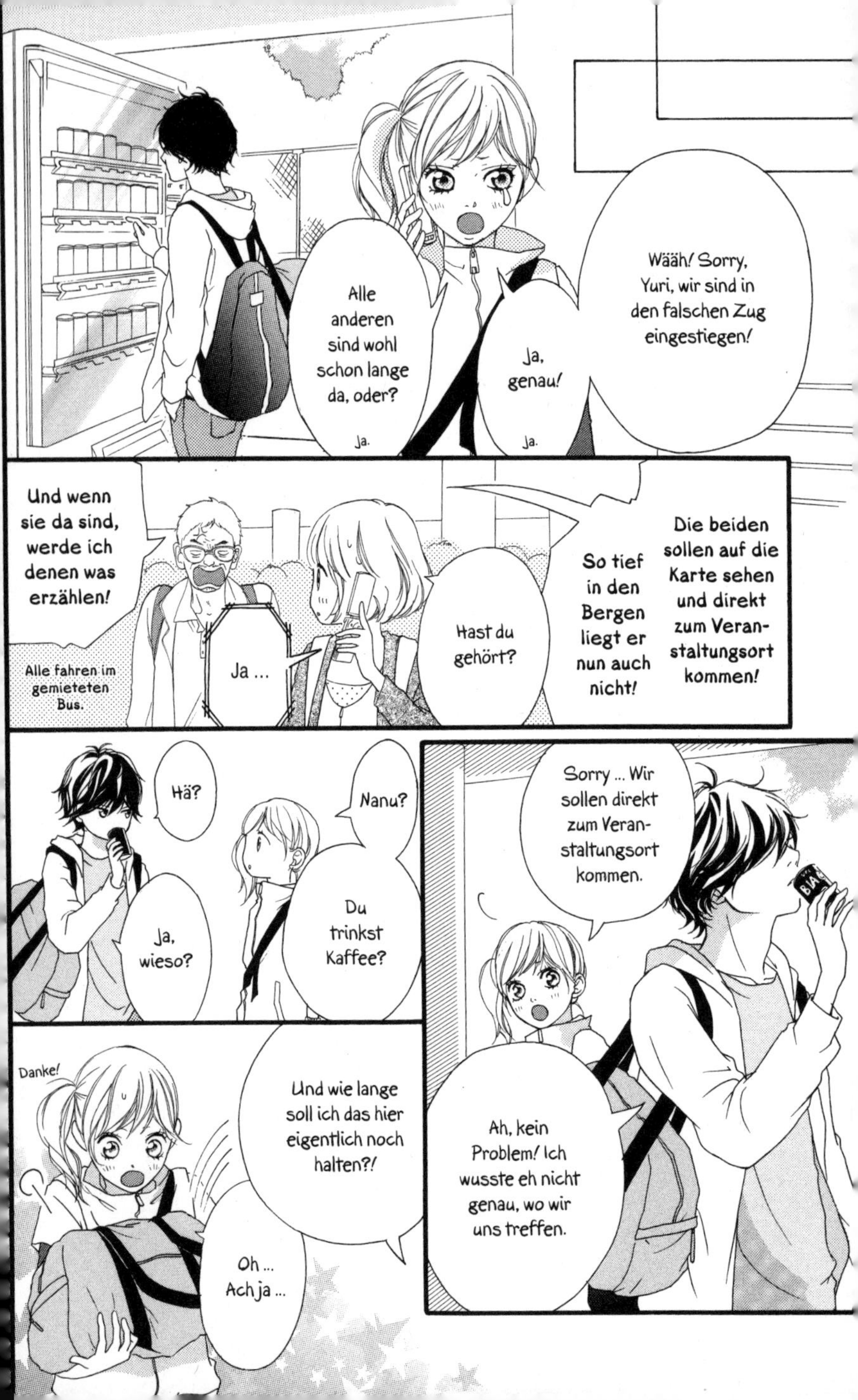
Wääh! Sorry, Yuri, wir sind in den falschen Zug eingestiegen!
Ja, genau!
Ja.
Alle anderen sind wohl schon lange da, oder?
Ja.
Die beiden sollen auf die Karte sehen und direkt zum Veranstaltungsort kommen!
So tief in den Bergen liegt er nun auch nicht!
Hast du gehört?
Ja ...
Und wenn sie da sind, werde ich denen was erzählen!
Alle fahren im gemieteten Bus.
Sorry ... Wir sollen direkt zum Veranstaltungsort kommen.
Ah, kein Problem! Ich wusste eh nicht genau, wo wir uns treffen.
Nanu?
Du trinkst Kaffee?
Hä?
Ja, wieso?
Und wie lange soll ich das hier eigentlich noch halten?!
Danke!
Oh ... Ach ja ...

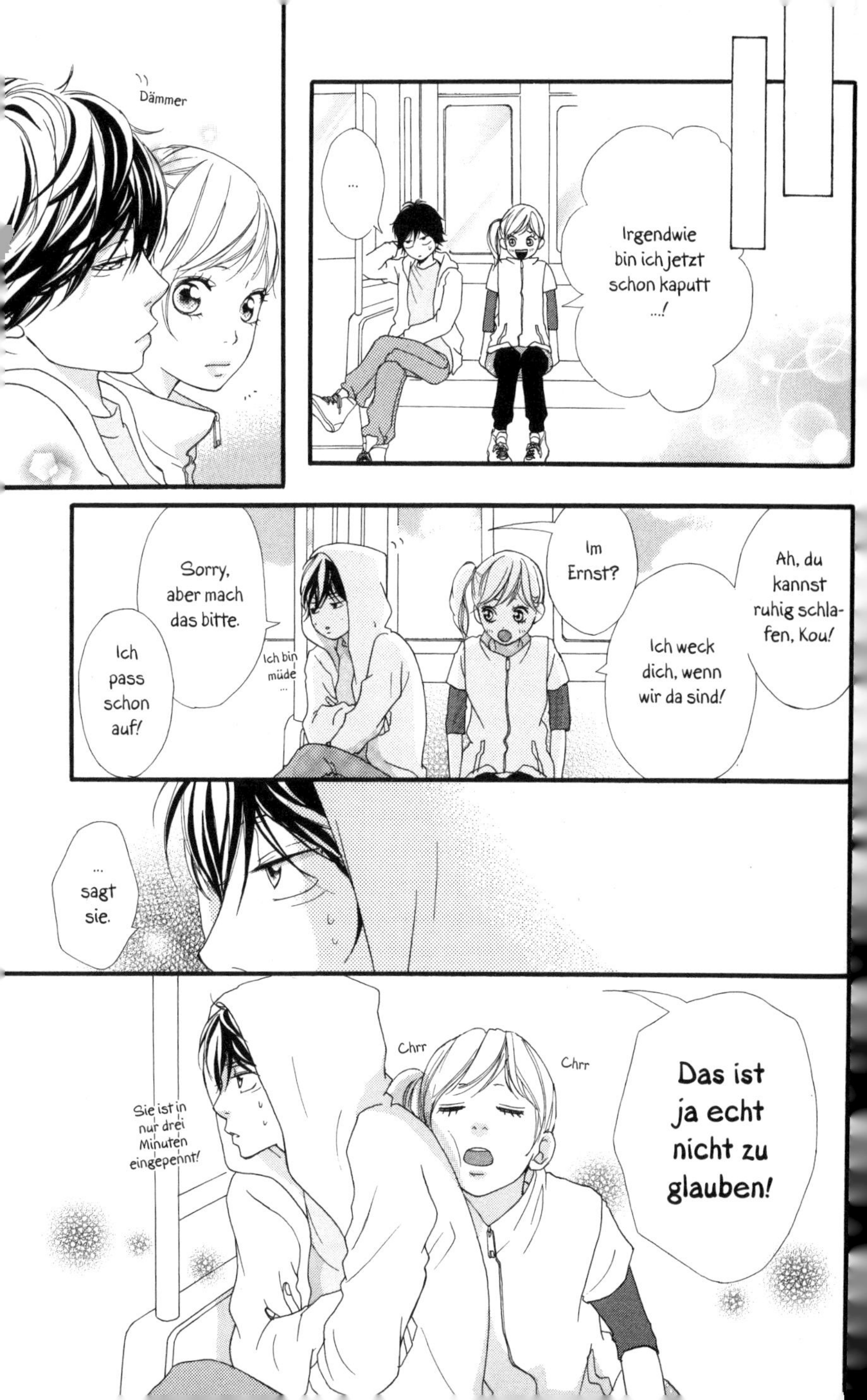
Irgendwie bin ich jetzt schon kaputt ...!
...
Dämmer
...
Ah, du kannst ruhig schlafen, Kou!
Ich weck dich, wenn wir da sind!
Im Ernst?
Ich bin müde ...
Sorry, aber mach das bitte.
Ich pass schon auf!
... sagt sie.
Das ist ja echt nicht zu glauben!
Chrr
Chrr
Sie ist in nur drei Minuten eingepennt!

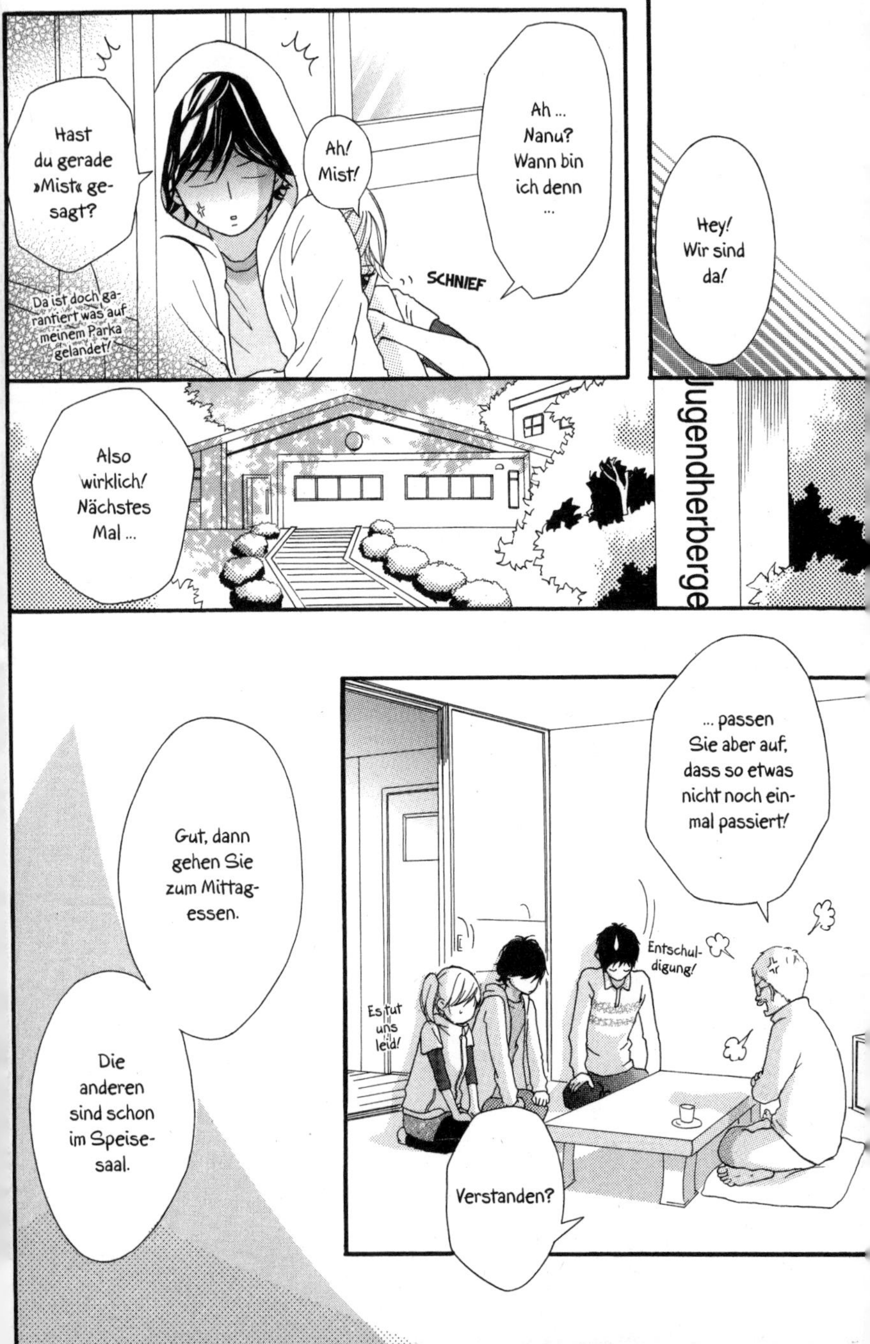

Hey! Wir sind da!
Ah ... Nanu? Wann bin ich denn ...
SCHNIEF
Ah! Mist!
Hast du gerade »Mist« gesagt?
Da ist doch garantiert was auf meinem Parka gelandet!
Jugendherberge
Also wirklich! Nächstes Mal ...
... passen Sie aber auf, dass so etwas nicht noch einmal passiert!
Entschuldigung!
Es tut uns leid!
Verstanden?
Gut, dann gehen Sie zum Mittagessen.
Die anderen sind schon im Speisesaal.

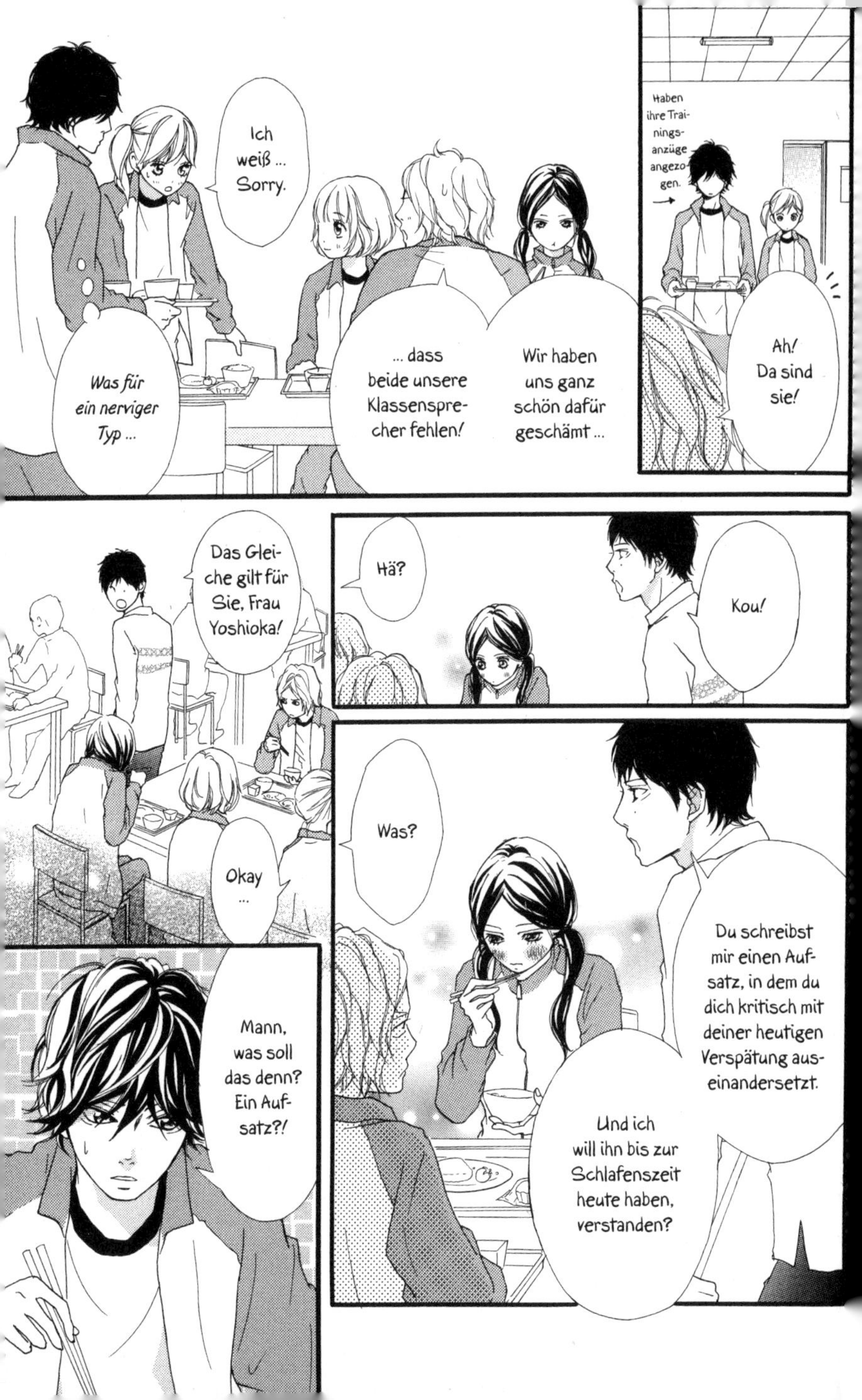
Haben ihre Trainingsanzüge angezogen.
Ah! Da sind sie!
Wir haben uns ganz schön dafür geschämt ...
... dass beide unsere Klassensprecher fehlen!
Ich weiß ... Sorry.
Was für ein nerviger Typ ...
Kou!
Hä?
Was?
Du schreibst mir einen Aufsatz, in dem du dich kritisch mit deiner heutigen Verspätung auseinandersetzt.
Und ich will ihn bis zur Schlafenszeit heute haben, verstanden?
Das Gleiche gilt für Sie, Frau Yoshioka!
Okay ...
Mann, was soll das denn? Ein Aufsatz?!

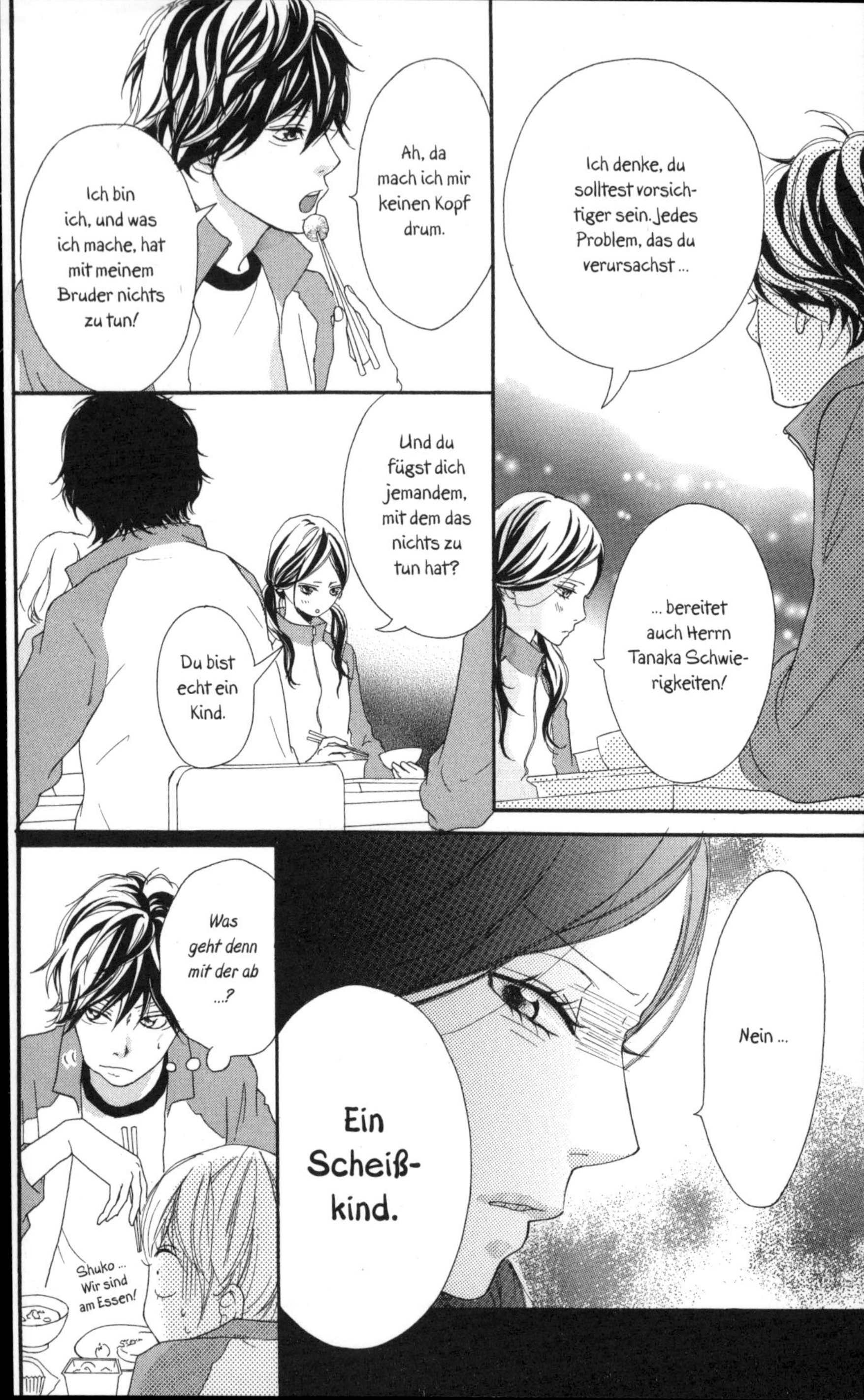
Ich denke, du solltest vorsichtiger sein. Jedes Problem, das du verursachst ...
... bereitet auch Herrn Tanaka Schwierigkeiten!
Ah, da mach ich mir keinen Kopf drum.
Ich bin ich, und was ich mache, hat mit meinem Bruder nichts zu tun!
Und du fügst dich jemandem, mit dem das nichts zu tun hat?
Du bist echt ein Kind.
Nein ...
Ein Scheiß-kind.
Was geht denn mit der ab ...?
Shuko ... Wir sind am Essen!

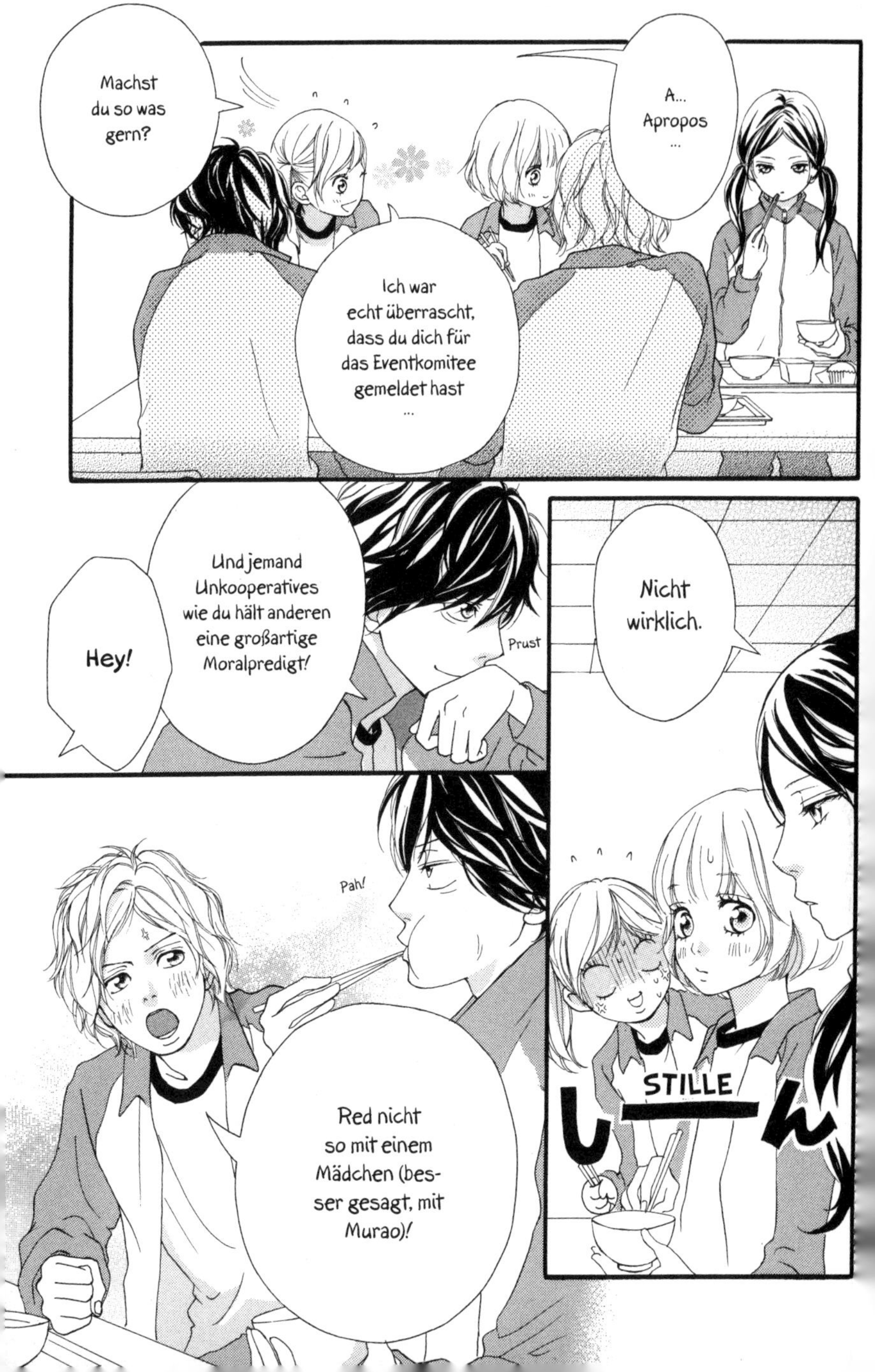
A... Apropos ...
Machst du so was gern?
Ich war echt überrascht, dass du dich für das Eventkomitee gemeldet hast ...
Nicht wirklich.
Prust
Und jemand Unkooperatives wie du hält anderen eine großartige Moralpredigt!
Hey!
STILLE
Pah!
Red nicht so mit einem Mädchen (bes-ser gesagt, mit Murao)!

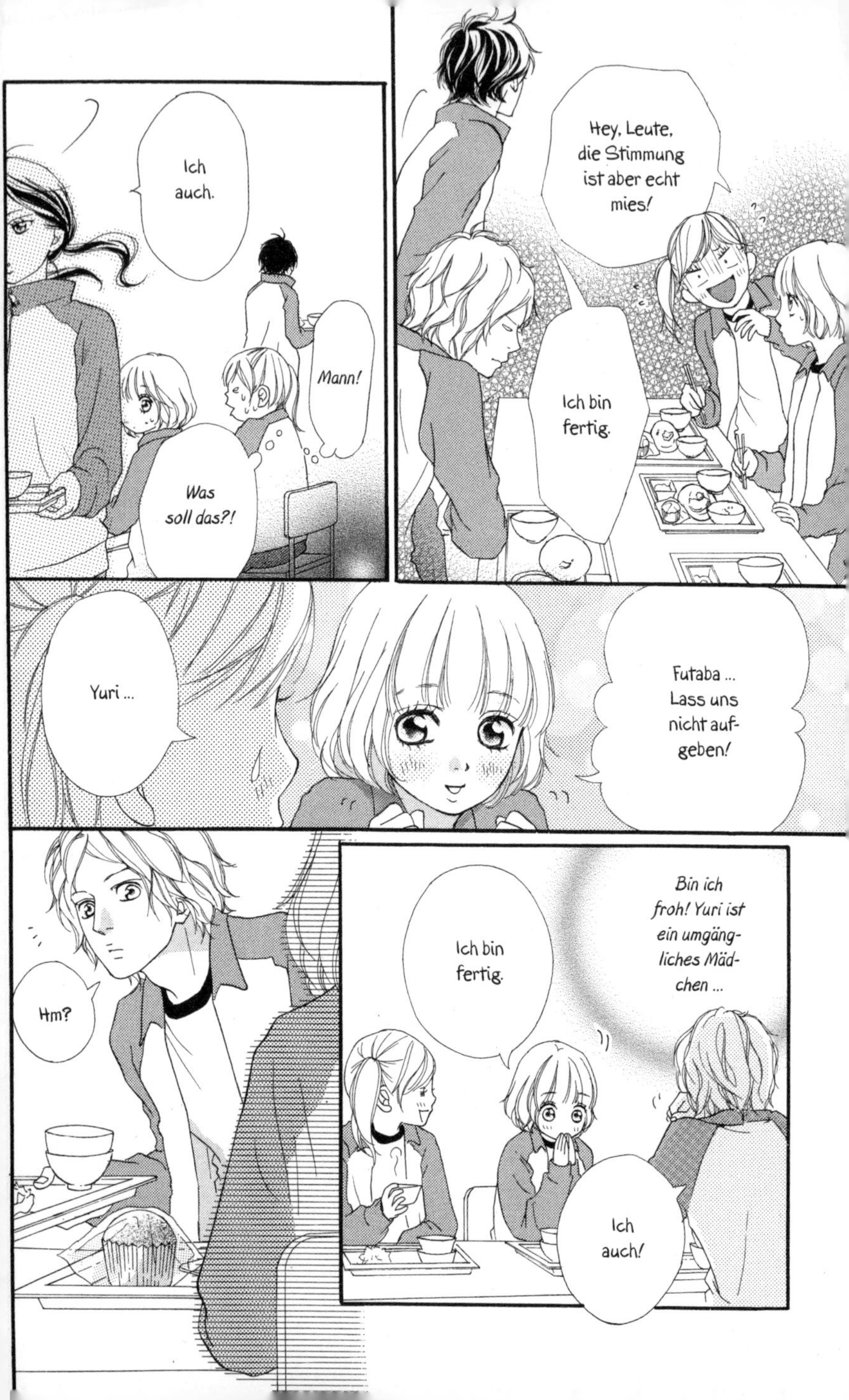
Hey, Leute, die Stimmung ist aber echt mies!
Ich bin fertig.
Ich auch.
Mann!
Was soll das?!
Futaba ... Lass uns nicht aufgeben!
Yuri ...
Bin ich froh! Yuri ist ein umgängliches Mädchen ...
Ich bin fertig.
Ich auch!
Hm?

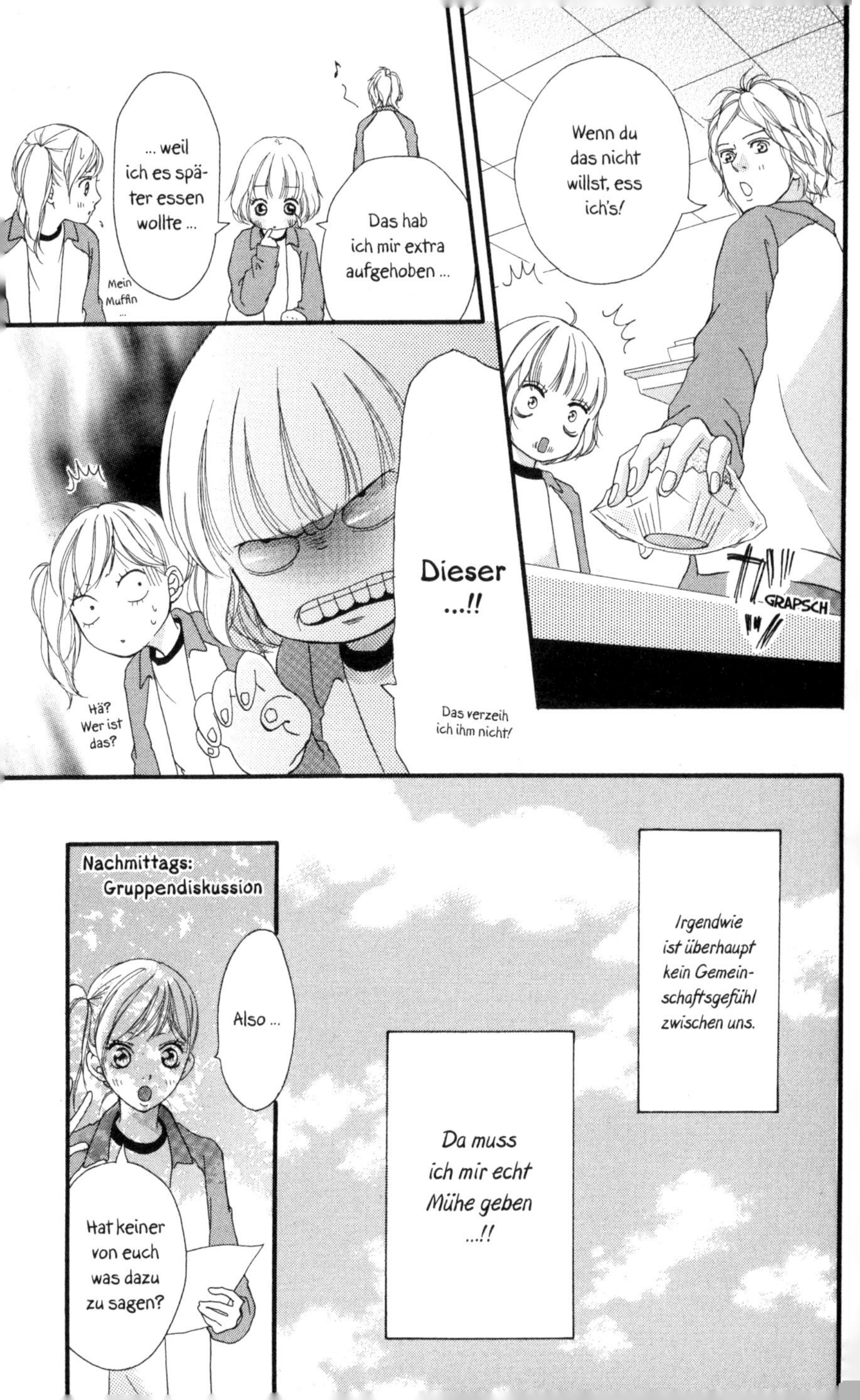
Wenn du das nicht willst, ess ich's!
GRAPSCH
Das hab ich mir extra aufgehoben ...
... weil ich es später essen wollte ...
Mein Muffin ...
Dieser ...!!
Das verzeih ich ihm nicht!
Hä? Wer ist das?
Irgendwie ist überhaupt kein Gemeinschaftsgefühl zwischen uns.
Da muss ich mir echt Mühe geben ...!!
Nachmittags: Gruppendiskussion
Also ...
Hat keiner von euch was dazu zu sagen?

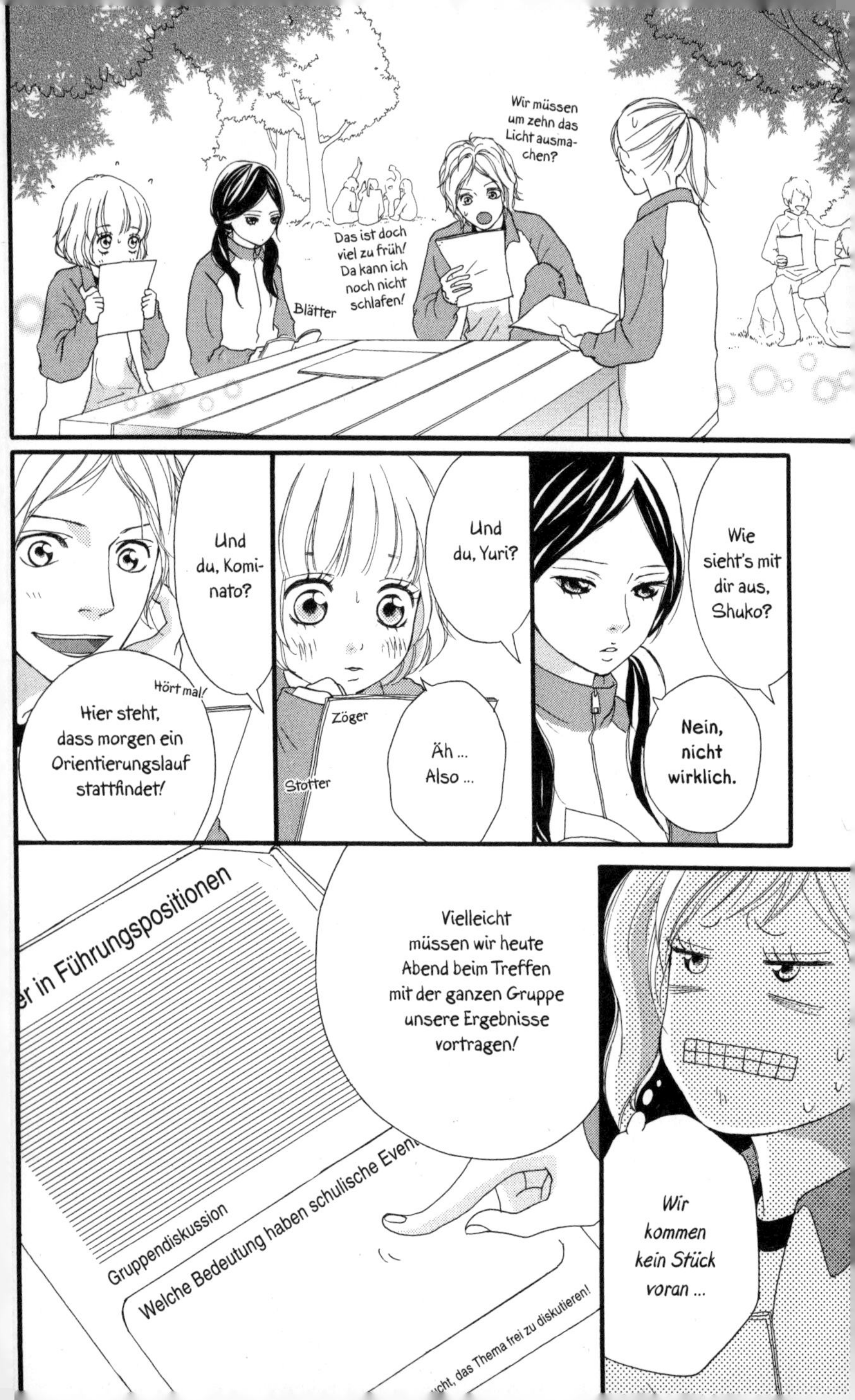
Wir müssen um zehn das Licht ausmachen?
Das ist doch viel zu früh! Da kann ich noch nicht schlafen!
Blätter
Wie sieht's mit dir aus, Shuko?
Nein, nicht wirklich.
Und du, Yuri?
Zöger
Äh ... Also ...
Stotter
Und du, Kominato?
Hört mal!
Hier steht, dass morgen ein Orientierungslauf stattfindet!
Wir kommen kein Stück voran ...
Vielleicht müssen wir heute Abend beim Treffen mit der ganzen Gruppe unsere Ergebnisse vortragen!
er in Führungspositionen
Gruppendiskussion
Welche Bedeutung haben schulische Even
ucht, das Thema frei zu diskutieren!

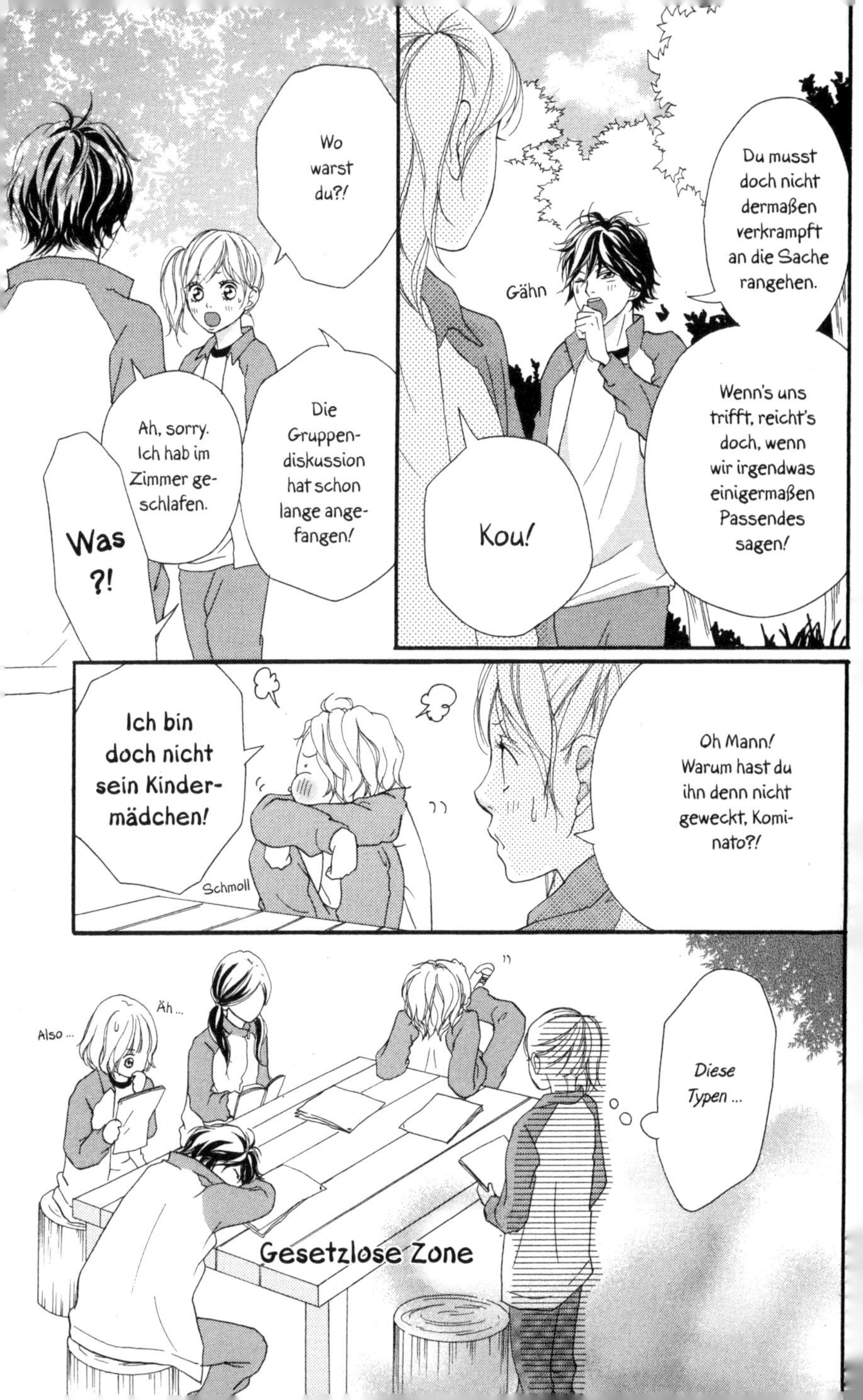
Du musst doch nicht dermaßen verkrampft an die Sache rangehen.
Gähn
Wenn's uns trifft, reicht's doch, wenn wir irgendwas einigermaßen Passendes sagen!
Kou!
Wo warst du?!
Die Gruppendiskussion hat schon lange angefangen!
Ah, sorry. Ich hab im Zimmer geschlafen.
Was?!
Oh Mann! Warum hast du ihn denn nicht geweckt, Kominato?!
Ich bin doch nicht sein Kindermädchen!
Schmoll
Diese Typen ...
Äh ...
Also ...
Gesetzlose Zone

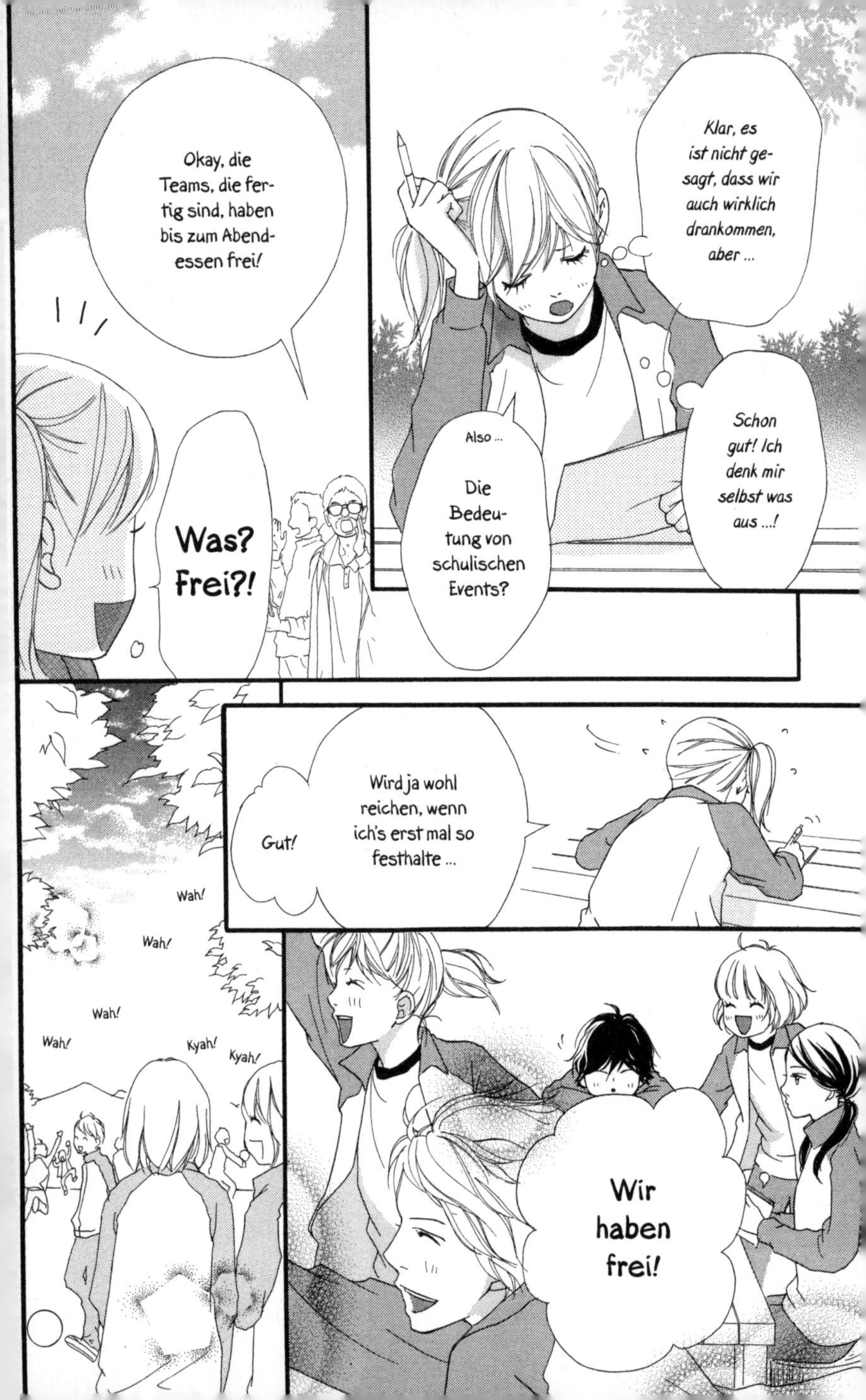
Klar, es ist nicht gesagt, dass wir auch wirklich drankommen, aber ...
Schon gut! Ich denk mir selbst was aus ...!
Also ...
Die Bedeutung von schulischen Events?
Okay, die Teams, die fertig sind, haben bis zum Abendessen frei!
Was? Frei?!
Wird ja wohl reichen, wenn ich's erst mal so festhalte ...
Gut!
Wir haben frei!
Kyah!
Kyah!
Wah!
Wah!
Wah!
Wah!

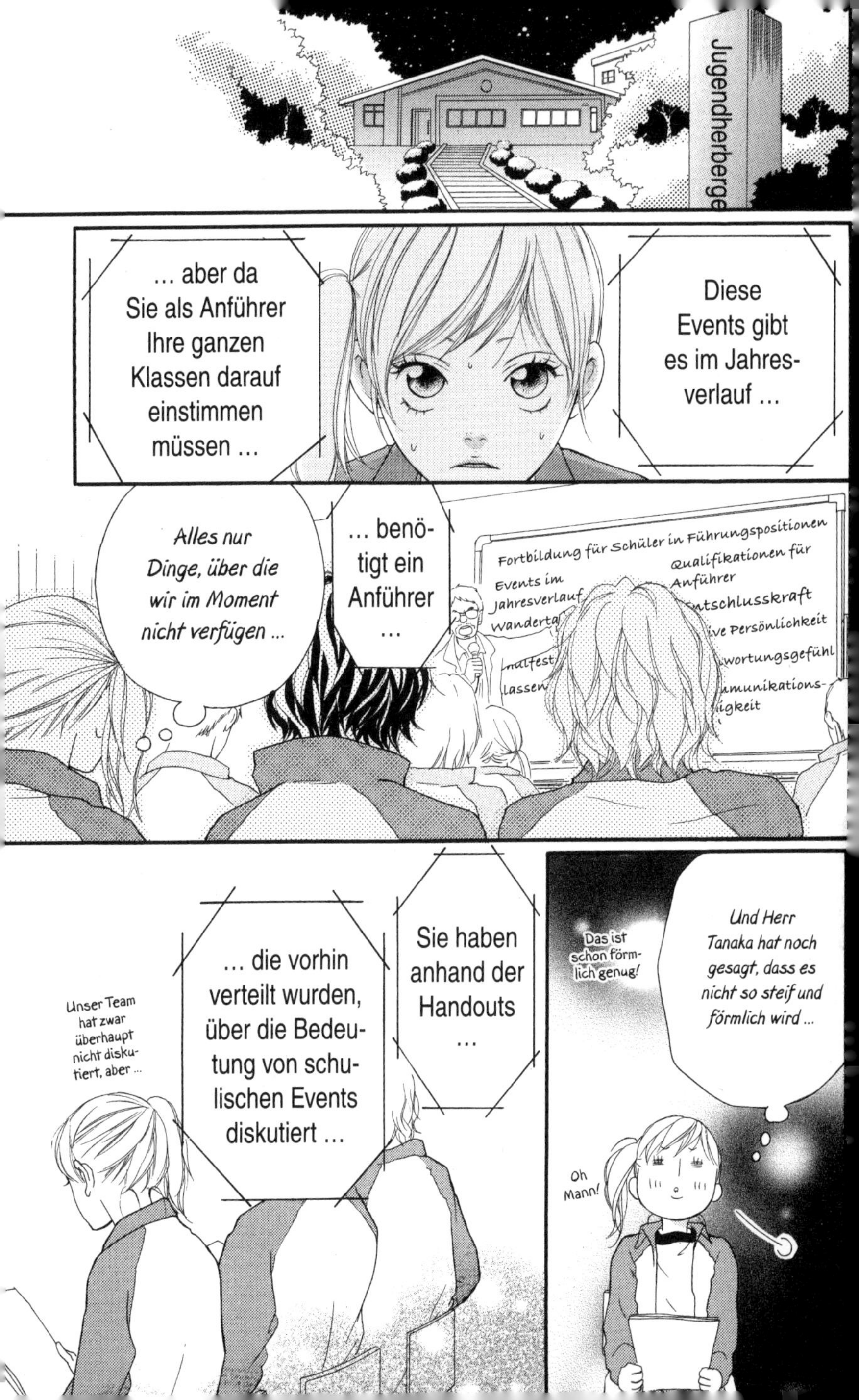
Jugendherberge
Diese Events gibt es im Jahresverlauf ...
... aber da Sie als Anführer Ihre ganzen Klassen darauf einstimmen müssen ...
... benötigt ein Anführer ...
Alles nur Dinge, über die wir im Moment nicht verfügen ...
Fortbildung für Schüler in Führungspositionen
Events im Jahresverlauf
Qualifikationen für Anführer
Und Herr Tanaka hat noch gesagt, dass es nicht so steif und förmlich wird ...
Das ist schon förmlich genug!
Oh Mann!
Sie haben anhand der Handouts ...
... die vorhin verteilt wurden, über die Bedeutung von schulischen Events diskutiert ...
Unser Team hat zwar überhaupt nicht diskutiert, aber ...

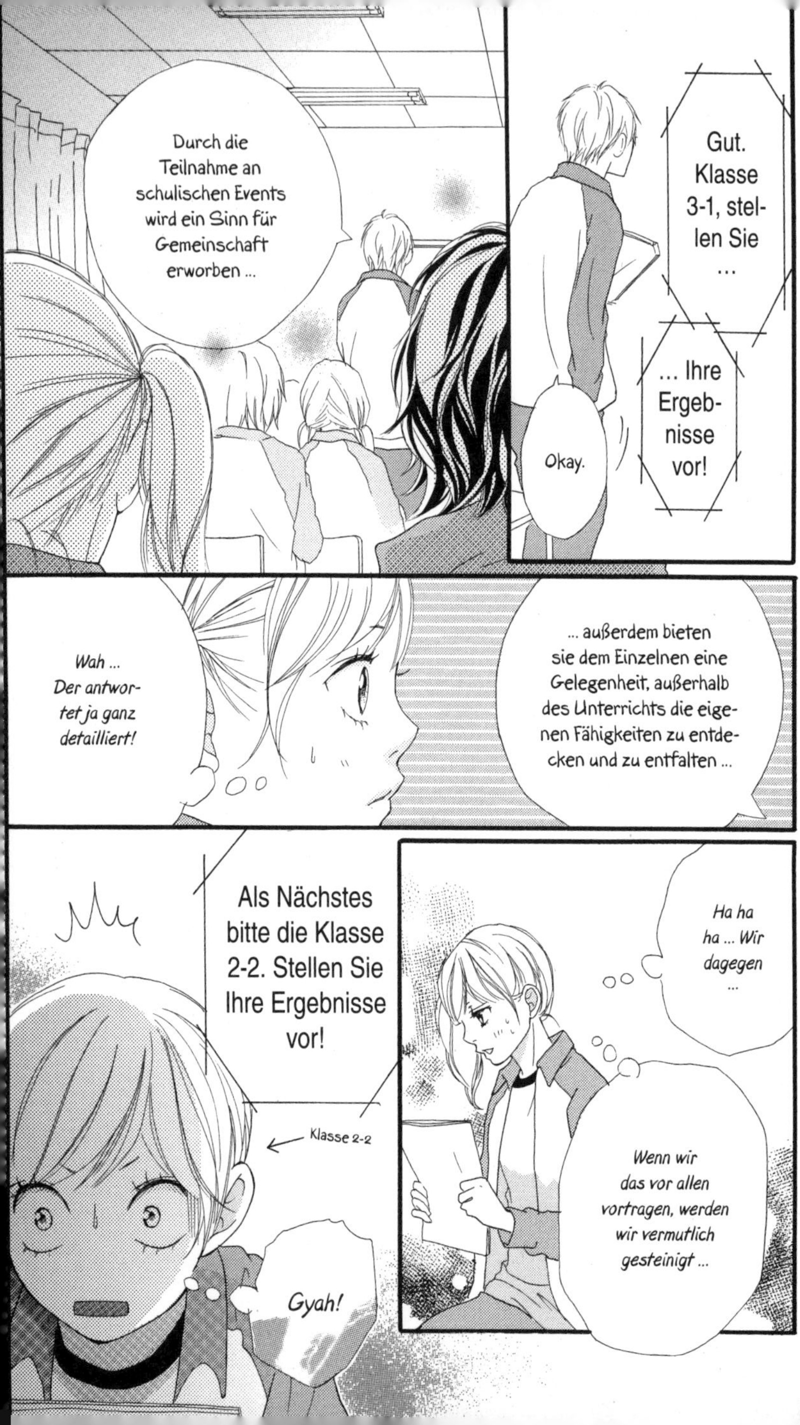
Gut. Klasse 3-1, stellen Sie …
… Ihre Ergebnisse vor!
Okay.
Durch die Teilnahme an schulischen Events wird ein Sinn für Gemeinschaft erworben …
… außerdem bieten sie dem Einzelnen eine Gelegenheit, außerhalb des Unterrichts die eigenen Fähigkeiten zu entdecken und zu entfalten …
Wah … Der antwortet ja ganz detailliert!
Ha ha ha … Wir dagegen …
Wenn wir das vor allen vortragen, werden wir vermutlich gesteinigt …
Als Nächstes bitte die Klasse 2-2. Stellen Sie Ihre Ergebnisse vor!
Klasse 2-2
Gyah!

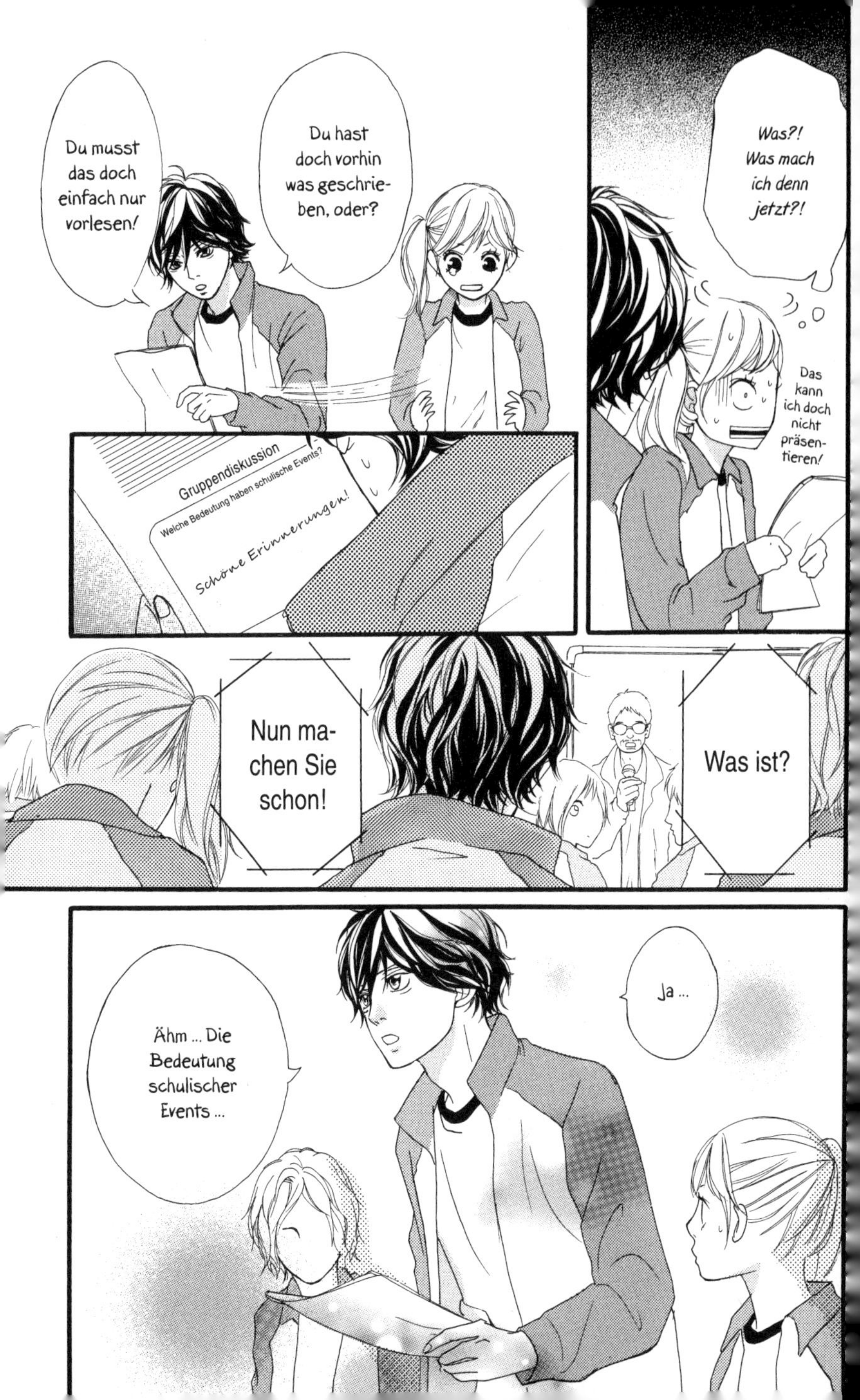

Du hast doch vorhin was geschrieben, oder?
Du musst das doch einfach nur vorlesen!
Gruppendiskussion
Welche Bedeutung haben schulische Events?
Schöne Erinnerungen!
Was?! Was mach ich denn jetzt?!
Das kann ich doch nicht präsentieren!
Was ist?
Nun machen Sie schon!
Ja ...
Ähm ... Die Bedeutung schulischer Events ...

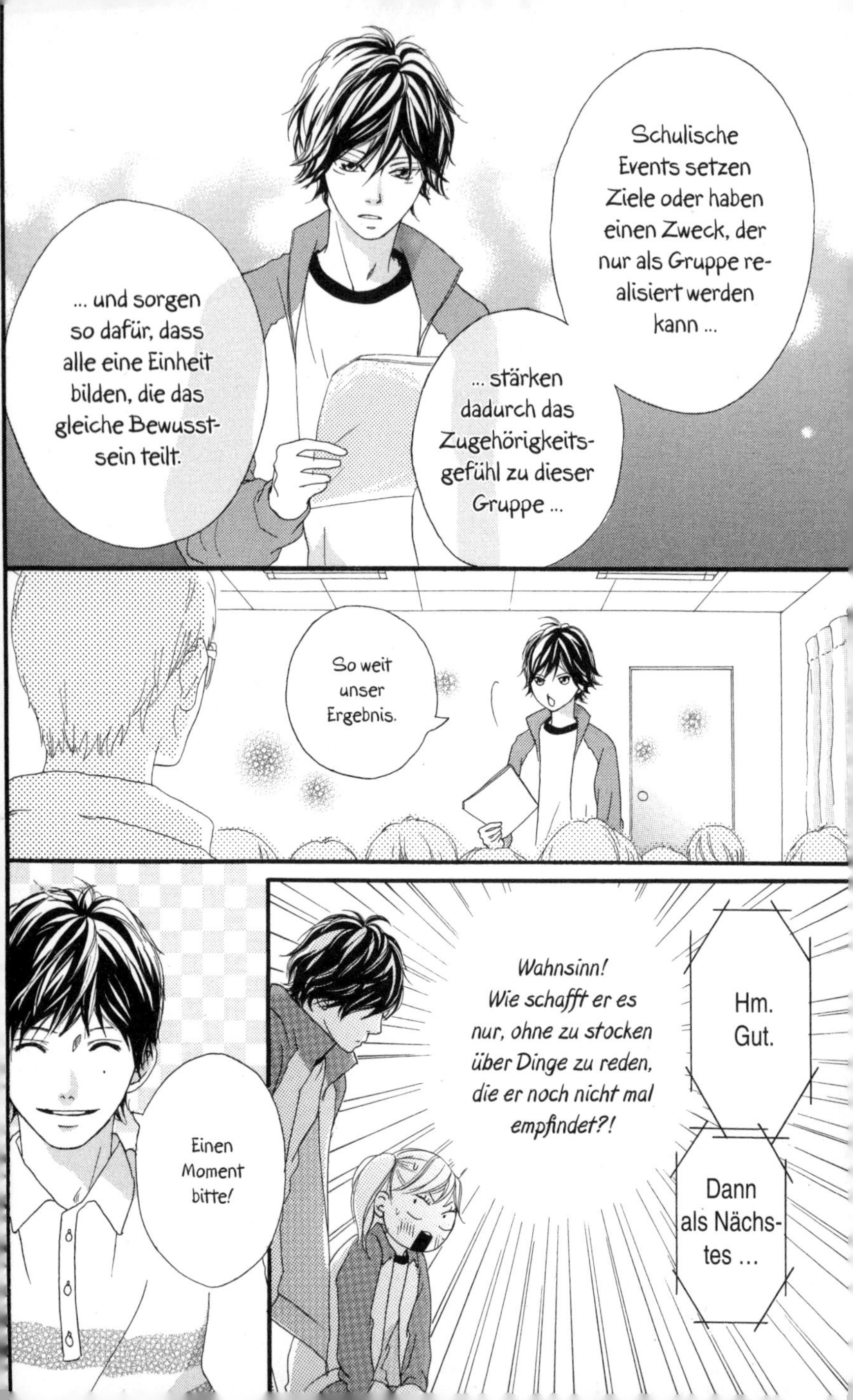
Schulische Events setzen Ziele oder haben einen Zweck, der nur als Gruppe realisiert werden kann ...
... stärken dadurch das Zugehörigkeitsgefühl zu dieser Gruppe ...
... und sorgen so dafür, dass alle eine Einheit bilden, die das gleiche Bewusstsein teilt.
So weit unser Ergebnis.
Hm. Gut.
Dann als Nächstes ...
Wahnsinn! Wie schafft er es nur, ohne zu stocken über Dinge zu reden, die er noch nicht mal empfindet?!
Einen Moment bitte!

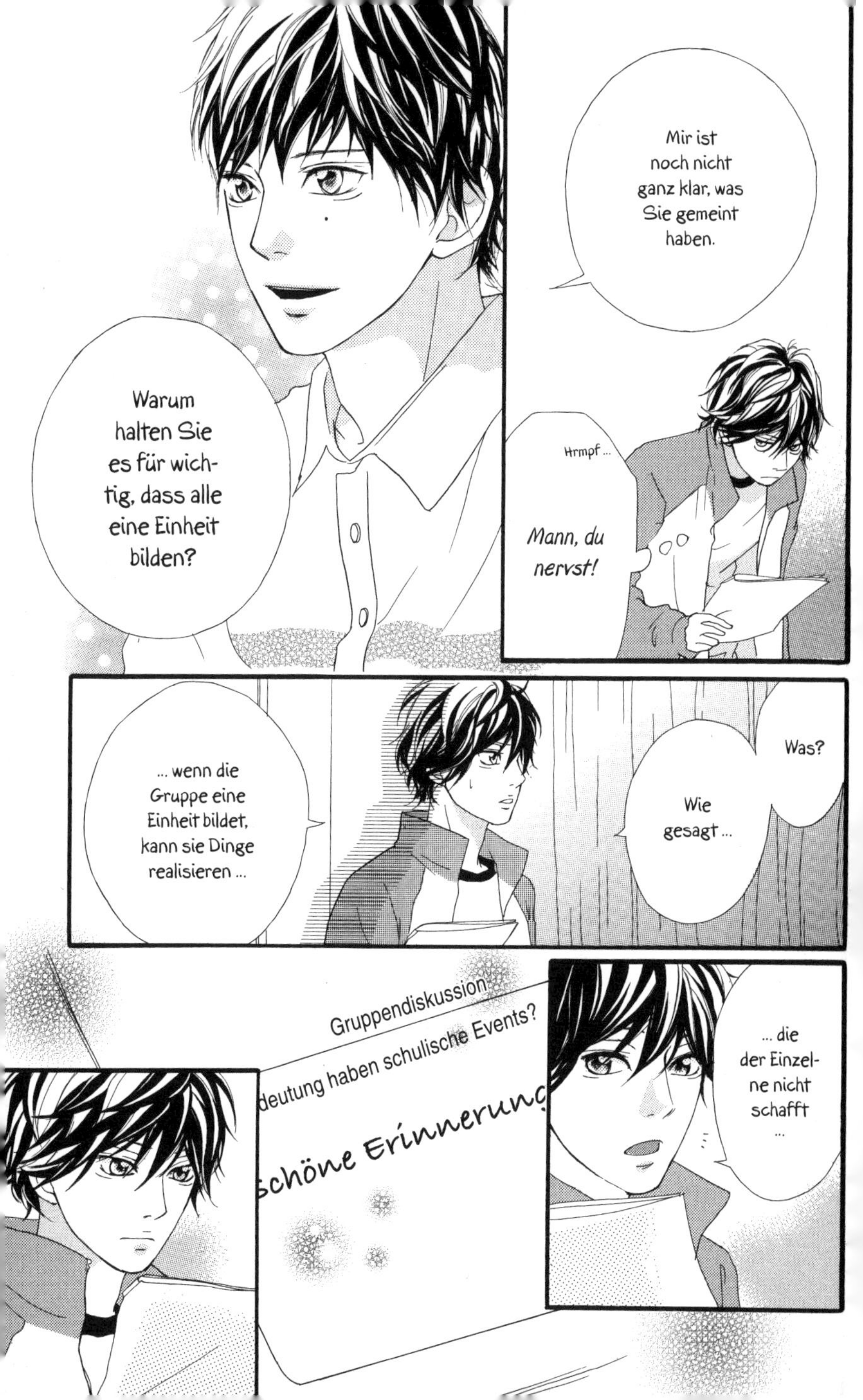
Mir ist noch nicht ganz klar, was Sie gemeint haben.
Hrmpf ...
Mann, du nervst!
Warum halten Sie es für wichtig, dass alle eine Einheit bilden?
Was?
Wie gesagt ...
... wenn die Gruppe eine Einheit bildet, kann sie Dinge realisieren ...
... die der Einzelne nicht schafft ...
Gruppendiskussion
deutung haben schulische Events?
Schöne Erinnerung

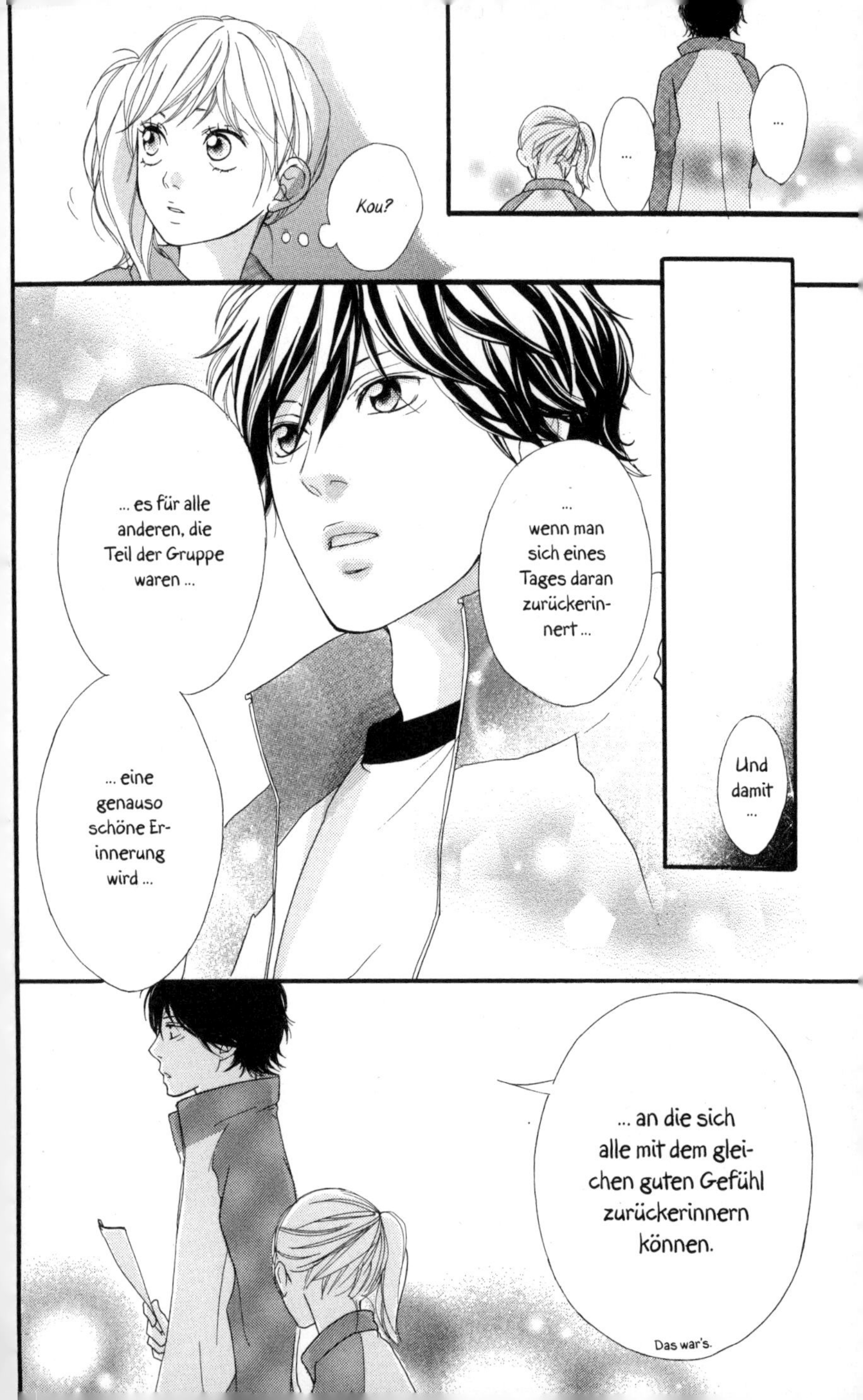
...
...
Kou?
Und damit ...
... wenn man sich eines Tages daran zurückerinnert ...
... es für alle anderen, die Teil der Gruppe waren ...
... eine genauso schöne Erinnerung wird ...
... an die sich alle mit dem gleichen guten Gefühl zurückerinnern können.
Das war's.

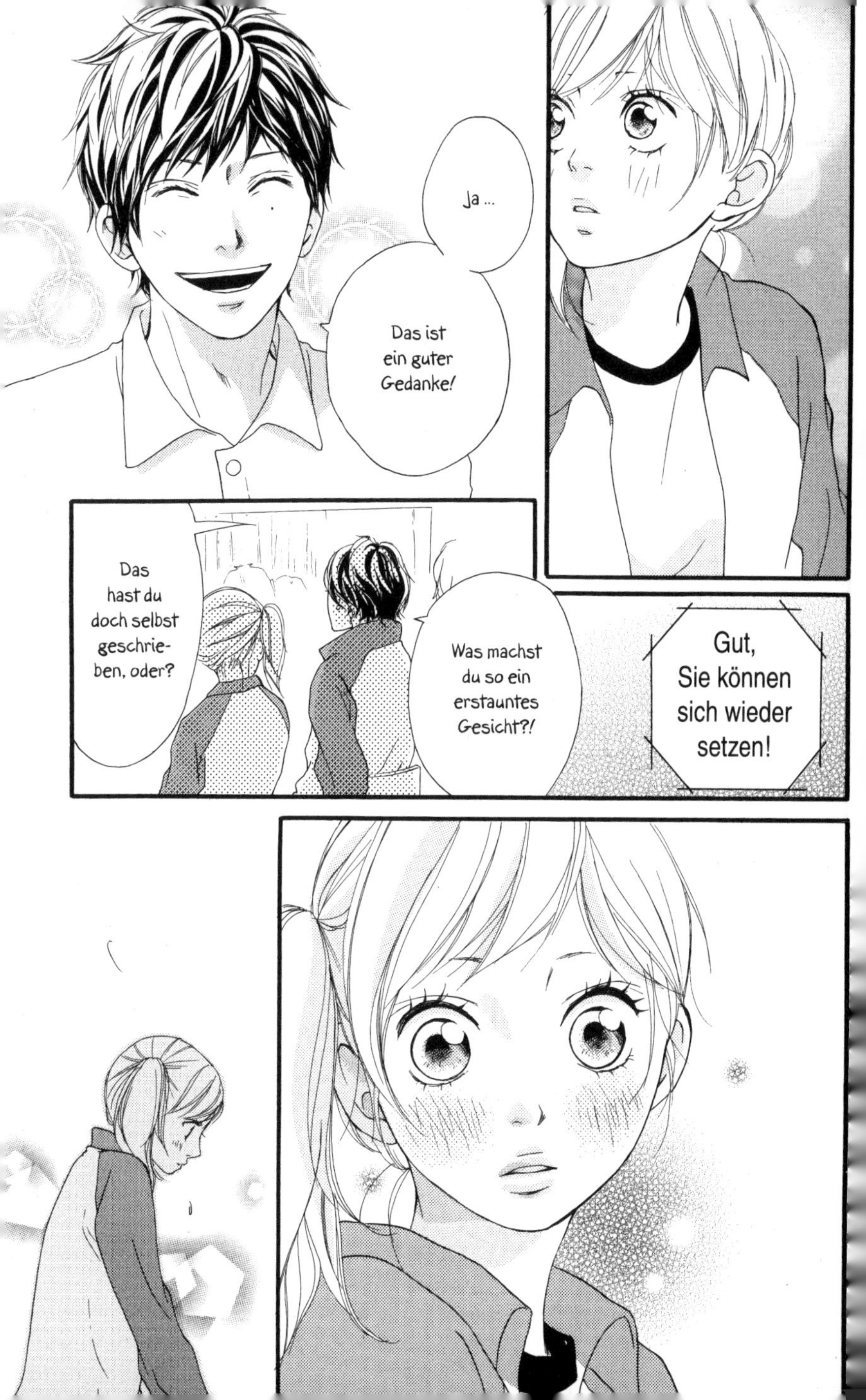
Ja ...
Das ist ein guter Gedanke!
Gut, Sie können sich wieder setzen!
Was machst du so ein erstauntes Gesicht?!
Das hast du doch selbst geschrie-ben, oder?

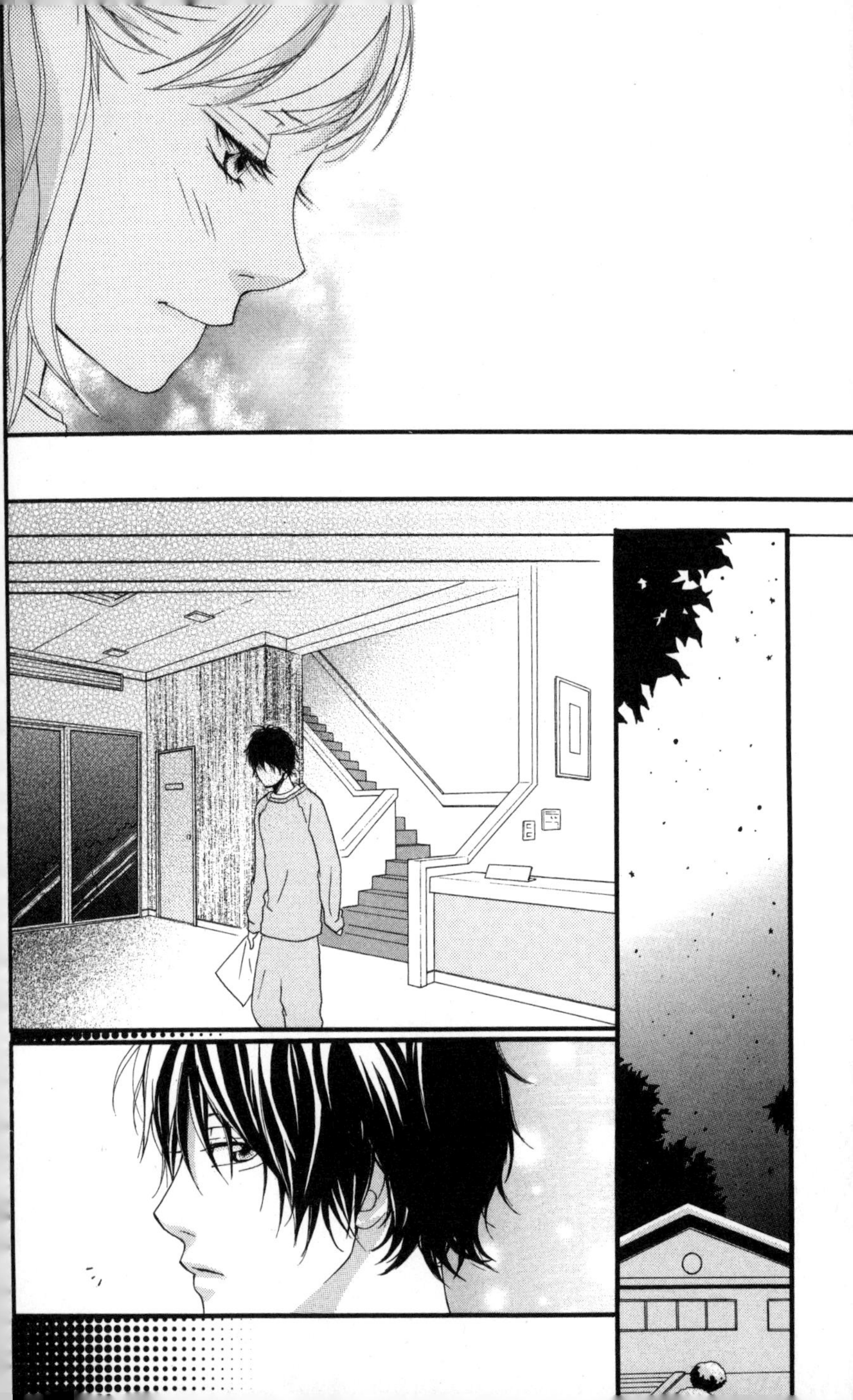

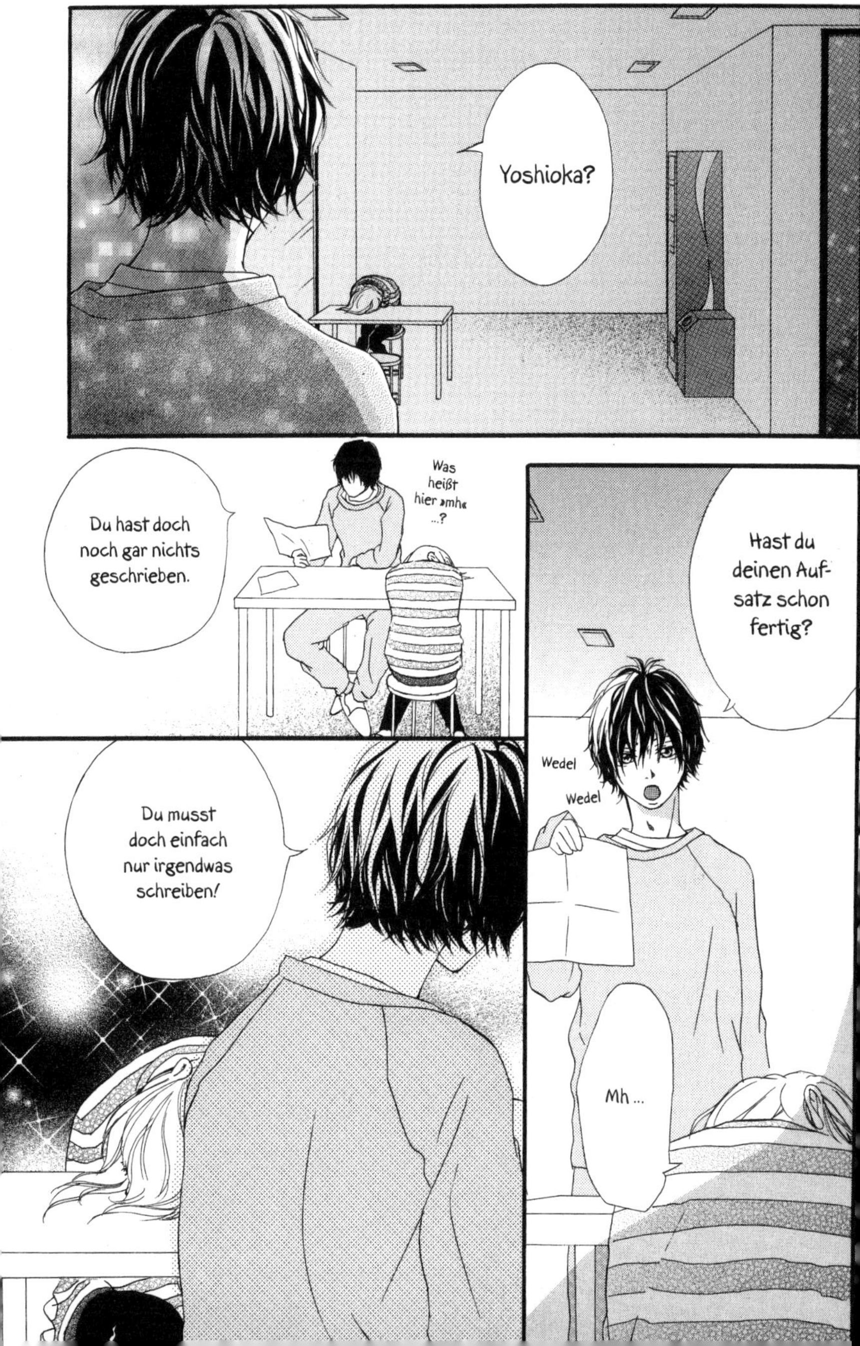
Yoshioka?
Hast du deinen Aufsatz schon fertig?
Wedel
Wedel
Mh ...
Was heißt hier »mh« ...?
Du hast doch noch gar nichts geschrieben.
Du musst doch einfach nur irgendwas schreiben!

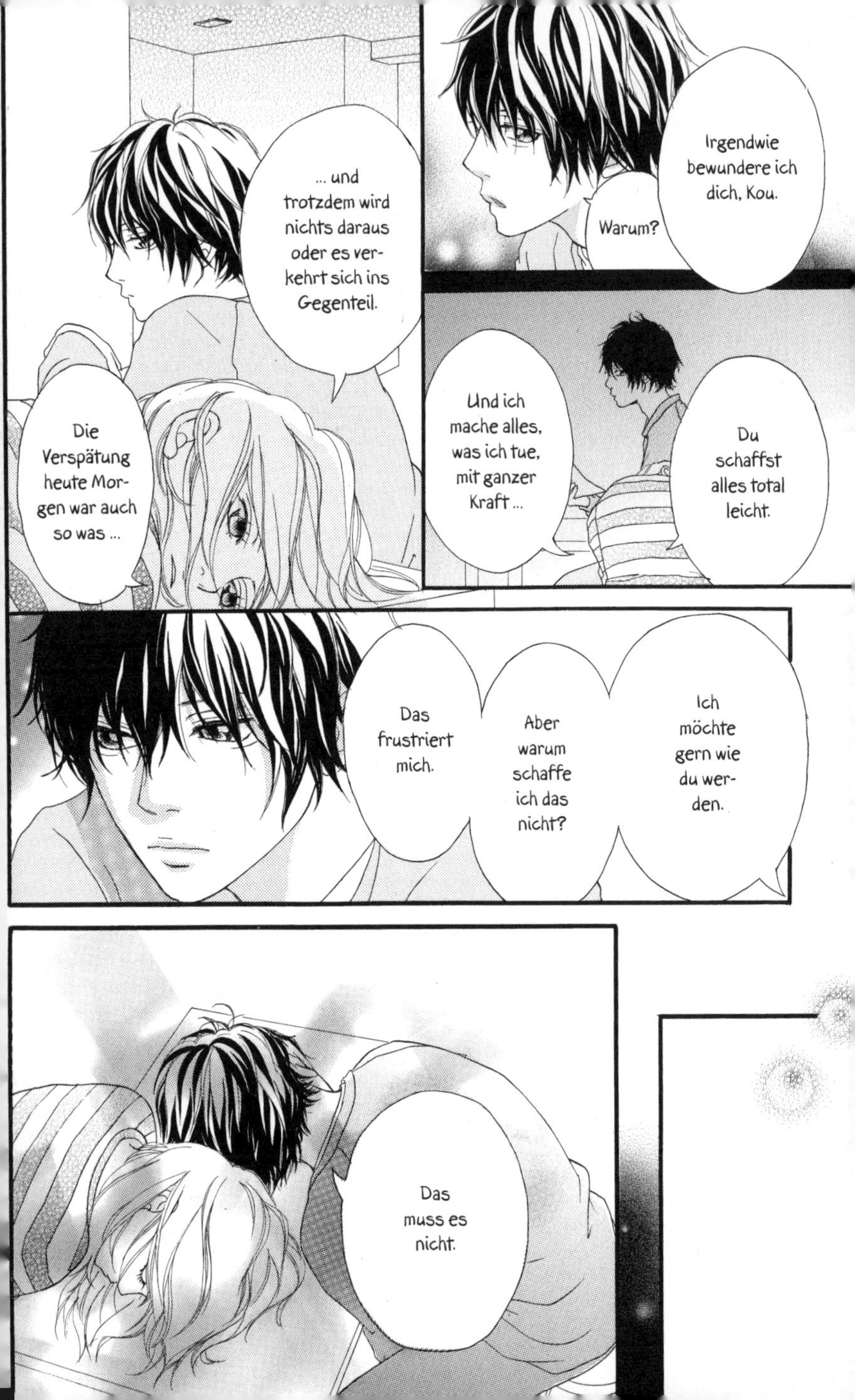

Irgendwie bewundere ich dich, Kou.
Warum?
Du schaffst alles total leicht.
Und ich mache alles, was ich tue, mit ganzer Kraft ...
... und trotzdem wird nichts daraus oder es verkehrt sich ins Gegenteil.
Die Verspätung heute Morgen war auch so was ...
Ich möchte gern wie du werden.
Aber warum schaffe ich das nicht?
Das frustriert mich.
Das muss es nicht.

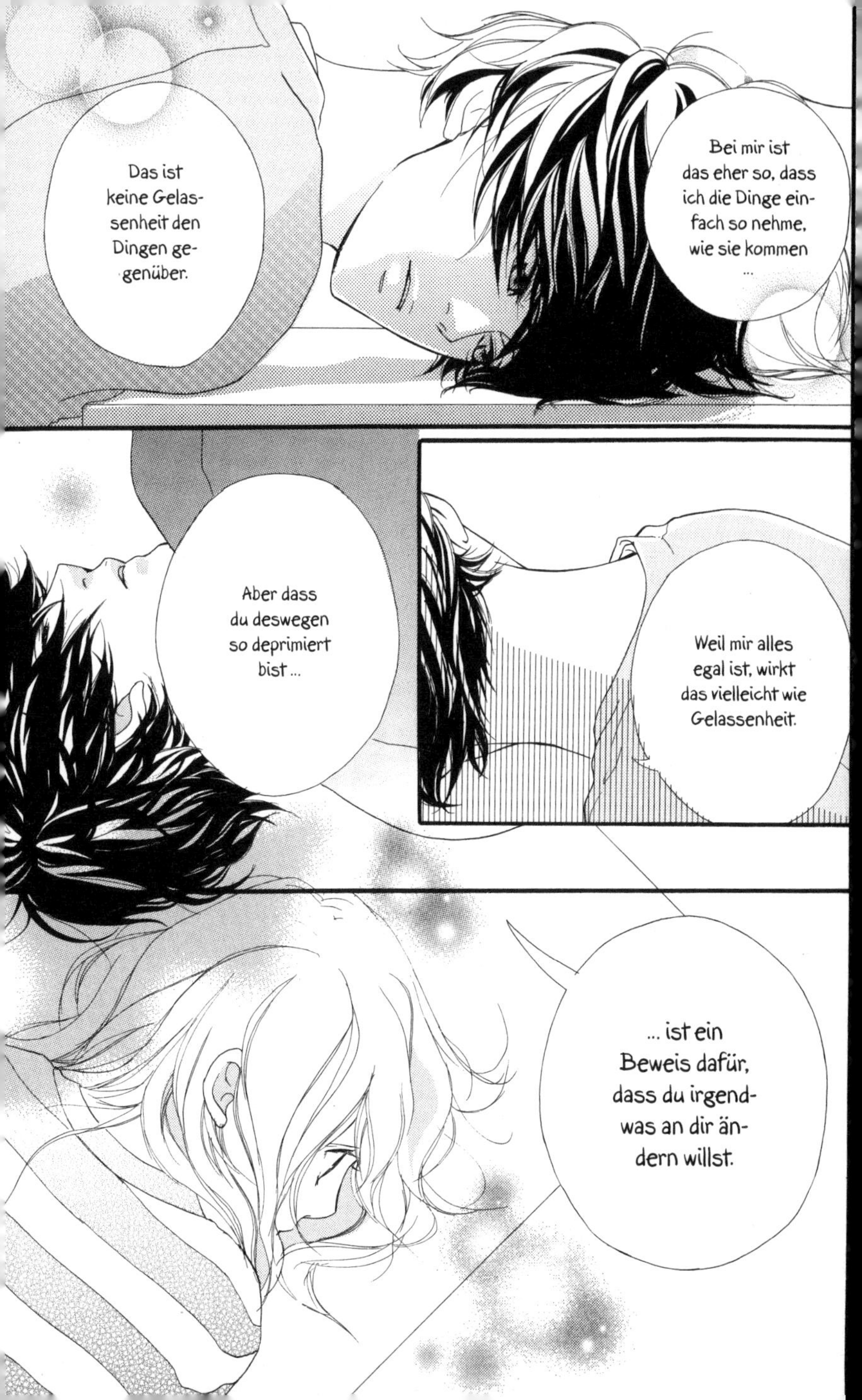

Bei mir ist das eher so, dass ich die Dinge einfach so nehme, wie sie kommen …
Das ist keine Gelassenheit den Dingen gegenüber.
Weil mir alles egal ist, wirkt das vielleicht wie Gelassenheit.
Aber dass du deswegen so deprimiert bist …
… ist ein Beweis dafür, dass du irgendwas an dir ändern willst.

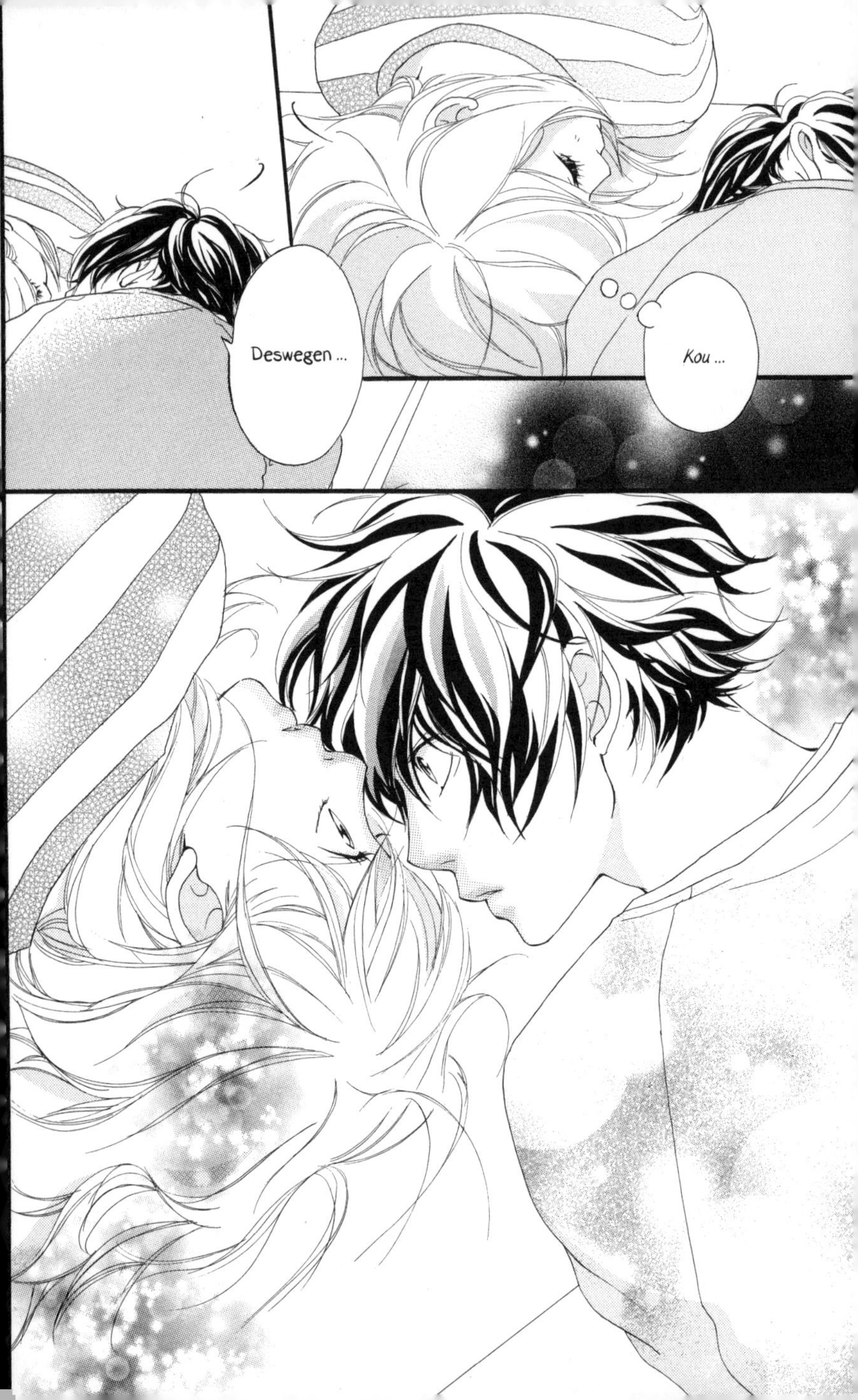
Kou ...
Deswegen ...

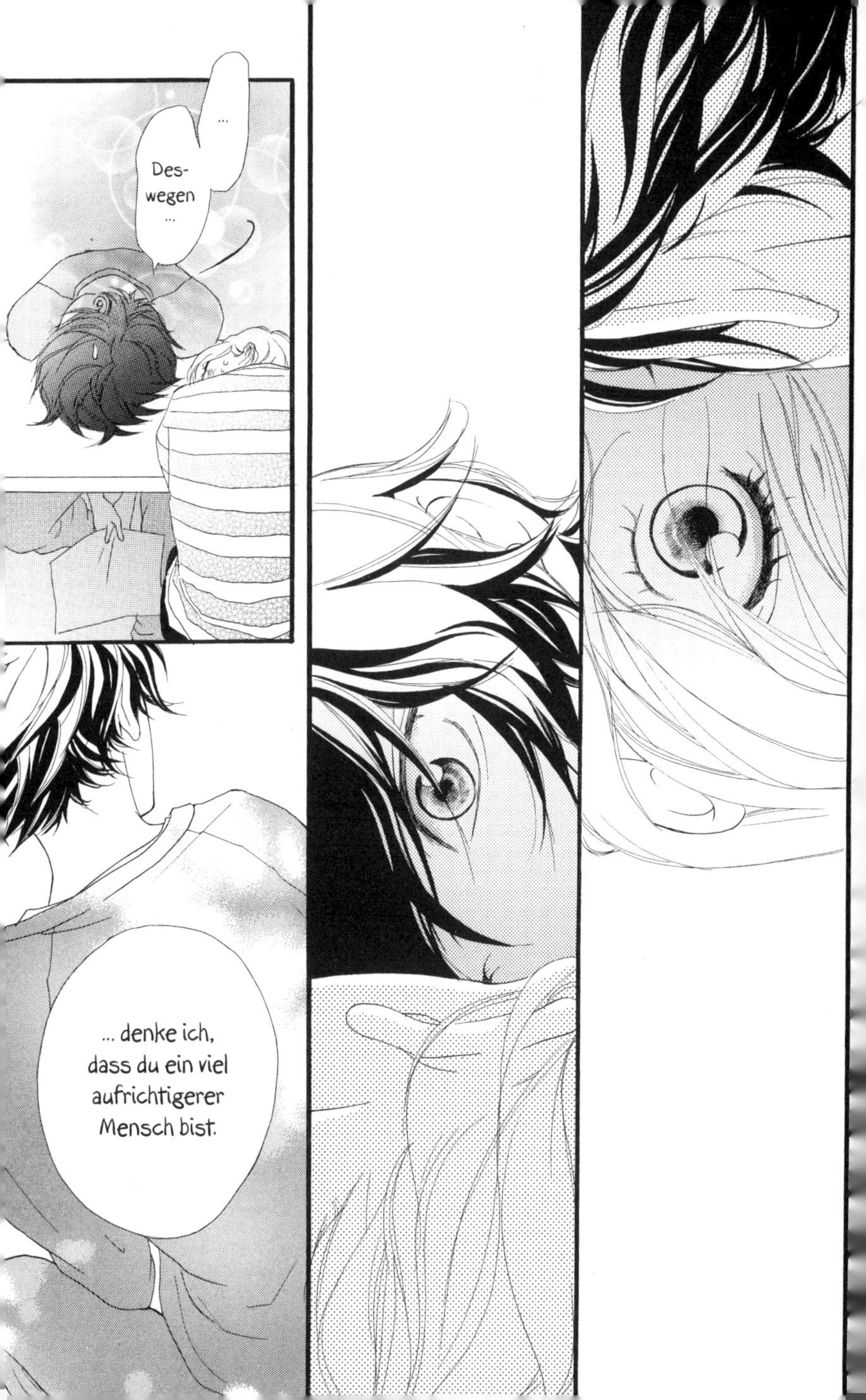
...
Des- wegen ...
... denke ich, dass du ein viel aufrichtigerer Mensch bist.

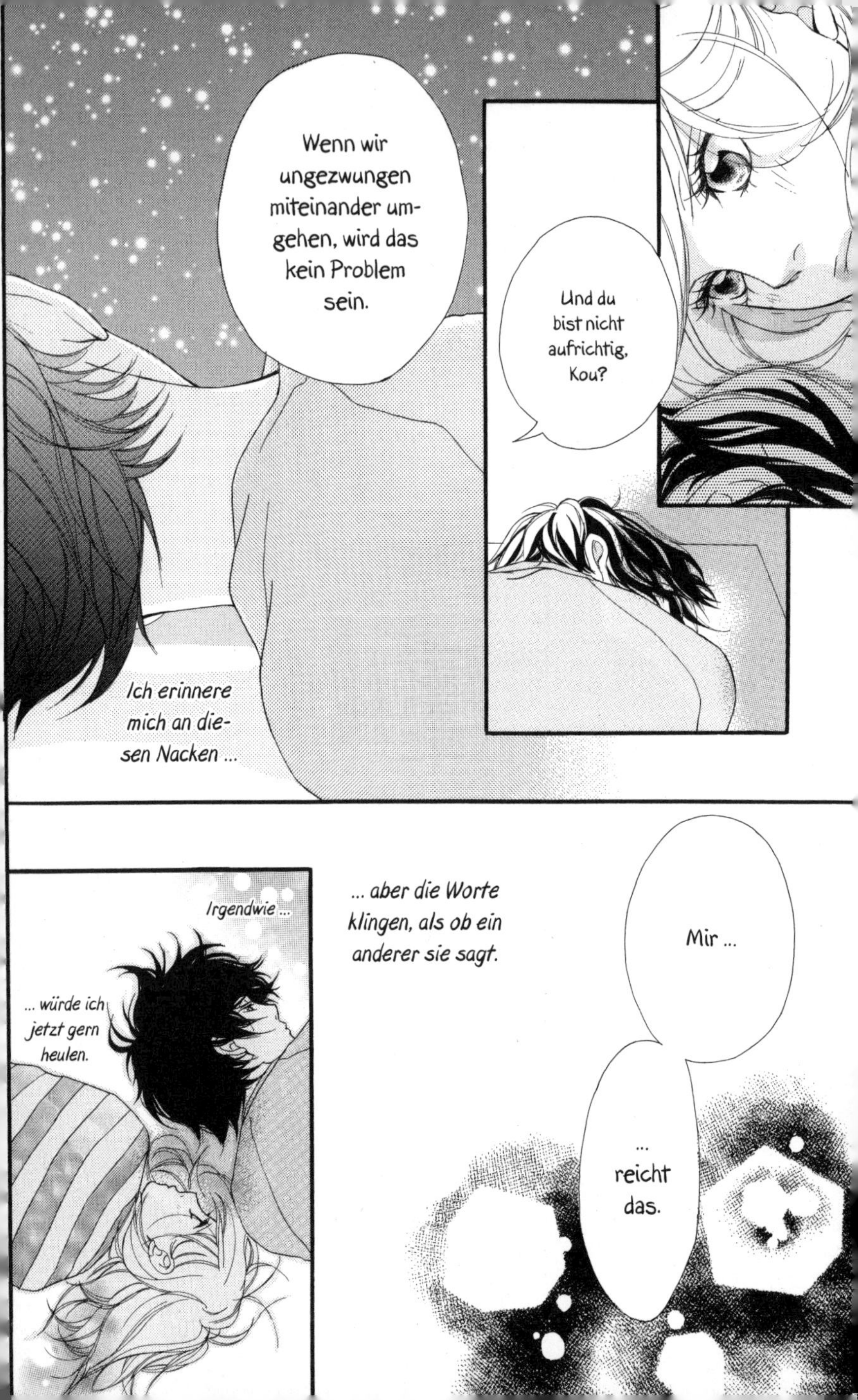
Und du bist nicht aufrichtig, Kou?
Wenn wir ungezwungen miteinander umgehen, wird das kein Problem sein.
Ich erinnere mich an diesen Nacken ...
Mir ...
... reicht das.
... aber die Worte klingen, als ob ein anderer sie sagt.
Irgendwie ...
... würde ich jetzt gern heulen.

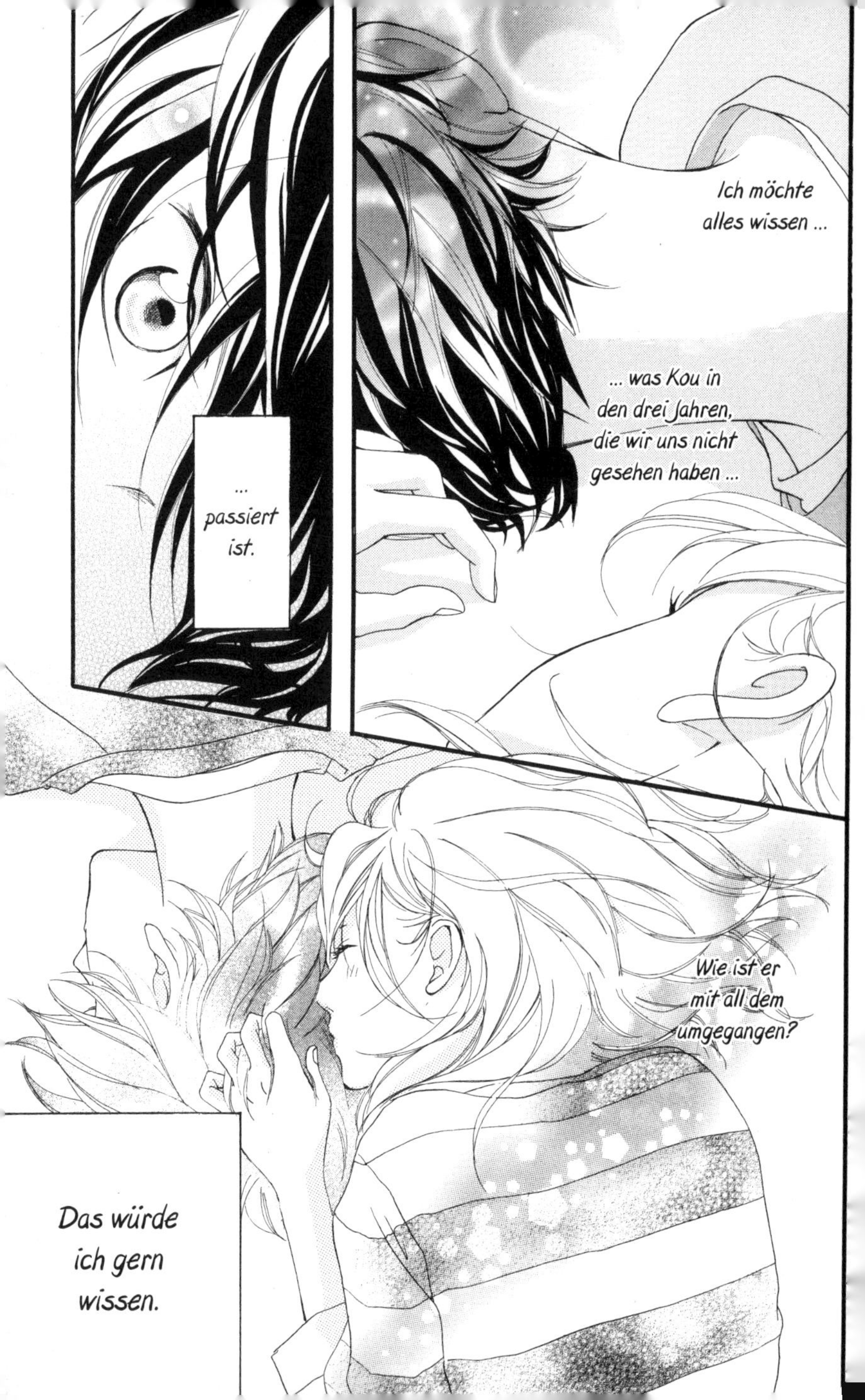
Ich möchte alles wissen ...
... was Kou in den drei Jahren, die wir uns nicht gesehen haben ...
... passiert ist.
Wie ist er mit all dem umgegangen?
Das würde ich gern wissen.

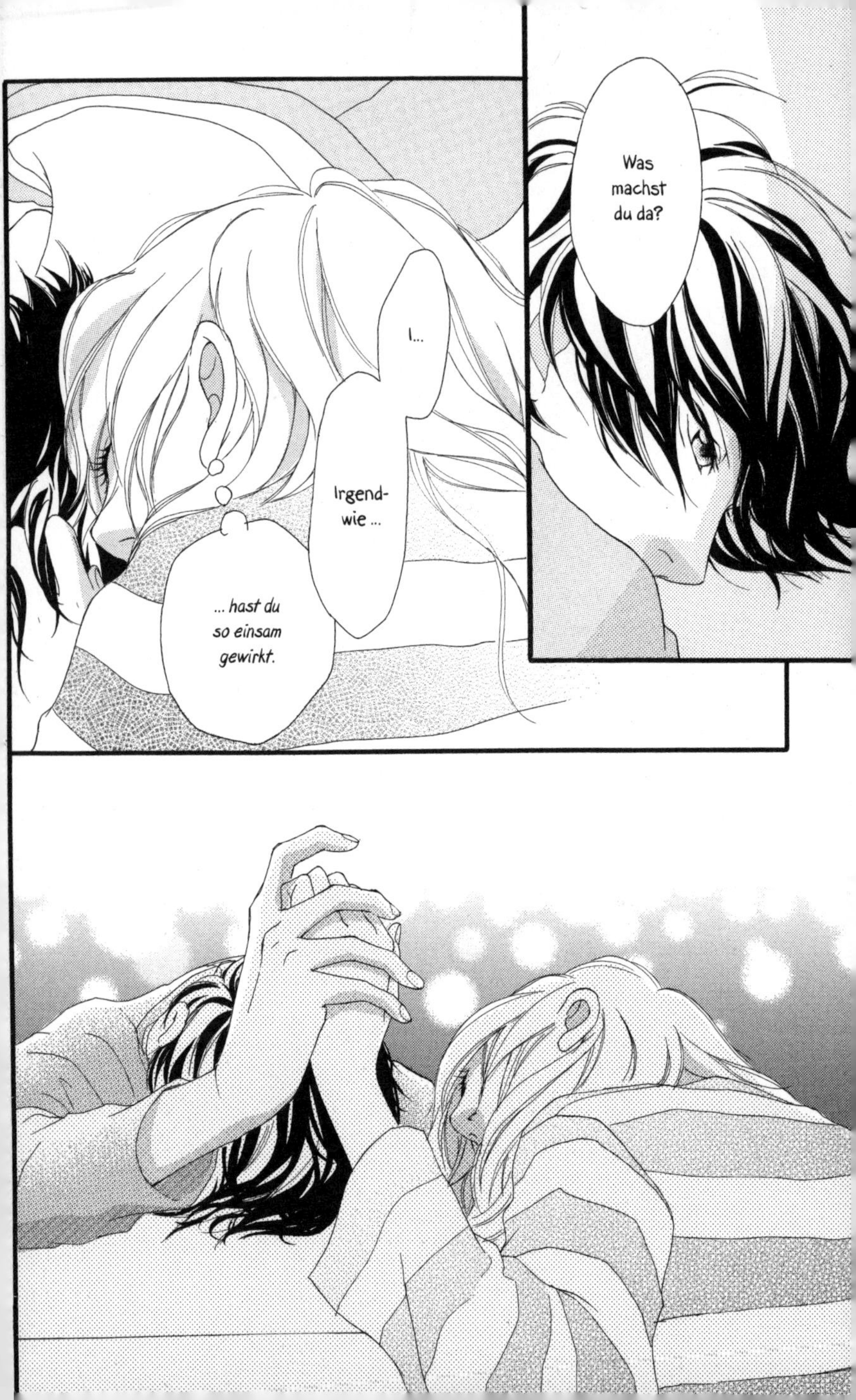
Was machst du da?
I...
Irgend-wie ...
... hast du so einsam gewirkt.

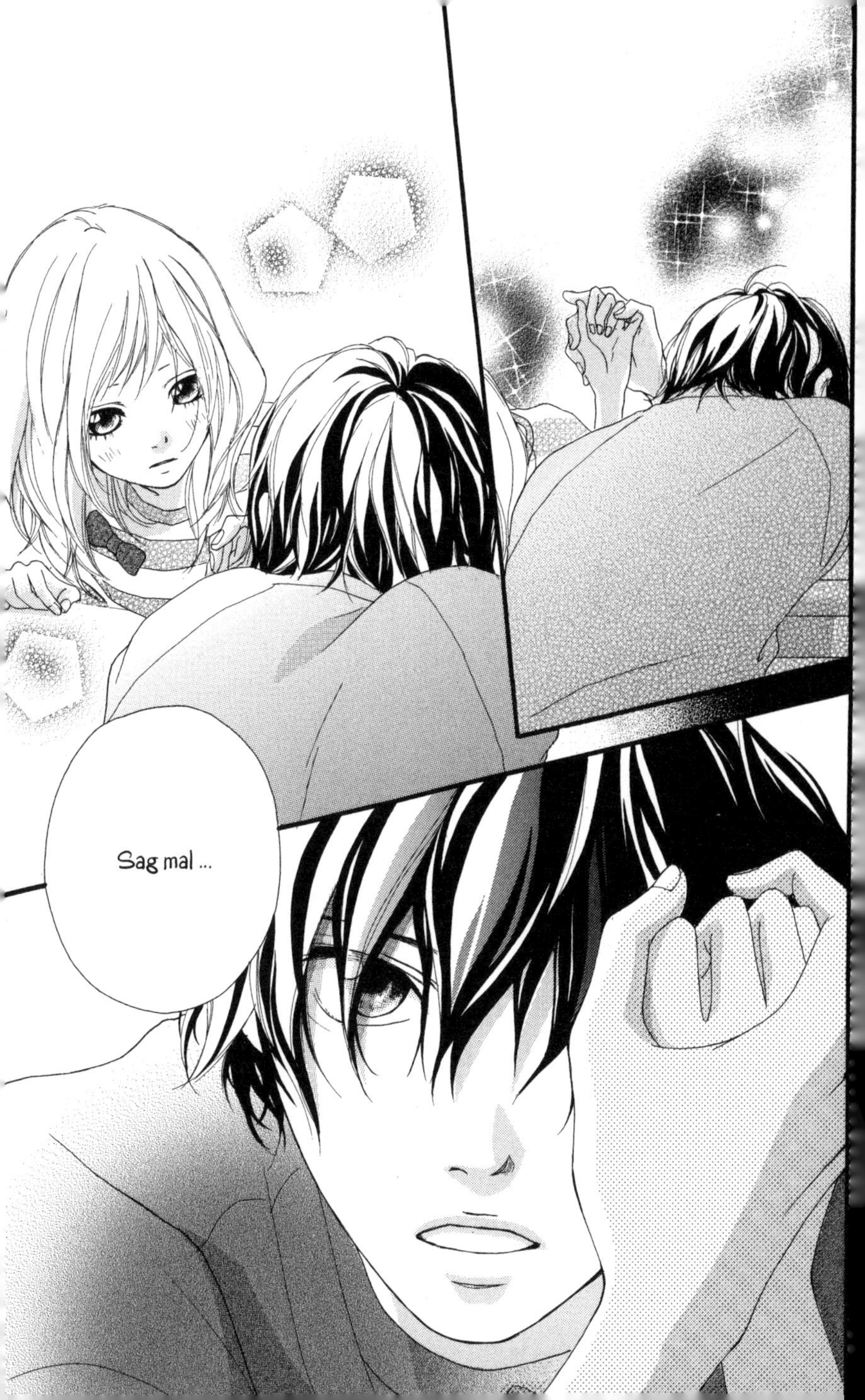
Sag mal ...

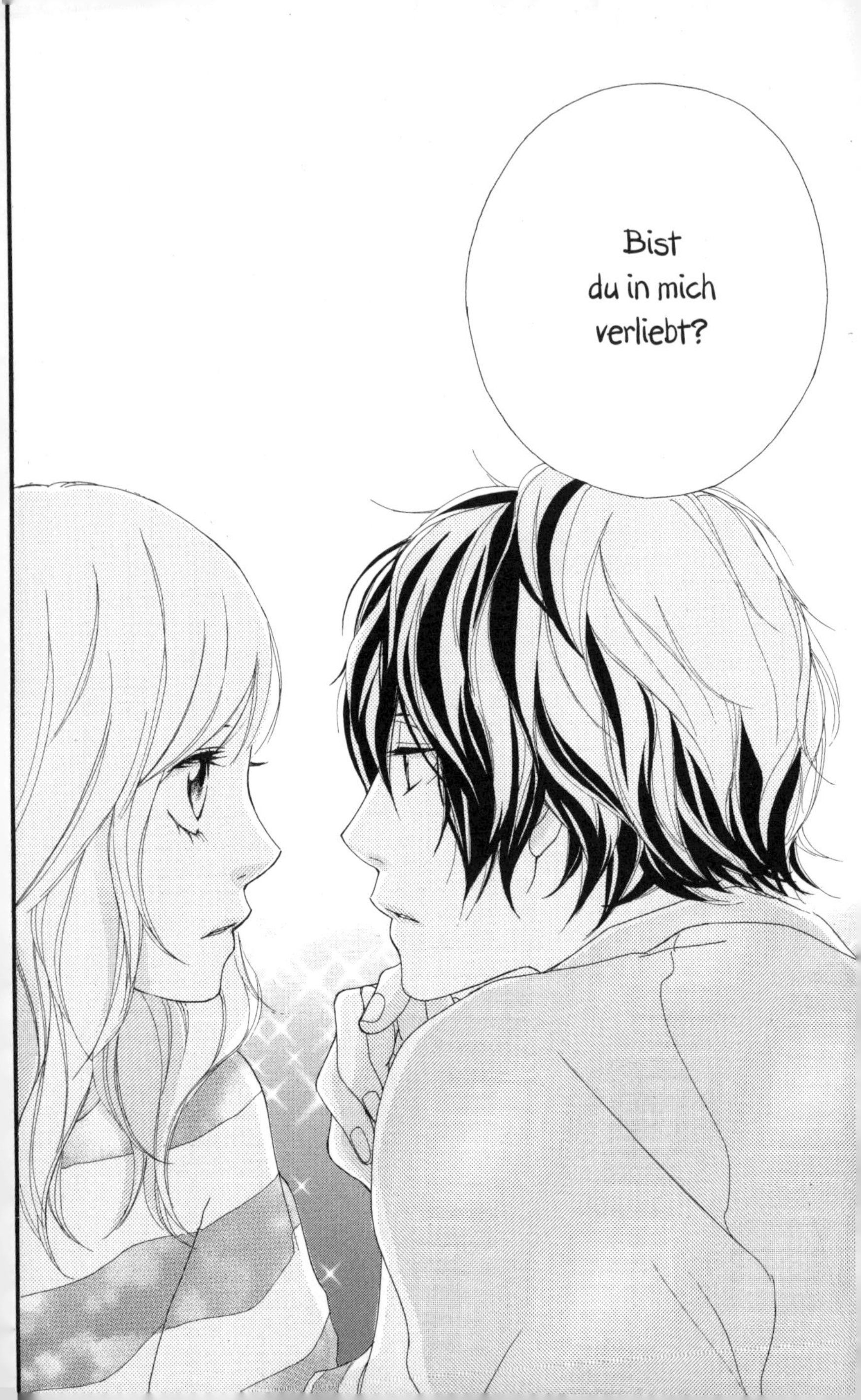
Bist du in mich verliebt?

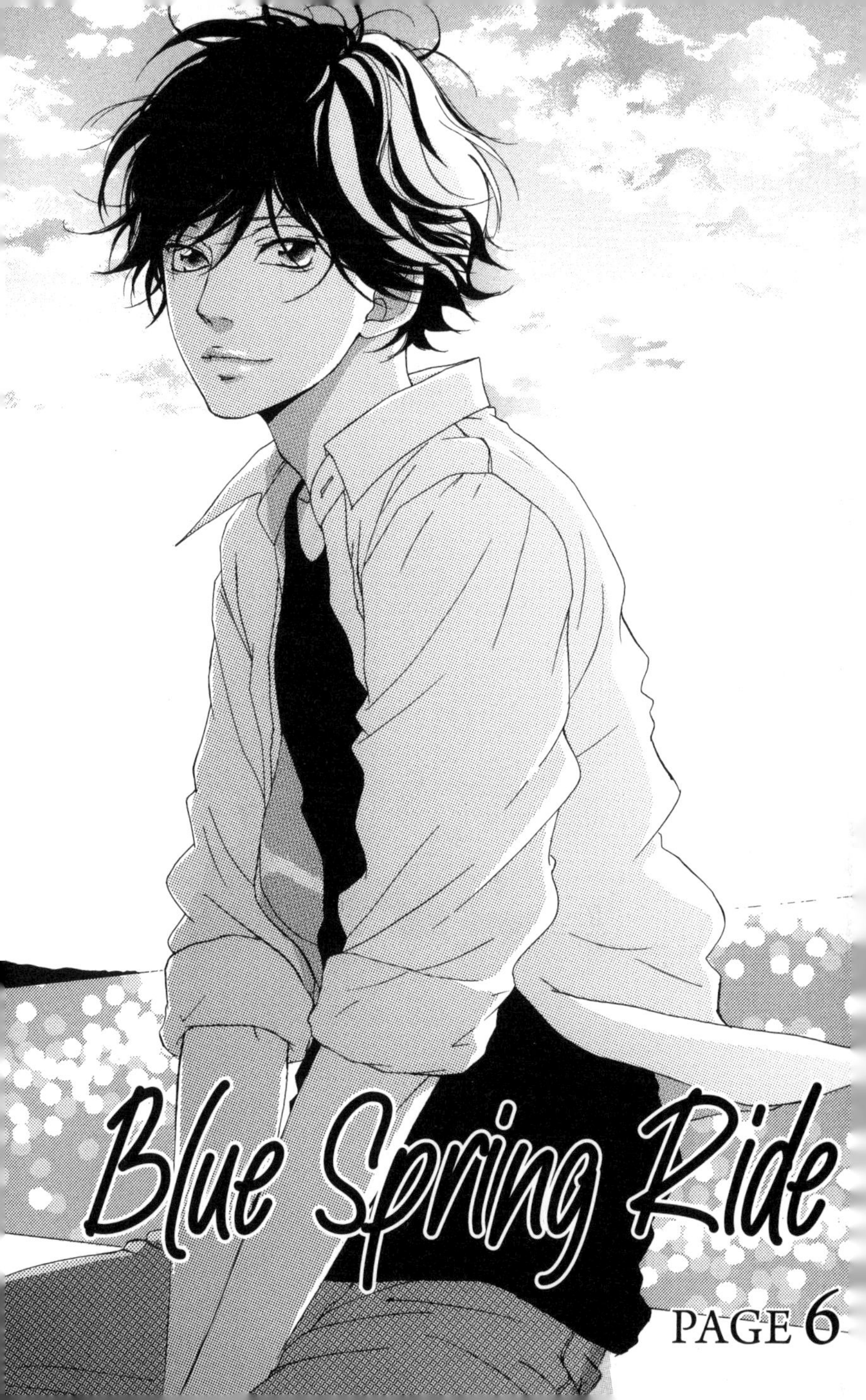
Blue Spring Ride
PAGE 6

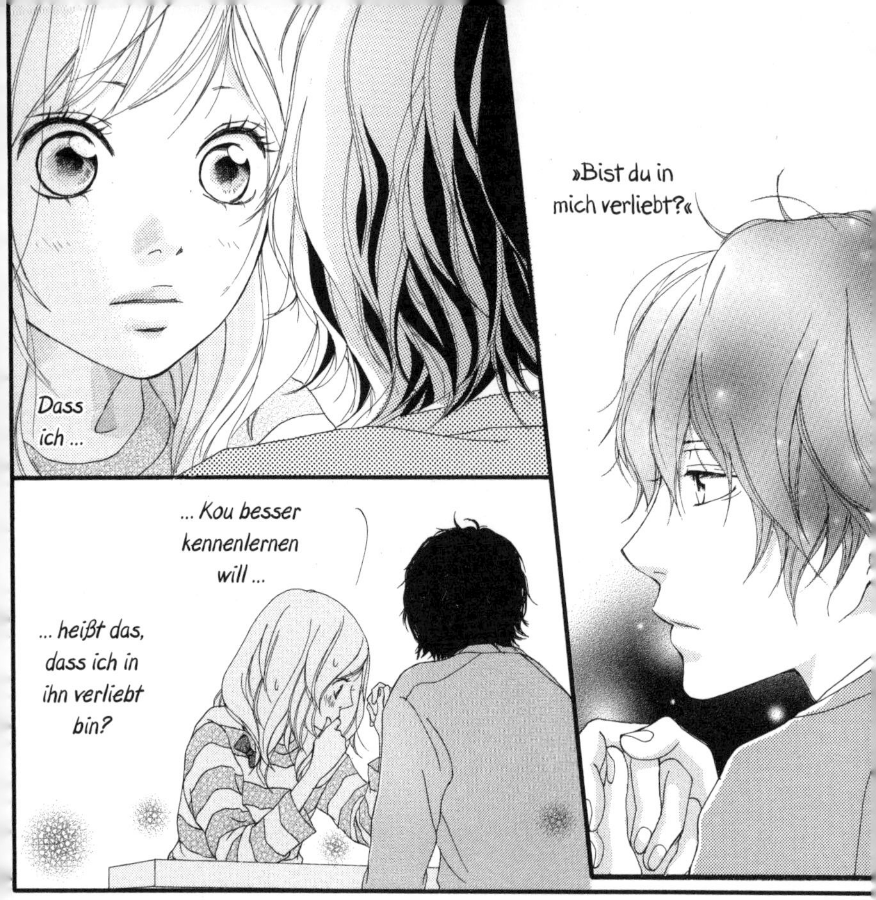
»Bist du in mich verliebt?«
Dass ich ...
... Kou besser kennenlernen will ...
... heißt das, dass ich in ihn verliebt bin?

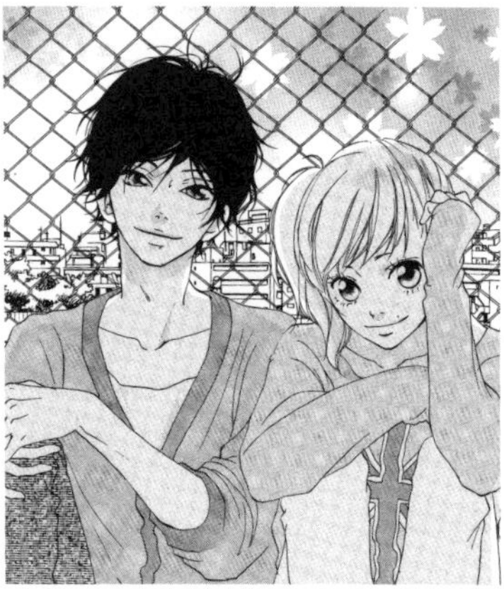

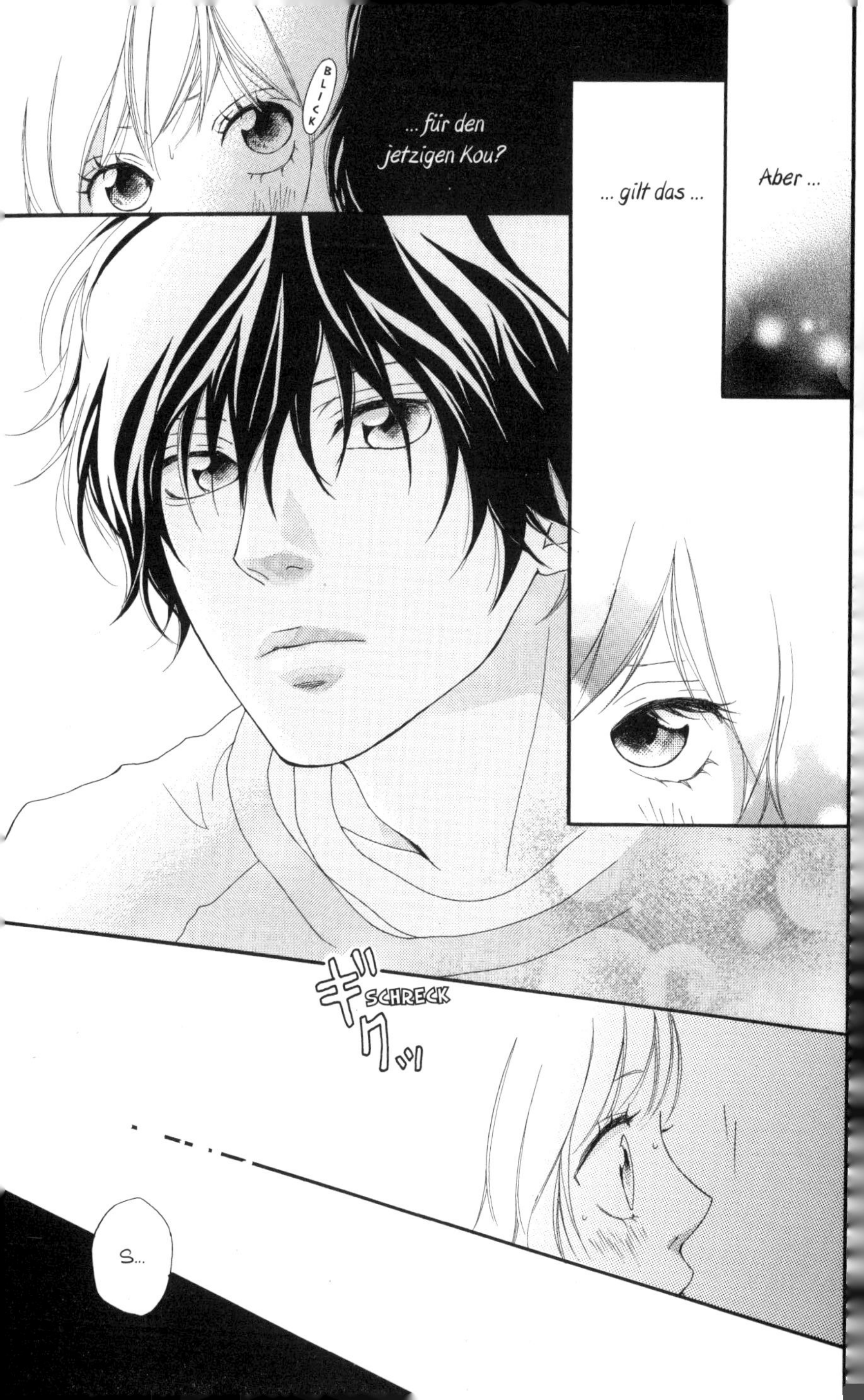

Aber ...
... gilt das ...
... für den jetzigen Kou?
BLICK
SCHRECK
S...

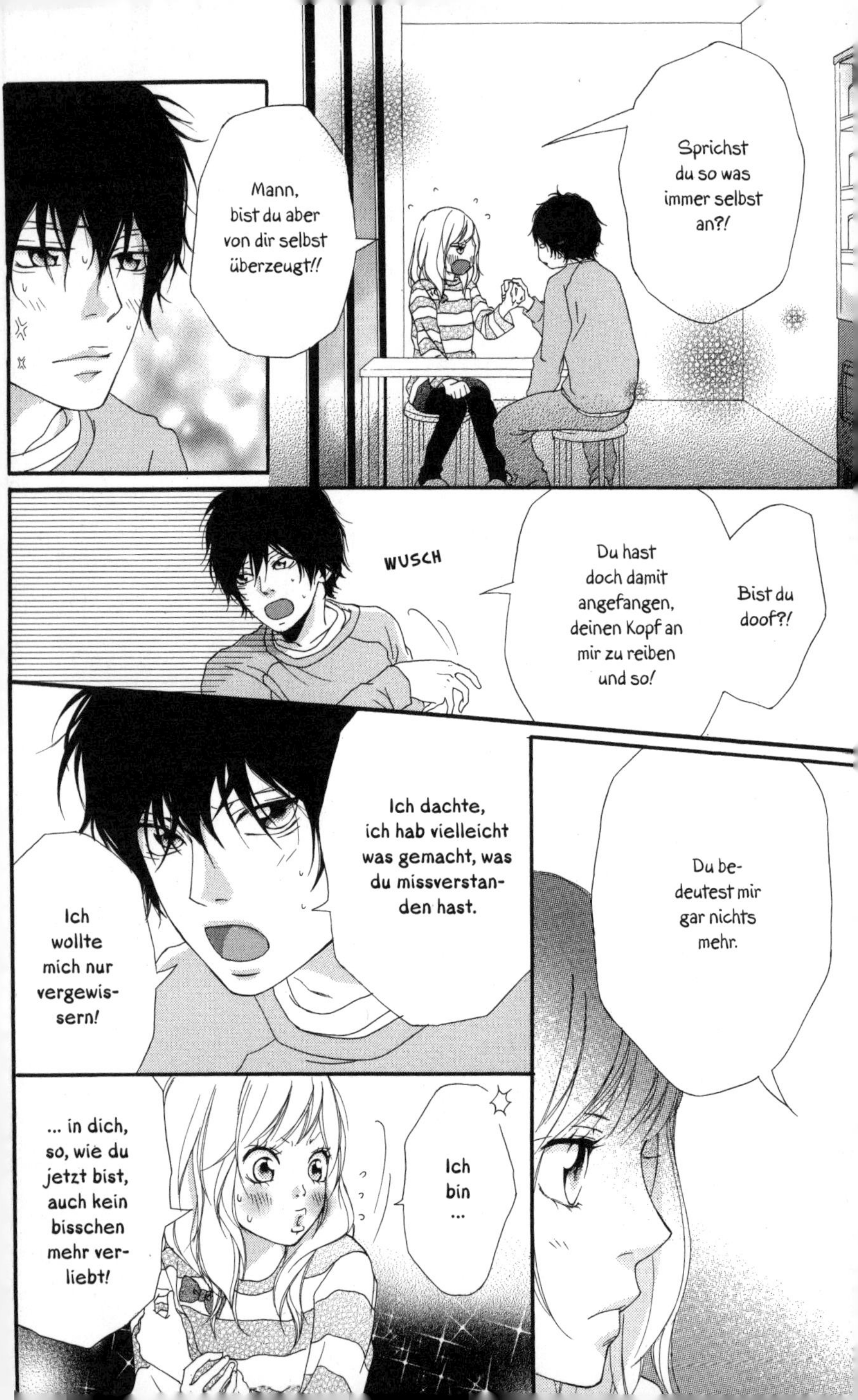
Sprichst du so was immer selbst an?!
Mann, bist du aber von dir selbst überzeugt!!
Bist du doof?!
Du hast doch damit angefangen, deinen Kopf an mir zu reiben und so!
WUSCH
Ich dachte, ich hab vielleicht was gemacht, was du missverstanden hast.
Ich wollte mich nur vergewissern!
Du bedeutest mir gar nichts mehr.
Ich bin ...
... in dich, so, wie du jetzt bist, auch kein bisschen mehr verliebt!

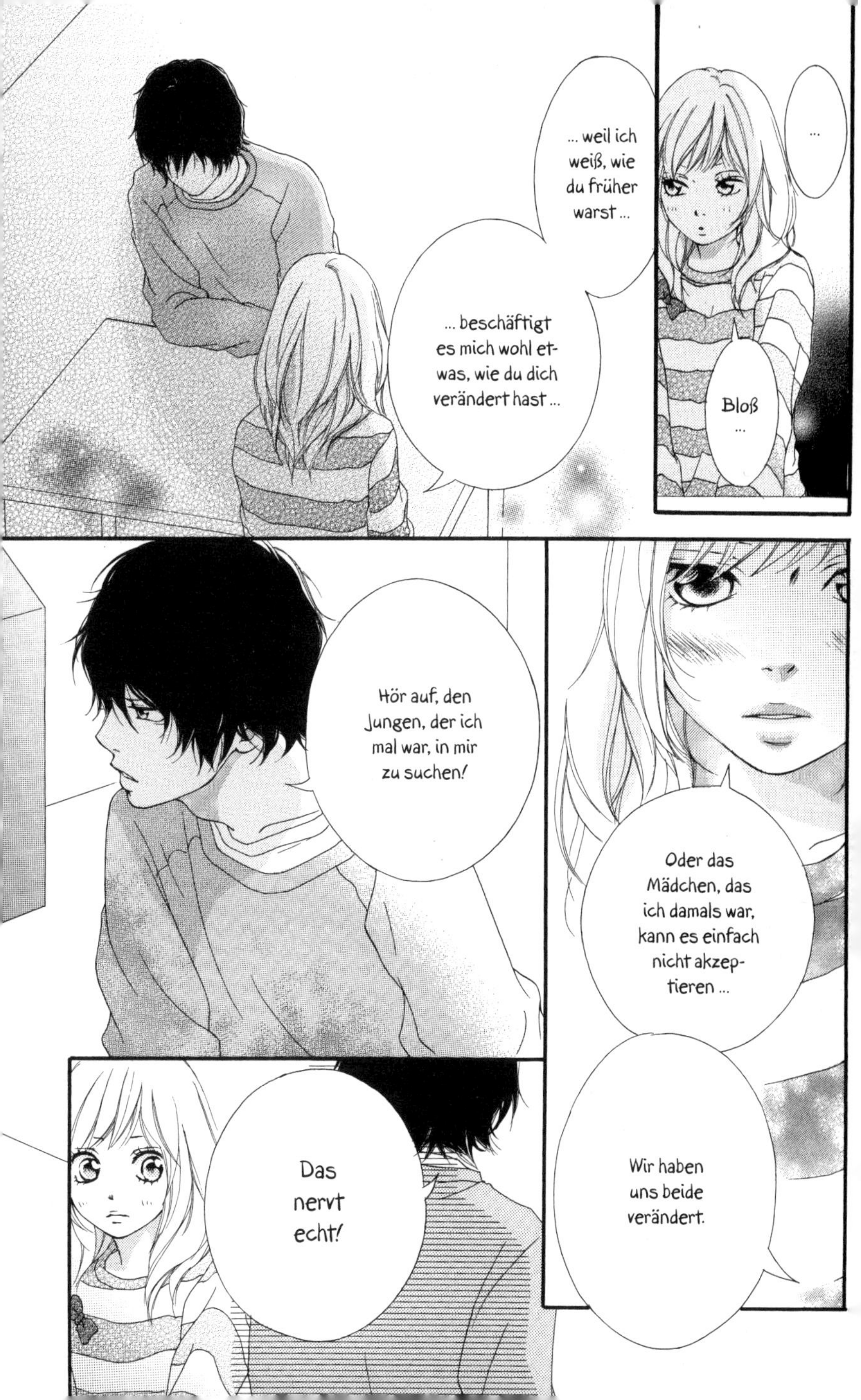
...
Bloß ...
... weil ich weiß, wie du früher warst ...
... beschäftigt es mich wohl etwas, wie du dich verändert hast ...
Hör auf, den Jungen, der ich mal war, in mir zu suchen!
Das nervt echt!
Oder das Mädchen, das ich damals war, kann es einfach nicht akzeptieren ...
Wir haben uns beide verändert.

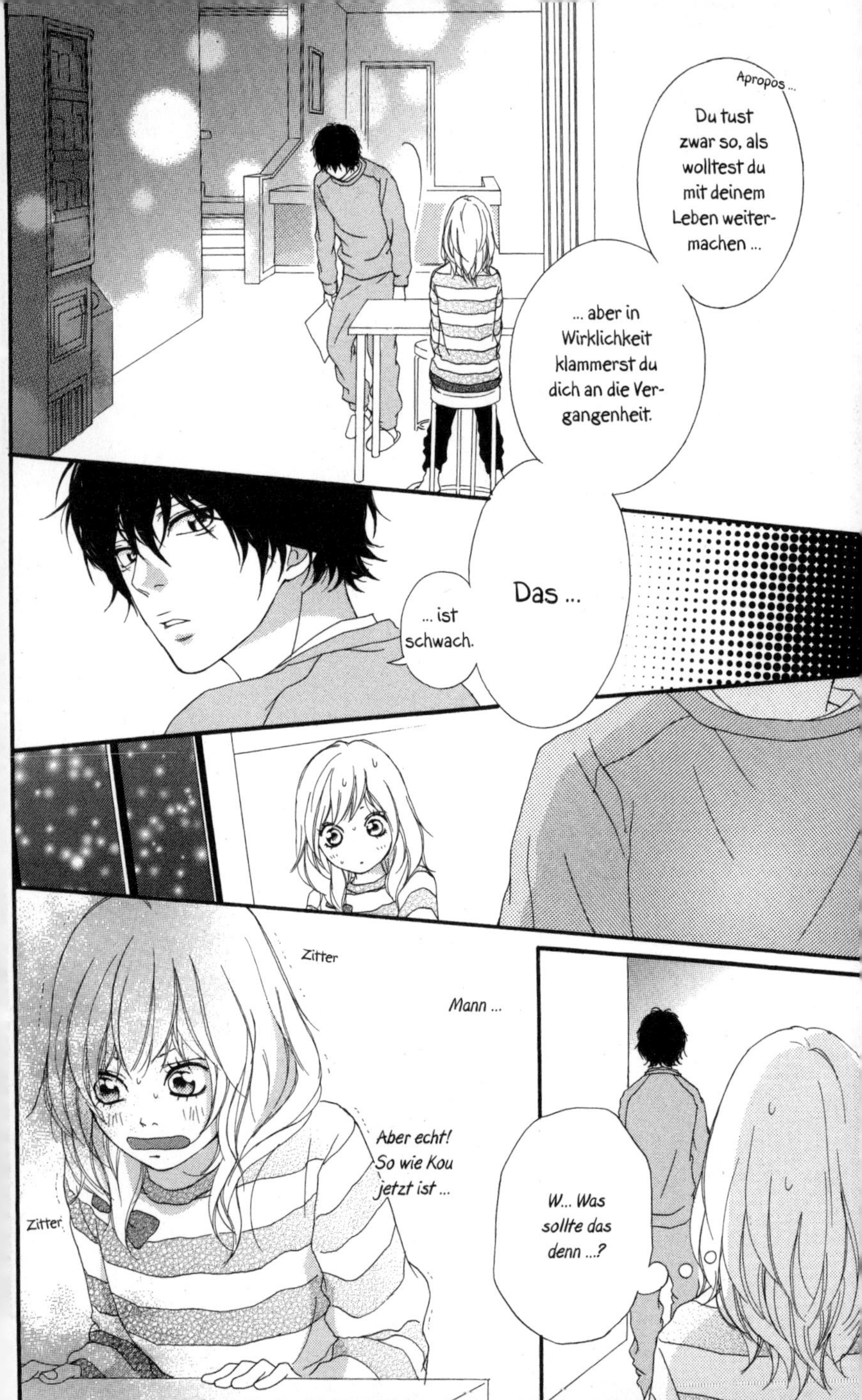
Apropos ...
Du tust zwar so, als wolltest du mit deinem Leben weiter-machen ...
... aber in Wirklichkeit klammerst du dich an die Ver-gangenheit.
Das ...
... ist schwach.
Zitter
Mann ...
W... Was sollte das denn ...?
Aber echt! So wie Kou jetzt ist ...
Zitter

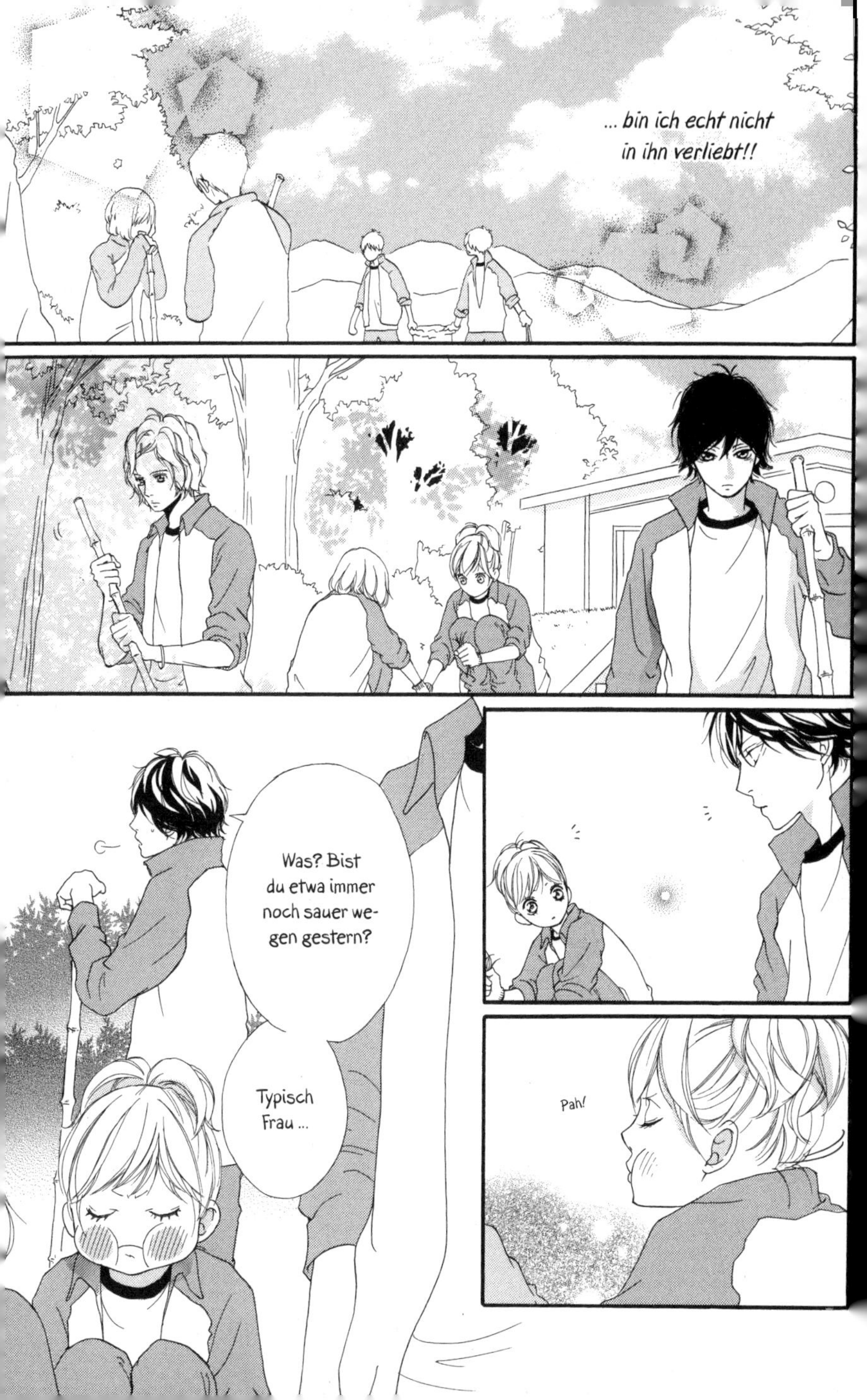
... bin ich echt nicht in ihn verliebt!!
Was? Bist du etwa immer noch sauer wegen gestern?
Typisch Frau ...
Pah!

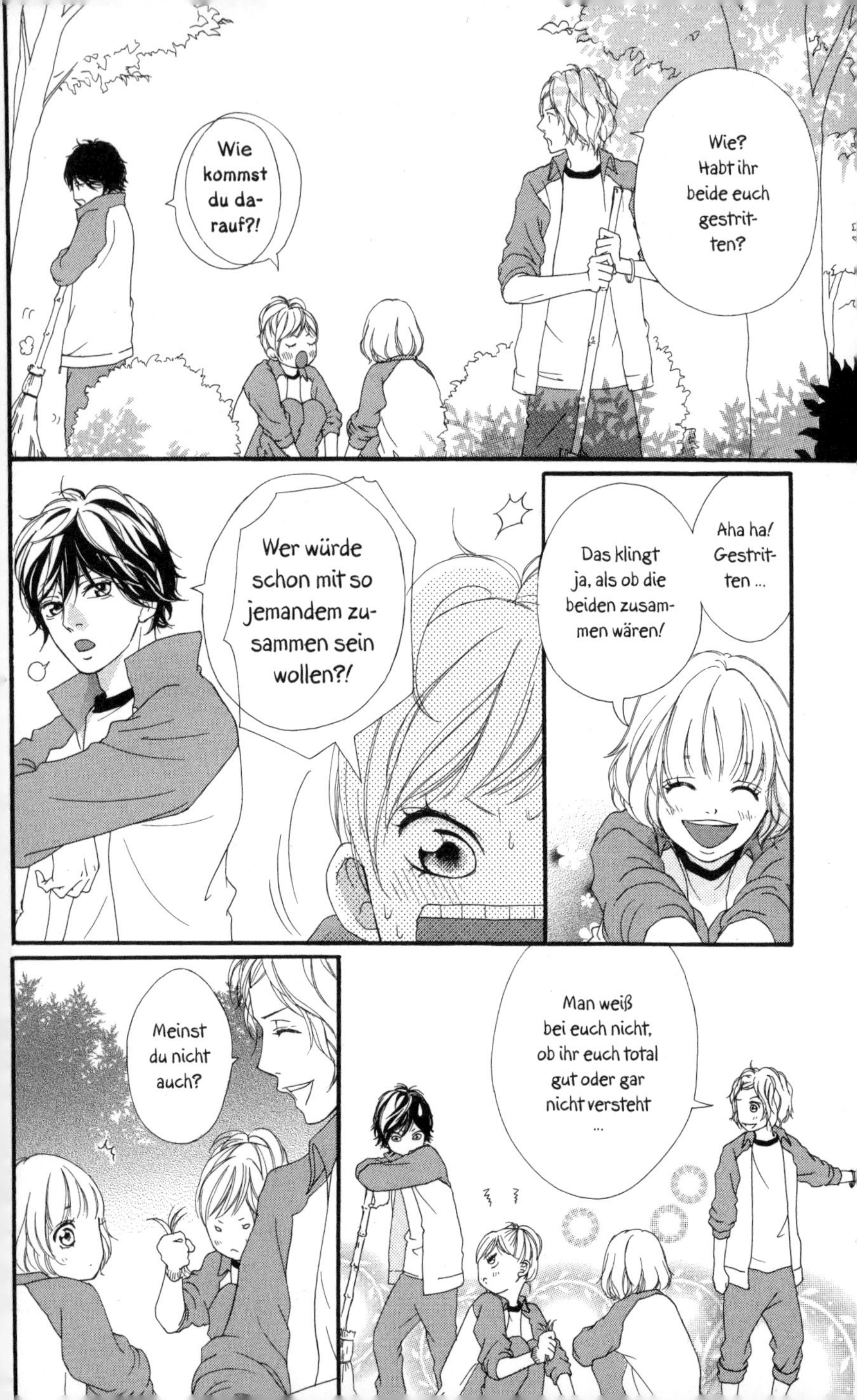

Wie? Habt ihr beide euch gestritten?
Wie kommst du darauf?!
Aha ha! Gestritten ...
Das klingt ja, als ob die beiden zusammen wären!
Wer würde schon mit so jemandem zusammen sein wollen?!
Man weiß bei euch nicht, ob ihr euch total gut oder gar nicht versteht ...
Meinst du nicht auch?

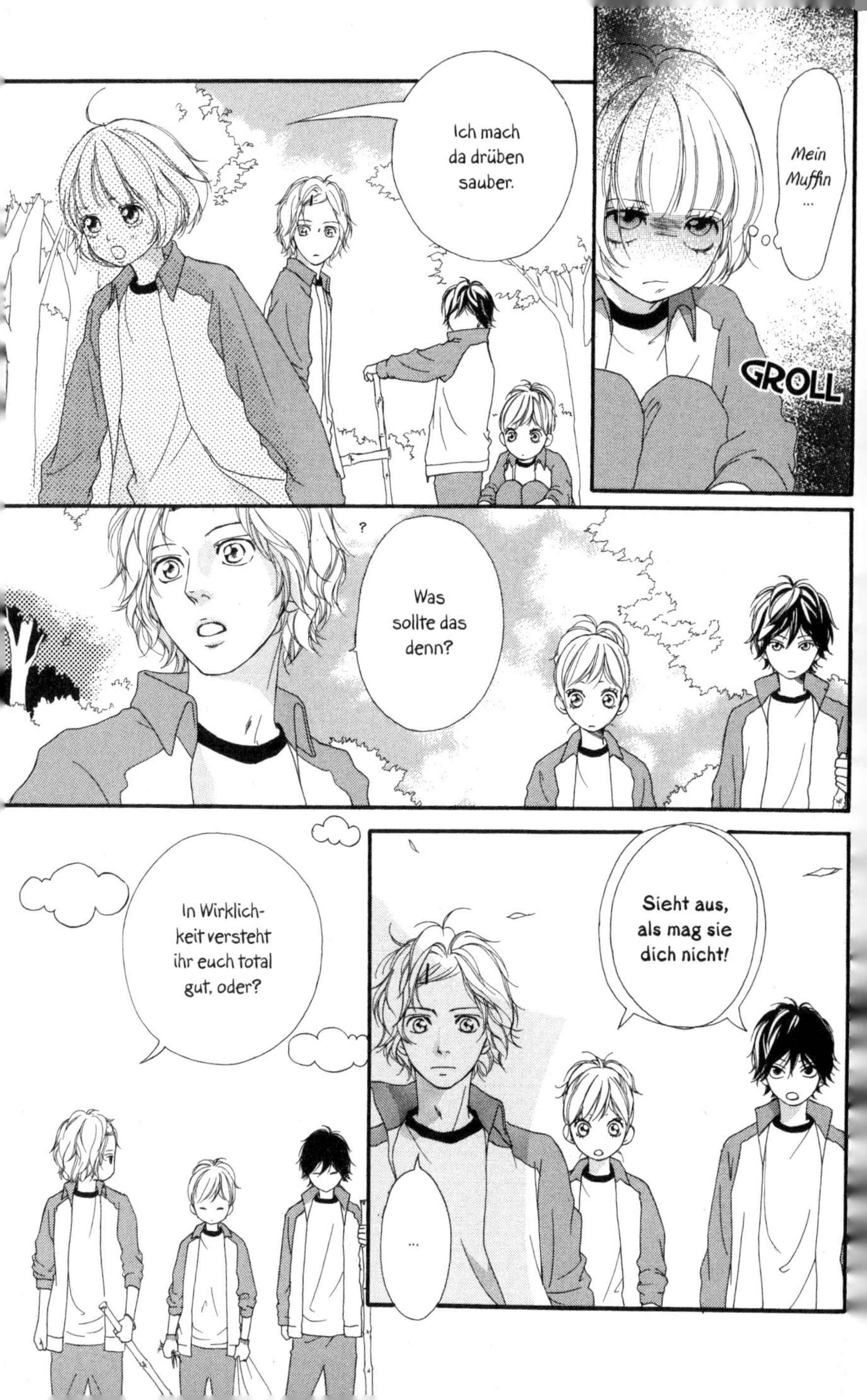
Mein Muffin ...
GROLL
Ich mach da drüben sauber.
Was sollte das denn?
Sieht aus, als mag sie dich nicht!
...
In Wirklichkeit versteht ihr euch total gut, oder?

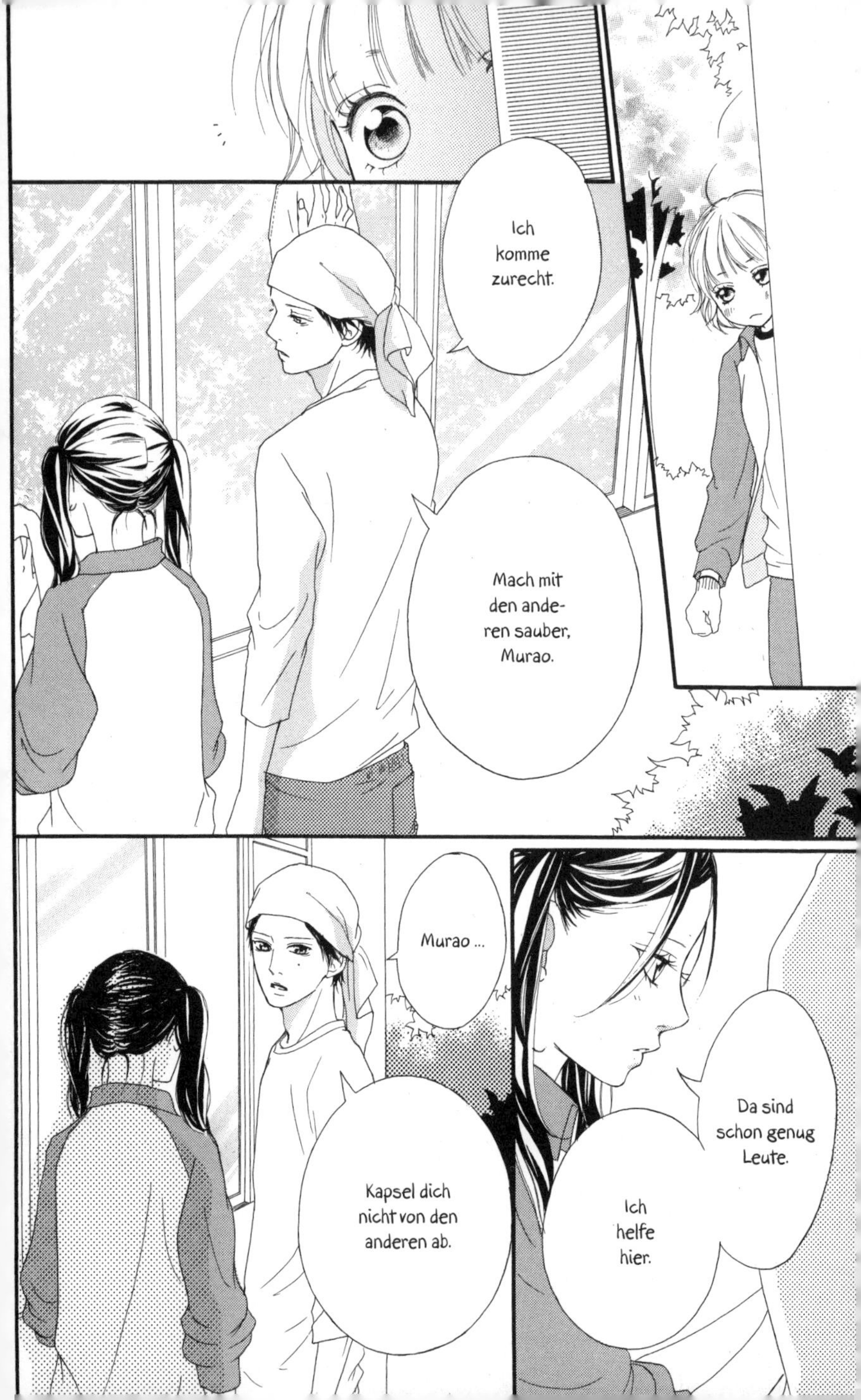
Ich komme zurecht.
Mach mit den anderen sauber, Murao.
Da sind schon genug Leute.
Ich helfe hier.
Murao ...
Kapsel dich nicht von den anderen ab.

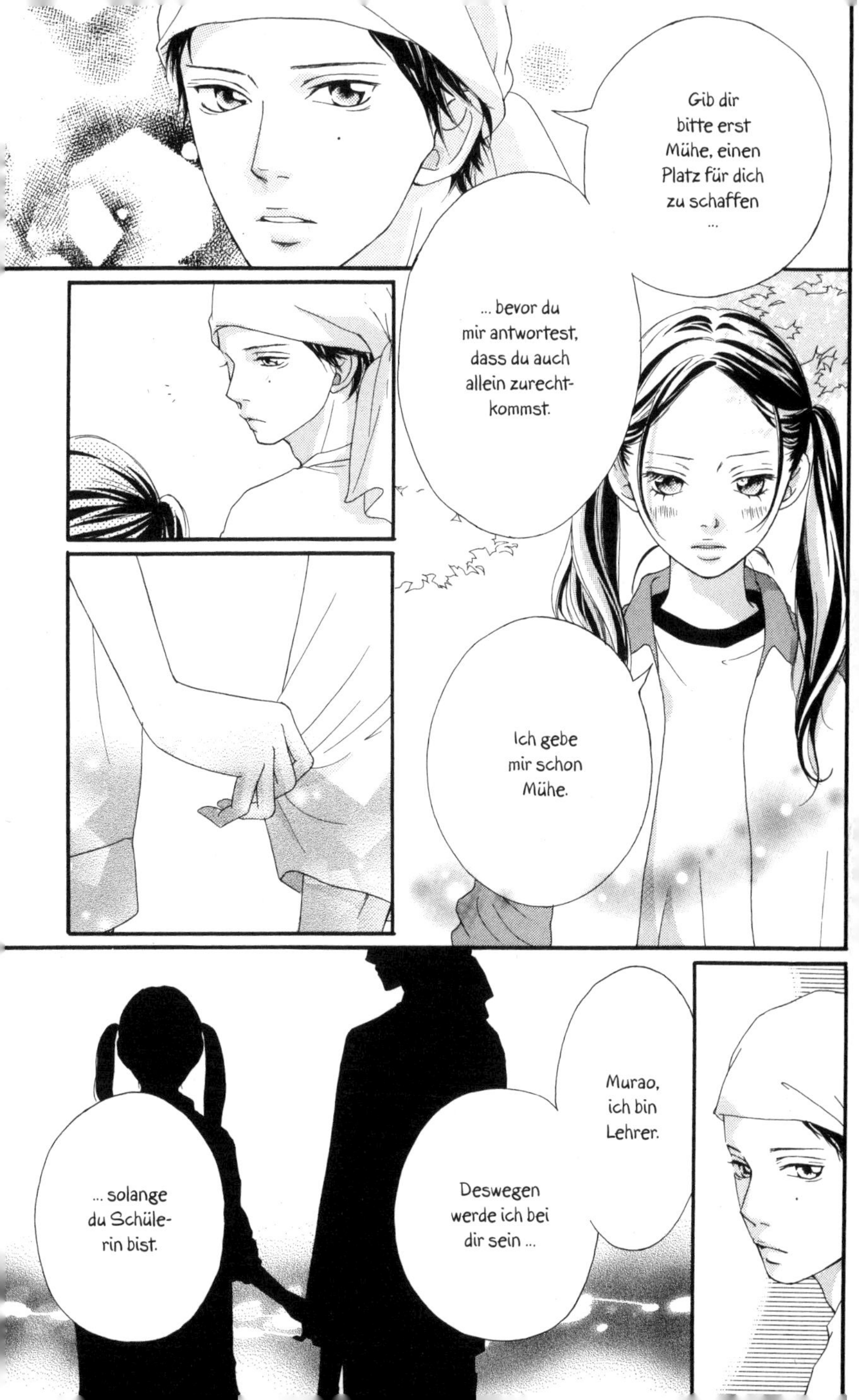
Gib dir bitte erst Mühe, einen Platz für dich zu schaffen ...
... bevor du mir antwortest, dass du auch allein zurechtkommst.
Ich gebe mir schon Mühe.
Murao, ich bin Lehrer.
Deswegen werde ich bei dir sein ...
... solange du Schülerin bist.

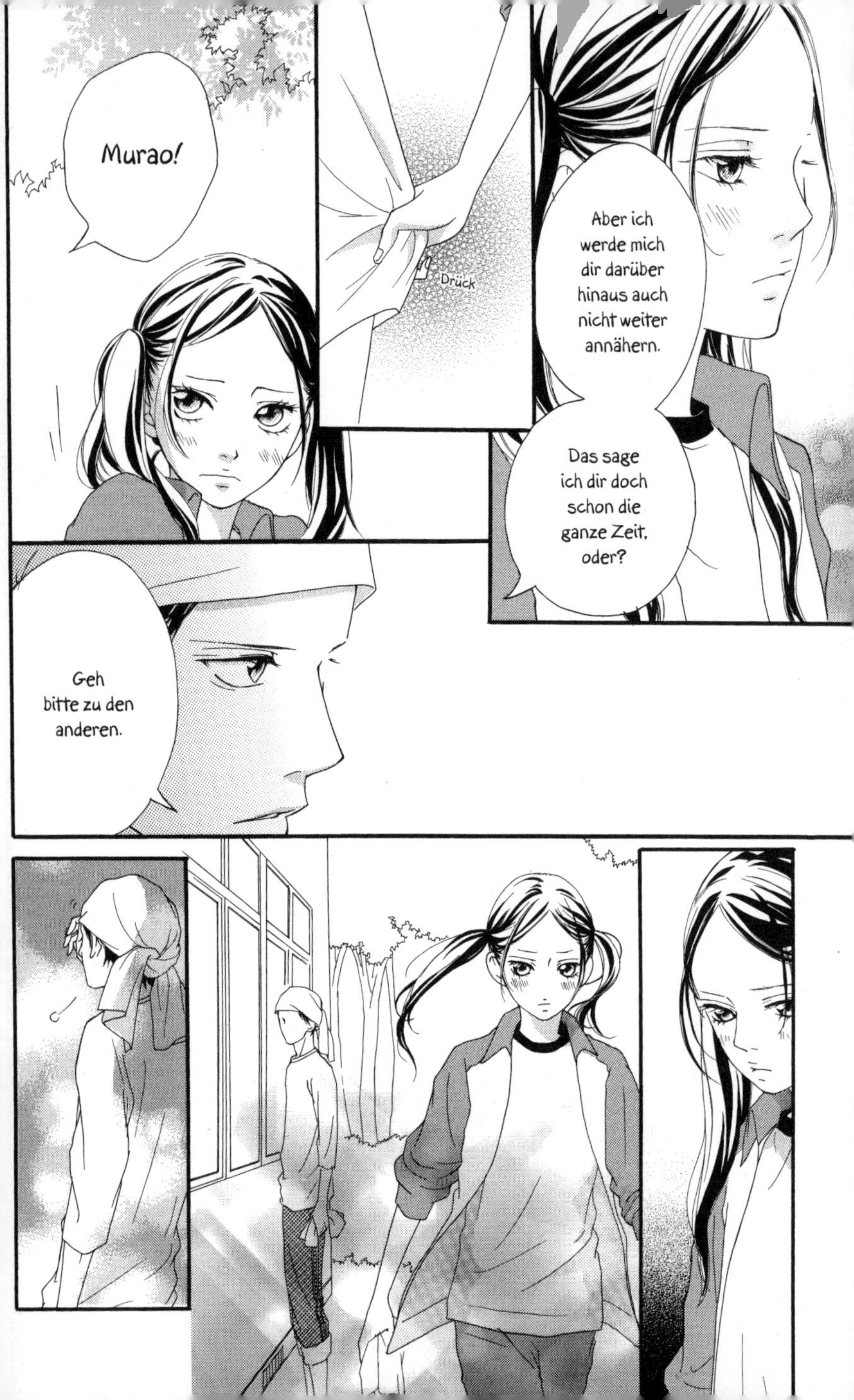
Aber ich werde mich dir darüber hinaus auch nicht weiter annähern.
Das sage ich dir doch schon die ganze Zeit, oder?
Drück
Murao!
Geh bitte zu den anderen.

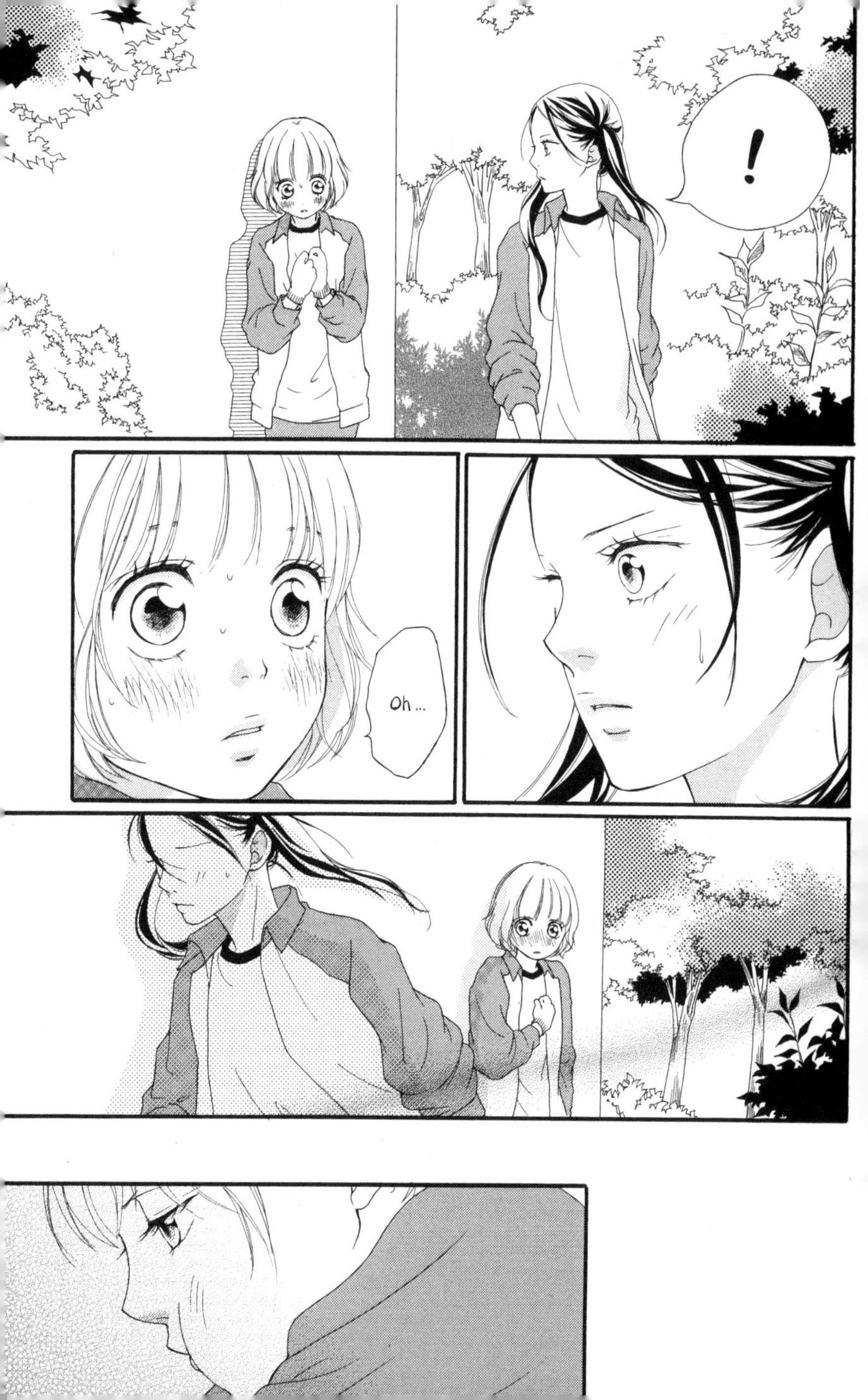
!
Oh...

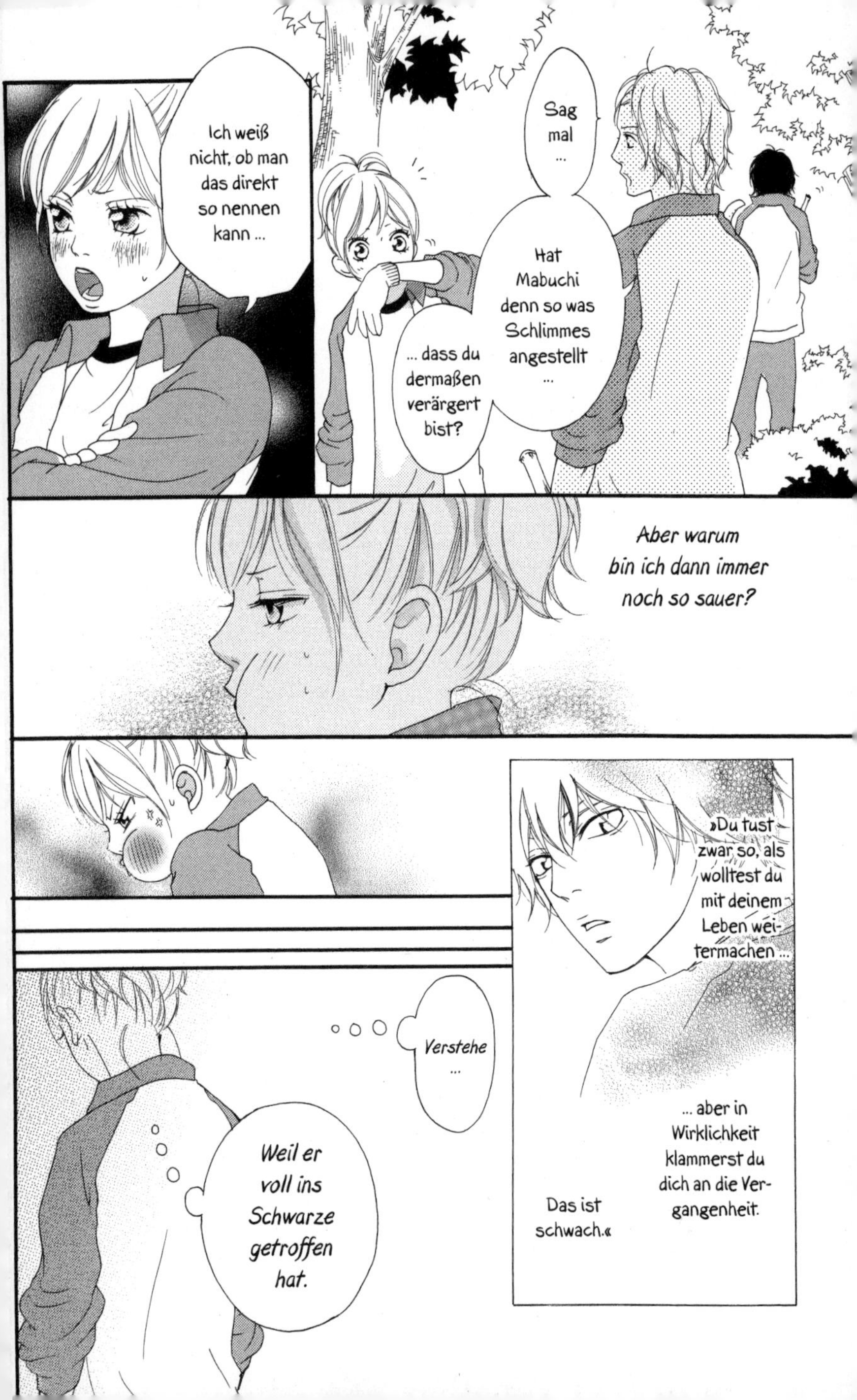
Sag mal ...
Hat Mabuchi denn so was Schlimmes angestellt ...
... dass du dermaßen verärgert bist?
Ich weiß nicht, ob man das direkt so nennen kann ...
Aber warum bin ich dann immer noch so sauer?
»Du tust zwar so, als wolltest du mit deinem Leben weitermachen ...
... aber in Wirklichkeit klammerst du dich an die Vergangenheit.
Das ist schwach.«
Verstehe ...
Weil er voll ins Schwarze getroffen hat.

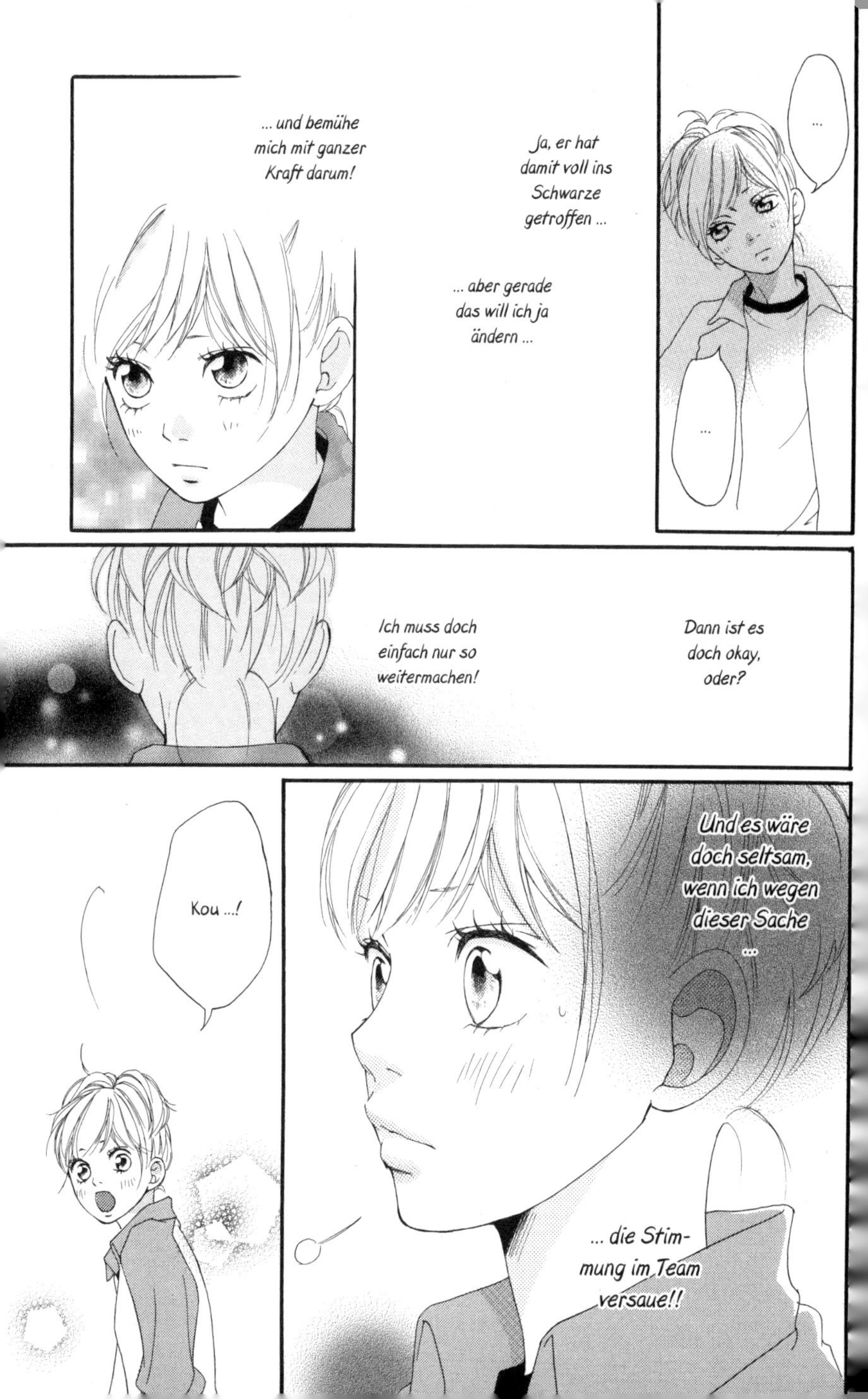
...
... und bemühe mich mit ganzer Kraft darum!
Ja, er hat damit voll ins Schwarze getroffen ...
... aber gerade das will ich ja ändern ...
...
Dann ist es doch okay, oder?
Ich muss doch einfach nur so weitermachen!
Und es wäre doch seltsam, wenn ich wegen dieser Sache ...
... die Stimmung im Team versaue!!
Kou ...!

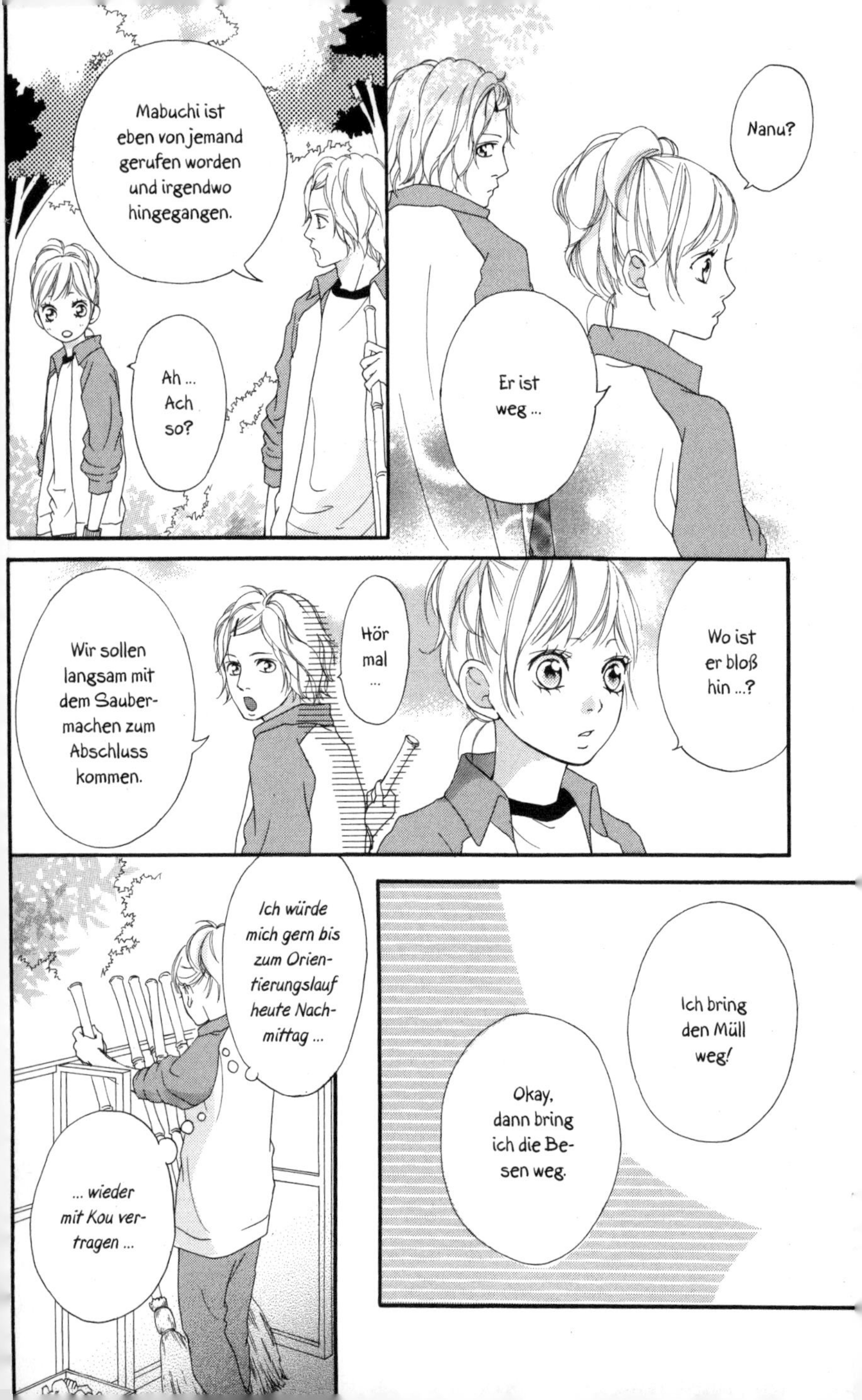
Nanu?
Er ist weg ...
Mabuchi ist eben von jemand gerufen worden und irgendwo hingegangen.
Ah ... Ach so?
Wo ist er bloß hin ...?
Hör mal ...
Wir sollen langsam mit dem Saubermachen zum Abschluss kommen.
Ich bring den Müll weg!
Okay, dann bring ich die Besen weg.
Ich würde mich gern bis zum Orientierungslauf heute Nachmittag ...
... wieder mit Kou vertragen ...

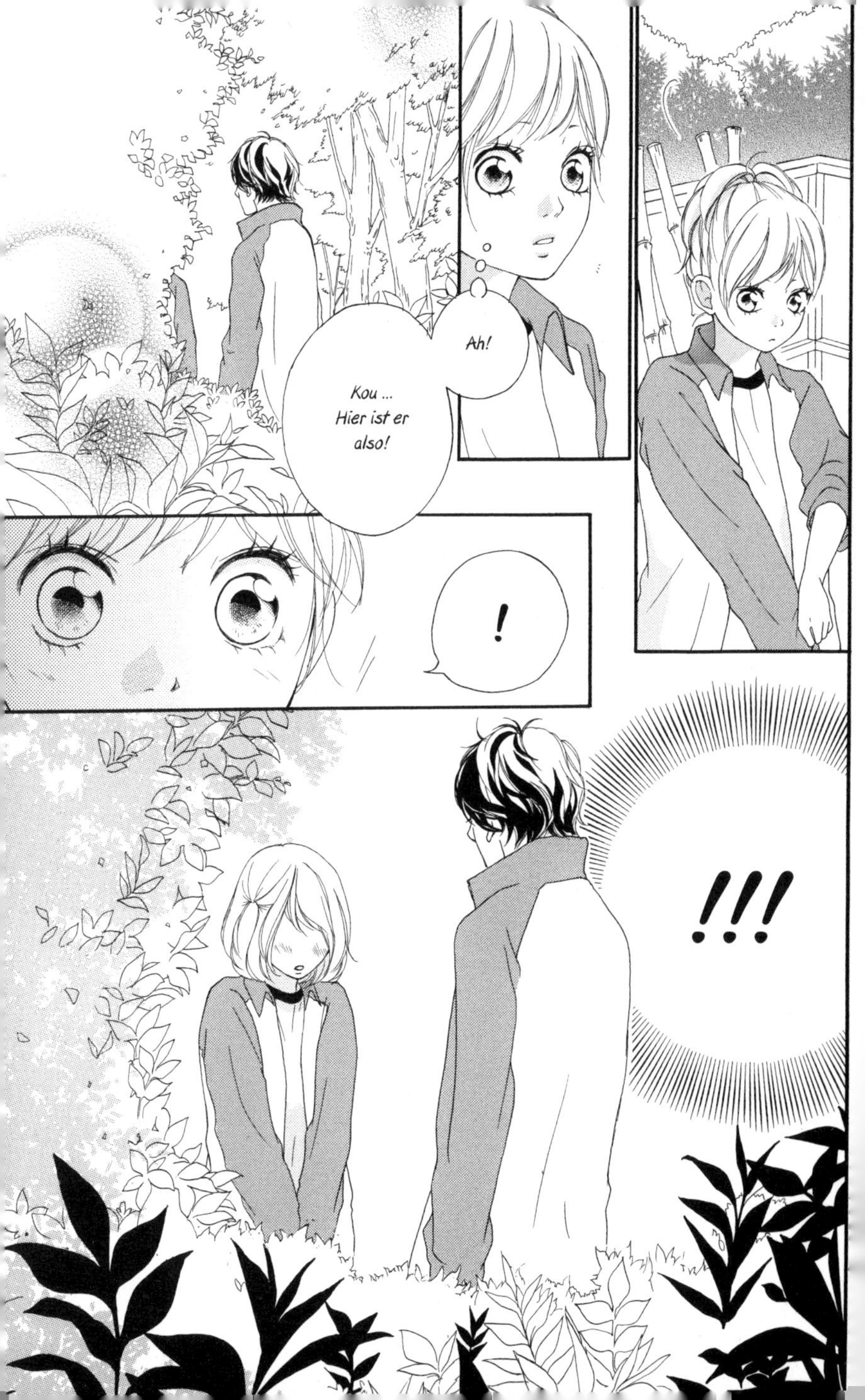
Ah!
Kou ...
Hier ist er
also!
!
!!!

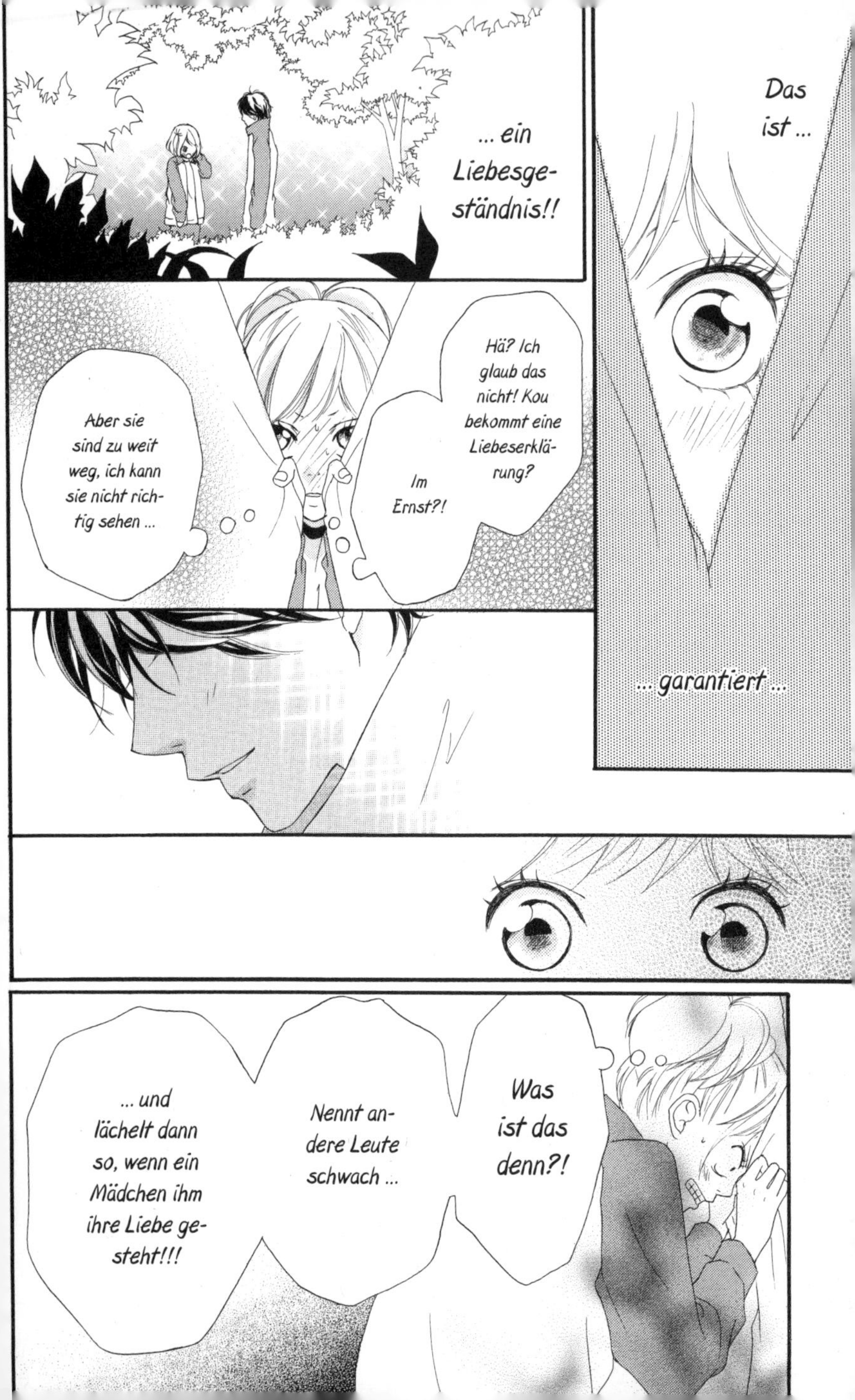

Das ist ...
... garantiert ...
... ein Liebesgeständnis!!
Hä? Ich glaub das nicht! Kou bekommt eine Liebeserklärung?
Im Ernst?!
Aber sie sind zu weit weg, ich kann sie nicht richtig sehen ...
Was ist das denn?!
Nennt andere Leute schwach ...
... und lächelt dann so, wenn ein Mädchen ihm ihre Liebe gesteht!!!

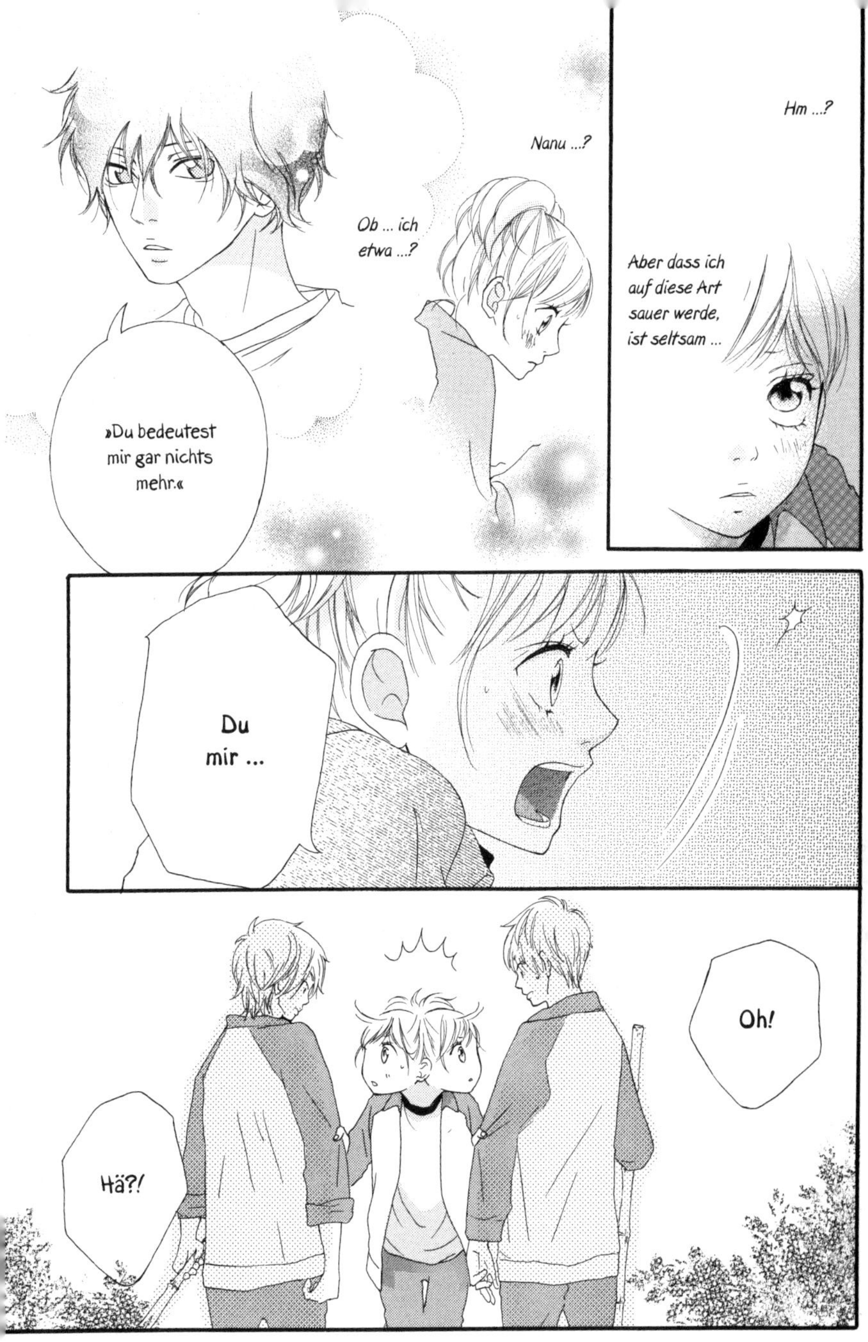
Hm ...?
Aber dass ich auf diese Art sauer werde, ist seltsam ...
Nanu ...?
Ob ... ich etwa ...?
»Du bedeutest mir gar nichts mehr.«
Du mir ...
Oh!
Hä?!

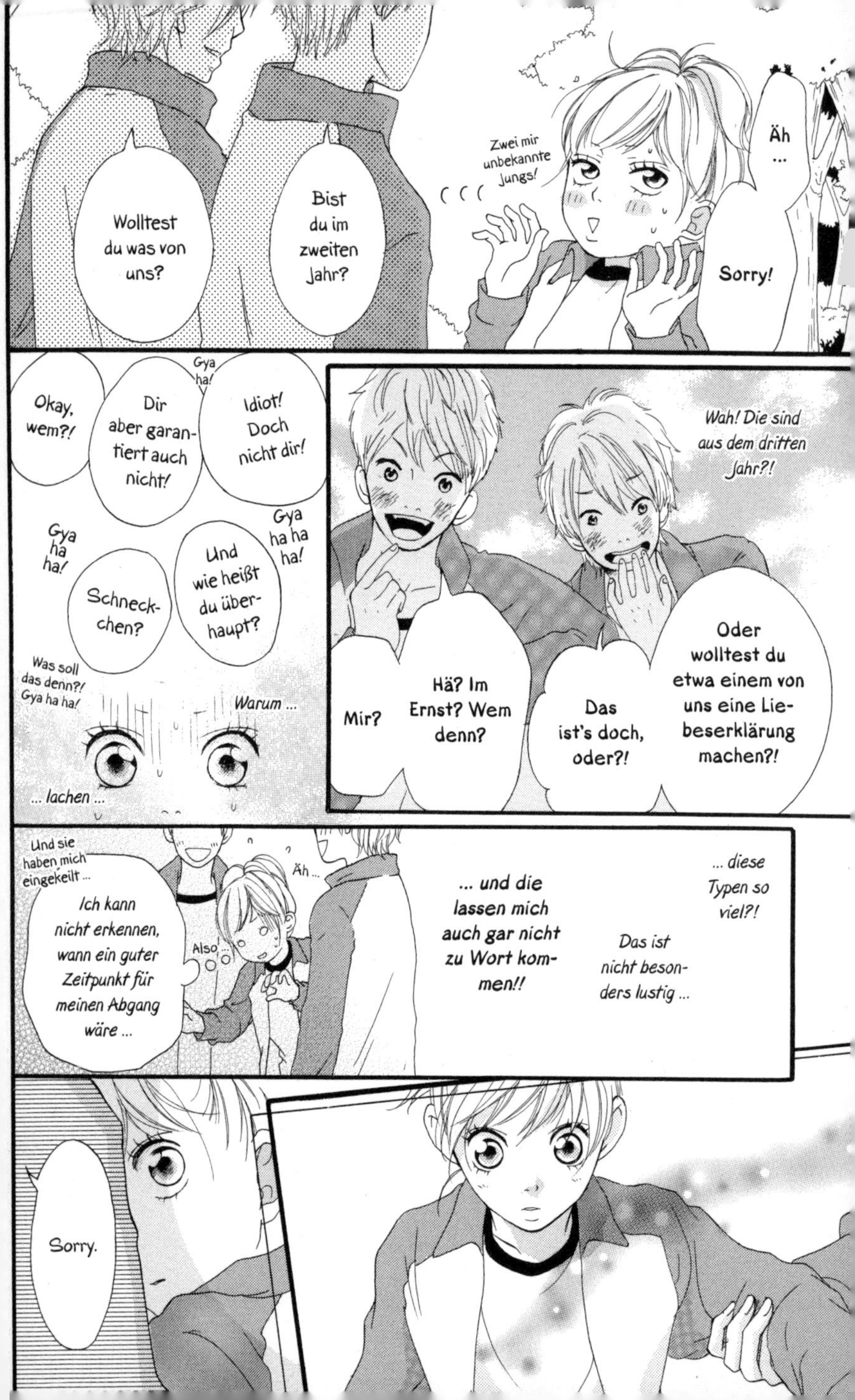
Äh ...
Sorry!
Zwei mir unbekannte Jungs!
Bist du im zweiten Jahr?
Wolltest du was von uns?
Wah! Die sind aus dem dritten Jahr?!
Oder wolltest du etwa einem von uns eine Liebeserklärung machen?!
Das ist's doch, oder?!
Hä? Im Ernst? Wem denn?
Mir?
Idiot! Doch nicht dir!
Gya ha!
Dir aber garantiert auch nicht!
Okay, wem?!
Gya ha ha ha!
Und wie heißt du überhaupt?
Gya ha ha!
Schneckchen?
Was soll das denn?! Gya ha ha!
Warum ...
... lachen ...
... diese Typen so viel?!
Das ist nicht besonders lustig ...
... und die lassen mich auch gar nicht zu Wort kommen!!
Äh ...
Und sie haben mich eingekeilt ...
Also ...
Ich kann nicht erkennen, wann ein guter Zeitpunkt für meinen Abgang wäre ...
Sorry.

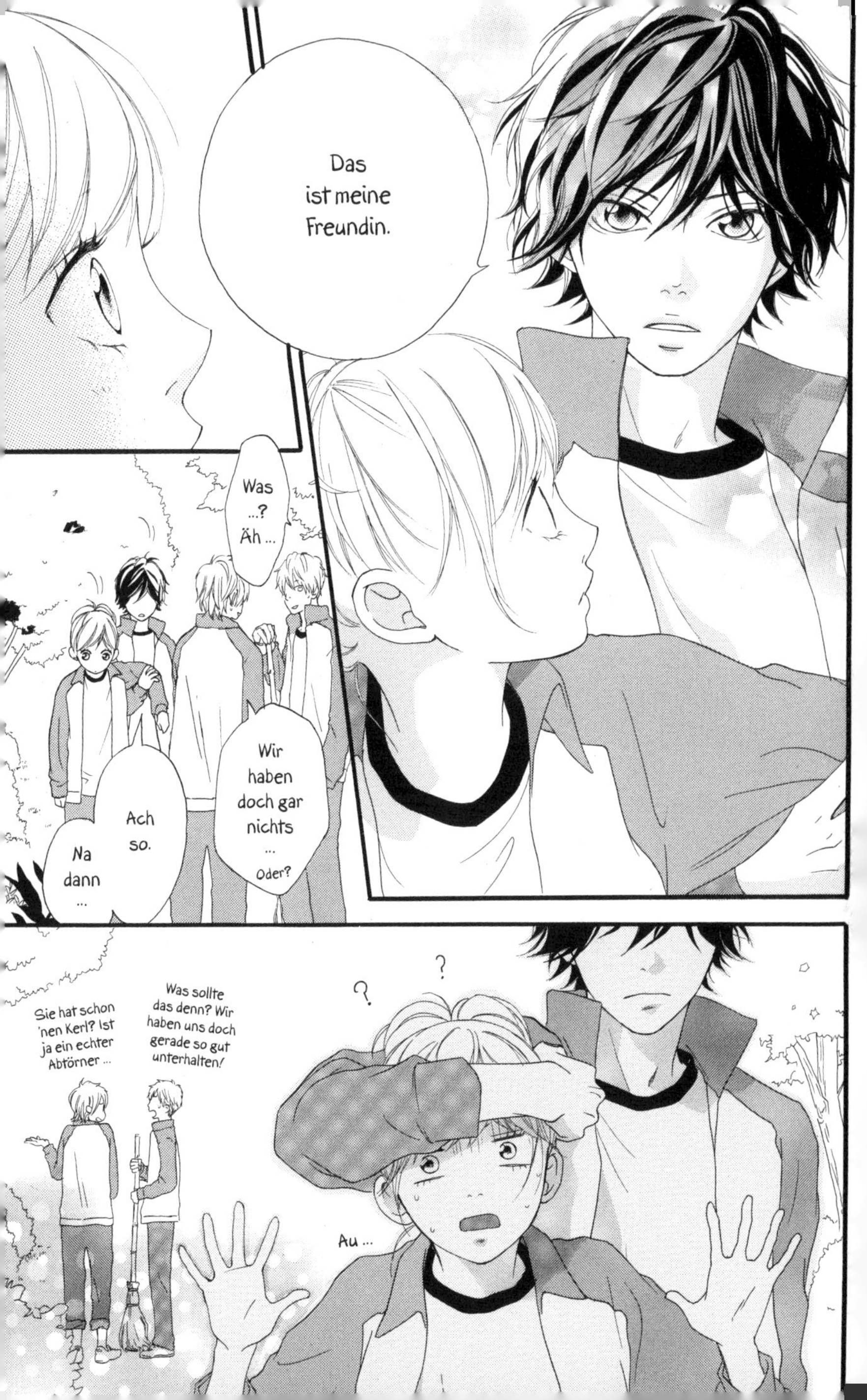
Das ist meine Freundin.
Was ...? Äh ...
Wir haben doch gar nichts ... Oder?
Ach so.
Na dann ...
?
?
Au ...
Was sollte das denn? Wir haben uns doch gerade so gut unterhalten!
Sie hat schon 'nen Kerl? Ist ja ein echter Abtörner ...

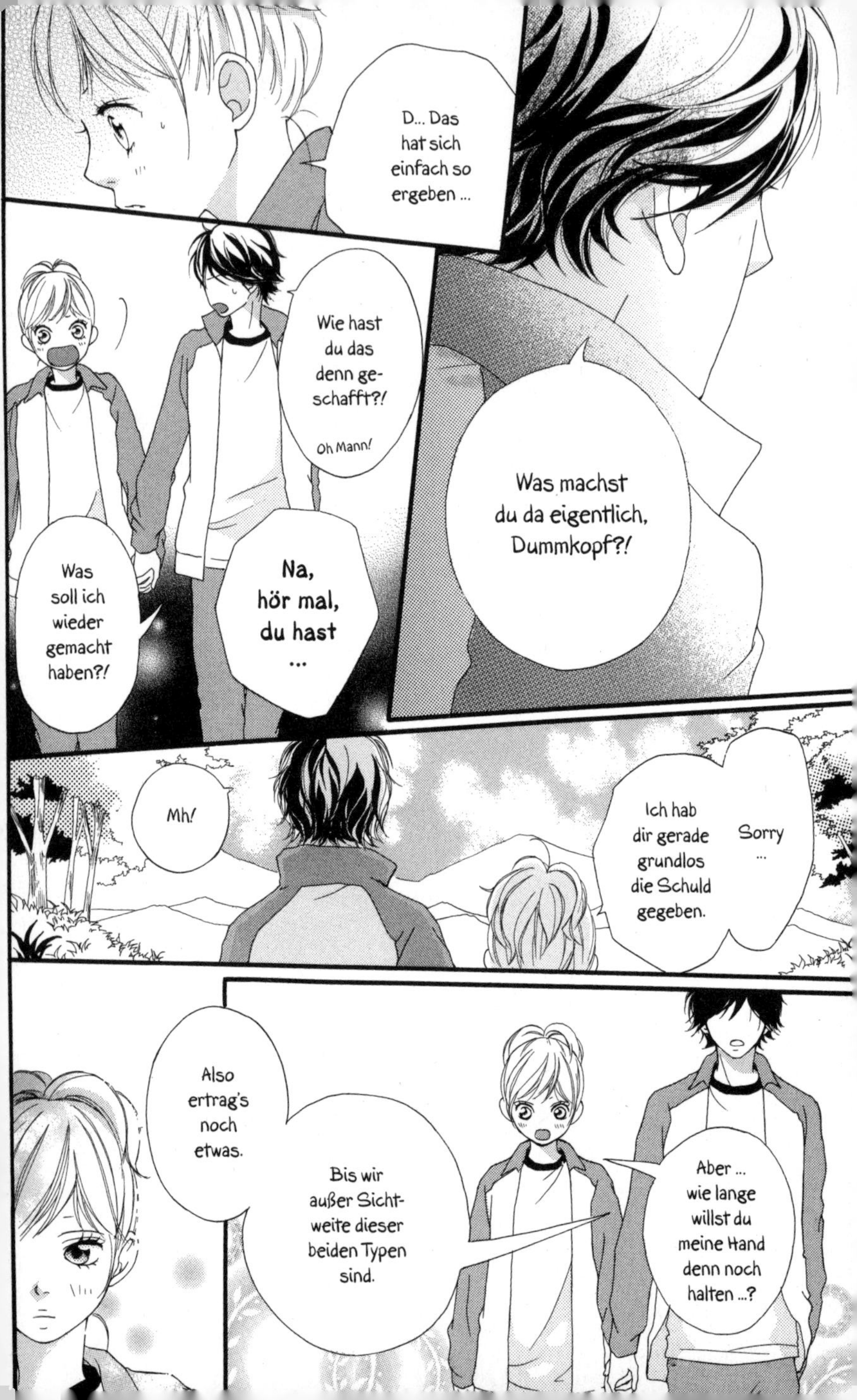
Was machst du da eigentlich, Dummkopf?!
D... Das hat sich einfach so ergeben ...
Wie hast du das denn geschafft?!
Oh Mann!
Na, hör mal, du hast ...
Was soll ich wieder gemacht haben?!
Sorry ...
Ich hab dir gerade grundlos die Schuld gegeben.
Mh!
Aber ... wie lange willst du meine Hand denn noch halten ...?
Bis wir außer Sichtweite dieser beiden Typen sind.
Also ertrag's noch etwas.

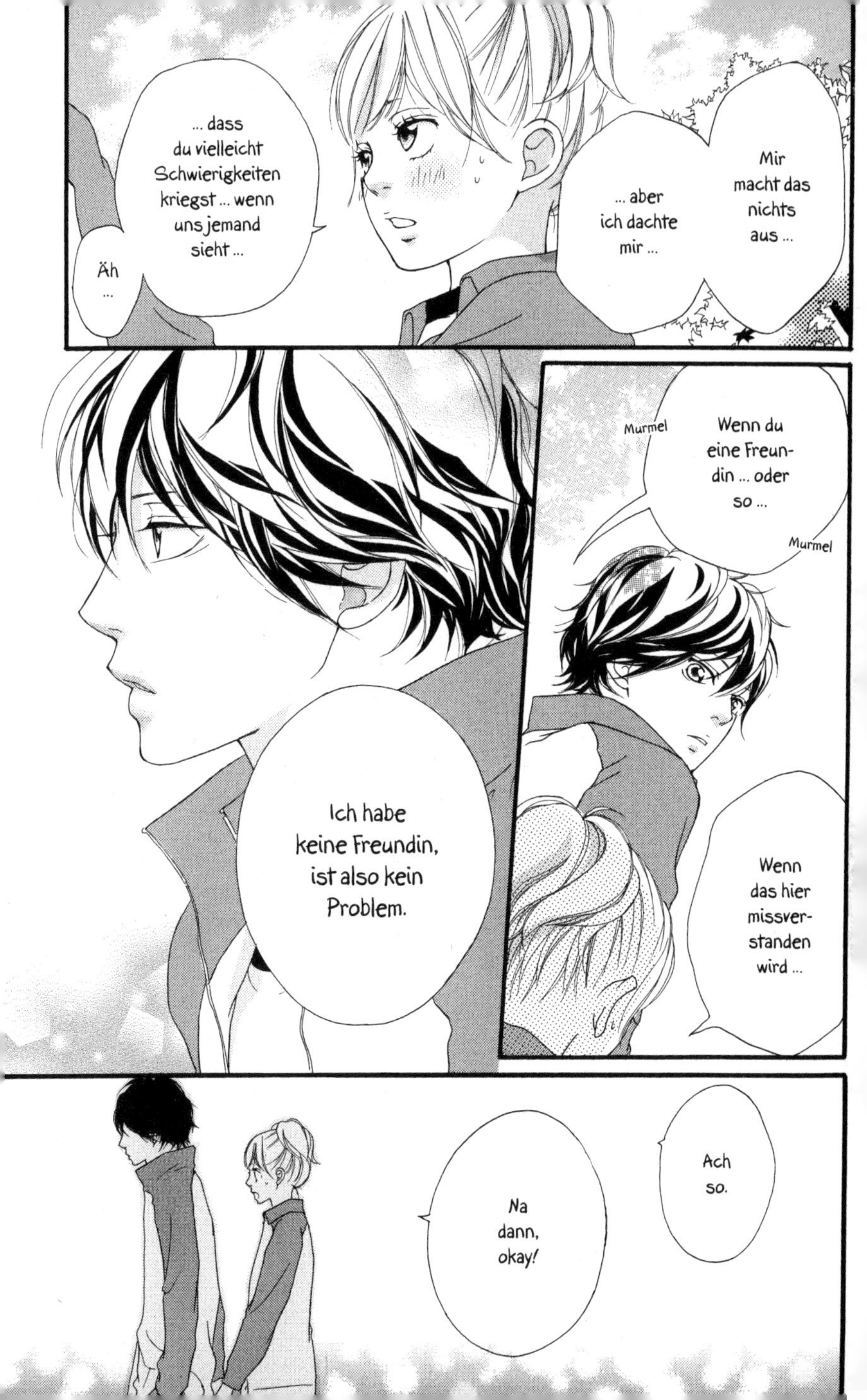
Mir macht das nichts aus ...
... aber ich dachte mir ...
... dass du vielleicht Schwierigkeiten kriegst ... wenn uns jemand sieht ...
Äh ...
Murmel
Wenn du eine Freun-din ... oder so ...
Murmel
Wenn das hier missver-standen wird ...
Ich habe keine Freundin, ist also kein Problem.
Ach so.
Na dann, okay!

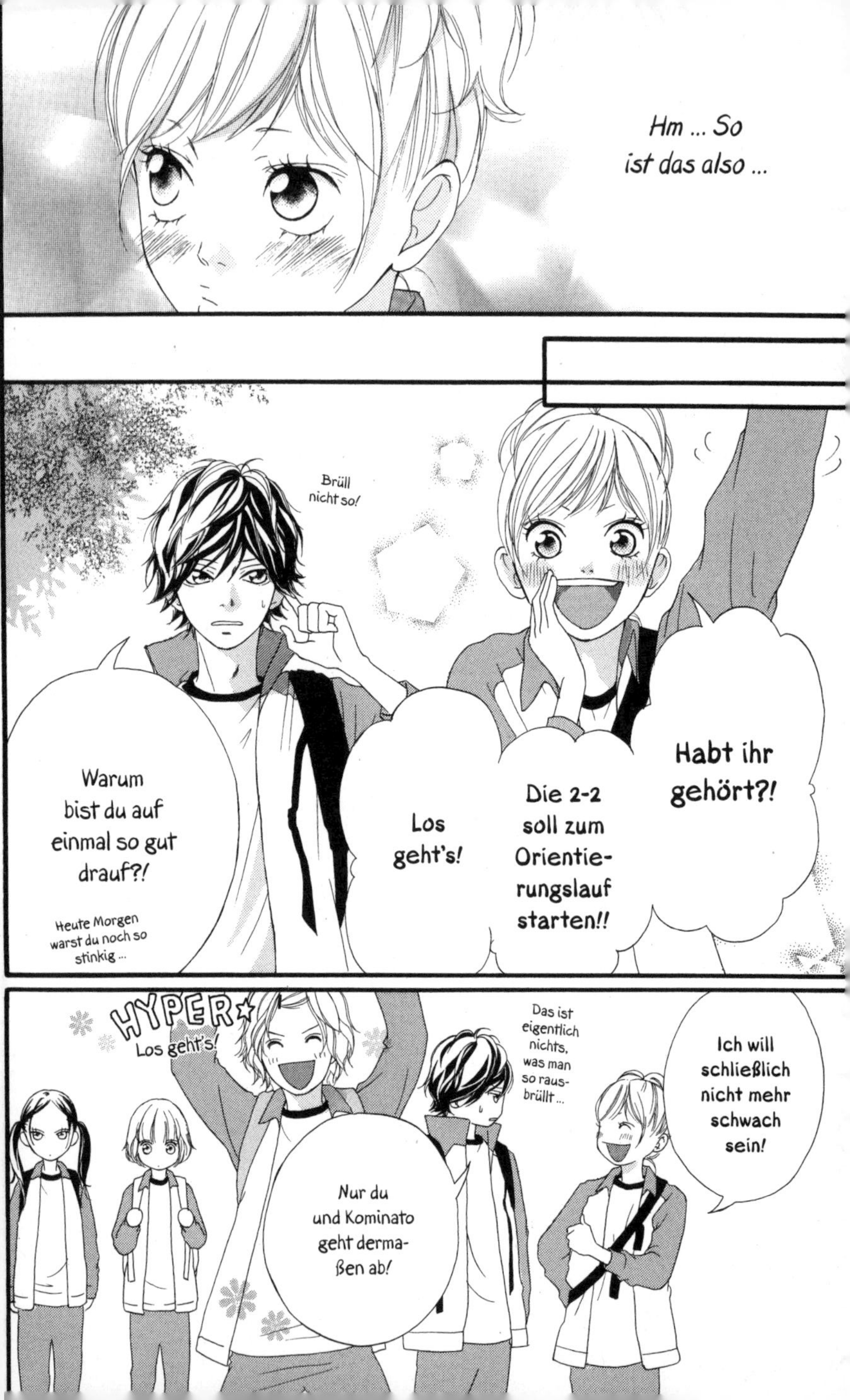
Hm ... So ist das also ...
Habt ihr gehört?!
Die 2-2 soll zum Orientierungslauf starten!!
Los geht's!
Brüll nicht so!
Warum bist du auf einmal so gut drauf?!
Heute Morgen warst du noch so stinkig ...
Ich will schließlich nicht mehr schwach sein!
Das ist eigentlich nichts, was man so rausbrüllt ...
HYPER☆ Los geht's!
Nur du und Kominato geht derma-ßen ab!

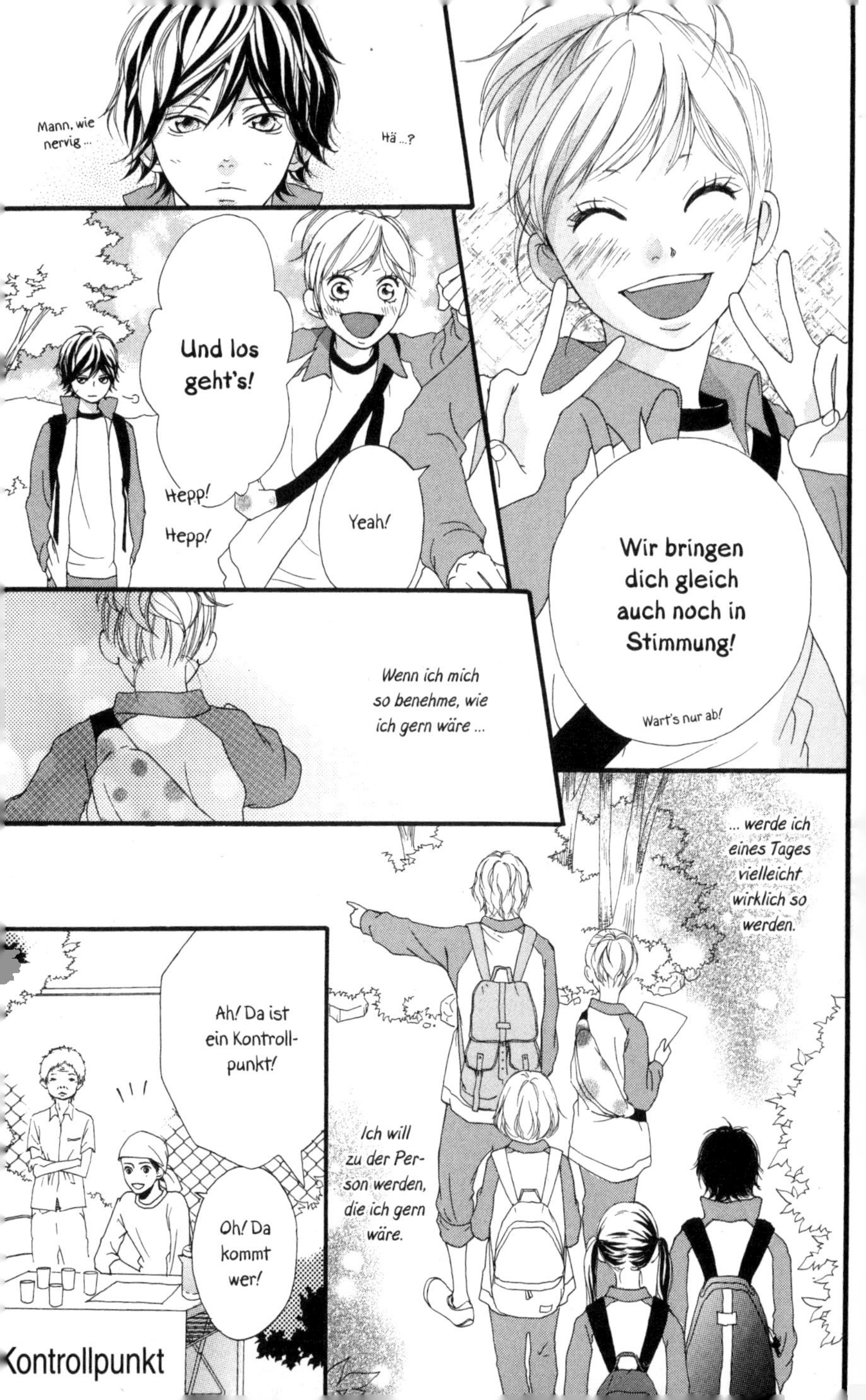

Hä ...?
Mann, wie nervig ...
Wir bringen dich gleich auch noch in Stimmung!
Wart's nur ab!
Und los geht's!
Yeah!
Hepp!
Hepp!
Wenn ich mich so benehme, wie ich gern wäre ...
... werde ich eines Tages vielleicht wirklich so werden.
Ich will zu der Person werden, die ich gern wäre.
Ah! Da ist ein Kontrollpunkt!
Oh! Da kommt wer!
Kontrollpunkt

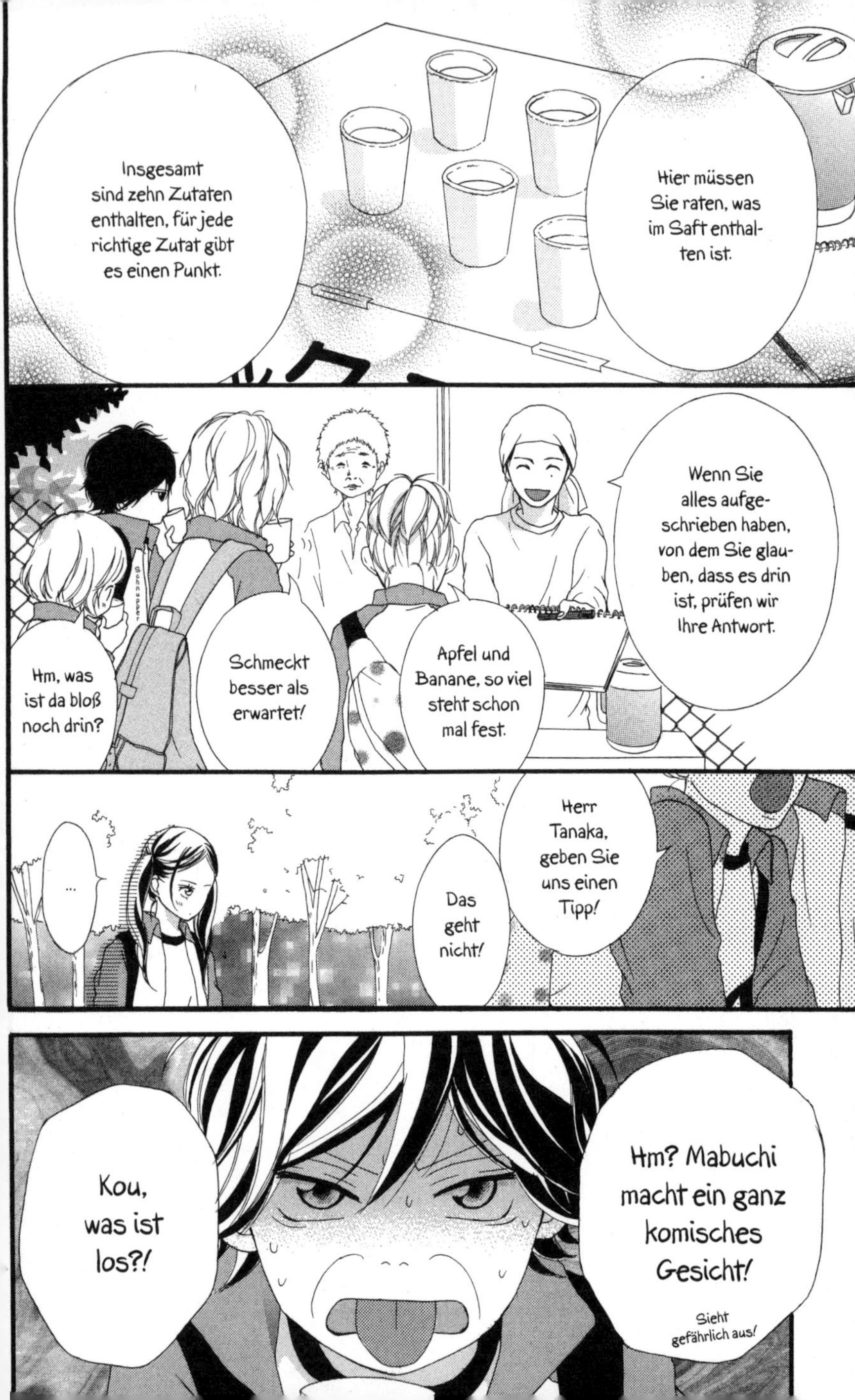

Hier müssen Sie raten, was im Saft enthalten ist.
Insgesamt sind zehn Zutaten enthalten, für jede richtige Zutat gibt es einen Punkt.
Wenn Sie alles aufgeschrieben haben, von dem Sie glauben, dass es drin ist, prüfen wir Ihre Antwort.
Apfel und Banane, so viel steht schon mal fest.
Schmeckt besser als erwartet!
Hm, was ist da bloß noch drin?
Herr Tanaka, geben Sie uns einen Tipp!
Das geht nicht!
...
Hm? Mabuchi macht ein ganz komisches Gesicht!
Sieht gefährlich aus!
Kou, was ist los?!

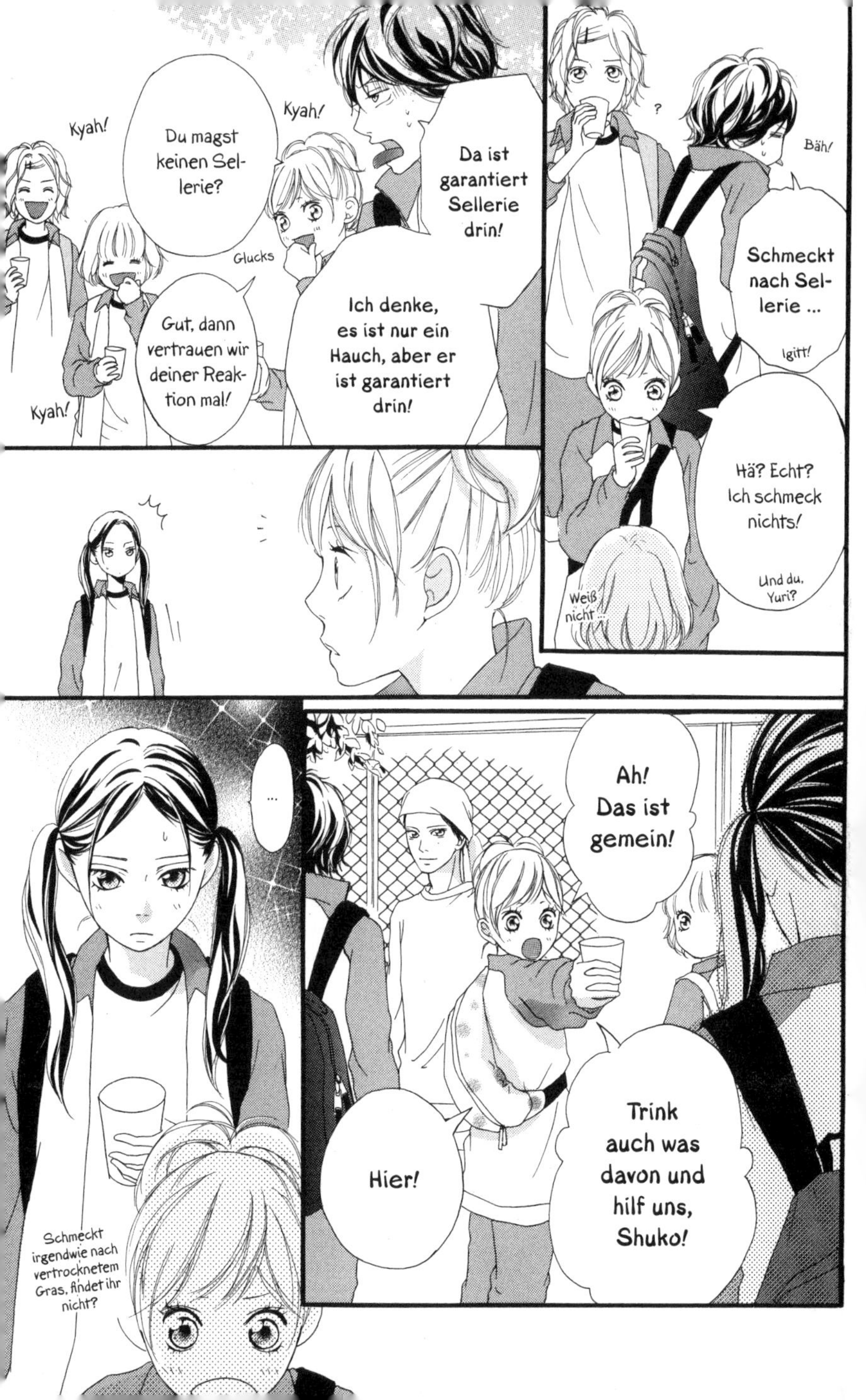

?
Bäh!
Schmeckt nach Sel-lerie ...
Igitt!
Hä? Echt? Ich schmeck nichts!
Und du, Yuri?
Weiß nicht ...
Da ist garantiert Sellerie drin!
Ich denke, es ist nur ein Hauch, aber er ist garantiert drin!
Kyah!
Du magst keinen Sel-lerie?
Glucks
Gut, dann vertrauen wir deiner Reak-tion mal!
Kyah!
Kyah!
Ah! Das ist gemein!
Trink auch was davon und hilf uns, Shuko!
Hier!
...
Schmeckt irgendwie nach vertrocknetem Gras, findet ihr nicht?

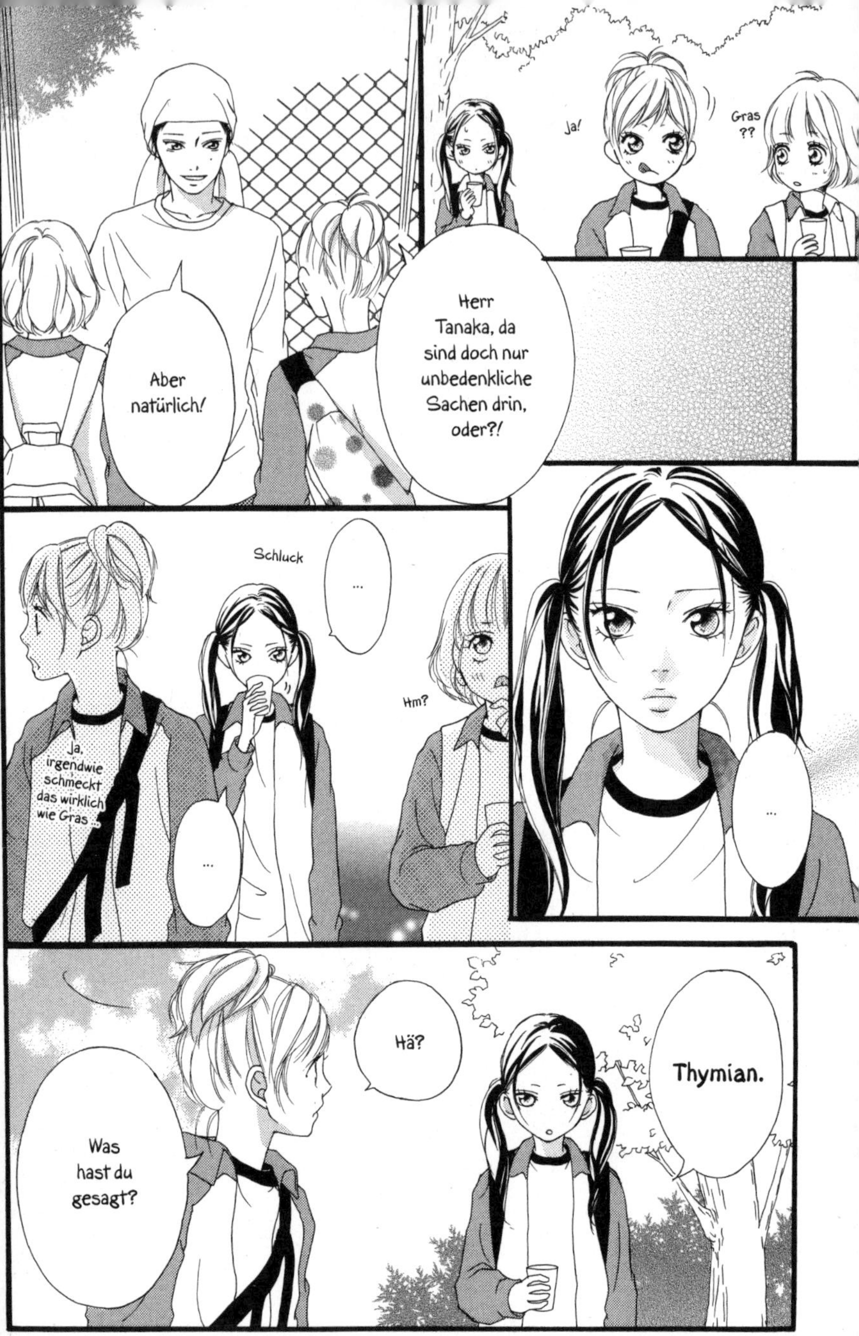
Gras ??
Ja!
Herr Tanaka, da sind doch nur unbedenkliche Sachen drin, oder?!
Aber natürlich!
...
...
Schluck
Hm?
Ja, irgendwie schmeckt das wirklich wie Gras ...
...
Thymian.
Hä?
Was hast du gesagt?

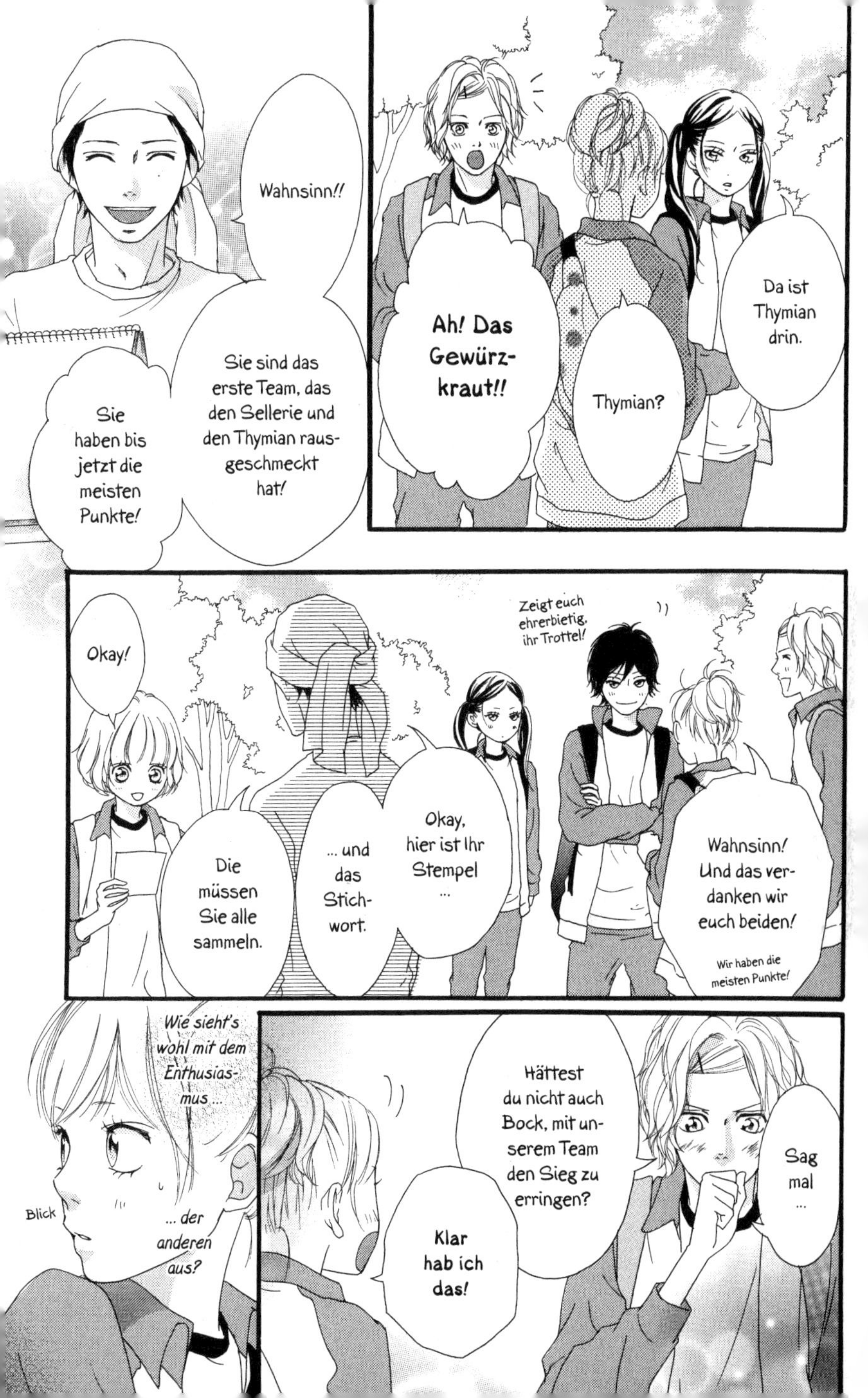
Wahnsinn!!
Sie sind das erste Team, das den Sellerie und den Thymian rausgeschmeckt hat!
Sie haben bis jetzt die meisten Punkte!
Da ist Thymian drin.
Thymian?
Ah! Das Gewürzkraut!!
Zeigt euch ehrerbietig, ihr Trottel!
Wahnsinn! Und das verdanken wir euch beiden!
Wir haben die meisten Punkte!
Okay, hier ist Ihr Stempel ...
... und das Stichwort.
Die müssen Sie alle sammeln.
Okay!
Sag mal ...
Hättest du nicht auch Bock, mit unserem Team den Sieg zu erringen?
Klar hab ich das!
Wie sieht's wohl mit dem Enthusiasmus ...
... der anderen aus?
Blick

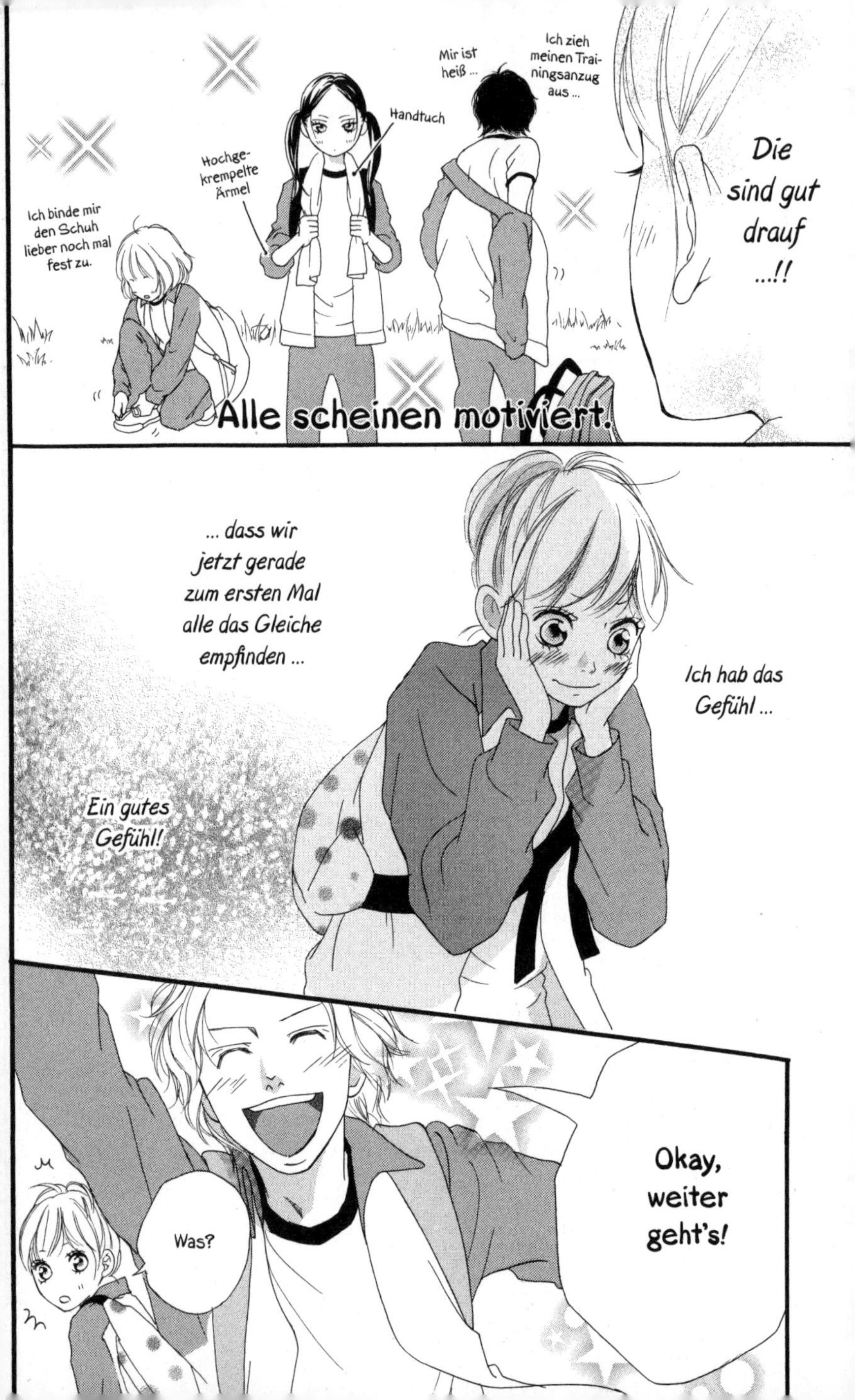
Die sind gut drauf ...!!
Ich zieh meinen Trainingsanzug aus ...
Mir ist heiß ...
Handtuch
Hochgekrempelte Ärmel
Ich binde mir den Schuh lieber noch mal fest zu.
Alle scheinen motiviert.
Ich hab das Gefühl ...
... dass wir jetzt gerade zum ersten Mal alle das Gleiche empfinden ...
Ein gutes Gefühl!
Okay, weiter geht's!
Was?

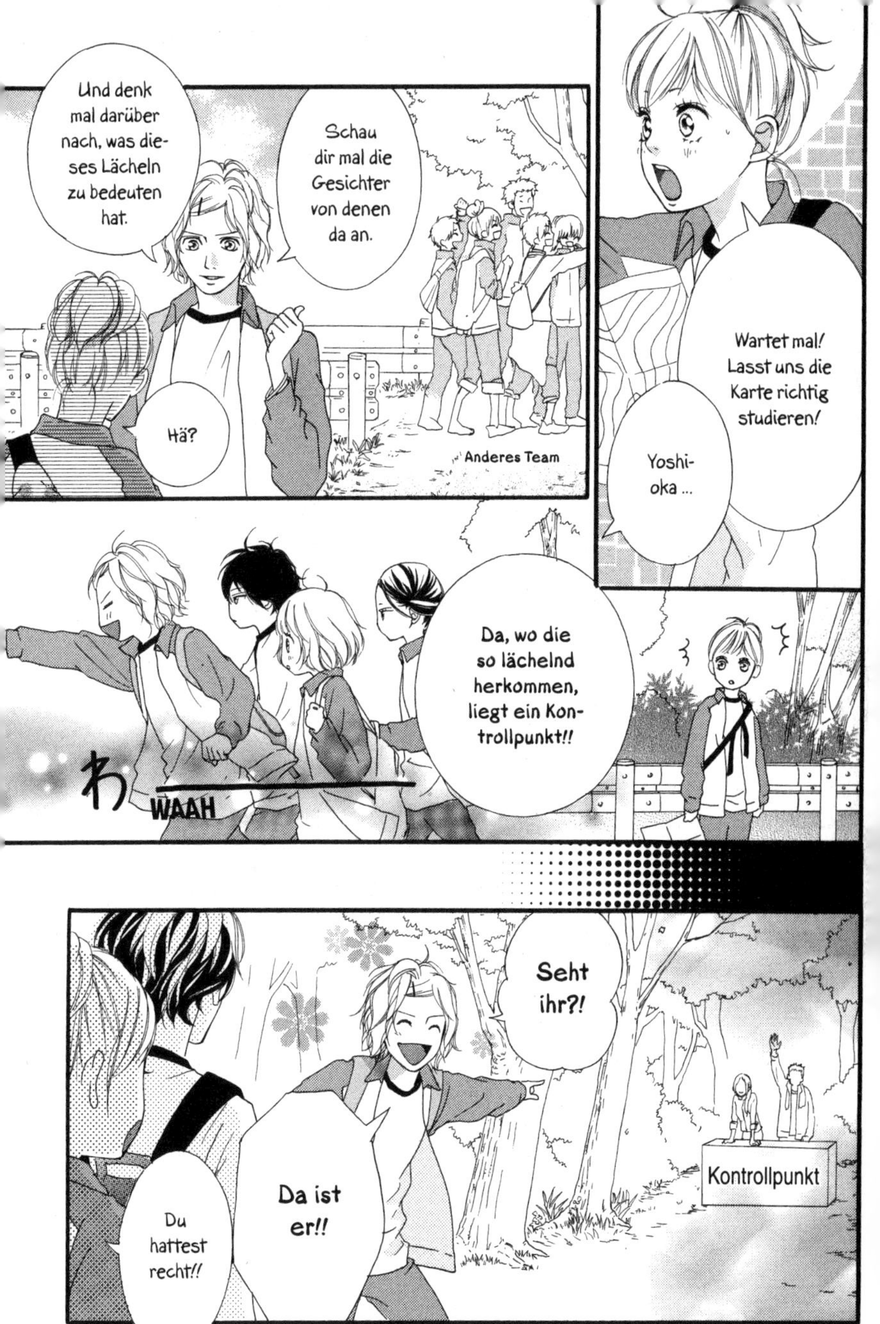
Wartet mal! Lasst uns die Karte richtig studieren!
Yoshi-oka ...
Schau dir mal die Gesichter von denen da an.
Und denk mal darüber nach, was dieses Lächeln zu bedeuten hat.
Hä?
Anderes Team
Da, wo die so lächelnd herkommen, liegt ein Kontrollpunkt!!
わ
WAAH
Seht ihr?!
Da ist er!!
Du hattest recht!!
Kontrollpunkt

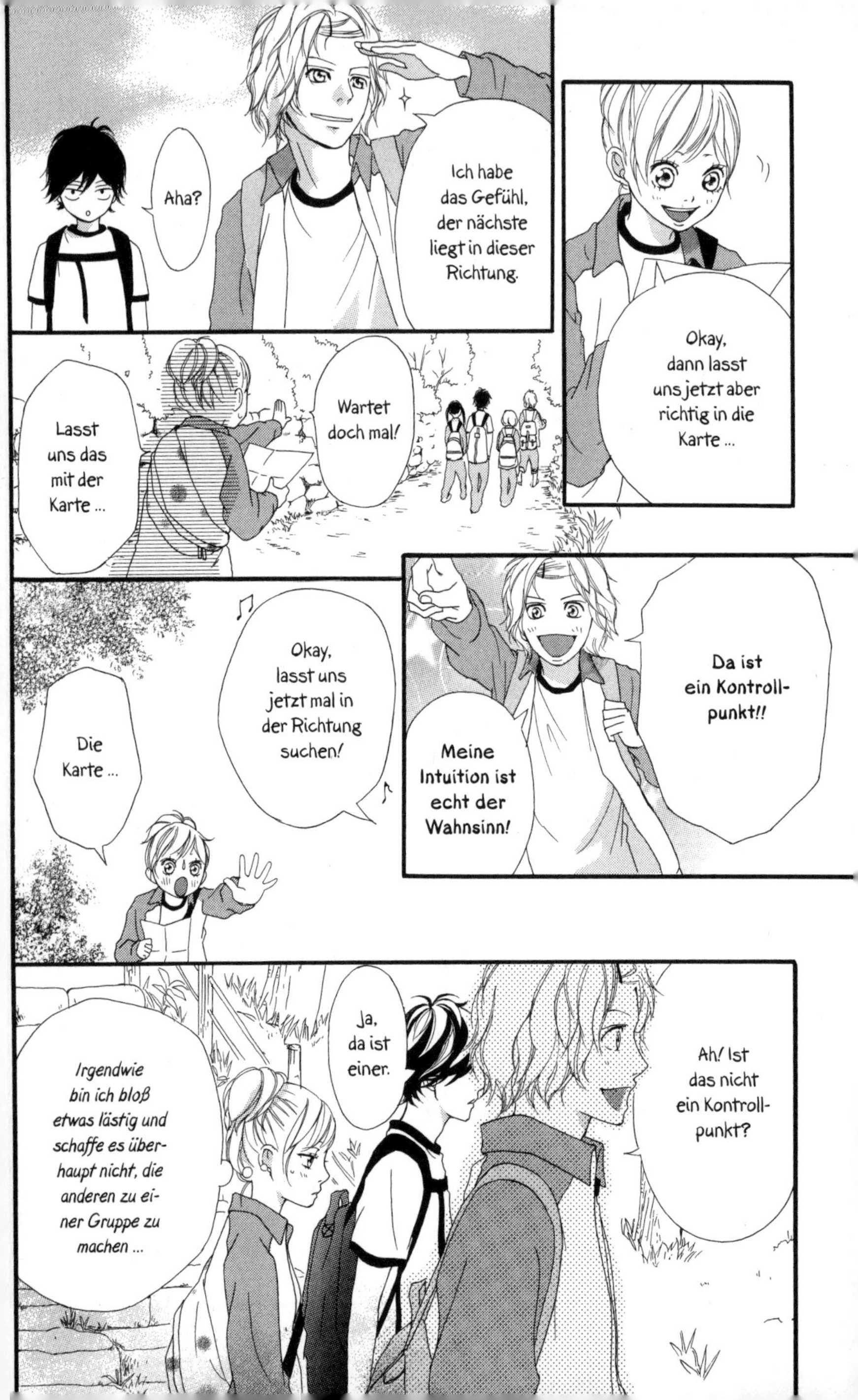
Ich habe das Gefühl, der nächste liegt in dieser Richtung.
Aha?
Okay, dann lasst uns jetzt aber richtig in die Karte ...
Wartet doch mal!
Lasst uns das mit der Karte ...
Da ist ein Kontrollpunkt!!
Meine Intuition ist echt der Wahnsinn!
Okay, lasst uns jetzt mal in der Richtung suchen!
Die Karte ...
Ah! Ist das nicht ein Kontrollpunkt?
Ja, da ist einer.
Irgendwie bin ich bloß etwas lästig und schaffe es überhaupt nicht, die anderen zu einer Gruppe zu machen ...

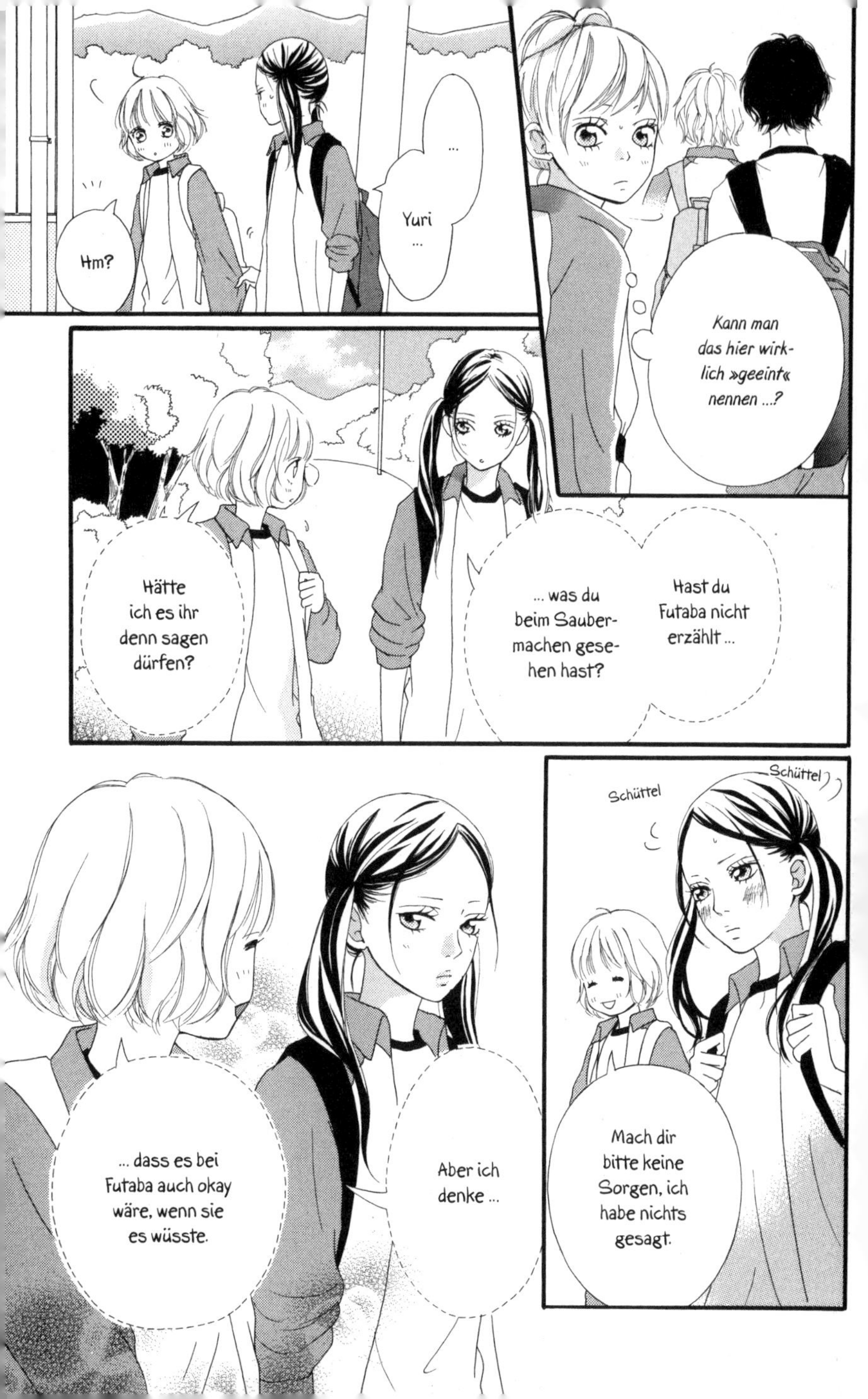
Kann man das hier wirklich »geeint« nennen ...?
...
Yuri ...
Hm?
Hast du Futaba nicht erzählt ...
... was du beim Saubermachen gesehen hast?
Hätte ich es ihr denn sagen dürfen?
Schüttel
Schüttel
Mach dir bitte keine Sorgen, ich habe nichts gesagt.
Aber ich denke ...
... dass es bei Futaba auch okay wäre, wenn sie es wüsste.

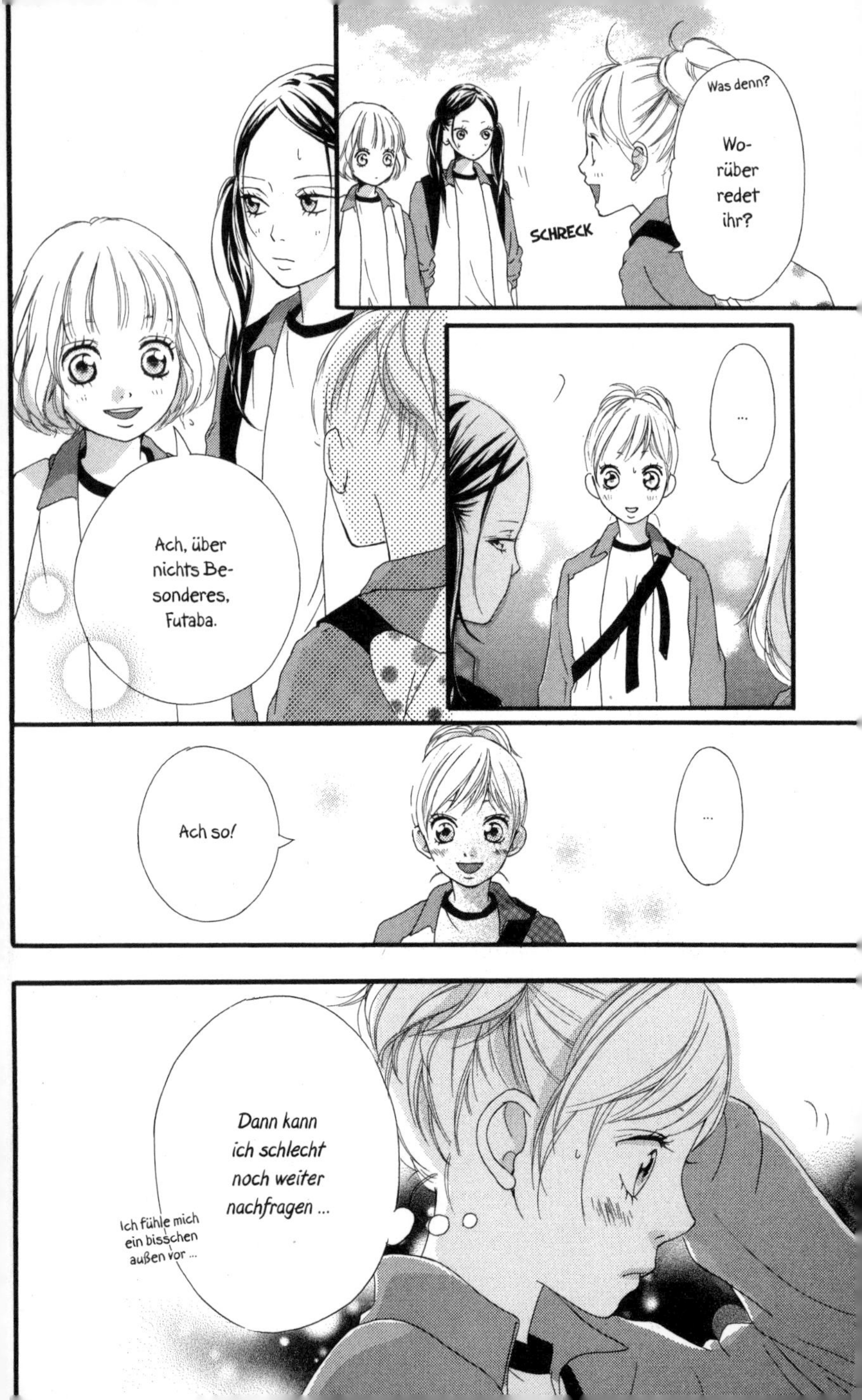
Was denn?
Wo-rüber redet ihr?
SCHRECK
...
Ach, über nichts Be-sonderes, Futaba.
...
Ach so!
Dann kann ich schlecht noch weiter nachfragen ...
Ich fühle mich ein bisschen außen vor ...

Ramune

Dieser Charakter

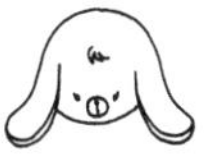

kommt im Manga immer wieder kurz vor und heißt Ramune. ♡
(Mein Redakteur hat ihn so getauft.) (Was für ein süßer Name ...!!)
Vom storytechnischen Hintergrund sieht es so aus, dass es ein Hase mit Schlappohren ist, der als Maskottchen für einen Weichspüler ähnlich dem von Fafa* geboren wurde und es in Folge die verschiedensten Artikel mit ihm gab. Außer Ramune (weiß) gibt es noch Brownie (braun) (diesen Namen habe ich dem Charakter gegeben). Dass Ramune in der Story nicht oft vorkommt, liegt daran, dass ich völlig vergessen hatte, die Figur zu zeichnen, aber jetzt, da ich mich erinnert habe, will ich plötzlich Yuri einen Ramune-Rucksack verpassen! ☆
Vor allem jetzt, da in der Zeitschrift dieser Rucksack in echt verlost wurde! Meinen Glückwunsch an alle Gewinner! ♡
Ich hoffe, auch ihr anderen mögt Ramune.

*Weichspülermarke

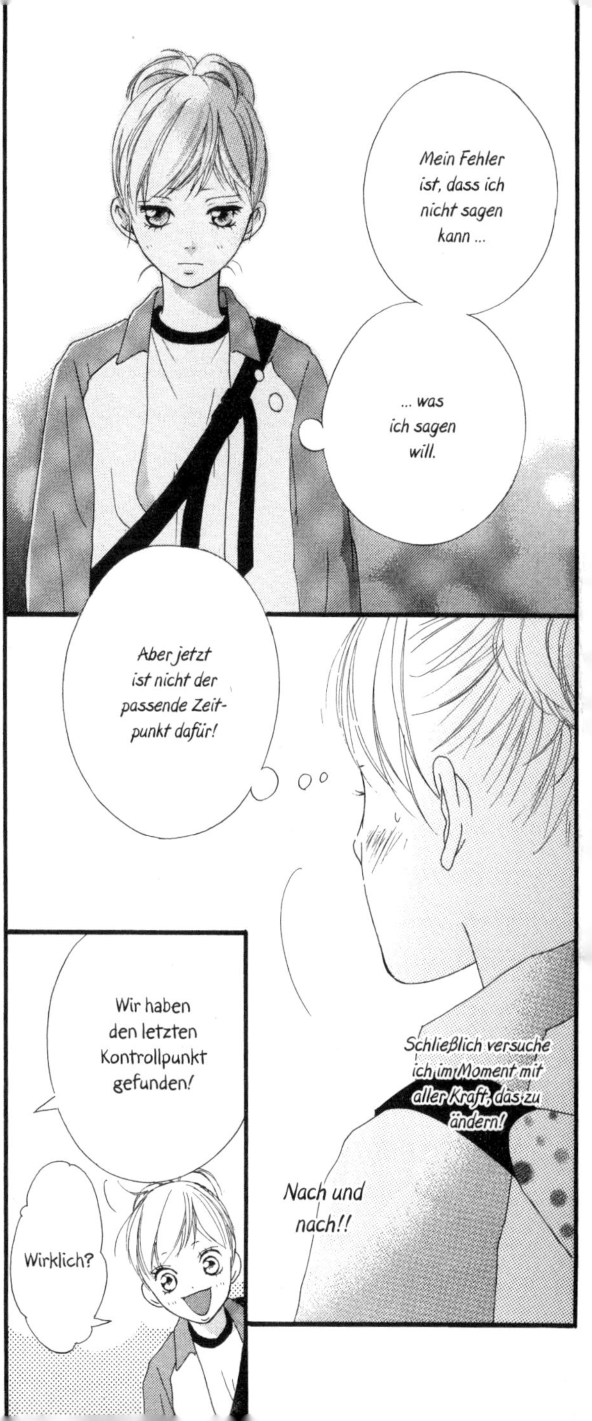

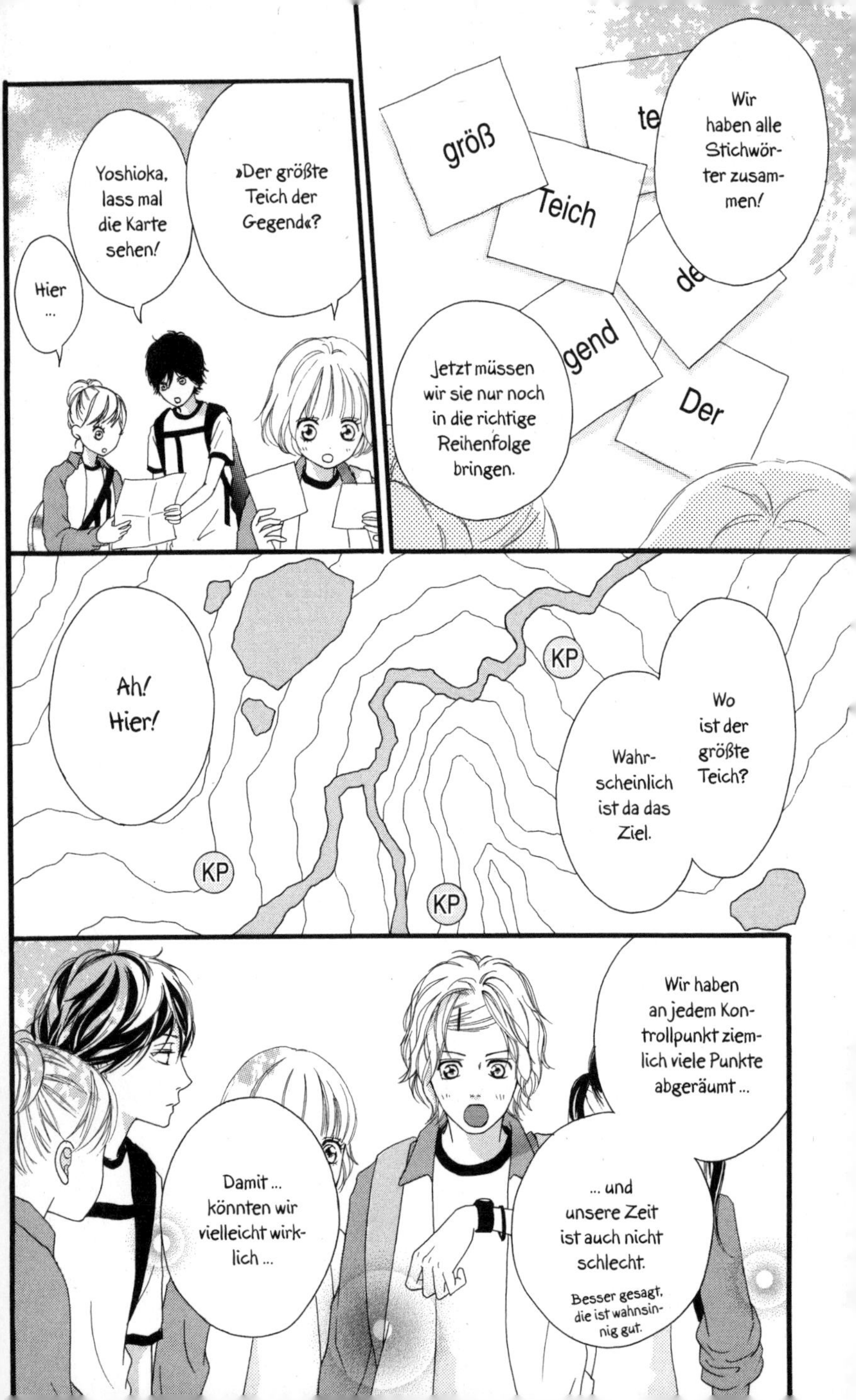

größ
te
Teich
de
gend
Der
Wir haben alle Stichwörter zusammen!
Jetzt müssen wir sie nur noch in die richtige Reihenfolge bringen.
»Der größte Teich der Gegend«?
Yoshioka, lass mal die Karte sehen!
Hier ...
Wo ist der größte Teich?
Wahrscheinlich ist da das Ziel.
KP
Ah! Hier!
KP
KP
Wir haben an jedem Kontrollpunkt ziemlich viele Punkte abgeräumt ...
... und unsere Zeit ist auch nicht schlecht.
Besser gesagt, die ist wahnsinnig gut.
Damit ... könnten wir vielleicht wirklich ...

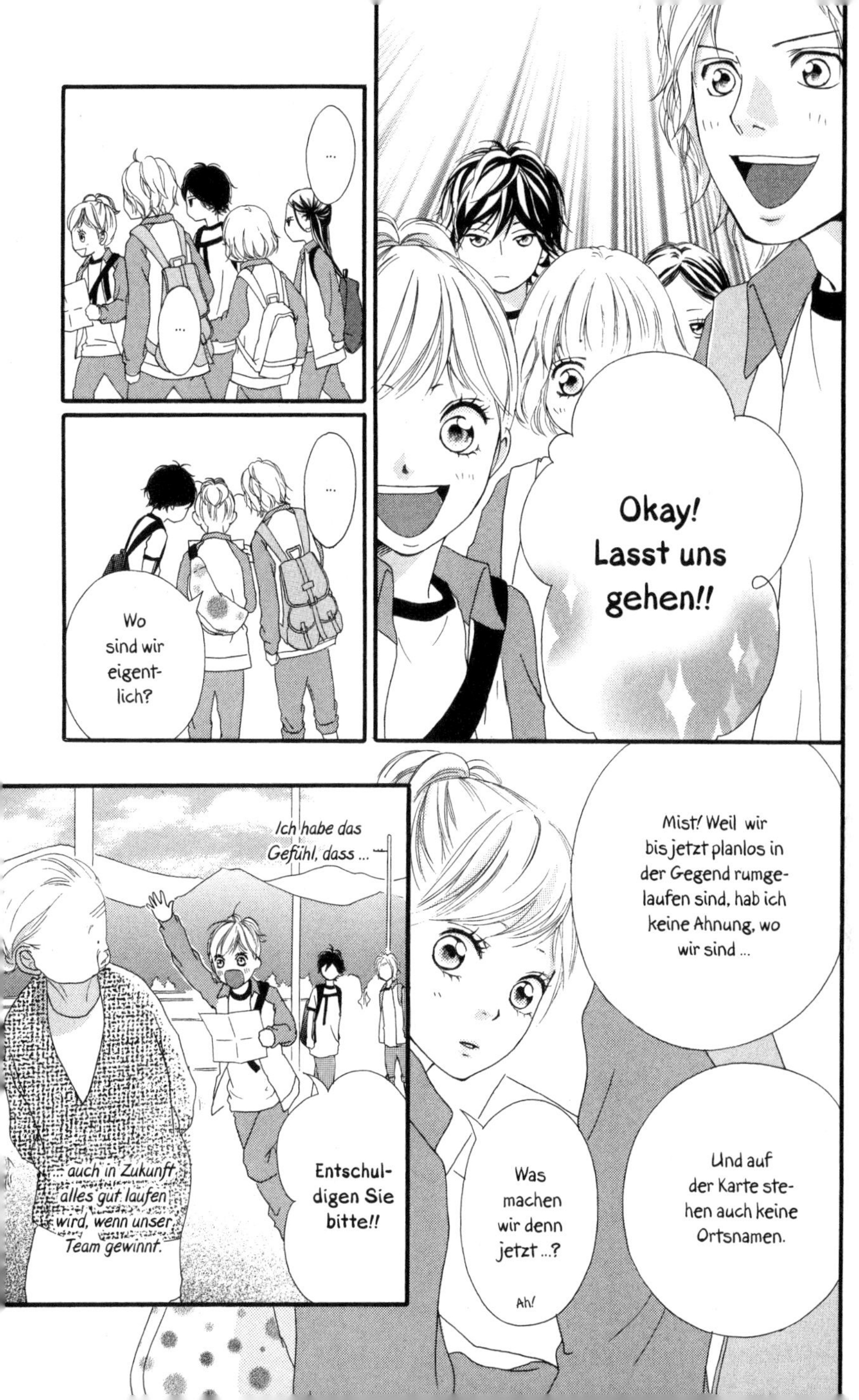
Okay! Lasst uns gehen!!
...
...
...
Wo sind wir eigentlich?
Mist! Weil wir bis jetzt planlos in der Gegend rumgelaufen sind, hab ich keine Ahnung, wo wir sind ...
Und auf der Karte stehen auch keine Ortsnamen.
Was machen wir denn jetzt ...?
Ah!
Entschuldigen Sie bitte!!
Ich habe das Gefühl, dass ...
... auch in Zukunft alles gut laufen wird, wenn unser Team gewinnt.

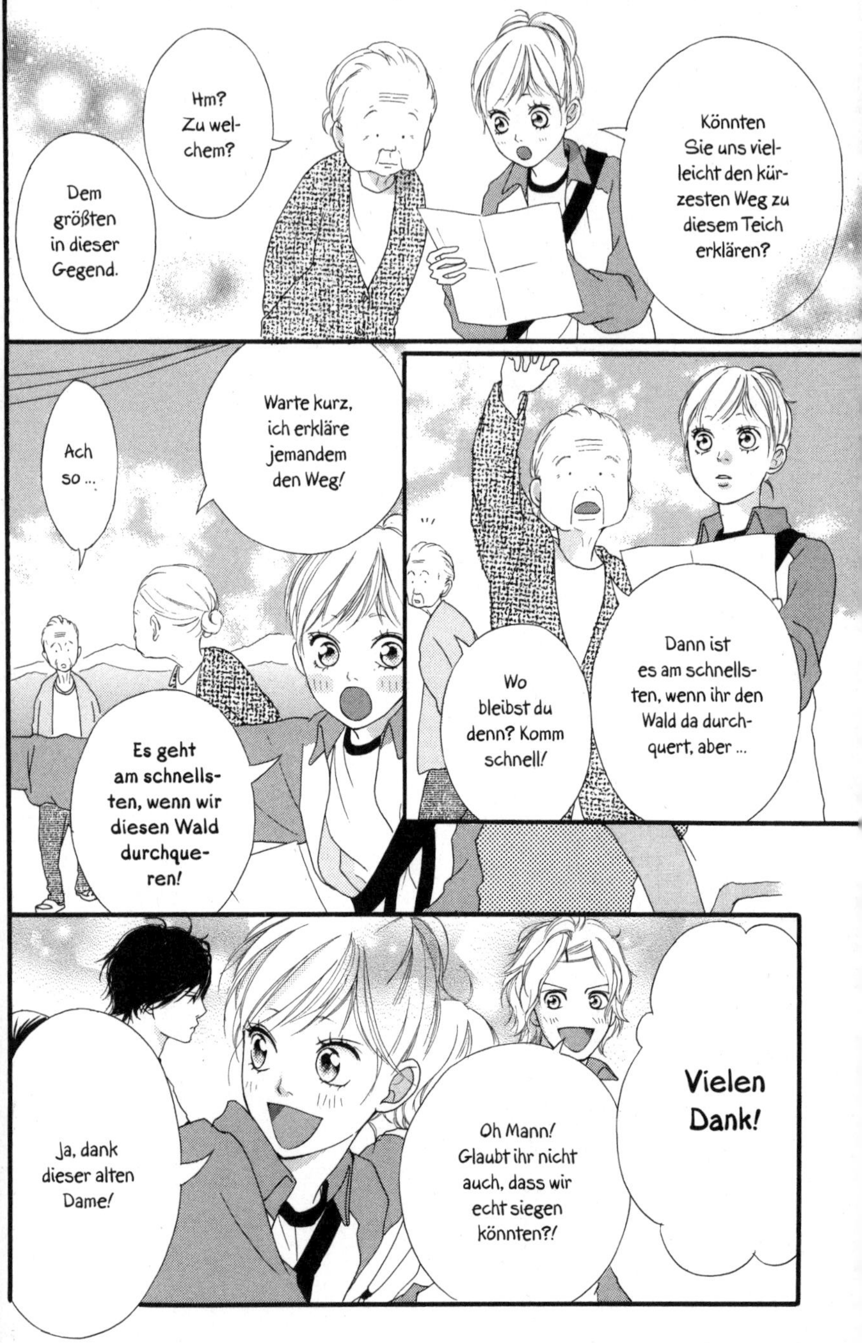
Könnten Sie uns vielleicht den kürzesten Weg zu diesem Teich erklären?
Hm? Zu welchem?
Dem größten in dieser Gegend.
Dann ist es am schnellsten, wenn ihr den Wald da durchquert, aber ...
Wo bleibst du denn? Komm schnell!
Warte kurz, ich erkläre jemandem den Weg!
Ach so ...
Es geht am schnellsten, wenn wir diesen Wald durchqueren!
Vielen Dank!
Oh Mann! Glaubt ihr nicht auch, dass wir echt siegen könnten?!
Ja, dank dieser alten Dame!

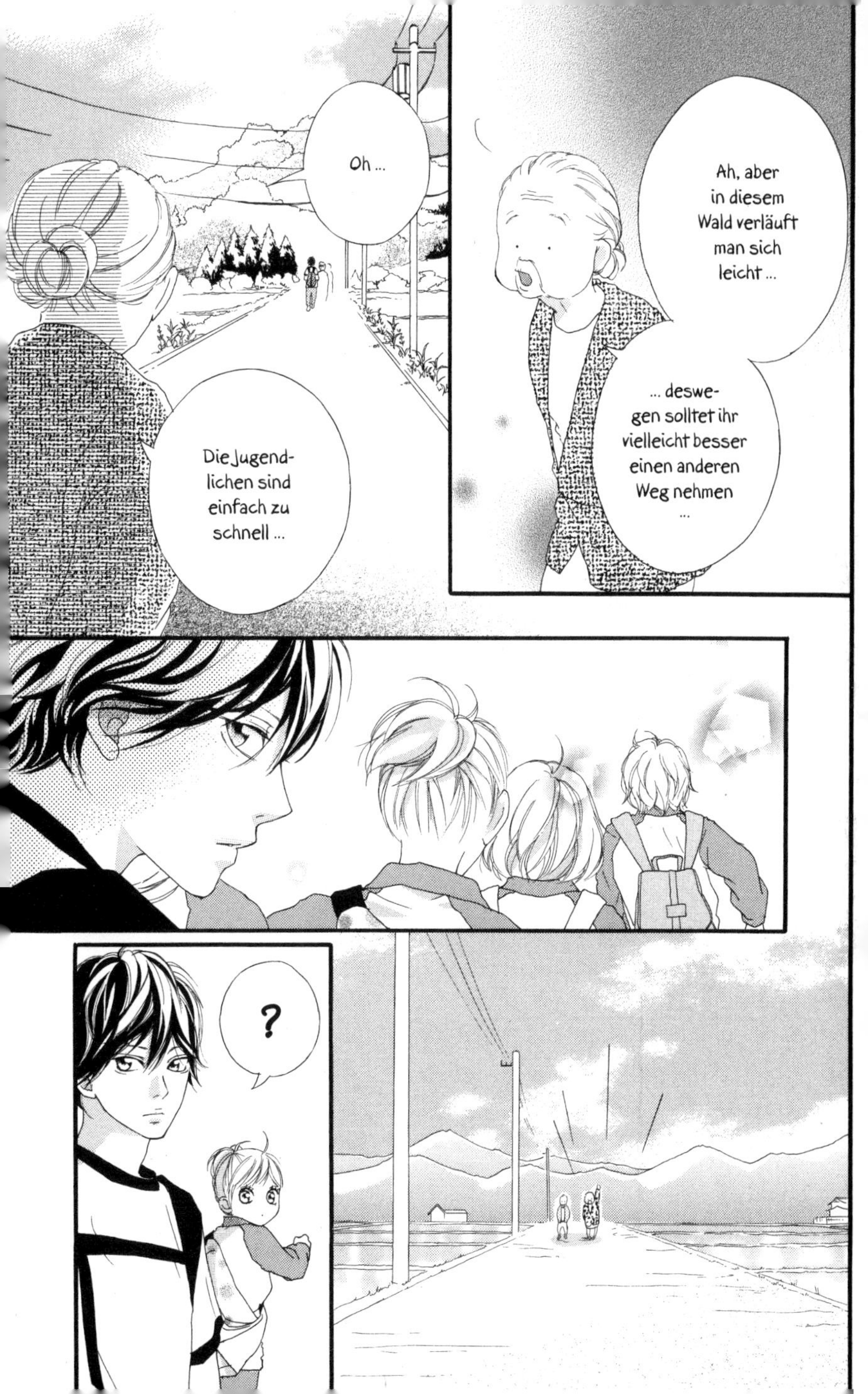
Ah, aber in diesem Wald verläuft man sich leicht ...
... deswegen solltet ihr vielleicht besser einen anderen Weg nehmen ...
Oh ...
Die Jugendlichen sind einfach zu schnell ...
?

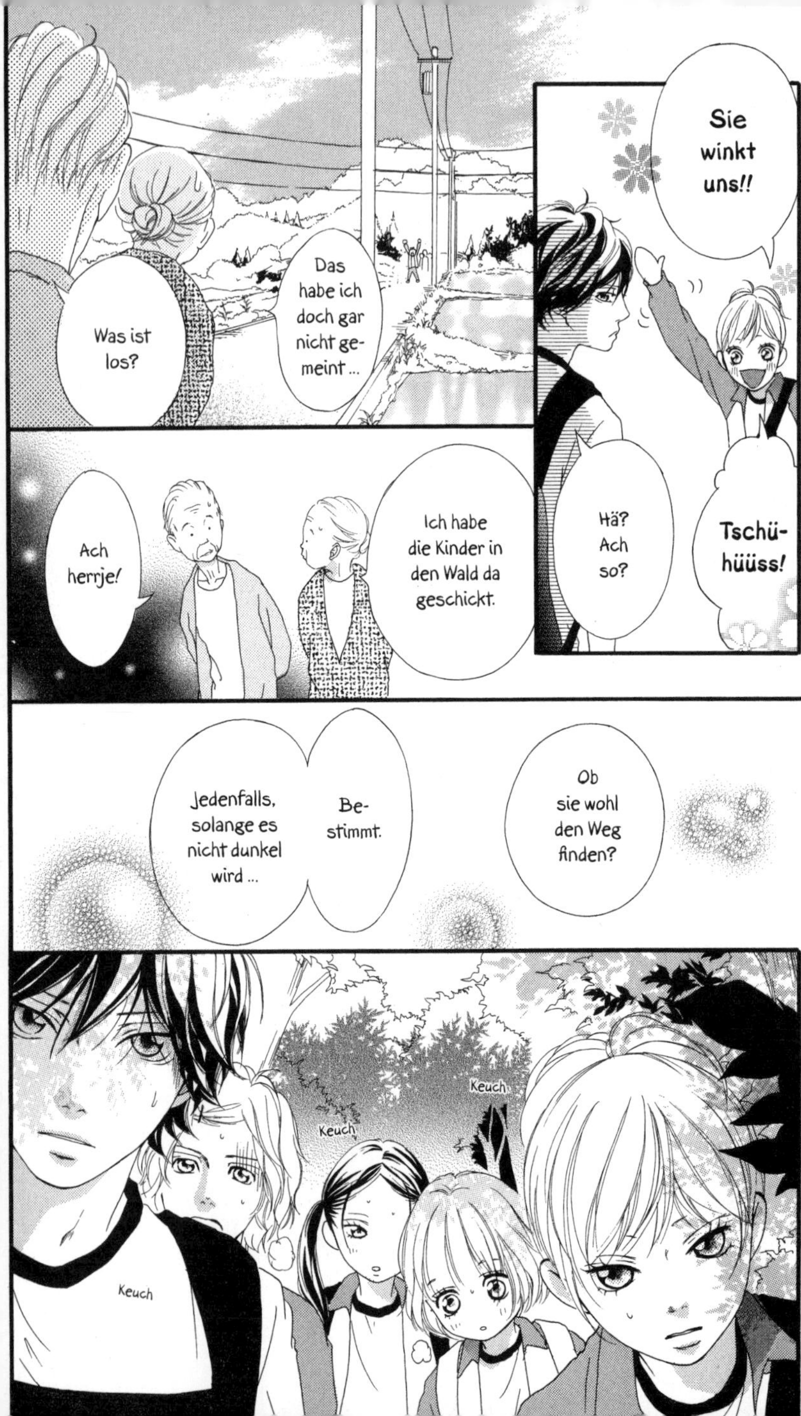
Sie winkt uns!!
Tschü-hüüss!
Hä? Ach so?
Das habe ich doch gar nicht gemeint ...
Was ist los?
Ich habe die Kinder in den Wald da geschickt.
Ach herrje!
Ob sie wohl den Weg finden?
Be-stimmt.
Jedenfalls, solange es nicht dunkel wird ...
Keuch
Keuch
Keuch

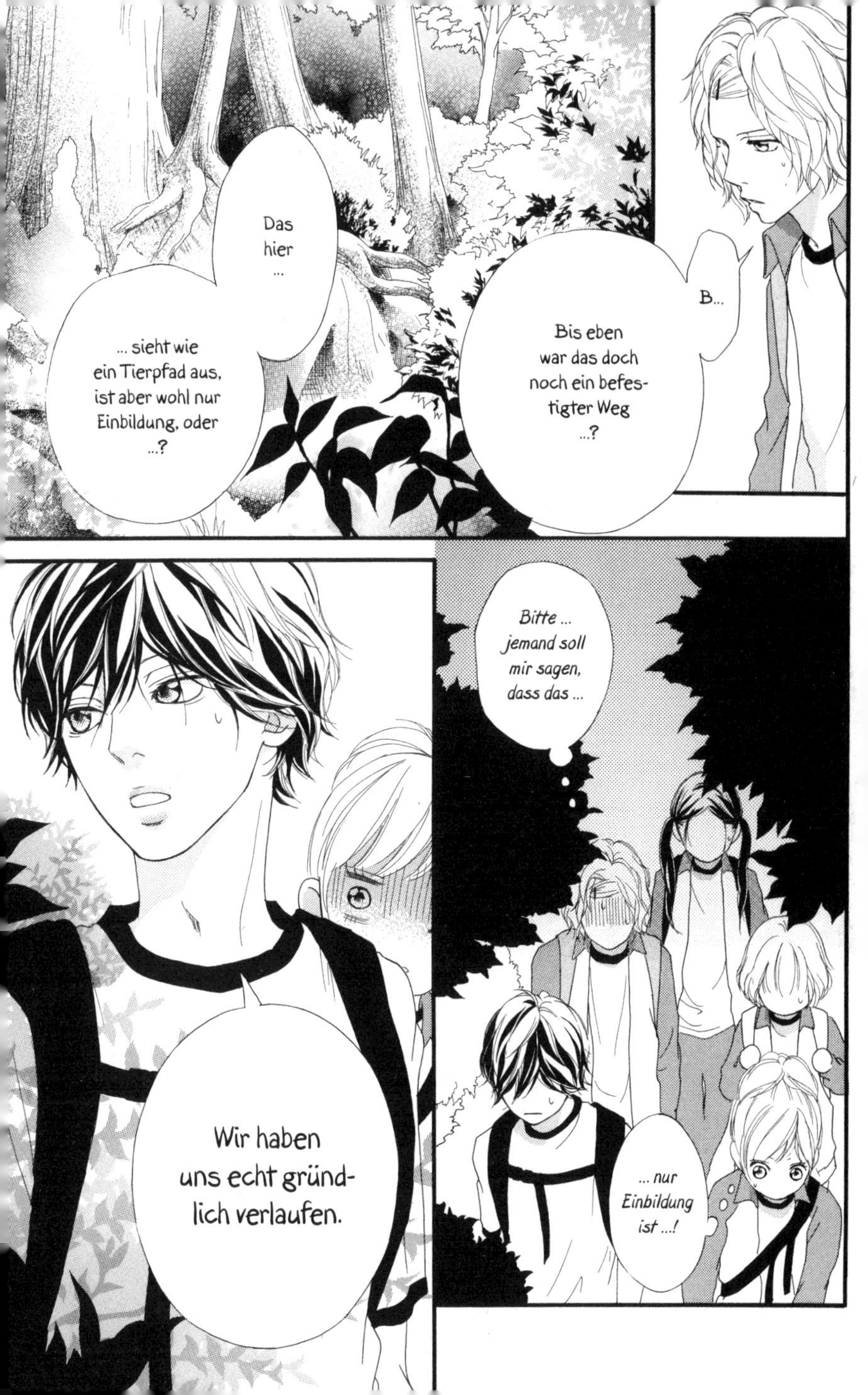

B...
Bis eben war das doch noch ein befestigter Weg ...?
Das hier ...
... sieht wie ein Tierpfad aus, ist aber wohl nur Einbildung, oder ...?
Bitte ... jemand soll mir sagen, dass das ...
... nur Einbildung ist ...!
Wir haben uns echt gründlich verlaufen.

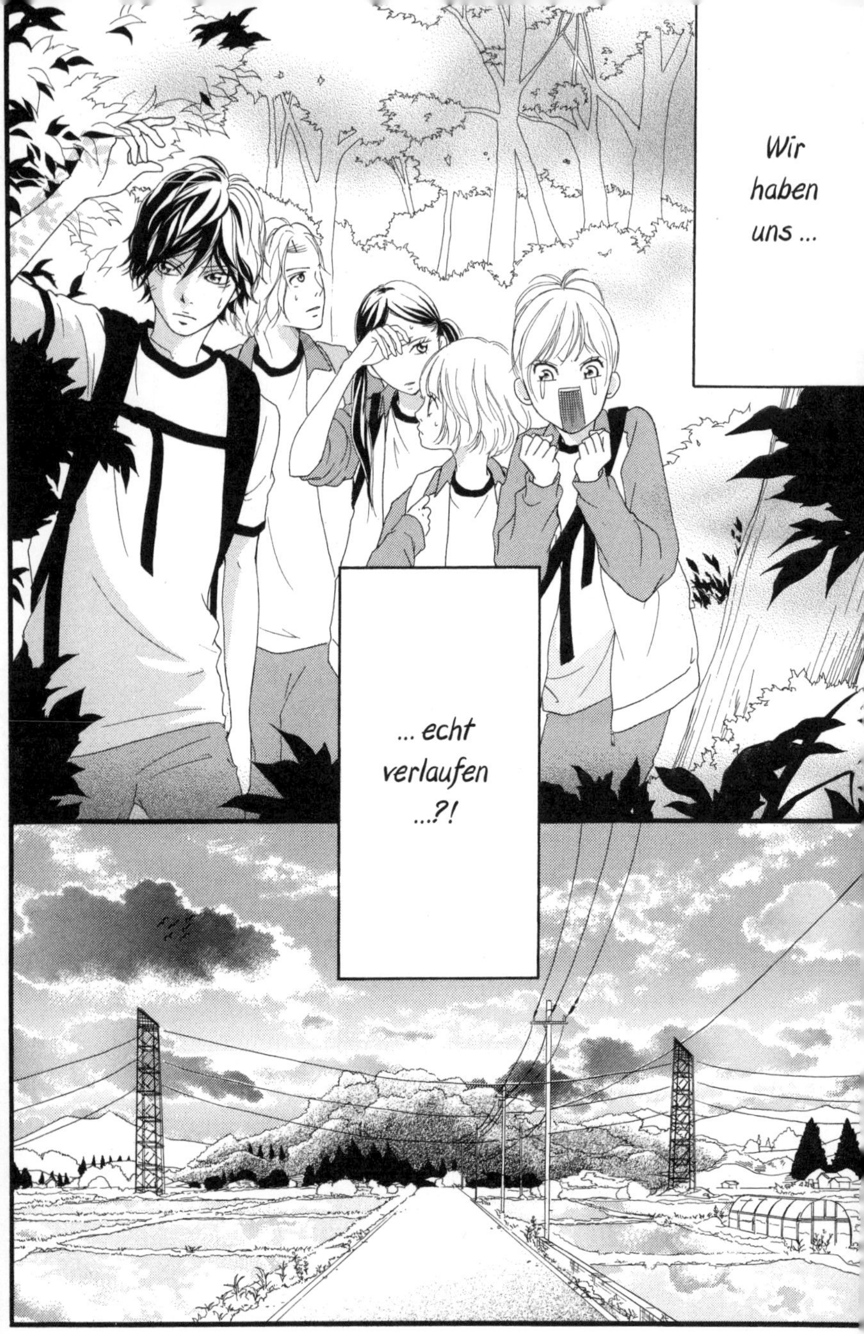
Wir haben uns ...
... echt verlaufen ...?!

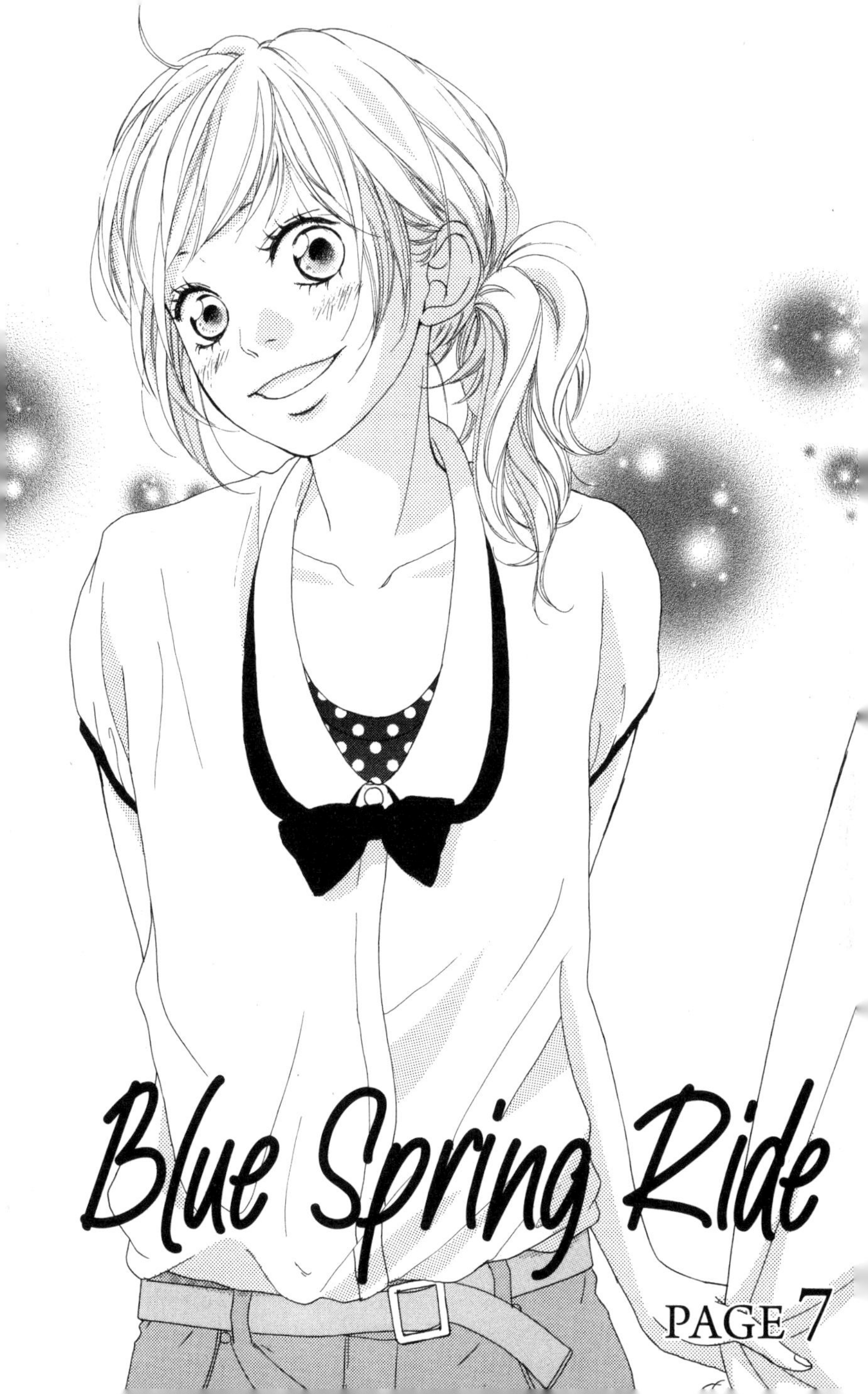
Blue Spring Ride
PAGE 7

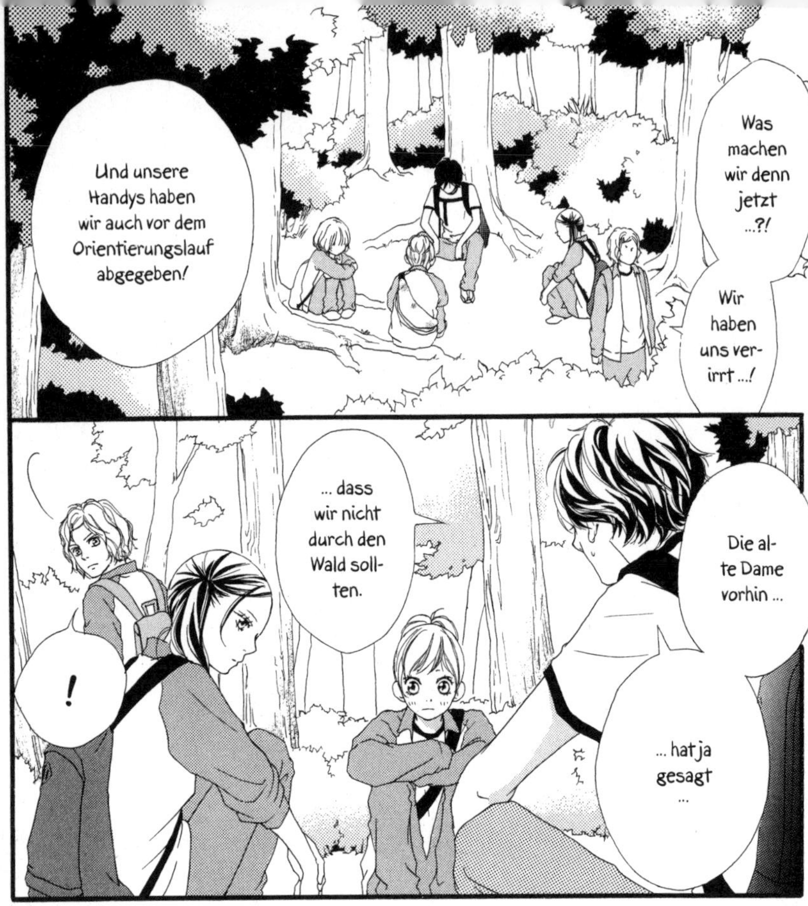
Was machen wir denn jetzt ...?!
Wir haben uns verirrt ...!
Und unsere Handys haben wir auch vor dem Orientierungslauf abgegeben!
Die alte Dame vorhin ...
... hat ja gesagt ...
... dass wir nicht durch den Wald sollten.
!

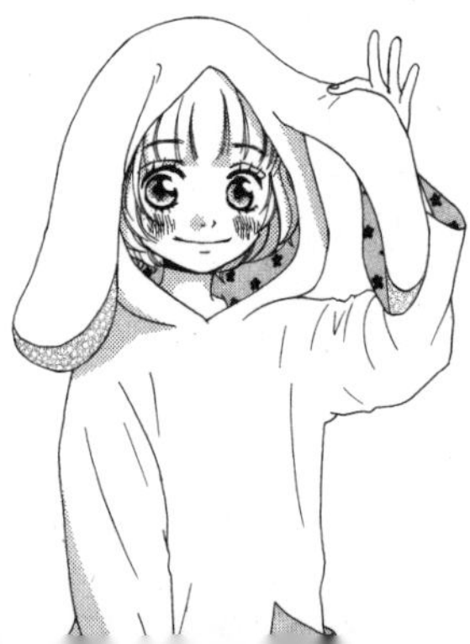

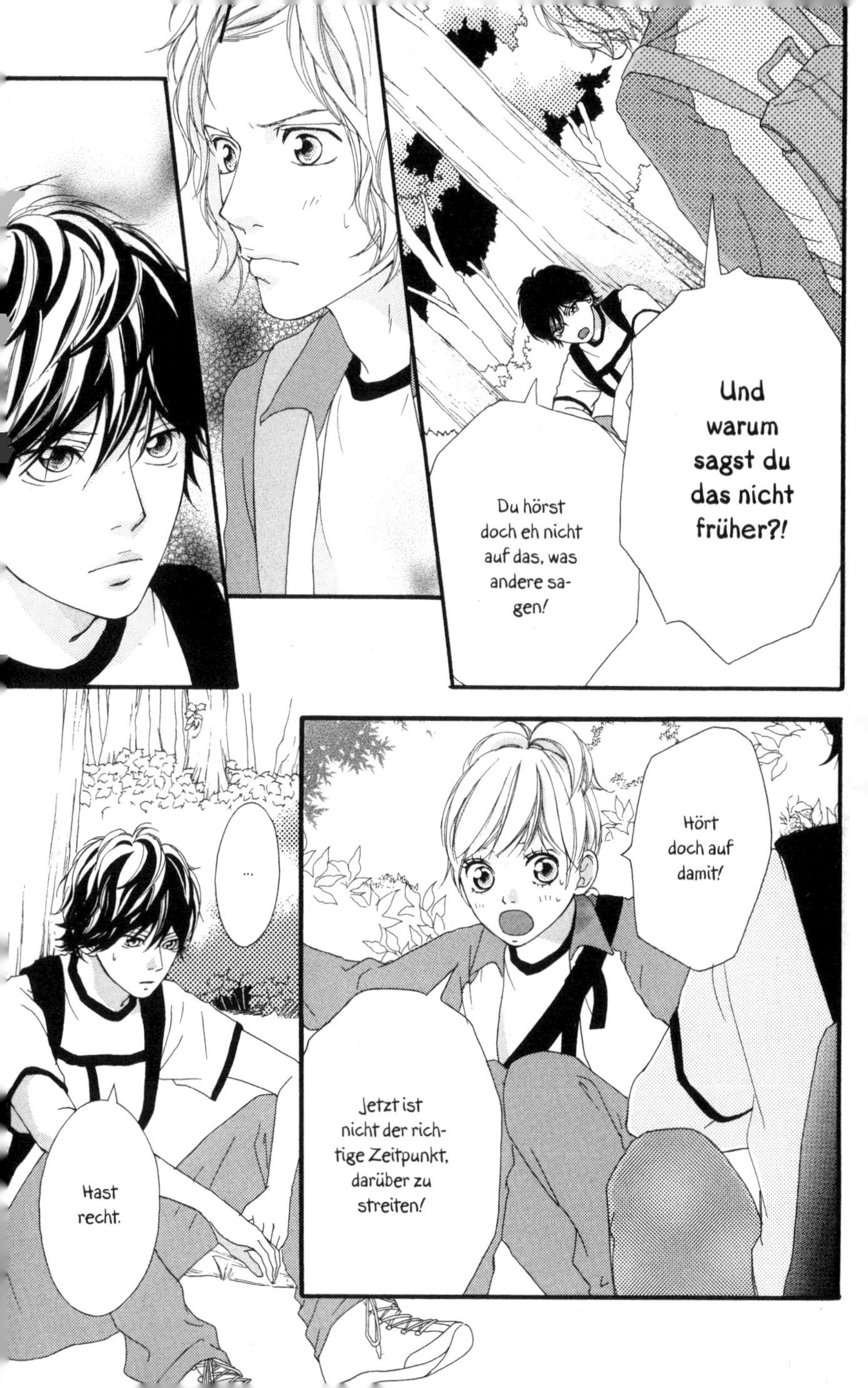
Und warum sagst du das nicht früher?!
Du hörst doch eh nicht auf das, was andere sagen!
Hört doch auf damit!
Jetzt ist nicht der richtige Zeitpunkt, darüber zu streiten!
...
Hast recht.

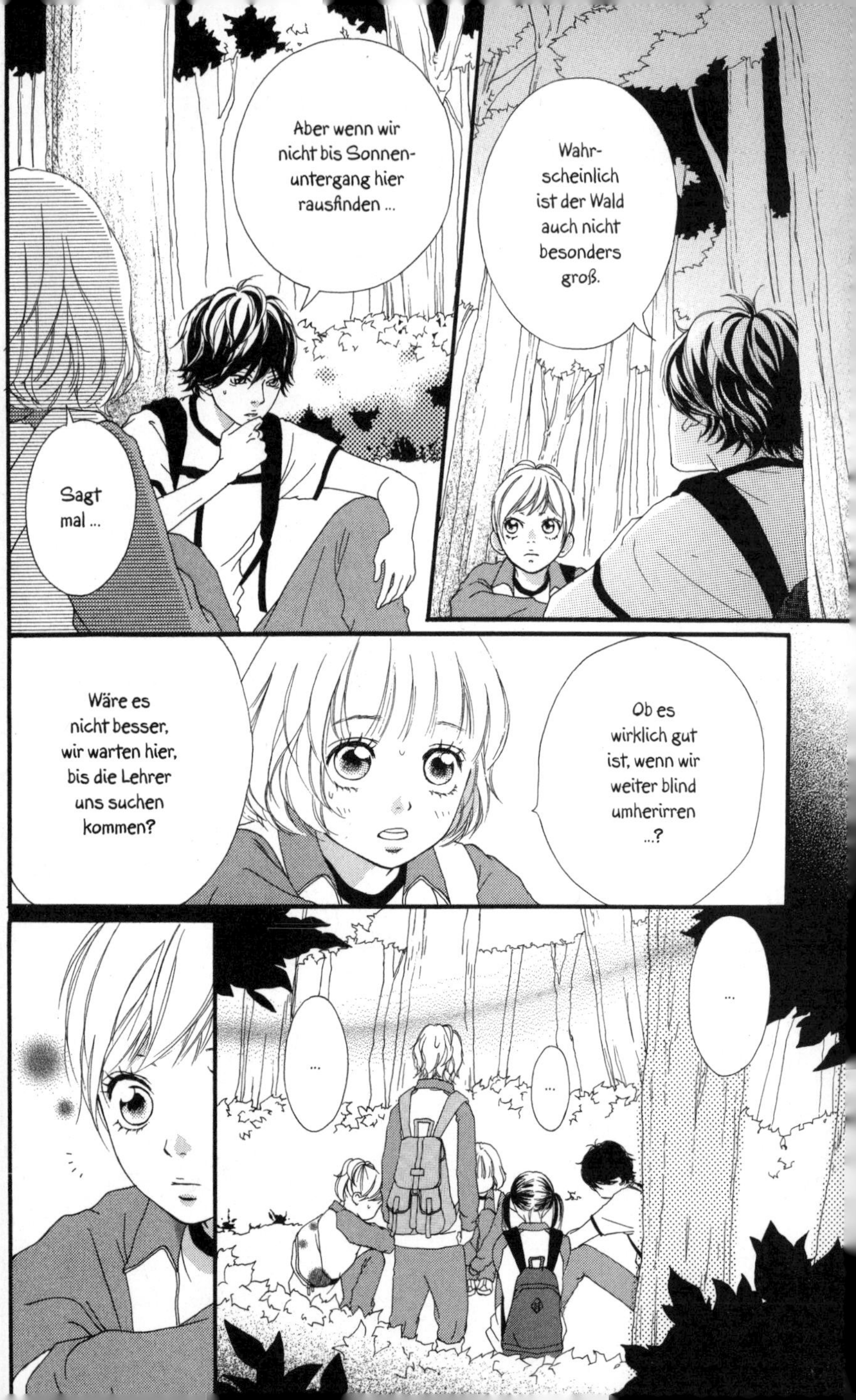
Wahr-
scheinlich
ist der Wald
auch nicht
besonders
groß.
Aber wenn wir
nicht bis Sonnen-
untergang hier
rausfinden ...
Sagt
mal ...
Ob es
wirklich gut
ist, wenn wir
weiter blind
umherirren
...?
Wäre es
nicht besser,
wir warten hier,
bis die Lehrer
uns suchen
kommen?
...
...
...

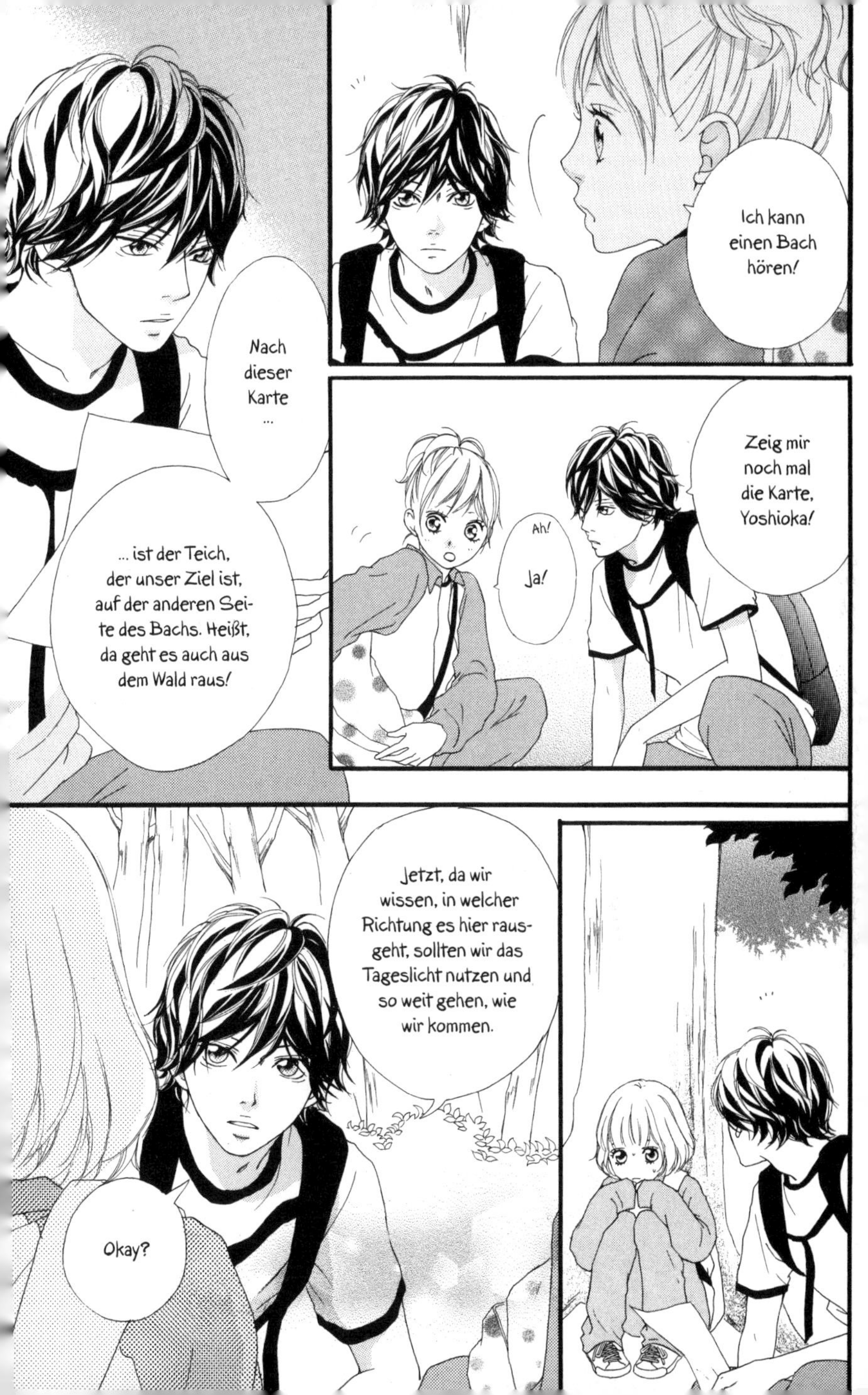
Ich kann einen Bach hören!
Nach dieser Karte ...
... ist der Teich, der unser Ziel ist, auf der anderen Seite des Bachs. Heißt, da geht es auch aus dem Wald raus!
Zeig mir noch mal die Karte, Yoshioka!
Ah! Ja!
...
Jetzt, da wir wissen, in welcher Richtung es hier rausgeht, sollten wir das Tageslicht nutzen und so weit gehen, wie wir kommen.
Okay?

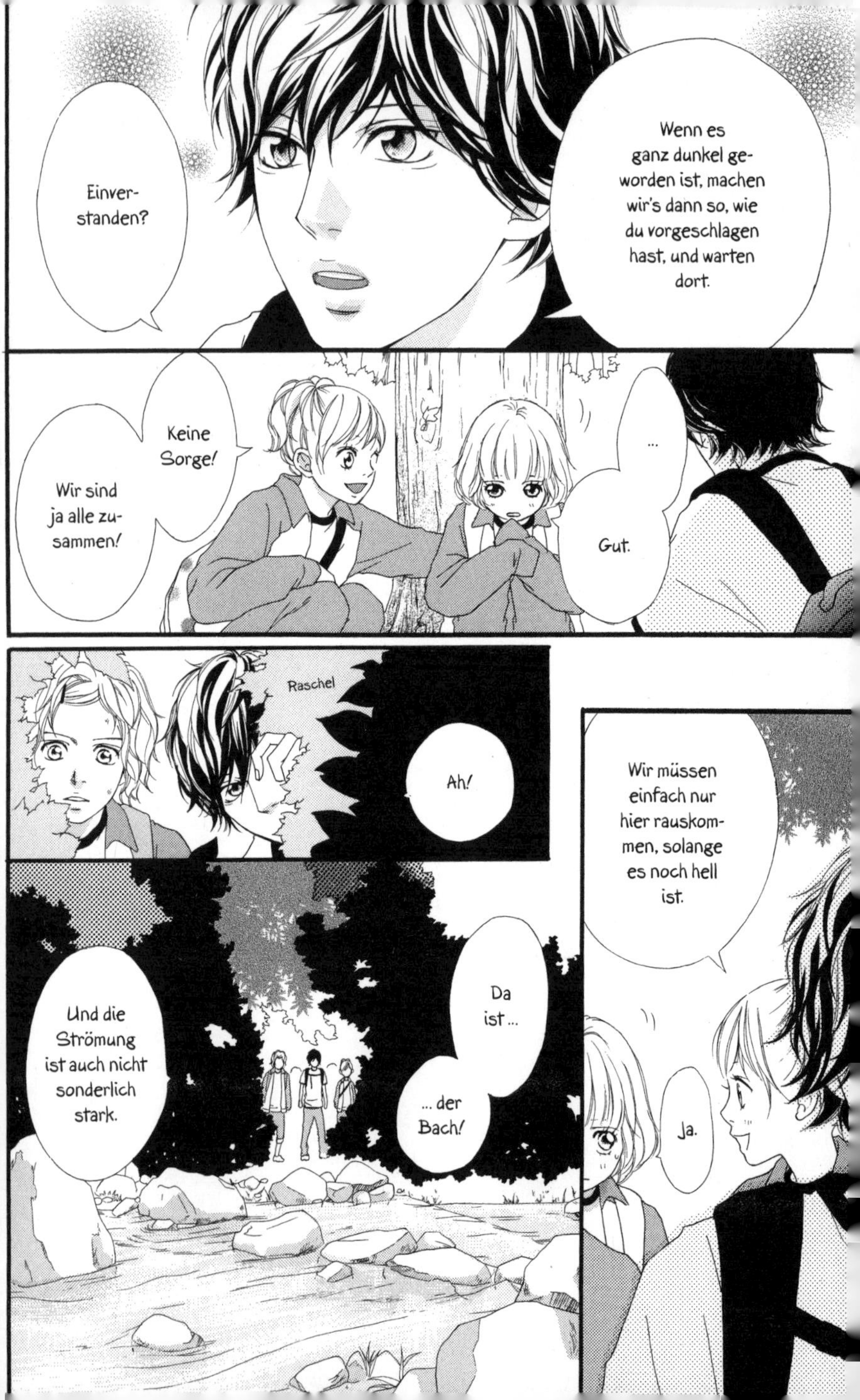
Wenn es ganz dunkel geworden ist, machen wir's dann so, wie du vorgeschlagen hast, und warten dort.
Einverstanden?
...
Gut.
Keine Sorge!
Wir sind ja alle zusammen!
Wir müssen einfach nur hier rauskommen, solange es noch hell ist.
Ja.
Raschel
Ah!
Da ist ...
... der Bach!
Und die Strömung ist auch nicht sonderlich stark.

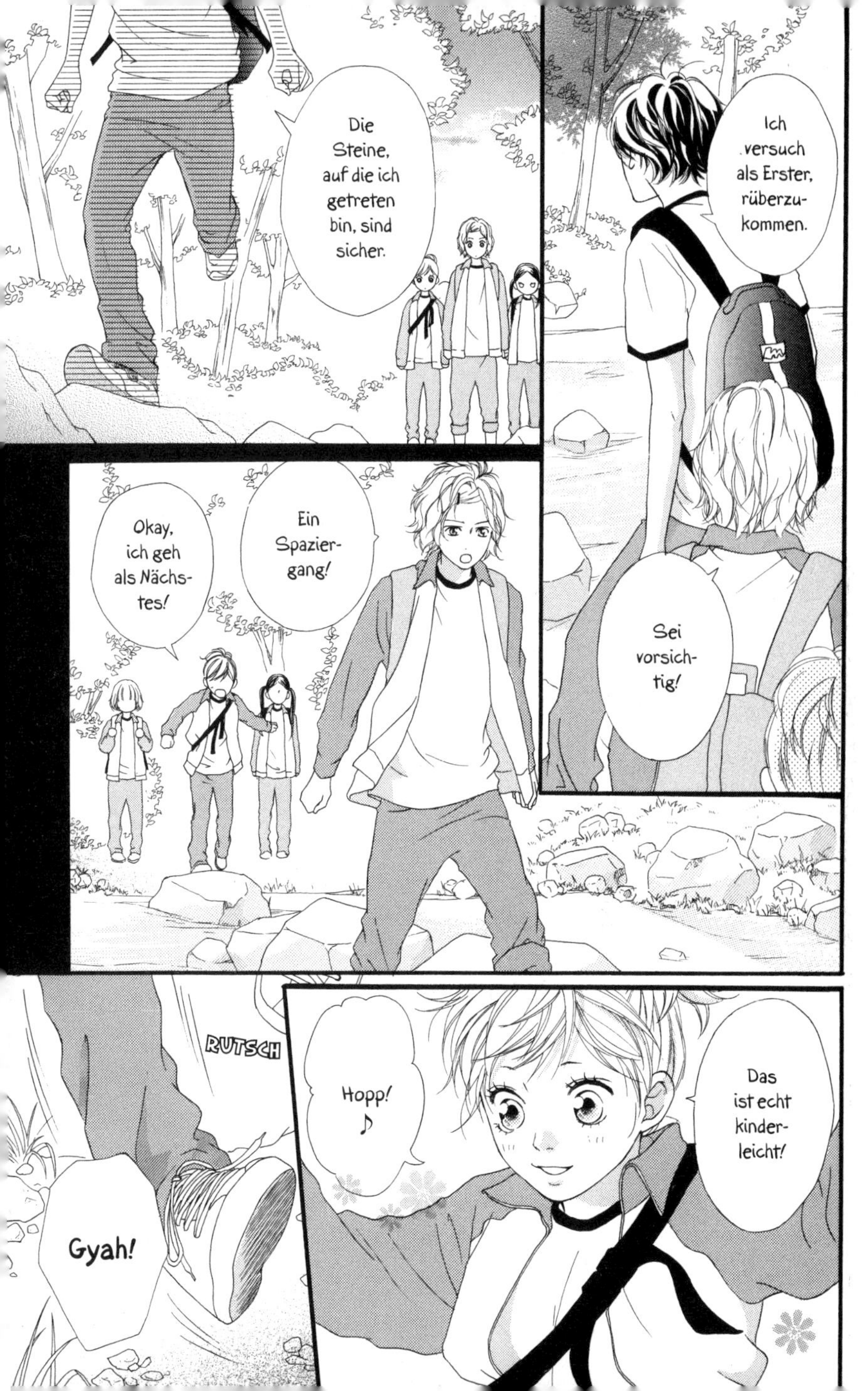
Ich versuch als Erster, rüberzukommen.
Sei vorsichtig!
Die Steine, auf die ich getreten bin, sind sicher.
Ein Spaziergang!
Okay, ich geh als Nächstes!
Das ist echt kinderleicht!
Hopp! ♪
RUTSCH
Gyah!

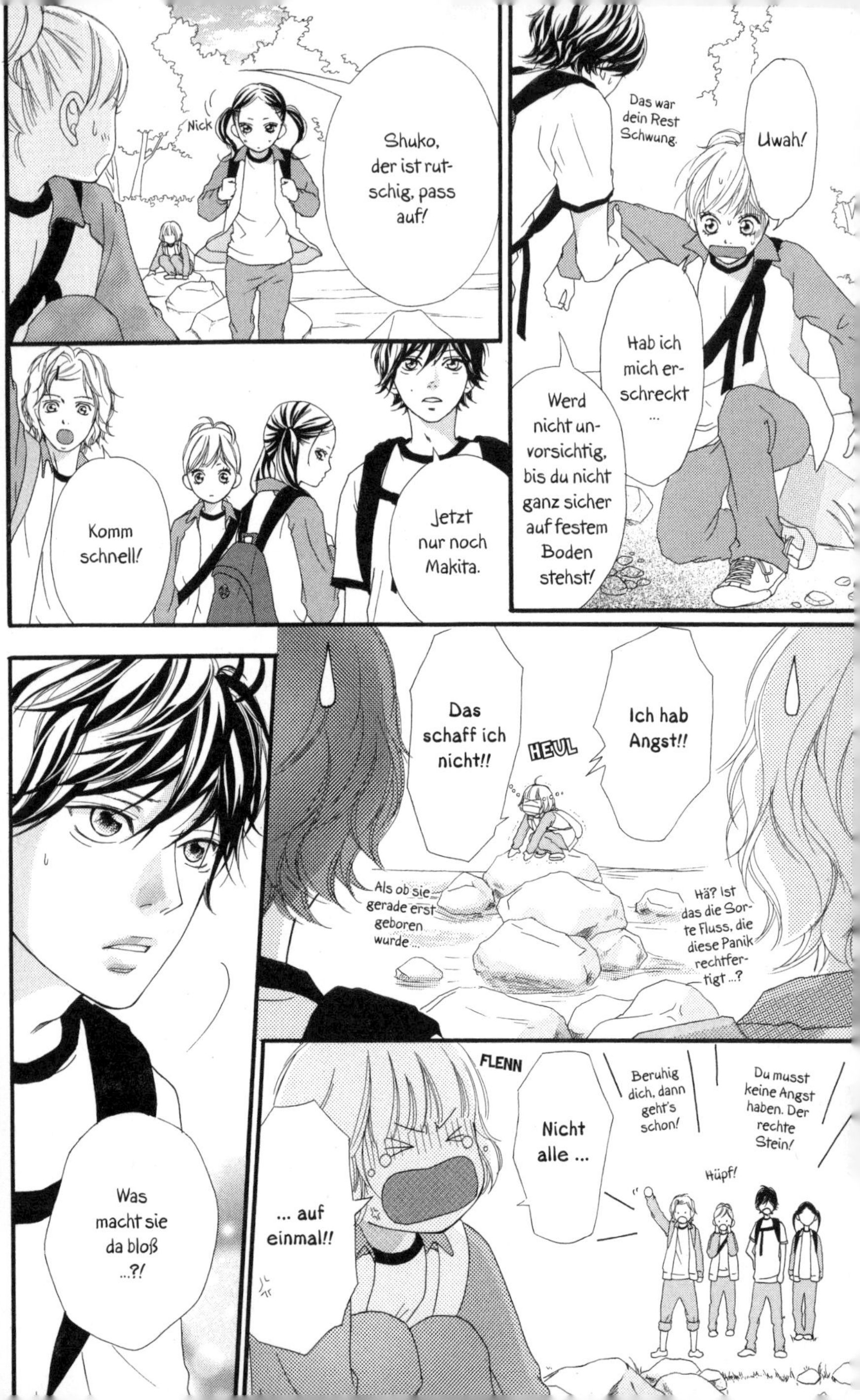
Uwah!
Das war dein Rest Schwung.
Hab ich mich erschreckt ...
Werd nicht unvorsichtig, bis du nicht ganz sicher auf festem Boden stehst!
Nick
Shuko, der ist rutschig, pass auf!
Jetzt nur noch Makita.
Komm schnell!
Ich hab Angst!!
HEUL
Das schaff ich nicht!!
Hä? Ist das die Sorte Fluss, die diese Panik rechtfertigt ...?
Als ob sie gerade erst geboren wurde ...
Du musst keine Angst haben. Der rechte Stein!
Beruhig dich, dann geht's schon!
Hüpf!
FLENN
Nicht alle ...
... auf einmal!!
Was macht sie da bloß ...?!

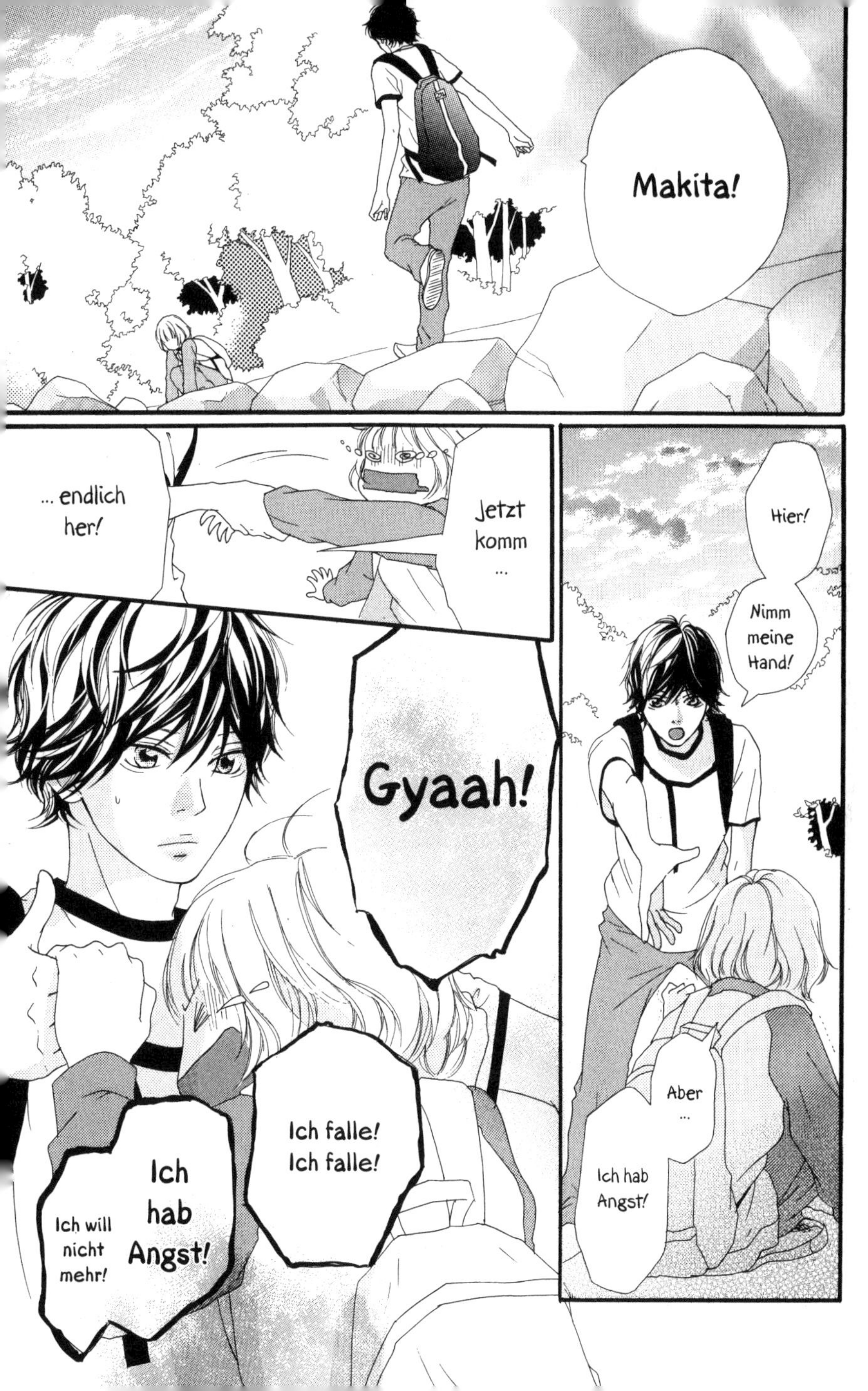
Makita!
Hier!
Nimm meine Hand!
Jetzt komm ...
... endlich her!
Gyaah!
Aber ...
Ich hab Angst!
Ich falle! Ich falle!
Ich hab Angst!
Ich will nicht mehr!

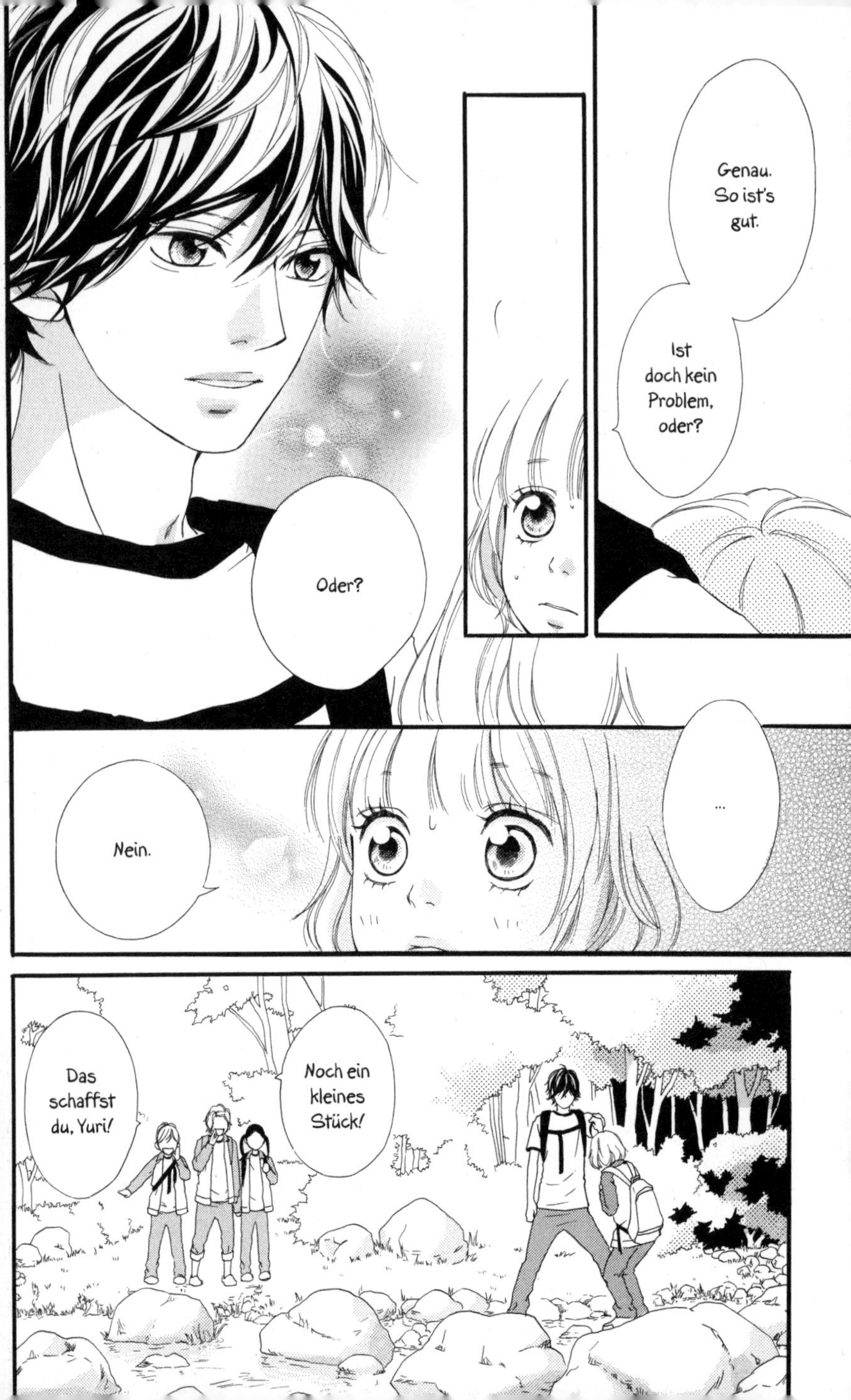

Genau. So ist's gut.
Ist doch kein Problem, oder?
Oder?
...
Nein.
Noch ein kleines Stück!
Das schaffst du, Yuri!

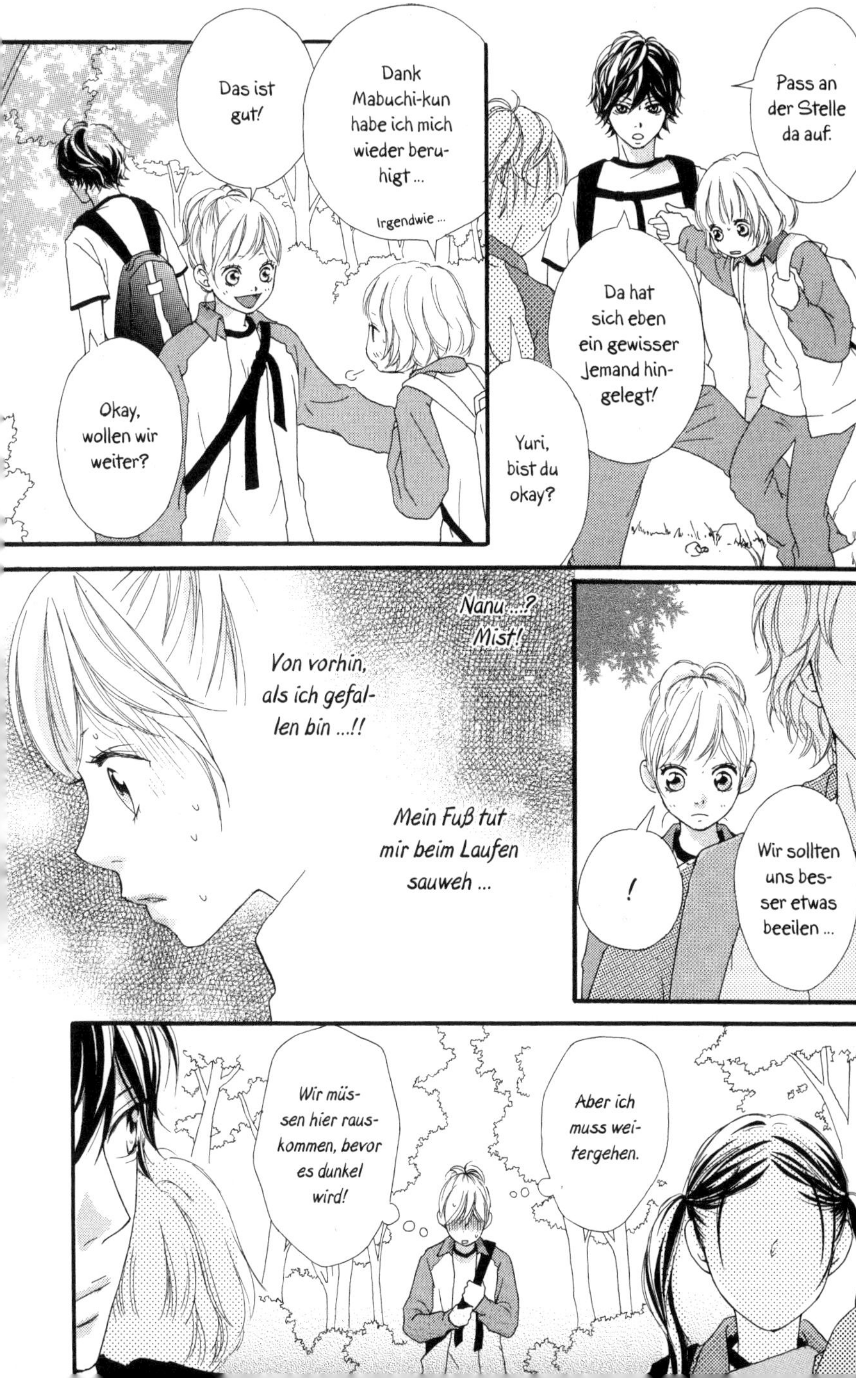
Pass an der Stelle da auf.
Da hat sich eben ein gewisser Jemand hingelegt!
Yuri, bist du okay?
Dank Mabuchi-kun habe ich mich wieder beruhigt ...
Irgendwie ...
Das ist gut!
Okay, wollen wir weiter?
Wir sollten uns besser etwas beeilen ...
!
Nanu ...? Mist!
Von vorhin, als ich gefallen bin ...!!
Mein Fuß tut mir beim Laufen sauweh ...
Aber ich muss weitergehen.
Wir müssen hier rauskommen, bevor es dunkel wird!

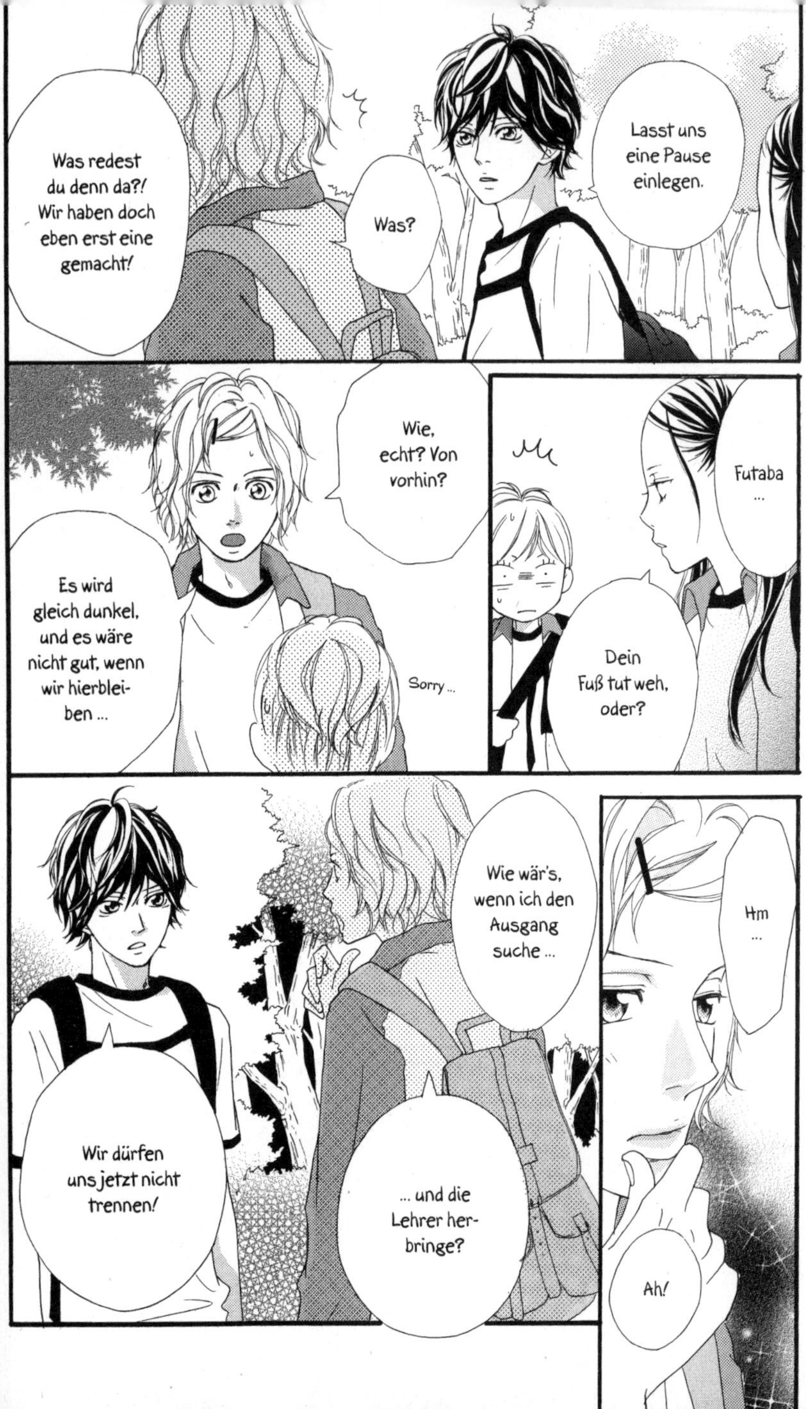
Lasst uns eine Pause einlegen.
Was?
Was redest du denn da?! Wir haben doch eben erst eine gemacht!
Futaba ...
Dein Fuß tut weh, oder?
Wie, echt? Von vorhin?
Sorry ...
Es wird gleich dunkel, und es wäre nicht gut, wenn wir hierblei-ben ...
Hm ...
Ah!
Wie wär's, wenn ich den Ausgang suche ...
... und die Lehrer her-bringe?
Wir dürfen uns jetzt nicht trennen!

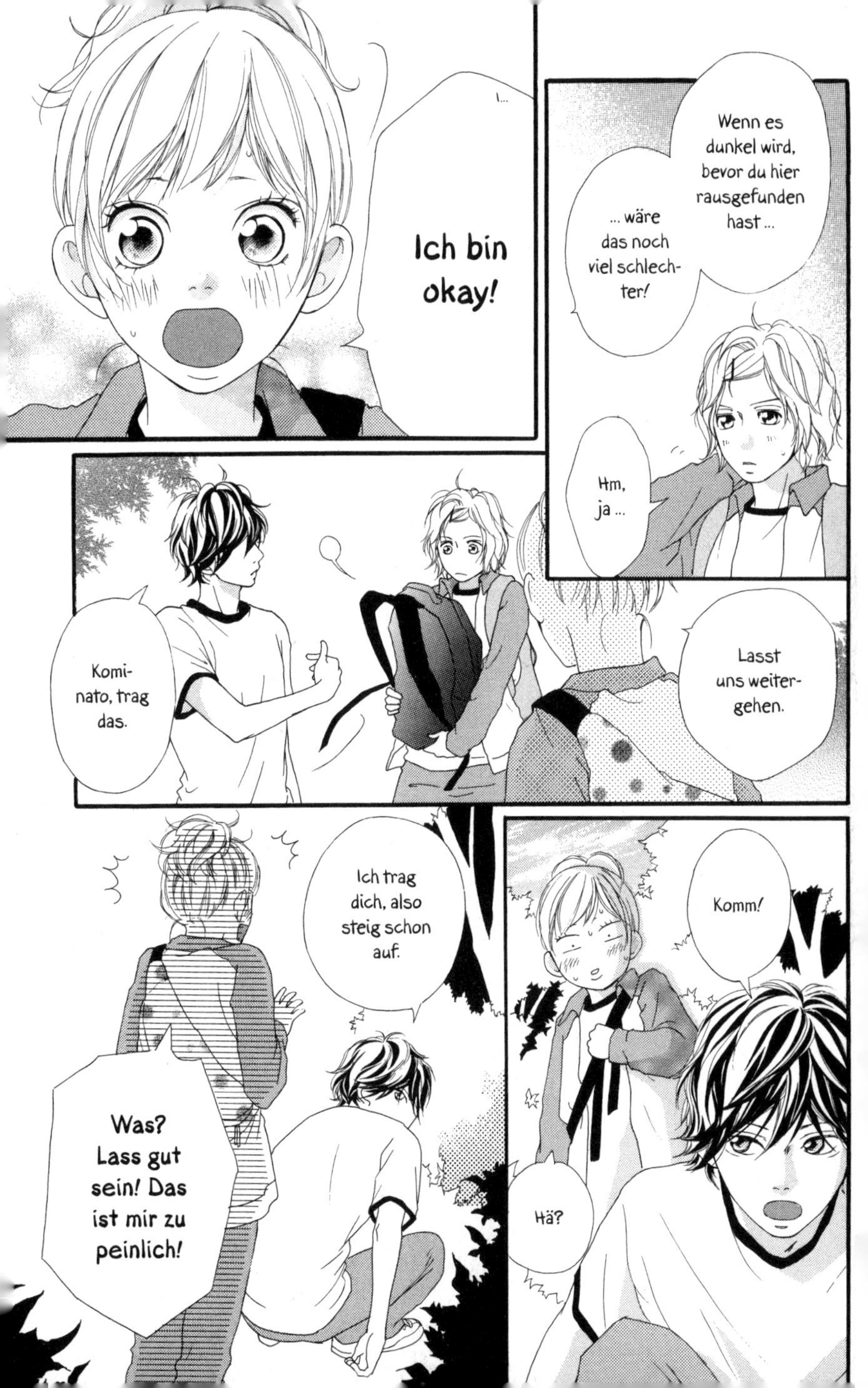
I...
Ich bin okay!
Wenn es dunkel wird, bevor du hier rausgefunden hast ...
... wäre das noch viel schlechter!
Hm, ja ...
Lasst uns weitergehen.
Kominato, trag das.
Komm!
Hä?
Ich trag dich, also steig schon auf.
Was? Lass gut sein! Das ist mir zu peinlich!

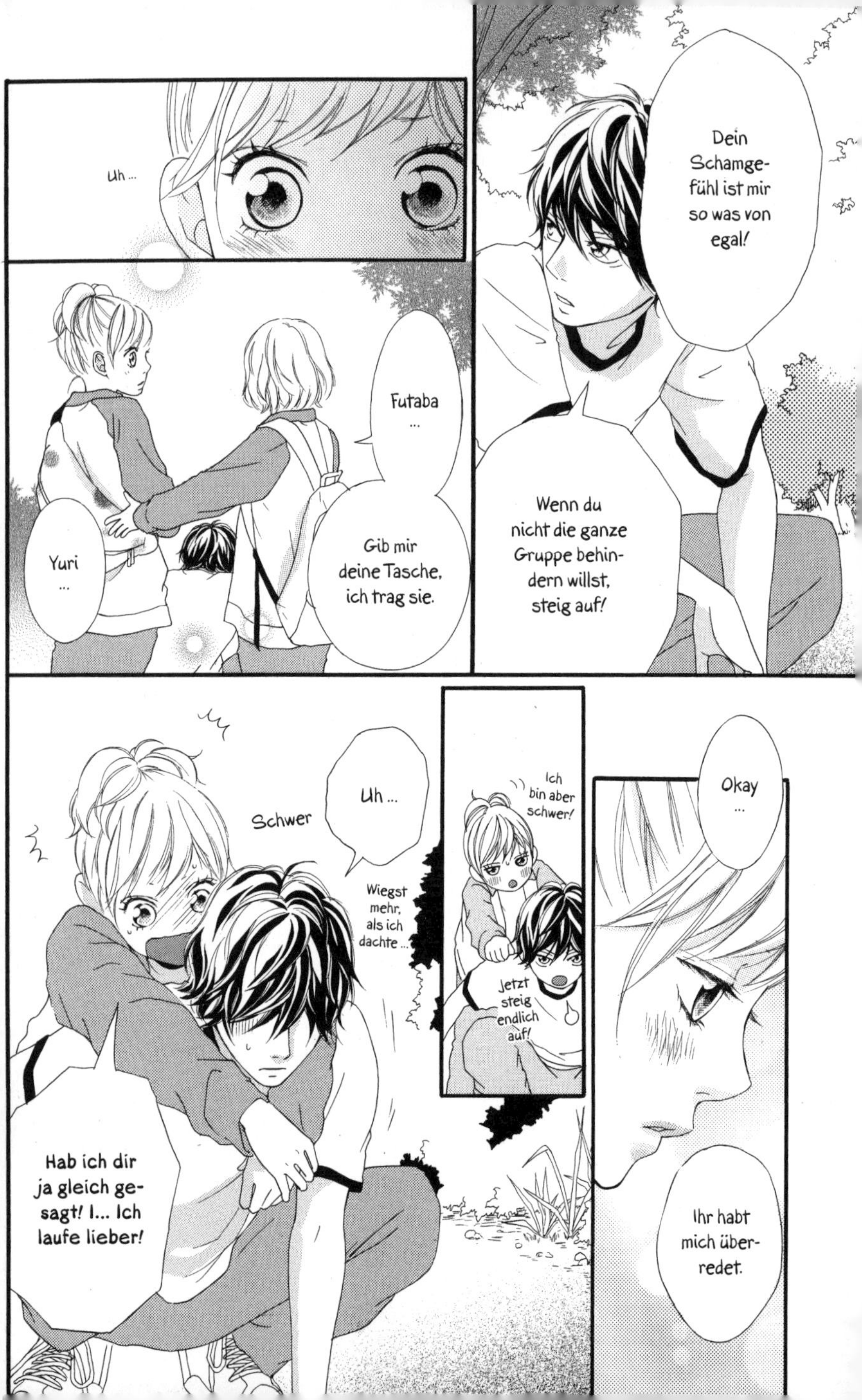

Dein Schamgefühl ist mir so was von egal!
Wenn du nicht die ganze Gruppe behindern willst, steig auf!
Uh ...
Futaba ...
Gib mir deine Tasche, ich trag sie.
Yuri ...
Okay ...
Ihr habt mich überredet.
Ich bin aber schwer!
Jetzt steig endlich auf!
Uh ...
Schwer
Wiegst mehr, als ich dachte ...
Hab ich dir ja gleich gesagt! I... Ich laufe lieber!

Zum Start von Blue Spring Ride habe ich euch gebeten, Vorschläge für die freien Seiten einzusenden. Wie erwartet war der Wunsch nach Charakterprofilen absoluter Spitzenreiter, und um dem zu entsprechen, will ich ab diesem Band der Reihe nach die Profile der Charaktere veröffentlichen! Dieses Mal sind Futaba und Kou an der Reihe. Die Profile sind am Ende des Bandes abgedruckt, also wenn ihr Interesse habt, schaut sie euch in jedem Fall an. Es gab noch andere Bitten sowie Fragen an mich, weswegen ich diese ab dem nächsten Band zusammenfassen und darauf antworten will. Weitere Anfragen nehme ich natürlich stets entgegen! Wenn ihr etwas habt, schickt es an diese Adresse:

Shueisha
Bessatsu Margaret
Editorial Office
Ms Io Sakisaka
2-5-10 Hitotsubashi, Chiyoda-ku
Tokyo 101-8050,
Japan

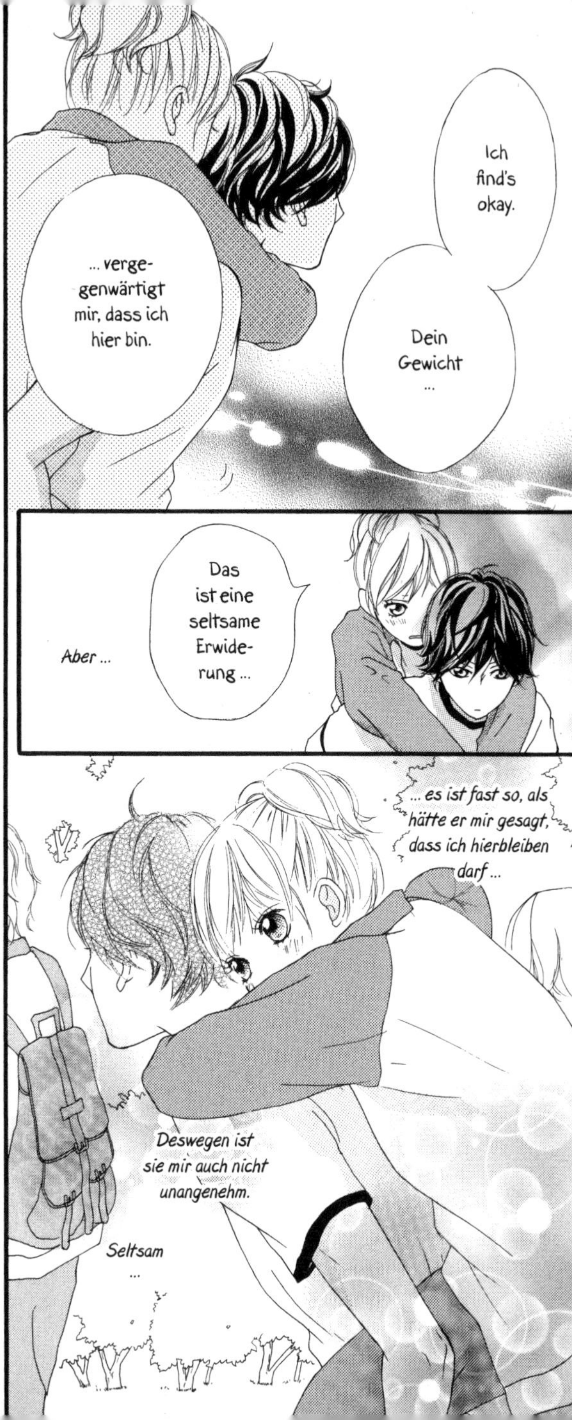

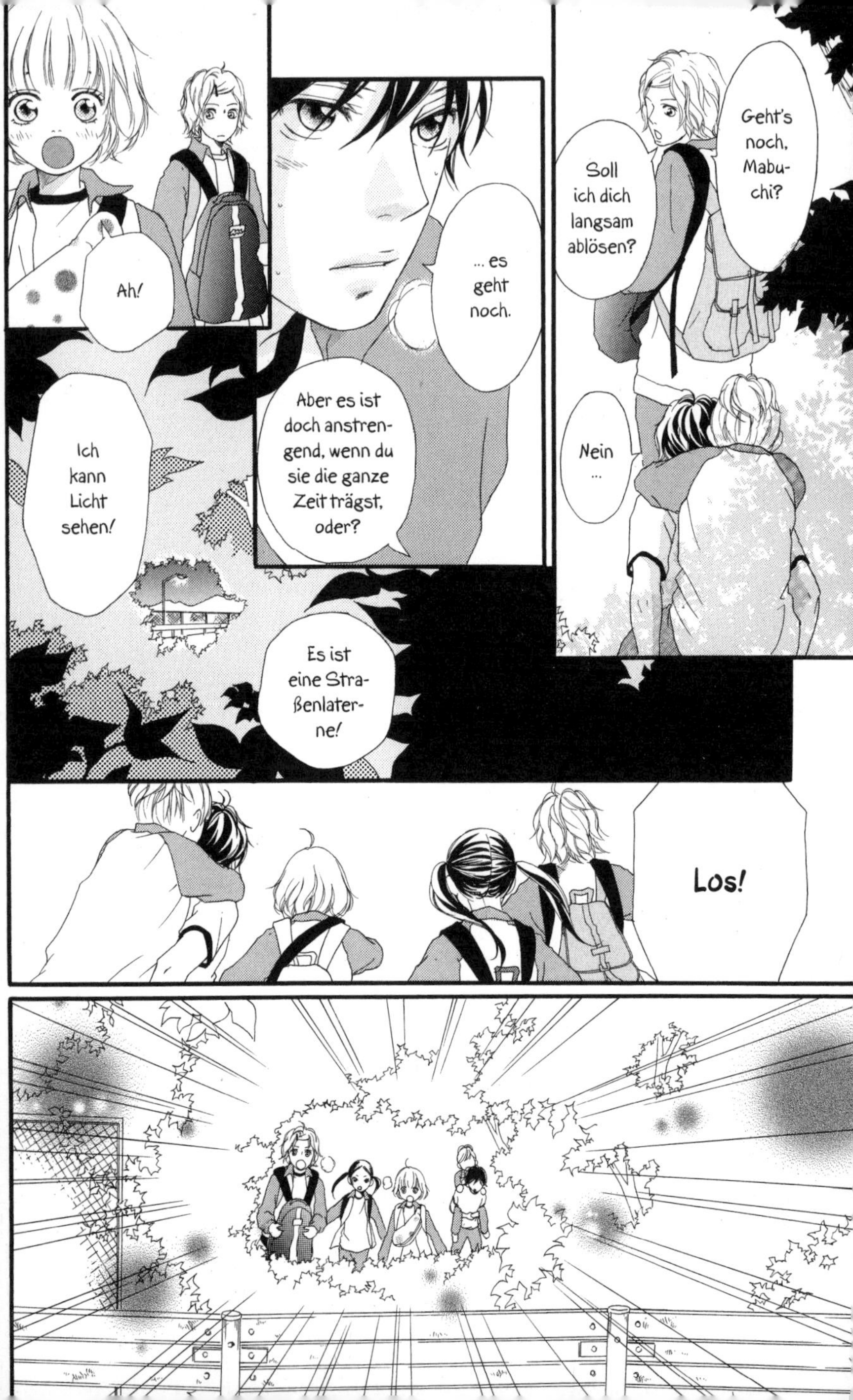
Geht's noch, Mabuchi?
Soll ich dich langsam ablösen?
Nein ...
... es geht noch.
Aber es ist doch anstrengend, wenn du sie die ganze Zeit trägst, oder?
Ah!
Ich kann Licht sehen!
Es ist eine Straßenlaterne!
Los!

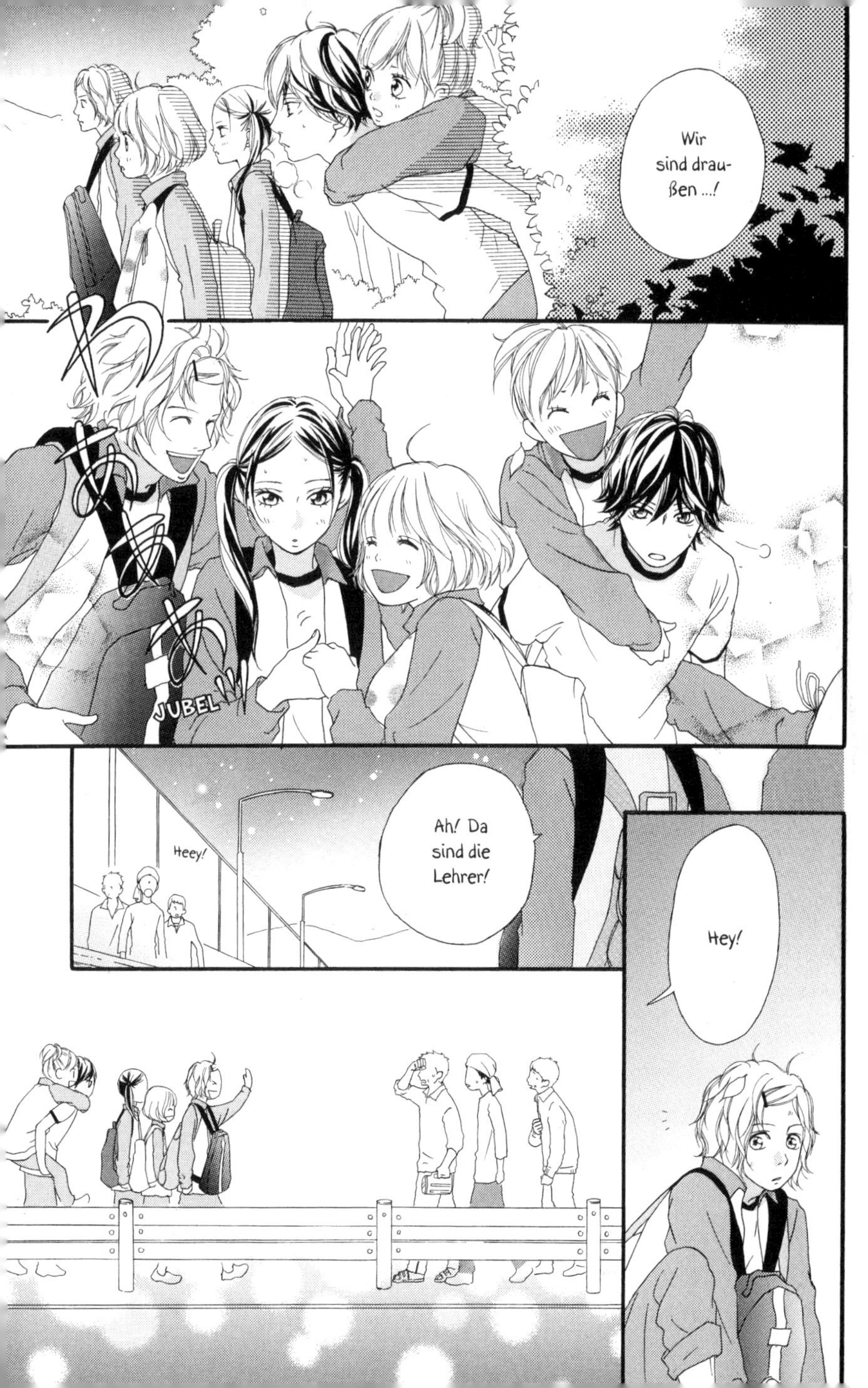
Wir sind drau-ßen ...!
JUBEL
Ah! Da sind die Lehrer!
Heey!
Hey!

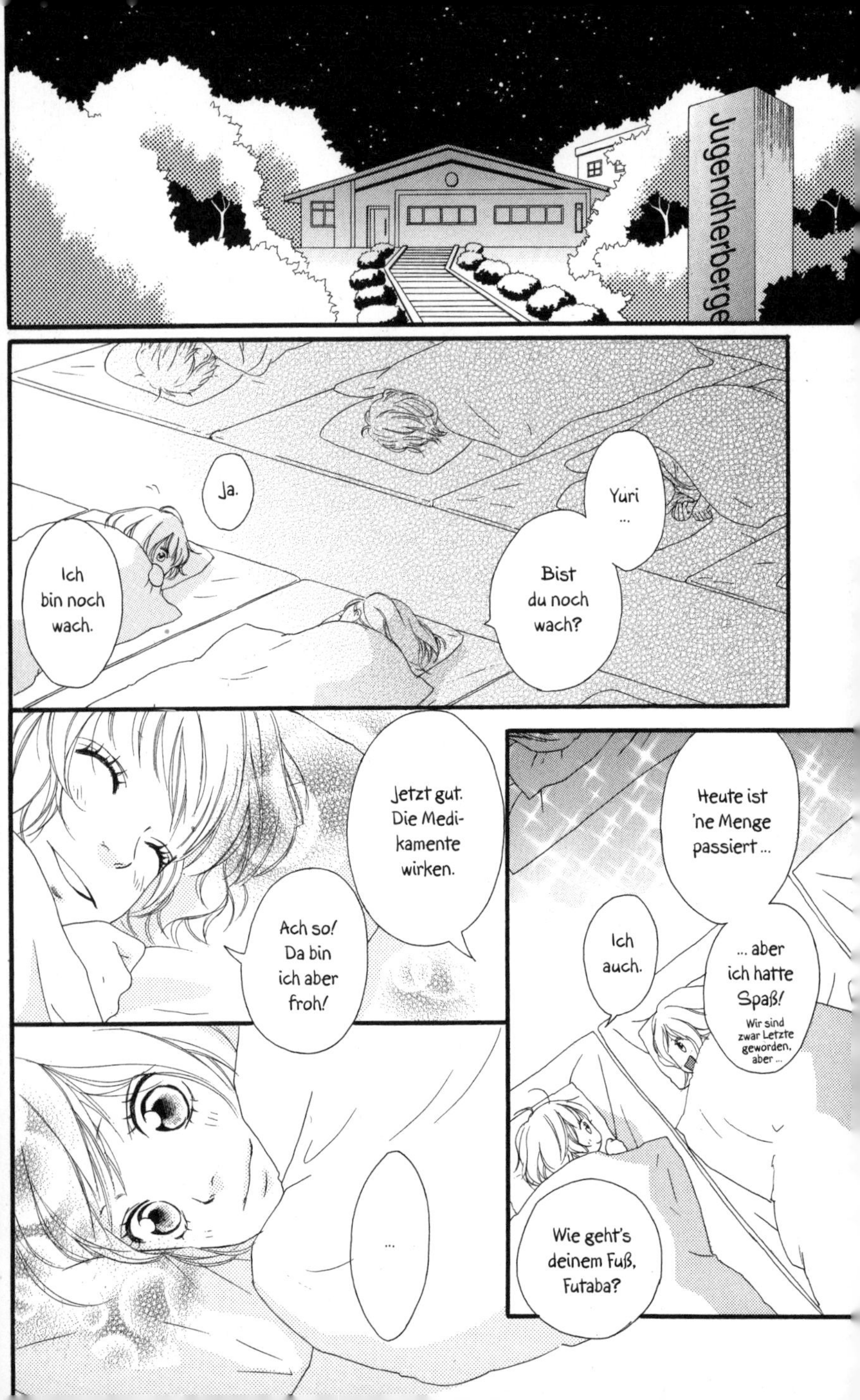
Jugendherberge
Yuri ...
Bist du noch wach?
Ja.
Ich bin noch wach.
Heute ist 'ne Menge passiert ...
... aber ich hatte Spaß!
Wir sind zwar Letzte geworden, aber ...
Ich auch.
Wie geht's deinem Fuß, Futaba?
Jetzt gut. Die Medikamente wirken.
Ach so! Da bin ich aber froh!
...

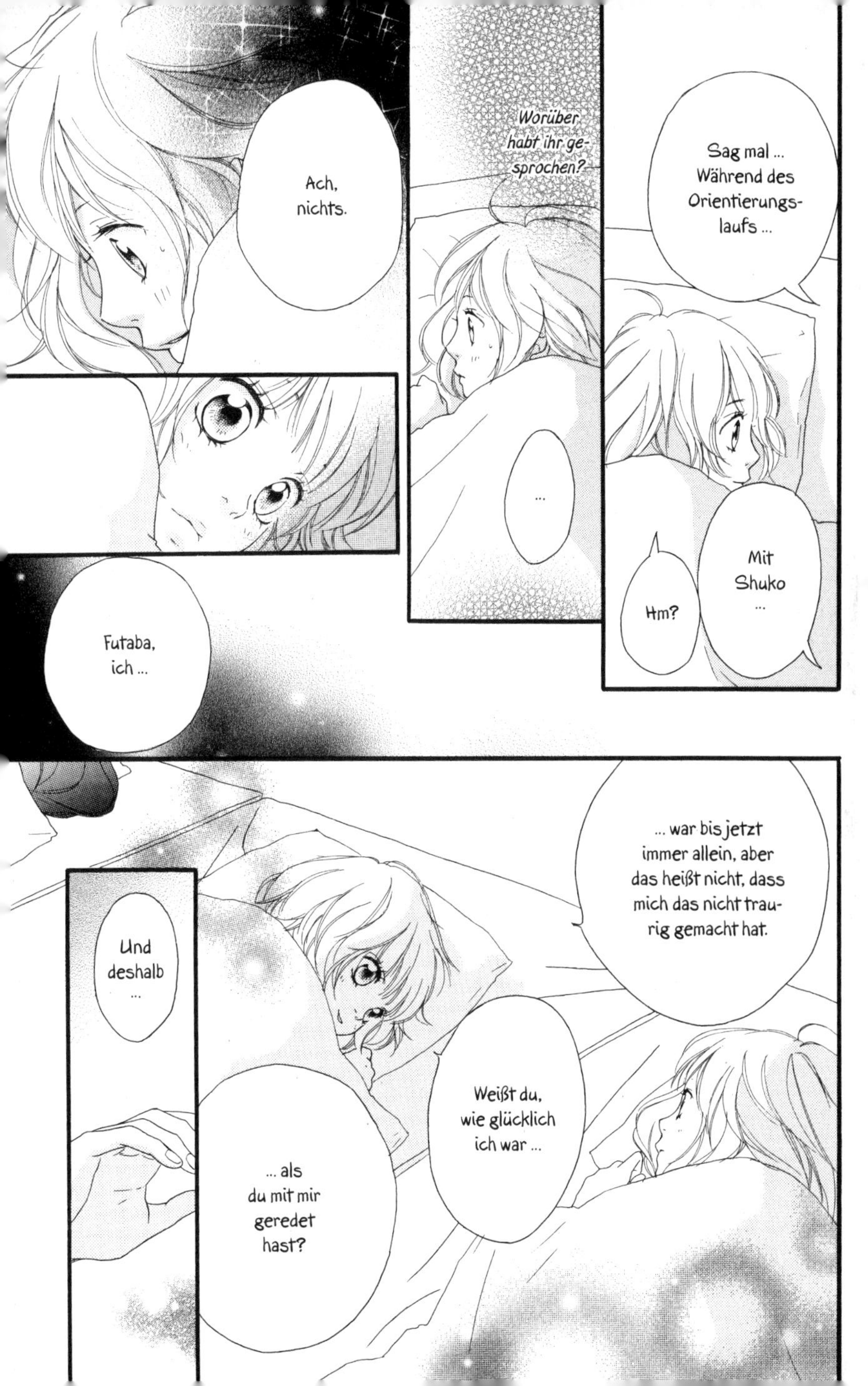
Sag mal ... Während des Orientierungslaufs ...
Hm?
Mit Shuko ...
Worüber habt ihr gesprochen?
...
Ach, nichts.
Futaba, ich ...
... war bis jetzt immer allein, aber das heißt nicht, dass mich das nicht traurig gemacht hat.
Weißt du, wie glücklich ich war ...
... als du mit mir geredet hast?
Und deshalb ...

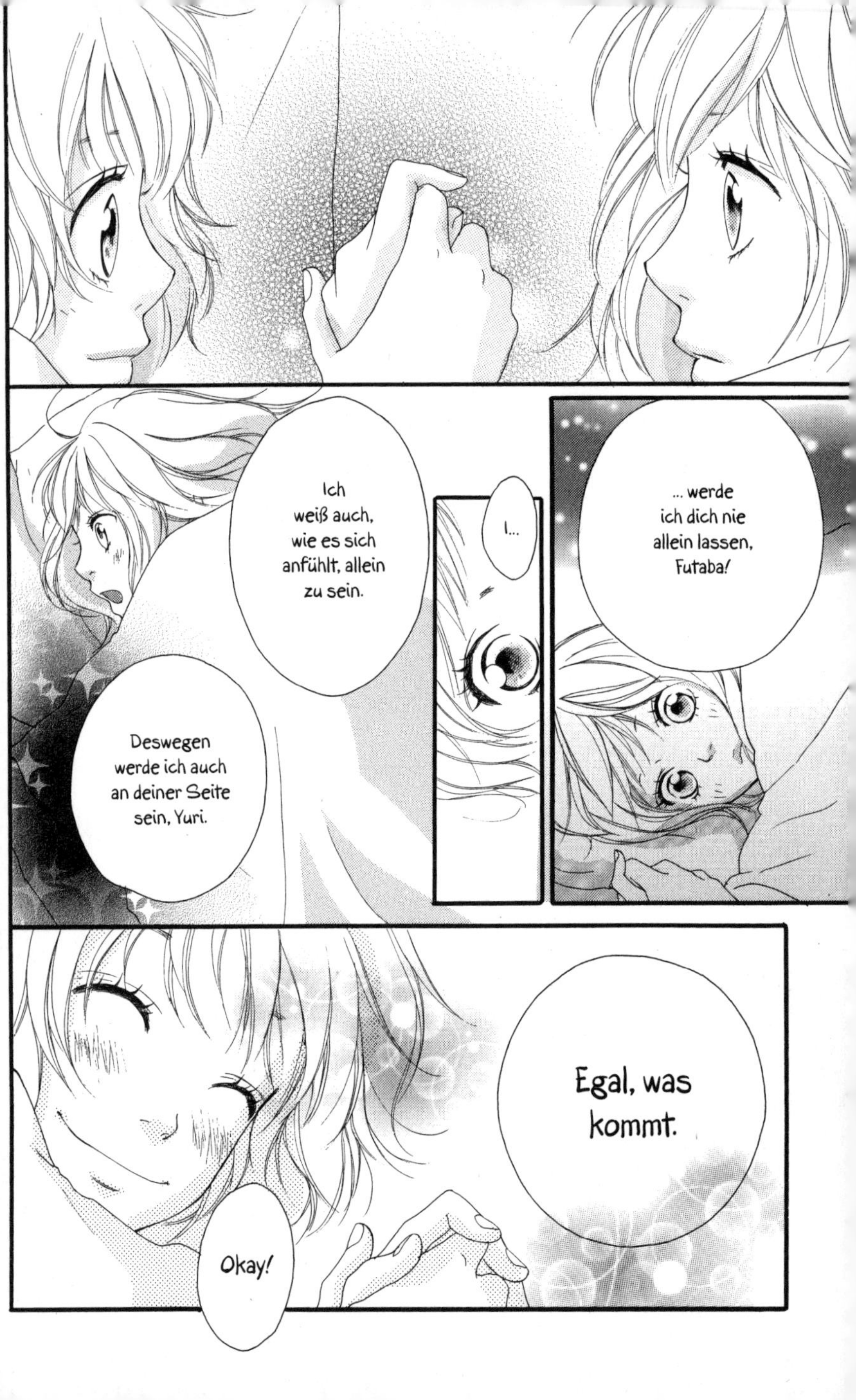
... werde ich dich nie allein lassen, Futaba!
I...
Ich weiß auch, wie es sich anfühlt, allein zu sein.
Deswegen werde ich auch an deiner Seite sein, Yuri.
Egal, was kommt.
Okay!

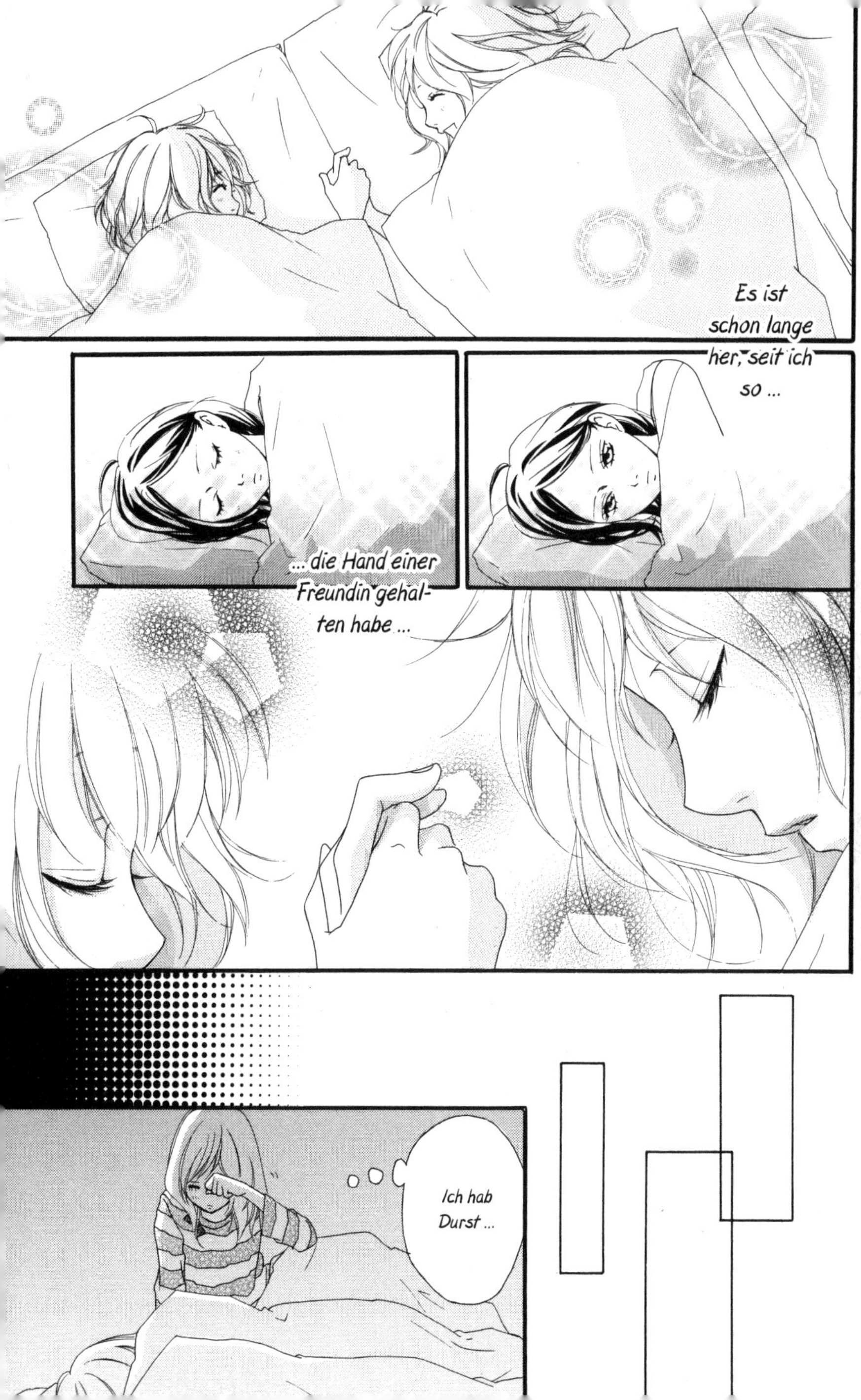
Es ist schon lange her, seit ich so ...
... die Hand einer Freundin gehalten habe ...
Ich hab Durst ...

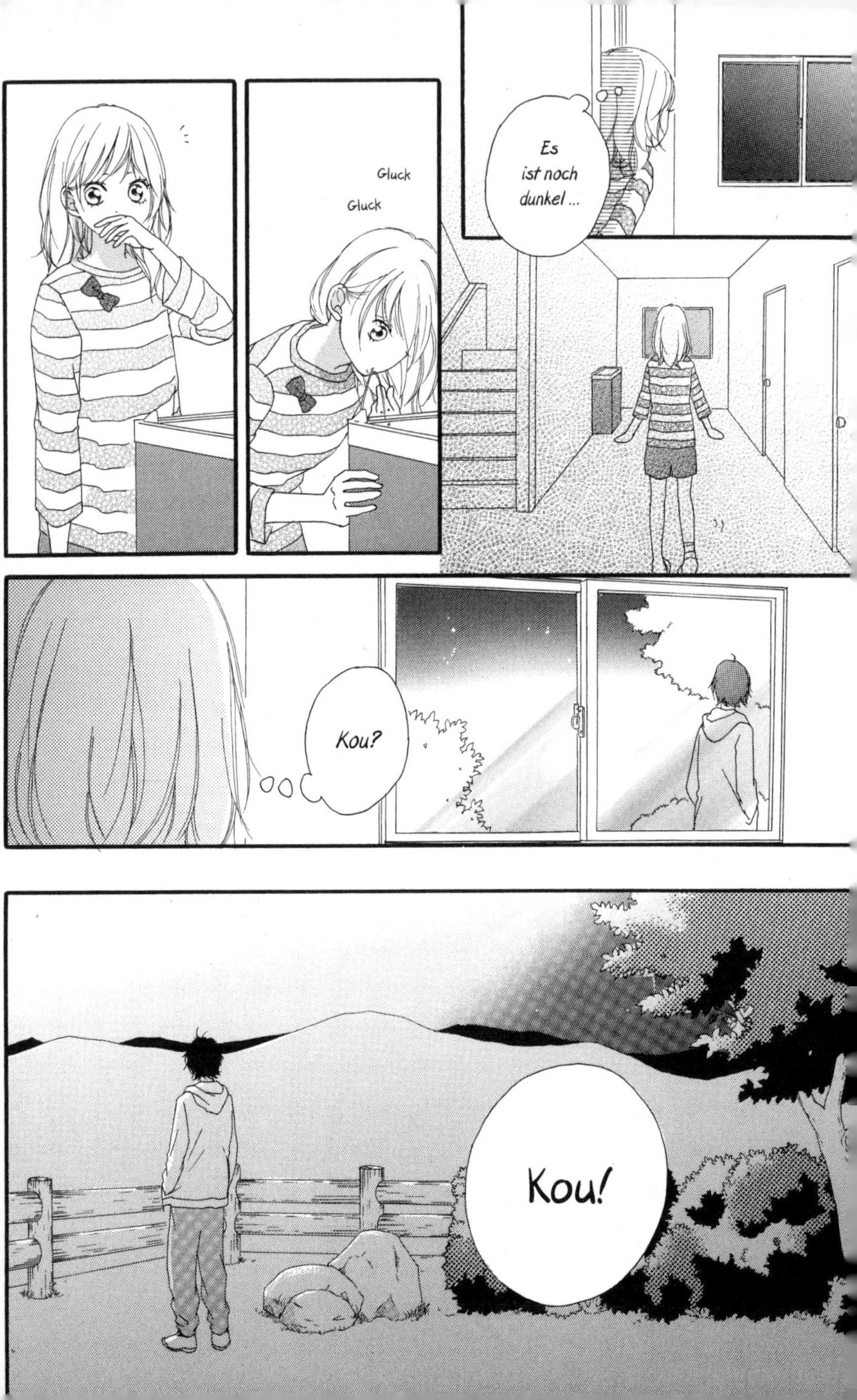

Es ist noch dunkel ...
Gluck
Gluck
Kou?
Kou!

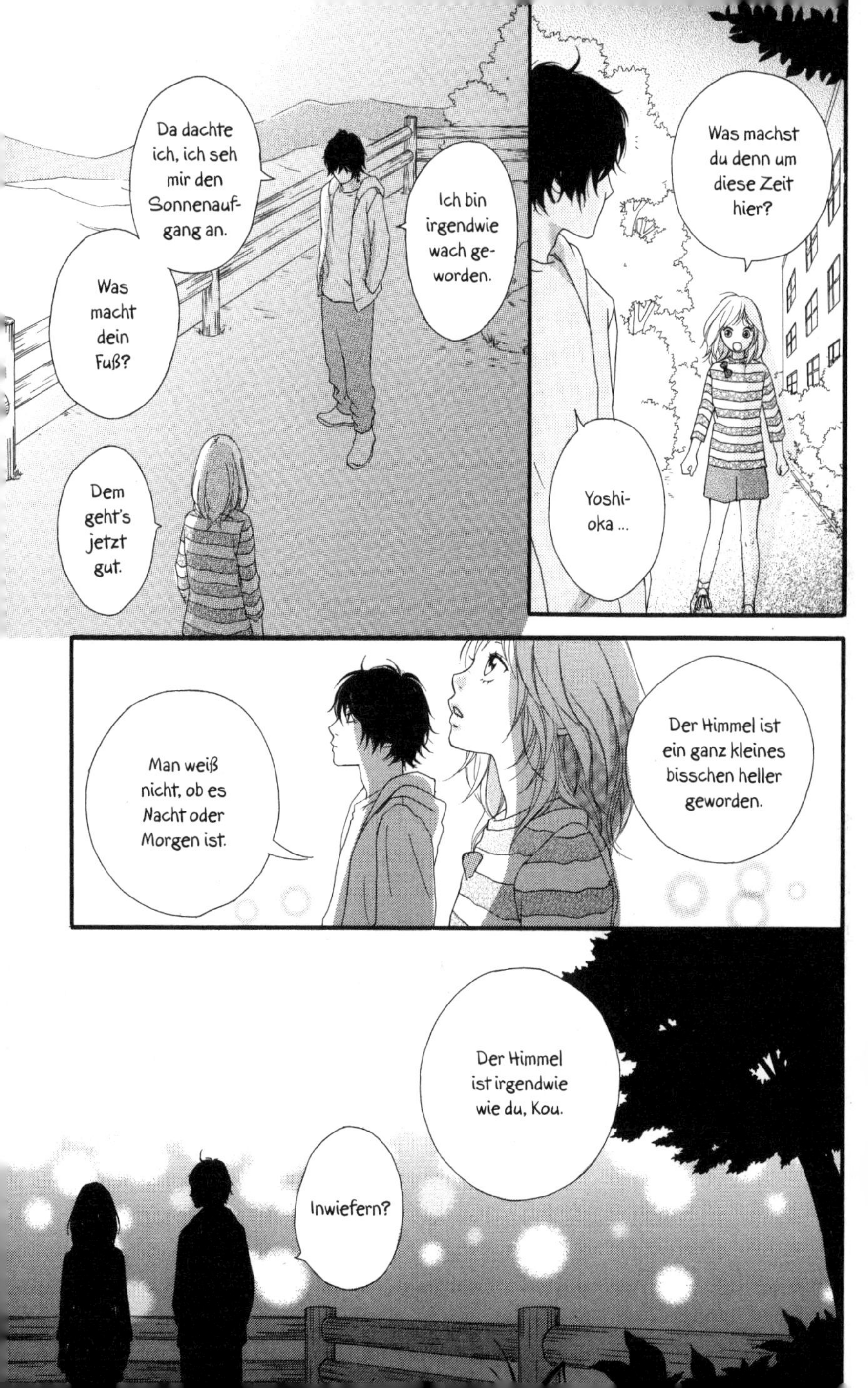
Was machst du denn um diese Zeit hier?
Yoshi-oka ...
Ich bin irgendwie wach ge-worden.
Da dachte ich, ich seh mir den Sonnenauf-gang an.
Was macht dein Fuß?
Dem geht's jetzt gut.
Der Himmel ist ein ganz kleines bisschen heller geworden.
Man weiß nicht, ob es Nacht oder Morgen ist.
Der Himmel ist irgendwie wie du, Kou.
Inwiefern?

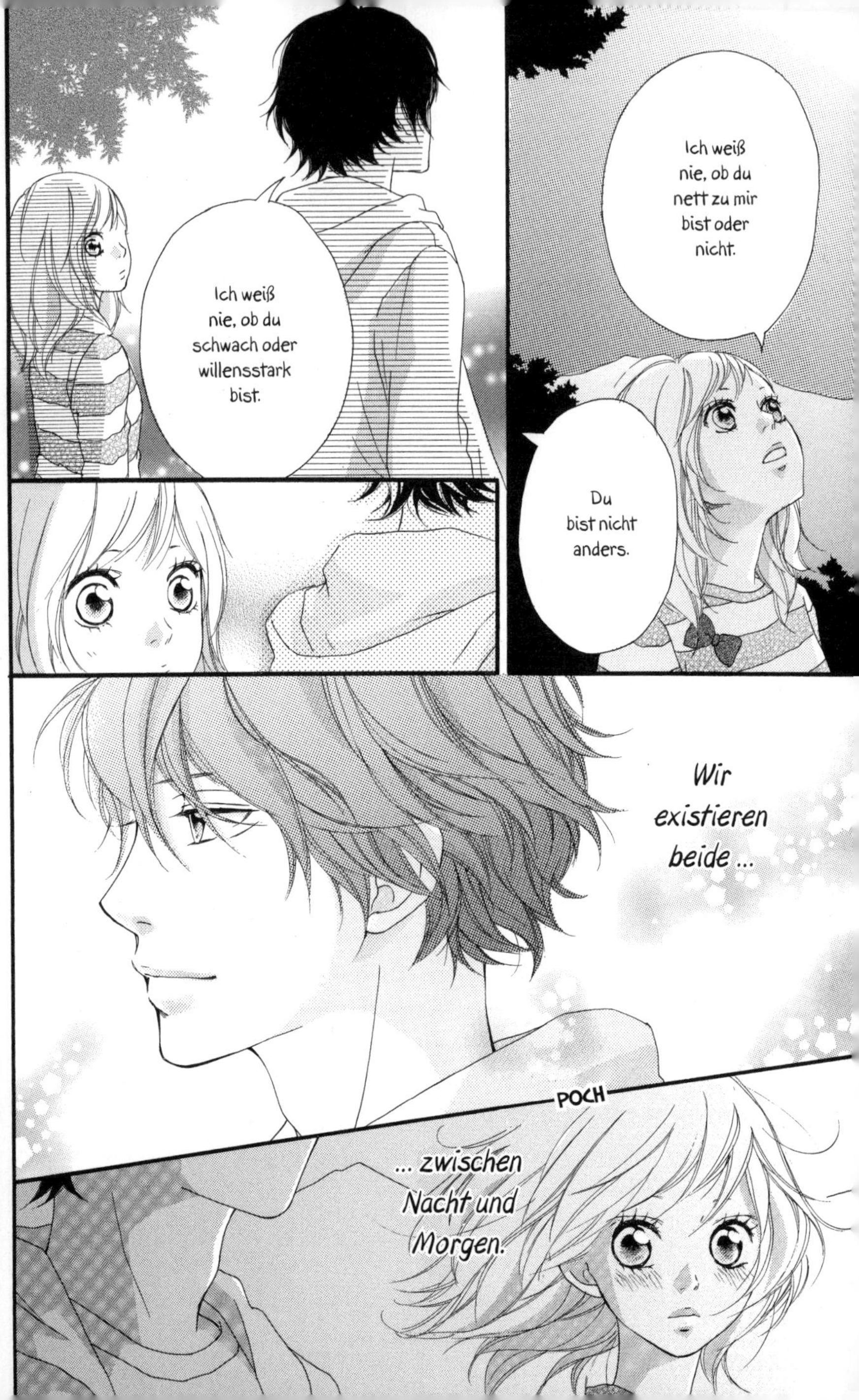
Ich weiß nie, ob du nett zu mir bist oder nicht.
Ich weiß nie, ob du schwach oder willensstark bist.
Du bist nicht anders.
Wir existieren beide ...
POCH
... zwischen Nacht und Morgen.

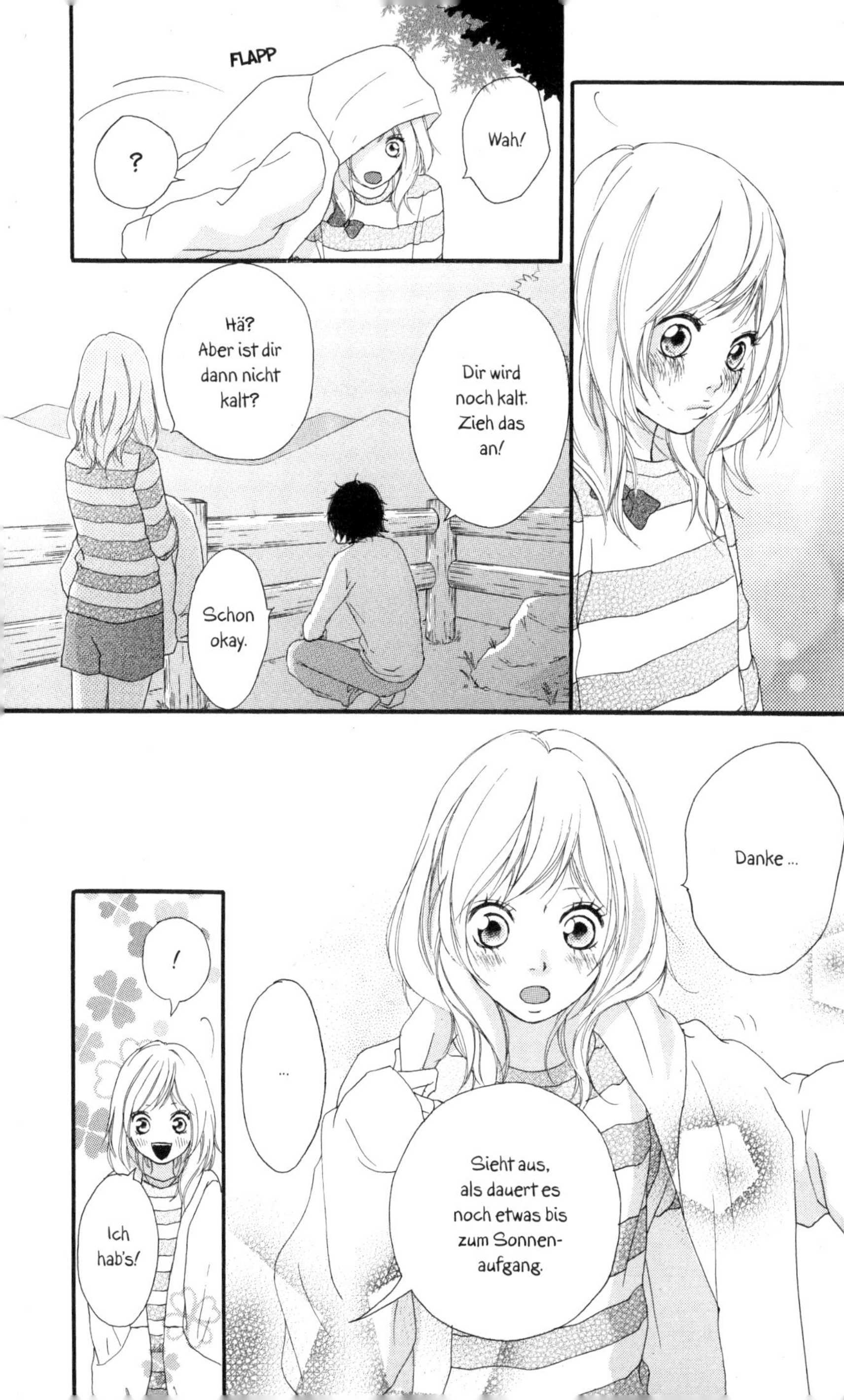

FLAPP
Wah!
?
Dir wird noch kalt. Zieh das an!
Hä? Aber ist dir dann nicht kalt?
Schon okay.
Danke ...
...
Sieht aus, als dauert es noch etwas bis zum Sonnen-aufgang.
!
Ich hab's!

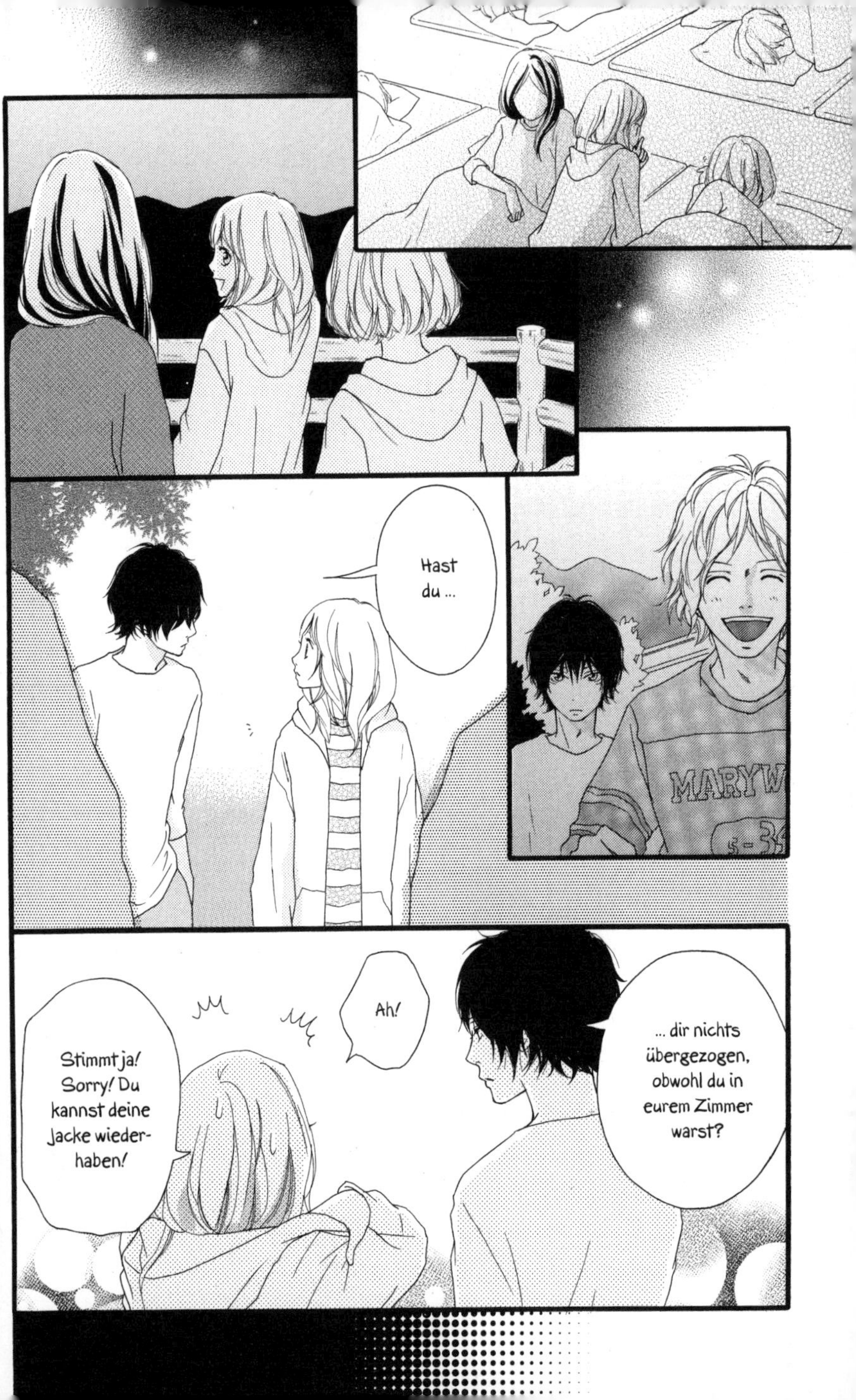
Hast du ...
... dir nichts übergezogen, obwohl du in eurem Zimmer warst?
Ah!
Stimmt ja! Sorry! Du kannst deine Jacke wieder-haben!

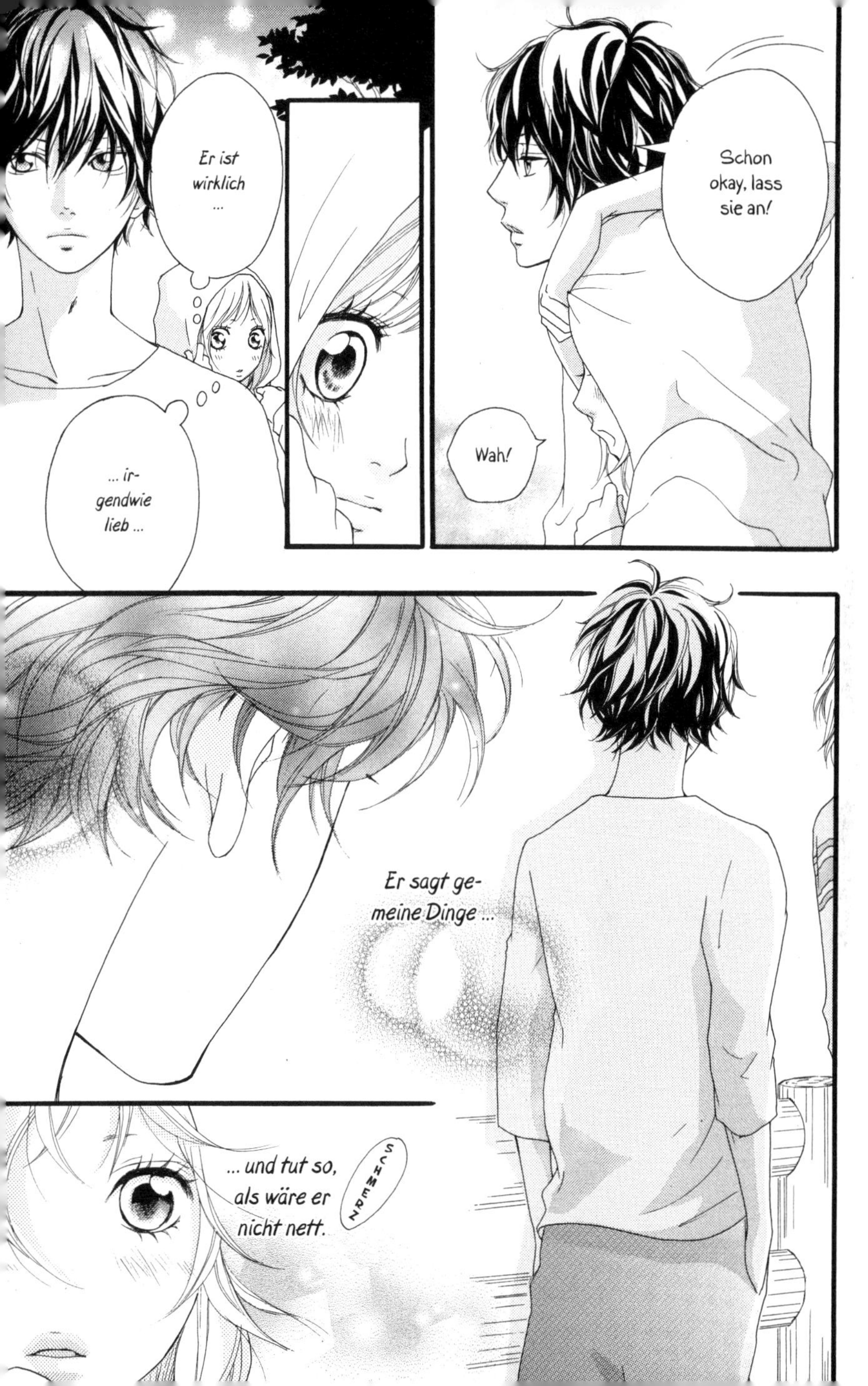
Schon okay, lass sie an!
Wah!
Er ist wirklich ...
... irgendwie lieb ...
Er sagt gemeine Dinge ...
... und tut so, als wäre er nicht nett.
SCHMERZ

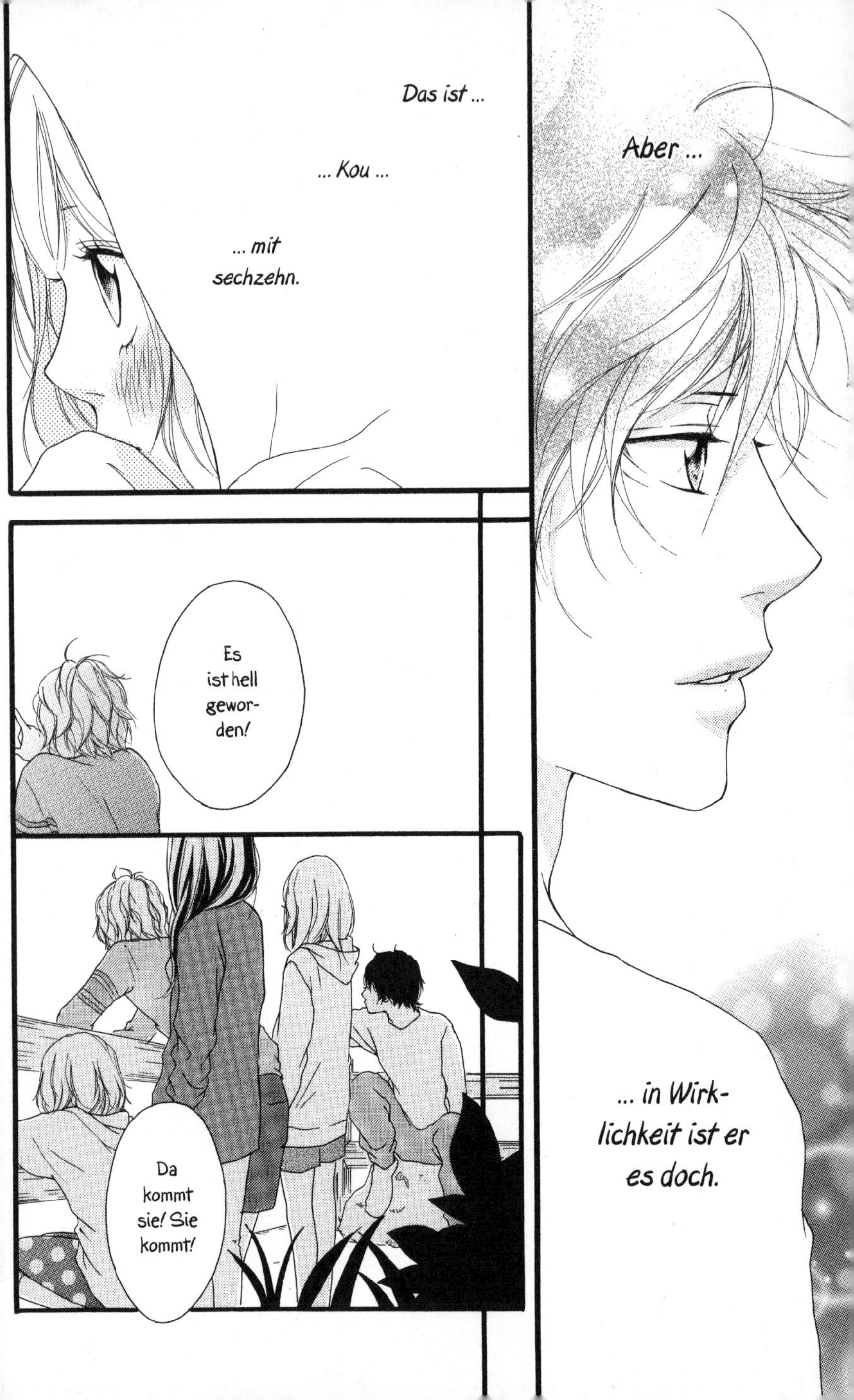
Das ist ...
... Kou ...
... mit sechzehn.
Aber ...
... in Wirklichkeit ist er es doch.
Es ist hell geworden!
Da kommt sie! Sie kommt!

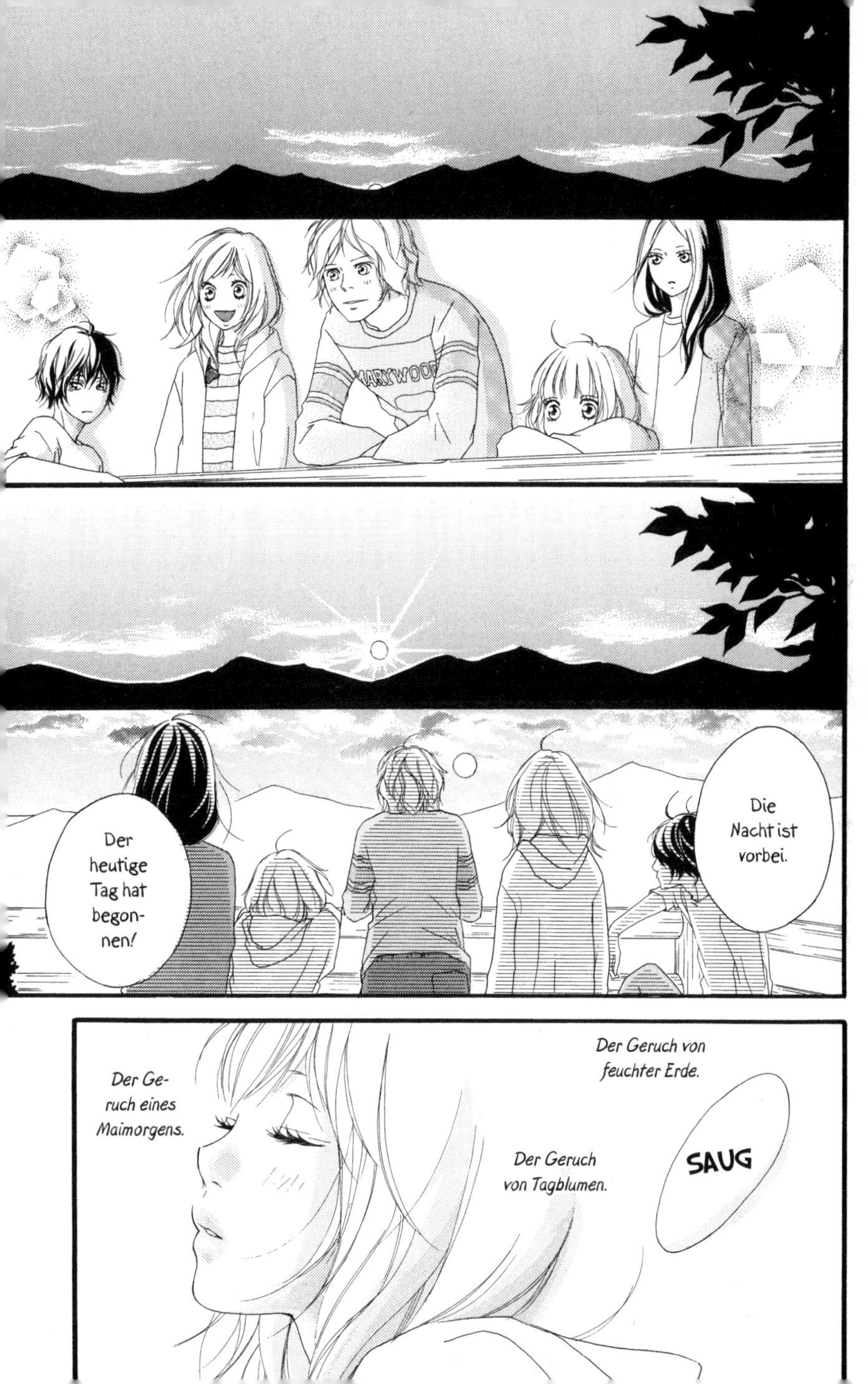

Die Nacht ist vorbei.
Der heutige Tag hat begonnen!
Der Geruch von feuchter Erde.
Der Geruch eines Maimorgens.
SAUG
Der Geruch von Tagblumen.

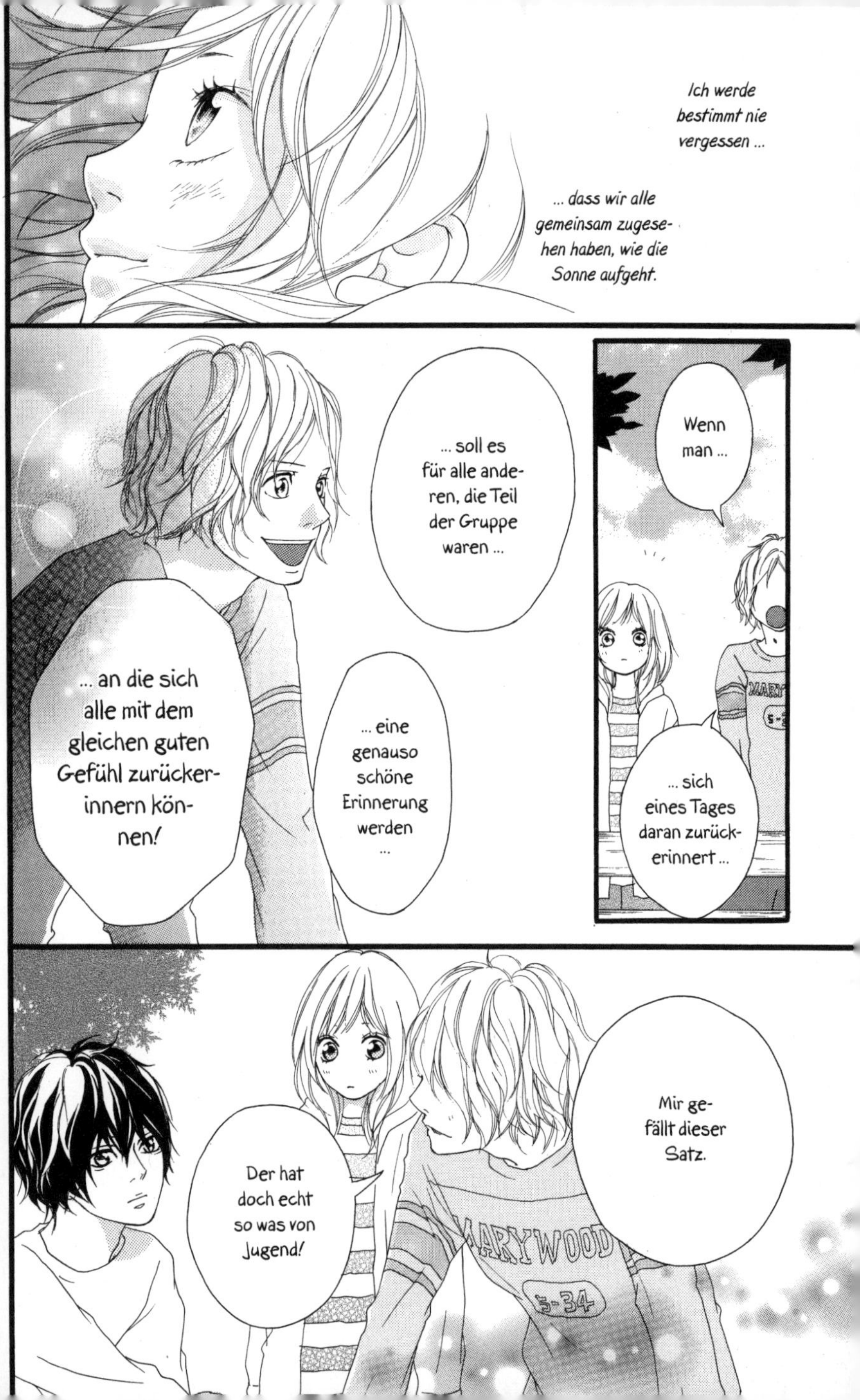

Ich werde bestimmt nie vergessen ...
... dass wir alle gemeinsam zugesehen haben, wie die Sonne aufgeht.
Wenn man ...
... sich eines Tages daran zurückerinnert ...
... soll es für alle anderen, die Teil der Gruppe waren ...
... eine genauso schöne Erinnerung werden ...
... an die sich alle mit dem gleichen guten Gefühl zurückerinnern können!
Mir gefällt dieser Satz.
Der hat doch echt so was von Jugend!

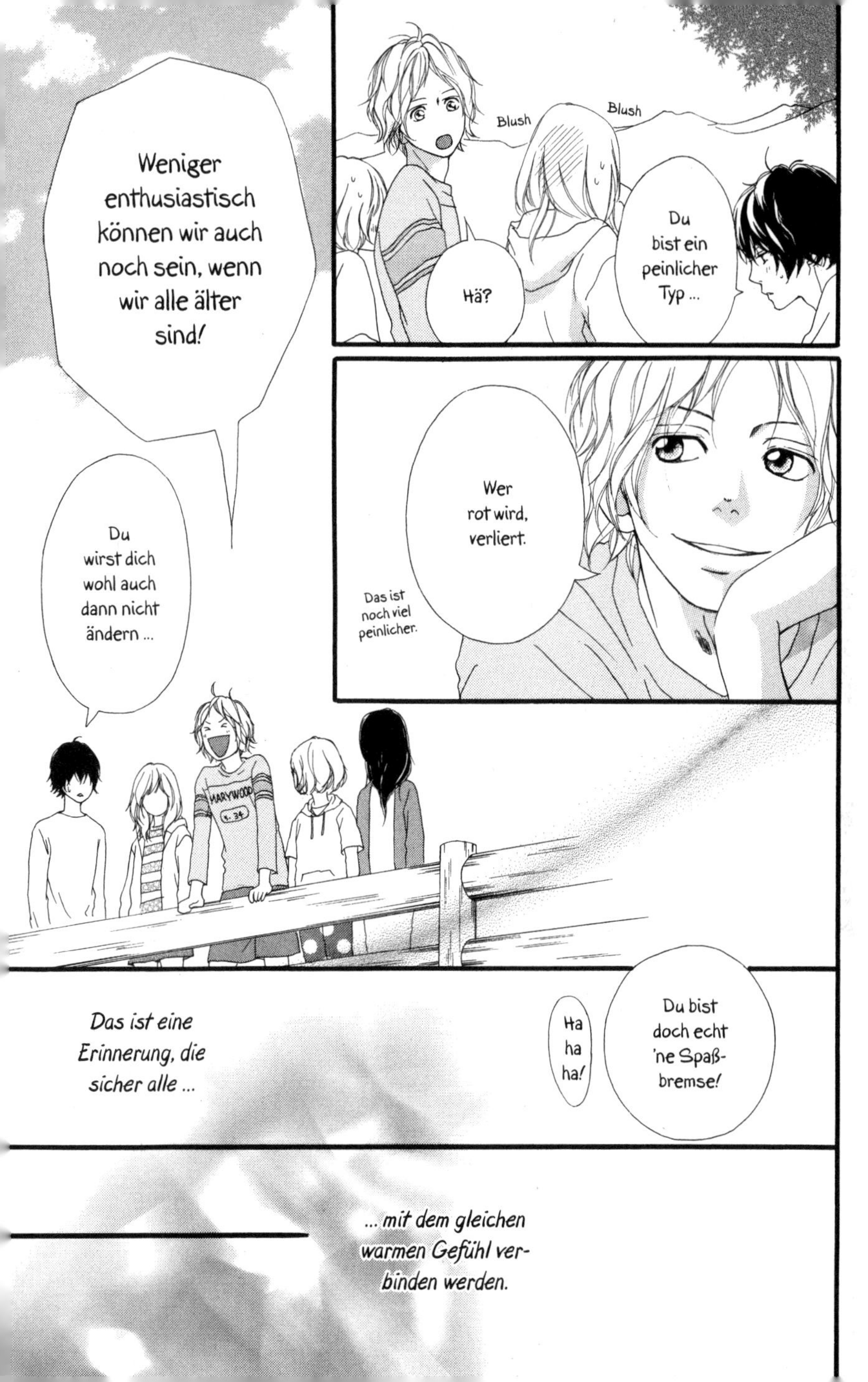
Blush
Blush
Du bist ein peinlicher Typ ...
Hä?
Wer rot wird, verliert.
Das ist noch viel peinlicher.
Weniger enthusiastisch können wir auch noch sein, wenn wir alle älter sind!
Du wirst dich wohl auch dann nicht ändern ...
MARYWOOD
Du bist doch echt 'ne Spaß-bremse!
Ha ha ha!
Das ist eine Erinnerung, die sicher alle ...
... mit dem gleichen warmen Gefühl ver-binden werden.

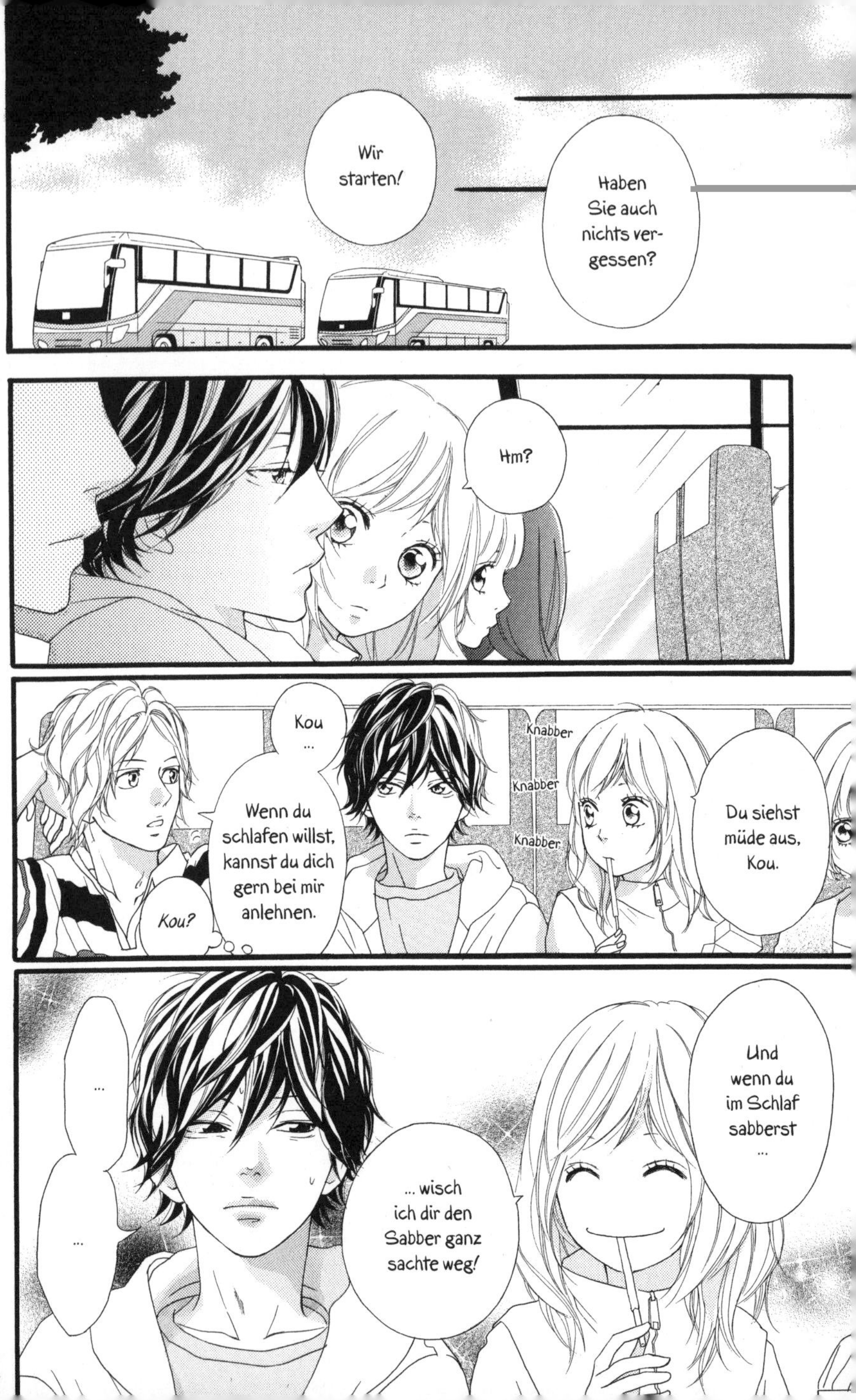
Haben Sie auch nichts vergessen?
Wir starten!
Hm?
Du siehst müde aus, Kou.
Knabber
Knabber
Knabber
Wenn du schlafen willst, kannst du dich gern bei mir anlehnen.
Kou …
Kou?
Und wenn du im Schlaf sabberst …
… wisch ich dir den Sabber ganz sachte weg!
…
…

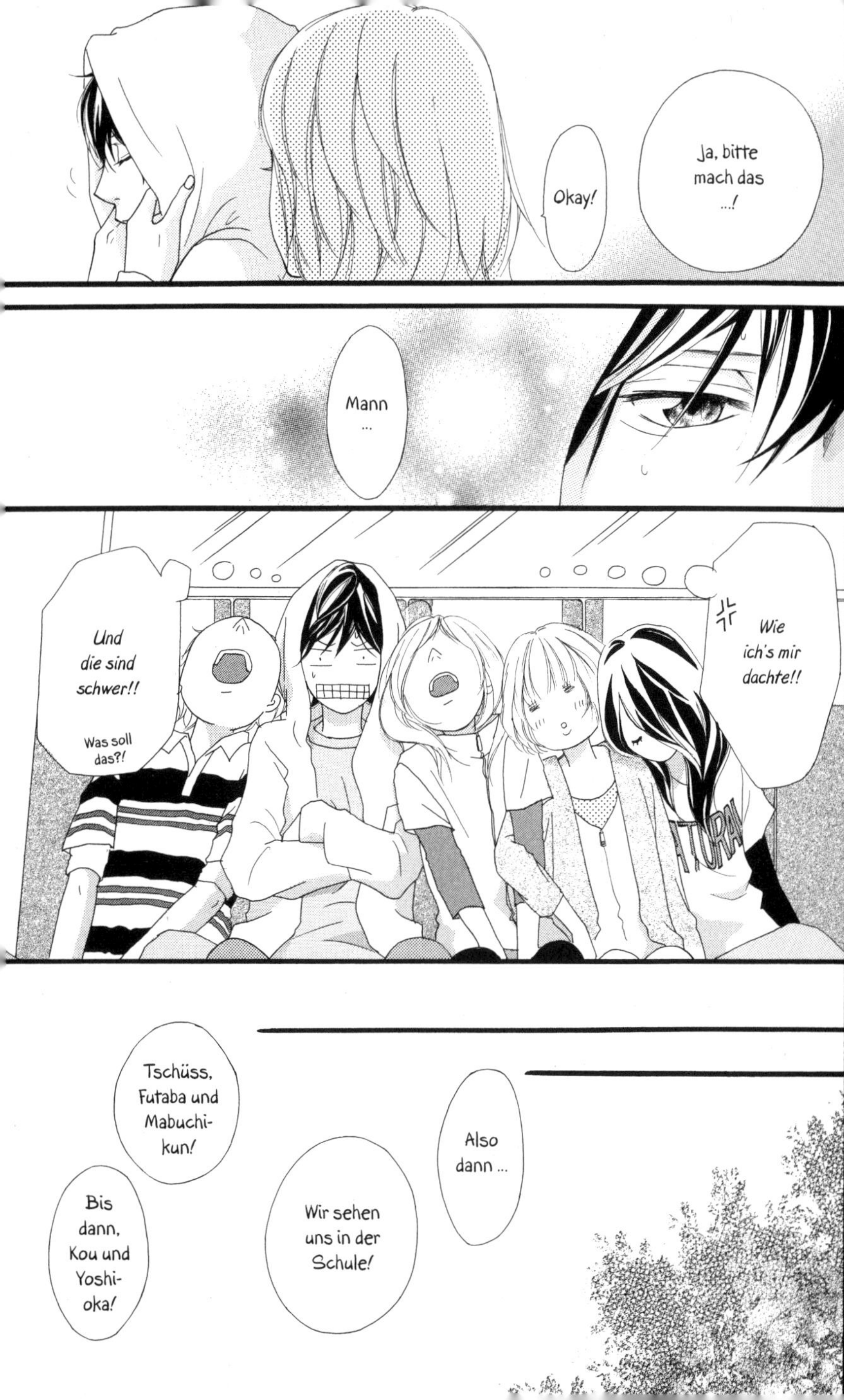
Ja, bitte mach das …!
Okay!
Mann …
Wie ich's mir dachte!!
Und die sind schwer!!
Was soll das?!
Also dann …
Wir sehen uns in der Schule!
Tschüss, Futaba und Mabuchi-kun!
Bis dann, Kou und Yoshioka!

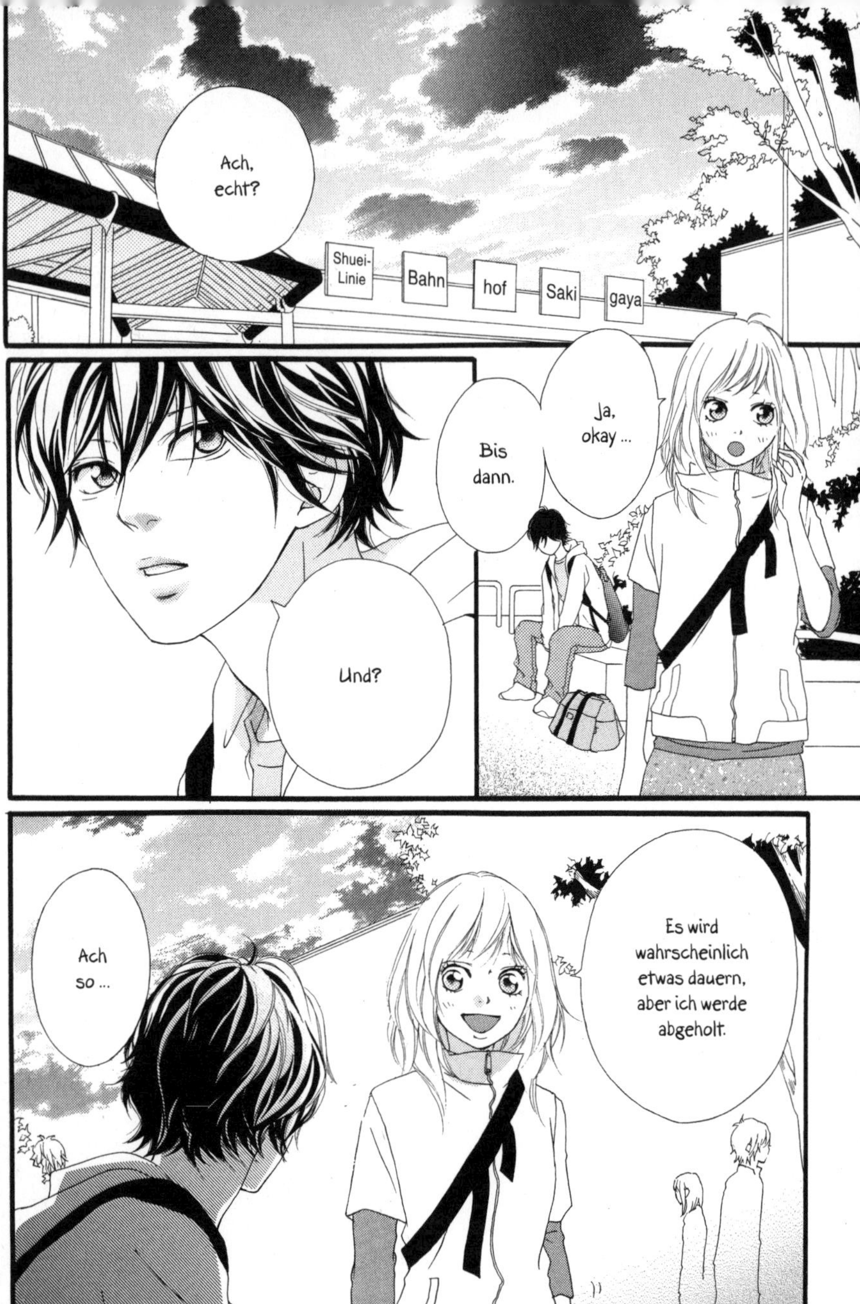
Ach, echt?
Shuei-Linie Bahnhof Sakigaya
Ja, okay ...
Bis dann.
Und?
Es wird wahrscheinlich etwas dauern, aber ich werde abgeholt.
Ach so ...

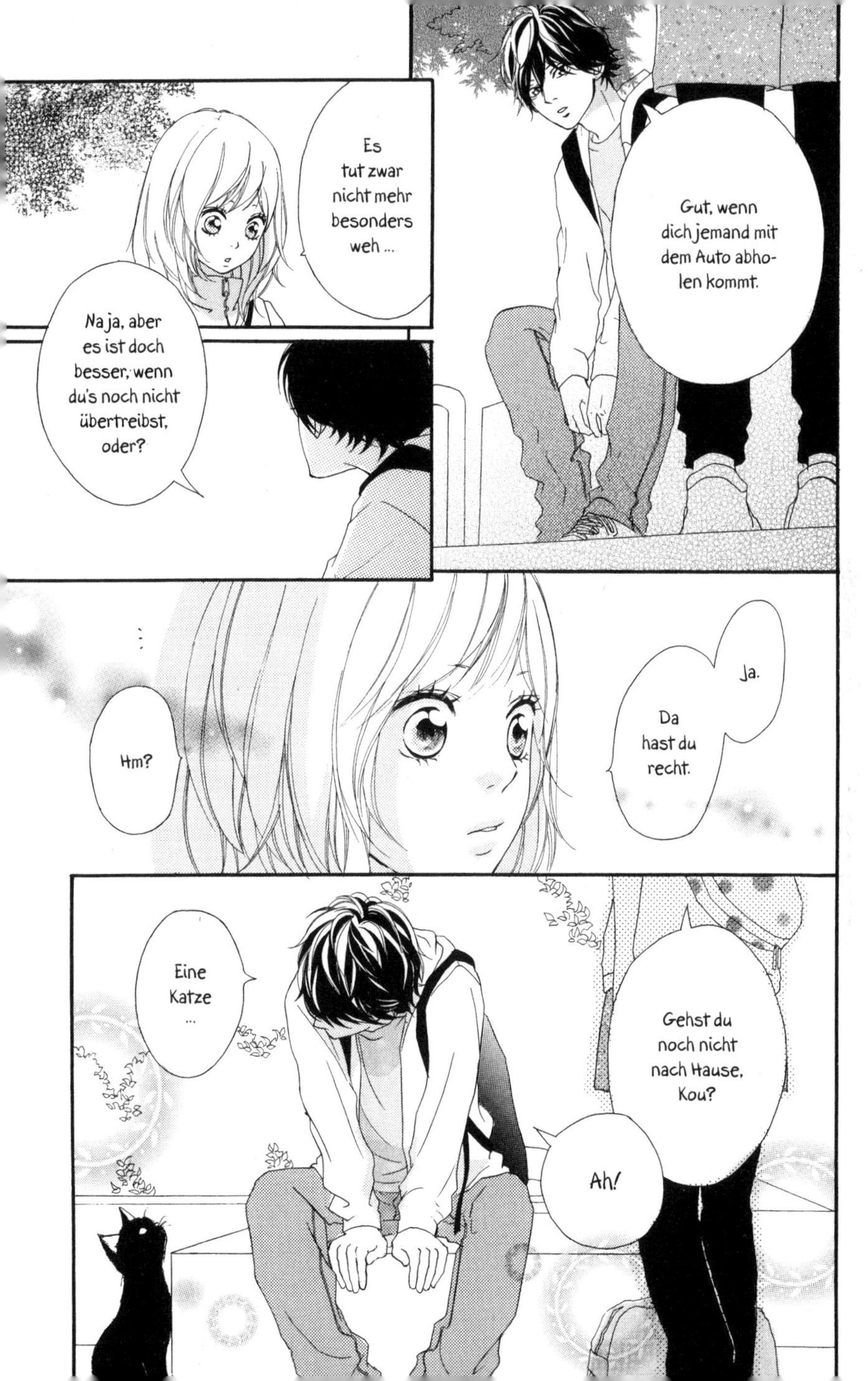
Gut, wenn dich jemand mit dem Auto abholen kommt.
Es tut zwar nicht mehr besonders weh ...
Na ja, aber es ist doch besser, wenn du's noch nicht übertreibst, oder?
Ja.
Da hast du recht.
Hm?
...
Gehst du noch nicht nach Hause, Kou?
Ah!
Eine Katze ...

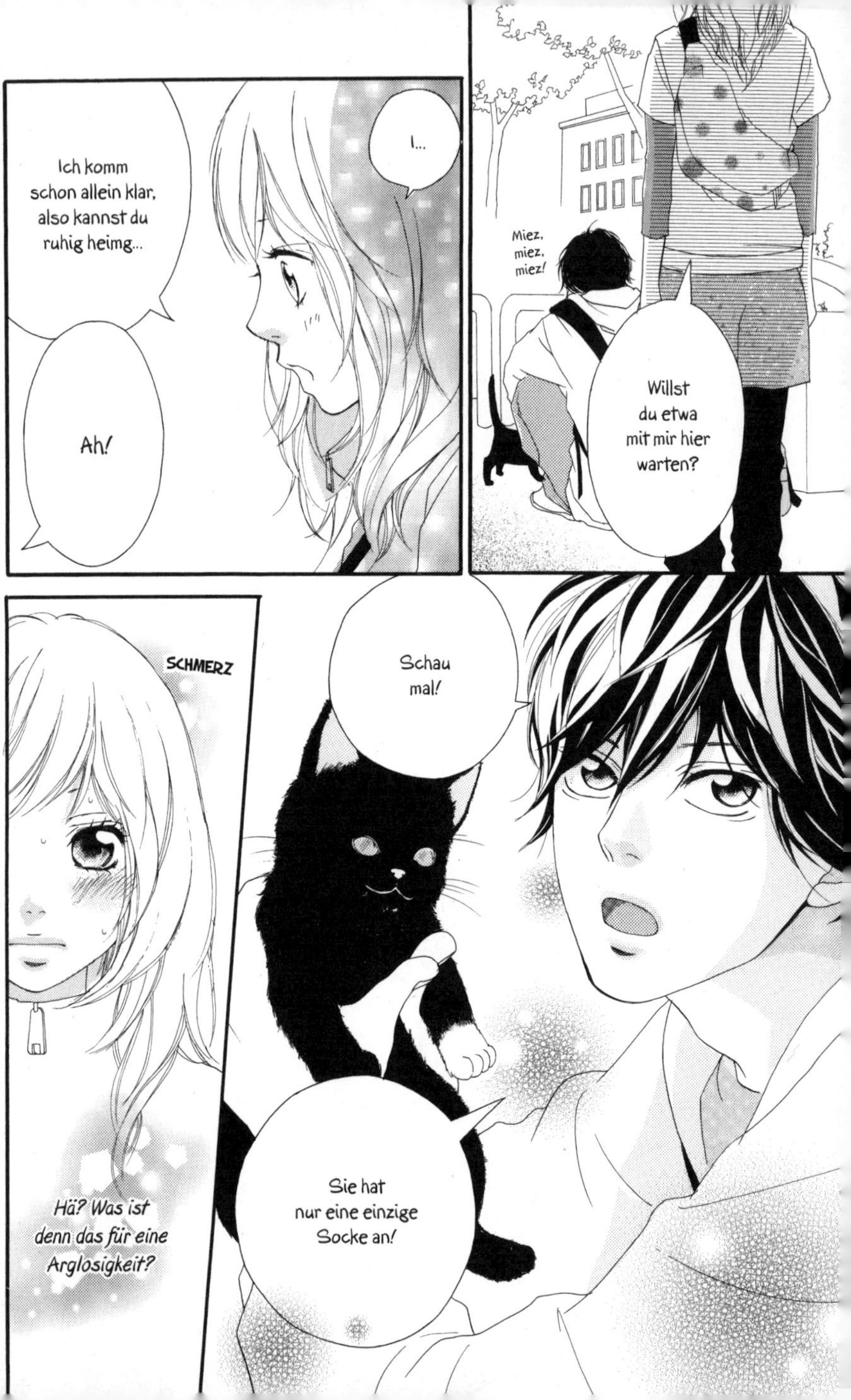
Miez, miez, miez!
Willst du etwa mit mir hier warten?
I…
Ich komm schon allein klar, also kannst du ruhig heimg…
Ah!
Schau mal!
Sie hat nur eine einzige Socke an!
SCHMERZ
Hä? Was ist denn das für eine Arglosigkeit?

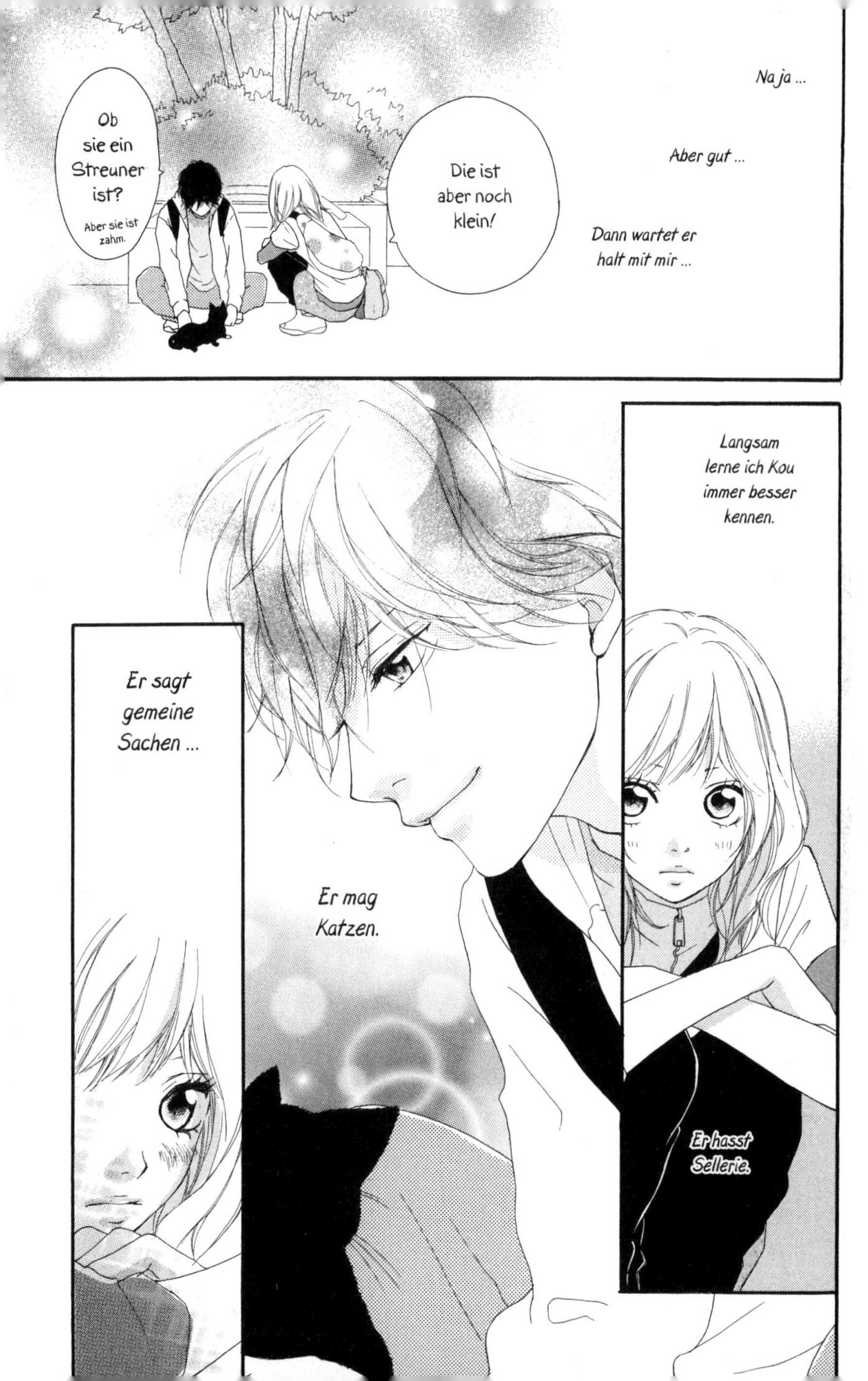
Na ja ...
Aber gut ...
Dann wartet er halt mit mir ...
Die ist aber noch klein!
Ob sie ein Streuner ist?
Aber sie ist zahm.
Langsam lerne ich Kou immer besser kennen.
Er hasst Sellerie.
Er mag Katzen.
Er sagt gemeine Sachen ...

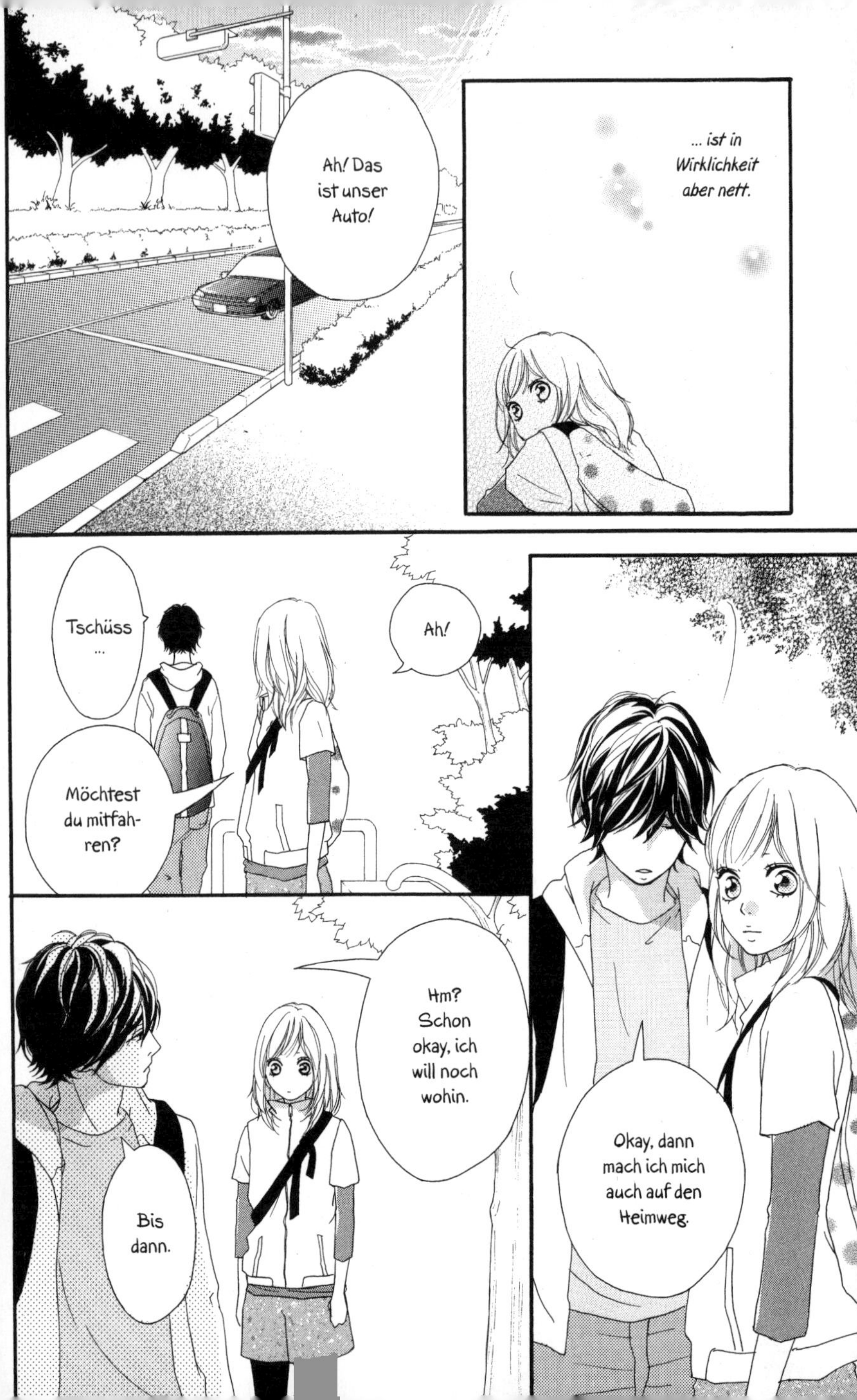
... ist in Wirklichkeit aber nett.
Ah! Das ist unser Auto!
Ah!
Tschüss ...
Möchtest du mitfahren?
Hm? Schon okay, ich will noch wohin.
Bis dann.
Okay, dann mach ich mich auch auf den Heimweg.

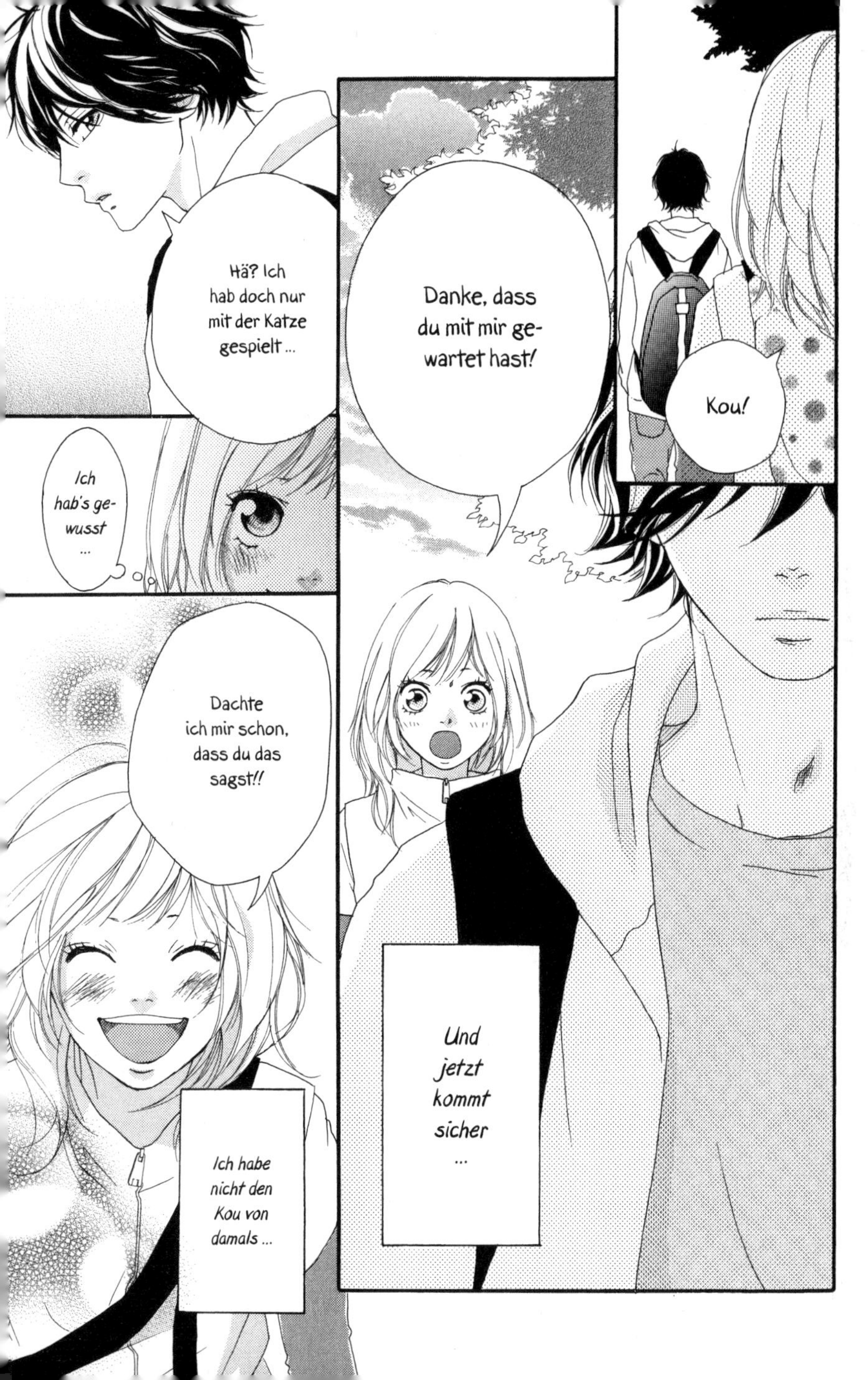
Kou!
Danke, dass du mit mir gewartet hast!
Hä? Ich hab doch nur mit der Katze gespielt ...
Ich hab's gewusst ...
Und jetzt kommt sicher ...
Dachte ich mir schon, dass du das sagst!!
Ich habe nicht den Kou von damals ...

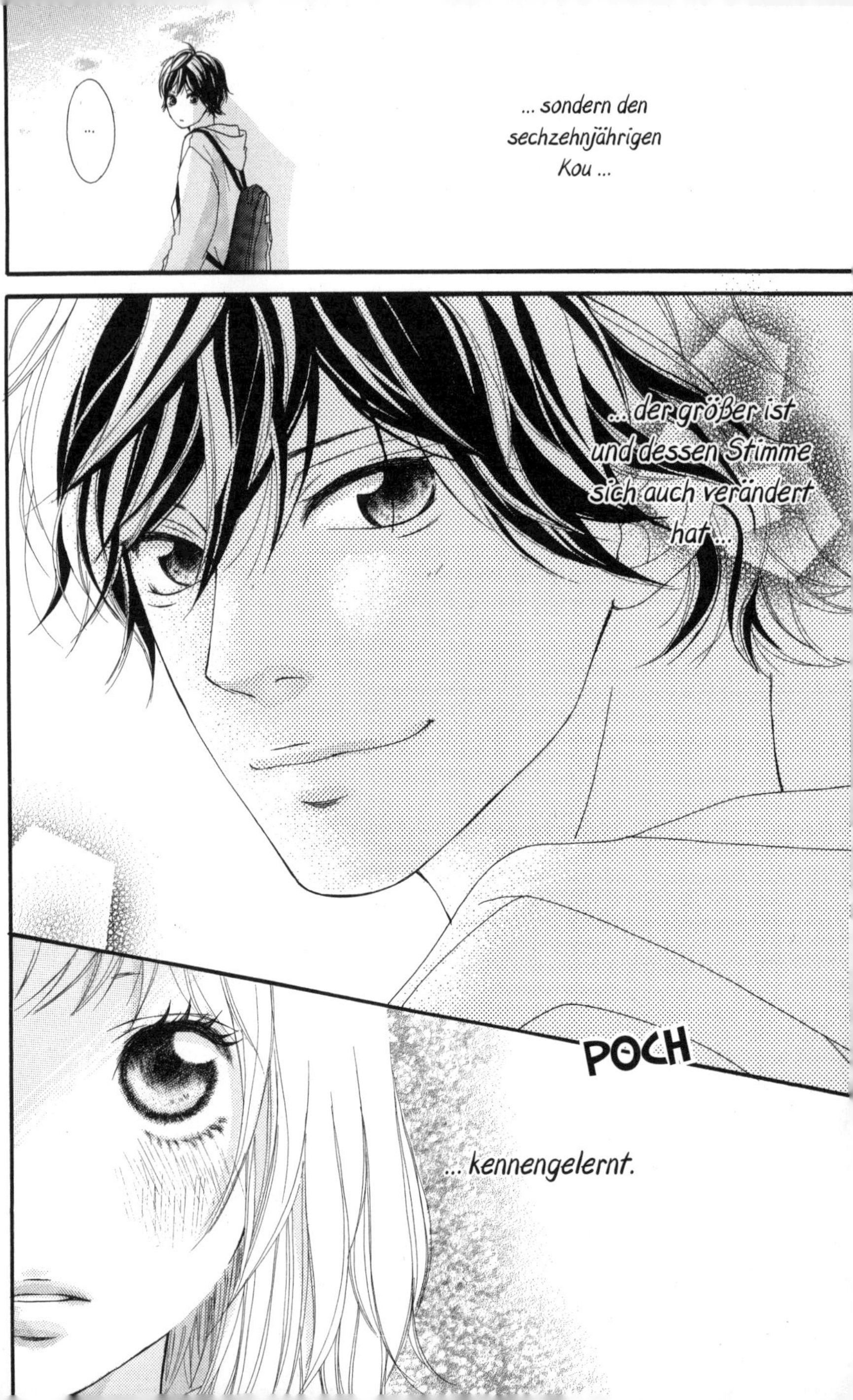
...
... sondern den sechzehnjährigen Kou ...
... der größer ist und dessen Stimme sich auch verändert hat ...
POCH
... kennengelernt.

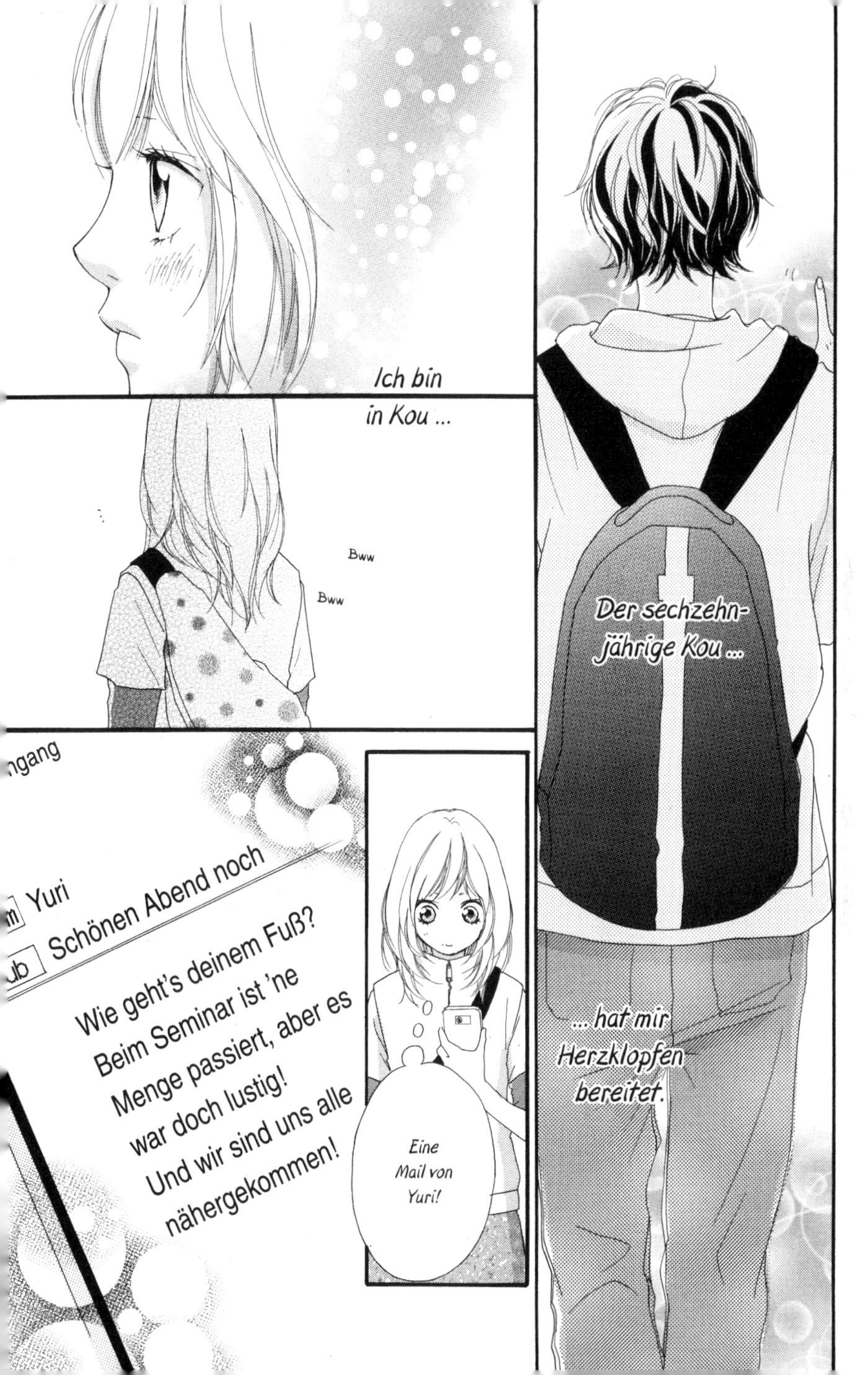
Der sechzehn-
jährige Kou ...
... hat mir
Herzklopfen
bereitet.
Ich bin
in Kou ...
Bww
Bww
Eine
Mail von
Yuri!
ngang
m Yuri
ub Schönen Abend noch
Wie geht's deinem Fuß?
Beim Seminar ist 'ne
Menge passiert, aber es
war doch lustig!
Und wir sind uns alle
nähergekommen!

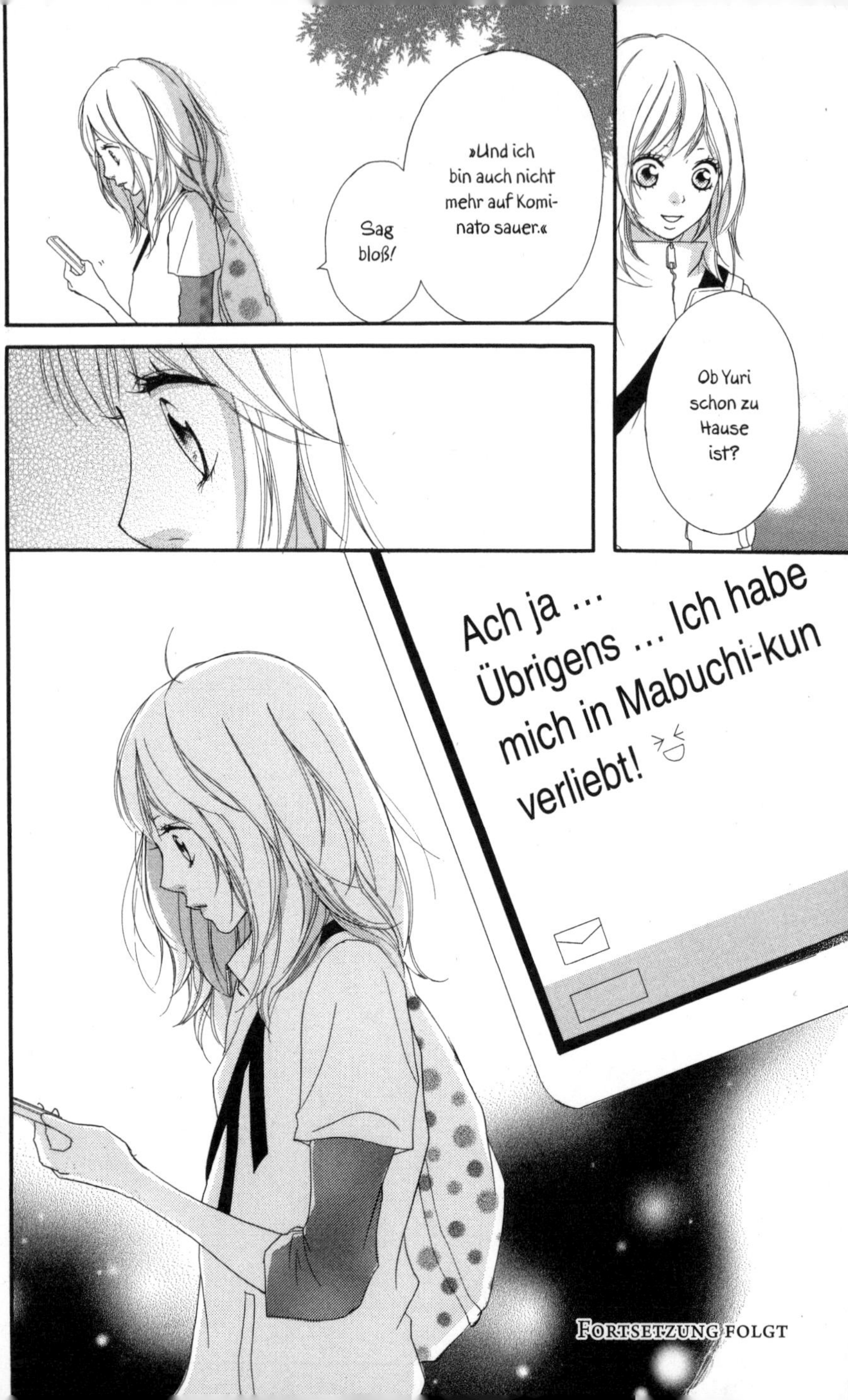
»Und ich bin auch nicht mehr auf Kominato sauer.«
Sag bloß!
Ob Yuri schon zu Hause ist?
Ach ja … Übrigens … Ich habe mich in Mabuchi-kun verliebt!
Fortsetzung folgt

Blue Spring Ride

CHARAKTERE 1

Futaba Yoshioka

- **Geburtstag**
  19. Juni
- **Sternzeichen, Blutgruppe**
  Zwilling, Blutgruppe A
- **Größe, Gewicht**
  160 cm, 50 kg
- **Gut in**
  Naturwissenschaften
- **Schlecht in**
  Englisch
- **Lieblingsessen**
  Pasta mit Tarako*
- **Isst nicht gern**
  Milch bei anderen Leuten
- **Lieblingsmusiker**
  Mao Abe
- **Geschwister**
  Einzelkind
- **Zum ersten Mal verliebt**
  1. Jahr Mittelschule
- **Um ehrlich zu sein …**
  … ist mein Zimmer total mädchenhaft eingerichtet
- **Lieblingssüßigkeit**
  Galbo Ball
- **Lieblingsgetränk**
  Tee
- **Lieblingsfarbe**
  Weiß

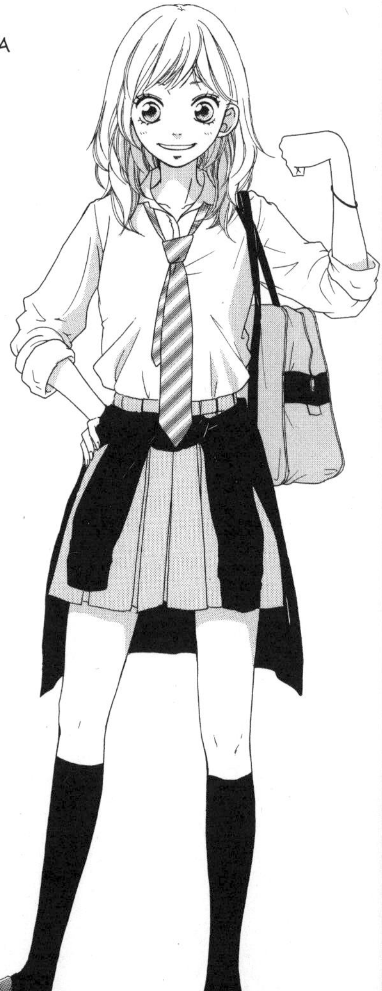

*Kabeljaurogen

CHARAKTERE 2

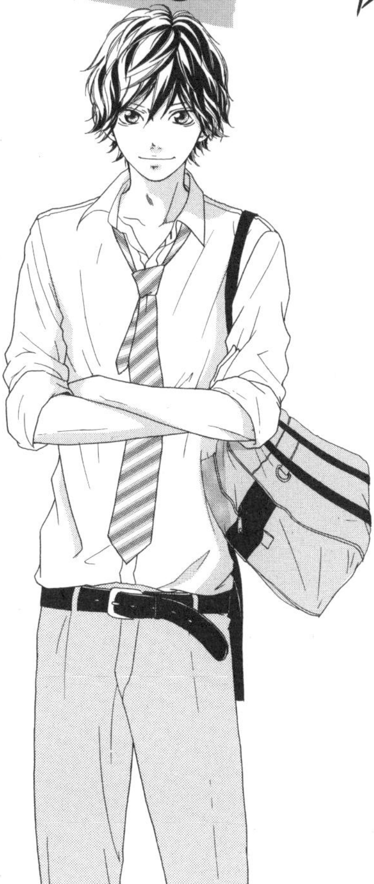

Kou Mabuchi

- **Geburtstag**
  27. Mai
- **Sternzeichen, Blutgruppe**
  Zwilling, Blutgruppe 0
- **Größe, Gewicht**
  176 cm, 58 kg
- **Gut in**
  Gemeinschaftskunde
- **Schlecht in**
  Altjapanisch
- **Lieblingsessen**
  Chicken Nanban*
- **Isst nicht gern**
  Sellerie
- **Lieblingsmusiker**
  Dave Matthews Band
- **Geschwister**
  älterer Bruder
- **Zum ersten Mal verliebt**
  1. Jahr Mittelschule
- **Um ehrlich zu sein …**
  … ist meine Frisur eine Mischung aus krausem Haar und leichter Dauerwelle
- **Lieblingssüßigkeit**
  Kartoffelchips Consommé Punch
- **Lieblingsgetränk**
  Kaffee
- **Lieblingsfarbe**
  Blau, Schwarz

*frittiertes Huhn mit Tatarsoße

Nachwort

Vielen Dank, dass ihr bis zum Ende gelesen habt!!

In letzter Zeit stelle ich meine Manuskripte auf den letzten Drücker fertig. (Früher war ich in der Beziehung ein Musterschüler!) Zum Zeitpunkt der Abgabe bin ich gehetzt, verliere den Kopf oder heule auch heftig. Aber trotzdem, dieses Gefühl, etwas erreicht zu haben, und dieses Gefühl der Befreiung, wenn das Manuskript fertig ist, kann ich nicht in Worte fassen. In diesem Moment ist alles die Arbeit Betreffende, was mich bis kurz vorher noch genervt hat, wie weggeblasen. Und dass in Folge dieses Manuskript zum Buch wird, von euch gelesen wird, und dass ihr mir dann auch noch eure Eindrücke dazu schickt – was für einen erfüllenden Job ich doch habe! Jetzt muss ich nur noch Schritt für Schritt zu meiner Musterschüler-Attitüde bezüglich der Abgabe zurückfinden ...
(Aber ich wäre wirklich froh, wenn der Tag dreißig Stunden hätte.)
Ich werde mir auch in Zukunft Mühe geben, Manga zu zeichnen, die euch wenigstens ein bisschen gefallen, nicht vergessen, dass ich weiterhin die Arbeit, die mir Spaß macht, machen darf und dem Schicksal dafür dankbar sein. Ich werde versuchen, mich oft zum Zeichnen zurückzuziehen. Ich hoffe, ihr lest auch weiterhin meine Manga! Bis bald!

★ Io Sakisaka ★

Blue Spring Ride

Autorenkommentar

Bis jetzt bin ich immer in den Konbini gegangen, um Kopien von meinen Manuskripten zu machen. Das war jedes Mal lästig, aber wenn ich das nicht mache, dann häufen sich die Tage, an denen ich wirklich gar nicht aus dem Haus gehe …

Das dachte ich bis jetzt immer, aber weil es doch wirklich lästig war, habe ich mir vor Kurzem endlich ein Multifunktionsgerät gekauft. Doch weil es mir zu lästig ist, die Bedienungsanleitung zu lesen, kann ich damit nur kopieren. Wann ist mir bloß alles lästig geworden …? Aber anscheinend war ich so schon als Kind …

Io Sakisaka

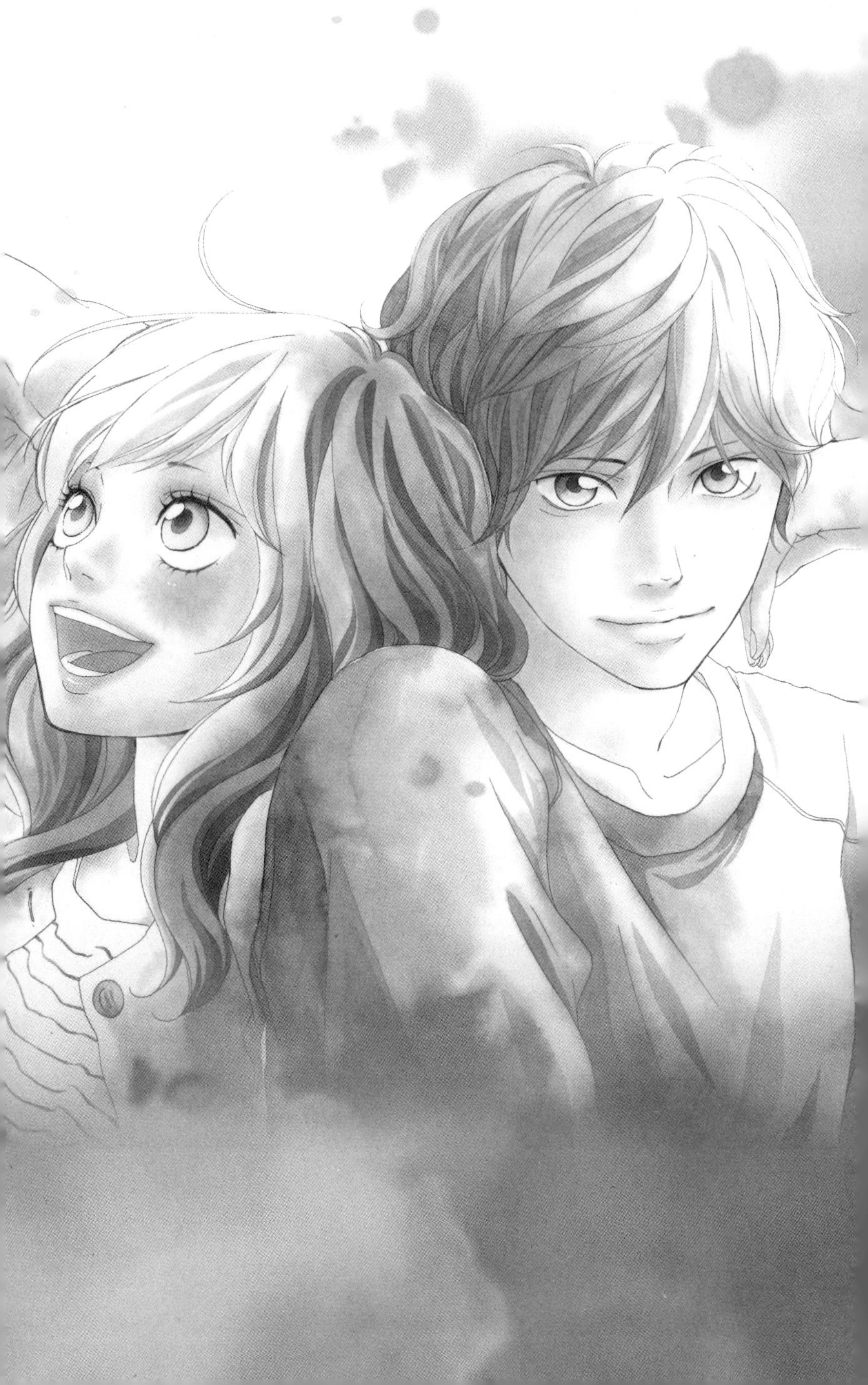

TOKYOPOP GmbH
Hamburg

TOKYOPOP
7. Auflage, 2026
Deutsche Ausgabe/German Edition

Aus dem Japanischen von Alexandra Keerl

First published in Japan in 2011 by SHUEISHA Inc., Tokyo.
German translation rights in Germany, Austria and German-speaking Switzerland arranged by SHUEISHA Inc. through VME PLB SAS, France.

Redaktion und Konzept: Benjamin Spinrath
Herstellung und Coverdesign: Mathias Neumeyer
GPSR: produktsicherheit@tokyopop.de
Lettering: Vibrant Publishing Studio
Druck und buchbinderische Verarbeitung:
CPI-Clausen & Bosse GmbH, Leck
Printed in Germany

MIX Papier FSC® C083411

Wir achten auf die Umwelt.
Dieses Produkt besteht aus FSC®-zertifizierten und anderen kontrollierten Materialien.

ISBN 978-3-8420-7976-2

www.tokyopop.de

MIRACLES OF LOVE
NIMM DEIN SCHICKSAL IN DIE HAND
Io Sakisaka

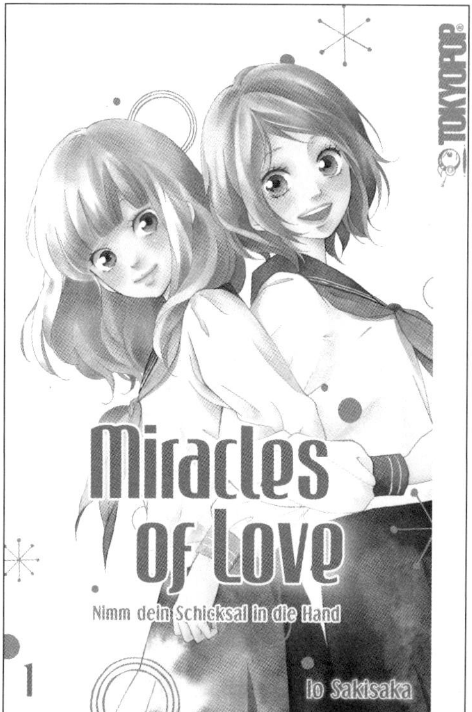

Liebe in all ihren Farben

Obwohl sie völlig unterschiedliche Ansichten zum Thema Liebe haben, freunden sich die verträumte Yuna und die realistische Akari an. Yuna verliebt sich in Akaris attraktiven Bruder Rio. Doch Akari rät ihr von Rio ab und bringt stattdessen Yunas Sandkastenfreund Kazuomi ins Spiel. Aber für Yuna muss die Liebe sie wie ein Blitz aus heiterem Himmel treffen. Außerdem scheint sich Akari Kazuomi anzunähern ...

STOPP!

**Dies ist die letzte Seite des Buches!
Du willst dir doch nicht den Spaß verderben
und das Ende zuerst lesen, oder?**

Um die Geschichte unverfälscht und originalgetreu mitverfolgen zu können, musst du es wie die Japaner machen und von rechts nach links lesen. Deshalb schnell das Buch umdrehen und loslegen!

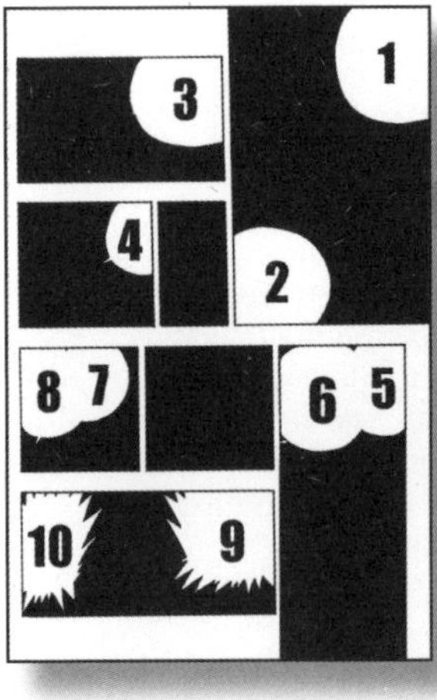

So geht's:

Wenn dies das erste Mal sein sollte, dass du einen Manga in den Händen hältst, kann dir die Grafik helfen, dich zurechtzufinden: Fang einfach oben rechts an zu lesen und arbeite dich nach unten links vor. Viel Spaß dabei wünscht dir TOKYOPOP®!